胡適

1891-1962

中国革命の中のリベラリズム

ジェローム・B・グリーダー
佐藤公彦訳

藤原書店

私の両親、
ナオミ・レイン・バブソン・グリーダーと
ポール・A・グリーダーに捧ぐ

Hu Shih and the Chinese Renaissance
Liberalism in the Chinese Revolution, 1917-1937
Jerome B. Grieder

Harvard University Press,
Cambridge, Massachusetts, 1970

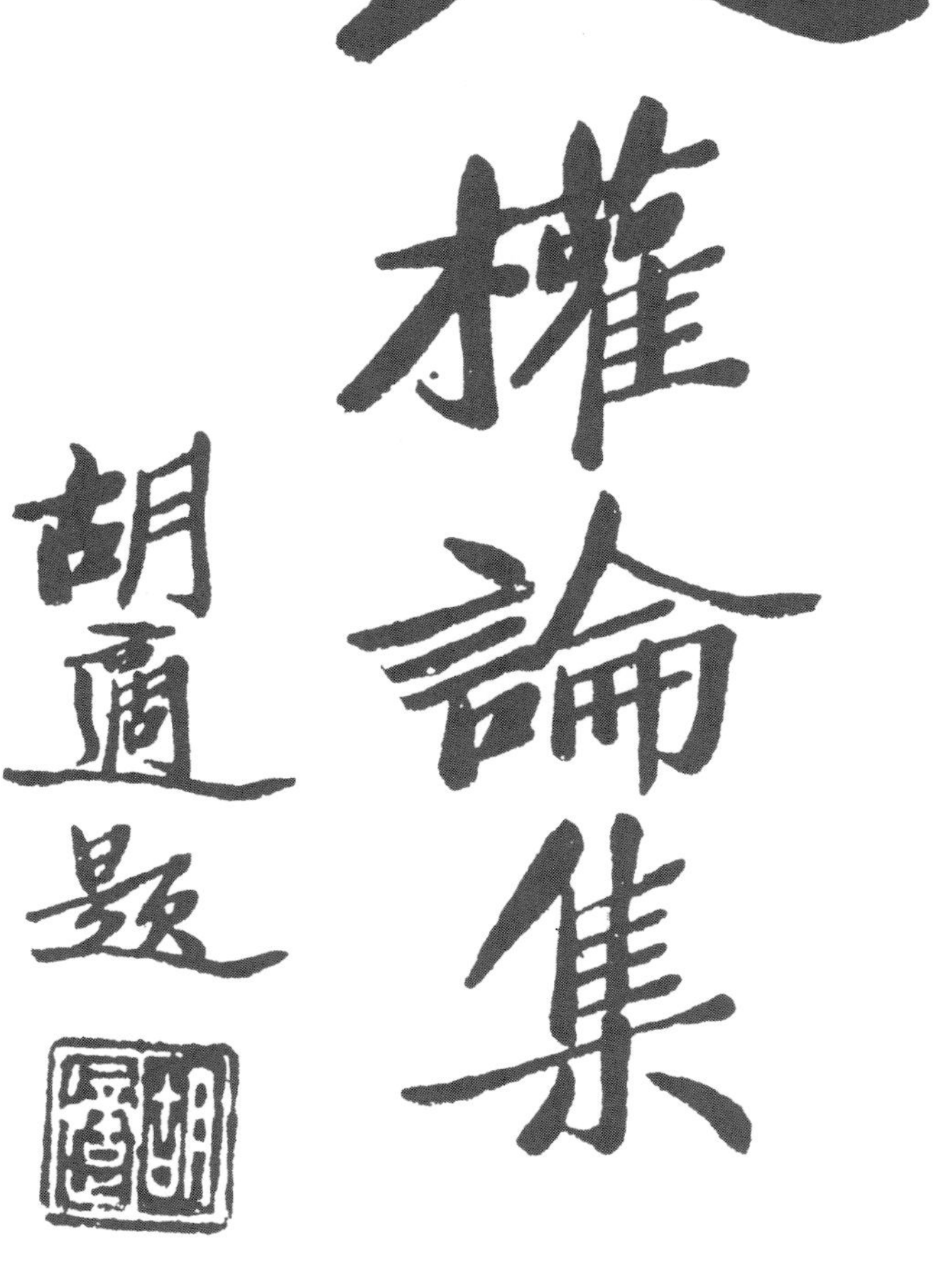

胡適の独特な筆跡——1930 年に上海で出版された『人權論集』のタイトル頁。

学生時代の胡適

1910年に上海から発つ直前に撮影。

（『胡適留学日記』、423頁見開き）

1914年の胡適

コーネル大学卒業時。

（*Leslie's Illustrated Weekly Newspaper*, 1914年6月4日、543頁）

中国での胡適、1920 年頃

（*Who's Who in China*, 上海、*China Weekly Review*, 1925 年、373 頁）

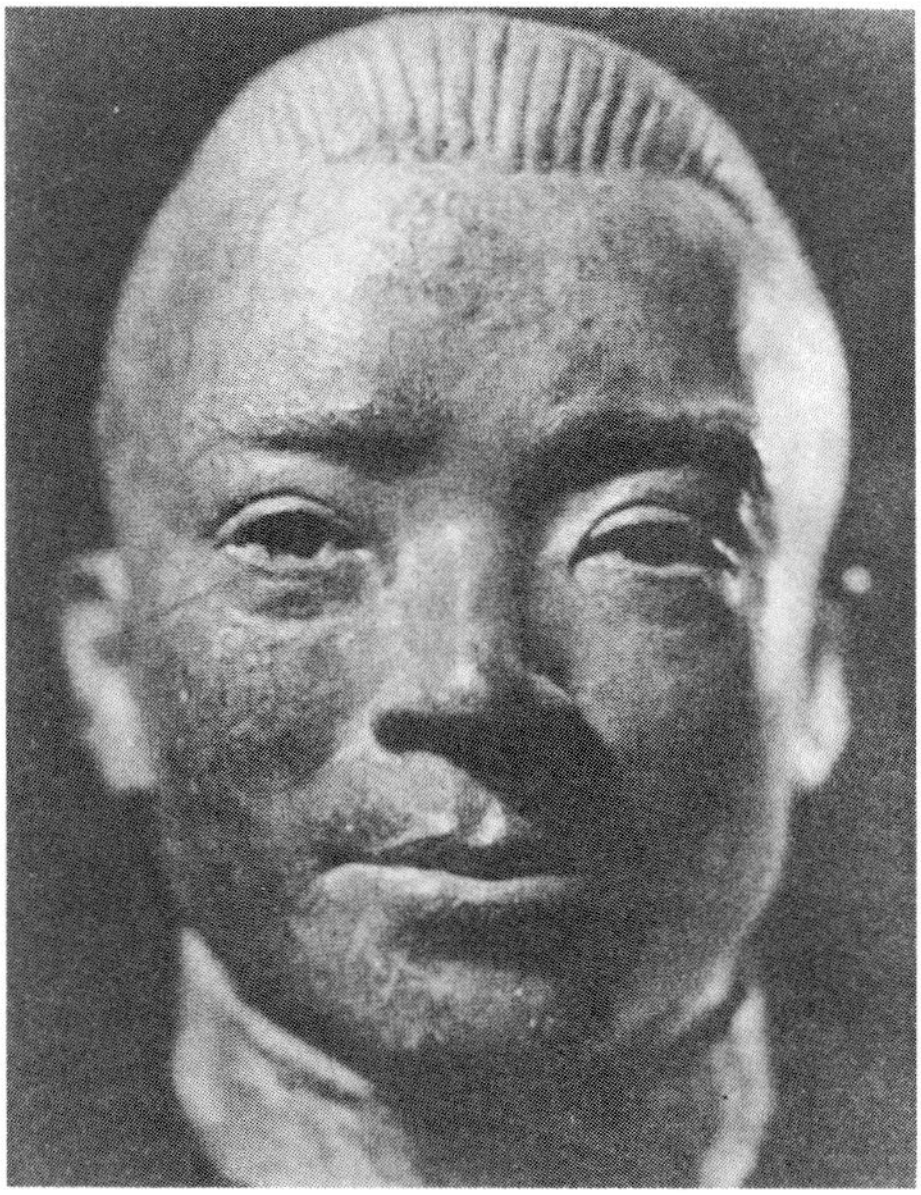

ルシール・スワンによる胡適の胸像

1930 年代初期に北京で作成。（雑誌『亜細亜』（*Asia*）1935 年 5 月号、139 頁に掲載されたサージ・ヴァルガソフ撮影の写真）

戦後の胡適への戯画

左の語は国民政府と関係を持ち始めて以来の胡適の名声の低下を述べている。

胡適
五四運動、早くに切っ先をあらわし、
独立評論、また広くいきわたれり。
一度大使になるも、瞬く間に黄粱《つかのま》の夢と成る。
あやまりは相変らず、いまは村塾の先生か。

（注）猢猻王は学究を嘲ることば。猢猻（サル）は童子、その師を王に喩えていう。

（上海の『鉄報』に掲載。*Shanghai Weekly Review*, 1947 年 3 月 31 日、377 頁に転載されたもの）

晩年の胡適

（1957 年李和生撮影、
中央研究院近代史研究所胡適紀念館提供）

胡適　1891-1962　目次

第七章　上海　一九二七―一九三〇　305

第八章　再び北京に戻る　一九三一―一九三七　343

胡適

1891-1962

中国革命の中のリベラリズム

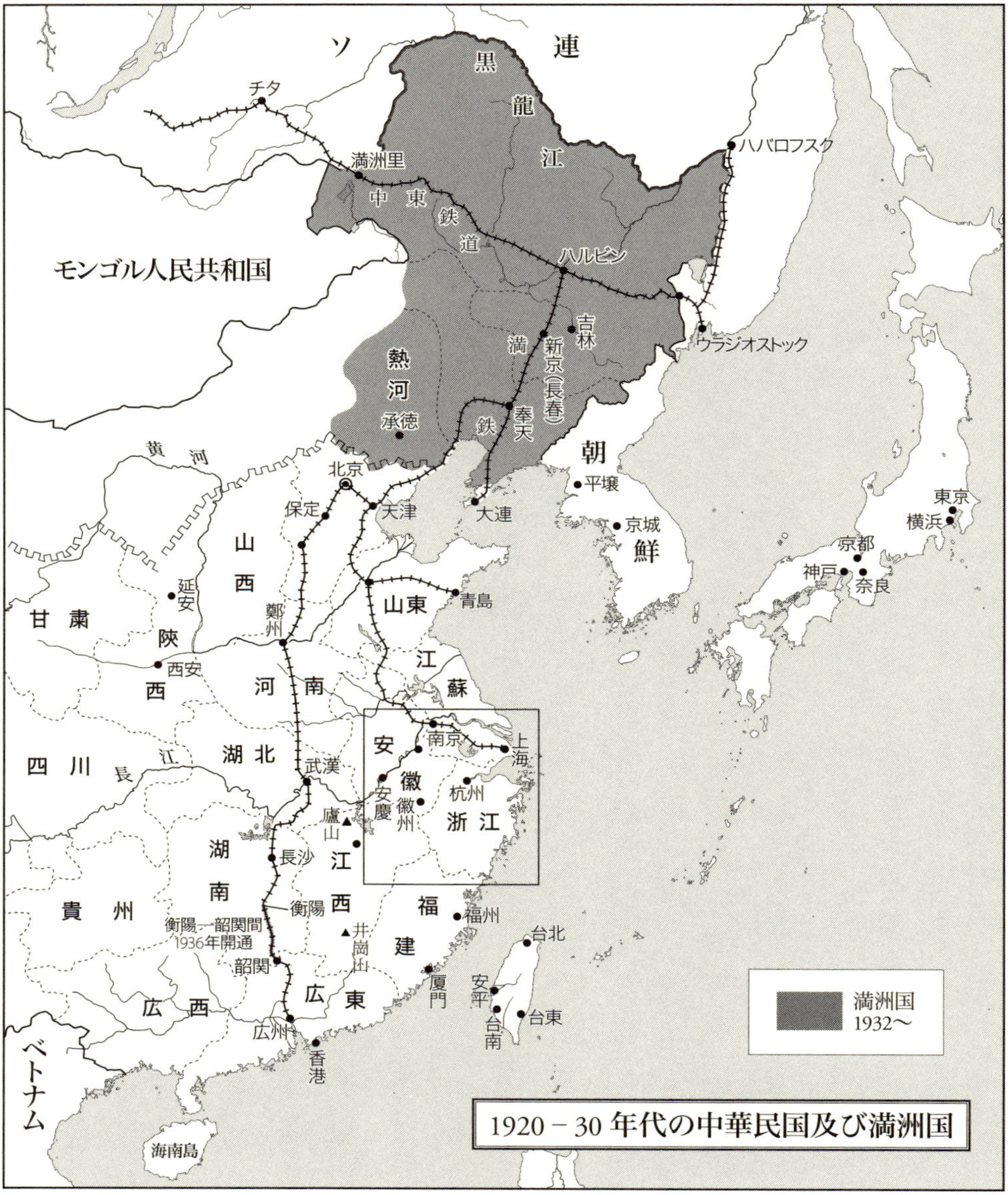

1920－30 年代の中華民国及び満洲国

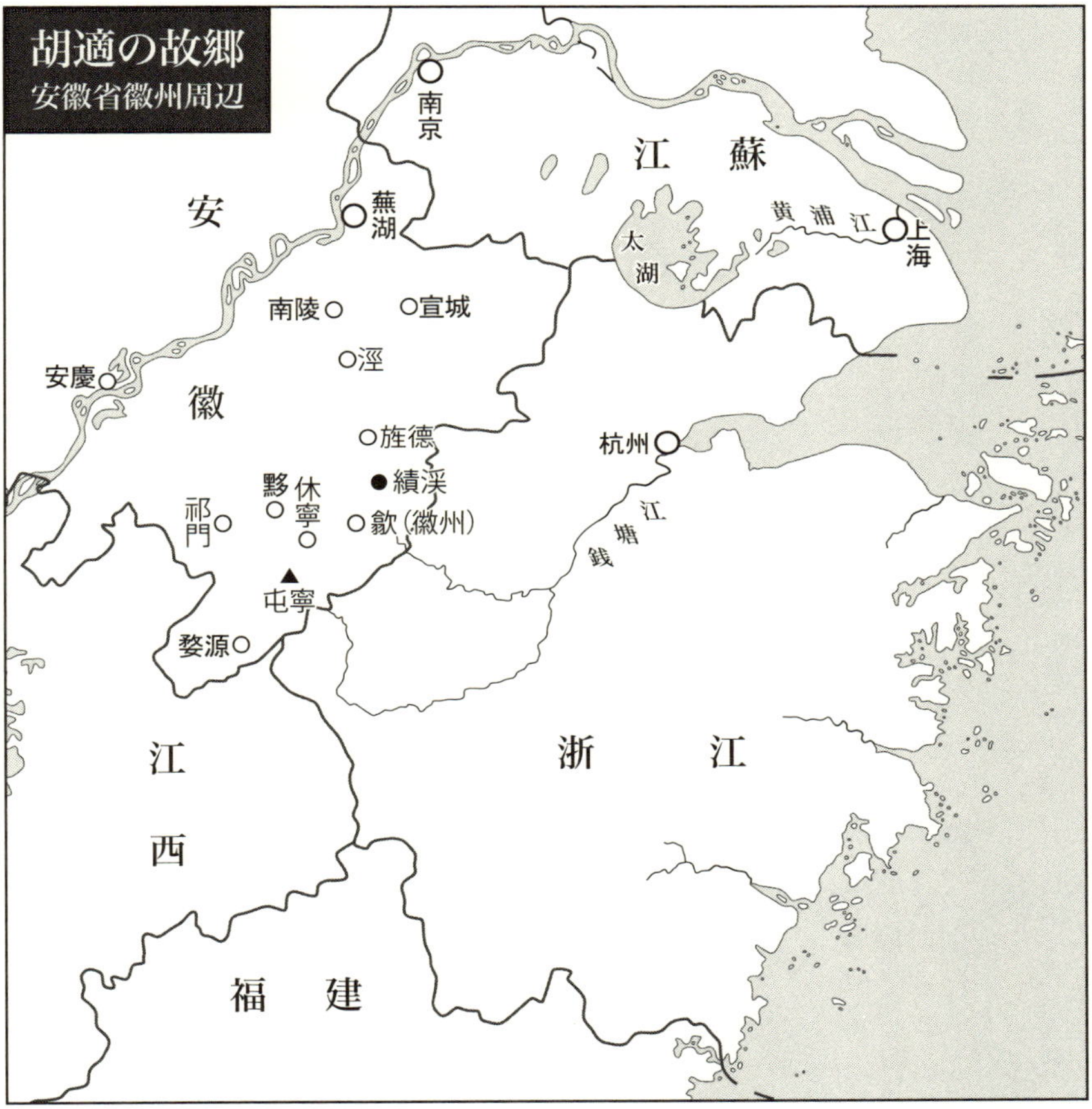
胡適の故郷
安徽省徽州周辺
南京
江蘇
安
蕪湖
黄浦江
上海
太湖
南陵
宣城
涇
安慶
徽
旌德
杭州
黟
休寧
績渓
祁門
歙（徽州）
銭塘江
屯寧
婺源
江西
浙江
福建

凡例

一、本書は、Jerome B. Grieder, *Hu Shih and the Chinese Renaissance; Liberalism in the Chinese Revolution, 1917-1937*, Harvard University Press, Cambridge, Massachusetts, 1970. の全訳である。

一、訳注は＊印で示し、適宜、本文・段落末に入れた。

一、（ ）は、原則として、原書にある語句と（ ）を示す。［ ］は訳者が読者の便宜のために付け加えて補った注と文である。

一、各章の中の「小見出し」は原書には無く、読者の読みやすさを考慮し、訳者が付け加えた。

一、地図・年表・関係人物注は原書には無く、訳者が付加したものである。

一、胡適の中国語文章などの中文資料の原書引用部分は、原書の英文を参考にしつつも、中文原文に依拠して訳した。そのため、英文では省略されている部分が訳されていたり、英訳と若干ニュアンスの違いが出たところがある。「訳者解説」を参照されたい。

一、原書においてイタリック体で示されている語句については、原則として、傍点を付した。

一、人名などの固有名詞で言語（英語）を併記した方が良い場合、また訳文で漢語・英語を示した方が理解に資する場合は原語（英語、漢語）を併記した。

序

本書は胡適（一八九一―一九六二）の思想についての研究である。また近代世界に対して中国が思想的に応答しようとするためにかれが行なった努力についての研究である。だから、本書は思想的伝記の部類に入れられるのだが、わたしはこの事実を認めるのにある種の不安を抱かない訳にはいかない。というのは、思想的伝記というのは傲慢な企てであるからである。思想を取り扱う伝記作家は、その主人公が何を言ったかを語るだけでなく、なぜそう言ったのか、その言葉を思想に関連付け、ある程度は思想を行動に関連付けて語るように努めなければならない。一つの人生の認識できる諸事実が、綿密な調査と評価のためにはっきりと語られるだけでなく、それらの事実を結び付けて凝集性のある生き生きとした全体にまとめ上げている、不可視の、そしてしばしば感知し得ない一連の動機もまた語られなければならない。そうした再構成を試みるには、作家による主人公の内奥の核心への侵入が想定されるであろう。そうした深い関係は、作家が主人公の人生に感情的に深く入り込むこと無しにはありえないものである。だから始めに、わたしがそれを自覚している限りにおいて、自分の偏見を読者に告げておくのが妥当というものであろう。

わたしが初めて胡適を見たのは、一九五五年の春だった。そのときかれはハーバード大学の東アジア地域研究プログラムの会合で講演をしていた。かれの演題は「現代中国の思想革命」というものだった。それは、未熟な大学院生だったわたしでさえ、その問題の重要性を知っていたものだったし、かれが論じようとした歴史において胡博士が特別な地位を占めていたことも良く知っていた。わたしはまた最後には、かれが他のすべての人々が犯してしまった政治的、思想的な誤りについて語り、自己弁護の釈明に一時間の大部分を使っても、その題目を十分に論じられなかったのではないかと疑うほどには知識を持っていた。わたしはその晩から、講演者の都会風な穏やかさへの正しい理解を脇に押しやり、そのような勝手気ままな人物をリーダーの一人とするような思想改革運動の研究をしようなどとは少しも思わなかった。

もし、中国の共産主義者たちによる胡適の生活と仕事に対する攻撃がまさにそのピークに達していて、それがわたしのゼミナールの研究テーマとして適当なものでないかとそれとなく示唆することが無かったならば、わたしはあの最初の出会いから後も、おそらく胡適を完全に忘れ去っていただろう。北京のイデオローグたちの反胡適の論戦を読んでみると、それは必然的に、かれらがその批判の標的にした思想と行動について調べてみることにわたしを導いていったのだった。胡適が一九一七年から一九三七年にかけて中国で発表した意見について、そしてそれらを取り巻いていた環境についてより詳しく知るようになるにつれて、わたしの初めのかれへの厳しい評価は軟らかくなり始めた。わたしは後にはさらに台湾で、胡適とかれの世代の他の人々に負わせられた心理的負担の重要性に気づき始めた。これらの人々は、胡適自身の場合と同じように、かれらが生涯で為し遂げたことをしばしば暴力的でひどい人身攻撃的なやり方でもって否定されるのを自分の目で目撃したのだった。もし胡適が、その人生の末尾において、それ以前のより幸運な時代に獲得した名声を自惚れ強く誇示するような人を失望させる人であったとしたら、わたしは思うのだが、かれもまた深く失望させられた人だったのだ、と。以前のあの時代と環境の中で、かれが発言しなければならなかった多くのことは、鋭く本質的なもので、余り劇的でない言い方で語られているが、勇気あるものでさえあった。わたしは本書においてわたしがこのように考えた理由を明らかに出来ることを願っている。わたしは、この研究は単に胡適をかれの批判者から、少なくとも共産中国のすべての批判者――かれらの考えは一九五〇年代半ばに沢山出版されたが、それは本書の付録に入れておいた――から守ることを意図しただけのものではない、ということを付け加えておかねばならない。胡適の思想はそれ自身の権威によって注目に値するものである。そしてその評価こそが、わたしがここでかれの思想に表そうとしたものなのである。

胡適は学者であった。教育活動とその仕事からすると、哲学者、より正確に言えば哲学史研究者で、そして余技から見ると中国文学史の研究家であった。しかしかれはまた幅広い関心を持った人で、かれの生きた時代の生きた問題について自分の考えを持った人だった。かれは自分の考えを聞いたり読んだりしたいと思う人とは、誰とでも考えを共有することを自分の義務だと感じていた。本書は胡適の学術についての本ではない。あるいは中国伝統のある側面の意義について、その現代的理解を発展させたかれの極めて重要な貢献についての本でもない。わたしは胡適が中国の過去について語ったその有効性や効力を評価しようとしたのではなく、かれが現代世界とその中における中国の位置について、同時代の意見をどのようにして創り出そうとしたのか、そのやり方の価値を見極めようと思ったのである。わたしの狙いは、一九二〇―一九三〇年代に中国人たちの前に立ちはだかった大きな社会的、政治的、思想的な問題についての胡適の考えの経歴を示し、そして人間がその環境・その文化ととり結ぶ関係について、歴史と文化の転換の性質について、中国がそれに参入するよう強制された新時代における中国の運命について、かれはなぜあのように語ったのかを理解しようとすることだった。

これらの普遍的に重要な問題についての意見で、胡適は、かれの友人たちと同じように敵人によって、つねに「自由主義的」観点だと性格づけられた見解を発表した。この名称を受け入れるには十分な理由がある。だからわたしはこの名称を使用した。しかしこの曖昧で乱用された術語の意味に何が込められているかという定義をこの時点で提示することは差し控えておく。自由主義（リベラリズム）が意味するものについての普通の理解は十分に存在しており（個人を政治的に最高の地位に置くこと、法の支配、政治過程の合理性という点）、この一般性のレベルにおいては如何なる概念の定義も与える必要はないと思う。自由主義が胡適の思想とかれの時代の特殊な文化において何を意味したかについては、以下の頁の記述で十分な（たとえ試験的なものであろうとも）回答が与えられるだろうと、わたしは信じる。

胡適の主張はかれ自身のものだった。かれは彼の時代の政治運動の内側あるいは外側で正式に組織されたいかなる「自由主義」集団や党派のスポークスマンではなかったし、かれもまたその代言人だと主張しなかった。しかし、かれの見解はしばしばその名が本書に表われる人々の考えと一致し、かれらに影響を与えたようだ。だから、中国自由主義者を一つのグループとして語ることがしばしば自然なことになるのである。とくに一九二〇年代以後、胡適が思想的な仲間意識を持った人々の大部分は、かれと同じような経験と職業を持った人々だった。多くは教師、学者、あるいは政治評論家だった——少なからぬ人は胡適のように三者を一身に兼ねていた。かれらはヨーロッパや合州国の大学で教育を受けていた。かれらは特に優れた知識人で、コスモポリタンで、中国の田舎よりは大学のキャンパスや大都市を最も居心地よく感じていた。かれらは洗練された思想家で、文盲で知的には受動的な農民大衆に向かってかれら自身の考えを語るのではなく、文字が読めて、感化されやすく、考えをはっきり述べられる中学や大学の学生たちに向かって話しかけた。わたしは本書の何箇所かで、胡適の思想がこの大きなグループの考えの代表だった程度を示そうと試みた。そして時折、自由主義者を一つの集団として語ったのだが、これらの人々が実際そうであったよりも強くかれらの集団的アイデンティティを意識していたという印象を与えないようにと、わたしは願っている。

わたしは当然にも、現代中国の歴史が胡適の思想の研究の中で十分に語られている、あるいは語ることが出来る、と主張しているのではない。十分な叙述がなされるときには、胡適がそうであった（あるいはそうであったと思われる）よりももっと、中国の人民の悲惨さへの人道主義的な関心によって衝き動かされ、そして憤激の意識がかれよりも当然もっと深かった人々を含めなければならない。その中には、大衆教育と郷村建設運動、あるいは生産者協同組合〔合作社〕の建設などの、大衆の貧困や病気、無知などの悪性の力に対抗する日常的な闘い、それを胡適は抽象的なレベルでしか知らなかったが、それに巻き込まれ加わった人々を含まなければならない。

だが、この物語が開かれるにつれて、わたしたちは、現代の自由主義の核心に近いところに存在している多くの価値に対して敏感で、それを理解している精神に向かい合っているのであり、そしてわたしたちは、理想――その理想は今日においてもなお多くの人々の愛してやまない切望として残っているのだが――、それを倦むことなく独創的な思想に富んで語る一人の人物と一緒にいるのだ、ということが明らかになるだろう。それは全体として悲しい物語である。それは部分的には、二十世紀前半の中国の歴史のより大きな悲劇によって充満させられているからであるが、またそれ以前に暗示されていたもっと個人的な理由のためでもある。そしておそらく、アレクサンドル・ゲルツェンが一世紀以上も前に書いたように、「理性はつねに屈しなければならないだろう。理性はつねに重視されないであろう。それは北極光オーロラのように広い範囲を照らすが、それ自身としてはほとんど存在しないのだ。理性は最後の努力である。進歩がめったに到達することが出来ない頂上である。だから力強いのだが、拳には耐えられないものなのだ。」という理由からである。(1)

（1） Alexander Herzen, *My Past and Thoughts : The Memoirs of Alexander Herzen*, trans. Constance Garnett, rev. Humphrey Higgins (New York: Alfred A, Knopf, 1968), III, p. 1218.

わたしは、初めは博士論文に、そして最後に現在の研究書に至ったこの研究を始めてから、多くの人々から多大な援助に恵まれた。ここですべての人々十分にお礼を申し述べることは不可能だが、何人かの人については述べない訳にはいかない。

わたしは、ジョン・K・フェアバンク教授に感謝の念を表す機会を終に得ることが出来たのをうれしく思う。わたしが近代中国史の研究を始めて以来、教授がわたしに与えてくれたすべてに対し、感謝している。人を挫けさせるようで、かつまた夢中にさせるこの分野の一研究者の前に立ちはだかった問題への、誤ることのない洞察、とりわけ一貫して変わらぬ善意ある激励に感謝する。それ無しには本書は書き上げられなかったであろう。わたしはまた、ベンジャミン・I・シュウォルツ教授に深く感謝する。かれの教えと学識はわたしにとっては、思想と歴史の中における思想の位置についての研究をする際の鋭敏さや、統合性、節度というものの模範を示してくれた。もう一人の前任指導者であったL・S・楊《ヤン》教授には、多くの事実と翻訳について正確な助言を与えていただいた。わたしはまた、C・マーチン・ウィルバー教授に感謝する。かれは親切にもコロンビア大学の口述歴史プロジェクトのアーカイブの中の未公刊資料を使用する許可を与えてくださった。それ無しには、胡適の人生のきめ細かなことについての理解はもっと貧困なものになっていただろう。

それらの教示が無かったならばわたしは見過ごしていたかも知れない資料へ導いてくれたこと、互いに関心のある問題についてかれらの考えをわたしと共有してくれたこと、あるいはわたしの考えとその表現について必要な批評をしてくれたことに対して、つぎの人々に感謝したい。ドロシー・ボルグ博士、張仏泉教授、周策縦教授、ベッツィ・フィッツジェラルド女史、マイケル・ガスター教授、スタンレイ・グリフィス氏、タマラ・ハレヴァン教授、ジョン・イスラエル教授、林毓生教授、アレン・B・リンデン教授、モーリス・マイスナー教授、デヴィッド・D・ロイ教授、イルウィン・J・シュールマン教授、そして殷海光教授、である。わたしはバリー・キーナン博士がジョン・デューイの中国での講演についてのかれの研究成果を使用できるように提供してくれたことに感謝したい。

わたしのブラウン大学の同僚、リー・E・ウィリアムスとスーザン・ハン・マルシュ博士は原稿を全部読んで多くの貴重なコメントをしてくれた。ブラウン大学ロックフェラー図書館のドロシー・ディ女史と蔣愛民氏は、最終段階での研究の負担を軽減するため多くの助力を与えてくれた。父のポール・A・グリーダーは、原稿の細心の検査をすることを引き受けさせられたが、かれの申し分のない英語センスから裨益を受けた。最後に、わたしは言葉では表現できないほど妻のエルザに負っている。終わることのない没頭になるだろうと突き付けられた仕事に、そしてその他の多くのことに彼女が示した忍耐強く快活な辛抱に多くを負っている。

研究と本書執筆のさまざまな段階で、わたしはフォード財団、大学間中国人職業訓練プログラム、社会科学研究協議会の現代中国に関する合同委員会、ハーバード大学東アジア研究センター、ブラウン大学の夏季給費委員会から経済的支援を受けた。

本書は、ここで述べた諸個人と諸機関、および他の多くの名前は出さないが忘れることのできない人々の助力が無かったならば、陽の目を見ることは出来なかったが、言うまでもないことだが、かれらの誰も、わたしが述べた見解、あるいはわたしが犯したかもしれない事実誤認や判断の誤りについては、いかなる意味でも責任はない。

ジェローム・B・グリーダー

プロビデンス、ロード・アイランド州、一九六九年九月疑いなく、わたしたちはすべての誤りを打破しなければならないが、しかしそれを短い間で無くするのは不可能であるから、わたしたちは慎重な建築家を真似なければならない。かれは建物を壊さなければならないとき、各部分がどのように互いに結びついているかを理解して、その破壊によって危険にならないようなやり方で破壊を行うのである。

——コンドルセ

服従は終るべきで、反抗が開始されねばならないその分界の理論的な線というのは、おぼろげで、曖昧で、だから簡単には定義できない。それは一つの行為や一つの出来事が決めるものではない。実際、それが思い出されるようになる前に政府は罵倒され、狂わされていなければならない。そして将来の見通しが過去の経験と同じくらい悪いものでなければならない。物ごとがそのようにひどい状況にあるときには、病弊の性質が人々に治療法を指し示すことになる。その性質が窮地において人々に、この危険で、不確かな苦い一服の薬を狂った状態に投与する資格を与えるのである。時勢と出来事と挑発がかれら自身のなすべきことを教えるであろう。賢い者は事件の重大さによって決めるであろう。怒りっぽい者は抑圧に対する感覚によって決めるだろう。高尚な心を持った者は卑劣な権力乱用に対する軽蔑と憤激によって、勇敢で大胆な者は、高貴な理想への栄誉ある危険への愛情によって決めるだろう。しかし正しさを持っていようがいまいが、革命というのはまさに考える者と善良な者の最後の手段なのである。

——エドマンド・バーク

第一部　ある中国人知識人の教育

わたしは探求の心を持っているし、忍耐強く判断を留保する能力、喜んで沈思する能力、賛同するにも注意深くする能力、喜んで誤った考えを正す能力、良心の痛みを持って自分の考えを改正する能力を持っている。わたしは目新しいものに憧れない。古代の遺物も盲目的に崇拝しない。如何なるかたちの詐欺もわたしは心から嫌う。

——**フランシス・ベーコン**の『自然の解釈』序言

本書の註で使用される文献の略号

CPR: C	*Chinese Press Review: Chungking*（重慶）
CPR: N	*Chinese Press Review: Nanking*（南京）
CPR: P	Chinese Press Review: Peiping（北平）
CWR	*The China Weekly Review*
HGS	*Hsin Ch'ing-nien*（『新青年』）
HSWT	*Hu Shih wen-ts'un*『胡適文存』（1921）
HSWT II	*Hu Shih wen-ts'un , ti-erh chi*『胡適文存』第二集（1924）
HSWT III	*Hu Shih wen-ts'un , ti-san chi*『胡適文存』第三集（1930）
HSWT IV	*Hu Shih wen-ts'un , ti-ssu chi*『胡適文存』第四集（1953）
HY	*Hsin yüeh*『新月』
KHYJSK	*K'o-hsüeh yü jen-sheng kuan*『科学与人生観』
NCH	*The North China Herald*
NLCP	*Nu-li Chou-pao*『努力週報』
TLPL	*Tu-li p'ing-lun*『独立評論』

第一章　初期の頃　一八九一―一九一〇

　一八九〇年代の上海は二つの世界からなった都市だった。はじめに古い中国人の街があった。それはまだ城壁に囲まれ城門が付いていた。狭く曲がりくねった路地が続くごみごみした地区の真ん中に、孔子廟と、その地方の治安判事と道台［地方長官］の衙門があった。この二つの場所は思想的な正統性と帝国の権威の象徴だった。この古い街の外の南側と東側を黄浦江が流れ、その川に沿って埠頭と倉庫が広がっていた。それらは、日々その数を増しつつある工業的な企業とともに、上海が商業的に傑出した地位にあることを示していた。中国人の街の北と西には外国人の家庭と企業を保護しているフランス租界と共同租界があった。かれらは半世紀ほど前にここにやって来たのだが、上海の性質と中国の運命を大きく変えてしまった。

　この二つの世界の間の、中国人街の東の門の外にあった一軒の家で、一八九一年一二月一七日に胡適は生まれた。だがかれは、このどちらの世界に対しても自分のものだという権利を主張しようとしなかった。かれの世界は中国だった。しかしそれは、城壁が崩れ続け、狭い路地が広い大通りに屈しつつあった中国、流浪する軍隊の兵士たちが孔子廟に宿営し、そして王朝官僚《マンダリン》［満大人］の記憶のみがなお衙門の庭に残されていた中国、それら以外の中国だった。かれの世界はまた西洋でもあった。しかしそれは、境界線に囲まれ、用心深く遮断された上海の外国人租界の西洋ではなく、黄浦江がその濁った水を注ぎ込んでいる大洋の彼方に横たわる眼に見えない西洋だった。

祖郷安徽省徽州・父胡傳と母の教育

胡適は胡傳《こでん》（字は鉄花、一八四一—一八九五）の一番下の息子だった。胡傳は清朝の小官吏で、息子が生まれた時、かれは上海地区の釐金《りきん》の関所〔国内通関税の徴収所〕の検査員、つまり貨物通過税の収税員として勤めていた。胡家の祖先の家は、安徽省の東南の浙江省境に近い山地にある*徽州府績渓県の上庄という村にあった。徽州の男たちは徽州商人として有名だった。そうした世評を得たのは貧しさからで、ここの土地は大部分が荒れて痩せていて、土地に頼っては人々の生活を養いきれなかったからだった。徽州の多くの家は父親や兄弟、あるいは息子たちが外地から家に送ってくる金銭で生計を立てていた。かれらは他所で、徽州の有名な産物——墨やニス、とくに茶葉——の商売をしていた。上庄の胡氏一族は何世代にもわたって茶葉の売買に携わっていた[1]。

（1）上庄は胡氏族の「単姓」村で、徽州府績渓県の行政の中心から北に五十里（二十五キロ）程の所に位置している。太平天国の反乱の前の十九世紀半ばに村の人口は約六千人だった。これには外地で商売に携わっていて、実際は村に住んでいない人々が入っている。太平軍が通過した後の一八六五年までに上庄の人口は千二百余人にまで減少した。胡適「胡適博士の個人的回想」（唐徳剛によって収集編纂されたインタビュー。胡博士自身の手書きの訂正がなされている、一九五八年。コロンビア大学口述歴史プロジェクトのアーカイブのタイプ原稿）、九、一二、一七頁（以後、『口述歴史』として引用する）を見られたい。
　ある資料によると、この村のもっとも著名な人物の五十歳の誕生日が近づいた一九四〇年に、村名が「適之村」に変えられた。『績渓県志』（台北、一九六三）七二三頁。

＊英文原書は Hui-chou, 索引四〇一頁に「Hui-chou 惠州」とあり、中文訳書も「惠州」としているが、「徽州 Hui-zhou」の誤り。歙県、休寧、婺源、祁門、黟県、績渓の六県を管轄した（地図参照）。

徽州は貧しい所だったが、著名人を生まなかったわけではなかった。その中で最も有名な人物が十八世紀の学者で哲学者の戴震《たいしん》（一七二四―一七七七）だった。その時代に、かれは漢学の最も偉大な主唱者で、宋代・明代の思想家によって曖昧にされていた周代・漢代の経典の原意を取り戻そうとした儒教改革者だった。戴震は徽州のすこし南にある休寧の生まれだったが、一七四〇年代に徽州で学問研究をしたことがあり、かれが去った後も徽州にはその影響が残って感じられていた。かれの弟子の中に「績渓三胡」(2)と呼ばれる人たちがいる。かれらは十八世紀後半と十九世紀初期に漢学に優れた貢献をした人たちである。後年、胡適自身が績渓県で最も名声を博するようになった後、かれの名前は時折この三人と結び付けられた。だが実際は、胡適自身の氏族は別の血統だった――その氏族の祖先は唐の皇室にまで遡れるという(3)――。それに、かれが思想的に受け継いだのは漢学ではなく、父親が宋代の哲学者［宋学］を愛好したことによって形作られたのであった。

（2）かれらは胡匡衷（字は樸斎）、胡培翬（字は載平［屏］）、胡春喬の三人である。胡匡衷は、「年功の徳による帝国学士」という名誉的な位階より上に昇ることはなかったが、十八世紀に広い名声を得ている。かれの著作のなかには井田制についてのいくつかの研究がある。胡培翬はかれの孫で、一八一九年に進士に合格し、多くの官職で公務を勤めた。かれも多産な学者だった。かれが得意だったのは、儀礼の経典についての校勘だった。胡春喬の身分、かれと三胡の他の二人との関係、かれの学問関心や為し遂げたことについては、清朝時代の標準的な列伝集をざっと調べてみても、いかなる情報もみつけられない。

（3）李敖『胡適評伝』（台北、一九六四）、一〇六、一二三―一二四頁。

胡傳は多難な時代に成長して大人になった(4)。かれは子供の頃、商売で地方に出かける旅の中で手に入るような教育しか身に付けることができなかった。かれは時折商売で遠く上海の長江の向う岸の川沙県にまで出かけて行った。かれの家はそこに一軒の茶荘を持っていたのである。一八六〇年代の初め、胡傳が二十歳台だった頃、地方の匪賊の群れが加わって勢力を膨れ上がらせた太平天国の反乱者が績渓県の周辺を繰り返し攻撃した。数年間、胡傳とかれの家族は常に差し迫った危機の中で生きていた。一八六四年、太平軍が績渓県の南の山中にあった胡家の避難用の砦を急襲したとき、かれの最初の妻は、「彼女の名誉を守って」という表現が与えられるようにして死んだ〔節烈〕。胡傳も身一つでかろうじて逃れたのだった。

（4）この部分の胡傳の人生についての記事は、主に張煥綸「胡鉄花先生家伝」によっている。この文章は一八九〇年代に書かれた故人略伝で、胡傳の写真を載せている。『台湾記録両種』、胡適・羅爾綱輯（台北、一九五二）所収。

この反乱が最終的に鎮圧された一八六五年になって、胡傳はようやく府試に臨むことができた。かれがそれ以前に受けた教育はでたらめなものであったけれども、この試験でかれは成功して合格した。かれはこうして政府から学者給付金を受け取る資格者〔生員〕になった。しかし、その後かれは何度も繰り返し挑戦したけれども、官僚としての出世の道を切り開く省での試験〔郷試、挙人の試験〕は決してうまく通ることはできなかった。十五年の間、かれは自分のエネルギーを績渓県周辺のさまざまな再建事業に注ぎ込んだ。それらは反乱の間にひどい破壊を蒙っていたのである。かれは監督者として一族の祖廟を再建したが、この責任をかれは十年以上も担い続けた。そしてまた、かれは地方の郷紳指導者の一員として、かれらとともに儒教書院の回復の責任を引き受けた。一八六六年にかれは再婚した。かれの二度目の妻は一八七九年に亡くなるまで、かれに三人の息子と同じ数の娘を産んでくれた。

このように胡傳には市民的責務や家庭の責任があったにもかかわらず、かれは一八六〇年代後半に上海の龍門書院で短期間学ぶ時間を見つけ出した。この書院は、太平天国の反乱の直後に政府が行った儒教教学機構の回復の試みの一環として一八六四年に丁日昌*が開設した学校だった。胡傳がのちに一番下の息子に伝える宋学の伝統に触れたのはここでだった。またここで、かれは地理に関して強い関心を持つようになった。この地理への関心が一八八一年、かれの家庭に対する責任が少し軽減されたとき、かれを単身で東北の辺境の省に出発させたのだった。満洲でかれは、吉林の辺防機構の責任を負っていた清朝官員の呉大澂《ごだいちょう》（一八三五―一九〇二）の関心を引くことにした。胡傳はかれに紹介状を持っていったのである。(5) 呉大澂の後楯で、胡傳はやっと下級文官職の経歴を開始することが出来るようになった。

（5）呉大澂（一八三五―一九〇二）については、Arthur W. Hummel, ed., *Eminent Chinese of the Ch'ing Period* (Washington, D. C., 1943), II, pp. 880-882. を見よ。

＊丁日昌（一八二三―一八八二）、広東省豊順の人、貢生、曾国藩・李鴻章の下で上海の洋務を担当、一八六五年に蘇州松江太倉州道員。

かれがはじめて正式な任命を受けた一八八二年から、一八九五年に死去するまで、胡傳は多くのさまざまな能力で帝国に仕えた。かれは一度あるいは再度、土地の開墾や貧民の救済、戸籍調査、地図の作成、国境の辺境地域の調査に携わっている。かれは学監として、兵営と防御施設の巡視官として、また塩務局の役人としても仕えた。かれは吉林省、江蘇省、そして最後に台湾で省行政の地方と部局の業務の民政・軍事両部門の職務を歴任した。かれの伝記作者は、かれが勤務した地ではどこでも、人々がかれの周囲に集まって来た。そしてかれは物惜しみしない気前のよい手本を示して、金持ちたちが「互いに競い合って金銭を喜捨する」ようになった、と述べている。また、かれが通りかかると、追剥強盗たちも馬から降りてかれに叩頭《こうとう》した、かれがある地方に現れるだけで、そこの匪賊と山賊を追い払うことが出来たとさえ述べている。どちらにしても、胡傳が並はずれた活力と豊かな資質を持った人物であったことは疑いないように思われる。

一八八九年、河南省の鄭州地区で堤防の修理工事の監督の仕事をしていたとき、かれは短い休暇を取って家に帰り、三度目の結婚をした。かれの花嫁は旧姓を馮順弟《ふうじゅんてい》と云った。中国人はこれを歯に衣を着せずに「填房（後妻を娶る）」というが、読み書きのできない農民娘で、夫よりも三十二歳年下だった。かれの晩年のこの連れあいは、かれより十分長生きできるほど丈夫だった。かれらの年齢と成長背景の違いは大きかったけれども、かれらの短い結婚生活は愛情と尊敬によって確かに幸せなものであった。胡適はこの結婚で生まれたたった一人の子供だった。かれが生まれた時、母親は十八歳、父親は五十歳だった。(6)

（6）胡適の母親は上庄から少し離れた中屯という村の生まれだった。彼女の教育環境については胡適の『四十自述』（上海、一九三三）の第一章に詳しく述べられている（以後、『自伝』として引用する。全ての参考資料は一九五九年台北版に拠る［邦訳は吉川幸次郎訳『胡適自伝』昭和二十一年、養徳社］）。胡傳との結婚は彼女が自分で決めたことだった。両親の貧しさ、自分の年齢、そのとき彼女は十七歳で、もっとふさわしい結婚を整えることが出来る年齢を少し越えていたこと、これらをよく考えてのことだった。

　胡傳の最初の妻も旧姓を馮と云ったが（一八六〇年結婚）、子供を産まずに、一八六二年に太平天国の反乱軍による襲撃の間に死んだ。かれの二度目の妻は曹と云った（一八六六年結婚）。彼女はかれに一八七一年に長男の洪駿（こうしゅん）を、一八七八年に双子の兄弟の洪騅（こうすい）・洪駓（こうひ）を生み、また三人の娘を生んでくれた。娘たちの名前と生年は張煥綸［前掲「胡鉄花先生家伝」］にも記録されていない。妻は長い病気の後に一八七九年に死んだ。長男と少なくとも娘たちの内の一人は、胡適の母親よりも年長であった。次女は子供の頃に他家に出され、貰われていったので胡家の成員ではなかった。しばらくの後、おそらく胡傳の死後に、双子の兄弟の弟の方もこの家族の傍支の血脈を継続するために外に養子に出された――これが胡適の中国の家族生活についての若い時の考えを形作るうえで影響を与えた環境であった。こうした中国の慣習と家族優先を保っている中で、胡傳の最も若い息子が一八九一年に生まれた。この子は洪騂（こうせい）と名付けられた。胡適という名は自分で選んだもので、一九一〇年に受け入れて以来ずっと使用した。以下の注(47)を参照。張煥綸「胡鉄花先生家伝」と李敖『胡適評伝』第一章を参照のこと。

　一八九二年の初め、胡傳は新しく出来た台湾省の巡撫の邵友濂《しょうゆうれん》の求めで、上海から台湾に移動させられた。一年後に、妻と息子が台湾でかれと合流した。そして一家は、日清戦争が勃発して間もなく胡適の母が息子を連れて績渓の実家に帰るまで、台湾で共に暮らした。胡傳はそのまま台湾東岸の台東に残った。この島を日本人の支配に引き渡した下関条約が調印された二カ月後の一八九五年六月の末まで、かれはそこで〔台東直隷州〕知州と現地軍指揮官の職務をつづけていた。そのときまでひどい脚気を患っていたので、胡傳は苦労して西海岸の安平〔嘗てオランダ人が築いたゼーランディア城〕に移動した。そこでかれの台湾島からの引き上げは劉永福〔広東人、太平軍敗北後、六五年にトンキンに亡命、六七年黒旗軍を率いフランス軍と交戦、八五年帰国、日清戦争で台湾防衛に当たっていた〕によってさらに引き延ばされた。劉永福は自分の指揮下に相当規模の私的な軍隊を持っていた裕福な中国人軍人で、かれは、そうすれば日本人を未然に防げるかもしれないと、自分は独立した台湾共和国の総統だと宣言していた。胡傳の病状は深刻で、すでに進行性麻痺の症状を示していたにもかかわらず、劉はこの計画に胡の支援を求めようとしたのだった。胡傳がやっと厦門行きを許されたのは八月の半ばになってのことだった。しかしかれは余りにも弱っていて、そこから先の旅を続けることはできず、一八九五年年八月二二日、厦門で死去した。五十四歳だった。

胡適は父親の死の状況について言及したとき、かれを「アジアにおける民主的国家のために犠牲となった最初の人」と呼んだ。(7) しかしこれは特に不適切な判断のように思われる。胡傳はその活力と高潔さにおいて儒家官僚の理想をほとんど一身に体現した中国紳士〔士大夫〕として想起されるのがより適切であろう。かれは帝国行政のために、帝国のまさに辺境に出かけて行ったのである。北満洲から南の海南島へ、そしてついに台湾にまでも行った。しかし胡傳の生涯と思想をちょっと見てみると、すぐに次のようなことに気づく。かれが儒教世界の視野を越えてものを見たり、あるいは次の数十年の間に起きるであろう変化を予見したりしていたことを示す徴候は何一つ存在しないということだ。かれに最もふさわしい墓碑銘は、かれの若い未亡人が日常儀式的にいつも子供に語っていた言葉、お前の父さんは「わたしが知っているただ一人完全な人だったのよ」、というものである。(8) この評は、息子の胡適がかれに与えた評よりもはるかに伝統的な色合いのものである。

（7）『自伝』、一六頁。
（8）胡適「先母行迹」『胡適文存』巻四、一一〇八頁、また『自伝』二八頁を参照。

胡傳が死んだ後、胡適の二十三歳の母が名ばかりの一家の長になった。この家には彼女の息子の外に、胡傳の二度目の結婚で生まれた数人の子供が含まれていた。長男の洪駿《こうしゅん》はかれの継母よりも二歳年上だったが、妻と自分の息子と一緒だった。さらにかれは、放蕩者で、アヘン常用者、賭博常習者だった。かれは一家の次第に小さくなっていく財源から自分の受け取り分以上の金銭を要求した。そのため次男の洪騅《こうすい》——一八七一年に生まれた双子の内の兄——に、上海と漢口にあった小さな商売の管理が任されるようになった。それに一家の生計は依存していたのだった。(9) こうして胡適の母は自分自身と子供の生活を、完全に彼女の継子に頼らざるを得なくなった。彼女はこのような困難な状況に対して自分の人格的な力を示す以外に、なす術は持たなかった。胡適がのちに追憶しているように、それは中国女性の全ての美徳、すなわち謙虚さ、誠実さ、我慢強さ、そして胡傳の早すぎる死によって彼女がその一家の維持を強いられた家に対する強い責任意識、これらがすべて結びついたものだった。胡適の績渓での子供時代は貧困の中で過ごされたのではなく、絶えずおこる家庭内の緊張と財政的不安の雰囲気の中で送られた。ずっと後になってかれは、これらの歳月の次のような情景を思い起こしている。新年を迎える大晦日の毎年の危機についてだが、古くからの破ってはならない習慣によって、この時全部の借金は支払われねばならないことになっていた。

（9）胡家の経済状況についての情報は拡散している。張煥綸は、茶業が数世代にわたる家業だったとしか述べていない。胡適の書いたものによると、かれの父の財産は地方の［茶?］店に投資した少額の金からなっていて、この店が一家を支えるに十分な収入をもたらしていたと言う。胡傳はまた上海の近くの川沙県と上海城内のいくつかの小さな茶荘への投資の利息を相続したらしい。投資額は一八八〇年にはおよそ三千銀元だったようである。胡傳の死後、これらの店の所有者が変わったとき、一家は再び上海と漢口の小さな商売に投資した。それらの商売は二男の洪騅(こうすい)

の管理の下に置かれた。数年の間、かれはこれらの事業で成功したが、結局、悪運とまずい判断が合わさって、かれは打ちのめされた。一九〇八年に上海の店は債権者の手に渡った。一九〇九年に二人の兄たちの主張で、一家の財産がかれら兄弟の間で分割相続された。長男の洪駿（こうしゅん）は漢口の店を自分の取り分として取り、他の兄弟は二、三畝《ムー》の土地と上庄付近の少しの不動産財産を受け取った。漢口の店は一九一〇年にこの都市での革命的混乱の中で失われた。Oral History, p. 17.（『口述歴史』）、『自伝』四六、七八―七九頁、「先母行迹」『胡適文存』巻四、一一一〇頁、Ho Ping-ti, *The Ladder of Success in Imperial China*, New York and London, 1962, pp. 305-307.

上海の学校で学んでいた最後の数年間と、合州国で過ごした全期間のあいだ、胡適は母を養う責任の大部分を負わねばならなかった。かれの留学生日記には何箇所か、悪化しつつある家の財政状況と、自分がもっと支援できない立場にあることへの失望についての言及がみられる。胡適『胡適留学日記』（台北、一九五九）、二二二五、二二二九、二二五五頁など（以後『日記』として引用する）。

共産主義者が勝利した後も大陸に残った胡家の唯一の人間であった胡適の下の息子の胡思杜（こしと）は、一九五〇年に発表された自分の父についての非難の文章で、胡適は「官僚の没落家庭」出身だったと述べている。この文に含まれている道徳的判決は多分に的外れなものだが、しかし家庭の衰落の運命を示唆しているのは状況の実際と正しく符合しているようである。Edward Hunter, *Brainwashing in Red China*, New York, 1951, pp. 303-307. を見よ。そこに胡思杜の自己批判書が *The Hong Kong Standard*, 1950 / 9 / 24. に載った翻訳文から再掲載されている。

毎年大晦日になると我が家にはいつも大勢の借金取立人がやって来た。かれらはみな提灯を手に持ち、大庁［広間］に坐り込んで帰ろうとしなかった。長兄は早くからかれらを避けて外に出かけてしまっていた。大庁の二列の椅子は提灯と債権者たちで一杯だった。わたしの母は大庁を出たり入ったりしながら、大晦日の夜の食事を料理し、竈の神を拝し、お年玉を用意するなどしていたが、これらの人を見たことが無いふりをして働き動いた。深夜近くなって、もう門を閉めようという頃になって、わたしの母はようやく裏門から出ていって、隣の本家の誰かに頼んで我が家に来てもらって、各債権者ごとに少しの銭を払ってもらった。脅したりすかしたりして、この借金取りたちはやっと提灯を下げて出ていった。しばらくして、長兄が門を叩き、家に戻ってきた。わたしの母は今までかれに一言も文句を言ったことがなかった。それどころか正月だったから、彼女は顔に少しも怒った表情を表さなかった。このような年越しを、わたしは六、七回送ったのだった。(10)

（10）『自伝』、三〇頁。

このような状況の下で胡適と母との間の絆が密切で情感に満ちたものだったことは何ら驚くことではない。かれは、彼女を「女性の中の模範」(11)として想い起し、後年いつも恥じることのない心情でもって彼女を語った。一九一八年に彼女は死んだが、その十年後にかれは、「(わたしの母は）わたしというこの彼女の骨肉を持っていたからこそ、辛苦に堪えることが出来た。彼女はその全幅の希望をわたしの渺茫《びょうぼう》としてまだ知ることのできない将来に託したのだ」(12)*と書いた。彼女は胡傳の死後の人生の難しい状況の中で自身の行動で作り上げた手本、個人的な人間関係のなかでの温和さと中庸を永続的に尊重するという態度を息子に伝えたのである。「もしわたしが少しでも良い気質を学んだとしたなら、もしわたしが少しでも人や物に接するときの態度の穏やかさを学んだとしたなら、もしわたしが人を許し人を思いやることが出来たとしたなら、――わたしはみな私の慈母に感謝しなければならない。(13)」

（11）『日記』、二五二頁。
（12）『自伝』、一七頁。［この文に続けて、「このかすかな希望がなお彼女を必死になって二十三年間生かしたのだ。」と書かれている。］
（13）同前、三二頁。

そのほか、胡適にはなお母親に負っているもう一つの恩義があった。胡傳の死後、胡適の教育を厳しく監督したのは彼女だった。そして彼女は、胡適が十代の初めに、かれは績渓県を離れて「現代的な」教育を求めなければならないと強く主張したのである。その追求が最初はかれを上海に至らせ、その後アメリカに連れて行ったのである。しかし彼女はいかなる面でも現代的な女性ではなかった。そして胡適の受ける教育が、かれの母が決して立ち入ることのできない領域をかれに見せるにつれて、かれは自分が深刻な感情的な危機に陥っていることに気づくようになった。西洋思想について知れば知るほど、かれは母親がなお従い、かれにもそれに従うことを望んでいる社会的な行為準則を受け入れることがますます難しくなっていった。一九一四年、コーネル大学とコロンビア大学での学生時代にずっと書き続けていた日記のなかで、かれは、「真理は一つのみである。大目に見て折り合いをつけることはできない。」「どうして他人がそうしているからといって、信じないものを強いて信じ、やりたくないことを強いて行わねばならないのか？」と書いた。こうした態度は、胡適が気づいたように、伝統的な孝行の準則と矛盾した。この孝行の準則というのは漢代の学者・毛義によって例示されていたもので、毛義は、自分は官職を嫌悪していたにもかかわらず、母親を喜ばせるためにその任官を受け入れたのだった。胡適にとっては、この問題はもっと個人的なものだった。それは、農村出身の面識のない少女との婚約という問題だった。この縁組はかれがまだ十二歳だったときに、母親によって伝統的なやり方で決められていたのだった。

ジョン・モーレイのエッセイ『妥協について』(*On Compromise*) がはじめてかれの注意を引いたのは、胡適がこうした難問と闘っていた時だった。かれは後年、この本は自分の性格の発達に影響を与えたものの一つだと大きな意義を与えている。モーレイは、「筆者には、人生における一つの関係、そしてそれのみだが、その他の場合は話すことが正しいところで、わたしたちが沈黙していることが正しいとする関係、というものがあるように思われる。この関係は子供と両親との関係である。……これは勿論、息子や娘が両親に対して優しい心からの愛情を感じているところにおいてのみである」、と書いていた。このように安心させられて、胡適は次のように結論を下すことが出来た。「父母が老いて、ある日突然その信仰するところを失ったなら、それは帰依するところを失ったようで、痛みはどれほどか分からない。人は晩年になると、その見解《かんがえ》を改めるのは容易ではない。われら若い世代が新しい信仰でもって旧い信仰に易《か》えるようにはいかないのだ。」「わたしは家庭のことについては、東方人に従い、社会・国家・政治についての見解においては、西洋人に従おう」[14]、と。一九一七年に中国に戻って間もなく、このコロンビア大学の哲学博士号を手にした人物、胡適は、社会批評家・思想改革者として目覚ましい経歴を開始するために、母がかれのために選んだ少女と結婚するために績渓に戻った。胡適は、かつてかれらがアメリカで一緒に学生生活を送っていたとき、友人のルイス・ガネットに、「わたしたち［中国の若い世代］が導かなければならないとしたら、わたしたちは古いしきたりに従わなければならないのです。」「わたしたちは中間世代、両親と子供たちの双方のために犠牲とならなければならない世代なのです。わたしたちは全影響力を失おうとしない限り、わたしたちは両親が望むように、かれらが我々のために選んでくれた少女と結婚しなければならないのです――わたしたちはおそらくその女性と結婚式のその日まで会うことはないでしょう。そしてわたしたちはわたしたちの子供たちが生きるのに社会をもっと幸福に、もっと健康的にしなければならないのです。それをわたしたち（の世代）の報酬と慰めとしましょう。」[15]と語っていた。

（14）『自伝』、四四二―四四三頁、また四四八―四四九頁を見よ。胡適がこれらの記載で引用した抜粋は、モーレイの「宗教的統一性」の章から引かれたものである。広い意味では、胡適の問題には宗教的な面の問題もあったのだが、より直接的にはかれの結婚問題だった。

（15）Lewis Gannett, "Hu Shih: Young Prophet of Young China," *The New York Times Magazine* (1927 / 3 / 27), p. 10. 胡適の結婚についてはは本書付録Aを見られたい。

かれの母親の忍耐はかれにモデルを提供したけれども、胡適にとっての忍耐と妥協の本当の試練は、母親に対する尊敬・愛情と、かれ自身が新たに見つけた信念の指図するところとを調和させねばならないことだった。かれがそのような調和を達成することに成功し、それにもとづいて行動したこと、そのことが、ある程度その後のかれの中国の伝統に対する批判の特性、すなわち思想的には妥協しないが、かれの同僚の多くが偶像破壊で示したような感情的な激しさを胡適がめったに示していないということ、を説明するかもしれない。

しかし、一八九五年には、これらすべてはなお遠い将来にあるものとしてあっただけだった。

一家が台湾で一緒に生活していた間に、胡傳はかれの妻と最も若い子供に本読みを教え始めた。胡適は一八九五年に母とともに安徽に帰ったが、すぐに上庄の学堂〔一族の家塾〕に入って、叔父（父の弟）の教えを受け始めた。かれは後に次のように想い起している。「わたしの体は大変小さく、かれらはわたしを抱き上げて高い腰掛の上に乗せた。わたしは坐ると降りられず、他の人に降ろしてもらわねばならなかった。しかしわたしは学堂では最も下の学級ではなかった。というのは学堂に入る前にすでに字を一千字近く覚えていたからだった。」[16] 胡適の学友たちは伝統的な棒暗記の方法で経典文に導かれていたが、胡適の母は、先生たちは胡の父親によって始められた学習法に従って学んだ経典文の意味をかれに説明してくれるようにと強く要求した。母親はこのような特別な配慮に対して、年に一元銀貨二枚だった通常の授業料よりもかなり多くの金額をいつも先生に支払っていた。結果として、胡適は幼い時に、儒教教育の基本的な経書を学ぶ以外に、それを自分で自発的に読み始めた読書知識、とくに『資治通鑑』のような大部の歴史編纂書のそれでもって補うことが出来たのである。

(16)『自伝』、一八頁。

胡適が読んで記憶した最初の書物の中には、父の胡傳がその死の少し前に編集抄写したいくつかのテキストがあった。その一つが『学為人詩（学んで人となるための詩）』だった。その詩は、「為人之道、在率其性」（人たるの道は、その性〔内在する良きもの〕に率《したが》うことに在る）で始められ、つぎの数行で終わっている。

五常之中、不幸有変。　五常の中、不幸は変〔化〕の有ることなり。
名分攸関、不容稍紊。　名分にかかわること、稍《いささか》も紊《みだ》すを容れぬ。(17)
義之所在、身可以殉、　義のあるところ、身はもって殉ず可し、
求仁得仁、無所尤怨。　仁を求め仁を得れば、尤も怨むところは無い。

経籍所載、師儒所述、　経籍の載せるところ、師儒の述べるところは、
為人之道、非有他術。　人たるの道にして、他の術はない。
窮理致知、返躬践実、　理を窮め知を致し、身をふり返って実践せよ
黽勉于学、守道勿失。　学に勉め励み、道を守り失うこと勿れ。(18)

(17) 五常は儒家の五徳、仁、義、礼、智、信のことである。
(18)『自伝』、一八―一九頁。

これらの詩文は、胡傳の儒教の理性的ヒューマニズム〔人文主義〕の伝統への傾倒を反映していた。とりわけ、宋代の新儒学の門人たちの信念を表明したものである。中国ではこの哲学は、最初の偉大な推進者であった程《てい》頤《い》・程顥《ていこう》兄弟とかれらの後継者である朱熹の名前をとって、「程朱学派」と呼ばれている。そのほかに、その形而上学の中心的な術語から、「理学（原理の学）」とも呼ばれる。胡適は後年、儒教伝統への批判者として名声を得たのだけれども、その一生を通じて、この年少期の新儒学思想との交際から得たかなりの識見の恩恵を

受け続けたのである。

新儒学・仏教・通俗小説

新儒学は唐の後期における抵抗運動として起きてきた。この運動は、試験制度［科挙］を通じて官僚的な栄達を目指す人々によって儒教学説が功利主義的に私的に利用されることに反対し、また、仏教とその信者たちの来世志向にも反対したものだった。九世紀の偉大な批判者である韓愈の言葉を借りると、仏教は「今や（かれらの）その心を治めるだけで、天下国家を外にしている」(19)、としたのである。唐の十世紀の初めの崩壊と、九六〇年に宋が建国されるまでの内戦期間とが、儒教的生活の明らかな衰退を説明する原因を探そうという高潮した切迫感を加えた。十一世紀から十二世紀の間に、仏教による腐敗の影響が感じられるようになる以前に存在した儒家思想の本質を見極めるようとすることによって、儒家思想の真の意義を再発見することを自らに課した偉大な思想家たちがあいついで出現した。

（19）馮友蘭『中国哲学史』(*A History of Chinese Philosophy*), trans. Derk Bodde (Princeton, 1953), II, p. 412. より引用。

これら新儒家の改革者たちは、一方で儒家の形式主義者に対して、もう一方では仏教の禁欲主義者や僧侶に対して、真剣な道徳的自己修養と実際の道徳基準の重要性とを、そして社会的文脈における人間行為の問題への自覚的な関心の重要性を主張した。新儒学者の仏教批判の中心には、生きられている生活に必然的に巻き込まれているという意識、現世意識があり、それは、経験の範囲を超えて証明しようとする空論に対する典型的な儒教的な不信と結びついていた。朱熹は「吾の知らんとするところは、まさに知らなければならぬものに在る」といったが、それは孔子本人の意見を繰り返したものだった。「知ることが出来ないものは暫くこれを棄《お》きて顧みない」のである。[20] この態度は、哲学の次元においても、また常識のレベルの上でも、仏教者の経験と事実の実在性に対する否定と鋭い対照をなしている。それらは新儒家の思想家たちがくりかえし強調したものなのである。宋代の新儒学者たちは、外在する、実感し得る世界の存在とその合理的性を認め、そして心（精神）がその世界を理解しうる能力を持つと主張した。「それ心は、人が以て身を主する所のものなり」「心は物に命じるもので、物に命ぜられざるものなり。これ、心を物中に置くとき、窮に其の理をあらわす（心［精神］は人間の身体を主宰するもので、心が外的な物を統制するのであり、外の物に統制されるのではない。だから心［精神］をその中に入れて外的な対象を観察すると、その対象をかたち作っている原理が理解できる）。」、と朱熹は書いている。[21]

（20）『朱子全書』五一／二、translated in William Theodore de Bary et al., *Sources of Chinese Tradition* (New York, 1960), p. 542.
（21）同前、四四／二八、de Bary, *Sources*, p. 553.

仏教は、人の命の不完全さと苦難の多さ［生老病死］から、現世からの逃避の手段を探し求めたが、新儒家の思想家たちは、仏教者よりも抽象的ではなく、それらをありのまま受け入れた。「天地の間には生があれば死もある。楽が有れば哀しみもある。しかし釈氏（仏教者）の生きている所では、道理を外れた奸悪と欺く所を探しださねばすまない。そして生死を免れ、煩悩をととのえると言うけれども、けっきょくは自私［己を利することと］に帰しているのだ。[22]」「［かれらは現］世を出よと道《い》って、これ［現世］を除き、皇天を戴かず后土を履まざるとき、始めて［生死煩悩を免れ］得る、と云う。然しまた［かれらも］渇けば飲み、飢えれば食らい、天を載せ地を履んでいるのだ。[23]」

（22）『二程遺書』、一五／七b、de Bary, *Sources*, p. 533.
（23）同前。

新儒家の改革者たちは、ある程度まで、かれらが破壊しようと企てた思想体系の魔力の下に自らを置いた。

かれらはそれに刺激されて、明らかに仏教徒の着想である概念をかれらの議論の概念の中に入れ、儒教が以前持っていたよりもはるかに壮大なかれら自身の形而上学体系をつくり上げることで、仏教の抽象的な空論への偏愛に応答したのである。この体系の中心的な特徴は「理」、つまり原理という概念である。それは現象世界の背後にあり、人間が感じ得る物質的、非物質的なもの、人間と無数のものにおいて、自らを示すのである。しかしこの形而上学の領野への逸脱でさえ、典型的な儒教的関心によって促され、典型的な儒教的前提の上で見られたのであった。それは最初に、自然の秩序は調和のとれた諸要素から組み立てられているということ、そして次に、社会の調和はもっと大きな自然の調和それ自身を反映したものでなければならない、という前提である。こうして、道の学、新儒家に特有の言葉でいうと、「物事の理の研究」〔格物〕を通して、「知を拡張する（致す）」〔致知〕ことは、現世的な目的によって正当化されたのである。すなわち、自然の秩序のはたらきを理解することによってのみ、人間は調和的な社会秩序を作り出し、それを維持できるようになると言うのだった。

　儒教は社会の状況に対して一貫して関心を抱いてきたが、それは仏教の態度とは違った対照的なものだった。宋代の思想家はすぐに、次のように指摘した。「仏〔教徒〕は父を逃れて出家する、すなわち人倫を絶ち、ただ自家のためにのみ独り山林に居す、人の郷里はあにかくの如き物を容れようや（仏教徒は父を逃れ家族を捨てて出家するが、それは人との関係を断つことで、ただ自分のためにだけ山に籠るのだ、人間社会はどうしてこのようなものを容れることが出来ようか）。」「〔仏教徒は〕自己は君臣、父子、夫婦の道を為さず、而して他人はかくの如く〔生き〕ることと能わずと謂う。人の之を為すを容れるも己は為さず、別に一等人を做《な》す。若し此をもって人を率いさせたときは、これ類を絶するなり（仏教徒は自分は君臣・父子・夫婦などの関係を結ばず、他人は自分たちのように修行して生きることはできないと謂う。人がそうするのは許すが、自分はしないで、自分たちは別の一等の人間なのだと区別している。これらの教えが世の人を率いたなら、人間の類の継続を絶つことになる）」、と。[24] 道徳モデルのもつ力への信仰は儒教そのものと同じように古いものである。この点に関して、宋代の新儒家の学者たちは、ただ基本的な儒教価値を重ねて主張しただけだった。すなわち、「聖人」は知的な造詣によって普通人から区別されるだけでなく、その社会的責任意識によっても普通の人と異なる、有徳の人はかれらの個人的な美徳を社会に広く伝える方法を探さなければならない、と。そして最後に、良い政府というのは統治者の道徳品行に依存するのである、と。宋代の新儒教の復興を通じて、こういった儒教の社会倫理の基本的な諸要素は忘れ去られようとしていたところから救われ、後世への力強い遺産として引き継がれたのだった。(25)

(24)『二程遺書』一五／五b、de Bary, *Sources*, p. 533.

(25) 朱熹によって総合され解釈された新儒学は、十三世紀から十九世紀まで、正統的で官の支持を受けた儒教解釈として存続し続けたが、何の挑戦も受けずに君臨したのではなかった。宋代思想の原始的経験主義は明代に王守仁（王陽明）学派と結びついた儒教のより内省的で直観的な解釈によってかなり相殺された。王陽明は事物の理は心中に存在し、そして主体的に［内省的に］発見することができるものだと主張した。王陽明が善について直観的な解釈を強調したのは、部分的には孟子に依ったのだが、十七、十八世紀［清代］になって、こんどは明代の儒教は現実と必然性の世界から余りにも乖離したものだと見なした学者たちによる反動を引き起こした。これらの改革者たちはバランスを取り戻そうとしたが、それは宋代哲学に戻ることによってではなく、漢代の儒教に戻ることによって回復しようとした。かれらは宋代哲学のなかに仏教の悪影響を見たからである。かれらの学派は、そこから「漢学」という学派の名称の一つを選び出した。

かれ自身も認めていることだが、胡適はかれの父から「ある程度、程朱学派の現実主義の遺風」を相続した。(26)しかしかれは何の闘いも無くこの遺産を持つようになった訳ではなかった。父の胡傳と信念を同じくしていた叔父（四叔）が他の地方の役人に任命されて績渓を離れたとき、胡家の家塾は従兄《いとこ》に引き継がれた。その後は、胡家の中の新儒学の影響も、女性たちの仏教信仰によってかすんでいった。胡適はそのことを次のように回顧している。「四叔の家とわたしの家の大門には『仏教・道教とは無縁』と書いた縦長の紙が貼ってあって、それが理学家の看板であった。……わたしは、わたしの新しい家の大門の『仏教・道教とは無縁』の張り紙が、明るい紅色が色褪せて桃色になり、また次第に色が褪せて白くなり、最後はついに完全に剥がれ落ちてしまったのを覚えている」[27]。

(26)『自伝』、三四頁。長年を経た後に胡適は、「全体的にみて、わたしは自分が書いた全ての文章の中で、孔子と、孟子のような彼の初期の弟子たちに対してかなり高い尊敬の念をあらわしている。さらにわたしは新儒家の創始者の一人である朱熹も大変尊敬している」と述べている。

(27) 同前、三五頁。

十九世紀の末に中国の農村で盛んで広まっていた庶民仏教は、それ以前の数世紀と同じように、思想的な内容に乏しい迷信に支配された信仰であった。それは主に、信心深い人々の感情に訴えかけて、かれらに、かれらが病気や苦境にあった時に誓った約束を果たすように求め、さらには法会や祭、大量の説話や戯曲でもって精彩を加え劇的効果を満足させていた。天国の楽しさが見落とされた訳ではなかったが、人々はこれでもかと微細に生き生きと描かれた地獄の恐ろしさによって暗い影を投げかけられていた。その結果、救われる希望でそうであったよりも、地獄に落とされる恐怖の方がおそらく善行へのより強い動機になっていた。

胡適が一緒に子供時代を過ごした女性たち――母や外祖母、兄嫁、叔母たちは、みな例外なく敬虔な仏教徒で、彼女たちのこうした信仰が胡適の中に深い恐怖感を吹き込んでいた。その後、かれが十歳か十一歳の時に、朱熹が編纂した本と出会ったことが、かれをその恐怖から自由にしたが、それは次のように起きた。

ある日、わたしは朱子の『小学』を復習していて、声を出して読んでいて司馬温公［司馬光］の「家訓」のところにきた。そのなかに地獄について論じた話があった。形は朽ちて滅び、神もまた飄散する、（地獄で死者を）鋸で引き火あぶりにし、舂《つ》き磨《くだ》くこと有ると雖も、また施す所などない（なぜなら、手足を切り取り砕こうとしても何も残っていないからだ）とあった。わたしはこの数句を何度も読み返し、急にうれしくなって飛び上がった。『目蓮救母』や『玉暦鈔伝』などの書物の中の地獄の情景がわたしの目に現れてきたが、しかしみんな怖くなかった。死後三日目にやってきて終夜読経する和尚が祭壇に置いた十殿閻王の画像やら、十八層地獄のいろいろな牛頭馬顔が罪人を鋸で引き、刀の山に上らせ、煮え油の釜に放り込み、奈何橋〔冥途への思案橋〕の下に放り投げて飢えた犬と毒蛇に喰らわせる――こうした惨状もみな眼前に浮かんだが、しかし今やもう何も怖くなくなった。わたしは何度も何度もこの数句を声に出して読んだ。わたしの心は高ぶり、まさに地蔵菩薩〔仏教の現世の主、救世主〕が錫杖を一突きして、地獄の門を開いたようだった。(28)

（28）『自伝』、三七頁。

その後まもなく、この経験はもう一つの経験によってふたたび強められた。胡は、宋の司馬光によって著された大部の歴史編纂書である『資治通鑑』のなかで、六世紀初めの儒学者の范縝《はんしん》によって書かれた反仏教の冊子に言及した所に出会った。六世紀初めは仏教の影響が極めて大きかった時代だった。范縝はかれの有名な『神滅論』の中で、「形は神の質なり、神は形の用なり（形はたましいの実体、たましいは形のはたらきである）」、「神の質におけるは、利の刃における〔関係の〕ごとし。われ未だ刃あらずして利の存するを聞かず。どうして形がすでに亡くなっているのに、なお神が存在するというようなことが容れられようか」、と書いていた。(29) 胡適は熱中するかのようにこの議論を自分自身のものにし、そして数年後、上海で学生をしていた時に書いた宗教的迷信を攻撃した文章の中で、その攻撃を支える論理として何度も利用した。しかし家に留まっていた間は、かれは自分が母親が心から祈り続けている神々からなんと遠く離れてしまっているかを、敢えて明かそうとはしなかった。

（29）『自伝』、三八頁。范縝については馮友蘭、*A History of Chinese Philosophy*, II, pp. 289-292.（『中国哲学史』）を参照。Etienne Balazs, "The First Chinese Materialist," *Chinese Civilization and Bureaucracy: Variations on a Theme*, ed., Arthur F. Wright (New Haven, 1964), pp. 255-276. 所収。後者は『神滅論』の訳文を収めている。

このように、村の学堂の高い腰掛にひょいと坐り、あるいは家で母親の油断なく見張る眼の下で、胡適は、父親の書いたもの、そしてかれが読んだ古典やその解説書の中に具体的に表現された儒教伝統の基本的仮説のかなりを自分のものにしたのだった。後年のかれの名声の多くは、広義の儒教的伝統によって育まれてきた社会的・思想的態度に対する敵対者としての評判に依っている。にもかかわらず、かれは宋代新儒学の特徴の一つである懐疑論的で人間主義的《ヒューマニスティック》な批判思想という「より重要でない」伝統に大変多くの恩恵を蒙ったのである。胡傳が一八六〇年代の後半に上海の龍門書院の学生だったときに使用していたノートの端に、張載《ちょうさい》のような偉大な宋代の学者の文章から拾ってきた次のような短い警句が書きつけてあった。「学者観書、毎見毎知新意、則学進矣。」（「学ぶ者が書を読むとき、新たな意味を見、知るたびに、学問は進む」）（［英訳は］学生は如何に疑うかを学ばねばならぬ。以前には疑問を持たなかったところに疑問を見つけることができた時は、少し進歩しているのだ）、というようなものである。[30] それ以降の数十年は中国人の生活の気風に大きな変化をもたらしたが、半世紀後に胡適が思想的改革のためのかれ自身の計画《プログラム》を詳しく説明し始めた時、かれはしばしばこれらと大変よく似た言葉でもって自らを表現したのである。*

（30）Oral History, p. 15.（『口述歴史』）。胡傳自身もこの伝統的な意味において信念を持った懐疑論者だった。たとえば、かれが河南省に赴任していた一八八九年に書いた詩の中で、かれの監督の下で堤防を修理していた民衆の迷信深さを嘲っている。この詩は『自伝』三三頁の中に引用されており、また『口述歴史』のなかで胡適は英文に訳している（二〇頁）。李敖も、胡傳はその息子と同じように、范縝の『神滅論』の懐疑主義に魅かれていたという事実に注目している。『胡適評伝』九五頁を参照。

＊ 胡適の座右銘は「做学問要在不疑處有疑、待人要在有疑處不疑」（学問をする要は疑われざる處に疑いを持つこと、人に待する要は疑い有る處を疑わないこと）であった。その他、「大胆的仮説、小心的求証」、「有幾分証拠、説幾分的話、有七分証拠、不能八分的話」、「要怎麼収穫、先那麼栽」、「寧鳴而死、不黙而生」等の名句があるが、このスタイルは父親譲りということであろう。

またこの最も早い時期に、胡適は、かれにとって際立った重要性を帯びた中国の古い文化のもう一つの側面の知識を得た。それは、通俗小説を読むという社会的には認められていない楽しみだった。旧体制下の中国では文学の標準は、儒家の好みにしたがって固定されていた。謹厳な儒家の考えは俗文学を低く評価し、それを文体論的には価値がないもの、道徳的には非難すべきものだと見なしていた。にもかかわらず、教養ある中国人で、その私的な教育を、俗文学の大部分を作り上げていた色事や陰謀、ロマンス、濃厚なエロティシズム、そしてしばしば儒教社会の価値への軽蔑を内容とした話を、こっそりと心ゆくまで楽しむことに費やした時間で高めなかった者はほとんどいなかったのである。

胡適がこの世界に入ったのは偶然のことからだった。ある日、かれは叔父の家の空き部屋に置いてあったガラクタ箱に突っ込まれたぼろぼろになっていた『水滸伝』の残片をたまたま見つけたのである。かれはその場ですぐにそれを読み通すと、その後、かれは借りられる本はどんなものでも、明清代の小説の代表的作品を、あまり教育的ではないが同じように大衆的な多くの説話とともに、無差別に貪るように読んでいった。ろくでなしの長兄がこの少年の教育に何らかの貢献をしたのはこのことだけだった。というのは、何十年も後に胡適が述べているように、この頃「アヘンを吸うときのランプと小説はしばしば共にあった」[31]からだった。胡適の場合、これらの極ありふれた若者の娯楽に意味を加えたのは、次のような事実があるからである。一九一七年以後、かれがより活気があり、より生き生きしている話し言葉［白話］の方に賛成して、正統的な儒教文学のスタイルの過剰な形式主義をひっくり返そうという「革命」の指導者の一人になったとき、かれは自分の話し言葉［白話］の持っている文学的な潜在的可能性への認識、自分の白話文体についてのセンスは、かれが子供の時にした読書と自分が読んだ古代の散文とを、坐りながら裁縫や刺繍をしている胡家の女性たちを楽しませるために、績渓方言に訳して語ってやった経験に有る、と考えたという事実である。

（31）『自伝』、二四頁。胡適がその当時読んだと覚えている小説は、『自伝』の第一章第四部分の中に列挙され、かなり詳しく述べられている。

二十世紀への転換の頃までに、中国の沿岸部の嵐の中心から内陸に向かって吹いていた変化の風は安徽省南部の山岳地区にさえも浸透してきていた。胡適の兄弟の洪騅《こうすい》と洪駓《こうひ》は、以前しばらく上海で学校生活をしたことがあったが、胡適に科挙試験のために伝統的に習得されてきた「八股文」を覚えるために時間を無駄に浪費しないようにと勧めた。この時までに、科挙試験そのものが、古典的カリキュラムに対する信頼が衰えるにつれて、日に日に激しくなる攻撃の下に置かれるようになりつつあった。一九〇四年の春、洪騅が肺結核を治療するために上海に戻るとき、胡適はかれと一緒に上海に行って「現代的」な教育を受けるべきだ、ということが決められた。[32] こうして、十二歳の時、かれは七日間かけて運河と川の船に乗って、この都市に向かって、故郷を遠く離れた。「身を防ぐ具えは、ただ慈母の愛と、わずかばかりの努力する習慣、わずかばかりの懐疑の傾向だけだった。[33]」

（32）胡適「一七年的回顧」『胡適文存』二集巻三、一頁は、胡適が故郷を離れた日付として、光緒三十年の二月（一九〇四年の三、四月）を挙げている。また『自伝』四三頁を見よ。

（33）『自伝』、四三頁。また胡適の無題の自伝的エッセイ、*Living Philosophies* (New York, 1928), p. 246.（以後、“Credo”とし

て引用する）も見られたい。

上海へ――西洋思想との出会い

二十世紀の初めの十年間、上海は百万人近い住民を有する都市だった。のちに胡適は上海を「視野の狭い商業都市」で、この都市に流入してきた若い学生たちの急進的な考えを受け入れることに不寛容だった、と述べている。[34] しかし、この都市は商業のために生きていたのだけれども、一九〇〇年代の初めまでに、上海はすでに商業的集散地であるのと同じくらい思想的な集散地にもなっていた。上海は中国の現代的な出版業、ジャーナリズム事業の中心であるとともに、有名な商務印書館とその数を増やし続けていた新聞の発祥地だった。かなり影響力があったものだけを挙げてみても、『申報』（一八七三年創刊）、つい最近できた『時報』（一九〇四年創刊）、『時事新報』（一九〇七年創刊）などがあった。上海の港を通って行ったのは、この都市を豊かにした種々の商品だけでなく、年々増える日本や西洋の大学へ行く若者、あるいはそれらの大学から帰ってきた若者たちの列もまたそうだった。上海の学生たちは梁啓超の改良派の雑誌『新民叢報』、孫逸仙の革命派、同盟会の宣伝機関誌であった『民報』のような違法な出版物と容易に接することができた。これらはどちらもまず東京で印刷され、中国に戻る旅客の荷物の中に入れられて、こっそりと上海に持ち込まれた。これらの雑誌は、上海の若い知識人たちをずっと感情的な興奮状態の中においていた挫折、自信喪失と新たなナショナリズムへの掻き立て、という感情的な苦しみに内容を与えたのだった。[35]

（34）『自伝』、五七頁。
（35）同前、四七頁。日露戦争は胡適の上海到着の少し前に勃発していたのだが、それは中国の若い知識人の間に短かったが親日的感情のうねりを呼び起こした。しかし、清朝政府が中立を宣言したため、反満感情へと容易に変わっていった。学生たちをそうした愛国的熱狂の状態にした事件の具体的な事例として、胡適は、親露派官僚と伝えられた王之春が上海公共租界で暗殺された事件［一九〇四年秋の万福華刺王事件（未遂）］、そしてロシア人船員によって寧波籍の大工の周生有が殺された事件を引き合いに出している。

この時期の現代的教育の最も目立った特徴は、世界の中における中国の位置はどうなのかという問題についての圧倒的な関心だった。正則、不正則の教育を問わず、教育はもはや異常という程までに古代の儒教教義を反復暗唱することに関心を寄せなくなっていた。その代わりに、十九世紀中葉以来、帝国を巻き込んできた一連の災難の意味を明らかにしようとする真剣な努力になっていた。一九〇五年九月、清朝帝国政府は科挙制度の廃止という、さらに重要な、そして典型的に手遅れになった、時代への大きな譲歩の一つを行った。この由緒ある制度は何世紀にもわたって人々が官界に入る手段を提供してきて、そしてこの制度によって、上品なしなみだけでなく、儒教文明の学芸に精通させてきたのだった。この最後の劇的な一歩が踏み出される前にも、科挙試験の内容が、西洋の歴史と科学に関する問題を含むように修正されていたけれども、しかし最高の成功というのはなお、古典的学問に秀でた人々のために取っておかれていたのだった。世界についての新しい、昔とは異なった知識の必要性は急速に明らかになりつつあった。そして胡適が上海で通ったような「新」学堂が応えようとしていたのが、この必要性だったのである。

胡適は一九〇四年から一九〇八年まで、このような三つの学校で過ごした。この三つの学校とも、普通の古典のカリキュラムを補充するために、「西学」のいくつかの科目も設けていた。(36) かれははじめに梅渓学堂に入った。ここは胡適の兄たちが以前短期間通っていたところで、校長の張煥綸（字は鏡福、一九〇四年死）は胡傳の生涯の友であった。この学校で漢語に加えて、かれは英語と数学の勉強を始めた。しかし面白いことに、西洋文明についての初歩的な理解を伝えるのは、西学という限られた科目においてだろうと思われるのだが、そうした科目に全てが委ねられていたのではなかった。古典の勉強もまた、このやむにやまれぬ問題を研究する方向に向けられていた。例えば、「経義（古典解釈）」という部門の授業の下で、少年たちは、古代の防御優位の戦略を現代の攻撃を強調する戦略と対比させながら議論すること、また他の時事的な問題を討論することを要求されたのだった。胡適が梅渓学堂で最初に課せられた宿題の一つは、「日本の強さの源」について作文を書くことだった。その時はちょうど日本人が帝政ロシアに対して勝利の戦争を行っていた時だった。だが、後に胡適が回想しているように、「日本がどこにあるのか、まだはっきりとは分からなかったのだった。[37]」

(36) 胡適は、アメリカの聴衆のための自伝的な叙述の中で、かれが上海で入った学校のどれもミッショナリー（宣教団体）の後援で運営されたものではなかったと骨を折りながら指摘している。"Credo," p. 247. を見よ。梅渓学堂は、その創始者の張煥綸の指導の下にあった私立学校で、かれの死の一九〇四年まで存在した。澄衷学堂は富裕な寧波商人だった葉成忠によって設立されたものだが、もともとは貧しい寧波籍の家族の子弟のために教育を提供する目的で作られた。胡適が入学したころまでに、この学堂は中国のその他の地方出身の学生を受け入れるようになり始めていた。『自伝』四四、四七―四八頁。

(37) 同前、四五頁。

胡適は世界についてほとんど何も知らずに上海に着いたが、かれはすぐに革命前の十年間を活気づけた事件や思想の意味に気がついた。かれは人生において初めて国内的、国際的に重要なニュースに触れる機会を持った。かれは『時報』の定期購読者になった。この新聞はかれが上海に到着した直後に創刊された進歩的な日刊新聞だった。[38] そしてかれは梁啓超が『新民叢報』紙上に発表する改革のための議論を追いかけはじめた。一九〇五年の春、かれの同校生の一人がかれに鄒容の『革命軍』という一冊の本を貸してくれた。それは若い四川人が書いた激しい反満洲の小冊子だったが、その同じ春に、作者は満洲人の監獄の中で自らの主義に殉じていた。『革命軍』は次のような呼びかけから始まっていた。

（38）「十七年回顧」『胡適文存』二集巻三、一―二頁。また、Roswell S. Britton, *The Chinese Periodical Press, 1800-1912* (Shanghai, 1933), p. 115. を参照。

数千年の種々の専制政体を一掃し、数千年の種々の奴隷性質から脱け出し、五百万余人の毛をはやし角をつけた満洲種族を殺し尽して、二百六十年の残虐酷薄の大恥辱を洗い流し、中国大陸を清浄の土にし、黄帝の子孫がみなワシントン（即ち、革命的英雄）になるとき、そのとき起死回生し、魂魄は十八層の地獄を出て、三十三層の天堂に昇る。春に草木が青々と茂るようにさかんになる。至尊極高にして、唯一無二の、比類なき偉大な一の目的、これを革命という。……皇皇たるかな、革命。[39]

（39）鄒容『革命軍』、石峻編『中国近代思想史参考資料編』（北京、一九五七）所収、六二八頁。

胡適とかれの友人たちは秘かにこの煽動的な小冊子を互いに写しあった。何故なら、このような破壊的な文章は手写本でしか伝わらないからだ。[40]それはかれを心から革命事業に身を転じさせることはなかったが、少なくともはじめてのかれの権力に対する反抗を引き起こした。胡適と何人かの同級生が上海道台が後援する試験に参加する人員に選ばれたということを知ったとき、かれともう一人の少年は試験に応じることよりも、学校を退学することを選んだのである。後に胡適が書いているように、「まさに『革命軍』を写して伝え合っている少年がどうして官庁に行って試験に参加することを受け入れられただろうか。[41]」

（40）『革命軍』は一九〇三年六月に革命的な刊行物『蘇報』［編集人・章士釗］に発表されたのだが、それはその著者とそれに賞賛の序言を書いた章炳麟が逮捕監禁されるという結果を生んだ。Howard L. Boorman, ed., *Biographical Dictionary of Republican China*, I (New York, 1967), p. 94. を見よ。だから、『革命軍』は手写し形式だけで回し読みされたのである。

(41)『自伝』、四七頁。

梅渓学堂を離れた後、胡適は澄衷学堂に入った。そこの教務長はかれの兄洪騅《こうすい》の友人だった。この学校のカリキュラムは梅渓学堂のそれよりもやや幅広く、教授していた科目に、もちろん漢語(国文)もあったが、数学と英語だけでなく、物理学と化学の基礎もあった。この学校でもまた、古典の勉強は改革の目標に向いていた。胡適の国文の先生は、「思想が大変新しいと広く言われていた人」だった。かれは自分の学生たちに「表現の自由」の意味という題目や、ダーウィンから引いてきた術語について作文を書かせた。(42) 胡適は澄衷学堂に一年半通い、かれの英語と数学の成績が良くなるにつれて、すぐに上級に進級させられた。一九〇六年までに、かれは二年生の首席になっていた。そしてその学力優秀さのために、かれは学生と学校管理部との間の仲介役を果たすために時々呼び出されることになった。その年の夏、かれは一人の仲間の学生の除籍は不公正だと考え、それに抗議したことで学校から懲戒を受けた。それで胡適は退学した。数カ月後に、かれは中国公学に入った。

(42) 同前、四九頁。

この中国公学は胡適が上海で通った、飛び抜けて最も普通でない学校で、政治的にも最もラジカルなところだった。中国公学は一九〇六年の初めに日本から戻ってきた中国人学生のグループによって設立された。かれらは日本政府が日本での彼らの革命運動を取り締まること〔清国人留学生取締規則〕に抗議して、国に戻ったのだった。この学校の第一期の学生の大部分はかなり年齢の行った青年で、かれらの多くは既に日本で学校友達や友人だった。そのとき十四歳だった胡適はその中で一番若かったから、かれに「コドモ」という日本語のニックネームをつけた。ほとんど全員が革命運動にはっきりとした同情心を示していた。中国公学の最初の教務長だった馬君武(馬和、一八八一―一九四〇)自身が、二十世紀になった直後に〔一九〇二年頃〕、日本で孫逸仙の周

りに集まった革命的学生組織の活動分子の一人だったのである。(43)

(43) 李剣農『中国政治史 一八四〇―一九二八』、Teng Ssu-yü と Jeremy Ingalls による英訳本 (Princeton, 1956), pp. 193-194, 201. また李敖『胡適評伝』一八九―一九四頁を参照。[馬君武は広西人、一九〇二年に章炳麟らと「支那亡国二百四十二年紀念会」を発起、〇五年同盟会に加入し秘書長、〇六年に帰国、中国公学創立に参画した。]

馬君武は驚くほど新旧が混合した様相を呈した学校を統轄していた。教師と学生の間では、内陸からやって来た何人かの人々はまだ旧式の服装をしていて、ほとんど「新思想」によって変化させられていないような態度をしていた。一方、最近海外から帰ってきた人たちは、旧式の服ではなく西洋式や日本式のものを着ていて、多くの者は革命のやる気を示すために自分の辮髪を切っていた。創設者たちのラジカルな思想を維持するために、中国公学は旧来の学校の伝統からはずれたいくつかの前例のない新方針を制定した。各教科は慣習的にそうだったような地方方言での教授ではなく、「国民語」(国語、国話、つまりマンダリン[北京官話])で教授した。管理面では、中国公学は、管理部[執行部]は学生たち自身によってかれら自身の仲間の中から選ばれ、管理部員はその任期中は学生代表会議[評議部]に対して責任を持つ、という最初の規定で出発したように、「共和」原則に一致するようにつくられていた。

しかし、中国公学の設立を支えていた愛国熱情の波は長く続かなかった。次から次へと多くの学生たちが、彼らの中断した学業を続けるために再び日本に戻って行った。短期間のうちに中国公学は半官的な団体に助けを求めることによってしか脱け出すことのできない財政的困難に直面した。しかし上海の当局は中国公学を疑いの目で見ていた。それは理由が無いことではなかった。学校の過激な世評はまた、その支援が学校にとって不可欠なものになっていた支援者たちの不安を引き起こした。結局、最初の規定は廃止され、管理部も張謇[*1]や熊希齢[*2]のような有名な政治的穏健派の人々を含んだ執行委員会(理事会)に引き継がれることになった。学生たちはもちろんこれを彼らの権利に対する不法な侵害と見なし、一九〇八年九月、数カ月にわたって揺れ動いた討論の後に、かれらは改めて学校運営方針に対するかれらの支配を主張しようとした。しかしそれに続いたのは、学生たちの除籍とその後の学生たちのストライキだった。最後に、二百人ばかりの学生が自発的に退学して、中国公学に対抗する、「中国新公学」を設立した。学生たちはこの学校を一九〇九年の秋までなんとか生きながらえさせた。

＊1　張謇（ちょうけん）、江蘇人、一八九四年状元・翰林院、立憲派重鎮の実業家、一九〇〇年以後、女子師範、盲唖学校、南京高師、復旦大学等の創始を援助した。

＊2　熊希齢（ゆうきれい）、湖南人、翰林院進士、戊戌変法期の湖南の新政で時務学堂に梁啓超を招き、また湖南の教育を整頓した。

一九〇八年にこれらの事件が起きたとき、胡適は学生団体の幹事を務めていて、この時中国公学を離れた学生たちの中にいた。しかし経済的な理由でかれは新しい学校に入ることが出来なかった。胡適は上海にあと二年とどまったが、中国公学から離れたことは上海でのかれの正規の教育が終了したことを示した。

上海で過ごした間に、胡適の異国の西洋についての道案内は、その「課外」の読書によって、とりわけ厳復の翻訳と梁啓超の西洋と中国の思想史・政治史についての文章を読むことによって大きく促進せられた。胡適は厳復訳のT・H・ハクスリーの『天演論』（一八九五年刊、原著 *Evolution and Ethics*〔天演＝進化〕）、J・S・ミルの『群己分権界論』（一九〇三年刊、原著 *On Liberty*）、そしてモンテスキューの『法意』（一九〇四―〇九年刊、原著『法の精神』）[44] などの本を読んだのは確かである。かれが上海に着いた直後に読んだ厳復訳の『群己分権界論』（自由論）についてのかれのコメントは、厳復の訳文の古典的スタイルは「古雅すぎる」[45] という不満であった。おそらく同じ理由で、かれは厳復訳の『天演論』にも欠点を見つけたであろうが、この本は胡適にとっては、その他の多くの人々にとってと同じように、その思想的衝撃はとてつもなく大きかった。この小さな本が作り出した異常なほどの流行について、胡適はたいへん優れた描写を残している。

（44）胡適は『自伝』の中で厳復訳の『群己分権界論』と『天演論』のみに言及している。『法の精神』については、かれが『競業旬報』に発表した文章のなかで言及している。李敖『胡適評伝』一七四―一七五頁を参照。

（45）『自伝』、五〇頁。

『天演論』が出版されたのち、数年も経たないうちに、すぐに全国に広がり、遂には中学生の読み物にもなった。この本を読んだごく少数の人のみがハクスリーの科学史、思想史上での貢献［の意義］を理解しただけだった。かれらが理解したのは、ただ「優勝劣敗」という公式が国際政治上でもつ意義だけだった。……数年の間、この思想は野火のように多くの少年の心と血に燃え広がって行った。「天演」、「物競」、「淘汰」、「天擇」などの術語がしだいに新聞雑誌の文章の熟語になり、しだいに愛国志士たちの「口ぐせ」になった。(46)

（46）同前、四九―五〇頁。

こうした術語に対する熱情は、個人の名前の選択にまでも広がった。そして厳復の簡潔で古典的な翻訳はこの名前を付ける習慣的な用法にぴったり合っていた。胡適の学校友達の一人は、楊「天擇」と名づけられていたし、さらにぞっとしさえするのは、もう一人は自分を宋「競存」と呼んでいたのである。胡適自身の名前の「適」という字も、兄の示唆で「適者生存」の語句から借りてこられたものだ。胡適は上海の学生時代にこの名前をいくつかのペンネームの一つとして使っていた。かれは一九一〇年の春に義和団賠償金の官費給付生の試験を北京に受けに行ったときに、この名前をもう一度使用した。それは、北京での試験に失敗して、上海の友人たちがかれを笑いの種にするといけないので、ペンネームを使ったというのだが、それから後、かれはずっとこの名前を採用することになった。[47]

(47)『自伝』、五〇頁。胡適がいろいろな時期に、様々な目的のために使った名前については、李敖『胡適評伝』二八九―二九二頁の一覧表を見よ。また『日記』七三五―七三六頁を参照。

二十世紀に入った直後の数年間、ダーウィニズムが中国の若い世代のほとんど全員に遍く訴えたということ、これは近代の中国思想史の上でかなり興味をそそる現象の一つであり、さらに研究を必要とする問題である。胡適が次のような推断を下したのは疑いなく正しかった。ダーウィン主義が中国で流行った理由は何よりも、その簡明さにあった。ダーウィン主義者のスローガンはその簡明さでもって、中国人が現在置かれている状況にそれを適用させることが出来たからだ、と。しかし進化論の本当の吸引力は、多分次のような事実にあった。つまり進化論は、これら若い知識人の不幸な経験には気分的に、儒教の歴史理論が支えられている疑わしい仮定よりも、より身近に歴史の運動の理論を体現していたからである。だから、それは中国の衰退という不吉な情景に何らかの意味を与え、さらには多分、それに歴史的に正当だとする意味を与えたのである。多くの人にとっては、ダーウィン主義は一時的に過ぎゆく新奇な意匠、少なくともその最初の形においてはそのようなものであった。数年の間に、ある人々は弁証法的唯物主義の中に歴史のメカニズムの問題に対してもっと期待しうる答を見つけるようになった。一方、他の人々は、歴史発展の原動力として人間精神の達成を信じることに基礎をおいたイデオロギーに移動した。しかし、胡適は凝り固まったダーウィン主義者のままとどまり、そしてかれがその後受けた教育の中から引き出したのは、この確信に異議を唱えるというよりも、むしろ強固にする傾向があった識見であった。

これら数年の間、梁啓超の書いたものが胡適の思想の発展にもう一つの重要な影響を与えた。かれは梁啓超の論文「新民説」に特に深く印象付けられた。この論文は、梁啓超がまだ十八世紀の西洋の政治哲学の魔力の下にあった二十世紀に入ったばかりの一九〇三年に書かれ、『新民叢報』紙上に掲載されたものだった。[48]「自由」「平等」「民権」のようなテーマについての論説の中で、改良と革命の境界線はしばしばぼやけていた。というのは、それらの論説は、梁啓超の清朝官僚機構の政治的社会的行為に対する最も激しい弾劾(邪悪で、暴君的で、混乱し腐敗している)と、その貪官に対する激烈な批判(狼の如し虎の如し、蝗《いなご》・蛆虫の如し)をかなり含んでいたからである。[49] 梁啓超は他のところで、「わたしはこのことを思い、重ねてこのことを思った。今日の中国の政治体制[群治]の現象はほとんど一つとして、根底のところから廓清し、旧を除いて新しきを布かなくてよいものは無い。」と書いている。[50]

(48) 蕭公権『中国政治思想史』(台北、一九五四)、VI、七四四―七四九頁。
(49)『自伝』、五一頁に、梁啓超「論進歩(一名論中国群治不進之原因)」から引用。梁啓超『飲冰室合集』(上海、一九三二)所収の『専集』巻四、五五―六八頁参照。
(50)『自伝』、五一頁に、梁啓超「新民議」から引用。梁啓超『飲冰室合集』所収の『文集』、巻七、一〇四―一〇七頁参照。

これは地方から出てきたばかりの若者の精神には劇薬だった。そして胡適は思った通り深く印象付けられた。かれが後に回想しているように、「これらの文章は、[51] われわれの古い文明はそれ自体で満足なもので、戦争の武器と商業交易の輸送機関の外には、軍事的で物質的な西洋から学ぶものは何もない、という安楽の夢の中にいたわたしに、初めて激しい衝撃を与え、夢から覚醒させたものだった。これらの文章は、わたしに、また他の数百人の人にも、世界についてのまったく新しい視界を広げたのです。[52]」

(51) ここで胡適が言っているのは、上記の「新民説」などだけでなく、梁の、ホッブズ、デカルト、ベンサム、ルソー、カントやダーウィンなどの西洋思想家についての伝記的なスケッチも含まれている。これらの文章も『新民叢報』に発表された。

（52）"Credo," p. 247. また『自伝』、五二頁を見よ。

梁啓超はまた、胡適が中国の文化伝統のそれまで疑われることのなかった側面に新たに気づくように促した人だった。胡適は、梁啓超の中国思想史を総括した、「中国学術思想変遷の大勢を論ず」という文章を非常に大きな関心を持って読んだ。そして後に、「わたしに、中国には『四書』『五経』［にみられるもの］以外にも学があることを教えてくれた」[53]のはこの文章だったと認めている。かれは、数年後にこのテーマで非伝統的な方法論を採用したかれ自身の哲学史を書くことになるが、その自分の中国哲学に対する関心は、この梁啓超の仕事が「未完」であったことにそのとき失望したことが原因だったと語っている。[54]

（53）『自伝』、五二頁。

（54）同前、五三―五四頁。

梁啓超は非凡な、人の心を動かす力を持った作家だった。かれはさらに、同時代の政治的社会的生活に厳しい非難を加えていたけれども、かれ自身がそこから成長してきた文化に深く繋がっていた。「中国学術思想変遷の大勢を論ず」の総論の中で、かれは「吾は我が祖国を愛し、吾は我同胞の国民を愛す。」「この国に生まれ、この民となり、この学術の思想の恩沢を享けたのだから、これを歌いこれを舞い［賛美し］、これを発揮し、これを光大にし、これを継ぎ長くし増し高めるは、わが輩の責である。[55]」と書いている。胡適は後に、梁啓超のやり方の力強さに惜しみ無い賛辞を与えたが[56]、かれは自分の回憶録の読者に、少年時代に梁啓超の意見に感動させられたかどうか明らかにしていない。わたしたちは、胡適の中国の伝統に対する態度は、その時でさえも、梁啓超がかつて取り得たどんな態度よりも、もっと距離を置いたものだったという印象を受けるのである。

(55) 梁啓超『飲冰室合集』所収の『文集』巻七、二頁。
(56)『自伝』、五二頁。また Hu Shih, *The Chinese Renaissance* (Chicago, 1934), p. 37. を参照のこと。

『競業旬報』期の初期の思想

上海で過ごした数年は、胡適に勉学の機会を与えただけでなく、また自分自身の考えの発展とその表明の機会も与えた。一九〇六年に中国公学の学生の一グループが小さな雑誌を創刊した。かれらはその雑誌を、時代精神との一致という意味を込めて、『競業旬報』(*The Struggle*) と名付けた。胡適は雑誌第一期の寄稿者だったが、一九〇八年に『競業旬報』が舞台から姿を消す前には、かれはその編集者になっていた。

あの時代の他の多くのアマチュア・ジャーナリズムの冒険事業と同じように、『競業旬報』もまた、「新しい思想を教育を受けていない大衆に浸透させる」[57]任務を進めるために、紙面の大部分は話し言葉［白話］で書かれた。雑誌が公言した目的は、「教育を振興し、民気を提唱し、社会を改造し、そして政治的独立を主張する」ことだった。つまり、その実際の役割は革命の政治的な煽動だった。[58]しかしながら、胡適が雑誌に寄稿した文章には、こうした革命的目的はほとんど反映されていなかった。[59]かれの最初の作品は、初歩的な科学と地理学の簡単な解説的論文だった。かれはまた初期のある号から、「真如島（変わらぬ真実）」という連載小説を掲載し始めた。この小説の中でかれは、「迷信を打破し、民智を開く」[60]ことを手掛けたのだが、それは主に、数年前にかれを「業（カルマ）の専制の悪夢」から脱却させてくれた范縝や司馬光の議論に頼ったものだった。[61]かれが批判の対象としたものの中に、道徳による応報という思想があった。一九〇八年にかれは、「たぶん『因』と『果』の二つは存在するものだ」と書いている。「もし一つの因があれば、必ず一つの果を収めることになる。

……その中には決していかなる人為の主宰もない。もしなにか人為の主宰があるなら、上帝［神］とか、菩薩とかは、悪い事をした後に悪人を罰することができるのだから、なぜ悪い事をする前に、それを禁じられないのだろうか。……『天』が人が悪いことをしないようにすることが出来ないのなら、悪人を罰することも出来ないのだ」[62]、と。このように十七歳の胡適はすでに、純機械論的な因果関係の思想を、進化論に対するかれの確信とともに（――この因果的な観点はある程度、進化論から引き出されたものであるかもしれない）、すでに受け入れていたように見える。そしてこれが胡適の成熟した思想の中心的な文柱であった。

（57）"Credo," p. 249.

（58）『自伝』、六〇頁。馮自由は、胡適を『競業旬報』の主編として、革命前十年の「革命的ジャーナリスト」の中に、かれ自身（『開智録月刊』の編集人）、王寵恵（『国民月刊』）、呉稚暉と章士釗（『蘇報』）、李石曾（『新世紀報』）、于右任と邵力子（『神州日報』）、鄒魯（『可報』）、蔣夢麟（『大同日報』）やその他多くの者と一緒に入れている。李敖『胡適評伝』一八二―一八三頁と二一三頁注五四を参照されたい。李敖は馮自由『革命逸史』第四輯（重慶、一九四六）を引いている。これは胡適を見慣れない仲間に入れたものである。ここに言及された何人か、王寵恵、呉稚暉、蔣夢麟とは、胡適は後に互いに尊敬しあう友誼を結んだ。しかし他の人たち、特に鄒魯と邵力子とは、胡適は決して親しい間柄ではなかった。かれらは胡に「革命的」な考え方の最も嘆かわしい側面を表したからである。

（59）かれは『自伝』の中で、『競業旬報』に発表した数編の文章から長々と引用している。一九六〇年七月五日に台北の南港（中央研究院）でかれにインタビューしたとき、かれは、個人的に持っていたこれらの文章の副本は中日戦争中に北京で駄目にされてしまった、と語った。李敖は胡適が様々なペンネームで一九〇六年から一九〇八年までの間に寄稿した十九篇の文章を列挙している。李敖はそれを台中の国民党檔案で見たと言っている。しかし、明らかにそこには『競業旬報』の不完全なファイルも存在していない。『胡適評伝』一七八―一八〇頁を見よ。わたしはこのことに気付かず、不運にもファイルについて情報を求める機会を利用しなかった。李敖は『自伝』に載っていない何篇かの文章を引用しているが、だが、きわめて短くだけである。

（60）『自伝』、六二頁。「真如」は仏教用語。「真実如常」（サンスクリット語の *Bhuthathata*）を短くした語。

（61）"Credo," pp. 244-245.

（62）『自伝』、六四頁。

これらの初期の文章において、ここにはまたかれの後期の作品の多くに見られる気質が予示されているが、胡適は、公共生活や個人の生活の中にある迷信の流行に対して力強い攻撃を開始した。かれはこう書いている。「悲しむべきことは、今日の文明世界の中にあって、ただわれわれのこの国家のみが、上は皇帝から下は小官吏に至るまで、まだいろいろなかたちの迷信の中に沈み込んでいるのである。現在の上海はすでに最も開明的なものになっている。しかし、上海地区の政府の役人は、冬至節や夏至節になるたびに、あるいは日蝕月蝕が現れる時になると、かれらのあの文明的でない旧い習俗を維持しようとするのである。あゝ！　これこそ我らのゴロツキ［悪棍］がやっていることなのだ。友よ！　かれらを真似てはならない。なぜなら、かれらを真似ることは、ゴロツキ［悪棍］になることにほかならないからだ。[63]」

（63）胡適「論毀除神佛」、『競業旬報』二五—二八期（一九〇八年八—九月）。李敖『胡適評伝』一六九頁より引用。

こうした方向の議論を行ったとき、胡適は前で述べた儒家の懐疑主義の伝統に従っていただけだった。しかし他の側面では、もしかれがなお程朱学派の正統な弟子であり続けていたならば、おそらく支持するように求められたであろう前提を、すでに拒否する準備が出来ていた。例えば、かれが原因と結果について論じたとき、人間本性の道徳的なアンビヴァレンツ性（矛盾同在性）を当然なものと見なした。これは、孔子（あるいは孟子）の人の本性は善であると断言する前提と直接対立するものである。新儒学はこの楽観主義的な価値判断を受け入れていたが、だが、中国思想史のなかではこの考えは、挑戦されなかったものではなかった。荀子はおよそ孟子（紀元前四—三世紀）と同時代の人であったが、これと反対の考えを持っていたし、他の思想家たちはこの両者の間のどこかの位置に立っていた。胡適は一九〇六年、十五歳の時に澄衷学堂で行った演説で、この両極端の考えを論じている。

わたしは孟子の性善説の主張に反駁する。しかしまた荀子の性悪説にも賛成しない。わたしは王陽明の、性は「善でもなければ悪でもない、善にもなれれば悪にもなれる」という考えが正しいと思っている。わたしはそのとき丁度英文の科学読本〔格致読本〕を読んで、大変表面的だったが科学知識が分かったので、それを応用した。

孟子はかつて、「人の性の善なるは、猶ほ水の下《ひく》きに就くがごときなり、人の不善有ること無きは、水の下らざること有る無しのごとし(64)〔人の生来の性質が善であるのは、水が下に流れるのと同じようなもの（不変の真理）だ。人が善でないことは無く、それは水が下に流れないことが無いのと同じだ〕」、と言った。

わたしは、「孟子は科学がわかってない。……水が水平を保とうとする原理を知らないのだ。また、地心吸力〔地球の引力〕の道理を知らないのだ。……水には上も下も無く、ただその水平を保持しようとするだけだ、……したがって、上にも下にも動くことができるのだ。まさしく、人の性は、本より善でもなければ悪でもない、したがって善にも悪にもなりうる、というようなものだ」、と言った。

わたしのこの「本性論」は同級生に大変歓迎されたので、わたしはたいへん得意になって、自分は本当に科学でもって告子〔孟子の元の論争相手〕と王陽明の本性論を証明したのだ、と思った(65)。

(64)『孟子』「告子章句・上、二」、James Legge, trans, *The Chinese Classics* (Hong Kong, 1960), II, pp. 395–396.
(65)『自伝』、五四頁。

これは、試みの幼稚さにもかかわらず、胡適の精神がすでに動きつつあった方向、すなわち、理性論者の哲学のドグマから遠ざかり、より自然主義的で経験主義的な観点へ向かっていることを示唆するものである。

これらの初期の文章の中に胡適の哲学的傾向の基本を見出すことができるが、それと同じように、またわたしたちはここに、かれの後の社会批判の起源も見ることができる。驚くことではないが、かれの出発点は個人的なものだった。つまり、かれの母親の味わった異常で困難な情況の経験、長兄の悪習と無責任な生活、そして三兄の運命（胡氏族の傍系の血筋を承継するために三兄は胡家の外に養子に出された）、こうした経験だった。胡適は女性の社会的解放に関心を抱き、一九一七年以降、この理想に多くの注意を注ぐことになるが、それにはさらに数年が過ぎなければならなかった。だが、一九〇八年には少なくともある程度、兄たちの生活環境に刺激されて、かれは孟子の「不孝に三有り、後無きを大と為す」(66)［不孝には三つあるが、中でも跡継ぎの男子が無いのが最大だ］という格言に要約されている儒教的偏見をすでに拒絶していた。「承継［祖先祭祀継承の跡継のための養子］は人情に近からずを論ず」と題した論文のなかで、かれは、かれが十年後に説きはじめる社会の永遠性という「宗教」をはっきりと予想させる言葉で自らの考えを述べている。「わたしは今、きわめて孝順な子をわれわれ中国四億の同胞に薦めよう。この子は誰だろうか？　それは「社会」である。……一人の人間は大衆に益が有り大衆に功が有る多くの事業を為すことができる。だから社会全体をかれの孝子・賢孫と成すことができる。皆さんは覚えておくべきです。子や孫は自ら産んだ子でも承継［養子］でもみな頼りにはならないのです。ただわたしが先に薦めた孝子順孫［社会］だけが、決して失われることのないものなのです。(67)」

(66)『孟子』「離婁章句・上、二六」、Legge, *The Chinese Classics*, II, p. 313.
(67)『自伝』、六七頁。

胡適の若い頃の社会改良や思想的啓蒙の理想への献身は、その時代と地域においては決して異常なことではなかった。むしろ、それは当時の上海における「近代的」な教育の必然的な結果であったように思われる。だが少なくとも一つの面は、胡適の経験は普通ではなかった。なぜなら、一方で、他の若い学生たちはそのときでさえ政治革命をそれを通して近代化という大きな課題をやり遂げるための手段として採用しつつあったのだが、胡適は始めから革命運動の外側に身を置いていたのである。それは革命家たちが倒そうと企てている満洲王朝に対してかれ自身がなおある種の愛着を抱いていたからだ、ということを示唆するような証拠はない。そうではなく、それはその後かれを一九二〇年代の政治革命家たちに反対させたような気質と目標の違いの早い時期の徴候のように思われる。中国公学は「革命活動の中心地」で、大半の学生と教員がそれに巻き込まれたという事実にもかかわらず[68]、胡適は一度として同盟会(孫逸仙の革命党派)のメンバーに勧誘されたことも、あるいはかれの反満心情の証拠として辮髪を切るよう求められたこともなかった。胡適はそれをこう回想している。「当時学校内の同盟会が話し合ったことがあったが、みなは、わたしは［将来］学問［の仕事］ができると考え、かれらはわたしを護ろうとした。だからわたしが革命に参加することを勧めなかった[69]」、と。かれがこれを書いていた一九二〇年代後半までに、かれはすでに何度も政治革命はかれが推進してきた思想改革の敵であるとして非難するようになっていた。かれのこの回想は、多分に一九一九年以後に革命運動からかれを引き離させたこの違いの感性によって潤色されている可能性がある。だがそれでも、かれの話が将来の目標の違いを含んでいたという示唆の持っている真実性を減じることはない。しかし、アメリカでの留学の終りを前にして、中国問題の「革命的解決」にはっきりとした批判的なアプローチをかれが練り上げ始めるまでには、なお何年かが過ぎなければならなかった。そのときまでに、かれの上海での経験はいくぶん背景に後退してしまっていて、かれはますます、かれがアメリカの大学で学生として過ごした期間に獲得した専門用語を用いて考えるようになっていた。

(68) "Credo," p. 250. また『自伝』、五八—五九頁を見よ。『胡適言論集』(乙編)「時事問題」(台北、一九五三)、六四頁。李敖『胡適評伝』、第七章、各処。
(69) 『自伝』、五八—五九頁。

個人的危機からアメリカ留学へ

一九〇八年秋の中国公学の歴史の上での危機は、胡適の個人的な出来事と時を同じくして起きた。績渓の家はゆっくりと破産に向かっていた。そしてその年の秋までに、胡は教師と物書きで稼ぐことができた収入と、その年の冬に『競業旬報』が停刊する前までかれの編集仕事に支払われた金銭とによって、上海での自分の生計を支えはじめていた。かれは少しの間、中国公学で英語を教えていた。そして、一九〇九年に公学の反逆者たちと支援機関との間の喧嘩が和解したとき、かれは華童公学で英語と漢語を教える仕事を手に入れ、英語の個人レッスンをすることで収入の足しにした。(70)

(70) この時期の胡適の学生の中に楊銓（ようせん、字は杏仏）と張奚若がいた。楊銓は公学の学生で、張奚若は胡適が私的に英語の家庭教師をした学生だった。二人とも後に胡適についてアメリカに行った――楊銓はコーネル大学で工学の学位を取った。しばしば胡適の『日記』の中で言及されている。一方、張奚若はコロンビア大学の政治学の大学院で学んだ。後年、胡適は二人との政治論争に巻き込まれた。以下の第八章を参照。

部分的には、故郷からの気を滅入らせるような知らせと、そしてまた部分的には恐らく時代の重苦しい雰囲気に反応したためであろう。胡適の上海での最後の数カ月は、次第に軽い放蕩性を帯びるようになった。かれの友人・仲間の多くは挫折感を抱いた革命党支持者だった。そして将来の見通しの立たないどん底にいた。これらの「ロマンチスト」（胡適は後にかれらをそう呼んだ）(71)の仲間に入って、胡適は酒を飲み、博打をし、そしてしばしばこの都市の劇場や売春宿に出入りした。しかし、かれは後にこう語っている。「幸いなことに、わたしたちはみな金が無かった。だからちょっと悲しみを紛らわすことができただけだった。……わたしはあの数カ月の内は、本当に真暗闇の中で無為の日々を送っていた。あるときは徹夜で麻雀かカルタ、あるときは連日の泥酔だった。[72]」一九〇九年に書かれた詩の中で、胡適はこの時期の落魄した心情を次のように表現している。

(71)『自伝』、八二頁。
(72) 同前、八四頁。

酒　醒（己酉＝一九〇九年）

酒能銷萬慮、已分酔如泥。
燭淚流乾後、更聲断続時。
醒來還苦憶、起坐一沉思。
窓外東風峭、星光淡欲垂。

酒は能く万慮を銷《け》し、分《ぶん》をすぎて酔いて泥の如し
蝋燭の蝋が流れて乾き、夜回りの声がとぎれとぎれに響くとき
酔いから醒めてまた苦しき憶いがよみがえる、起座してひととき思いに沈む
窓外の東風はヒューと音をたて、星光は夜明けの空に薄く消えなんとしている[73]

(73) 同前、七二頁。

ついに、一九一〇年の春のある雨の日の夕方遅く、かれは酒を飲んで騒いだ後、一人で帰路についていたのだが、このとき警察と諍いを起こして、留置所に一晩泊められた。翌日、かれのこの事件についての記憶に拠ると、かれは鏡の中の自分の青く腫れ上がった顔を覗いていると、李白の酒をたたえる詩の一行、「天生我材必有用」（天の我が材を生むは、必ず用いるところ有り）[74]〔李白「将進酒」の一節〕が心をよぎった。この思想と

ともに胡適は自分を改めることを決心した。かれは「ロマンチストの」仲間を捨て、叔父と績渓出身の何人かの友人の援助で金を工面し、二三件の小さな借金を返済し、母親が当面生活できる金を送ると、かれは義和団賠償金による給費生試験の準備のために、二カ月の間「門を閉めた」。

（74）『自伝』、八八頁。英文訳（Some use might yet be made of this material born in me）は胡適が "Credo," p. 259. で訳したものによる［日本語訳は訳者］。胡適を奮起させてこの改心を起こさせた「将進酒」という詩は、胡適がそれから引き出した道徳をほとんど示していないように思われる。『唐詩三百首詳析』第二版（台北、一九五七）、一一二頁参照。

義和団賠償金奨学金プログラムというのは、一九〇一年の義和団賠償金の合州国取り分からアメリカが中国政府に送って免除した資金［取分の半分］によって手当てされたものだが、この一九一〇年はプログラムの二年目だった。一九〇一年に四十七名の学生がこのプログラムでアメリカに派遣されたが、一九一〇年七月に第二回分の選抜試験が予定されていた。試験は北京で行われたが、手強いものだった。二百人以上の受験生が漢語と英語の予選試験を通過して、最終試験に臨んだ。試験は高等代数学、平面・立体幾何学、三角関数、物理学、化学、生物学、地理、ラテン語、現代語、古代史・現代史のような科目についてかれらの理解度を試験するものだった。[75] 胡適は科学の部門では悪い成績だったが、漢語、英語、歴史についてはたいへん良い成績だった。七月のある夜、胡適はかれの人力車夫から借りた石油ランプの明かりで、郵送で届いた合格者名簿を念入りに調べた――かれは下から上に向かって読んでいった。というのは、もし自分の名前があるとしたら、リストのずっと下の方に違いないと確信していたからだ――。かれは選ばれた七十名の合格者のうちの五十五位にランクされているのを見つけた。[76]

（75）Ts-zun Z. Zee and Lui-Ngau Chang, "The Boxer Indemnity Students of 1910," *The Chinese Students' Monthly*, 6.1: p. 16. (1910 / 11).
（76）胡適「回想胡明福」、『胡適文存』三集巻九、一二一一頁。李敖は合格した受験生の名簿を復元している。『胡適評伝』、二七一―二七五頁、二八五頁注二八。

次に何が起こったかは、胡適の同僚で、アメリカへの旅を共にした仲間の二人によって英文で書かれた記事の言葉で語らせるのが良いだろう。

この幸運な七十名の者たちは今やそのかれらの指名の発表の前の「鬱々した」気分と同じくらいひどく陽気で快活だった。学部［教育部］、外交部の役人たちの部屋のドアはかれらのために広く開かれ、これらの高官たちの誰からも祝いの言葉がかれらに述べられた。だが、「少年たちよ、すぐに上海に戻って、八月一六日に中国人の教育のメッカに向けて船出する準備をせよ」、という話はかれら全員にとって驚きだった。というのは、これは即座に中国から長期間追放すること、つまり、両親や友人たち、恋人たち、そしてすべてを後ろに置いて離れることを意味したからだ。誰もが喜びと苦しみが混ざり合った興奮を抱えて京師《ペキン》を離れ、天津に向かった。天津では、自分らがしなければならない［港への］旅を考えて、気の進まない三輪車夫は荒れ狂って車を出し渋った。間もなく学生たちは船の中に姿を見せたが、かれらは船の上で何度かひどい荒波に遭った、

上海の光景が目に入ってきた。船が投錨するとすぐに、もう一つの歓びの実演が船上の七十人の乗客の親族、友人たちによって引き起こされた。埠頭の警備員はかれらの管轄区内の秩序を取り戻すのに大変な困難をなめた。古代ならバベルの塔が崩れてしまったに違いない。なんと多くの方言のごた混ぜが祝いの挨拶で飛び交ったことか。この混乱の後は、荷物運びや運転手、仕立屋、床屋といった人々の出番だった。かれらはわたしたちに大変気前よくサービスしてくれたので、われわれは勝利の戦いから帰ってきた偉大な戦士であるかのように感じた。わたしたちの門衛はすぐに機嫌が悪くなった。なぜなら、かれらは彼ら

の若い主人たちのための祝宴や、茶会や何やかやの沢山の招待状をしっきりなしに受け取らなければならなかったからだ。

時は汝がそれを必要とするとき、いつも、より早く過ぎゆくものだ。八月一六日はすぐにやって来た。嬉しくもあり、また嬉しくなくもあり、わたしたちはわれわれを「海上宮殿」〔パレス・オブ・ザ・シー号〕に連れて行くはしけのところに行った。七十人の学生の内一人も脱走者はいなかったが、わたしたちは皆の気持ちが重苦しいものであることを知っていた。しかしかれらの全員は快活に見えた――かれらは岸にいるかれらの愛する人に向かって叫び、ハンカチを振りつづけていた。(77)

(77) Ts-zun Z. Zee and Lui-Ngau Chang, "The Boxer Indemnity Students of 1910," p. 17.

十八世紀の詩人の袁枚が、極めて特異な試験〔科挙〕について書いているように、「両親は子供を大変愛しているが、しかし選ばれた少数の合格者の掲示板の中にかれを入れてやる力はない。ただ試験官のみが若者に金榜題名〔科挙合格者発表の掲示の名前〕を掲げて、暗闇の中からかれらを天国に入らせることができる」(78)のだった。胡適にとっては、これが後の目の覚めるような上昇の実際の始まりであった。

(78) Arthur Waley, *Yuan Mei: An 18th Century Chinese Poet* (New York: Grove Press, 1956), p. 24.

胡適がかれの同行者と「海上宮殿」〔パレス・オブ・ザ・シー号〕――南方の『中国』報のような船舶ニュースには平凡にこう記載されていた――で上海から航海に出た時、かれは十九歳の誕生日までまだ数カ月残していた。かれの辮髪はまだ切られていなかった。旅に出る前の最後の数週間はたいへん慌ただしかったから、安徽の家に帰って母親に別れの挨拶をする時間さえなく、乗船することになった。この都市を離れたときのかれは、一九〇四年にそこに着いた奥地の服装をしたあの田舎の学生とは大きく違っていた。かれが後に語ったように、績渓では一人の少年としてかれは「女性の世界の中で生活していたので、数えの十三歳のときに門を出て外の世界に出たが、女の子と同じように臆病だった。人に会うと顔が真っ赤になり耳まで赤く染めた。挨拶以外は一言も思い切って話すこともできず、質問されると一言二言答えるだけだった。[79]」上海に着いたとき、かれは矢野文雄の『経国美談』の漢訳本を読んで得られたような西洋についての知識しか持っていなかった。それは有名な日本の自由主義者によって書かれた政治小説で、作者はエパメインダス〔古代ギリシャ・テーベの将軍・政治家〕についてのプルタークの伝記にもとづいたロマンスに偽装して立憲主義を弁護していた。[80]

（79）『日記』、二五三頁。
（80）『自伝』、二五頁。胡適が読んだ訳本はおそらく、雨塵子によって訳され一九〇二年に商務印書館から出版されたものだったろう。阿英『晩清戯劇小説目』（上海、一九五七）、一五六頁を参照。この本を捜し出すのにデビット・ロイ David T. Roy の援助を得た。明治日本における原本の流行、および著者に関する情報については、G. B. Sansom, *The Western World and Japan* (London, 1950), pp. 421, 430. と、Robert A. Scalapino, *Democracy and the Party Movement in Prewar Japan* (Berkeley and Los Angeles, 1953), p. 115. 注五四、を参照。

上海での六年の激動の歳月は、かれに田舎の人間の不器用さの多くを取り去り、かれに自分自身の意見を持つ自信を与えた。六年の生活はまたかれに西洋に渡ることを可能にした訓練を施した。西洋で、かれの西洋の思想についての知識がさらに真の理解へと成熟していくようになるにつれて、かれは多くの西洋的価値を自分の価値観として受け入れるようになった。

　だが、胡適が中国への、そしてその中国が知性と精神において近代的な国家に移行することへの永続的な現実参与《コミットメント》を作り出したのも上海だった。海外の七年間はいくつか面でかれを祖国の状況から疎遠にした。だが、かれが中国に戻ったとき、上海で一人の若者として取りかかっていた仕事——すなわち、中国の大衆に啓蒙の光を与えるという仕事——は引き継がれることになっていた。

第二章　アメリカ経験　一九一〇—一九一七

一九一四年の晩春、この年の真夏に世界の注目を集めることになるヨーロッパの破局〔第一次世界大戦〕のいかなる予感にも煩わされることがなかったアメリカの新聞は、ウィルソン大統領のメキシコ政策が直面している様々な困難や、間もなく開始されるパナマ運河の通航サービスをめぐる諸問題に心奪われていた。しかし六月初めに、『レスリーズ・イラストレイテッド・マガジン』(*Leslie's Illustrated Magazine*) の編集者は、変わった小事や時季的な雑情報——例えば、アメリカ駐メキシコ副領事がカランサ〔Carranza, Venustiano〕の護憲軍と密謀していた罪でメキシコ監獄に入れられたことや、コネチカット州民兵の兵卒の八十歳台の子孫が「アメリカ革命の息子」のメンバーに選ばれたことなど——で賑わっている紙面上に、少しばかりのスペースを見つけて、一人の若い中国人の写真を載せた。それには次のようなキャプションが付いていた。「中国人学生の驚くべき例外。英語圏の英語を話すすべての学生に英語で優るミスター胡舒、かれが人々の幅広い注目を引いている。かれはコーネル大学でかつて英語の一等賞を取ったことのある唯一の中国人学生である。この文学栄誉賞のほかに、ミスター胡は哲学奨学金も授与された[1]。」

（1） *Leslie's Illustrated Magazine*, 118. 3065, p. 543 (1914 / 6 / 4).

わたしたちを見ているのはハンサムで真面目な顔である。縁なしメガネの後ろの大きく開いた目、口はまっすぐで、微笑んでいない。ネクタイは注意深く結ばれている。このように世界と、そして自分自身を真面目にとらえている若者の顔は人の心を打つ。そして実際にもそうだった。なぜなら胡適（つまり胡舒、その時かれは自分をこう呼んでいた）は、勤勉で熱心な努力によってかなりの学術的な優等成績を上げて、アメリカの新聞において初めてちょっとした認知を勝ち取ったからである。[2] このような目標への真剣さをもった人であるという印象は、大体同じ時期に書かれたかれの日記の中の短い内省的な記載の中においても、胡適自身によって確認されている。かれは二十歳前半という有利な地点から、一九〇四年にかれが上海に来てからの十年間を振り返って見て、自分がかなり理知的に過ぎる若者になってしまっていることに気づいた。「思想〔頭の回転〕は頗る鋭いが、……高尚で純粋な思想は無い。吾が十年の進境は、蓋し、智識（intellect）の方向に偏せり。」「而して感情の方面においては全て忘却してしまい、清き夜に自ら思う、ほとんど冷血な世俗に通じた人間になっている」[3] と。

（2）一九一五年五月の胡適への「ハイラム・コルソン・ブローニン（Hiram Corson Browning）賞」の授与はニューヨーク州北部の数多くの新聞、そしてまたニューヨーク市のような遠く離れたところの新聞の関心を引いた――例えば、New York Herald, 1914 / 5 / 11.

（3）『日記』、二五四、二五三頁。

だが、もしこれから、胡適がアメリカで受けた教育はただかれを厳格な知性主義に閉じ込めることに役立っただけだった、と結論を出すなら、それは誤りだろう。かれは生来社交的で、大変鋭い好奇心と活発な交友関係を作る才能を持っていたから、かれをアカデミックな隔離した場所に閉じ込めておくことはできなかった。かれがアメリカにいた時代の数年間は、広範囲におよぶ知的なそして社会的な実験の時だったのである。この数年間はかれをさらに徹底的に「西洋化された」人にし、さらに良く西洋を――あるいは、少なくともアメリカを——それ自身の言葉で理解できるようにし、そしてアメリカの夢のアピールに、一握りのかれの同時代の中国人を除いて、他の誰よりもより共感できるようにしたのだった。一九一七年の帰国の直前に、かれは日記の中にこう書いている。「わたしはかつて朋友のいるところがわたしの邦《くに》だと言ったことがある。わたしの朋友の多さはどこもこの邦におよばない。今このわたし自身が造った邦を去って、わたしの父母の邦へ帰る。この心中の感情は苦しみであり楽しみでもある、正に自ら決し難いものがある。(4)」

(4)『日記』、一一四七頁。

しかし、胡適のアメリカ文明に対する好意的な評価は心からの哀情から生まれたものであったけれども、それは選択されたもので、それに対して全く無批判的ではなかった。かれは七年間アメリカの大学ですごしたにもかかわらず、心の底では中国人でありつづけ、かれが自然に受け継いできた知的伝統に共感的で、またかれ自身の世代に重苦しくのしかかっていた問題に変わらぬ関心を持ち続けていた。

一九一〇年九月、上海からアメリカに着くとすぐに、かれはコーネル大学の農業学院［カレッジ］に入った。それは、「当時中国で流行していた、中国人学生は何か役立つ技術を学ぶべきで、文学や哲学は何ら実際的に役に立たないものだ、という信念(5)」に従ってのことだった。だが、それが時代への適切でない譲歩であったことが分かった。一年半の間、胡適は生物学、植物学、植物生理学、果樹学の勉強を続けたが、これといった成績を取るでもなく、情熱もまったく湧かなかった。ついに、一九一二年の初め、そのとき中国で起こっていた大きな政治的動乱［辛亥革命］に刺激されて、かれは文理学院（The College of Arts and Sciences）に転学し、哲学を専攻することを択んだ。(6)ここでかれは知的にもっと楽な自分を発見した。この専攻変更によってかれの学業成績は著しい向上を表した。(7)しかし、かれが新しい学業コースを選択したことを正当化する必要があると感じていた痕跡が、中国に戻る直前に書いたこの転学についてのかれ自身の記述の中に残っている。

（5）"Credo," p. 251.
（6）『口述歴史』、四六頁。
（7）わたしはコーネル大学の記録室が胡適の大学での勉学の学業成績をわたしに見せてくださったことに感謝する。

わたしが初めてこの国に来たとき、志すところは耕作にあった。文章はまことに小技で救国の用には役に立たないと思い、持って来た千巻の本を全て、分けて国に送ってしまった。［勉強に苦しんだ］野菜栽培・果樹栽培がしばしば夢の中に出てきた。たちまちのうちに幾ばくかの時が過ぎたが、急に自分の愚かさに気づいて大笑いした。国を救うためには千、万のやり方があり、どれかをやってはいけないというのだろうか。しかし吾が性に適したのは僅かに一、二の宜しきものしかない。天に逆らい性に払《さから》ったならば、得るところは終には希微《わずか》のみだ。そのときから［学］業を変え、学問を講じ政治を議論することにした。……国は新たに造られ、紛争は久しく、未だ定まらない。故に学んで以て時の難を済《すく》うには、学問と時代が相い応ずることが必要で、文章の世に盛んなる事は、どうして今、疑問だと問うべきであろうか［そうではなかろう］。(8)

（8）『日記』、一一四五頁。原文は五行詩形式で書かれている。

コーネルで、胡適は大喜びで勉学に専念した。そしてそれが報いられた。一九一三年の春にかれは、ファイ・ベタ・カッパ［Phi Beta Kappa, アメリカ大学生懇親会。アメリカの大学の成績優秀学生および卒業者で作る親睦団体］のメンバーに選ばれたのである。三年連続してサマーセミナーに参加したので、一九一四年二月に、かれは学士学位を取得するために必要なすべてを終えることができた。この年の秋、胡適は〔主任〕教授のジェームズ・エドワード・クレイトンの哲学的偏見にますます幻滅をつのらせつつあったにもかかわらず、哲学の研究をつづけるために大学院に入った。セイジ・スクール〔賢人学校＝哲学大学院〕はクレイトンの指導の下で客観的観念論〔経験という作用は経験される対象の性質と観察者の性質とを統合し、超越する実在（reality）を持つ、と主張する観念論の一形態。クレイトンはコーネル大学の倫理学・形而上学の Sage Professor で、主任だった〕の拠点になってしまっていたのだったが。

コーネル大学のあるイサカにいた間、大学の学業の義務は、かれが中国問題についての講演者として、また大学や他のところで開かれた数多くの学生会議やフォーラムの参加者として活動する課外の活動に精力的に入り込むことを妨げなかった。このような諸活動が、正式の勉学がかれの思想と態度の形成に寄与したのと同じくらいに、大きくそれに寄与したのももっともであろう。しかし一九一五年までに、かれは課外の活動へのコミットによって、負担が重くなり過ぎるようになったと感じるようになった――かれが後に回想しているように、イサカの辺りでは「人気があり過ぎた」のだった――。このことが、一九一五年の夏にジョン・デューイの実験主義哲学を見つけたことと相まって、かれがその年の秋にニューヨークのコロンビア大学に移るように導いたのだった。そこでかれは「数百万の人口を持つ大都市の中に安全に隠れる[9]」ことができ、イサカのセイジ・スクールよりもかれ自身の好みに合った知的な環境の中で、デューイの指導の下で大学院での学業を続けることができた。

（9）『口述歴史』、五四―五五頁。『日記』、六八六頁。

胡適はコロンビア大学で博士学位のための論文を完成させるのに二年費やした。ジョン・デューイの影響は、「古代中国における論理的方法の発展[10]」と題された学位論文の中にはっきりと示されていた。これは中国古典哲学についての解説的論文で、論文の目的は、今までまだ人々に認識されてこなかった中国古典哲学における判断の「実用主義的《プラグマチック》な」基準の利用、とりわけ異端学派にあったその傾向を明らかにしようとしたものであった。胡適は一九一七年の五月下旬に、デューイが委員長として坐っている審査委員会の審問で論文の答弁に成功した。六月初めに胡適はニューヨークを離れ、西海岸に向かい、そこに短期間滞在してイサカの友人たちに別れの丁寧なあいさつを送った。そして六月二一日、かれは「エムプレス・オブ・ジャパン［日本皇后］」号に乗ってバンクーバーを出航した。かれは七月一〇日に上海に到着した。かれが教育を求めてこの同じ都市からアメリカに向かって出発してから、間もなく一カ月もしないうちに満七年が経とうとしていた。中国に戻った胡適は、もはや問題を抱えた不安な学生ではなく、二十六歳の、中国の新たな知的エリート――「帰国学生」――の中の傑出した一人だった。かれはアメリカの大学で二つの学位を取得し(11)、名高い北京大学の哲学教授の職がかれを待っていた。そして日々その数を増しつつある中国の若い知的革命家たちの中で一人のリーダーとして名声を確立した。

(10) *The Development of the Logical Method in Ancient China* は、一九二二年に上海東方文庫会社から英文で出版された。そして一九二八年にそこから再版され、一九六三年にニューヨークのパラゴン社から、ハイマン・クブリン（Hyman Kublin）教授の導言をつけて再版された。［中国での出版書名は「先秦名学史」、「中国古代哲学方法之進化史」がある。］

(11) これは厳密な意味では不正確な表現である。胡適はアメリカを離れる前にPh.D学位を取得するために必要な学業を十分に完成させていたが、学位は実際には一九二七年三月になるまで授与されなかった。［注(10)の中国で出版された英文本をこの年コロンビア大学に提出してはじめて学位が授与された。］

胡適はアメリカで学生として過ごした期間に、アメリカの思想と制度に親しんで生き生きと接触した。その数年間がかれのこの目覚ましい栄転にしっかりと貢献したことは説明する必要が無いほどはっきりした事実である。あのアメリカが進歩的だった時代の政治的、社会的な興奮がかれの上に永遠につづく印象を刻印し、そしていくつかの面においては、一九一七年に帰国した後に判断しなければならなかった中国の政治的、社会的状況を相手にしたときの基準を確立したのだった。かれが西洋の歴史と、文学、哲学を学んだことは、かれの知性の視野を大変広くした。そしてかれに、東洋と西洋と文化的価値観の衝突についてのかれの距離感を置いた「コスモポリタン」な考えを構築するための枠組みを与えた。

だが、かれが日記や、時折より公的な論壇において表明していたこの時期のかれの思想を調べてみると、胡の思想はかれが上海で学んでいた時にすでに達していた考えの一般的な傾向から根本的に離れてはいなかったということが明らかになる。例えば、女性が社会の中で果たすべき役割についての考えが次第にリベラルになっていたように、また例えば、「思想《しこう》の方法」の問題についての関心が成熟しつつあるなどのように、かれのこの時期の思想には確かにいくつかの修正は見られる。しかし次に示されることを除けば、どこにも、新しい信念への突然の驚くような転換を証明するものは無いし、あるいはかれの世界観の根本的な修正を示すものは無い。合州国において学生として胡適が進んで情熱をもって反応したのは、かれがそれ以前に受けた教育によって既に準備させられていた思想であったこと、この新世界に着く以前にはまだしっかりと持っていなかったとしても、すでに予示していた意見と最も馬が合う同時代の西洋思想のそうした側面を理解吸収したに過ぎないのだということ、この結論から逃れることは難しいのである。

楽観主義とデューイの実験主義《プラグマティズム》哲学

例外がある。それは最終的にはかれの思想の気質を深く変え、従って思想の表現をも変えたのだが、しかし少なくとも始めのうちは、この例外はかれの思想というよりも、かれの心情と関係したものだった。一人の中国人学生が英語文学奨を受けるほど英語を十分に習得せねばならなかった事実――これを成し遂げたことが一九一四年に新聞を胡適に注目させたのだが――、しかしこの事実よりもさらに注目に値することは、かれの受賞した論文のテーマが、「ブラウニングの楽観主義のための弁護」(In Defense of Browning's Optimism) というものであったことだ。この論文を書いたのが、一九一〇年の夏に暗い不安に圧倒されながら中国を離れた同じ青年だったのである。しかし、かれの暗い沈んだ心が晴れ始めるには、この国ではそう長い時間はかからなかった。かれは一九一四年初め頃の日記の中に、「吾《わたし》は〔国の〕友人たちに手紙を書いた。そしていつも『楽観』でもって互いに勉めようと書いた。国を去ってこの国に来てから数年経つが、得た収穫はこの一大観念だと自分は信じている」と書いている。かれは良く選ばれたブラウニングの詩の数行を要点として書きつけている。

決して過去を振り返らず、胸を張って前進する者よ。
決して疑うな、雲はきっと晴れることを。
決して思い描くな、正義が敗れ、悪が勝利するなどと。
わたしたちを倒れまた立ち上がらせるのは、より良く戦うために挫けさせるのだ。
目醒めるために、眠れ。(12)＊

(12)『日記』、一七五―一七六頁。

＊ブラウニングのこの詩は次のように漢語に訳された。

吾生惟知猛進兮、　吾れ生まれてより猛進することのみ知れり、
未嘗却顧而孤疑。　いまだかつて退き顧みて孤り疑うことをせず。
見沈霾之蔽日兮、　どんよりした土曇りが日を蔽い隠すのを見る、
信雲開終有時、　信ず、雲もいつか晴れる時が終には有ると、
知行善或不見報兮、　善を行いても或いは報いの無きことを知るも、
未聞悪而可為。　悪にして為す可しとは未だ聞かず。

雖三北其何傷兮、　三たび敗北すると雖も、それ何ぞ傷つくるや、
待一戦而雪恥。　一戦を待ちて恥を雪ぐべし。
吾寐以復醒兮、　吾れ寐(ね)て以てまた目覚める、
亦再蹶以再起。　また再び蹶(ころ)びても以て再び起つ。

胡適の「我的信仰」の中では次のように白話文に訳されている。

従不転背而挺身向前、　けっして後ろを向かず、前にすすめ、
従不懐疑雲要破裂、　雲の晴れるのをけっして疑うな、
雖合理的弄糟、違理的占勝、　理に合ったものが駄目になり、理に違ったものが勝つ、
而従不作迷夢的、　というような夢に迷ってはならない、
相信我們沈而再昇、敗而再戦、　信じよう、私達は沈んでもまた昇る、敗れてもまた戦う、
睡而再醒。　睡(ねむ)れ、そしてまた再び醒めよう。

確かな真実は、胡適がかれのアメリカでの経験から得た最大のものは、上海の最後の数年間の絶望から、未来への節度はあるが容易には屈しない自信へと転じたことで、この転換以上にかれの後年の考えに永く影響をもたらしたものはなかったということである。その後かれがデューイのプラグマティック〔実験主義的〕な方法論を見つけたことは、かれの思想の発展に重要な意義を持ったが、しかしその影響の多くの面は、かれがすでに持っていた思想を確かなものにし、強化したに過ぎない。そしていかなる場合でも、もしそれ以前に、目の前の絶望に直面したときの忍耐心と、論理と理性が最後には勝利するのだという強い信念とをかれに与えたこの楽観主義に傾倒していなかったならば、かれがデューイの社会哲学・政治哲学の漸進主義を受け入れることはありそうもなかったろう。同じように、かれが晩年に誇りに思っていた懐疑的態度は——かれは中国の遅れを弁明しようとするのではなく、「強い意志で」それを認めようとした——いつも、正直な者が最後には必ず打ち勝つはずだという根底にある信念でもって強化されていた。かれの「コスモポリタニズム」、それはかれ

を一九二〇―三〇年代の勃興しつつある民族主義勢力との日ましに規則的になった対立に至らせた考えなのだが、それもこの同じ確信の基礎の上に築き上げられたものであった。

だから、アメリカでの年月が胡適に最も深く影響を与え、そしてもっとも永続的な刻印を押したのは、この新たな雰囲気が創り出された中においてであったのである。そのために、かれの気質は、かなりの部分において、中国の弱さと惨めな条件が非常に多くのかれの学生や同僚の知識人の間に呼び起こしていたところの焦りや絶望、激情的な怒りから自由だった。この楽観主義的意識が、かれが解明しようとした中国の社会的思想的改革の多くの問題へのかれの判断に影響を与えた。それとちょうど同じように、西洋文明はかれにとってつねにアメリカ文明を意味していたが、その西洋文明の価値に対するかれの評価を強めていた。胡適は、第一次大戦とヴェルサイユ講和条約の直後に、多くの中国人がそれ以前に持っていた自由主義の西洋世界からの贖罪がなされるであろうという約束への信頼を捨ててしまった時でさえ、アメリカの価値観の不動の擁護者であり、支持者でありつづけた。胡適が最初にアメリカ人の生活を知った時に、それがかれに与えた印象、つまりアメリカ人の「ナイーヴな楽観主義と快活さ」に対するかれの感嘆、そして「この地では人間の知性と努力によって達成され得ないことは何一つなかったようだ」というかれの確信、かれはこれらをけっして忘れることはなかった。[13]

(13) "Credo," p. 251.

一九一五年の夏、胡適は「大いに発奮してデューイ教授の著作をことごとく読んだ。」この出会いの後、デューイの哲学は「わたしの生活と思想の先導になり、わたし自身の哲学の基礎となった」[14]、と日記に書いた。こうしてかれは、哲学研究を開始してから数年後、アメリカでの学生としての経歴のかなり後半になってから、かれは自分はデューイの弟子であると宣言したのだった。[15] かれはこの時期に哲学と同じように教育学においてもデューイの影響を受けるようになった最初の一握りの若い中国人学生たちの中にいた。[16] そして中国に帰った後、かれはおそらく中国で最も有名なデューイの思想の普及者になった。

（14）『日記』、「自序」、五頁。

（15）最初のプラグマティズムについての言及は『日記』一九一五年五月九日（六二九頁）の最初の行に見える。それは真理についてのプラグマティズムの理論の簡単な摘要と、その結果についての強調である。

残念なことに、『日記』は、胡適の学術研究としての哲学への関心については簡単でランダムな言及しか含んでおらず、この領域におけるかれの考えの発展について読者にあまり十分な見方を提供し得ない。書いていないのは意図的なものだった。一九三六年版の序言の中で胡適は、「札記のスタイルは具体的な事件を記載するには最も適しているが、しかし全体の哲学体系を記載するところではない」（「自序」六頁）と書いている。一九一五年八月五日の日記の中にかれは、「まさに哲学を以って吾が専ら治める所と為す、故に吾が札記に入れないのみ。……かつ吾が札記の記するところは、みな一般に普通の読者の興味を引き起こすところのものである。哲学をここに見録しないのは、また宜しからずや」（七三〇頁）、と書いている。一九五八年のインタビューで胡適はロバート・ムーア（Muir）に、かれが日記を書いたのはそれが他人に読まれることを意識してのことだったと語っている。Robert Muir, "Hu Shih: A Biographical Sketch, 1891-1917"（論文は East Asian Institute の修了証のための要求で抄録の形で提出されている。コロンビア大学、一九六〇）、八頁。このことは、上記の一九一五年八月五日の最初の行と、一九一六年一二月から一九一八年九月までの『日記』の抜粋が「蔵暉室札記」（蔵された光の寓所から選び出された筆記）という名で『新青年』に発表されたという事実の両方によって裏付けられる。

（16）最も有名で、後年胡適と最も近しかったのは、蔣夢麟（しょうむりん、一八八六―一九六四）だった。かれもまた一九一七年にデューイの下で Ph.D 学位を取った（かれの論文の題目は "A Study in Chinese Principles of Education" だった）。そしてかれは後年、国民政府の教育部長、国立北京大学の校長として仕事をした。Chiang Monlin, *Tides from the West* (New Haven, 1947), Boorman, *Biographical Dictionary*, I, pp. 347-350.［蔣夢麟『西潮』］。

ヨーロッパ人はデューイの思想の中に際立ったアメリカ的特質を認める傾向があり――ホワイトヘッドはかれを「典型的な事実上のアメリカ人の思想家だ」と総括し、[17] B・ラッセルはかれを「ニュー・イングランド自由主義の伝統の継承人」[18]として紹介している——、そのデューイがこれらの若い中国人たちからあのような温かい反応を引き出したことは奇妙に見えるかもしれない。これらの若者は様々な問題、とくに分裂と貧困の時代のかれら自身の社会と文化の中の問題に苦しめられていたのだが、アメリカのプラグマティズムの考えが実際に中国の状況に適応させることができる程度をどう見積もっていたのか、胡適が自身の哲学を構成するのに用いたそれらの要素についての考察は、ここでは暫く触れないで延期しておく（第四章を参照されたい）。ここでは次の話をするだけで十分であろう。もし最終的な分析として、デューイの実験主義（experimentalist）哲学の仮説は、中国という異域に移植するのが、胡適、そしておそらくデューイ本人がそうだと考えていたよりも、もっと難しいことだったと明らかになったとしても、胡適が初期のころにそれに対して情熱的になった理由を発見するのはなお難しくないということである。

（17）Alfred North Whitehead, in Paul A. Schilpp, ed., *The Philosophy of John Dewey* (New York, 1939, 1951), p. 478.
（18）Bertrand Russell, *History of Western Philosophy* (New York, 1946), p. 847.

胡適のプラグマティズムに対する関心は、ある程度、ジェームズ・クレイトンとセイジ・スクール〔哲学大学院〕の他のメンバーたちによって説かれていた客観的観念論に対する反動として生じたものである。これは胡適自身ははじめから関心を示さなかった哲学だった。かれはブラッドリー Brodley とボザンケット Bosanquet の本を読むことを強いられた時のことを、「かれらの提出している問題はまったくわたしの関心を引き起こさなかった」[19]と書いている。その一方で、一九一四年一月にすでにかれは日記の中で、自分はちょうど「実用的な哲学」を見つけることに没頭しているところだ、と書いている。[20]おおよそ十八カ月の後、かれはデューイの実験主義 experimentalism の中にそれを見つけた。最初にかれの気を引いたのは、第一は、実験主義者の真理についての定義だった。それは相対主義的価値観として、ある具体的な判断の中においてのみ初めて意義を持ち、そして常に新しい経験の中での再評価に服従するのだといっていた。第二は、社会的思想的問題に対する実験主義の独特な分析に備わっていた科学的な方法論であった。[21] 古代中国のドグマの権威主義的な主張にはすでに敵意を抱いていたが、しかしまだ、もっぱら西洋の経験にもとづいた一つの思想体系をそれに代って打ち立てようとするまでの意識はなかったこの知的反逆者の思想にとって、明らかに極めて有益な諸概念が存在していた。実験主義の大きな強みはその普遍性だった。「科学的」な方法論として、実験主義は西洋文化を超えており、だから中国においてもおそらく有効である。実験主義は科学的理性の考え方を社会的、政治的現象の分析に役立つ術語に移す手段として有効であると西洋において証明しつつあるのだから。[22]

（19）"Credo," pp. 252.

（20）『日記』、一六八頁。

（21）プラグマティズムのこれらの面についてはともに、『日記』六二九頁に見える唯一の術語の定義の中で示唆されている。

（22）同前。胡適はその晩年に、「率直に白状するが、わたしがジョン・デューイに感謝するのは、すべての科学的研究には共通の基本的な手段があり——研究の方法は西洋においても東洋においても同じであること、そしてそれらの基本的な相同性が存在するのは人類の共通の意識に基礎を置いているからだ、ということを理解するのを助けてくれたからだ」と語っている。（『口述歴史』一〇六頁、強調点は筆者の添加。）

少なくとも、こうしたものが胡適の実験主義についての理解であった。最初に、そしてその後も、かれがデューイから取ったのは思想的な方法論の公式だけであった。後年のこの問題についての論文の中で、かれが繰り返し強調していたのは実験主義の方法論の側面だった。その一方で、胡適が「哲学者の問題」だと軽蔑的に言及していた問題の解決の試みにプラグマティックな方法《アプローチ》が採用されたときには——それはチャールズ・サンダース・パースによって認識論の問題を解決するためにプラグマティックな哲学範疇が適用された時、ウィリアム・ジェームズがプラグマティックな判定という手段でもって宗教と科学の間の対立を調和しようと試みた時だが

――、胡適は反対のままで、あるいはせいぜい無関心を示しただけであった。[23]

（23）胡適「五十年来之世界哲学」の中のパースとジェームズについての議論を見よ（『胡適文存』二集巻二、二四五―二五八頁）。

胡適は実験主義の方法論を受け入れることによって、かれ自身が上海の学生時代にさかのぼると言っている自分の知的な欲求を満たしたのだった。その欲求は、かれの『真如島』という小説の中のある人物の語りとして書かれている。「ただあわれむべきは、われわれ中国人はいつまでも考えようとせず、波にしたがい流れにまかせてすぐに他人の意見に同調することを知っているだけだ。国民の愚かさがこれほどに到ったのは、わたしの眼から見ると、これはすべて考えようとしないが故である。だから宋朝の大儒・程伊川（程頤）は『学は思に原《もと》づく（学原于思）』と書いた。この僅かな四文字が簡単直裁な千古の至言なのである。[24]」

（24）『自伝』、六六頁。

この小説を書いた二十年後に、かれはこの一節にコメントしながら、「わたしの後の思想はハクスリーとデューイの道を歩むことになった。それはまさにわたしが十数歳の時から思想《しこう》の方法を十分重視していたからである。[25]」と書いている。これが胡適の初期の見解の正しい解釈として受け入れられるかどうかにかかわらず、かれの日記はわたしたちに、デューイの思想との接触に先立つ、かれの思想《しこう》の方法についての関心について幾つかの証拠を提供してくれている。たとえば、一九一四年一月の日記の中で、わたしたちは次のような文章を見出す。

（25）同前。

今日の我が国の急需は、新奇な学説、高深な哲理にあるのではなく、所在は（それで）もって学を求め事を論じ、物を見て国を経する（おさめる）術なのだ。吾の見る所を以って言えば、三つの術がある。みな起死回生の仙丹である。

一は、帰納的理論と曰い、

二は、歴史的眼光と曰い、

三は、進化的観念と曰う。[26]

(26)『日記』、一六七頁。

数カ月後、かれは落胆したようにこう書いている。「我が国の同胞には論理の意識が無い」[27]、と。デューイの実験主義は胡適に、自分の性分に合うと思った論理的な方法と同時に、歴史の発展と進化の過程という考え――すなわち、思想問題への「発生学的」方法――も与えた。後にかれは、これらの方法を自身の学術業績のなかで大変有効に用いることができた。

(27) 同前、二四一頁。

疑う余地のないことだが、胡適は、かれ自身が「人間の生活の中で最も神聖な義務は良く考えるように真剣に努めることだということを学んだのは、デューイ教授からです」と述べているように[28]、かれの思想的な発展に大きく寄与した洞察力をデューイから受け取った。だが晩年には、かれはまた率直に、自分の方法論的アプローチを「何という所から、何という本から、あるいは何という先生から」獲得したのかをはっきりさせるのは難しい、と白状している。かれは自分の思想的形成がいくつかの源泉から来ていることを認めている。それらの中には、かれが幼少期に宋学の批判の伝統の薫陶を受けたこと、コーネル大学でギリシャ哲学の教授だったフレデリック・ウッドブリッジのコースを取り、そのコースでテキストの信頼性の問題に多くの注意が払われていたこと、またリンカーン・バーの「歴史学の補助学」からは、文献学、考古学、テキスト批判を学んだことがあげられている。[29] 胡適のそれ以前の経験が、かれが一九一五年夏にデューイの本を読む前に、すでにデューイ哲学の基本的前提を受け入れる能力を持たせていたのは確かに間違いない。まさにウィリアム・ジェームズが言うように、「渇望と拒絶を共にともなった気質というものがかれらの哲学を決定するのであり、つねに意欲を決定する」のである。[30] 胡適は、自分はデューイの実験主義 experimentalism の原理に忠実であると公言しているが、決して他の誰かよりもかれ自身の気質の働きから自由ではありえなかったし、中国とアメリカでのそれ以前の影響、そしておそらく無意識のうちであろうが、かれが成長した伝統的中国の環境から得られた世界に対する見方から自由ではありえなかった。

(28) "Credo," p. 255.
(29)『口述歴史』、一一〇、一二四—一二五頁。
(30) William James, *Pragmatism* (New York: Meridian Books, 1955), p. 35.

ここで新儒家の思想の若干の要点が想い起こされなければならない。その懐疑論、その人間本位主義《ヒューマニズム》、個人道徳は社会的責任感と不可分なものだというその信仰、性 life は人間の経験という観点から理解でき、また理解されなければならないという信念を受け入れること、である。胡適は、少年の頃に読んだ父親の文章と他の経典を通じて、新儒家の見解のこれらの基本的な前提の薫陶を受けていて、そしてそれらがかれの考えの枠組みの基礎をなす土台を形づくった。かれは数年後に上海で、この枠組みに進化論的な進歩の概念を付け加えたが、それは当時かれの学友たちの間で大変流行していたものだった。と同時に、かれの育った仏教的な教育の迷信性に対する反動で、かれは自力で、中国思想の源から出発して、道徳的判断に影響されない非人格的な因果関係の理論を練り上げた。これらのさまざまな考えは、上海で書かれたかれの最初期の論文の中で表わされた考えの形成に役立った。さらに重要なことは、これらがかれに、合州国での最後の数年の間にデューイの思想に積極的に応えるための準備を整えさせたということである。というのは、デューイのプラグマティズムもまた、人本主義《ヒューマニズム》であり、社会指向的であり、進化論から出てきた変化の考えを基礎にしていたからで、とりわけ、経験こそが人間に自分自身の本質についての洞察力を与え、加えて原因 cause と結果 effect ——すなわち、もっと典型的なプラグマティズム用語で言えば、先行 antecedents と結果 consequences ——の理解を通じて、それを創造的な目的に転化することができるのだ、という信念に捧げられていたからである。

これは決してプラグマティズムは進化の観念で修正された儒教にすぎないとか、胡適がプラグマティズムをそう見なしていた、と言うのではない。儒教は人間と宇宙の本質についての分かり易い教条的な主張からその議論の過程を始める。それは人間の本性を善とし、宇宙の本質を調和として、そしてこれらの主張から、プラグマティックなものの考え方を犯すような思弁的な知性主義の方向に傾く。しかしここで指摘されるべき重要なことは、それらの幾つかの決定的な問題に関して、儒家の反応とプラグマティズムの反応は、一方から他方へ跳び越えるのが極めて容易になるほど接近して収斂することである。胡適がはっきりと最も有意義であると発見したのは、かれが継承した儒家の基本的傾向と最もよく似たこれらのプラグマティズム哲学の諸要素であった。

胡適はかれがコロンビア大学でデューイから受けた二つの科目について述べている。一つは論理学理論の諸類型を取り扱った科目で、もう一つは社会・政治哲学の科目である。[31] 中国に戻った後、かれは、自分の考えは政治学への「実験主義者」のアプローチだ、という言い方を好んでした。しかしここでも、思想《しこう》の方法論へのかれの関心の場合と同じように、デューイの思想はかれの頭脳にすでに姿を現していた考えをいっそう固めるように働いたのである。胡適が使用する語彙はデューイの政治哲学の刻印を帯びているけれども、かれが「実験主義者」的な表現と結び付けているその考えは、かれのアメリカでの数年の間に作られた数多くの社会関係によって啓発されたものであり、これらの考えとデューイのかれへ及ぼした影響とは共存しうるけれども、しかし始めのうちは無関係なものだったのである。

（31）『口述歴史』、九六頁。

コスモポリタニズムと平和主義

一九一〇年の夏に胡適が上海から出航したとき、由緒ある清王朝を不面目な退場にもって行った革命勢力の突然の予期しなかった勝利は、なおまだその先に一年以上の時間を残していた。事件が一九一一年の秋に起きたとき、それはアメリカにいた中国人学生に歓喜と、その後の出来事がすぐに証明したように、見当違いの熱烈さでもって歓迎された。同年一二月号の『中国学生月刊』（*The Chinese Students' Monthly*）に掲載された社説は、「決して以前には人民と軍隊、そして学者と紳士がこんなにもうまく組織され、こんなにも広く参加した革命はなかった。どんな国においてもいまだこんなに短期間の間に、かくも平和的に、かくも広範にわたる結果を生み出した革命は決してなかった」[32]と公言した。胡適のこのニュースに対する反応は特徴的にかなり抑制の効いたものだった。一〇月末に、胡適はかれの日記の中で落胆したかのように、「故国を振り返って見ると、武漢の間では血戦が未だ已んでいない。……桂林、長沙はともに戦場になり、（長）江の南北の人々は惶惶として保てない［怖れて落着けない］でいる、これは何という時か」と書いている。[33] この後六年の間、かれは遠方からこの共和政の実験の不幸な推移に関心を持ち続けながら、かれのこの革命に対する印象と革命への考えは、種々の事件自体によって影響を受けたのと同じくらいに、かれをこの革命から隔てていた距離によって影響をうけた。自分がいつかは果たさなければならない役割は何かということについてのかれの考えは、革命それ自体の現実によって左右されたというよりも、かれがその中でその歳月を過ごした環境の気風によって大きく左右されたのだった。かれは革命を遠く離れた反響音と感じただけだった。

(32) T. C. Chu, "China's Revolution," *The Chinese Students' Monthly*, 7.2: p. 127 (1911 / 12).
(33)『日記』、八六頁。

一九一六年にかれは日記の中で書いている。「余《わたし》はどこかの地に住むたびに、その地の政治社会の事業を吾が郷、吾が邑［県］の政治社会の事業と比べてみた。だからその地に政治活動、社会改良事業があるのに出会うたびに、喜んでともにこれを聞いた」[34]、と。コーネル時代にかれはイサカ町議会（Town Council）の各種の会議に出席することを通じて、アメリカの地方政府の仕事に精通するようになり[35]、またサミュエル・P・オルトが講じたアメリカ政党政治の科目のために、連邦各州の腐敗行為防止法を読んだ。一九一二年のアメリカ大統領選挙期間中、かれはニューヨークの新聞三紙を定期購読した。各紙はそれぞれ主要な立候補者一人を支持していた。『ニューヨーク・タイムズ』はウィルソンを支持、『ニューヨーク・トリビューン』はタフト支持、『ザ・ニューヨーク・イヴニング・ジャーナル』はセオドア・ルーズベルト支持だった。かれ自身は選挙期間中ずっと、「雄オオシカ（Bull Moose）」のバッジ［セオドア・ルーズベルトが共和党から離れ、率いた進歩党を象徴する党員バッジ］を支持した[36]*。だが、ルーズベルトの敗北によってかれが味わったであろういかなる失望も、かれの味わった悔しさによって影を薄くされた。その悔しさとは、コーネル・コスモポリタン・クラブのメンバーの中で行われた世論投票で、かれの仲間の中国人学生の一人が「Roswell」（Roosevelt の誤記）と投票用紙に書いて投票し、アメリカの音声体系の微妙な点についての許されざる無知を示したことだった[37]。

(34)『日記』、一〇五三頁。
(35) 同前、一九六―一九八頁。
(36)『口述歴史』、三六、三七頁。
(37)『日記』、一一二―一一四頁。ウィルソンが順当に勝利し、ユージン・デブス(Eugene Debs)、この社会主義者の候補者はわずか二票を得ただけだった――二票とも(予言的に?)中国人学生によって投じられたものだった。
＊タフトが共和党の現職大統領で、ウィルソンは民主党候補者。セオドア・ルーズベルトは共和党を離党し、進歩党を率いて選挙に参入した。結局、共和党とルーズベルトはヒューズを大統領候補者にしたが、ウィルソンに僅差で敗れた。自伝によると、コーネルのオルトの授業でこの三紙を購読して、支持者を決めることが課題になっていた。

胡適のルーズベルトへの敬慕の念はウィルソンの勝利を切り抜けて永続きすることは無かった。しかも、ウィルソンの最初の任期が終わる前には、胡適は一人の熱狂的なウィルソン主義者になっていた。大統領の「理想主義的」で「人道主義的」な政治姿勢へのかれの賞賛はたいへん熱烈なものだったから、かれはウィルソンを「西洋文明が生んだ最高のもの」と見なすようになった。[38]「一人の能く哲学の理想を政治の根本となすことができ、その身は政界に入っても、事事に正道を持し人道を尊重することができる」人という胡適のウィルソンのイメージはその後の歳月の中でもかれの中に残り続け、政治的行為の模範、かれの説明ではまさに儒家的な模範、を提供し続けていたように思われる。[39]

(38) 同前、四八二頁。また三〇一頁を見よ。そこで、胡適はウィルソンの「人道主義」の例として、近年の運河通行税問題の解決と、アメリカ・コロンビア条約の調印(一九一四年四月)を挙げている。後者は、一九〇三年のパナマ危機以来存在し続けてきた亀裂を修復したものだった。
(39) 同前、三〇一頁。

第一次世界大戦前のこの最後の平和な数年間のあいだ、国際主義者の理想主義の潮流は高まり続けた。とりわけアメリカの各大学のキャンパスの中ではそうであった。世紀が転換して間もなく、アメリカの大学で学ぶ外国人留学生の数が増加するにつれて、一八九八年にイタリア［トリノ］で設立された「国際学生連盟（Fédération Internatioale de Erudiants; F.I.d.E.）」、すなわち「コルダ・フラトレス（Corda Fratres 兄弟団）」がアメリカ合州国で信奉者を惹きつけ始めた。「インターナショナル・クラブ」が一九〇三年にウィスコンシン大学で設立された。「コーネル・コスモポリタン・クラブ」は翌〇四年に設立された。それは、一九一二年までにアカデミックな領域を横断して三十か所近くにまで広まった同じように設立された組織の最初のものだった。一九〇七年に「コスモポリタン・クラブ協会」が作られ、四年後にコーネルの同会は国際学生連盟（ＦＩｄＥ）のアメリカ分会として承認された。一九一三年八月、国際学生連盟の第八回国際会議がイサカで召集されたが、これは合州国で開かれた初めての会議だった。このときコーネル・コスモポリタン・クラブのクラブハウスは数百名の全世界の代表たちを接待するのに利用された。(40)

（40）学生連盟の発展の背景については、Louis P. Lochner, *The Cosmopolitan Club Movement*, Documents of the American Association for International Conciliation, 1912, no. 61 (New York, 1912) と、Efisio Giglio-Tos, *Appel pour le désarmement et pour la paix: Les pionniers de la Société des nations et de la fraternité internationale; d'après les archives de la "Corda fratres" 1. Fédération internationale des etudiants 1898-1931* (Turin, 1931), pp. 173-223. を見よ。

胡適が一九一一年から一九一四年まで自分の部屋を持っていたのは、この大きくて四角の不格好な建物、コーネル・コスモポリタン・クラブの本部だった。かれはこの期間を通じてクラブの事業に積極的に取り組んでいた。かれは一九一二年の末にフィラデルフィアで開かれたコスモポリタン・クラブ協会の第六回年次総会のクラブ代表の一人だった。(41)一九一三年、かれはイサカで開催された第八回国際学生連盟ＦＩｄＥ国際会議に参加する正式代表に指名されたが、それはコーネル・コスモポリタン・クラブと、中国学生連盟を代表してであった。(42)一九一三年から一九一四年にかけて、かれは国際学生連盟ＦＩｄＥ中央委員会で仕事をし、同時にコーネル・クラブの会長を務めた。(43)そして一九一四年一二月にかれはコスモポリタン・クラブ協会の全国大会（この

時はオハイオのコロンバスで開かれた）に出席した。そこでかれは決議案委員会の議長を務めた。(44)

（41）『日記』、一三六―一三八頁。
（42）Giglio-Tos, *Appel*, p. 190, 192. この資料によると、大きな中国代表団が会議に出席した。その中には後年いくつかの赫々たる地位に昇った何人かの青年が含まれていた。付録Bを参照せよ。
（43）同前、p. 194.
（44）『日記』、五〇四―五一一頁。

かれの学生政治への実際の参加を示すこの記録は、学生運動が中国で発展してきた時の、特に一九二五年以降の、胡適の、良く知られかつ大変批判を受けたその学生運動に対する反対と興味深い対比をなしている。しかし、実際は、胡適が学生の頃に加わった種類の活動と、一九二〇、三〇年代の中国の学生を政治権力との直接対立へと導いたストライキ、ボイコット、街頭デモ、校内暴動との間には、似たところはほとんど無い。胡適が参加した組織は少しもそのような政治への力による圧力を推し進めようとは思っていなかった。かれらのもっと距離を置いた目的はむしろ、政治的行為に対して理知的で道徳的な判断を下すことだった。後年胡適が異議を申し立てたのは、中国の学生が政治問題に関心を持っているという事実にではなく、かれらが政治活動に巻き込まれる性質についてであった。胡適は、知識人の公共生活の質への自然な関心は、公的行動を通して適切に表わされなければならないという風には決して説得されなかった。これと関連して、一九一五年にかれがコロンビア大学に移ったばかりの頃に起きたある出来事についてのかれの評論はとても意味深い。一〇月のある夜、かれがファーナルド宿舎（Furnald Hall）の自分の部屋で座って本を読んでいたが、ブロードウェイ大通りを眺めると、かれの注意力は街路での次のような騒乱に散らされてしまった。

窓際に行って見てみると、車が一台いて、中には女性が何人か乗っていたが、みな女性参政権［運動］の活動家のようであった。その中の一人の女性がフルートを吹いていて、その音は悲壮で人の心を動かすものだった。道行く人々がしだいに車の下に集まってきた。フルートが止み、その中の一人の女性が、大学の蔵書楼［図書館］の前で街頭演説会があると宣言して、衆《おお》くの人を招いてこれに向かって行った。余《わたし》もついに出かけてこれを見に行った。男女数名があいついで演説したが、どれも悪くなかった。余は突然、人の群れの中にデューイ先生がいるのを見つけた。……この方はアメリカ哲学界の第一人者である。余は、初めは先生はたまたまここを通りかかっただけかも知れないと思ったが、演説が終わると、……先生は車に乗って、これらの女性参政会の人たちと一緒に車で走り去った。その後ついに、先生は彼女たちが活動を行うのを助けていたのだということを知った。あゝ！　二十世紀の学者はこうあるべきではないだろうか。[45]

（45）『日記』、八〇九頁。『口述歴史』（三九頁）の中では、かれはこの経験に、「深く印象付けられた」とだけ述べている。

胡適の国際学生運動との付き合いは、知的な意味でも社会的な意味でも、かれに有益だった。それを通して、胡適は何人かの当時もっとも雄弁な社会改革の擁護者——たとえば、ライマン・アボット Lyman Abbott、ワシントン・グラデン Washington Gladden のような人たち——の思想に触れた。それはかれらの著作を通じてだったり、あるいはグラデンの時のように、講演壇からであったりした。[46] かれはまた何人かの平和運動の若い指導者たちと知り合うようになった。ルイ・P・ロヒナーは一九〇三年にウィスコンシン大学でインターナショナル・クラブ（国際倶楽部）を設立するのに協力した後に、国際学生連盟FIdE中央委員会の秘書として仕事をし、『世界学生』（*The Cosmopolitan Students*）誌の編集人だったが、かれは親友を気取って、胡適にその「猛烈な喫煙」をやめるように、「きみはめったにない天才だから、わたしは君の社会に対する責任は最大限に君の知的能力を保つことだと思うよ」と忠告をした。[47] かれのもう一人のさらに大きな影響を及ぼした友人——胡適は悔悟の念をもって自分はロヒナーの助言通りにすることができなかったと白状している——は、ジョージ・W・ネイスミス（一八八一—一九二〇）である。かれはコーネル大学の卒業生（一九〇六年に文学士、一九〇九年にPh.D哲学博士号を取得）で、後に会衆派Congregationの聖職者になり、熱心な平和主義者になった。ネイスミスは大学院生時代にドイツのいくつかの大学で勉強している間に、ヨーロッパの学生運動と密接な関係を発展させ、一九一一年から一九一三年まで国際学生連盟ＦＩｄＥの会長を務めた。[48] 一九一四年、ネイスミスはノーマン・エンジェルの『巨大な幻覚』（*The Great Illusion*）を読むようにと胡適に薦めた。この本は一九〇九年に出版されて以来、ヨーロッパとアメリカにおいて広い注目を喚起した平和主義の小冊子で、その著者をしてやがてナイトの称号とノーベル平和賞を獲得させる成功をもたらしたものだった。一九一五年に胡適がコーネル大学に来て、カーネギー基金とボストン世界平和基金が共同で後援した国際関係についての会議に参加したとき、かれはノーマン・エンジェルに直接会った。ジョージ・ネイスミスはそのときボストン世界平和基金の理事だったのである。この会議で討論された問題は、「山上の垂訓は現実的な政治であるか？」から、「この戦争は生存のための戦いか？」まで広がっていた。[49] このとき、かれはコスモポリタン・クラブの部屋から、カスディラ峡谷の風景が見えるオーク街の宿舎の家に移っていて、かれは毎日午後に様々な発言者を自分の部屋に招いて話をし、このチャンスを十分に利用してさらに良いものにした。[50]

（46）『日記』、五〇九頁。胡適はアボット（Abbott）の雑誌『展望』（*The Outlook*）の定期購読者で、この雑誌にエッセイを投稿したことがあった。以下の注（77）見よ。
（47）同前、一六五頁。
（48）*National Cyclopedia of American Biography*, XVIII (1922), pp. 246-247.
（49）『日記』、六七一—六八四頁。また Norman Angell, *After All: The Autobiography of Norman Angell* (London, 1951), pp. 172-173, 201-202. と、*Annual Report of the World Peace Foundation, 1915* (Boston, 1915), pp. 11-17.

（50）『日記』、六七二、六七八―六七九頁。胡適の引っ越しは一九一四年九月だと言われている（同『日記』、四一八頁）。

これら若い理想主義者たちを鼓舞した共通の感情は、人々が心狭く抱いて喧嘩腰に述べていたナショナリズムに対する強い反感と、そして民族的・文化的な境界を超える普遍的な人間的な価値が存在するのだという強い信念であった。国際学生連盟ＦＩｄＥ、すなわち「兄弟団」の設立を祝うために、一八九八年に書かれた賛歌の最後の連の中で、こうした気質の心情が伝えられている。

われわれは陸と海によって隔てられているけれども、
われわれは異なる言語と宗教、習慣、法、特徴を持っているけれども、
しかし、われわれは同じわれら皆の心を団結させる心を持っている……あゝ、兄弟よ！[51]

（51）Giglio-Tos, *Appel*, p. 59.

この連盟の「基本規則」はそれぞれのメンバーに、「その社会的地位と知性、活力がかれに与えるような諸々の手段を絶え間なく用いて青年の中において国際的な調和を促進すること、……人民の全ての階級の間にある、国家をして互いに敵対させ、そしてつねに戦争へと備えさせる偏見、憎しみ、憎悪を消失させる目標に向かって努力する」義務を課した。[52]会員たちの具体的な関心は、少なくとも部分的には、一九一三年にコーネル大学で開かれた国際学生連盟ＦＩｄＥ第八回世界大会で通過した決議案の中に反映されている。それはエスペラントを「正式の国際的補助言語」として採用すること、また国際的なコミュニケーションを容易にするために、世界規模の一ペニー郵便を導入することなどの手段を支持した。しかし彼らはまたもっと広い問題も取り扱った。

(52) Giglio-Tos, *Appel*, p. 84.

フィンランドとロシアの学生たちの、文盲、アルコール中毒、結核、非衛生的な生活、等に反対しようという教育キャンペーンを指導することによって自国の人々を向上させようとするかれらの活動に、大会は祝賀の意を表する。……大会はまた、世界の学生たちが、それぞれの国の人民が文化的、社会的、政治的、経済的に向上するようになる仕事に情熱の火をもって従事することを希望する。

本大会は、最近の戦争において祖国のために気高く(ママ)戦い死んだヨーロッパ各国の学生に大いに敬服の意を表すけれども、大会はまた、近い将来に、国際主義の運動がこれらの国家に波及し、そしてこれらの国々に国家間の理解と善意と、平和の良い便りを届けられるようになるよう、真摯な希望を表明する。またこの国際主義の運動が将来において、国家の最も良き人々を犠牲にする必要を防止することが出来るよう願う(53)。

(53) 同前、p. 187.

一九一三年九月、大会に出席した代表団が——胡適もその中にいた——、ワシントンに行ってウィルソン大統領とブライアン国務長官に迎えられたとき、かれらは、かれらの考えの確かさを固く信じさせてくれる是認と励ましの言葉を大統領の口から直接聞いた。ウィルソンは、「わたしは、今回の小さな集まりは現代の生活の最も期待できる事の一つ、すなわち、国際的な境界線とは関係無く、ただ人の思想と精神を高めることのみにかかわることを学んでいる人々の間の密接な交流を代表しているのだと思います(54)」、と語った。

(54) 同前、p. 173. 一九一三年の関連ある時期の胡適の日記は失われているが、かれがこの場にいたことはワシントンで撮られた写真によって証明されている。写真はホワイトハウスの中のグループの中にかれの姿を写しているし、国務長官と一緒である。Giglio-Tos, *Appel*, p. 174, 177, 178. を参照。

このように、この時期のアメリカの学生生活の環境には、胡適を「コスモポリタニズム」への支持に赴かせるものがたくさんあった。しかし、上海の高度に緊張感にあふれた雰囲気の中で、中国は伝統的に「民族主義の心情」を欠いているという結論を暗い言葉で描き出した革命宣伝につねに晒されて六年間生活したことのある青年にとって、それは全く苦痛のない転換ではありえなかった。国内外の中国の若い知識人たちの間では、重々しい不安な気持ちで中国の国家としての欠陥を見ることが風潮になっていた。梁啓超は「愛国論」という文章の中で、この時代の典型的な言葉でもって当時流行していた考えを表している。「ああ、このような民でもって、欧西人種と生存競争、優勝劣敗の世界で並立したなら、どうして幸いがあろうや。どうして幸いがあろうや。……欧州人は、支那人には愛国の性質が無いと曰う。我が四万万(億)同胞の民よ、それ、この言葉を重ねて念《おも》い、それ、この言葉を一雪す[すっかり雪ぐ]べし。[55]」

(55) 梁啓超「愛国論」(一九〇一)、『飲冰室合集』所収の『文集』巻三、七六―七七頁。

胡適は、生まれた土地への自然な愛着としてのパトリオティズムと、この愛着が自国がどんな進路を追求しようとも正しいとする盲目的信仰へ逸脱したものとしてのナショナリズムとの間をつねに区別しようとした。だから一九一三年にテニスン Tennyson の「かの最も国際人(コスモポリタン)たる者/かれが最もその生まれた国を愛する」という言葉を借用しながら、喜んでそれを認めたのである。そしてこの言葉に胡適は次のようなコメントを加えた。「今日いささか知識の有る者で、その国を愛することを知らないものはない[56]」、と。数カ月後、かれはこれにカーライル Carlyle からの引用を続けて、カーライルの次の言葉が正確に自分の考えを反映していると言った。「わたしたちは希望する。世の中に偏見よりも何か良いものに基礎を置いたパトリオティズム（愛国主義）が有ることを。わたしたちの人生観（philosophy）を傷つけることなしに、わたしたちの国がわたしたちにとって親しいものであることを。すべての他の国を愛し正しく賛美することを。だがすべての他国を愛する前に、わたしたちは正しくわたしたち自身の確固たる母国を賛美し、社会的、道徳的生活の立派な仕組みを賛美できるよう、希望する。これは神 Mind がそこでわたしたちのために永い歳月を通じて築き上げられたものであるからだ。[57]」しかし、思慮深いパトリオティズムと節度のないナショナリズムの間の区別を保ち続けるのは容易いことではない。胡適はしばしば、前者の思慮深いパトリオティズムを弁護しようとした時に、後者のナショナリズムを攻撃せざるを得ない自分に気づいた。例えば、一九一四年にステファン・デカツール Stephen Decatur の有名な格言──「わたしの国、それがつねに正しからんことを。だが、正しかろうが、間違っていようが、わたしの国である。」──についての長い討論に巻き込まれることになった。この格言は要約のかたちで、『イサカ・ジャーナル』（*Ithaca Journal*）の題字《マストヘッド》のところに載せられていたものだった。胡適は、このような心情は二重の道徳基準を含んでおり、その国内政治においては決して黙認されないような他国と交際する自国政府の側のある程度の不正義を容認することに等しい、と主張した。その後、このフレーズの意図するところは決して不正義の政策を許すことにあるのではなく、ただその人の国の行為が正義の道から離れた時でさえも、自分の国に対する忠誠の意識を変えないということを言ったものだという示唆に答えて、かれはこの反論を少し修正した。しかしかれは、国際問題に対して広く普及しているこうした考えは偽善にもとづくものだと見なしつづけた。[58]

（56）『日記』、一四〇頁。
（57）同前、三三二頁。
（58）同前、二三三―二三四、三一四―三一五、五〇九頁。オハイオ州コロンバスで開かれた一九一四年のコスモポリタン・

クラブ協会の第八回年次大会で、胡適はワシントン・グラデン博士が演壇から、国際問題において流行している政治的道徳の「二重基準」を譴責するのを聴いた。その譴責に、胡適は「知識人は同意するだろう」という満足のいく結論をもった。

ヨーロッパにおいて戦争が勃発した数カ月後に、胡適はジョージ・ネイスミスと長い対話をおこなった。ネイスミスはイギリスから、そしてドイツ軍の作戦の通った跡のベルギーでのツアーから戻ったばかりで、非抵抗の原則を説いていた。この対話はすぐに胡適から共感的な反応を引き出した。[59] かれが後にそのことを回憶しているように、一時期、かれは「情熱的な平和主義者」になったのである。[60] そして何の困難もなく、中国の伝統の中に、とりわけ何度も水の素直な強さに言及している『道徳経』の中に、この平和主義の立場を正当化する多くの理由を見つけ出した。[61] また、かれの墨子の学説への関心が芽生えたのもこの時であった。それは多分、この哲学者の平和主義の考え方の結果としてであっただろう。[62] 一九一五年の初め、胡適はコーネル大学を代表して「軍国主義廃止のための大学連盟 Collegiate League to Abolish Militarism」(これは胡適が提案者としての栄誉を貰った名称だった)の成立大会に出席した。この組織は、オズワルド・ガリソン・ヴィラード Oswald Garrison Villard によってニューヨークで作られたものだった。[63] 胡適の平和主義の心情はついに、かれが一九一二年にその大統領候補者資格を支持した人物、ルーズベルトに対して持っていた幻想を全く失わせた。「ルーズベルトは、今日平和を語っている者は『愛すべからざる人々だ』、『最も望ましくない市民たちだ』、と言っている。ルーズベルトは老いた。休むべきだ。[64]」

(59)『日記』、四三三―四三五頁。
(60)"Credo," p. 253. また、『口述歴史』六一頁を参照。
(61)『日記』、四三六、四六五頁。

（62）『日記』、四七一頁。また、Hu Shih (Suh Hu), "A Chinese Philosopher on War: A Popular Presentation of the Ethical and Religion Views of Mo-Ti," *The Chinese Students' Monthly*, 11.6: pp. 408-412.
（63）同前、五五三―五五七頁。
（64）同前、六八四頁。

一九一五年と一九一六年に胡適の平和主義の考えはいくらか変化を見せた。それは部分的には、ノーマン・エンジェルの議論を知ったことの結果だった。エンジェルの議論は、戦争は道徳的に許されるかどうかということに基づいたものというよりも、戦争はすでに経済的に利益のないものになってしまったという確信に基づいたものだった。[65] それよりももっと重要なのは、かれの思想の変化が、一九一六年にジョン・デューイによって発表された二篇の文章への応答だったことである。戦争を「力 force」に訴えることであると考えるのは、それを誤解することである、とデューイは指摘する。力 force に代って、法をもってすることを主張する人々の中には「思想的な混乱」が存在する。なぜなら、「力こそが世界ですべてのものに影響を与えられる唯一のもの」であるからだ、とかれは言う。そしてかれはつづけて、戦争は非効率的で浪費的なもので、「暴力と判定すべきで、力 force の利用と見なすべきではない」と。「戦争は客観的な原因からというよりも、憎悪、喧嘩好き、貪欲さなどの感情から生まれる、客観的な原因はこれらの感情を呼び寄せ活動させるのだ、という考えは、平和運動を忠告的な説教という無益なレベルに縮小してしまった」、とかれは結論した。[66] これが胡適を、一九一六年にアメリカ国際和解協会から賞をもらった文章の次のような結論に導いた。「現在、世界の障害になっているのは力が広く行われていることではなく、力が広く行われていないことなのである。」「現実の問題は、もっと経済的で、従ってもっと効率的な力の行使の仕方を捜し出すことである。すなわち、現在の力の粗雑な姿と浪費的な使用に替わるあり方である。[67]」

（65）Norman Angell, *The Great Illusion――1933* (New York, 1933), pp. 59-62. 以下と、『日記』四三二頁を参照のこと。

(66) John Dewey, "Force, Violence and Law," *The New Republic*, 5: pp. 295-297 (1916 / 1 / 22), reprinted in Joseph Ratner, ed., *Characters and Events* (New York, 1929), II, pp. 636-641. John Dewey, "Force and Coercion," *International Journal of Ethics* (April 1916), reprinted in *Characters and Events*, II, pp. 782-789. この文章のどちらも『日記』の中では触れられてはいない。だが、胡適は後に書いたものの中でそれらの文章が彼に与えた影響について言及している。Hu Shih, "Instrumentalism as a Political Concept," in *Studies in Political Science and Sociology* (Philadelphia, 1941), p.4 と、『口述歴史』七二頁。

(67)『日記』九五二頁。また Hu Shih (Suh Hu), *Ha algum substituto efficaz que se imponha á força nas relações internacionaes?* American Association for International Conciliation, Pan-American Division, Bulletin no. 13 (New York, 1917).

しかしこの新しい見解は胡適をして、国際主義者運動との接触をやめさせたり、あるいは、「狭隘なナショナリズム」が危険であるというかれの信念を捨てさせなかった。これについてのかれの考えは、依然としてそれ以前に述べたままのものであった。一九一四年一〇月に、かれは日記にこう書いている。「愛国はたいへん良いことである。だが、国家の上にはさらに大きな目的が存在しているのであり、さらに大きな組織があることを知るべきだ。ゴルドウィン・スミスが言うところの『万国の上になお人類がある』のように。[68]」このフレーズはゴルドウィン・スミスの書いたものから借用されたもので、スミスはヨーロッパ人の帝国主義に反対する信頼に足るイギリス人の批評家で、一八六〇年代に短期間コーネル大学で歴史を教えていたことがあった。フレーズはコスモポリタン・クラブ協会のモットーとして採用されたことがあったが、胡適もまた一九一五年の初めのコーネル・コスモポリタン・クラブの十周年を記念するために書かれた十四行詩（ソネット）の中の最後のラインとして使用した。

(68) 同前、四三三頁。

人間の兄弟愛をここから始めよう、

どこで西洋は自由に東洋と顔を合わせ、
そして人はどこで人を人として迎えるのか、――この最低限の最も偉大なこと。
互いに理解し愛しあうことこそわたしたちの主旨である。

わたしたちの創始者はそう語り、わたしたちの仕事はそう始まった、
わたしたちは楽しいダンスや御馳走の場は設けない、
だが、わたしたち各人は、人類の神聖な戦いの中で、
聖職者として仕えることを誓い、先鋒をつとめる。

過ぎ去りし十年にわたしたちは何をしたのか、
おそらくほとんどない、海に塩一粒が無きが如くに
しかし、わたしたちは信じている、――その日　がやって来ることを。

わたしたちのこれらの夢がもはや夢ではなくなり、
そして、地上のすべての国家がこのように言う時が来る。
「すべての国の上にヒューマニティが存在する！」、と。[69]

(69)『日記』、五〇一―五〇二頁。このソネット（十四行詩）のいくつかの初期のバージョンも、いろいろな先生や友人の提案によって作られた修正指示とともに『日記』の中に含まれている。それは、同じ頃に書かれ、挑戦的に、「戦神マルスへ」捧げられたもう一つの詩"To Mars"とともに入っている。

民族的自覚の時代の中国の政治社会への思考

一九一五年という年が胡適に、大きな国際的危機の厳しい現実に対してかれの理想を試験する機会を与えた。その危機は、合州国に留学していた中国人学生にとって差し迫った重大関心だった。この年の一月に、日本政府は前年に山東省のドイツ租借地を占領した結果として中国で確立した特殊な地位を保障させ拡大するために、中国政府に対して有名な二十一か条の要求を提示したのである。日本政府のこの行動は、中国国内とアメリカの中国人学生たちの間に、広く拡がった激怒した抗議を引き起こした。多くの学生は、明らかな日本の軍事的優位にもかかわらず、すぐさま日本に宣戦するようにと強く主張した。あるいは、少なくとも、この民族的危機の時には、学業を中断して直ちに中国に戻ることが適切であろう、と提案した。

この愛国的（パトリオティック）感情の潮に抗して、胡適はほとんど孤立して立っていた。かれの立場は、この年の四月の『中国学生月刊』（*The Chinese Students' Monthly*）に載せられた「愛国的な正気のための請願」という文章に発表された。かれはそこで、「荒廃、荒廃、そして荒廃！　それ以外の何かが得られるほんの僅かのチャンスさえない時に、戦いを語ることは全くナンセンスで馬鹿げたことである。」と論じて、同胞たちに節度ある方向を採るよう主張した。

わたしたちは理性的な頭を完全に失ってしまい、気がおかしくなってしまったのではないか、とわたしは恐れている。同胞たちよ、このような危機的な時に興奮することはまったく無益なことなのだ。いかなる興奮も、いかなる大げさな感情の混ざった意見も、さらには、センセーショナルな提唱も、いまだかつていかなる国家をも助けたことはなかった。……

わたしには、今、この中国から遠く離れたところで、わたしたち学生が取るべき正しい方向とは次のことであるように思える。すなわち、冷静になり、わたしたちの**義務を果たそう**、それは**学ぶこと**である。新聞紙上の騒ぎによってわたしたちの厳粛な使命から遠ざけられないようにしよう。またわたしたちが真面目に、静かに、かき乱されて心を動揺させないように、しっかりとわたしたちの学習に専心しよう。そして、わたしたちの祖国を高めるために、もし母国（She、ママ）がこの危機をのり越えることができるならば――わたしは母国がそれができると信じているが――、もし必要であれば、母国を死から甦らせるために、**わたしたち自身を準備**させよう！

わが同胞よ、**それ**がまさにわたしたちの義務であり、わたしたちの正しい道なのだ[70]！

（70）Hu shih (Suh Hu), "A Plea for Patriotic Sanity: An Open Letter to All Chinese Students," *The Chinese Students' Monthly*, 10.7: pp. 425-426 (1915 / 4). また『日記』五九一―五九三頁も見よ。

この温和な説得の言葉に対するリアクションは予想されていた通り鋭いものだった。同じ号の『月刊』編集者が、胡適の原文の議論よりもかなり長い反駁文を出した。

もしあなたが日本の過去三十年の拡張の歴史と日本の帝国主義的な政策を研究されるなら、あなたは、あなたの非抵抗主義の原則が結局のところ哲学者の空想と学者の夢という翼の上に置かれたものに過ぎないのだということを思うでしょう。……わたしたちは「荒廃、荒廃、そして荒廃」を受ける準備が出来ています。しかし、わたしたちは奴隷のように鎖に繋がれ、縄で縛られるつもりはありません。……幸いにも、わたしたちは胡適〔Suh Hu〕とは違った物質——木や石ではなく、血と肉で作られているのです。わたしたちには意識も感情もあります。状況がわたしたちに、わたしたちの内にあるもの〔感情〕を表すよう求めているときに、わたしたちは聾唖を装うつもりはないのです。[71]

(71) H. K. Kwong, "What Is Patriotic Sanity? A Reply to Suh Hu," *The Chinese Students' Monthly*, 10.7: pp. 427-430 (1915 / 4).

胡適の名誉のために公平を期して言うならば、この攻撃や他の同じような調子の攻撃は、胡適が明らかにしようとしている点を全く捉えそこなっているということが指摘されねばならない。かれは決してその感情において日本人を支援したのではないし、また、日本人の最近の行動を大目に見るつもりもなかった。一九一四年一月の日本による山東省のドイツ租借地の占領に対するかれの最初の反応は、顔をしかめるように次のように述べられている。「虎を拒んだら、狼が入ってきた」[72]、と。一九一五年二月にかれは『ニュー・パブリック』誌の編集者に宛てて手紙を書いた。この手紙は、中国人が失敗したころを日本人はおそらく中国において成功させることができるだろう、とその月よりも前の号の投書欄に出された「一人の中国の友人」の提案に突き動かされて書かれたのだが、その中で胡適は次のように書いている。

(72)『日記』、四六三頁。

「一人の中国の友人」はどうやら、わたしたちが現在、民族的な自覚の時代を生きているという重要な事実を無視しているようです。……中国人の民族的覚醒はすでに満洲族の支配を根こそぎ撲滅しました。そして、わたしは確信していますが、それはいかなる外国の支配や「指導」につねに憤慨するでしょう。……中国のような巨大な国の転換は一日にして達成されることはあり得ません。……中国共和国(Chinese

Republic）が失敗でないのは、アメリカ共和国が［一八七一年に十三州の間に結ばれた］連邦規約下でのあの暗い日々において失敗でなかったのと同じように、失敗ではないのです。……あゝ、なんじ信仰薄き者よ、「中国は進歩しつつある国として試みを行った、そしてそれが不十分だと分かった」。だから、「中国は自分を発展させることが出来ない」と、わたしたちはなお言えるのだろうか？……いかなる国もそれ自身の救いを成し遂げるために、放って置かれる権利を有するのです。[73]

（73）『日記』、五七一―五七二頁。また六二二頁も見よ。そこで胡適は反日ボイコットに対する賛成を表明している。また六二二―六二三頁には、*Ithaca Daily News* に宛てた手紙があり、その中で胡適は「一人の中国の友人」に向かって反対する議論を何度も繰り返して述べている。

だが、胡適自身も、今が「民族的な自覚の時代」だという事実の意義を最も小さく見積もる傾向があった、という結論を逃れるのは難しい。しかし『中国学生月刊』に公表された意見の交換に反映された不一致は、基本的でかつ永く続くものだった。胡適が二十四歳のときに書いた、知識人の第一の責任についてのかれの主張は、以後の年月においてもかれが決してそれから退却することのなかった信念を表したものだったが、その信念は、しばしば一九一五年の時にもまして、かれの仲間の同胞には、理解できないもの、非難されるべき考えのように思われた。そうひどくなく言えば、学者の夢たわごと、哲学者の幻想、だと。

さらに、かれ自身のこの忠告を実行するのはかれにとってさえ容易なことではなかった。「新聞紙上の騒動」は何度も繰り返しかれの生活の中に侵入してきて、勉学に専心することからかれを逸《そ》らした。例えば、かれが「愛国的な正気のための請願」のアピールを発表した直後に、かれはアメリカ人の友人に宛てた手紙の中で次のように告白している。「確かに、わたしは漂流し続けています――自分の主要な目標から遠くへ遠くへと離れてきています。それには尤もらしい言い訳が無いわけではないのですが――そのことが最も悪いことです。……一時は、わたしはぼんやりとこの漂流を自分の眼で眺め始めましたが、その後、それにはっとさせられました。そしてこの日中間の危機が全てを狂わせ、わたしはまた再び、わたしの意味のない活動のための言い訳を見つけたのです」[74]、と。それでは、胡適がそんなにも迂回させられることを嫌がった「主要な目標」とは何なのだろうか。かれがニューヨークに向けてイサカを離れる二、三カ月前の一九一五年の初夏にその日記の中に記録された自己評価が、それをわたしたちに教えてくれている。

(74)『日記』、六五四頁。

わたしの平生の大きな過ちは、博く知識を求めるけれども、それを務めて精にしようとしない点である。蓋し、わたしは、国の情勢を振り返るたびに、いつも、今日の祖国の事々は人を需《もと》めているのだ、自分は周《あまね》く知り博覧して、もって他日、国人の導師となる準備をしないわけにはいかない、と思う。これが謬想［誤った妄想］であるかは分からない。わたしは書を読んで十余年になるが、なお、功［仕事］を分ければ事は易しくなるという意味が良く分かっていないのだろうか？　わたしの生の精力には限りがあり、万知万能であることは出来ない。わたしがそれでもって社会に貢献できるものは、自分の選んだ業［仕事］に在るのみだ。わたしの天職、わたしの社会に対する責任は、ただ自分の能くするところを尽し、自分の能く為しうるところを為すことで、わたしの能わざる所は、人はそれ、これを許し舍《お》くだろうか？

今から後、まさに万事と屏絶《ぜっこう》して、専ら哲学を治め、中国と西洋の哲学を兼ねて治めること、これが吾の択びし所の業である。[75]

(75) 同前、六五三―六五四頁。

こうして、かれの合州国での学生時代の終わりの日が近づくにつれて、そして自身のライフワークの性質がかれの心の中でより明瞭になるにつれて、かれは将来に目を向け始め、その時中国で起きている出来事の中で果たすべき自分の役割について熟考し始めた。かれは自分が何かの役割を果たすべきだということは少しも疑わなかった――かれが中国とアメリカで受けた教育は、政治的なリーダーシップではないとしても、思想的なリーダーシップの責任を引き受けるための準備をさせ、そしてまた出来事の周縁に立つのではなく、それらの中心に近い所に立つことが期待できるように準備させた。少なくとも理論的には、いかなる嗜好や関心の争いも、中国の哲学者を社会的な問題の世界から引き離すということは無かった。これはデューイの思想によって否定されるものではなく、むしろ、デューイの思想によって補強される考えだった。デューイも、哲学――そして哲学者――は、必ず「社会的な目標と願望によって生じる人間の対立の実際の状況」を取り上げるべきであり、「思慮深い人間の選択、かれらは生活をどういうものにしたいのか、かれらは人々にどんな目標のためにその知的活動を方向づけさせようとするのか、という選択」に関心を持たねばならないと考えていたからである。(76)

(76) John Dewey, *Reconstruction in Philosophy*, enlarged ed. (Boston, 1948), pp. 25-26.

しかし胡適がアメリカに留学していた数年のあいだ、中国では物事がうまくいくことはなかった。一九一二年の後、革命はほとんど瞬く間に軍国主義者たちの手に移ってしまった。かれらは共和制度をかれらの野心に対する邪魔な束縛としか見なさなかった。かれらの中で最も際立った人物が、清朝の軍司令官だった袁世凱だった。もしかれが、新しい共和国の大総統ポストをかれ自身のために確保しようと軍事行動の脅しを使うことを選ばなかったら、かれは一九一一年の革命を粉砕するために、かれの強力な北方の軍隊［北洋軍］を使ったかも知れなかった。一九一二年の初めにこの大総統の地位に着いてから、かれは政治的反対派を踏み潰そうという試みにおいて、かなりの成功を収めた。そして内閣と議会をかれ自身の目的に好ましいものに変えた。一九一四年までに、孫逸仙の革命党はすでに北京政府から追い出され、地下活動に追い込まれた。梁啓超、熊希齢のような少数の開明的な穏健派の人物は、袁世凱と協力し、かれの政府に参加することによって、袁の政府を責任ある共和主義へ導こうと考えたけれども、かれらも再び手を引き、失望し挫折感を持った。袁は、かれの気まぐれな考えに完全に追従する議会を通じて、「共和政」機構の中に、かれ自身のための永久的で世襲的な、誰にも責任を負わない大総統職を創設しようと企てた。ついに、一九一五年の末になる頃、かれは伝統的制度の曖昧さの無い明快さに戻ることに決めた。一二月中旬、注意深く画策した「民衆の請願」に答えて、かれは新王朝の開国皇帝になった。だがそこで、証明されたように、袁は無理をし過ぎて失敗した。各省の不満、西南地域での軍事反乱［雲南省での蔡鍔の護国戦争］の始まり、袁が当てにしていた日本の支持が失われたこと、延いてはかれ自身の副官たちの間でさえ起きた不穏——かれらは袁がそのような難攻不落の地位を手に入れるのを見るのを嫌がった——これらの数多くの要因が結び付いて、この新皇帝にかれの計画を修正することを強いた。一九一六年三月末、かれは負託［皇帝の地位］を手放し、総統制を回復することを宣布した。六月初めに、かれは死んだ。

袁世凱の伝統的秩序を復活させようとした試みが失敗したことは、共和国初期の歴史において見出し得る一九一一年の革命が達成したものの重要性の最も雄弁な証である。しかしかれの野心がもたらした結果は、それにもかかわらず、悲劇的なものだった。袁世凱が作り上げた政治道徳の規準と政治的ふるまいの様式はかれの死後も、袁が権力の座に昇らせた徐世昌や段祺瑞のような人物がそう行動したように、残りつづけたのである。かれらは袁と同じように共和政の理想を軽蔑し、利己的な操縦によって、共和制度をさらに悪くした。袁はかれの帝国を再建しようとした欲望で挫折させられたけれども、しかし共和派の観点からすれば、かれが成功したとしても、結果がより悪くなることはほとんどありえなかった。というのは、政党ではなく軍隊が政治的支配を実行するための道具として受け入れられるようになり、議会における討論ではなく軍事作戦が論争ある問題を解決する有効な手段になってしまったのは、まさに袁世凱の監督期間においてであったからだ。

合州国での最後の数年間に、胡適が中国の状勢についての自分の考えを練り上げ、それに対するかれの対処方を案出し始めたとき、この不幸な歴史の大部分はなおまだ将来に横たわっていた。胡適のこれらの考えが形作られるには多くの要素が寄与した。この暗い話の第一章の見取り図を書いた新聞紙上の見出しがあった。また何人かの西洋人たちとの見解の不一致があった。例えば、あの「(一人の)中国の友人」のような、あるいはジョン・ホプキンス大学の学長で袁世凱の政治顧問だったフランク・ジョンソン・グッドナウとの、あるいはイギリスの中国問題解説家、J・O・P・ブラント(Bland)との意見の相違があった。かれらは、共和国のよたよたした出発を、中国が進歩的で民主的な制度に適していない明確な証拠だと見なしていた[77]。それからまた、胡適は自分は中国の現場から遠く離されているという事実にもかかわらず、個人としてそれに巻き込まれているのだという意識から逃れることが出来なかったということがあった。一九一四年に、十年前に上海で同室だった友人の死を悼みながら、かれは次のように書いている。「わたしはどうして社会のために泣かずにいられようか? わたしは自問しよう、また国人に聞こう。『今日の青年は往々にして道の途中で挫け折れるが、これは誰の罪なのか? 誰が実際にここまでにしたのか? 身体が強くないせいか? 遺伝の種族性が弱いからか?……社会に残っている毒のせいなのか? 政治的外患の刺激のせいなのか? 理想は達成されず、悪い習俗と戦うこともできず、敗北と戦うこともできないのか? あゝ、一体誰の罪か?』、と」[78]。

(77) 袁世凱の皇帝復活――グッドナウ博士によって支援された陰謀――の少し前に、*Outlook* 誌の編集者の要請で書かれた“China and Democracy”（「中国とデモクラシー」）と題された文章の中で、かれは、「ヤングチャイナ（青年中国）はデモクラシーの存在を信じている、かれらは、デモクラシーを持つ唯一の方法はデモクラシーを持つことだ、と信じている。統治は一つの技術である、それが実践を必要とするのと同じである。わたしが英語を話さなかったなら［実際に使用しなかったなら］、わたしは決して英語を話すことができるようにはならないだろう。アングロ・サクソンの人々も、かれらがデモクラシーを実践しなかったならば、デモクラシーを持つことは決してなかったろう。」と述べた。*The Outlook*, 3: pp. 27-28 (1915 / 9 / 1). また、『日記』、七四一―七四八頁を見よ。ここで、かれは最も簡潔な言葉で、以後の年月を通じて政治改革についてのかれのプログラムに基礎的なものとして残り続けた民主政府の概念を明確に述べている。

（78）『日記』、四二三頁。

故国からの情報は自信を回復させるものではなかった。「国事が危殆《きたい》に瀕《ひん》し、民情が混沌としているのは、なお五年前の、わたしがまだ国を離れなかった時と変わらない。……我が国情は共和の資格まではまだ甚だ甚だ遠い。百人のうちに、字を読み書ける者は一人も得ることはできず、千人のうち、ともに常識を話し合える人は一人も得ることができない、百万人のなかでも、ともに外国の情況を話し合って統治の原理に達する人を一人得られるとは限らない。衆の愚がこのようであり、わたしはまことに誰と共和を話せばいいのか、分からない。たとえ真に共和を得たとしても、また数十人の共和であって、民国の共和ではないのである」[79]。

（79）同前、四九三―四九四頁。

胡適に、おまえは、達成されたことよりもさらに多くのことが為されるべく残っている状況の中に戻りつつあるのだ、と胡適に告げる多くのことが存在したけれども、かれの気持ちは慎重でありながらも、けっして失望してはいなかった。一九一五年の初めに、かれは次のように書いている。「大事業を為そうと夢想しているが、人はあるいは笑って無益なことだと言うかも知れないが、実はそうではないのだ。天下のたくさんの事業は、みな一、二人の夢想から始まったものだ。今日の大患は、夢想なき人に在る。……天下は為すことができないことは無く、実際に見ることのできない夢想はない。電信もそうだ。電車も、車も、無線電信も、空中飛行も、海底での戦闘も、みな十数年前には夢想の及ぶところのものではなかったが、今やみな現実のことになった。[80]」

（80）『日記』、五八四―五八六頁。

これはかれが後年しばしば立ち戻って話したテーマ――すなわち、出来事を決定する思想の力のことであり、そして、技術的革新を通して状況が変えられるのと同じくらい確実に、人間は、新しい社会的政治的形式を創造することによって自らの環境を調整することができるのだという信念である。時間的には、この主張は胡適がデューイの思想を知る以前のものだけれども、しかしこの考えはかれがデューイのところで見つける考えと確実に一致していた。

と同時に、デューイの社会政治哲学の漸進主義に先んじて、胡適は、かれの緩やかで劇的でない中国改造のプログラムを発表し始めた。中日関係が危機的になりつつあった一九一四年の後半に書かれた「充足した国防を論ず」という題の文章において、「今、兵器を増加させて中国が亡ぶのを救おうとする者は、その心は誉めることができないわけではないが、しかしそれは愚の骨頂であるだけだ。……わたしはそれゆえにこれは根本的な計画ではないと言う」と述べ、続けてこう書いている。

では、根本的な方法とはどんなものか。われわれが教育を興し、われわれが地下資源を開き、われわれが文明を進ませ、われわれが内政を治めること、これが対内的な道である。外に対しては、力《つと》めて人道主義を持して、個人の名義と国家の名義を以て、力めて西洋強権主義の非人道的、非キリスト教的な道を斥ける。一方、極力平和の説を提唱し、アメリカと力を合わせて国際道徳を鼓吹することである。国際道徳が進化するとき、世界ははじめて本当に進化したと言えるのであり、そして吾が国もはじめて本当に平和の福を享けることができるのである。

論難する者は、これは迂遠の談で、切実に用いることはできないものだと云うだろう。そうなら吾はそれに応えて云おう。これは七年の病のために三年の艾《もぐさ》を求めること［七年もの長患いの病気を三年の艾（もぐさ）の治療で直そうということ］なのだ、[81]と。もしこの三年の期間を迂遠というなら、結局のところ、坐してその死を見ているほかない。吾の三年の艾はこの世の唯一無二の死から甦らせる聖薬である。現在こそそれを求める時で、もはやぐずぐずしてはいられないのだ、と戒めているのである。

（81）この句は『孟子』巻第七・離婁章句 上、九の、「今之欲王者、猶七年之病求三年之艾也」である。胡適はここで初めて使用したが、その後、胡適のお気に入りの表現になった。中国の注釈家（趙岐、朱熹）と西洋の翻訳家（レッグ、ドブソン）によるこの句の一般的な意味は、人は将来の準備をしておかなければならないという意味である。病人が死に瀕しているときに、準備するのに長い時間かかる医薬品をさがしても遅すぎる。灸として使えるようにするために艾草を乾燥させるのには長い時間かかるようなことだ。ドブソンは、「いまになって理想的な王になろうと切望する者は、すでに七年たった病気のために三年経った薬草（ハーブ）を処方するのにやや似ている」と訳している。（W. A. C. H. Dobson, trans., *Mencius*, Toronto, 1964, p. 166）。胡適がこの句をこの意味で使用している可能性はある。だがわたしは、ここでのように、かれは、長患いの病気は長い治療を必要としているのだという意味で使っていると解釈する。このほうが、胡適の文章の中に見られるこの句のさまざまな文脈により合っているとわたしには思われる。

これが吾が大同主義を提唱する所以であり、これがわたしがこの邦（アメリカ）の「平和派」に自ら付く所以であり、これがわたしが煩瑣を憚らず昼夜人道主義を研究する所以なのである。わたしがどうして好んで迂遠の談をするであろう。わたしはやむを得ないからであるといっているのだ。[82]

（82）『日記』、四九二―四九三頁。

一年後［一九一五年］、アメリカの友人への手紙の中で、かれは袁世凱の皇帝への野望を考慮してこの立場を再検討した。この時かれはある仏教用語の「造因」という概念をかれの議論の中に導き入れた。この概念はかれが後年書いた文章の中でもしばしば使われるが、「造因」とは、基礎となる新しい原因を作り出し、その新しい原因が新しい果を立ち上げる活性化する役目を果たす、ということを意味している。(83)

(83)「因」と言う語は、人間の現存在における行い、それが来世において再び生まれてくるその環境を決定する、ということを含意する――仏教の業（カルマ）の原理の中心概念である。

わたしは、政治の体面［礼儀正しさ］と政治の効率への近道はないと考えるに到った。……いくつかの必要な前提条件なしでは良い政府が存在することを保証できない。中国が国内［の統合と］国力の強盛のためには帝政は必要であると主張する人たちは、共和式政府が奇跡を創造できると考える人たちと同じく、愚蠢《おろか》である。わたしの言う「必要な前提条件」が無くては、帝制であろうと、共和であろうと、どちらも中国を救うことはできない。わたしたちの仕事はこれらの必要な前提条件を提供すること――「新しい原因を創造する」（造因）ことである。

わたしは、わたしの君主制論者の友人たちよりもさらに遠くに行こうと準備をしている。わたしは、外国人の征服がわたしの「新しい原因を創造する」決心を変えることをけっして許しはしない。目下の小さな変化については、言う必要はないだろう。(84)

(84)『日記』、八二一頁。

ほぼ同時期に、かれは上海時代からの古い友人に送った手紙の中で、「新しい原因」の創造という言葉でかれが意味したものについてさらに明確に説明している。

適〔わたし〕は近ごろ人に、帝制に心を乱すなと言うだけでなく、外患が国を亡ぼすと言う〔主張〕もまた顧慮するに足りない。もし祖国が亡ぼすことのできない資質を持っているのであれば、祖国は決して亡ぶに至ることはない。もしそうでないなら、われらの今日の紛紛の努力も、またそれを阻んで亡ばないようには出来ない。もし、しっかりと考えを定めて、根本から手をつけて、祖国のために亡ぶことのできない因を作るのが一番だ、……と忠告しています。

適〔わたし〕が思いますに、今日の造因の道は、第一は人を育てることにあります。人を育てる道はまさしく、教育に頼るものです。ですから、わたしは近ごろ別にぜいたくな望みを持たず、ただ、帰国後はくどい程の説得とちびた筆をもって、社会の教育に従事し、百年の人材育成の計と為すことができることを求めています。それだけです。

明らかに、人材育成はもっとも迂遠な計です。しかしながら昨今わたしは、国事と天下の事はみな近道のやり方でうまく成功できるものではない、ということをはっきり悟りました。(85)

(85)『日記』、八三二―八三三頁。

胡適は、教育と民衆の考えとが徐々に変わっていくことを通じた、ゆっくりした見栄えのしない改革を提唱したが――かれの七年の病気のための三年の艾での治療――、これは胡適を、この初期の段階においてさえ、中国問題の迅速でかつ確かな「革命」的解決を求める人たちと相反する決心だと位置づけさせた。これは胡適自身が正しく理解した事実だった。一九一六年の冬、コーネル大学で教えを受けた教授たちの一人に宛てて書いた手紙の中で、かれは次のように書いている。

わたしは革命を非難しません。なぜなら、わたしはそれらが進化の過程において必要な段階であると信じているからです。しかしわたしは、成熟していない革命には賛成しません。なぜなら、それらは普通浪費的で、ですから実りの無いものだからです。……わたしが目下の中国において進行している革命に多くの希望を抱くことができないのは、まさにこの理由によるのです。しかしながらわたしは、それらの革命家に深いシンパシーを抱いています。

個人的には、わたしは底辺から上に作り上げていくのが良いと思います。わたしはすでに、政治的な礼儀正しさと効率性へ至る近道はないことを確信するようになりました。中国の革命家たちもこの二つのものを望んでいますが、しかしかれらは、近道で——革命によって、それらを得ようと思っています。わたし個人の考えは、「何が起ころうとも、まず人民を教育しよう。未来の世代がその上に築き上げるための土台をすえよう」、というものです。

これはどうしても、大変ゆっくりしたプロセスになります。そして、人類は忍耐を持たないのです！　しかし、わたしが見る限り、このゆっくりしたプロセスこそが唯一のプロセスです。それは進化にとってと同じように、革命にとっても必要なものです。(86)

(86)『日記』、八四二—八四三頁。

このように、かれが一九一〇年に上海を離れる前でさえ、すでに予示されていた胡適の革命運動からの離反は、一九一六年までにすでに、革命的方法は誤り導かれたもので、無益だと証明されることを免れ得ない、というはっきりした確信に変わっていた。この考えは、かれが中国に戻った後に経験した挫折と幻滅によって作られたものではなかった。それは衝突の現場から遠く離れた冷静な熟慮の中で到達した結論だった。この考えの背後には、革命がその糧とする怖ろしい激情から胡適を自由にした、コスモポリタンな距離を置く感覚と、一貫した楽観主義が横たわっていた。一九一六年までに、胡適は、かれがこの後ずっと容易に屈しない決意をもって信奉した信条の主要な主義をすでに明確に述べていた。それは、確かな進歩は過度に急がされるべきではない、変革は下からやって来なければならない、「政治的礼儀正しさと効率性」を達成する迅速で簡単な道はない、ただゆっくりと人間の能力を培養することだけが、新しい政治的、社会的秩序をその上に打ち建てるための十分堅固な基礎を提供することができるであろう、そして、思想は決して一時的な激情によってこの目標の追求から逸れされるべきではない、というものである。

しかし、この選択はかれが自分で決定できるものではなかった。かれは国に戻りつつあり、そして人々はすでに革命の大変動の長引く苦痛の中に捕えられていた。この革命の変動はそれ以前にあったあらゆるものを一掃し、生活のどんな部分にも触れないところは無く、どんな心の片隅も悩まされないところは無かった。この激動は計画によって推し進められたものではなく、むしろ、貪欲さ、野心、憤り、絶望、残酷さ、飢餓、無智、そして希望、などによって生み出された良識のない内側からのはずみによって駆り立てられたもののように思われた。

胡適が一九一七年六月の初めにニューヨークを離れる少し前に、袁世凱が総統だった最後の数カ月とその死後の共和国の国務総理であった段祺瑞が、ライバルの軍閥指導者［馮国璋］によってその職から追われ、袁世凱の死の前年［一九一五年］以来広がっていた不安定な平和が、完全に打ち砕かれた。今や、軍隊を招集する合図が出された。それらの軍隊は国家的な目標に仕えるのではなく、ただ個人の軍国主義者の喧嘩腰の主張に服務するための軍隊だった。軍閥時代が本当に始まったのである。非常な驚きをもってこれらの出来事の記事を読んだ胡適は、かれの学生日記の最後の記載の一つに次のように書いた。

わたしは数カ月来、ただ帰国してから後の建設の事業の手配だけをしていた。それは中国での破壊の事業はすでに大方目鼻が付いたから、自分がこれに関知する必要はないと思ったからだ。ところが思いがけずに、この頃国中から警戒の電報が紛紛と来て、南北に分かれての争いはすでに事実となり、時勢はわたしが帰国して建設の事業を為すことを許さないようだ。[87]

（87）『日記』、一一四七頁。

それは確かな根拠のある予感だった。

第二部　中国のルネサンス（文芸復興）

迷信的な人はならず者になびき、奴隷は暴君の鼻息をうかがう。さらには、迷信的な人は狂信に支配され、過激論者になる……つまり、迷信が少なければ少ないほど、狂信も少なくなり、狂信が少なくなればなるほど、災難もより少なくなる。

ヴォルテール

第三章　文学革命

「わたしたちが再び戻った今、あなた方は違いを知るだろう！」胡適は一九一七年三月に自分の日記にこう書き、これが帰国学生のかれの世代の旗に記されるべきモットーなのだと示唆した。[1] 実は、胡適が合州国を離れる前でさえ、かれの名前は、すでに中国の急進的な意見の指導的雑誌であった『新青年』（"La Jeunnesse"）の読者には良く知られていた。一九一六年の冬から一七年の春にかけて、かれの学生日記の中から大量に抄録した文章が、「蔵暉室札記」として『新青年』誌上に現れていた。それは、かれの初期の試作的な口語詩数編と、モーパッサンやテレシェプの短編小説のかれによる翻訳と一緒に掲載された。さらに重要なのは、かれがその『新青年』に、帰国後にかれが指導的な役割を果たす宿命にあった運動の発展にとって重要な意義を持つ二篇の論文を発表したことである。最初のものは、「文学改良芻議」で、一九一七年一月に発表された。二番目の「歴史的文学観念論」は同一七年の五月に発表された。『新青年』二月号に、雑誌の編集人である陳独秀が胡適の「芻議」を取り上げて、これを「文学革命」のための呼びかけだ、と翻訳して言い換えた。この号は即座に反応を引き起こした。批判も、共感も両方あった。七月に胡適が上海に着いたときまでに、「文学革命」は最高潮に達していた。

（1）『日記』、一一〇六頁。このフレーズは『イーリアス』〔ホメロス〕からの一行で、カーディナル・ニューマン（Cardinal Newman）によって使われたもの。胡適はキャノン・オラード（Canon Ollard）のオックスフォード運動の歴史を読んでいて見つけた。また胡適「平綏路旅行小記」、『独立評論』一六二期、一三―一八頁（一九三五年八月四日）を参照。

胡適は自分がこの運動の発起人として果たした役割をずっと誇りに思っていたし、かれは、かれの他のいかなる多くの努力よりも、このことのために人々に良く記憶に留められているのである。しかし、以下の議論は文学革命それ自身とはあまり関係ないものになるだろう。それよりはかれが文学改革について書いたものの中に表されたかれの改良哲学一般、かれの歴史的伝統と進化のプロセス、革命的変化との間の関係についてのかれの観点についてになるであろう。

書物の言葉から話し言葉へ――イコンの破壊・白話運動

「文学革命」とは普通、胡適の「文学改良芻議」の発表とともに一九一七年から始まり、その後の数年間にわたって学校教育や新聞、雑誌において、そして新しい文体の作家によって、古典的な書き言葉よりも普段の話し言葉に近い言葉が受け入れられたことへと導かれた一連の出来事を表している。(2) 革命は第一に、古い書き言葉――十九世紀の西洋人がそれを適切に「書物の言葉」と呼んだような、話し言葉から遠く離れた難解な表現媒体――の形式に反対することだけを目指した運動であった。

（2）胡適の原提案は最後の八番目に、「俗語俗字を避けない」を含んでいた（『胡適文存』巻一、一六―一七頁）。これは、口語を正確に再現した書き言葉という要求からはまだ遠く離れた呼びかけである。かれ自身の白話詩の初期モデルは明清期の白話文学から引き出されたものである。胡適は傅斯年（ふしねん）が書き言葉は口語を手本にすべきだと最初に提案した功績を認めている。胡適『中国新文学運動小史』(台北、一九五八)、三〇頁参照。(この作品は二篇の短い歴史的記述を含んでいる。書名になった文章はもともと『中国新文学大系、第一集、建設理論集』[胡適主編、上海、一九三五]の胡の導言として書かれたもので、第二篇の「逼(せま)られて梁山に上る」は胡の自伝からの一章で、もともとは『東方雑誌』三十一巻一号(一九三三年一二月)に発表された。本書では、以下では『小史』として引用する。口語文体の問題については、また傅斯年「怎様造白話文」、『新潮』一期、二頁(一九一九年二月一日)を見よ。

だが、この運動の支持者と反対者の双方が始めから知っていたように、文学革命それ自身は広い範囲にわたる社会的政治的なかかわりを伴っていたのである。古典的な書き言葉は、何世紀にもわたる習慣と、多くの点でその文学的品質に対する真の尊敬とによってだけでなく、重要な社会的対価によっても維持されていた。古典漢語の複雑さの中に入ることは、かなりの努力を要し、辛いけれども進歩は緩慢なものでしかなかった。言語そのもの、そしてその使い方を規制しているしきたり[修辞学]、それに生気を与えている文学、これらに精通するのが一生の大仕事になるのも無理のないものだった。昔の中国では、報酬とコストは釣り合っていた。というのは、読み書き能力は、それを追い求める暇と才能ある少数の人に、ある程度の社会的名声を、そして科挙試験を通じて、読み書きのできない大衆には閉ざされている政治権力へ接近する手段を与えたからである。こうして書き言葉はその他のあらゆる制度と同じく、伝統的中国において支配者と被支配者の間に昔からある区分を保存していたのである。旧い政治秩序が一九一一年に崩壊した後でさえ、古典的書き言葉が生き残り続けていたことは、伝統文化の維持を確かにしていただけでなく、また伝統的な社会的考え方の保存をも確かなものにしていた。だから、文学革命は文学スタイルの破壊をはるかに越えたことを目指していたのである。文学革命の反対者はある価値体系全体を守っていた。(3) その推進者たちは、骨の折れる文体と旧い文学の不毛で陳腐な決まり文句を拒否しながら、ある文化的社会的遺産の全体を拒否していたのである。

(3) 白話運動への反対に関する最も重要な資料は、『中国新文学大系、二集、文学論争集』に集められている(鄭振鐸主編、

上海、一九三五年）。また李恵英「新文学革命運動中之反対派」*United College Journal*『聯合学院学報』五、六三―七〇頁（一九六六―六七）、R. David Arkush, "Ku Hung-ming［辜鴻銘］(1857-1928)," *Papers on China*, 19: pp. 194-238 (1965), Leo Ou-fan Lee, "Lin Shu［林紓］and His Translations: Western Fiction in Chinese Perspective," *ibid.*, 19: pp. 159-193 (1965).

一九一〇年代の後半、この活発なイコン破壊運動の身体的、精神的な中心は国立北京大学［北大］だった。一九一七年秋に、胡適は中国哲学と西洋哲学の科目を教えるために［教授として］そこの文学院に加わった。一九一六年の末から校長を務めていた蔡元培《さいげんばい》（一八七六―一九四〇）は、北京大学を学術的にも、思想的にも傑出した地位に上らせるために大きな責任を負っていた。かれは北京大学を真に自由な大学、あらゆる考えに寛容な大学にしようとした。かれ自身がすこし急進的な古典学者で、革命に転向した人だったから、かれの保護の下で北京大学がすぐに懐疑論者と反抗派の集まる場所になったのは驚くことではなかった。一九一七年に陳独秀（一八七九―一九四二）――日本語とフランス語の教育を受けた『新青年』の創刊者・編集人――が文学院長［文科学長］に任命された。陳独秀とともにマルクス・レーニン主義への初期の中国人の転向者になった李大釗《りたいしょう》（一八八八―一九二七）が一九一八年の初めに北京大学図書館の館長［主任］に任命され、のちに法学院に属した。言語学は銭玄同（一八八七―一九三九）が教えた。かれは古典文字［・音韻］学の学者で、章炳麟の弟子で、自ら「銭擬古」と称した。そしてかれが最初のそして最も熱情的な新文学支持者の一人として前に進み出て来た。学部の他の教員の中にはまた、イギリスで教育を受けた社会学者の陶履恭（字は孟和、L・K・陶、一八八七―一九三九）、日本で教育を受けた政治学者の高一涵《こういっかん》（一八八五―一九六八）がいた。北京にはまた、北京大学で教えたり北大グループと親しく接触していた作家の周作人がいた。かれは相当な才能を持った散文作家だったが、またかれよりも有名な兄の周樹人（魯迅）がいた。それは、一九一七年から一九二〇年までの期間に北京に集まった非凡な青年たちの一団だった。(4) 二十六歳の胡適はその中の最も若い一人だった。しかし、かれの西洋教育を受けた帰国学生としての申し分のない資格、かれの北京大学での地位、かれと『新青年』との関係、これらは、かれがこの小さいが考えをはっきり述べる巨大な影響力を持つ前衛派のうってつけのリーダーであることを示していた。かれは、自分が言ったことは何でも人々は謹しんで聴き、そして——少なくとも初期のころは——尊敬するように聞いてもらえるだろうと確信することができた。

（4）この時期の北京大についての情報は、Chow Tse-tsung, *The May Fourth Movement* (Cambridge, Mass., 1960), pp. 47-54.［周策縦『五四運動史』］を見よ。北京大についての全面的な研究はなお書かれるべく残されている。

胡適と陳独秀が一九一七年の春に言語改革を一つの問題としたとき、この問題は決して新しい問題ではなかった。それは、より広い教育の近代化の問題の一側面として、今世紀の初めからずっと議論され続けていた。日本のロシアに対する勝利によって急きたてられて、中国人学生たちは書き言葉の改革のための急進的な提案に真剣な考えを出し始めたのだった。中国文字をローマ字化するための様々な方案が提出されたが、いつも決定的な結論は出なかった。しかし、と同時に、教育手段として口語が有用であるということも段々と人々の承認を得るようになりつつあった。革命前の十年間に、「教育の無い大衆に新しい思想を注入」しようとした学生出版物の多くでは——例えば、胡適が上海で編集に携わった『競業旬報』のようなもの——、口語が普通に使われていた。胡適が合州国で学生をしていた間に文学革命の観点から考え始めたのは、こうした背景があったからである。(5)

（5）背景については胡適『小史』を見よ。胡適「五十年来中国之文学」『胡適文存』二集巻二、九一—二一三頁、陳子展「文学革命運動」『中国新文学大系、十、史料索引』（阿英主編、上海、一九三六年）、二一—五一頁、Chow, *The May Fourth Movement.* の各処参照。

「文学改良芻議」の起源とその提案

二、三年の短い間にあのように広い関心と激しい感情を生み出した論争が、その起源を一つのとても瑣末な出来事に持っていたというのは珍しいことだ。義和団賠償金留学生として、胡適は毎月ワシントンの中華民国公使館から給費の奨学金を受け取っていた。公使館で小切手の郵送に責任を負っていたのは高い地位の中国人のクリスチャンで、習慣として毎回かれは封筒の中に短い道徳的な小冊子と人を楽しくさせる格言を入れていた。「二十五歳になるまで結婚するな」とか、「もっと樹を植えよ、木は役に立つ」というようなものだった。一九一五年の初めのある月、そのメッセージは民衆教育を推進する手段としてローマ字化された文字の導入を支持すると主張していた。こうした格言は、中国の言語に手を加える権利を持つほどには十分な［伝統的古典］教育を受けたことのない人［英語を話す中国人官員］から出されたものだ、と胡適が思ったように、胡の［知識人士大夫的な］礼儀正しさの意識を傷つけた。しかし、慌しく熱い言葉で反論を書いて送った後、胡適は、この問題はやはり重要な価値のある問題だ、「わたしたち資格のある者が知力才能を用いてこの問題を研究しなければならない」、と決意した。(6) かれの古典漢語の欠点についての最初の分析はこうして生じさせられた関心の結果だったのである。(7)

(6) 「逼上梁山」、『自伝』九一―九二頁所収。梁山は小説『水滸伝』のアウトローの英雄たちが拠点にした山の要塞を指す。含意するところは、胡適は「逼られて法を犯した」が、かれ自身は正しい目的のための戦いだったと感じていたことである。

(7) 同前、九四―九五頁、『日記』、七五八―七六四頁。

胡適が一九一五年の夏にこれらの考えを仲間の中国人学生に示したとき、かれはほとんど如何なる支持も得られなかった。しかし、かれらの反対はかれ自身の情熱を強めただけだった。[8] 議論はすぐに次の問題に集中した。口語体は小説や戯曲のような下等な作品を書くのに適していることは広く承認されていたのだが、それは詩歌と純文学の中でも適切に用いられ得るのかどうかであった。胡適は予想されたように、賛成の態度を採り、自らすぐに白話詩を実験的に書きつづけはじめた。[9]

（8）胡適の目標に集まって来た少数の者の中に、コーネルの同級生の趙元任（Y. R. Chao）とヴァッサー大学の学生だったミス陳衡哲がいた。趙も義和団賠償金留学生の一九一〇年組［の第二位合格者］で、数学と物理学を学んでいたが、この時すでに言語に関心を持つようになっていた。それは後にかれを傑出した音韻学者、言語学者にした。胡適と他の二人のコーネルの学生、任鴻雋（にんこうしゅん、字は樹庸、H. C. Zen）、楊銓（先の第一章の注(70)を見よ）とともに、趙は一九一四年に中国科学協会を設立するのを助けたことがあった。協会は国内外の中国人学生の間に科学的観念を弘めるための媒体として活動するものだった。陳衡哲は一九一五—一六年にヴァッサー大学の歴史・文学の学生だったが、彼女は白話で短編を書く実験をした最初の人々の一人で、そのうちの数編は『新青年』に発表された。一九二〇年に——この年に彼女は任鴻雋と結婚したが——、陳衡哲は北京大学で教授職に任命された最初の女性になった(Boorman, *Biographical Dictionary*, I, pp. 148-152, 183-187. を参照)。この初期の論争での胡適の主要な論敵はハーバード大学の［西洋文学専攻］学生だった梅光迪（ばいこうてき）だった。かれは後に胡適とかれが二人とも中国に戻った後も、［南開、東南、国立中央大学の西洋文学系主任、院長を務めたが］、保守的な雑誌『学衡』の紙面で、白話使用の反対者としてのかれの役割を継続した。

（9）『日記』、九八一頁。胡適の初期の白話詩は集められて、『嘗試集』という書名で出版された（上海、一九二〇年）。

胡適がこの方向に沿って進めていたいくつかの初期の作品は、かれが自分の提案に含まれている革命的な意義について気づいていたことをはっきりと表している。例えば、一九一五年の夏の終わりに、かれは自分がこうした精神で取り組んだ企てについて次のように書いた。

神州文学久枯餒、　　神州の文学、久しく枯れて中味はなし、百年未有健者起。
新潮之来不可止、
文学革命其時矣。
吾輩勢不容座視——
且復号召二三子、
革命軍前杖馬棰……
鞭策駆除一車鬼、
再拝迎入新世紀。
以此報国云未罪。

百年いまだ健者の立ち上がること有らず。
新潮の来たるは止むべからず、
文学の革命　その時なり。
われら、勢いは座視を容れず——
しばらくは二、三子を号召して、
革命軍の前杖となり、馬尻を撃つ棰《たるき》となり……
鞭策もて一車の鬼を駆除して、
再拝して新世紀を迎え入れん。
此れを以て国に報いるは、未だ罪ならずと云う(10)。

（10）「逼上梁山」、『自伝』九六頁。［最後の句は「このようにして国に報いるのは些事とは言われぬ」と英訳されている。］

翌一九一六年の春、かれはさらに大きな自信をもって自らを表現した。

……文学革命何疑！
且準備搴作健児。
要前空千古、下開百世、
将他臭腐、還我神奇。
為大中華、新造文学、——此業吾曹欲誰譲？

……文学革命　何を疑うか！
いまわれは旗をとり、健児となる準備せり。
空前のことをなし、つぎの百年を開かん、
其の腐臭を除去し、我が神奇に還らん。
大中華のため、新文学を作る、——この業、われら誰に譲らん(11)？

（11）「逼上梁山」、『自伝』一〇二頁。

これがかれが文学改革のプログラムを公式化したときの心情だった。一九一六年八月末の日記の中で、かれはこの方案を「文学革命の八事（八条件）」と呼んだ。[12] これが少し修正された形で翌一七年一月に『新青年』に掲載された時、かれは謙遜してそれらを「文学改良芻議」と名付けたのだった。[13]

（12）『日記』、一〇〇二—一〇〇三頁。また胡適の陳独秀への手紙を見よ、（『胡適文存』巻一、三頁。
（13）胡適「文学改良芻議」、『胡適文存』巻一、七—二三頁。はじめは、『新青年』二巻五号（一九一七年一月）に発表された。

胡適の提案の最も簡潔かつ明瞭な申し立ては、一九一八年春に発表されたかれの「建設的文学革命論」の中に見られる。そこでかれは、以下の諸点を提示した。

（1）なにか言いたいことがあって、はじめて話せ。
（2）話さなくてはならないこと、それを話せ。話されたとおり、それを話せ。
（3）自分自身の言葉を話すべきで、他人の言葉を話してはならない。
（4）その時代の人なら、その時代の言葉を話せ。[14]

（14）胡適「建設的文学革命論」、『胡適文存』巻一、七九頁。はじめは、『新青年』四巻四号（一九一八年四月）に発表された。

文学進化論と文学革命

この最後の一つにかれは特別な重要性を与えた。というのは、つまるところ、かれが口語を推進する正しさは、それが歴史的に時代に合ったものであるかどうかにかかっていたからである。かれは「ある時代にはその時代の文学がある」[15]、しかしどんな時代の文学も必ず「生きた文学」でなければならない、「死んだ言葉は決して生きた文学を生み出すことはできない」[16]、と議論を展開した。かれはこの前提の上に、自らの「歴史的な文学の進化の観念」[17]を置いた。それをかれは文学革命の背後にある「基礎理論」と呼んだ。[18]文学はその歴史的進化における「前後の順序」に従わねばならない。それは表現形式の解放において必然的に生じるものである、とかれは言う。[19]

(15) 胡適「歴史的文学観念論」、『胡適文存』巻一、四五頁。はじめは、『新青年』三巻三号(一九一七年五月)に発表された。
(16)「建設的文学革命論」、『胡適文存』巻一、八三頁。
(17)「歴史的文学観念論」、『胡適文存』巻一、四五―四九頁。
(18)「嘗試集自序」、『胡適文存』巻一、二七〇頁。
(19) 同前、二八四―二八五頁。

中国文学史はただ文字形式(工具)の新陳代謝の歴史にすぎない。ただ「生きた文学」が時に随って「死んだ文学」に取って替った歴史にすぎない。文学の生命は、ある時代の生きた工具を使ってその時代の情感と思想を表現できるのかどうかに全てかかっている。工具がミイラ化したら、必ず別の新しい、生き生きしたものに替えなくてはならない。これが「文学革命」にほかならない。

だから、わたしたちは、歴史上の「文学革命」はすべて文学の工具の革命であると言うことができる。……(わたしの批判者たちは)ヨーロッパ近代文学史の大いなる教訓を忘れてしまった! もし各国の話し言葉が新しい工具とならなかったら、ヨーロッパの近代文学の勃興は可能だったろうか? 中国文学史上の何度かの革命もみな工具の革命なのである。[20]

(20)「逼上梁山」、『自伝』九九—一〇〇頁。ここで胡適が念頭に置いているのは、『詩経』(周代後期と漢代前期)に見られたそれ以前の詩体(スタイル)に取って代わった詩の「騒」スタイルの発展のような「革命」と、より正式な「詩」スタイル(唐宋王朝期)に取って代わった「詞」スタイルの発展のような「革命」である。初期のこれらの議論と文学形式における他の「革命」については、『日記』八六二—八六七頁を見よ。

この議論にもとづいて、胡適はさらに一歩進んで、「中国の俗文学が中国の正統文学である」[21]、そして「白話の文学こそが中国が千年来僅かにもった文学だったのだ。……白話の文学でなければ、……それらはみな一流の文学の列に連なるに足らない」[22]と主張した。これは胡適の最も過激な主張であり、かれはこの主張を弁護するために、いろいろな議論を復活させた。かれは『史記』や唐詩のように互いに異なり、かけ離れた作品の中に、先人の誰によってもまだ見出されることがなかった俗字俗語を発見した——表現の明瞭さが文学的な装飾よりも重要だったあらゆるところで、このような発見をした[23]。かれは、古典経典の普及に対抗するように俗文学が普遍的に流行したことが、かれの考えを証明していると主張した[24]。かれはさらに、唐代の韓愈や柳宗元のような誰もが認める偉大な古典文体の作家が俗語で書かなかったのは、ただ「かれらの時代には白話がまだ起こっていなかった」からだ[25]、とさえ仄めかした。

(21)同前、一〇〇頁。
(22)『日記』、九四三頁。
(23)胡適『白話文学史、上巻』(上海、一九二八年、台北、一九五七年)、『自述』一二頁。
(24)同前、「引子」、二頁。
(25)「歴史的文学観念論」、『胡適文存』巻一、四七頁。

このような主張は胡適の心の中での確信、文学革命は、それがもっと大きな進化の過程の文脈の中に置かれることができれば、成功しうるのだという確信によって裏打ちされていた。かれはかなり気楽に「革命」という語を語ったが、内心では、革命運動には懐疑的で、革命の結果についても悲観的だった。革命というこの観念は、それが進化的変化の発展の一段階であると見られたときのみ、なんとかかれには受け入れることができた。かれ自身の文学革命と中国文学の形体《フォルム》の進化の歴史との関連が、その一つの明確な事例を提供していた。「歴史の進化には二種類ある。一つは、まったく自然な進展変化［演化］である。もう一つは、自然の趨勢に順《したが》いながら、それに人間の力による督促を加えたものである。前者は進化［演進］と呼ぶことができ、後者は革命と呼ぶことができる。……ゆえに、一千年以上の白話文学が近年の文学革命の種を蒔いたのである。近年の文学革命は長い歴史に一つの結末をつけたにすぎない。これから後、中国文学は盲目的な自然な進展変化［演化］の古い道から永遠に脱し、意識的な創作の新しい道を歩むことになろう。(26)」俗文学にはそれ自身の歴史が書き与えられなければならない、そして文学革命は唯一の暴力的な拒絶としてではなく、過去からの趨勢を実現させる行為として受け入れられなければならないのは、まさにこの理由のためだった。

（26）『白話文学史』「引子」、七頁。

この過去からの趨勢の最も重要な点は、胡適がアメリカ経験の過程の中で理解するようになったように、教育の民主化のことだった。早くも一九一六年にかれは、文学はもはや「少数の文人たちの私産」のままでいることはできない、「最大多数の国人に普《あまね》く広めることを一大仕事とすべきである」と主張しつつあった。というのは、文学は発展変化の工具であり、「世の中のあり方と人間の心に良い影響を与える」一つの手段であるからだ。(27)胡適がそれ以前の改革者たちを厳しく批判したのは、かれらが言語改革と新思想の普及との関連を認めなかったからだった。厳復は典雅で難解な古典文体を自分の翻訳文に採用したが、胡適が全く共感を示さずに回顧しているように、厳は「海内でわたしの訳したものを読む者は、往々にしてすぐには理解できず、その晦渋難解を非とするが、かれらは原書の難しさは実はこれを超えるものであることを知らないのだ。理がもともと深遠なのであって、わたしのような者の文字ではもとより関連させられないのだ[28]」とかつて述べていたのである。胡適は、これがまさに厳復がその思想改革というより広い使命をやり遂げられなかった「鉄の証」であり、「古典主義者はすでにかれら自身に死刑を宣告したのだ[29]」と言った。かれは同じように、二十世紀初めの音標文字体系を考案して中国文字（漢字）の代わりにしようという試みに対しても、批判的だった。かれは、そのような構想はすでに失敗がはじめから運命づけられている、なぜなら、その提唱者の方がかれらの試みの成功が伝統文字の徹底した放棄に依存しなければならないということを心底認めたがらないからだ、と断言した。失敗してこのことが実現できなければ、結果は「社会を二つの等級に分けることになる。一方に、『わたしたち』紳士、もう一方は『かれら』普通の庶民、大衆である。……ピンイン文字［音標文字］は［漢字体系を知っている］わたしたち紳士が普通の人民に授けた善行［施し］に過ぎなくなる[30]。」

(27)『日記』、九五六頁。また「逼上梁山」、『自伝』一〇五頁を参照。

(28)『小史』四頁。厳復がJ・S・ミルの『自由論』(*On Liberty*)のかれの翻訳『群己権界論』へ付けた序言（「訳凡例」）からの引用。

(29)『小史』四、六頁。厳復の伝記の中で、ベンジャミン・シュウォルツは、厳復はかれの翻訳した作品を「普及」させようという意図を持たなかった事実を明らかにしている。Benjamin I. Schwartz, *In Search of Wealth and Power: Yen Fu and the West* (Cambridge, Mass., 1964), pp. 92-98.［平野健一郎訳『中国の近代化と知識人――厳復と西洋』東京大学出版会、一九七八］。

(30)『小史』一四頁。

さらにまた、胡適の文学改革に対する関心と、大衆的読者と意思を伝え合うのに役立つ書き言葉が必要だという認識は、最初から次のような理解、即ち、そうした言語は教育の工具としてだけで採用されてはならないという理解と結びついたものだった。もし、少し読み書きができる者と、本当に教育を受けた者とを分けている亀裂が架橋されねばならないとしたなら、この新しい言語は、それ自身の活力と美しさ、そしてその存在を正当化するのに十分な文学的品質を備えていなければならない。かれは、この「建設的な文学革命」のスローガンとして、「国語による文学、文学的な国語」[31]というフレーズを提案した。なぜなら、まさにかれが繰り返し主張したように、「国語は文学を持たなければ……価値はなく、成り立たず、発達もできない」[32]からである。

(31)「建設的文学革命論」、『胡適文存』巻一、七七頁。
(32) 同前、八〇頁。また胡適「新思潮的意義」、『胡適文存』巻四、一〇二六—一〇二七頁。はじめは『新青年』七巻一号（一九一九年一二月）に発表された。

かれの受けた実験主義者としての教育と調和して、胡適は文学革命の最終的結果に関して語るのに慎重でありつづける傾向を示した。かれは白話が「正宗〔正統〕」だと言ったが、一九一七年には、これはその妥当性が将来世代の作家たちによって証明されるのを待たねばならない「仮説的な前提」だとも認めた[33]。かれはまた、同じような調子で、かれ自身の提示の正しさは「一朝一夕に定められるものではなく、また一人二人で定められるものでもありません。強く願うのは国中の人士が心平らかに気を静かにして、われらと力を合わせてこの問題を研究してくれることです[34]」と述べた。

(33)「歴史的文学観念論」、『胡適文存』巻一、四六頁。また「嘗試集自序」、『胡適文存』巻一、二八五頁を参照。
(34)「胡適致陳独秀」（一九一七年四月九日）、『胡適文存』巻一、三九頁。

陳独秀と銭玄同が胡適の最も早い時期の最も情熱的な同盟者だった。しかし、かれらは胡適と理想を共有していたけれども、当面の課題についてのかれらの考えは胡適と鋭く対立するものだった。陳も銭も、胡適が抱いた革命的変革の有効性についての疑念を持っていなかった。二人とも、かれらの企ての目的についての評価では、はるかに歯に衣を着せない反伝統派だった。一九一七年に陳独秀は胡適への手紙の中で、「わたしの考えでは、異議を受け入れること、自由に討論すること、これが学術発展の原則です」と書いた。だが、それに続けて、「ただ、中国文学を改良するには白話を文学の正宗〔正統〕とすべきであるとする説に至っては、その是非ははなはだ明白で、決して反対者の討論の余地を容れないもので、必ず吾輩が主張するものが絶対に是〔正しい〕とするものです」と言った。(35) 陳独秀は二月に『新青年』に発表した文学革命の呼びかけの中で、自分を「全国の（古いタイプの）学究の敵である」と称し、あわせて、過去の「貴族的」な文学は「平易な抒情的な国民文学……明瞭な通俗的な社会文学」に道を譲るべきだ、と主張した。(36) 銭玄同に何かあるとするならば、それはかれはもっと強烈に古典語を思想的圧政の道具だとして責めたことである。「わたしにもう一度率直に言わせるならば、中国が滅亡に至らないためには、中国が二十世紀の文明の国になるためには、現在の基本的な任務は儒教を取り除き、道教を消滅させることである。しかしこの仕事を完成させるための先決条件は、儒家道徳と道教の迷信の根源となっている古代文言を消滅させることである。(37)」

(35)「陳独秀致胡適」（日付なし）、『胡適文存』巻一、四三頁。
(36) 陳独秀「文学革命論」、『独秀文存』（上海、一九二二）、一巻、一三五―一四〇頁。はじめに『新青年』二巻六号（一九一七年二月）に発表された。『胡適文存』巻一、二四―二九頁に再録されている。
(37)「銭玄同致胡適書」、C. T. Hsia, *A History of Modern Chinese Fiction, 1917-1957* (New Haven, 1961), p. 10. より引用。

文学革命の最も重要な目的についての胡適の考えは、強調する所がかれらとははっきりと違っていた。かれは明らかに古典経典の「死んだ文字」に少しの慕情も感じなかったし、それが支えた伝統の多くにも愛情を感じなかった。だがかれは、伝統を陳独秀や銭玄同が定義したよりも狭く限定し、かれの進化の中の革命という概念と一致させつつ、かれは常に後を向くよりも前を向く努力をしたし、改革の創造的な潜在力に注意を注いだのである。かれは、「文学革命を擁護する人はほとんどみな破壊の観点から出発する人である」と認めたが、しかしかれは、過去の「偽りの」「死んだ」文学の破壊は、「価値のある、生命力のある」現代文学の創造の後から「自然に」ついて来るであろう、と主張していた。かれは陳独秀に答えた手紙の中で、「だからわたしは、わたしたち文学革命を提唱する人は、……皆それぞれがある分野の建設に従い努力すべきです、そうしたら、三十、五十年内に中国のための全く新しい中国の生きた文学を造り出すことができるでしょう[38]」と言った。

(38)「建設的文学革命論」、『胡適文存』巻一、七七―七八頁。

胡適のこの点での確信が正しかったと証明されたかどうかについては、なお疑問をさしはさむ余地が残っている。白話は確かにかなり短期間のうちに古い文体を文字流通から追放した。しかし、文学の言語と巷の言語との間の距離は結果的により狭まったが、この「外形の解放」は決して生き生きとした文学の自発的な創出ではない別の何ものかに結果したのだった。それだけでなく、胡適自身が気づいていたように、人々にその最初の創造的な霊感《インスピレーション》を与えることはかれの能力の及ぶところではなかったのである。[39] 散文家として胡適は簡明明晰で生き生きとした文体を持った達人だった。しかしその他のジャンルでは、かれの文学的生産物は精彩ないものだった。かれのかなりの数の白話詩は、かれに言わせれば、みな「実験的なもの[40]」で、多くのヨーロッパの作家の短編小説の翻訳――ドーデ、キップリング、モーパッサン、ストリンドベリ、チェーホフ、ゴーリキーなどの翻訳、そのいくつかは極めて早くかれのコーネル時代に訳されたものだが――は白話というよりも古典漢語に訳されたのだったし[41]、親が決めた結婚の問題を取り扱った稚拙な一幕物の笑劇[42]、これらはかれの文学才能の不充分さを示していた。

(39) 胡適は決して自分は創造的な作家だとは思わなかった。そして時折、かれはこの方面での自分の才能の不足に落胆している自覚を述べた。かつて列車で北京から上海に行く途中、胡適は長年の友人であるスウェーデンの探検家スウェン・ヘディンと会った。ノーベル賞委員会のメンバーだったヘディンは、かれらの会話の中で、自分は胡をノーベル文学賞に推薦するかもしれないと示唆した。この話で胡適は個人的に考えさせられた。もし、賞が文学改革の発起人としてのかれの仕事に対して与えられるのならば、かれは受け取るかも知れないが、もしそれが作家としてのかれに出されるとするなら、自分はその賞を受け取ることはできない、自分はその栄誉に値するとは信じていない、と。胡適の未出版日記（コロンビア大学口述歴史プロジェクトのアーカイブの中のマイクロフィルム）、一九二二年二月二六日の条。

（40） Hsü Kai-Yü, *Anthology of Twentieth-Century Chinese Poetry* (New York, 1963). の中で胡適の作品は二篇の詩だけが選ばれている――だがそれらは本の最初の二篇であるに過ぎない。

（41） 胡適訳『短編小説第一集』（上海、一九一九年）、『短編小説第二集』（上海、一九三三年）を参照。これらの翻訳はもとは、『新青年』、『毎週評論』、『読書札記』、『新月』その他の雑誌に発表されたものである。

（42） 胡適「終身大事」、『胡適文存』巻四、一一五三―一一七二頁。この戯曲はもとは英語で書かれていた。

かれが書いた笑劇は単に楽しませるためだけのものではなく、社会に責任のある文学の手本になるように書かれたものだった。胡適は、多くの現代中国の作家と同じように、文学は何らかの社会的な役割を果たすべきであり、文学は外形と同じく、内容的にも、個人的な趣味の秘かな使用に捧げられるべきではないと考えていた。胡適は、新文学は当時の緊迫した社会的文化的な諸問題――貧困や、工場労働者・人力車夫・行商人などの生活条件、家族制度の解体と女性解放、新式教育と東西文化の衝突の問題など――に、必ず関心を寄せなければならない、と強く主張した。[43] 生きた文学は新しい言語の形から創られるものかも知れない。だが、胡適がいう「人の文学」［ヒューマニスチックな文学］は、作家の責任についての新たな考えや、現実についての新しい認識から生じる新鮮なテーマの導入と相俟って、はじめて発展できたのである。[44] このように、胡適は早くからしかもはっきりと文学革命の民主的《デモクラチック》な潜在力を理解していた一方、かれは、新文学が社会問題にもっぱら関心を持つことは、文学はすべてを包含する社会的イデオロギーに一致すべきだという［政治的な］要求の前に文学を無防備にさせるかも知れないという危険については、それほど敏感ではなかった。それにも増して、それは芸術を、近代中国の文学（いくつかの生き生きした例外を除く）に浅薄さと内容のない非人間的な外見を与えた一つないしもう一つの型の社会的政治的主義に服務させる傾向に向かわせるものだった。

(43)「建設的文学革命論」、『胡適文存』巻一、九三―九五頁。

(44) 胡適は周作人の「人の文学」(人間主義的な文学)」の考えを借りている。これは周作人が一九一八年一二月に『新青年』に発表した文章のテーマと題名だった。

このようなことが起るのは多分避けられなかった。文学革命はその発端からしてもっと範囲の広い思想改革運動の工具であり、変革の潮流の工具だった。その見込みが非常に広範囲にわたったので、すぐに「新文化運動」として知られるようになった。胡適にとっては、白話がこの数年の間ずっと一番の愛着であったが、しかしかれの関心は、白話によって書き言葉を生き返らせることをはるかに越えて広がっていた。以下のいくつかの章で、胡適の関心を引きつけた他の諸問題が論じられるだろう。かれの新しい民と新しい社会についてのビジョン、かれの社会の再建と思想の再生についてのプログラム、中国の近代西洋との関係についてのかれの考え、そしてかれの一九二〇―三〇年代の政治運動についての考えである。かれの文学革命についての意見の中に、これらのより広い問題へのかれのアプローチのいくつかの特徴がすでに認められる。他の人たちが教条的《ドグマ》であったところで、胡適は実験的な不確かさを保持する傾向にあった。他の人たちが過去の拒否としての革命を呼びかけたときに、胡適はつねにそれを将来に向かって通過する道だと見るよう努力した。他の人たちが突発的な破壊的大変動としての革命について語ると、胡適はよりゆっくりとした、より破壊性の少ない進化の過程の文脈の中でそれを考える傾向を見せた。そして、かれは、そうした「意識のある進化」は、適切に導かれれば、その欲せられた目標を達成するであろうと、ずっと確信していた。

これらはかれの知性と気質の永続的な特徴であり、胡適の思想にそれ自身の性格を与えたものだが、常にかれの友人たちの考えと一致していたのではなく、またかれの時代の気分とも常に調和していたわけではなかった。

第四章　新しい民と新しい社会

一九一五年九月の『新青年』第一期に掲載されたかれの雄弁な「敬《つつし》んで青年に告ぐ」の中で、陳独秀はその後数年のあいだ思想革命を支配する多くのテーマを提出した。かれは青年読者に、変化についての考えで進歩的たれ、新しい思想と新しい技術を志向し実用的たれ、世界とその中における中国の位置についての見方で〝コスモポリタン〟（世界的）たれ、と激励した。「国民にして世界の知識を持たなければ、その国はまさに何をもって世界の中において生存を図るのか？」という特徴的な警告と一緒になったこの最後の命令以上にその時代の感情を最も適切に表現したものはなかった。陳は中国の良く知られた一つの格言を用いてかれの考えを理解させた。「門を閉じて車を造ったなら、門を開けて外に出たとき、車輪が轍に合うとは限らないのだ[1]」と。

（1）陳独秀「敬告青年」、『独秀文存』一巻、七頁。初めは『新青年』一巻一号（一九一五年九月）に発表された。英訳は trans. Teng Ssu-yü and John K. Fairbank, *China's Response to the West: A Documentary Survey, 1839-1923* (Cambridge, Mass., 1954), pp. 240-245.

『新青年』の新思潮――「個人主義」の精神・イプセン主義の提唱

その創刊から、『新青年』の重要な目的の一つは、その読者がそれで世界主義的な考えを創り出す材料を提供することであった。西洋の歴史と政治のさまざまな側面に言及した数多くの解説的文章に加えて、『新青年』の誌面は大量の日本語と西洋言語からの翻訳を着実に持ち込んできて、いかなる一貫した計画もない当惑するような無頓着さでそれらを掲載した――例えば、フランスの歴史家シャルル・セニョボスの『現代文明史』（*The History of Modern Civilization*）からの選録、それにつづいて敬虔なヴィクトリア期の「青年の義務」についての説教の抜粋、T・H・ハクスリーの科学精神についての論述、ベンジャミン・フランクリンの『自伝』の諸断片、「アメリカ国歌」の翻訳（『星条旗』The Star-Spangled Bannerの訳ではなく、後でわかったことだが、『アメリカ』『マイカントリー・ティズ・オブ・ジー』（My Country, 'Tis of Thee）、別名『America』サミュエル・スミスが一八三一年に書いた詞を、英国国歌のメロディーで歌った合州国愛国歌、『星条旗』が一九三一年に正式に国歌に採用される前までの国歌」の訳であった）、等々である。

『新青年』創刊後、最初の冬を通じて、連載の形式でオスカー・ワイルドの戯曲『理想の夫』（*An Ideal Husband*）の訳文が掲載された。この戯曲は二十世紀初めごろのロンドンの客間が舞台で、典型的なワイルド的手法でもって社会的に有名な人の深い悲しみを取り扱った作品だった。一九一六年の初めに、胡適はニューヨークから陳独秀に宛てて、手紙を送り、この翻訳は芸術性が欠けているし、また中国の状況には関連性がないものだ、と批判した。かれは西洋思想を中国人の精神に持ち込む一つの手段としての翻訳の重要性を確信していたが――数年後、かれは翻訳活動をかれにとって「新思潮の意義」を表しているいくつかの活動の中に入れた[2]――、かれは、文学がその社会的機能から切り離すことができないのと同じく、翻訳も教育的な目的に仕えるようにすべきだと主張した。「もし今日祖国のために新文学を造ろうとするなら、西洋の名著から着手するのが適切で、国中の人士に手本とし見習うものを見せるのです。そうした後に、自己創造的な新文学の言うべきものができるのです。……翻訳書は必ず国人の心理と近いものを選んで先ず訳すべきです[3]。」

（2）胡適「新思潮的意義」、『胡適文存』巻四、一〇二一―一〇三四頁。初めは『新青年』七巻一号（一九一九年一二月）に発表された。

（3）『日記』、八四五頁。

だから、胡適の思想的、社会的改革のプログラムの下図を描く最初の試みが、『新青年』の一九一八年六月の第四巻第六号「イプセン特集号」の刊行と連結してなされたのは驚くにあたらない。この号には、胡適が羅家倫（当時まだ北京大学の学生だった）と協力して訳した『人形の家』と、陶孟和の訳した『人民の敵〔国民之敵〕』の第一回分が掲載された。この号はまた胡適の書いた長い紹介性の文章〔「易卜生主義」〕を掲載した。この文の中で、胡適は初めて、真の個人主義の性質と、生涯を通じてかれにとって決定的な関心でありつづけた個人と社会の関係に関する意見を発表した。

胡適がこの方向に注意を向けるようになった時までに、そうした問題はすでに中国人の思想にとって全く新しいことではなくなっていた。個人主義の西洋的概念、個人と社会の目標との間の対立を調和させようとする西洋の試み、これらは十九世紀末以来ずっと改革者たちの特別な注意を引いてきていた。というのは、かれらはこの問題を、中国と西洋の社会的伝統が根本的に分かれた点として認識していたからである。儒家の社会理論は権威主義的なヒエラルキーとその中における適切な地位を強調し、社会的調和の維持と、支配する者と支配される者の間の昔からの区別を重視した。だから、改革者たちの主要な目標はこれらの前提を破壊することだった。かれらはこれらを、より広範な大衆の政治的社会的生活への参加と、個人の責任についての高い自覚を基礎にした「国民《ナショナル》」意識の生長への障碍だと見なしたのである。

梁啓超は革命以前の文章の中で、この難問の特性をはっきりと見ていた。かれは、「これ（人民）を役するとき奴隷のごとくし、これを防ぐとき強盗のごとくするときは、彼（人民）もまた奴隷強盗を以て自居するのだ」と、中国の支配者の臣民に対する伝統的な態度についての最も鋭い告発状の一つで書いている。(4) 梁は早くから、強い民族国家［ナショナル・ステイト］を築く基礎として目醒めた市民が必要だと認識していた。そのうえ、この新しい秩序のなかで個人が引き受けなければならない役割も知っていた。一九〇三年にかれは、「国民（A nation's citizenry）というのは一私人《インディビデュアル》の結集した所のものであり、国権というのは一私人の権利が結集して成った所のものである」と書いた。「故に、国民（our people［as a whole］）の思想、感覚、行為を求めんと欲すれば、その分子である各私人の思想、感覚、行為を舎《お》いては、終には得て見ることはできないのである。(5)」

（4）梁啓超「論進歩」、蕭公権『中国政治思想史』、VI、七四六―七四七頁より引用。
（5）梁啓超「論権力思想」、蕭公権上書、VI、七四六頁より引用。

梁啓超にとっては、かれに付き随った大部分の人にとってと同じく、個人主義は民族主義《ナショナリズム》の大義に従属したままであった。個人と社会（あるいは民族）の目標との関係について書いて、梁啓超は次のように述べた。

人にして己を利する思想を持たない者は、必ずその権利を放棄し、その責任を弛め放りなげ、終に自立できなくなるに至る。……西洋の言葉では、天は自ら助くる者を助くという。故に、生きている人間にとっての大患というのは、自ら助けようとしないで、人が自分を助けてくれることを望み、自らを利することをせずに、人が自分を利してくれるのを欲することである。……凡そ人は、一身をもって独り世界に立つことはできない。そこで群［社会、集団］を持つことになる。其れは一つの群［社会、集団］の中にいて、仲間同類とともに生存を営むのである。［だから］勢い、一人だけで利益を享受し、仲間同類に害があるかどうかを顧みない、という訳にはいかなくなる。……故に、善く己を利することのできる者は必ずその群［社会、集団］を利するを先にする、而して後に己の利もまたここから進んでくるのである。(6)

（6） 梁啓超「十種徳性相反相生議、第四、利己与愛他」、蕭公権上書、VI、七五四―七五五頁より引用。

梁啓超、厳復、そしてかれらの同世代の他の人たちは、中国の欠点に注目するようにと呼びかけ、そしてかれらが自由になるかれらの相当な雄弁力でもって、基本的な社会の改革の計画を強く主張した。(7) けれども、このような改革を成し遂げるのは決して容易な仕事ではなかった。一九一一年の革命は帝国中国の目に見える政治的上部構造を一掃してそれを忘れさせたが、しかし帝国の建物がその上にのっている目に見えない社会的基礎には実質手を触れず、残したままだった。だから、『新青年』グループの作家たちがかれらの先輩たちがかつて取り組んだ問題に再び取りかかったのは、時代に遅れているという感覚を持たないでおれたからだった。

（7） 厳復のこの問題についての論述は、Benjamin Schwartz, *In Search of Wealth and Power*, pp. 69-80.［平野健一郎訳『中国の近代化と知識人――厳復と西洋』、東京大学出版会、一九七八］、および書中の各処を見られたい。

一九一八年に「イプセン主義」という文章を発表した後、胡適は、数年間にわたって少々ランダムなやり方で、かれがその後驚くべき持続性をもって信奉しつづけた個人主義の新精神を基礎とした社会的、思想的な改革のための構想を詳しく説明した。もし、かれが自由主義思想家として注目される価値があるとするならば、それは少なくとも、この後に考察されるかれのもっとはっきりした政治的見解のためであるのと同じくらい、個人の思想的、社会的責任についての、そして個人がその中で活動する社会環境の性質についてのかれの考えのためである。

一九一四年の初め、イサカで、胡適はユージン・ブリュー（フランスの劇作家）の劇『梅毒』の上演に参加した。この作品は性病の社会的結果をとりあつかった現代劇だったが、これがかれに深い印象を与えた。それでかれは、日記の中にこの劇のあらすじを記しただけでなく、それとともに、イプセンの『幽霊』(*Ghosts*) の中の同じテーマの取り扱い方と、ユージン・ブリューのほうに好意を示しつつ、簡潔な比較を行った[8]。この後の数カ月の間、かれの読書ノートは当時の「社会的な劇作品」で読んだもの、ことにハウプトマン、ストリンドベリ、イプセンの作品の読書についての言及に満ちている[9]。

（8）『日記』、一九三―一九五頁。
（9）同前、三〇六、三〇九、三一〇―三一一、三二一、三三二頁、その他各処。

一九一八年に胡適が刺激されて振り向いたのはイプセンの方だった。かれはイプセンの後期の多くの性格描写の実験的作品、例えば『ヘッダ・ガーブラー』(*Hedda Gabler*, 一八九〇年作) のような作品の劇的な優秀さに敬服したが、しかし、かれの「イプセン主義」の説明は完全にそれ以前の「問題劇」に基づいたものだった。というのは、かれが探し求めているはっきりとした社会的メッセージは、『人形の家』や『人民の敵』のような作品から引き出すのがより容易であることを見出したからだ。もちろん、文脈はたいへん違ったものになっている。イプセンがもともと描いたのはブルジョワジーの因習への攻撃のようなものだったが、胡適はそれを、儒教的な社会観念の全体、特に家族制度〔家父長制〕への非難に翻訳したのである。胡適が関心を持ったのは、ヨーロッパの中産階級社会に対するイプセンの批判の微細な点ではなく、イプセンの結論、「社会の最大の罪悪は個人の個性を挫き折ることよりも大きいものはない[10]」、ということの結論に胡適は心から同意したのである。さらに、かれはイプセンをして書くように衝き動かしたその精神に敬服した。胡適は何度も繰り返しかれの読者に、個性の力と知的な誠実さを培養するようにと催促した。これらのものはかれらを社会の悪習に反対して「率直に語る」イプセンの模範に随いて行かせることになるだろうと考えたからである。

（10）胡適「易卜生主義」、『胡適文存』巻四、九〇四頁。初めは『新青年』四巻六号（一九一八年六月）に発表された。

人生の大病根は眼をきちんと開けて世の中の真実の現状を見ようとしないことである。明らかに男は盗人、女は娼婦の［不道徳な］社会なのに、われわれは聖賢礼儀の邦《くに》だと偏って言っている。……明らかに薬では救いようのない大きい病気なのに、われわれはわざと少しの病気もないと言っている！　ところが、こういうことを知らないのだ。もし病気を治したいのなら、まず、病気を持っていることを承認しなければならない。もし政治を好くしたいのならば、まず必ず、今の政治は実は悪いのだということを認識しなければならない。社会を改良したいのならば、まず必ず、現在の社会は実は男は盗人、女は娼婦の［不道徳な］社会であることを知らなければならない！……というのは、われわれの誰も社会の悪に対して関係ないとする訳にはいかないからだ。……それ故、真面目な話をしなければならないのである。[11]

（11）『胡適文存』巻四、八八四―八八五頁。

だから知識人の第一の任務は、自分を無知と自己欺瞞の縛りから解放することである。だが、これは始まりに過ぎない。かれの社会に対する義務は、かれ自身の社会の悪幣についての新しい認識を、個性の生長を抑えつける社会の影響力を取り除こうとする具体的な行動に転換することである。つまり、かれは「自己の天然の才能……自己の個性を充分にまで発展させ」なければならない。[12]胡適は「イプセン主義」の中で、イプセンのデンマークの批評家・ゲオルグ・ブランデス Georg Branndes へ宛てた一通の手紙の中からある一節をはじめて引用した――かれは後年しばしばこれに戻ることになる――。「わたしがあなたに何よりも期待するのは、真に純粋な為我主義《エゴイズム》［自分の為主義］です。それはあなたに暫く、あなた自身に関することが唯一重要な事として、その他のあらゆるものは何でもない、と見なさせるでしょう。もしあなたが社会に益をもたらしたいと望むなら、最も良い方法は、あなた自身というその材料を鋳造して器に成すことです。……時折わたしは、全世界は海の上で衝突して沈没する船のようだと本当に感じることがあります。一番重要なのはやはり自分を救出することでしょう。(13)」

（12）『胡適文存』巻四、九〇二頁。

（13）同前、九〇二頁。ここの文章は胡適が漢語に翻訳した文である。胡適の訳が依拠した英文は次のようになっている。「わたしがあなたに何より望むものは真摯で純血種のエゴイズムです。それはあなたに暫くあなた自身に関することを唯一重要なこととして、他のあらゆるものを存在しないものと見なさせるでしょう。……あなた自身の内にある材料を鋳造すること以上に、あなたが社会を益することができる道は無いのです。……世界の全歴史がわたしには大きな難破船のように見え、唯一重要なことは自分自身を救うことだと思う時が実際あります。」J. N. Laurvik and M. Morison, trans., *Letters of Henrik Ibsen* (New York, 1905), p. 218. を見よ。

しかし、胡適は最初から、かれは個人の個性の発展はそれ自体で正当化される目的であるとは見なしていないことを明らかにしていた。伝統的社会秩序は個人に、かれの救いを犠牲にして、それ（伝統的秩序）に反対するように強いるかもしれないけれども、しかしかれのこの独立のための闘争の背後にある最終の目的は、かれだけのためになるようないかなる利益にあるのではなく、それが新しいより自由な社会秩序の創造へと向かう一歩としてのその重要性にあるのである。すでに引用した梁啓超の呼びかけを思わせる言葉で、胡適はこう書いている。

……社会は個人が構成したものである。……一人多く救い出すことは、それは一人の新社会を創造する人を一人多く準備したことになる。だから孟軻（孟子）は、「窮すれば則ち独り其の身を善くす」［用いられずに野に在るときには、民を教化する地位にないから、自分自身の行いだけを立派にする。（『孟子』尽心上）］と言ったが、これがすなわちイプセンが言う「自己を救い出す」という意味である。この「為我主義［自分の為主義・エゴイズム］」は実は最も価値のある利人主義［人を利する主義］なのである。(14)

自治的社会、共和的国家では、ただ個人が自由選択の権を持たなければならないだけでなく、また個人が自分が行い為したことに、みな責任を負わねばならない。もしこのようでなければ、決して自己独立の人格を作り出すことはできない。社会と国家が自由独立の人格を持たなかったら、酒の中に酒麹が欠け、パンの中に酵母が欠け、人間の体に脳と筋肉が欠けたことと同じである。そのような社会・国家は決して改良進歩の希望はない。(15)

（14）『胡適文存』巻四、九〇二―九〇三頁。
（15）同前、九〇六頁。

この呼びかけの言葉は疑いなくそれ以前の儒教的改革家［梁啓超］を困惑させただろう。かれ［梁］は［引用された］敬愛する孟子には十分親しみを感じるけれども、「自治的社会」「共和的国家」のような成句の意味の前に途方に暮れたであろう。にもかかわらず、伝統的中国社会の儒教的批判者はたぶん、真の個人主義について胡適の述べている属性について少なくとも部分的に共感する自分を見出したであろう。この不屈の儒教道徳家〔梁〕は、この二十世紀の伝統への反逆者〔胡〕と同じように、思想的責任という考えに対する支持において不屈だった。帝国の歴史の長い数世紀以来、わたしたちはずっと儒教的批判者の儒教価値の名をもってする申し立ての声を聞いている。それは、時代の基準に思慮無くうっかり同調することに反対し、独立した判断と不屈の高潔さを持った人間が社会にとって重要なのだと強調していた。われわれはこのような考え方の相似を見逃すことは出来ない。なぜなら、それは、胡適ははっきりと「伝統」に反対していたにもかかわらず、なぜかれがいくつかの観点において極めて伝統的な事例を論じているように見えるのか、ということを説明するのを助けてくれるからである。

しかし、もしわたしたちがこの一見相似に見えるその先を見てみるならば、わたしたちはこの正統的な儒教的改革者〔梁啓超〕と、現代のかれによく似た人物〔胡適〕とを分かつ根本的な差異を発見するだろう。さらに近づいて調べてみると、何が思想的、社会的責任を構成するのかということについてのかれらの考えがまるっきり同じでないということが分かるようになる。

孔子は「君子は器ならず」と言った。[16] 聖人はこの言葉で、おそらく部分的には、自らの才を活用して自身の利益を図るような無節操な、支配者の奉公人の地位に自らを置こうとする者への諫めの意味を言ったのである。しかし孔子自身はまた次のような信念も述べている。君子は一つや二つの狭い役目を遂行するにふさわしい単なる道具であってはならない、と。のちに儒家の見解の中にしっかりと根を下ろすようになったのはこちらの考えだった。儒家の観点からすると、社会組織――そしてもっと大きいスケールでは、全宇宙秩序――を理解することへのカギは、変化ではなく、調和だという考えである。新儒家の思想家たちはその論争相手の仏家の考え――世界は意識にランダムな断片からなる何物かとして現れてくるという考え――を正しいと認めたけれども、しかしかれらは、これは単に精神が発見すべき目標であるその下にある統一性を隠しているだけなのだ、と主張した。オーソドックスな古典教育の形式主義、とりわけそれが、科挙試験答案の読み手の試験官に好まれる優雅な文体を習得することを強調しすぎていることは、多くの新儒家の思想家には、教育の真の目的を実現するために嘆かわしい障碍になっていると思われた。教育の真の目的は文体の技巧技術を伝授することではなく、徳性を育成することである、と。新儒家の議論に従えば、徳性は「致知（知を致す、知識の拡張）」に来源する。だが、そうした知識は専門化された能力の追求において得られるものではない。むしろ、その「知」は、万物が「理」と一致しているという基本的調和についての理解であった。徳行、つまり知識は、公的生活の日々の出来事にかかわりあう中でそれ自身を表すものであるように、世界についての開明化された理解から生じてくる個人の強い規範意識として定義される。この世界理解は、その伝統の創設者たちによって伝えられてきた文字遺産を長い時間かけて学び試験を受けた後にようやく到達できるのである。そうした理解が、行政上の責任を引き受ける――行政責任は理論的には、社会という小宇宙の本質的調和性を維持することを意味している――準備を整えさせる。だが、そうした理解は、この社会秩序をばらばらにして、その断片を以って改めて下手な改造をする能力も資格も人に与えはしないのである。

（16）『論語』、II、xii〔為政第二〕、Legge, *The Chinese Classics*, I, p. 150. の「完成された学者は器具ではない（"The accomplished scholar is not a utensil."）と比較されたい。

しかし、胡適が人々に奨励しようとしたのは、まさにこの能力であり、かれが支持したのはこの資格であった。一九一五年に書かれた手紙の中でかれは回顧して、「幼い時、郷里で一族の者が祭祀をするのを観た。習〔儀式〕の間に賛礼舎〔司会者〕が『執事各司其事《ジーシグースチーシ》』〔儀式用の旗傘などを持つ者はそれぞれ自分の持前をきちんと行え〕と唱えたのをしばしば聞きましたが、この七文字が国を救う金丹〔秘訣〕です」と述べている。[17] かれは一度ならず自らに言っている。自分の才能には限りがある以上、自分が社会に貢献しうる最も価値ある奉公というのは、自分がうまくできることをやることで、自分がやり遂げられない仕事は他人に任せてやらせることだ、と。胡適の実験主義の社会哲学は、ある意味で社会を調和的に機能している有機的組織体と見なす考えを必ずしも拒否しなかったが、しかし個別具体的な社会問題を是正するためには、特定のものを対象にした方法を採用するのが賢明である、と確信させたのである。

（17）『日記』、五六七頁。

だが、胡適が儒教の社会理論に同意しなかったもう一つの面がある。ここで指摘しておかねばならない。儒教的伝統は、上で定義したように、徳行は、個人の自己完成にとどめられるべきではなく、それを模範の力を通じて、大きく社会に拡げられるべきだ、という信条に基づいていた。しかしながら、このような社会的関与の伝統と並んで存在したのは、同じようによく確立されて栄誉を与えられた不関与の伝統、正しい行動の儒教的原則を完成させるか、あるいはそれを守るという関心から、具体的な社会状況から離脱すべきであるという隠逸の伝統が存在したのである。支配者が腹心の臣下の誠実な忠告に耳を塞ぎ聞こうとしないときは、厳格な儒者は、孔子が弟子たちに与えた忠告、天下に道無きときは隠遁すべしという言葉を心に留めて忘れずに[18]、大臣職を辞しても良かった。さらには、社会が救いようがないほど悪くなった時でさえ、自己はなおまだ修養することができ、心はまだ清らかで上向きでいられる、個人の徳行も洗練されたものにできるのだ、と言った。このように、限られた、だが、重要でない訳ではないやり方で、儒教伝統はその最も大事にしている価値の最後の避難所として個人のために余地を残しておいたのである。にもかかわらず、胡適は、なお他に頼ることなく、かれ自身に如何なる重要な地位を与えることがない［社会にかかわる］哲学の僕でありつづけた。

（18）『論語』、Ⅶ、xとⅧ、xiii［泰伯第八］、Legge, *The Chinese Classics*, I, p. 197. と p. 212. 儒家思想の中のこの要素について

の啓発的な論は、Benjamin I. Schwartz, "Some Polarities in Confucian Thought," in David S. Nivision and Arthur F. Wright, eds., *Confucianism in Action* (Stanford, 1959), pp. 50-62. を見よ。

一九一九年代の後半と一九二〇年代の初めの、政治的にも社会的にも非常に混乱した環境の中においては、当時の狭量な専制政治の外に身を置き、自己の人格を改良することで社会に影響を与えようとする正君子のイメージはまだいくらか吸引力を持っていた。しかし胡適は、個人の解放は社会の目標を実現するために成し遂げられなければならないだけでなく、また社会的環境の中で成し遂げられねばならないと確信していた。それによって、かれは結果的に自分を、かれの何人かの友人[19]が支持したユートピア的あるいはアナーキズム的個人主義の新風潮にも、また「自己修養」という古代的伝統の復興にも反対する位置に置くことになった。個人とその人の社会は不可分に結びついている、と胡適は主張した。個人の人格の改造は、それを作り上げている社会の勢力の改造の結果としてでないかぎり、不可能である。「イプセン主義」の中で、胡適は孟子の言葉を是認しそれを引用した。「窮すれば則ち独り其の身を善くす」という章句であるが、その元来の文脈は、この言葉は、［朝廷や公職から］退けられた環境の中にあるとき、また世間的な無視に直面しているときでさえ、自分の心の安らぎを保持する君子の生き方を述べたものである。[20] 一年半後、「非個人主義的な新生活」と胡適が呼んだ長い論争の中で、かれは、この隠遁が宗教的な隠遁の形をとるか、ユートピア的な反社会的個人主義の形をとるか、あるいは儒家の道徳修養の形か、いずれの形をとるにせよ、もし孟子のこの忠告が、自分にとって好ましくない社会環境から遁れることを正当化するために用いられるとするならば、その忠告の含意を拒否する必要があることに気づいた。

(19) 例えば周作人「新村的精神［新しき村の精神］」、『新青年』七巻二号、一二九―一三四頁（一九二〇年一月）を見よ。この同じ問題については、Chow Tse-tsung, *The May Fourth Movement*, p. 190, Maurice Meisner, *Li Ta-chao and the Origins of*

Chinese Marxism (Cambridge, Mass., 1967), p. 56. と p. 275. 注九、Olga Lang, *Pa Chin and His Writings: Chinese Youth between the Two Revolutions* (Cambridge, Mass., 1967), p. 55. と p. 296. 注九一、を参照せよ。

（20）『孟子』「巻十三尽心章句上　九」、Legge, *The Chinese Classics*, II, p. 453. しかしまた、W. A. C. H. Dobson, trans., *Mencius* (Toronto, 1963), p. 101. も見よ。なぜなら、この章句の翻訳は孤独の思想を伝えていないからだ。

> この観念の根本的な錯誤は……個人を社会の外につれ出して改造できるものだと見なしていることにある。個人は社会的な種々の力の結果であるということを知らねばならない。社会の「良好な分子（人）」は決して生まれながら成ったものではなく、個人で修養して成ったものでもないのである——みなかれらを作り上げた種々の勢力の中で、良好な力が不良な力よりも多かったからなのである。……古代の社会哲学と政治哲学は個人を改造することを空疎に妄想していただけであったから、心を正し、意を誠に、独り其の身を善くするという方法を主張した。このやり方は実は成り立つ方法ではなかったのである。というのは、手を着けるところが無いからである。……近代の人生哲学は、……しだいにこのような迷夢を打ち破って、次第に悟るようになった。社会を改造する着手の方法は、社会を造り上げている種々の勢力を改良することにある——制度、習慣、思想、教育等々である。これらの勢力が改良されると、人も改良される。だから、「社会の改造は吾を更《か》え個人を改造することから始まる」というのは、まだ旧思想の影響から脱け切れていないものだと、わたしは思う。[21]

（21）胡適「非個人主義的新生活」、『胡適文存』巻四、一〇五二—一〇五三頁。

まだなお存在していた中国社会の内には、個人の人格の改造のための希望がほとんど存在しないという厳しい現実が残っていた。とくに、数世紀にわたってずっと儒教的権威主義の支柱として仕えてきた家族制度が、依然として個人の人格の主張を抑制しつづけていた。「イプセン主義」の発表に続いた期間に胡適が攻撃を集中したのは、この家族制度の防波堤の主要な二つ、女性の社会的地位と孝行の原則［孝道］に対してだった。

女性の社会的地位と孝道の問題——家族制度批判

「婦女問題」として良く知られたこの問題ほど、一九一〇年代後半の急進的知識人の注意を引いた社会的問題は無かった。さらに、女性の社会的地位は、胡適がかれ自身の家族の経験という理由から、とりわけ感じやすい問題だった。[22]だが、儒教の家族主義に対するかれの批判はきわめて容易くその起源をたどることができるのだが、かれが女性の適切な社会的な役割について「進歩的な」考えにたどり着いたのはかなり遅かった。一九一四年になっても、アメリカで目にしたもっと自由な考えに反対したように、かれはまだ女性の行動については中国的な基準を擁護する傾向にあった。「わたしが見るところでは、吾が国の婦女が社会の中で占めている地位は西洋の婦女の地位よりも高い。吾が国では婦女のしとやかさと名誉に十分配慮されている」と、そのときかれは書いている。[23]しかしその年の内に、かれは啓発されて心境を変化させた。それは明らかに、かれが婦人参政権運動に日増しに関心を強めたこと、そしてコーネル大学のかれの一人の教授の御嬢さんだったエディス・ウィリアムズとの知的な交友関係、この双方によるものだった。かれは、女性は「賢妻良母」になることだけのために準備すべきだという以前の主張を捨てた。そしてその代わりに、「女子教育の最上の目的は自由で独立できる女子を作ることである」という考えを受け入れた。「蓋し、女子には一種の感化力があり、善くこれを用いると、振衰起懦（弱者を振《ふる》わせ臆病者に勇気を起こ）させ、民俗［民の習俗］を変えることができる」「愛国者はこれを保存発揚する所以を知るべきであり、勢いに因ってこれを利用することを知るべきである」と、珍しく感傷的でない筆致で書いた。[24]

(22) 五四時期の文章におけるこのテーマの流行については、Roxane Witke, "Mao Tse-tung, Women and Suicide in the May Fourth Era," *China Quarterly*, no. 31: pp. 128-147 (1967 / 6-9) を見よ。かれ自身の結婚についての胡適の態度の記述は、付録Aを参照。

(23)『日記』、一五四頁。かれのもっと保守的な主張は、胡適の「結婚篇」『競業旬報』二四、二五号(一九〇八年七—八月)を参照。李敖『胡適評伝』一七四—一七六頁より引用。

(24)『日記』、八〇六—八〇七頁。

中国に戻った後、胡適は伝統的偏見がまだ生き残っている十二分の証拠を見つけ出した。これらの証拠は、かれが女性に対する古い考えを攻撃する際に、それでかれ自身を武装させることになった。かれの最も鋭い文章のいくつかは、一般に認められた行為規範への服従が悲劇的な犠牲を生んだ特殊な事例によって刺激されたものだった。例えば、かれは一人の若い女学生の伝記を書いた。彼女は二十代前半で結核で死んだのだが、自らの個人の人格と目標を見つけようとした試みによってひどく心に傷を負ったその人生の記録を家族と友人との手紙というかたちで残していたのだった。[25] 新聞紙上では事件はいつもさらに一層劇的に誇張されて書かれた。例えば、海寧出身の一人の少女は、彼女が婚約させられていた男性よりも長生きしてその貞節を誉められるのを断念することではなく、自らを餓死させることを人々に許されただけだった。上海地区出身の少女の同じようなケースでは、彼女は婚約者が死んだという知らせを受け取った数時間後に、毒を飲んで苦しみながら死んだのだった。伝統的な基準によると、これらは徳の有る行為であり、カースト身分制的行為の古典的事例だった。胡適を本当に怒らせたのは、それらがなお新聞報道機関によってそのようなものとして取り扱われ、地方政府もそれとつるんでいるという事実、そしてこれらの行為を見習うべき模範だとして公衆に見せびらかす法律、それはこうした烈婦貞女の行為に記念の節烈碑を建てて報いた帝国時代の行いを思いださせるもので、それが中華民国でも存在するという事実だった。[26] 胡適は、「近世の人道主義の目から見ると、烈婦烈女が夫に殉じるのを褒め揚げるこうした法律は、……今日では存在する余地はない」と書いた。[27] かれは、これら〔風化法律条文〕が存在するという事実は、思想的無責任さ、現実的で根本的な意味で信条を定義することに失敗していること、道徳の使い古した基準を無批判的に受け入れていること、これらの証明だと見なされねばならないと主張した。「いま試みに人に、『貞操とは何か』と、あるいは『なぜ貞操を褒め揚げるのか』と聞いてみたら、かれはきっと、『貞操は貞操だよ。わたしはそれが貞操だから、それを褒め揚げるのだよ』と答えるだろう。そうした……理論は今日の道徳思想がみずからの破産を宣告した証拠である。……『貞操』、この問題はけっして『天経地義（永遠不変の道理）』ではなく、徹底的に研究し、反復討論できるものなのである。[28]」

（25）胡適「李超伝」、『胡適文存』巻四、一〇七七—一〇九四頁。
（26）胡適「貞操問題」、『胡適文存』巻四、九三三—九四八頁。初めは『新青年』五巻一号（一九一八年七月）に発表された。
（27）同前、九四七頁。
（28）同前、九四五頁。

胡適が一つあるいはもう一つの特殊な習慣の改良より以上の何かを目指していたのは明らかである。貞操の問題を超え、女性の社会的地位という全体問題を超えた、男たちのかれらの社会の文化的遺産に対する考えというもっと大きな問題であった。さまざまな記事や評論において、かれの、個人は自分自身の考えに責任を負わねばならない、個人は独立して考えなければならない、なぜなら、ただこうした仕方でのみ、新しい社会秩序は実現されるからである、このような同じメッセージが変わることなく現れている。胡適は一九一八年の秋に北京女子高等師範学校で行った講演で、アメリカ社会における女性の地位を激賞しつつ、「良い社会は今のような互いにもたれ合い、『自立』することのできない男女が能く造ることができるものではないのです。ですから、わたしの云う『自立』精神というのは、ちょっと見ると完全に極端な個人主義のように見えますが、実際は善良なる社会には絶対に欠かせない条件なのです[29]」と語った。

自立というこの精神が決定的に重要なのだという胡適の信念は、もう一つの、そしてもっと普《あまね》く影響を与えている思想的遺産――孝道の概念に対するかれの攻撃を促した。儒教という大建造物のこの土台に対するかれの最も早い攻撃は、かれがまだ上海にいた時に書かれている(上記第一章の注(67)を参照)。その後、かれのアメリカでの経験はそれに対するかれの反対を強めただけだった[30]。一九一四年までに、かれは中国の深まりつつある危機へのほとんど全ての責任を孝道のせいにした。胡適は、何の疑いもなく父親の権威を受け入れることが家族関係の制度の基になった、この制度は、弱き者、責任を負えない者から、そしてその内に閉じ込められた個人の依存精神から残酷な強さを引出したのだ、と主張した。

吾が国の家庭は、父母は自分の息子・娘を見るとき、養老存款〔年金〕のように見る。……息子・娘は父母の遺産を(自分らの)固有のものと視る。三親六戚〔親戚縁者〕はみな互いに依存し合わない者はない。一人が成仏すれば、一族が〔西天に〕飛昇し、一子が名を成せば六親〔一族〕が聚《あつま》ってこれを食らうのは、蟻が骨に付くようなすがただ。しかしこれを恥とはせず、当然だとしている。何という奴隷根性であることか! まことに亡国の根である! 其れ、息子・娘が親を養うことは孝である。が、父母が息子・娘を責めて必ず養えとするのは、依頼の習いの成れるものである[31]。

(29) 胡適「美国的婦人」、『胡適文存』巻四、九三一頁。初めは『新青年』五巻三号(一九一八年九月)に発表された。

(30)『日記』、三九一、四一〇―四一一頁、および各処。

(31) 同前、二五〇―二五一頁、また三九〇―三九三頁も見よ。かれの長男の胡祖望が生まれた後、胡適は、「この子自身が我が家に生まれようと自由に主張したのではない。われわれ父母となったものがかれの同意を得ないで、曖昧模糊のままかれに一つの命を与えたのだ。……わたしたちは無意識だったのだから、どうして（わたしたちがかれに）功が有るといえよう。どうしてかれに恩を与えたと自ら思うことができよう。わたしのこの考えは、わたしのこの子が、わたしがかれにただ悔悟（抱歉＝申し訳なく思う）の念を持っていて、決して功有るところに居らず、決して恩を市（ひさ）いだりはしない、ということを理解してもらいたいということだ。わが子が将来わたしをどのように取り扱うかは、それはかれ自身の事だ」と書いた。胡適「我的児子」、『胡適文存』巻四、九六九―九七〇頁。

胡適が上海で学生として到達した結論は、個人は全体としての「社会」にのみ責任を感じるべきで、そしてそのように行動すべきだ、というものだった。この結論は、儒教の伝統の内でさえ知られていなかったものではなかった。数年後、胡適は『春秋左伝』のなかに、かれに大変有用だと証明された先例を発見した。「死して朽ちず」という語句に『左伝』の作者は注をつけて、それはその人が死んだ後でもなされる、その徳行、賞賛に値する功績、そして聡明な言葉への追想を言ったものに違いない、と示唆していたのである。[32] 胡は、そうした徳、行、言は「いわゆる後［子孫］なきものの後［子孫］なのだ。釈迦、孔子、老子、イエス、かれらはみな子孫に頼らず後［世］を伝えたのである。ワシントンには子がなかったが、しかしアメリカ人は国父と尊んでいる。……李白、杜甫、バイロン、テニソンの著作はみな後伝するに足るものだ」と結論した。[33] この一九一四年秋に書きとめられた見解は、胡適の「社会の不朽」理論の核心的前提となり、一九一八年の母親の死後すぐに、「不朽――わたしの宗教」という文章で定式化された。[34]

（32）『左伝』「襄公二十四年」。Legge, *The Chinese Classics*, V, p. 507, para 1. も参照。
（33）『日記』、四一〇―四一一頁。
（34）胡適「不朽――我的宗教」、『胡適文存』巻四、九七五―九八八頁。初めは『新青年』六巻二号（一九一九年二月）に発表された。

「不朽――我的宗教」、人生観

この文章は言及しないで素通りするわけにはいかない価値を持っている。というのは、これは自分の人生哲学をかなり詳しく述べようというかれの最初の試みになっていて、個人と社会の関係に関してかれの心の中で形を取りつつあった多くの考えを一つに集め、そして初めて系統的に言い表したものであるからである。タイトルに使われた不朽という語は、もちろん、すでに引用した『左伝』の章句から胡適が取って来たものである。かれはそれによって、そこに示唆された考えと同じことを意味させたにすぎなかった。かれの不朽論について胡は、「人の死後、霊魂が存在しうるか否かを問うものではなく、ただかれの人格、かれの事業、かれの著作が永遠に存在する価値があるか否かを問うのである。……不朽はすべて一個人の真実の価値にかかっているのであり、［家族の］姓名事実の流伝《ながつづき》によるのではないし、また霊魂の存在によるものでもないのである。」と述べた。(35)

(35) 胡適「不朽――我的宗教」、『胡適文存』巻四、九七八―九七九頁。

だから、個人はもはや「(霊魂の) 救済」の希望などを心に抱くべきではない。かれが期待できる最上のこと――そしてかれが恐れなければならない最悪のこと――は、人々に思い出されることなのである。これが、社会が個人の功績についてのその判定とともに授けるであろう不朽なのである。歴史の途切れず連続する領域においては、各人は、以前に過ぎ去ったあらゆるものに影響を受けた産品［存在］であり、かれ自身の行動は、それを意志で行ったたか、そうでないかにかかわらず、その後に続くすべての人の生命に影響をきっと及ぼす。こうして「個人が歴史を作り、歴史が個人を作る」のだ、と胡適は述べる。(36) 社会と個人――胡適が呼んだように言えば、「大我」と「小我」――は、分けることのできないものなのである。「大我の不朽」は、有限の個人の存在にその短い寿命を越えた意味を与え、かれ自身の行為に高度の責任感を持つことを個人に要求する。だから、かれの「真の価値」が判定されるのは、この責任感によってである。「わたしのこの『小我』は、永遠不朽な『大我』の窮まり無い過去に対して重大な責任を負わねばならない。そして同じように、永遠不朽な『大我』の無窮の未来に対しても重大な責任を負わねばならないのである。わたしはいつも考えなければならない、わたしがどのように努力してこの現在の『小我』を利用したならば、わたしはかの『大我』の無窮の過去へ一人で責任を負わなくて良いようになるだろうか、かの『大我』の無窮の未来に悪い害を残さないで済むだろうか、と。」[37]

(36)『胡適文存』巻四、九八一頁。
(37) 同前、九八七―九八八頁。

こうしたものは信条、本質的に懐疑論的な知性の産物なのであるが、胡適は、キリスト教の教義、仏教の迷信、儒教の孝道に代るべき「宗教」としてこれを提出したのである。

一九二三年になってやっと、胡適はもう一度このような重大な問題についての自身の考えを述べる機会を得た。この機会というは、一九二三年の長い期間を通して多くの中国の指導的な知識人たちを夢中にさせた有名な「科学と人生観」論争の過程においてであった。この論争がかかわった諸問題は、次章で論じられるであろうから、ここでは、胡適の考え、この一九二三年の年末に論争に参加したときにかれが持っていた考えの大筋だけを論じることにしよう。

胡適は自分の哲学を「自然主義的な人生観と宇宙観」だと呼んだ。だから、かれは少しも曖昧でなく、科学的知識が、人間が自分自身と自分の世界について持っている唯一の確かな知識である、科学的な探究の方法はそのような知識を獲得する唯一の信頼できる方法である、と主張した人々と同じ陣営を作った。自分の立場を支えるために、それぞれの事例における科学的知識の適用が相応しい部門に言及して、かれは次のような主張を行った。

一、二、〔天文学と物理学、地質学と古生物学で〕、人々に、空間の無限の大きさと時間の無窮の長さを分からせよう。

三、〔全ての科学にもとづいて〕、人々に、宇宙とその中の万物の運行と変化は全て自然なもので――おのずと自らそうなるものである――から、超自然的な支配者〔主宰者〕とか、あるいは造物主など不必要であることを分からせよう。

四、〔生物化学の知識で、生物界の〕生存競争の浪費と残酷さを人々に知らせ、「殺生を好まない徳性を持っている」支配者〔主宰者〕という仮説が成立しえないことを、人々にさらにはっきりと分からせよう。

五、〔生物学、生理学、心理学の知識で〕人々に、人間は動物の一種に過ぎず、他種の動物とはただ程度の上での違いがあるだけで、種類の区別などはない、ということを分からせよう。

六、〔生物科学、人類学、人種学、社会学の知識で〕人々に、生物と人類社会の進化の歴史と進化の原因を分からせよう。

七、〔生物科学、心理科学で〕人々に、すべての心理的現象にはみな原因があるのだということを分からせよう。

八、〔生物学、社会学の知識で〕人々に、道徳礼教は変化するものであり、その変化の原因は全て科学的方法を用いて探し求めることができる、ということを分からせよう。

十、〔生物学、社会学の知識で〕人々に、個人――「小我」は死滅しなければならないものだが、人類――「大我」は不死、不朽なものである、ということを分からせよう。人々に、「全種萬世のために生活することこそが」宗教であり、それこそ最高の宗教であって、個人のために死後の「天国」、「浄土」をなんとかしようという宗教は私利私欲［自私自利］の宗教である、ということを分からせよう。[38]

（38）『科学与人生観』「胡適序」、二五—二七頁。"Credo," pp. 260-261.

これらの前提にもとづいて、胡適は宇宙とその中における人間の位置についてのイメージを描き出した。それはこの方向への胡適の最もたゆまぬ努力として、この部分の論述はかなり長く引用するに値する。

この自然主義の宇宙の中、その無限の大空間の中、その無限に長い時間の中では、この平均身長が五尺六寸、長生きして百年にすぎない両手を持った動物——人——は、まことに小さきにも微小な生物に過ぎない。その自然主義的な宇宙の中では、天の運行は規則的なもので物の変化には自然法則があり、因果の大法がそれ——人——の一切の生活を支配しており、生存競争の惨劇がそのすべての行為を鞭打っている——この二本の手を持った動物はまことに限界のあるものなのである。しかし、この自然主義的宇宙の中のこの微小な二本手の動物はまたその相当の位置と相当の価値を持っている。……人の智慧が長足に進歩したのはその能力が増加したことである。そして、智慧の長足の進歩はまたその胸襟を広げ、想像力を高めたのである。……人は次第に分かって来た。空間の大きさはただ人の宇宙に対する美感を増加させるだけであり、時間の長さはただ遠い祖先の創業の困難さを格別に明瞭に理解させるだけである、天の運行には恒常性があるという知識はただ人の自然界を制御する能力を増加させただけなのだ、ということを。ひいては、因果律の一切［は一切を包むのだが］、それも決して人の自由を束縛するものとは思われない。

なぜなら因果律の作用は一方で、人をして原因から結果を探し、結果から原因を推測して、過去を解釈し、未来を予測することを可能ならしめるからである。また一方で、その知恵を運用して、新しい因を創造して（それによって）新しい果（結果）を求めさせることができるようにするからである。ひいては、生存競争の観念においても、それが人を冷酷無情な畜生にしてしまうとは思えないし、またその同類に対する同情心を格別に増加させることができるかも知れない。格別に互いに助け合うことが重要だと信じさせるかも知れず、格別に人間の努力で天然競争の残酷さと浪費を減免させることを重視するようにさせるかも知れない。——つまり、この自然主義的人生観の中には、美が無いわけではなく、詩心も無いわけではなく、道徳の責任が無いわけでもなく、「創造の智慧」を十分に運用する機会が無いわけでもないのである。(39)

（39）『科学与人生観』「胡適序」、二七—二九頁。"Credo," pp. 262-263.

この引用文から、かれが以前に書いたように、胡がなぜ「歴史が個人を作る」と信じていたかが容易に見てとれる。しかし、かれはどのようにしてこの文と「個人が歴史を作る」という論断とを結びつけることができたのだろうか。後者の「個人が歴史を作る」という主張は胡適の「創造的な智慧」に対する確信、すなわち、批判的思考が因果律のとりこになっているあり様から人が自由になるためのカギであるという確信、それにもとづいてのみ理解され得る。自分の置かれた状況を理解し、そしてそのような状況と折り合いをつけて受け入れるようになった人だけが、宇宙の無情なメカニズムから救われる希望を持てるかも知れない、とかれは主張した。

この理由から、胡適は一貫して、それ自体が「因」となる知性に大きな重要性を割り当てた。これが一九二三年の「科学と人生観」についての論争に起因するかれと陳独秀とのやり取りの中で強調された問題だった。

その時までに陳独秀はすでにマルクス・レーニン主義にしっかりとコミットしていた。そしてかれは、唯物史観の考えから議論をおこない、胡適の主張に対して「唯物主義者」として語るよう挑戦してきた。[40]こんどは胡適が、陳独秀の狭い歴史唯物論のマルクス主義的定義を撥ねつけた。かれは、非経済的なものと、とくに思想的な要素が必ず考慮に入れられなければならない、それらを「客観的な物質的原因」として考えねばならない、と主張した。

(40)『科学与人生観』「陳序」、一〇―一一頁。

（陳）独秀はこの篇の序の中で、「心は物の一種の表現である。」（序頁十）と言っているが、それなら、「客観的な物質的原因」はすべての「心的」な原因――すなわち、知識、思想、言論、教育等のことを包含しなければならなくなるようだ。このように解釈すると、（陳）独秀の歴史観は「ただ客観的な原因（経済組織、知識、思想等々を包括する）だけが、社会を変え動かすことができ、歴史を解釈することができ、人生観を支配できること」になる。これは禿げ頭の歴史観であり、どんな有彩色の帽子もいらないことになる。……（だが）われわれ史学を治める者は、歴史事実の原因がしばしば多方面のものであることを知っている。だから、われわれは「経済史観」を重要な史学の工具として非常に歓迎するけれども、同時に、われわれは思想知識などのこともまた、みな「客観的な原因」で［社会を変え動かし、歴史を解釈し、人生観を支配することができるもので］あることを承認せざるを得ないのである。[41]

(41)『科学与人生観』「胡適序」、三一―三二頁。

結論で、胡適は、もし陳独秀が実際にそのような非経済的要素の重要性について確信を持っていないならば、「経済が変われば社会が変わるという」論理はかれに、プロパガンダとアジテーションという手段でもって反資本主義的革命を煽り立てるという無駄なたゆみない努力を放棄させることを要求することになろう、と示唆した。[42]

(42)『科学与人間観』「胡適序」、三三頁。

これに対して陳独秀は、「社会的物質的条件が定めた可能性という範囲の中で、唯物史観論者はもとより人の主観的努力および天才の活動をけっして否定しているわけではない」が、にもかかわらず、経済的要素がやはり最も重要なものである、と答えた。確かに的を射ている一つの例を用いながら、かれは、文学革命が起きたのは日増しに変化しつつある経済的条件——生産力の発展とその結果としての人口の都市への集中——に応じてのことであって、これを「胡適や陳独秀のような人間の活動」に帰することはできない、と断言した。[43]

(43) 同前、(陳独秀答胡適)、四〇頁。胡適と陳独秀の「唯物主義 materialism」についての最も透徹した研究は、D. W. Y. Kwok, *Scientism in Chinese Thought, 1900-1950* (New Haven and London, 1965). である。とくに第三章と四章を参照。

議論はここでさしあたり終わった。そして、十二年後(民国二十四年、一九三六年)に、胡適が、文学革命の歴史についての文章を集めた本(『中国新文学大系』第一集)の「導言」の中で最後の言葉を書く巡り合わせになった。胡適は陳独秀の以前の論述を回顧し、陳が挙げた例証を、陳独秀がその中から引きだした結論を除いて、受け入れたうえで、胡はかれの古い友人陳独秀を『最後の原因』を用いて、すべての歴史的事実を解釈しようと妄想している」ということで非難したのである。かれは歴史的変化を説明するために、「多元的」で「特殊的」な要因を探求することに重要性を与えた。そして、それと歩調を合わせて、胡適は文学革命への途を用意した多くの原因に注意を促した。それは、中国の白話文学の悠久の歴史であり、マンダリン方言[北京官話]が国の広大な地域を含むほどに次第に広まったことであり、中国の鎖国の終わりと、十九―二十世紀の外国との接触によってもたらされた刺激であり、科挙制度の廃止や満洲王朝の崩壊などのような政治的要因であった。さらに、かれは、「もし胡適之や陳独秀のような人が白話文学運動に参加しなかったとすれば、そうしたなら、今回の文学運動は少なくとも、二十年あるいは三十年遅れただろう[44]」、と結論づけたのである。

(44)『小史』一九—二一頁。

「なぜ?」——新思潮の根本意義、「批判的態度」

そして胡適の考えでは、果てしなく広がる宇宙と比べたとき、個人はとるに足らない存在のように見えるけれども、しかし個人はなお一つの創造の力としてその社会の生活の中に参加することができる——この創造的というのは、胡適が「新因を創造する」と言った時に用いた意味での創造性のことである、つまり、つぎに来るものの形に影響を与える新しい形式・新しい思想ということである。この能力を持っている限り、個人はこの能力を責任をもって用いなければならない。なぜなら、「わたしたちがわたしたちの役割を果たした後、わたしたちは未来の人性《ヒューマニティ》によって審判を受けることになる[45]」からである。創造的に、そして責任を持つようにして歴史に参加するカギは、個人がかれ自身の思想の意味について自覚すること、かれ自身の行為の意味について自覚することに在る。「新しい生活とは意味のある生活のことである。[46]」一九一九年に胡適はこう書いた。——それは、自身の中で意識的に心を自己批判する習慣を育むことによって意味あるものにされた生活のことである。

(45) "Credo," pp. 259-260.
(46) 胡適「新生活」、『胡適文存』巻四、一〇一七頁。

およそ自分で「なぜこのようにしたか」を言い出せない事は、みな意味のない生活である。……生活の「なぜ」はつまり生活の意味のことである。

人と畜生の区別は、この「なぜ」にある。……畜生の生活はただぼんやりしているに過ぎず、ただいい加減に過ごし、ただ自分がなぜこのようにしたのか分かっていない。人がなす事は、一つ一つの事に一つの「なぜ」を出さなければならない……それに答えられてこそ、はじめて人の生活だと言える。[47]

およそ、なぜそうしようとしたのかと問わない事は、無意識の習慣行為にほかならない。それは下等な動物の行為であり、恥ずべき行為である！[48]

(47)『胡適文存』巻四、一〇一八—一〇一九頁。

(48) 胡適「我対于喪礼的改革」、『胡適文存』巻四、一〇一六頁。初めは『新青年』六巻六号（一九一九年一一月）に発表された。

胡適の考えでは、この問いつづける態度の究極的目的は建設的なものだったが、その直接的な作用は明らかに破壊的なものになった。それがまず何よりも始めに反対しようとその矛先を向けたのは、まだなお人々の心と精神に非常に重くのしかかっていた伝統の重荷であった。かれがいつも自分の考えを伝えていた中学や大学の学生たちではなく、農民の読者にあてた文章の中で、かれはよく知られている経験の中から取り出した例を挙げて、「新しい生活」のこの側面を描き出した。「あなたは今日から、何かをするたびに、『なぜか』を問いなさい。なぜ辮髪を切らないのか？　なぜ年頃の娘の纏足を解かないのか？　なぜ大嫂子［長男の嫁］はあれほど厚い紅おしろいを顔に塗るのか？　出棺するときに、なぜそんなに多くの化子《フワツ》［乞食］と呼ばれる者を使うのか？　子供に嫁を娶るときにも、なぜそんなに多くの化子《フワツ》［乞食］と呼ばれる者を用いるのか？[49]　なぜ人を罵るときにその人の父や母を罵るのか？　なぜこうなのか、なぜああなのか？——あなたは試しに一、二日やってみたら、きっとこの三文字の味わいが実に果てしないもので、この三文字の効用も尽きることのないものだと感じるでしょう。[50]」、と。

(49) 中国のいくつかの地区では、結婚式や葬礼の時に轎(かご)担ぎのような者として乞食を雇って参加させる習俗があった。

(50) 「新生活」、『胡適文存』巻四、一〇一九頁。また「大衆語在哪儿」、『胡適文存』巻四、五三一—五三四頁を参照。この文章の中で胡適は、「新生活」文は農民の聴衆を対象に書いたものだと述べている。

もっと教養のあるレベルの講演では、胡適はこの単純な「なぜか」という言葉を、「批判的態度」を採用するようにという要求に翻訳し直した。「すべての価値を見直すこと[51]」へと導くことになるであろう態度のことである（この言葉はニーチェから借用してきたものである。ニーチェは、胡適は以前にニーチェの思想の中心的メッセージをよく考えて拒絶していたのだが[52]、かれの伝統的道徳への「怖れを知らない批判」とかれの哲学に固有の「破壊的な功績」については賞賛した[53]）。一九一九年に、胡適はかれが「批判的態度」ということばで意味させたものを以下のように説明した。

(51) 「新思潮的意義」、『胡適文存』巻四、一〇二三頁。

(52) 「五十年来之世界哲学」、『胡適文存』二集巻二、二三〇頁。

(53) 『日記』、四三四—四三五頁。

新思潮の根本的な意義は、ただ一つの新しい態度であることにすぎない。すなわち……「批判的態度」と呼ぶことができる。

批判的態度とは、簡単に言えば、すべての事を一つ一つ良いものと悪いものとに、改めて分けようということである。細かく言うと、批判的態度はいくつかの特別な要求を含んでいる。

（1）習俗によって伝えられてきた制度・風習に対して、「この制度は今でもなお存在する価値があるのか」と問わなければならない。

（2）古代から残し伝えられている聖賢の教訓に対して、「この話は今日においても間違いのないものなのか」と問わなければならない。

（3）社会の中で曖昧模糊のまま公認されてきた行為と信仰に対して、「皆が認めたことは、間違うことはないのか？　人々がこうやっているから、自分もそうしなければならないのだろうか？　まさかそれよりももっと好い、もっと理にかなった、もっと有益な方法が無いとでもいうのだろうか？」と問わねばならない。[54]

（54）「新思潮的意義」、『胡適文存』巻四、一〇二三頁。

胡適がこのように中国人に、自分たちを過去に縛り付けている鎖を打ち壊せと熱心に説いたとき、かれは、単に過去に対して明確に反対することに向いていただけでなく、現在と未来における必要性にも向けられた考えを述べようとしていたのだった。だから、例えば、一九一九年の始めに陳独秀が（かれはまだ、前マルクス主義の段階にいた）、「新思想」――当時、陳によって擬人化されて「徳先生」（デモクラシー）と「賽先生」（サイエンス）と呼ばれた――の目標を支持するために、人々は必ず孔教のようなもの、長くはびこっている伝統的な儀式と儀礼、そして古典文学の全部に対して反対しなければならない、と主張したとき、[55]胡適は、陳独秀の近代主義弁護のこの論に反対した。胡は、陳独秀の理由づけは「簡明」ではあるけれども、「すこし一般化しすぎる［大雑把すぎる］」と主張した。さらに、この論はあまりにも伝統的価値を破壊することに向かい過ぎていて、科学とデモクラシーの新しい価値を構築することに対しては考えが十分でないと言った。胡適が書いたように言えば、陳独秀は、「なぜ、古い思想や古い道徳に反対しなければならないか」という問題には、「両先生が反対しているからだと」答えている。しかし、真に必要な答えは、「なぜ、デモクラシー（徳）とサイエンス（賽）の両先生が反対するものは、みな反対しなければならないか」という問いに答えることなのだ、と。[56]

（55）陳独秀「本誌『新青年』罪案之答弁書」、『新青年』六巻一号（一九一九年一月）、『独秀文存』一巻、三六一―三六三頁。Chow Tse-tsung, *The May Fourth Movement*, p. 59. 参照。

（56）「新思潮的意義」、『胡適文存』巻四、一〇二二頁。

批判的態度の価値は、胡適が考えたように、このように、伝統的偏見に対する武器としてのこの分かりきった使い方に限定されなかった。適切に用いれば、それはどんな考えに対しても、その由来を問うことに関心を持たずに無批判に受け入れることを防止するであろう。人々が信奉して従おうとするのが、伝統的な儒教の規準であるか、あるいはいくつかの新しい外国の教義の規準であるかに関わりなく、「遵守」と「盲従」はどちらも知性の罪である。一九一九年に胡適は次のように書いている。批判的態度とは、「あることが正しいかそうでないか、あることがよいか悪いか、あることが適切か不適切か、を見分けるだけであり――どのような古い文化と現代文化の調和が、どのような中国文化と外国文化の調和がよいかを知ることではない。[57]」

（57）同前、一〇二二頁。

この言論は、胡適の思想の変革、そして政治的、社会的改革へのアプローチの核心を突いている。かれは当然の順序として、この批判的態度に従ってこれらの変革が起きてくるはずであると確信していた。そしてここではじめて、一九一九年の末までに、かれと、マルクス主義のより明るい約束に傾きつつあった陳独秀や北京グループのその他のメンバーとの間の、秘かに高まっていた緊張がはっきりと立ち現れた。しかしながら、この新文化運動のリーダーシップにおける亀裂を考察する前に、わたしたちは、アメリカのプラグマティズムとデューイから継承した胡適の思想の性質と範囲についてもう少し述べておかねばならない。

アメリカ・プラグマティズム（デューイ、ウィリアム・ジェームズ）と胡適

胡適の社会や思想の改革についての哲学は、すでに前の頁で述べられているように、その本質的なものの多くにおいて、真に独特なものだとも独創的なものだとも呼ぶことはできない。かれの哲学はまさしく特定の時代と状況の産物であるし、さらにその哲学中に入っていった多くの信条も、あの時代の北京の知識人《インテリゲンチャ》の他の人たちによって共通に保持されていたものであった。胡適の「社会の不朽」という概念、そしてそれから導き出される個人の責任の理論も、知識人が社会に関心を持つことが正しいという信念を反映したもので、それは表現の形こそ違え、かれの先輩の儒家たちの間で特有だったのと同じように、同時代の人々の特色をよく示したものだった。進化の過程《プロセス》というかれの信念は、急激で全面的な変化の時においてさえ、かれに社会的経験は連続的なものであると強調させた。そしてそれが、革命的な環境の中でかれを場違いの存在だと見させたのだが、この信念は実はかれを取り巻く文人サークルの気分ときわめて一致したもので、少なくとも、比較的早い時期にはそうだったのである。例えば、急進的な陳独秀のような人物でさえ、一九一八年には、「社会は個人の総寿命である。社会が解散してしまえば、個人が死んだ後には、連続した記憶や知覚は残らない。だから、社会の組織と秩序は尊重されなければならないものなのである」と語っていたのである。(58)

（58）陳独秀「人生真義」、『新青年』四巻二号（一九一八年二月）、『独秀文存』一巻、一八一—一八五頁。『独秀文存』

中の日付は一九一六年二月一五日である。また、de Bary, *Sources*, pp. 829-831. を参照。

胡適がかれの初期の仲間の何人かと異なったところ――この違いは時間の推移にともなってもっと明らかになっていった――は、かれが解放された個人主義を擁護したところにあるのではなく、個人の解放の指標であるべき思想の独立の性質についてのかれの考えにあった。かれは、個人が知性的にも人格的にも十分に強い個人であれば、かれ自身も含めて、全ての価値と行為と価値の規準を絶えず批判的な再点検に服従させることができるはずだ、さらには、自分が理性的には同意を与えたくないいかなる求められた要求にも、それを拒絶することができるはずだ、と心に描いたのだった。胡適は、中国では、世界の他の地域と同じように、この種の「批判的態度」を受け容れることによってのみ、はじめてもっと前途有望な未来に進み入る準備ができるのだと確信していた。胡適は一九二二年に、「わたしたちは、わたしたちのこの時代の要求を観察してみると、人類の今日の最大の責務と、それが最も必要としているのは科学的方法を人生の問題に応用することである、ということを認めないわけにはいかない」と書いている。[59]

(59)「五十年来之世界哲学」、『胡適文存』二集巻二、二八七頁。

ジョン・デューイが胡適に与えた影響がここで明瞭にはっきりとわかる。そして胡適自身にとってもそうだった。前述したように、かれは、自分はデューイのところから思想の方法論を学んだだけだと認めることが習慣になっていた。「デューイがわたしにどのように思考するかを教えてくれたのです」と語ったし、[60]あるいは、「まさにデューイ教授のところから、一個人の生活の中で最も神聖な責務は深く思考するように努めることだ、ということを学んだのです」と語っている。[61]胡適が中国の聴衆に向かってこの問題について長々と語ったとき、かれはその他の関心については実質的に除外して、繰り返しいつもプラグマティズムの方法論の側面を強調した。「デューイは終始、プラグマティズムを一つの方法論としてだけ考えていたのです。[62]」一九二一年の夏、デューイが中国の多くの都市を廻って、たくさんの演壇からかれの哲学を説くという二年間の講演ツアーを終えて、中国を離れたとき、胡適は次のような言葉でかつての先生のメッセージを概括した。「デューイ先生はわたしたちに、いくつかの特別な問題に関した特別な主張――例えば、共産主義、無政府主義、自由恋愛といった類の主張――をしたことはありませんでした。かれはわたしたちに、一つの哲学的方法を与え、わたしたちにこの方法を用いて、わたしたち自身の問題を解決させようとしたのです」と。[63]

(60) 胡適「介紹我自己的思想」、『胡適文存』四集巻四、六〇八頁。
(61) "Credo," p. 255.
(62) 「五十年来之世界哲学」、『胡適文存』二集巻二、二八九―二九〇頁。
(63) 胡適「杜威先生与中国」、『胡適文存』巻二、五三四頁。

胡適にとっては、実験主義(experimentalism)は疑う方法論にすぎず、懐疑論的な知性にとって必要な(たぶん欠くことのできない)補完であった。かれはデューイから次のような論理過程の目標を借りてきた――問題との出会い、問題の認識、その問題に対する仮説的解決の主張、これらの仮説のありうる結果についての点検、そして最後に、実践において得られた結果への細心の評価、というものである――。かれが最も詳細に実験主義について述べた文章の中で語っているように、この論理過程の目標は、人々が「かれらの思考力を用いて、経験から得られた意味と概念を一つ一つ実際に験証し、すべての制度習慣に対して疑いを持つ態度をもち、耳を眼として使わず、他人の思想を曖昧模糊のままに自分の思想だとしない」ようにさせることであった。[64]かれは、思想的、社会的な問題の研究に対する「歴史的アプローチ」も、同じ懐疑論的な目標への手段と見なした。「どうして『歴史的態度』と言えるのだろうか? これはものごとのがどのように発生し、どのようになって来て、どのように現在の姿へ至ったのかということを研究するからである。……例えば、『真理』を研究するときは、この意味はなぜ人々に賛美され、真理だと尊重されるのか、と問うべきである。また、哲学上の問題を研究するときにも、ある道徳的観念（例えば、『愛国心』）はなぜ尊び崇めるべきなのか、ある風習（例えば、妾を納《い》れること）はなぜ公認の習慣になったのだろうか、と問うべきである。このような歴史的態度が実験主義の重要な要素なのである。[65]」

（64）胡適「実験主義」、『胡適文存』巻二、四七八頁。初めは『新青年』六巻四号（一九一九年四月）。胡適の「プラグマティズム」"pragmatism"と「実験主義」"experimentalism"の術語についての議論は『胡適文存』巻二、四〇九―四一〇頁を見よ。
（65）同前、四一六―四一七頁。

ウィリアム・ジェームズの言葉でいうと、胡適は一貫して「タフ・マインデッド［実際的で感傷に流されない］」な人、すなわち、経験的で、物質主義的で、多元的、そして懐疑論的な傾向をあわせ持った人であった。かれはジェームズが好きではなかった。かれはジェームズを「プラグマティズムの宣伝家」だとして退け、かれの気質は「根本的にプラグマティズムと相いれない」ものだと言った。[66]かれがジェームズのところから喜んで借りてきた少ない見識の一つは、ジェームズの真理の相対性についての概念であった。胡適は、真理は「人が造ったもの」で、「人間の工具」である。それはある特定の状況下の知的な要求によって明確にされる［「真理化」される］ものであって、いかなる観念 idea の中にも本来的に完全に内在している価値［観念に内属する不動の特性］ではない。」「万一、明日、他の事実が発生して以前の観念が適用できなくなったら、それはもはや真理ではなく、わたしたちは別の真理を探してそれに代えなければならない。」そして、中国の現実にすでにこうした変化が起こったことを誰が否定できるだろうか、と公言した。[67]

（66）「五十年来之世界哲学」、『胡適文存』二集巻二、二五〇頁。
（67）「実験主義」、『胡適文存』巻二、四三五頁。

例えば、「三綱五倫」(68)の話についてだが、昔の人はそれを真理だと考えていた。なぜなら、この話が昔の宗法社会においては確かに役立ったからだ。しかし現在時勢は変わり、国体も変わり、「三綱」の中から君臣の一綱〔君は臣の綱たり〕が無くなり、「五倫」の中からも君臣の一倫〔君臣に信あり〕が無くなった。また「父は子の綱たり」、「夫は妻の綱たり」の二綱も成り立たなくなった。古の「天経地義（永遠不変の真理）」は現在では廃語になった。多くの守旧的な人は、これはひどく惜しむべきことだと思っている。実際は何が惜しいことがあろうか。服が破れたならば、新しい服に替えるべきだろう。これはごく普通の道理なのだ。(69)

(68)「三綱」は君臣、夫妻、父子を結びつけるもの、「五倫」は君臣（つまり天子と大臣）、父子、夫妻、兄弟、朋友の間の関係を言う。「三綱五倫」と一まとめにして、儒教社会を保持するための基本的な関係を意味する。
(69)「実験主義」、『胡適文存』巻二、四三五―四三六頁。

胡適の手の中で、実験主義はこうして伝統に向けられた武器になった。胡適が実験主義がそのような意味で有用であると気づいたのは、容易に理解しうる。というのは、ジョン・デューイもまた不毛な伝統主義や教条主義、そしてすでにその意義と目的を失ってしまっている制度・習慣に対する敵対者であったからだ。かれは「過程《プロセス》としての世界」の哲学者だったのである。かれの思想について、イルウィン・エドマン Irwin Edman は共感的な評価を示しつつ次のように書いている。デューイは「わたしたちに……政府、法律、社会制度、『優れ』かつ『有用な』芸術、それらはみな、常に変化のプロセスの中にある複雑で活動的な過程《プロセス》であることを繰り返し思い出させてくれる。……意味のある生活へのカギは、成長である。すなわち、常に経験に注意を怠らず、それを再形成し、作り直すことである。生活の敵（そして生活に対立するもの）は硬直した頑なさと変化に対する盲目的な反抗である。知性の役割は、社会、政府、情感、思想の古いあり方に対して注意を怠らず批判的であることである。この注意深さはまた人間の制度、政府、法律、習慣に適用される。それらは生活をもっと意味あるものに、もっと生き生きとしたものに、もっと融和させられ、またもっと多様であるものにする。[70]」デューイ自身がもっと説得的に自分の学説の目標を概括したものがある。「最終目標として完全ではないが、完全化、成熟化、洗練化への永遠のプロセスが生きることの目的である。……成長それ自身が唯一の道徳的『目標』なのである」、と。[71]

（70） Irwin Edman, *John Dewey: His Contribution to the American Tradition* (New York, 1955), p. 31.
（71） John Dewey, *Reconstruction in Philosophy*, p. 177.

胡適がかれの中国の聴衆に真剣に伝えようとしたのは、まぎれもなくこの信念であった。かれが個人主義の新精神を吹き込もうと努力したのは、道徳的生活のこの未来図《ビジョン》を追求するためであった。かれがどれほどデューイの自分への影響の範囲を限定したとしても、かれが実際にデューイのところから借りてきたものは単なる思想方法論の公式以上のものであったのは、明らかなようである。

そもそも、胡適がデューイに疑いなく引き付けられた理由の一つは、デューイが先験的な道徳に対立するものとしての社会倫理の重要性に示したその人道主義的な容認と、既成宗教に対するかれの心からの反感であった。[72] 胡適がデューイの中に、かれ自身の社会不朽の理論を支えるものを見つけることができたのは、デューイもまた、個人は永遠に続くコミュニティ［共同社会］の内で生きているという意識において、かれ自身の有限的な存在性を超える意義を見出す、と信じていたからである。デューイは、「宇宙をわれわれの個人的な願望に合わせようという宗教の悪用によって助長された自惚れが存在する」「だがまた、宗教は宇宙の重みを引き受けて、わたしたちをそれから解き放っているのだという自惚れも存在している。ばらばらの個人の揺れ動いて定まらない、取るに足らない行為の内側に、ある種の全体についての意識が存在しており、それがこれらの行為を要求し、そして高貴にしているのである。その全体についての意識の前で、わたしたちは死を免れ得ないという意識を退けて、普遍的なものの中で生きるようになる」[73]と書いている。デューイが個人の「全体についての意識」と呼んだものが、胡適にとっての「大我」であった。しかし、両者には気質において著しい違いがある。胡適の全体についての意識についての表現では、永続的な共同社会の存在は、デューイに見られたのと同じく、最後の精神的慰めの源でもあったが、それよりもさらに、個人の生活とその仕事の「真の価値」について最終審判を務めている特権的な法廷であった。

（72）『口述歴史』九八頁を参照。

（73）John Dewey, *Human Nature and Conduct* (New York, 1922). E. L. Schaub, "Dewey's Interpretation of Religion," Schilpp, *The Philosophy of John Dewey*, 所収、同書三九八頁より引用。

胡適のそれは、「宇宙の重さ」を自らに引き受けた人間の自尊心であった。胡適はジェームズの、物質主義は本来的に「まったくの破壊と悲劇」を持っているという恐ろしい洞察力《ビジョン》にはまったく動かされなかった。[74]逆に、かれは誇らしく自分を「純粋に物質的で機械論的な人生観」の支持者として押し出したのである。[75]かれはデューイの、「人間本位《ヒューマニスティック》の宗教は、もしそれがわたしたちと自然とのつながりを排除するならば、それがヒューマニティ（人間性）を崇拝の対象として取り上げたときに図々しいものになるのと同じように、それは蒼白く痩せこけたものになる」[76]という警告にも同じように無関心であった。むしろ逆に、胡適は、「種と後代の子孫自体が目的で生きるのは、最高の種類の宗教である」と主張したのだった。

（74）William James, *Pragmatism*, p. 76.

(75)『科学と人生観』「胡適序」、一三頁。

(76) John Dewey, *A Common Faith* (New Haven, 1934). George R. Geiger, *John Dewey in Perspective* (New York, 1958), p. 216. より引用。

ここでの問題が宗教ではないことは明らかである。というのは、胡適はいつも、そしてデューイは時々、不適切で迷信に支配された慣習と観念の体系を示すために「宗教」というこの語を使ったのである。問題はむしろ、人間の自分自身と世界に対する態度の問題といった方が良い。胡適は、かれの「自然主義的宇宙」概念は、道徳的責任感を欠いたものではないと正しく主張できたし、またこの概念はある種の厳粛な美しさを持っていると、少しの正当性をもって主張できた。それに欠けていたのはかれに欠けていたものであった。すなわち、ジェームズに畏敬の念を呼び起こさせ、デューイに人間性《ヒューマニティ》についてのかれの理解を与えたところの人間の精神の傷つきやすさに対する認識である。

デューイの哲学の根本的な目的は、経験について創造的に理解することを通して、社会的なものであれ、思想的なものであれ、その秩序の分裂破壊から調和をもたらし得る道筋を発見することであった。かれは経験を一種の「相互作用」ないし「取引」、「自然 nature の核心に絶えず入りつづけていく手段」と見なしていた。[77] 胡適は、デューイのところから大量の語彙を借用して来たけれども、かれはデューイと違って、自然環境との調和を追求するというよりは、生活を自然環境との戦いという観点から考えた。かれは、「経験は生活であり、生活は人間とその環境との交互行為である。すなわち、思考の働きがすべての能力を導くのである」と書いている――ここまでの論点はデューイの思想の気質ときわめて同じ歩調で進んでいるが――、しかし胡適は、「環境を利用するために、それを征服し、それを約束(取締り)し、それを支配する」のだと結論したのである。[78] デューイは、理性は経験から派生したものとして存在しているにすぎないのであって、「意思によって呼び起こされて、動き出す既にある先行者として」存在しているのではない、と主張していたが、[79] 胡適は、かれの実験主義についての説明の中でこのデューイの主張にはっきりと賛成の態度で言及している。だが、胡適本人の思想は、かれが認めたいと思う程度よりもより多く、ある種の旧式な理性主義に負っていることを示している。そして、文明は敵対的な自然環境の勢力に打ち勝つのだというかれのビジョンの中に隠れて横たわっているのは、まさしくそうした理性の起動という考えである。(80)

（77） John Dewey, *Experience and Nature*, rev. ed. (New York, 1929), x.
（78）「実験主義」、『胡適文存』巻二、四四九頁（強調は著者が加えたもの）。
（79） John Dewey, *Human Nature and Conduct*, p. 196.
（80） この理性主義に対する信念の非常にはっきりした表明が胡適「答陳序経先生」に見られる。この文は『独立評論』一六〇号、一五―一六頁（一九三五年七月二一日）に載っている。以下の本書の第八章注(115)を見よ。

この両者の違いについての一つの解釈は、少なくとも部分的には、胡適がデューイの思想に出会ったときには、かれ自身の思想はすでにしっかりと固まっていて、容易に覆されないものになっていたという事実にあるだろう。かれはその思想的気質の形成において、范縝、司馬光の素朴な懐疑主義に多くを負っており、そしてまた厳復の翻訳を通して、力や活力、進取の精神を強調していたスペンサーとハクスリーに導かれていたことに負っていた。この二つの影響は、のちにかれがデューイの実験主義の中に発見した、対立をもっと微妙に取扱うことから受けたものよりも大きかったのである。(81)

（81） 厳復のスペンサーとハクスリーの解釈については、Benjamin Schwartz, *In Search of Wealth and Power*［邦訳書前掲］、第三、四章を参照。

しかし、これを言っただけではかれらの違いの説明としては不十分である。ジョン・デューイは理性と経験を同等に見ることができた。というのは、その中にかれ自身がいた環境は、かれに理性と経験の二者の間に必然的な敵対が存在するという結論を下すよう強いなかったからだ。習慣によって引き起こされた行為が目下の必要に合わないと証明された場合に限って、かれは習慣を悪と見なした。「過去の習慣によって固定化された信仰と賛美の様式によって支配された社会においてのみ、習慣は進歩的であるよりも保守的になる。……習慣を悪くするものは、古い生活の奴隷になることである。」だから、「理性は……衝動と習慣に反抗を引き起こす力ではない。[82]」なぜなら習慣それ自体は実験主義者の思考の敵ではなく、その盟友だからである。

（82）John Dewey, *Human Nature and Conduct*, pp. 66, 196.

だから問題はまさに、胡適が懸命に文化革命の理論的根拠として利用しようと努めた哲学は、哲学の学術的領域の内側を除けば、革命的な信条では決してなかったのである。実験主義を活気づけるのは、破壊する強制というよりも、保持しようという望みといったほうが良いものである。知的関心においてと同じように、社会的にも、実験主義の目的は人々をその過去から切り離し自由にすることではなく、過去と現在との間に新しいより調和のとれた関係を発見することである。かれの真理学説についての論述で、ウィリアム・ジェームズはこう述べている。「新しい真理とはつねに心の変遷過程の媒介者、調停者である。それは最小の動揺と最大の連続性とを与えるために、古い意見を新しい事実に娶《めあわ》せる。……わたしが今とくに諸君の注意をお願いする点は、旧い真理の演じる役割である。……旧い真理の影響は絶対的に人を支配している。旧い真理に忠実であることが第一原理なのである。[83]」ジョン・デューイもきわめて似た口ぶりで知性の役割について述べている。「広い意味で言えば、この新しいものとの結合を通じて旧いものを改造することが、まさに知性が知性であることなのである。……出現して来るあらゆる問題は、個人的なものでも集団的なものでも、単純なものでも複雑なものでも、みなただ過去の経験において蓄積された知識の宝庫から材料を選び出し、そして既に形づくられている習慣とプレイさせることによって、はじめて解決できるのである。……個人か、あるいは社会が遭遇するあらゆる問題においての知性の職責というのは、旧い習慣、風俗、制度、信仰と、新しい情況との間において働きあう関係をもたらすことである。[84]」

（83） William James, *Pragmatism*, p. 51.

（84） John Dewey, *Intelligence in the Modern World: John Dewey's Philosophy*, ed., Joseph Ratner (New York, 1939), p. 452. この部分は、*Liberalism and Social Action* (1935). から引用した。

実験主義のアプローチのこのような本質的な保守性について、胡適は決して意識していなかったのではなかった。前に論じたように、かれは白話文学運動のための歴史的背景を構築するために、どんな遠くのところまでも行こうとした。次章で、かれが同じような動機によって、「科学的」と見なし得る世界についての考えの足跡を中国の過去において発掘するために為したその努力について考察することになろう［国故整理・中国哲学史］。胡適は、中国は文化的にあるいは政治的に成し遂げた点において、西洋と遜色はないのだと主張しようという欲求に少しも心を動かされなかった。そしてかれは、中国の不十分さを悟ることにしばしばともなった心理的な緊張から珍しく免れつづけたように思われる。[85] しかしかれは、改革《イノベーション》——思想的、文化的、あるいは政治的な改革——は、中国で成功しうるけれども、それはその起源を過去の経験に持つ永遠に続く進化の過程の中における自覚的に考えられた段階としてのみ可能であるという信念を終生持ち続けた。

（85） 胡適は、J・R・レベンソンが述べたように、中国近代思想史の主流の少し外側に立っている。一連の刺激的な研究においてレベンソン教授は、次のようなテーゼを発展させた。一八四〇年から一九四九年までの時期の思想的改革への第一位の障碍は、改革家になるつもりの人々がかれらの文化的環境から疎外される心理的脅迫に耐え得る能力を持たなかったことだ。すなわち、別な表現をすれば、既存の価値構造の中において根本的な変化が必要であるという自覚と、依然として「チャイニーズ［Chinese, 中国的］」である必要性とを調和すること［ができないこと］だった。この理論は、J・R・レベンソン（Levenson）の“'History' and 'Value': The Tensions of Intellectual Choice in Modern China［歴史と価値——近代中国における思想的選択の緊張］,” Arthur F. Wright, ed., *Studies in Chinese Thought* (Chicago, 1953), p. 146-194. 所収、で発表された。この理論は、J. R. Levenson, *Liang Ch'i-chao and the Mind of Modern China* (Cambridge,

Mass., 1953). に基礎となる原動力を与えている。そしてそれは、J. R. Levenson, *Confucian China and Its Modern Fate* (Berkeley and Los Angeles, 三巻, 1958, 1964, 1965). において、弁証的なやり方で発展させられた。

しかし、変革は意識的にのみ推進されうるのだという考えは、いくつかの考え minds が存在し、それらの考えはある程度きまった原則、目的、方法を受け入れることにおいて結びつけられているから、その結果として、様々な特殊な違いを和解させ、共通の理解を達成することができる、ということを含意している。別の言葉で言えば、胡適が求めているような信念は、(社会には)一致《コンセンサス》が存在するという信念である。つまり、デューイが論じたように、「その原因と結果という観点で現在の社会の状態について批判的に考えることを意識的に目指すことは、建設的な考え《アイディア》を立案するための前提条件である。この運動が効果的であるためには、組織化されなければならない。しかしこの必要性はなにか正式な組織を作ることを求めているのではない。それが求めるのは、必要だという意識とその時機だという意識が大多数の人々を十分にとりこにしなければならない、ということである。もしそうした意識が持たれたならば、それらの考えの引き合いの結果、共通のものに収斂することになるだろう[(86)]」ということである。

(86) John Dewey, *Intelligence in the Modern World*, p. 461. *Individualism Old and New* (1930). より引用。

デューイにとっては、これが合理的な期待であったのかもしれない。かれは、急速な成長と変化の過程にある社会に現れた様々な問題と格闘していた時でさえ、アメリカでは行動の基礎をなす筋道と動機についての合意が存在していると、かなり確信することができた。胡適もまた、かつて形づくられた諸個人の考えも、「ある共通のものに収斂する」だろう、と信じた。しかしかれはすぐに――たとえかれがこの発見の意義を理解することに鈍かったとしても――、中国では、当面のご都合主義か、それとも最終目的かが優位で、共通の意見、共通の目的意識がないということに気づいた。

胡適の実験主義の方法に対する信頼は、その普遍性へのかれの信仰に支えられていた。かれは、その方法の効果的な応用には、先験的な前提も必要ないし、適用されるための社会的あるいは文化的な前提条件も必要ない、と主張した。しかしデューイは疑いなく特定の前提からこの問題を考えていたのである。その前提は西洋人の、とりわけアメリカ人の社会的経験から導き出されたもので、それらはほとんど全ての重要な側面において、中国人のものとは異なったものだった。決定的に重要なことは、中国社会は二十世紀においてさえ、アメリカ社会が「過去の習慣によってしっかり固定された信仰と賛美の様式に支配されていた」よりも、それよりもはるかに大きな程度でそれに支配された社会だったという事実である。

だから、胡適はデューイと違って、かれ自身の過去と戦わなければならなかった。かれがデューイと共有し得た最大のものは、将来への確かな希望と期待であった。だが、かれらの過去と未来との繋がりについての考えは、気質上まったく異なったものでしかありえなかった。中国人は「旧い意見を新しい事実に娶せる」という試みに、まったく関心を示さなかった。むしろ、かれらが目論んだのは、旧い意見を信用できないものとするために新しい事実を用いることであった。そして「経験」に対するどんな呼びかけも、必然的に大部分が拒絶された過去への呼びかけになった。胡適の「一切の価値を改めて評価し直そう」という呼びかけでさえ、過去と「作用しあう関係を達成する」ために計画されたのはなく、新たな開始を正当化するものとして仕えるために計画されたのだった。

デューイはかれの中国人の弟子よりももっと敏感にこのディレンマを感じ取っていた。一九二一年、中国を離れる数カ月前に、かれはつぎのように語った――人々はわたしの思想から中国にいる西洋人の中に大変広がっている当惑の意識を読み取ろうとするかもしれない――、「訪問者は時間をかけて中国を学んだが、もしかれが中国について何かを学んだとするならば、かれは自分の故国で当然のこととして使用している観念でもって自分が見たことを考えるべきでないということである。……もしかしたら、かれが中国に対して興味を持つ他の人々のためにすることができる最も啓発的なことというのは、かれらに、中国はただ中国自身、そして古いヨーロッパ史の観点からのみ理解され得るだろうという自分の発見を語り共有することではないのか、と尋ねられるかもしれない」[87]、と。しかしこれは胡適本人にはまだ受け入れられなかった考えだった。理性は普遍的に適用できるのだという信念、そして同じように重要な、理性のある人間に共通の理想についての信念が、かれのすべての希望を支えていたのであった。中国の状況の独特さを認めることは、中国に対し解放の期待の否定することだったのであろう。

（87）John Dewey, "Is China a Nation?" *The New Republic* (1921/1/12), *Characters and Events*, I, p. 240. 所収。

実験主義の本質的な要素を中国の状況の中で役に立つ術語に翻訳する試みには固有の難しさがあったという議論があるからと言って、わたしたちは一九一〇年代の後半と一九二〇年代のはじめの中国で実験主義の方法《アプローチ》が大変人気を持ったことに、それで眼をつぶらされてはならない[88]。胡適が一九一九年四月に『新青年』に発表した「実験主義」という文章がデューイ本人のためのタイミングの良い紹介の役目を果たした。このアメリカ人教授が上海に着いたとき、かれはすっかり準備を整えて聴衆がかれを待っているのに気づいた。デューイが上海に着いた日［五月一日］は北京で五月四日に爆発する学生デモの前夜だった。この五月四日という日付は近代中国の思想史、政治史のうえで特別な意味を与えられることになった。デューイの出現は、中国で広範囲な訪問活動をする初めての著名な西洋人学者として、疑いなく、かれの思想の知名度とかれのもっとも有名な中国人の弟子（胡）の地位を高めた。

（88）「プラグマティズム」の中国、とくに一九二〇年代における流行の評価については次のものに見える。郭湛波『近五十年中国思想史』（北平、一九三五、増補版が一九六五年に香港で再版された）、一一九—一四一頁、二五一—二五五頁：O. Brière, *Fifty Years of Chinese Philosophy, 1898-1950* (trans. L. G. Thompson; London, 1956), pp. 24-26; Chan Wing-tsit, "Trends in Contemporary Philosophy," in H. F. MacNair, ed., *China* (Berkeley and Los Angeles, 1951), pp. 314-316; Chan Wing-tsit, "Hu Shih and Chinese Philosophy," *Phylosophy East and West*, 6.1: pp. 3-12 (1956 / 4); Homer H. Dubs, "Recent Chinese Philosophy," *Journal of Philosophy*, 35: pp. 345-355 (1938); Chow Tse-tsung, *The May Fourth Movement*, p. 176.

逆に言えば、デューイがもし胡適との関係を持っていなかったならば、このアメリカ人は見知らぬ人々の環境の中でこのような名声を授けられることはなかったろう。というのは、この時までに、胡適の新文化運動における指導的人物としての声望はすでに確固たるものとなっていたからである。まだ三十歳に達していなかったのだが、胡適はすでに上の世代の学者たち——少なくとも蔡元培や梁啓超といった学者たち——に受け入れられていた。かれらは、自身またきわめて「近代的《モダン》」な人物で、いくつかの学術的解釈の点で胡適と論争したかも知れないが、胡適の批判的な方法《アプローチ》を称賛し、かれを中国の知的遺産の洞察力のある解説者と見なした。かれの最初の著作である『中国哲学史大綱』が一九一九年の初めに出版された時、それには蔡元培による実物以上によく見せた序文が付いていた。蔡はその中で、西洋思想の研究者としての胡適の達成が、漢学の安徽学派の継承者としてのかれの業績と釣り合っていると述べていた（少なくとも、後者の賛辞は的から大きく外れていた。というのは蔡の文章は胡適を績渓の「三胡」と誤って関係づけていることに支えられているからである。第一章の注(2)を参照のこと）。

若い世代の知識人の間では、胡適の声望は、かれの学術的な業績に支えられていたというよりも、かれのイメージ、文学革命の発起人、新文化運動のスポークスマン、「帰国学生」の代表、としてのイメージに支えられていた。疑念とない混ぜになっていなかった訳ではないが、かれには外国風のエキゾチックな魅力の雰囲気がまだまとわりついていた。かなり後になって、このような青年知識人がかれが初めて胡適を見た時の情景を回顧して書いている。それは一九一九年の初夏にデューイが上海で講演をしたときに胡適がデューイの通訳として務めた場面の一つである。

〔胡適は〕その時まさに『新青年』に文学革命を鼓吹する文章を著して、旧い伝統習慣を批判したときだった。だから上海の青年知識人たちはかれの大きな有名な名前を聞くと、すぐに感情が高ぶり収まらなくなった。しかしわたしたちは誰もかれを見たことが無く、かれの写真すらまだ見たことが無かった。講演を聞きに行く途中、わたしたちは一生懸命に胡適はきっとこんな様子に違いないと想像した。わたしたちはみなかれはきっと典型的な帰国学者に違いない、折目のついた西洋式の背広を着て、十フィートもある背丈だろう、と考えていた。しかしかれがデューイを伴って演壇に上がった時、かれは中国の長袍を着て、謙虚で恭しい態度を示し、大多数の帰国学者とはまるっきり違った、完全に伝統的な中国人学者のようだった。[89]

(89) 程天放「我所親炙的胡適之先生」、『紀念胡適之先生全集』(台北、一九六二)、一七頁。程天放はのちに多少有名な外交官になった。Boorman, *Biographical Dictionary*, I, pp. 289-291. 参照。

一九一九年までに胡適の人気はその絶頂に近づいていて、少なくとも知識人のサークルの中ではかれの影響は広く感じられていた。しかしかれの世界についての見方《ビジョン》、そして社会的、思想的改革のためのかれの計画《プログラム》は挑戦を受けない訳にはいかなかった。人心を激しく動かした時代だった。いろいろな新しい思想が洪水のように中国に流れ込んだ。よく知られた思想も新たな解釈を受け入れつつあった。呉稚暉(呉敬恒、一八六五―一九五三)や蔡元培のようなヨーロッパで教育を受けた上の世代の知識人の支援によって、無政府主義もそれなりの信奉者を得ていた。二十世紀初めの頃から、社会主義とマルクス主義も散漫なかたちで議論されていたが、しかし一九一七年のボルシェヴィキの成功の結果として、より真剣な関心を引きつけるようになった。そして一九一八年に北京大学にマルクス主義研究グループが出現した。それは部分的には李大釗の後援で成立したものだった。原因としてであろうと、結果としてであろうと、一九一九年五月、六月の学生のデモは、政治的考えの風潮と政治的活動の気運において重大な変化を示した。この時はじめて、中国人の知的生活の新しい活力はすぐに形を持った力強いものへと転換したのだった。今からふり返って見れば、革命をすぐに追い越すことになった変化の真の要因を認識するのはより容易いことかも知れないが、一九一九年には、中国はすでに角を曲がってしまったという一般的な感覚が紛れもなく存在していた。[90]

(90) この時期の思想的な発酵興奮の背景については、Tsi C. Wang, *The Youth Movement in China* (New York, 1927); Kiang Wen-han, *The Chinese Student Movement* (New York, 1948); Chow Tse-tsung, *The May Fourth Movement*, とくに、第二、三章、九—一二章、Benjamin I. Schwartz, *Chinese Communism and the Rise of Mao* (Cambridge, Mass., 1951), 第一章と二章〔石川忠雄・小田英郎訳『中国共産党史——中国共産党と毛沢東の抬頭』慶應通信、一九六四〕、Maurice Meisner, *Li Ta-chao and the Origins of Chinese Marxism* (Cambridge, Mass., 1967)〔邦訳『中国マルクス主義の源流』平凡社〕、とくに第二章から五章まで〕、Jean Chesneaux, *Le mouvement ouvrier chinois de 1919 à 1927* (Paris, 1962), 第一章、Olga Lang, *Pa Chin and His Writings*, 第二章—四章、を参照されたい。

「問題と主義」

胡適はアメリカから帰った後ずっと、自らの信念で、明らかな政治問題の議論に巻き込まれることを頑なに拒んできた。それはかれが何度も繰り返し語ったように、社会制度の再建と思想の解放が中国の目前の政治問題の解決よりも先んじなければならないと信じていたからだった。しかし一九一九年の夏、かれは状況に迫られて、暫くの間『毎週評論』誌の編集を担当することになった。[*]この雑誌は一九一八年の後半に陳独秀と李大釗によって、かれらの政治的見解を発表する手段として創刊されたもので、衒わずに直言する小さな雑誌だった。胡適はこの機をとらえて最近の出来事の方向性がかれの心の中に引き起こしていた不安を語って、胸のつかえを下ろすことにした。[91]「問題と主義」という一般的な題名の下で発表された一連の文章の中で、胡適はかれが無責任なやり方だと見たものを選んで正面攻撃を行った。かれは大変多くの自分の仲間の知識人が、中国の具体的な問題を説明するために包括的な普遍化を採用するという無責任なやり方をしていると見なした。かれはかれらを諌めて、「あなたがたは、この問題をいかに解決するか、あの問題をいかに解決するかをよく研究していただきたい。この主義がいかに新しく珍しいか、あの主義はいかに奥深く素晴らしいかと声高らかに語らないようにしていただきたい」と言ったのである。[92]かれは、理論――「主義」というのは、ある特定の時間と場所で具体的な問題を解決することに焦点を当てた具体的な案として考案された考えを普遍化した言表にすぎない。そうした提案は、骨の折れる研究を通して新しい状況と条件にそれらが適用できるかどうかをまず決めることをしないと、そのもともとの文脈から引き離せないのだ、と主張した。胡適はさらにつづけて、主義は容易に危険な流行になる恐れがある。なぜなら、抽象的な術語で語ることは、人が問題の性質について正しい理解を得るつもりならば避けることができない詳細な研究に従事することよりも、容易だからである、と言った。

(91) 胡適の「反政治」姿勢の背後の理論的根拠については詳しく以下の第三部で論じられる。
(92) 胡適「多研究些問題、少談些主義」、『胡適文存』巻二、四八四頁。
＊ 五・四の学生デモの後、陳独秀と李大釗は『毎週評論』で輿論を喚起し学生を支持したが、六月三日の大街頭講演

運動に段祺瑞政府の軍警察は四百名にのぼる学生を逮捕し、北京大学に拘置した。四日には更に多くの学生が捕えられた。北京大文科学長の陳独秀は九日に政府批判・学生の釈放を求めるビラ『北京市民宣言』を書き（英訳は胡適）、十日に中央公園で撒き、十一日に高一涵（『新青年』同人、北京大教授）等と共に遊技場「新世界」に行ってビラを撒いた（自分も行っていたと胡適は言う）。高らと別れた後、警察が陳独秀を逮捕した。陳独秀逮捕のニュースは全国を驚かせた。独秀は、胡適ら独秀と同じ「安徽人」の救出活動で、三カ月後に釈放されるが、李大釗も危険を避けて北京を離れたので、胡適が『毎週評論』の編集人を引き受けた。本書二五七―二五九頁を参照されたい。

わたしたちは人力車夫の生計を研究しないで、社会主義を高談している。女性をどうやって解放するか、家庭制度をどう救い正すかを研究しないで、公妻主義と自由恋愛を高談している。安福（倶楽）部をいかに解散させるかについて研究しないで、南北問題をいかに解決するかについて研究しないで、無政府主義を高談している。わたしたちはまた得意満面に自慢して言う、「われわれが語っているのは根本的な解決である」と。実を言えば、これは自分も他人をも騙す夢のような話で、これは中国思想界が破産している確証であり、これは中国社会の改良への死刑宣告なのである！……

主義の大きな危険は、人心を満足させて、あらゆる病気も直すことができる『根本解決法』が見つかったと思い込ませることである。それからは、苦しい思いをして懸命にあれこれの具体的な問題を解決する方法を研究する必要はなくなってしまう。(93)

（93）胡適「多研究些問題、少談些主義」、『胡適文存』巻二、四八五―四八七頁。

この集中砲火は、かれが以前に、それらが伝統的だから（「貞潔は貞潔だ」）という理由だけで伝統的なやり方を擁護した人々に向けた、かれらの思想的無責任に対する譴責を思い起こさせる。しかし以前は、かれは伝統主義者の主張の弱さを暴露するために、そうした論法の不十分さを批判したのだが、今度のかれの目的は、古い観念ではなく、新しい観念をよく考えずに受容することに対して警告することだった。かれは、「外国から輸入された『主義』を空談すること」の有効性について特に懐疑的だった。[94] 胡適自身の着想の中に含まれている多くの外国産の資源、そしてかれが外国思想の紹介に重要性を与えていたということを考えると、このような非難はいくぶん変則的なものに思える。文化的に停滞している社会においては、思想界のエリートは時には外来思想を借用してかれら自身の理想を表現しなくてはならなくなるのだという指摘に対して、胡適は歴史発生的方法についての講義で答えた。かれはそこで、思想が生まれて来た歴史的文脈について、その著者のパーソナリティと環境について、かれの思想の形成に寄与した諸影響について、そして最後に、その思想によって実際に達成された結果について、まずもって理解しなければならない。それ無しのいかなる外来理論の流用も危険であると警告を鳴らしたのである。[95]

(94)『胡適文存』巻二、四八二頁。
(95)「四論問題与主義」、『胡適文存』巻二、五二五—五三一頁。この場合、胡適は藍志先からの批判に答えている。藍は梁啓超の進歩党のメンバーだった。藍の手紙は『胡適文存』巻二、四九八頁に収録されている。

胡適がここで話を持ちかけているのは、遠回しであろうとも、マルクス主義に対する攻撃である。かれの共産主義に対する態度は、とくにソ連でそれが試行されていたので、長いあいだ両面価値的《アンビヴァレンツ》のままでありつづけたが、それが中国の状況に適用されるのだと聞くにつれ、かれのマルクス主義原理への思想的な不同意は、一九一九年までには既に明確になっていた。そしてその後は、ずっと変わらなかった。かれはマルクス主義の中に、かれが中国人の精神の中から追放することを自らに課したあらゆる思想的な罪悪があるのに気づいた。教条主義、独断的真理に対する固執、無責任な専門用語の使用、そしてある歴史的社会的な文脈の中から引き出された普遍化を無批判的に受け入れ、それをもう一つの状況に適用すること、であった。さらに、胡適の考えでは、マルクス主義は中国問題の全ての範囲にわたって、すぐに、一切を包み込んで解決するという魅惑的な架空の約束を述べているが、それは、事実によって正当化されないと胡適が考えた中国社会についての分析と、かれが賛意を示すことができない革命プロセスの解釈とを基礎としていたからだった。(96)

(96) マルクス主義者との胡適の哲学的政治的な違いについては、以下の第六章でより長く論じられる。

胡適が人々に、具体的な問題を研究することが最初の最も基本的な段階であると勧めたのは、十分に考え抜かれていない普遍化は信用できないものであるとする目的だけではなかった。かれはこちらの方法〔問題研究〕の方にいくつかの利点を見たのである。胡適は、具体的問題についての議論は大げさな理論論争よりも広い関心を引くだろうし、そうしてより容易に有益な反対意見との出会いに、そして結果的に、考えを明確化させるところにまで導くだろう、と主張した。それはまた人々に、かれらが理論を具体的な場に適用する際に、理論の影響を予想できるようにさせるだろう。最も重要なのは、それは批判的で独立的である個人の判断能力を育成するだろうということで、それは他の何にもまして胡適が奨励しようと切望したことだった。(97) つまり、特殊具体的な問題の研究は、社会的、思想的な再建の全過程のカギ——すなわち、胡適がもっと壮大な言葉で呼んだように言えば、「文明の再造」のカギなのである。

(97) 「新思潮的意義」、『胡適文存』巻四、一〇二九—一〇三〇頁。

文明はひとまとめに造り上げられるものではなく、少しずつ造り上げられるものである。進化は一晩のうちにざっとひとまとめに進化するのではなく、少しずつ進化するものである。現今《いま》の人は「解放と改造」をよく語りたがるが、解放はざっとひとまとめの解放ではなく、改造もざっとひとまとめの改造ではないということを知るべきである。解放はこの制度あの制度の解放であり、この思想あの思想の解放であり、この人あの人の解放で、少しずつの解放なのである。改造はこの制度あの制度の改造であり、この思想あの思想の改造であり、この人あの人の改造で、少しずつの改造なのである。文明を再造するのに手を下す技能は、この問題あの問題の研究である。文明再造の進行は、この問題あの問題の解決なのである。[98]

(98)「新思潮的意義」、『胡適文存』巻四、一〇三四頁。

真理の相対性についてのウィリアム・ジェームズの論〔前述〕のほかに、胡適がジェームズのところから借用してき唯一の洞察は、歴史はしだいに良い方に向かって行くだろうという可能性についてのかれの信念であった。ジェームズにとっては、「メリオリズム」〔Meliorism＝人間の努力によって社会は改良できるという説〕はかれの「信じる権利」を正当化する役目を果たした。かれは、「メリオリズムは救済を必要なものとしても、また不可能なものとしても取り扱わない。それは救済を一つの可能性と見る。この可能性の蓋然性がますます大きくなるにしたがって、救済の実際の条件もより多く出現するようになる」と主張した。[99] 胡適はジェームズの宗教的信条を正当化しようとする熱意にはまったく関心を示さなかったが、かれはやはりジェームズの議論をかれ自身の未来に対する見方を支えるために使用した。そして、あまり注意を払わずに語った。「世界の救拯は不可能なことではないが、わたしたちが手を袖の中に入れたまま頭を上げて望み得るものではない。世界を救拯することはできるが、しかし必ずわたしたち個人が力を尽して為すべきことである。わたしたちが少しの力を尽すたびに、世界の救拯が少し早くなる。世界は少しずつつくり上げられる。しかしこの少しは全く、あなたとわたし、そして他の人々の努力と貢献に頼っているのである」と。[100]

(99) William James, *Pragmatism*, p. 185.
(100)「実験主義」、『胡適文存』巻二、四四一頁。

つまり、そうしたものが胡適の漸進主義だったのである。それは、ゆっくりとしていて、劇的でなく、どんな驚くような結果も約束しない。だが、漸進主義はゆっくりであるにもかかわらず、楽観主義的な信条である。しかし、それは個人に重い責任を負わせた。胡適は新しい種類の人間の出現を予見した。かれらは過去の偏見から自由であり得、現在の虚偽の約束を拒否し、そして自信をもって、不断に移ろい変化する条件によって危険にさらされる未来に進み入る心構えが出来ているのだ、と。かれは、人々が確かな基本原則についての共通認識によって緊密に結びついた社会――それらの原則の中の最も重要な原則が「成長が唯一の道徳目的である」という信念である――、それを作り出そうした。胡適は、その中ではみながリーダーであり、人に引導される者は誰もいない、そういう社会を心に描いた。

これはたいへん素晴らしい未来図《ビジョン》であるが、しかし難しいものだ。そして舞台の上では、別の人たちが中国の青年たちに、これとは全く違ったもっと確かな目標に向かうように説教しようとしていた。李大釗はすでに一九一九年までにマルクス主義を支持するようになっていた。そして陳独秀がすぐにそれに続いた。かれらは、マルクス主義の当時の現実に対する鋭い断固たる識別力と、それが示している将来のイメージに引き寄せられたのだった。一九二〇年代初めに、マルクス主義の人気が中国で急激に成長し始め、組織された共産主義者運動の力も急速に強まるのが見られたが、それは部分的にはその当時日増しに熾烈になりつつあった民族主義《ナショナリズム》のうねりに反応したからであった。

胡適は、かれ自身の考えとマルクス主義の観点との間に相容れないものがあるということが分かった。そして一九二〇年代が進むにつれて、かれは民族主義的な感情の急進化の中に有るかれの立場を脅かすものをより一層感じるようになった。最後に自由主義的理想がそれに対抗し自らを壊すことになったのは、これらの勢力だった。しかしこの時の胡適の立場に対して最も厳しい挑戦であると思われたものは違った方向からやって来た。挑戦は、蘇った伝統主義から来たのである。この派の思想は、西洋の近代文明からではなく、中国の古代の価値体系から自分たちの霊感を捜し出してきた。胡適は陳独秀と物質的原因の意義について論争することができたし、さらに、李大釗を、複雑な問題を単純化しすぎていると責めることができた。しかし、これらの人々は曲がりなりにも、幽霊のように現在に戻ってきて出没する過去の勢力に対する闘いにおいては、胡適の生来の盟友ではなかったにしても、少なくともかれの不倶戴天の敵ではなかった。なぜなら、かれらも胡適と同じように、後ろを見るのではなく、前を見ていたからである。かれらの眼は胡の眼と同じように、外に世界に向いていた。内向的に心や精神に向いたものではなかった。そしてかれらは胡適と同じように、科学的判断の重要性を信じると言い切っていた。しかし、梁啓超の先導に従った新伝統主義者たちが集中して攻撃したのは、まさにこの後者の点に対してだった。かれらは、「科学的方法を人間生活の諸問題に適用する」のは可能で望ましいという考えを否定した。かれらは、それは人性を失わせるきわめて非人間的な世界観を生み出した物質主義的な文化だと非難したのである。次章で、これらの新伝統主義者によって提出された主張と、かれらが胡適やその他の西洋文明と科学の価値を擁護する人々から呼び起こした反応を考察することにしよう。

第五章　中国と西洋

一九一九年一〇月中旬、梁啓超はかれの数人の友人とともに、その冬を過ごすためにパリ郊外［ベルヴィル］の小さなペンションに腰を落ち着けた(1)。このグループはこの年の初めに、非公式代表団としてパリ講和会議にやって来ていた。この会議に中国人はたいへん大きな期待をかけたのだが、結局、収穫はほとんど無きにひとしかった。かれらは春と夏をヨーロッパの各首都をつむじ風のように旅行しながら過ごした。それは「馬上で花見をする」ような旅で、眩暈がするような経験だった。このとき、かれらは疲れ果ててパリにもどって来ていた。天気はことのほか寒かった。かれらが借りた家はもともと夏に使う住宅として作られたもので、初冬の寒さを防ぐことのできる設備を備えていなかった。外では肌を刺すような寒風が栗の木の裸の枝をガタガタと音をたてて震わせ、庭の立ち枯れた菊やベコニアの間をガサガサと動かしながら吹いていた。家の中では、梁とかれの友人たちが狭苦しい応接間の火力が十分でない炉の周りに惨めに身を寄せ合っていた。かれらは自分のさまざまな仕事に夢中になっていたから、わずか二十分ばかりのところにある偉大な都市［パリ］にさえもめったに出かけることはなかった。梁啓超は「わたしたちは学生生活を送っている」「貧乏学生ではないが、やはり学生のようだ」と書いている。かれ自身は英語の勉強を進めていて、また一部の時間を使って過ぎ去ったばかりのこの年のかれの印象を紙に書き留めていた。

（1）梁啓超一行のメンバーは、梁自身の他に、蔣方震（字は百里）、劉崇傑（字は子楷）、丁文江（字は在君）、張嘉森（字は君勱）、徐新六（字は振飛）、そして楊維新（字は鼎甫）を含んでいた。しかしその中の蔣方震、張嘉森、徐新六の三人のみが梁啓超に随いて秋にパリにやって来ていた。この時、丁文江はすでに中国に帰国し、楊維新はイギリスにおり、劉崇傑はスイスにいた。

大戦後の西欧の危機と中国人——科学万能の夢への攻撃・梁啓超の新伝統主義

このような条件の下で書かれたヨーロッパ生活の記録が、以前には梁啓超に賞賛の念を起こさせた文化に対するいくぶんの幻滅を反映していたのは、驚くことではない。[2] 悲観の中にいたのはかれだけではなかった。同じ時にヨーロッパにいた他の人々、かれらの中にいた陶孟和や丁文江（字は在君、V. K. Ting, 一八八七—一九三六）のような人たちも、同じような言葉でこの状況を評価していた。かれらは自身がヨーロッパの教育を受けた人たちで、しかも最後までヨーロッパ的価値への自らの信仰に背かなかった人たちだった。[3] 梁啓超の『欧遊心影録』という本の重要性は、かれのヨーロッパの危機についての叙述にあるというよりも、むしろかれがその中から引き出した結論にある。かれの科学と科学的な考え方についての告発、かれの「物質的」生活と「精神的」生活という二分の強調、そしてかれがしばしば触れている、西洋文明の前途に対するヨーロッパ人の不安、これらすべては、西洋に対する中国の文化的、思想的関係を根本的に再評価して見ることを正しいとしている、また必要としているとさえ思わせたのである。こうして、中国は「西洋化」すべきだという考えに対して後に再活発化した攻撃において他の人々によって更に展開させられるテーマを表明したのが、この梁啓超だった。

（2）梁啓超『欧遊心影録・節録・序』、『飲冰室合集』「専集」巻二三、一―二頁、丁文江『梁任公先生年譜長編初稿』（台北、一九五九）、五六五頁［島田虔次編訳『梁啓超年譜長編』（岩波書店、二〇〇四）第四巻、二九七頁］。

（3）丁文江の考えについては以後の議論で取り扱われる。陶孟和が述べた意見については、「戦後之欧州」『孟和文存』（上海、一九二五）、六五―七八頁（最初に発表された時の題名は「旅欧之感想」、『新青年』七巻一号、一九一九年一二月）、それと「欧美之労働問題」『孟和文存』七九―九四頁（最初に発表されたのは『新青年』七巻二号、一九二〇年一月）を参照。

一九一七年の帰国以来、胡適はかれが中国人の思想意識の近代化にとって極めて重要だと見なした考えを表明しつづけていた。かれの考え方からすると、それらの考えが西洋起源のものだという事実は偶然的な意味しか持たなかった。重要なことは、康有為や林紓のような人の時代遅れの考えとは対照的な、近代的ものであることだった。かれら新文化運動への初期の反対者たちは伝統的な中国生活のスタイルと呼ばれるようなものに深く執着を持っていた。かれらは、かれら自身が良く知っていたが、いまや消え去りつつある政治的、社会的秩序の名のすべてをもって、共和制を非難し、儒教的な社会準則の喪失を嘆き悲しみ、白話の下品さを公然と非難したのだった。

一方、梁啓超のような新伝統主義者は、伝統的生活のスタイルにはそんなに関心を持っていなかった。かれらがもっと興味を示し関心を持ったのは、かれらが伝統的中国の文化の本質と見なしたものだった。かれらは、中国の伝統に独特な価値の観点からというよりも、同時代の普遍的な人間的価値という観点から、西洋を信用できないものとしようと試みたのである。そしてかれらが［「西洋の没落」のような］ヨーロッパ人の自己批判に信を置いたのは、かれら自身の主張を確証するためであった。このようにかれらは、近代的――そして西洋的な――模範にもとづいて展開された「新文化」の発起人たちに対して、なじみのない新しい挑戦を提示した。そのため、この時なお、革命よりも改良のために、西洋化よりも近代化のために論を展開していた胡適は、ますます東と西という角度から自分の主張を述べざるを得なくなった。そしてこの論争過程でかれはますます、東洋と反動とを、西洋と進歩とを結びつけるようになった。

梁啓超の『欧遊心影録』は、第一次大戦の後のヨーロッパの生活レベルの低下についての暗い描写で始まっている。梁は、今回の戦争はヨーロッパを社会的、思想的な崩壊の瀬戸際にまで連れて行った、その結果、二、三年前には進歩的な中国人に大変力強くアピールしていたそれらの制度と思想さえも、今や、危険なほど虚弱になってしまったようだ、とはっきり語った。誰でも、梁はほんの僅かな冷笑的な満足感をもってヨーロッパのその将来を見ているのではないかと思うだろう。

> 誰が敢えて云おうか。（戦前）われわれがもともと不変の道理〔天経地義〕で、この上なく善であり美しいと考えてきた代議制政治は、今日ついに、基礎からグラグラと揺れ始め、その（代議制政治の）寿命については、ついに、敢えてそれを請け合おうという人はいなくなったのではないか？　また誰が敢えて云おうか。かの老イギリス、老フランス、老ドイツのような金持ちたちも、それぞれ我らみんなと同じように貧しさに悲鳴を上げ始め、高い利息の借金に頼って日を送っているのではないか？　誰がまた敢えて云おう。火だるまのようになっているヨーロッパ各国の事を。かつて極めて快適な生活を送っていたその人民は、ついには日に石炭を求めても無く、米を求めても無いありさまだ。どの家庭も生活必需品のことで眉をしかめることばかりなのだ。[4]……
>
> われわれは昔から質素で不便な生活をするのに慣れた人間で、なおかつ色々な苦しみや困り果てた思いさえ感じてきた。かれらはきわめて豊かで極めて便利な物質文明の下でかなりの歳月暮らしてきた。裕福

な人は金があっても買う物が無く、貧乏人は以前なら一銭で買えた物が、今は三銭、五銭でも買えない。この日をどうしたら過ごせるのだろうか？(5)

（4）梁啓超『欧遊心影録』、三―四頁。
（5）同前、六頁。

戦争の打撃を受けたこの土地の風景を横切りながら、梁啓超は、その地を一掃しつつある「社会革命の暗い潮流」を見た。かれは、これは十九世紀に起きた政治的宗教的な権威に対する反乱、個人の自由という名の下で行われた戦いの必然的な結果であり、結果的にすべての精神的価値の否認に帰結したのだ、と言った。梁啓超がいまヨーロッパで見ていたものは、二十世紀初めにかれを啓発したあの光耀《かがや》く進歩の希望ではなく、富と力のための闘争、軍国主義的で帝国主義的な野心の見境いのない追求にエネルギーを浪費する向う見ずな姿だけだった。かれはこう書いている。その結果はたしかに、「社会革命がおそらく二十世紀の歴史の唯一の特徴になるだろう。それを免れ得る国は一つも無い。早いか遅いかの問題に過ぎないのだ(6)」と。

（6）同前、八頁。

梁啓超が、かれの有名な西洋の「科学万能の夢」への攻撃を行ったのは、まさにこの遠景に対してであった。梁啓超は、科学への信仰は最終的に人間の自分自身への信仰を破壊してしまったと主張した。結果として、物質的世界の混乱と不確実さが、人間精神の奥のかつては穏やかだったところに侵入した。「内面世界は、もともと宗教や哲学などの力に頼って、外部生活から離れてもなお依然として存在できた。近代人はしかしどうなのだろうか？　科学が発達して以降、最初に致命的な傷を負ったのは宗教だった。……［そして］正直な話、哲学者はかんたんに科学者の旗の下に降伏してしまった。」はなはだしいことには、人間の精神さえも物質主義の決定論の支配を受けなければならなくなった。だから、「ここにおいて人間の自由意志は否認されざるを得なくなった。意志が自由でなくなった以上、どんな善悪の責任が存在するというのか？……これは道徳標準がどのように変わるべきかという問題ではなく、まことに道徳というものが存在できるかどうかの問題なのである。今の思想界の最大の危機はまさにこの点にある。[7]」

（7）梁啓超『欧遊心影録』、一〇、一一頁。

梁啓超はつづけて云う。科学に伴う難題は、科学は自らが破壊した真理に取って代わる永続性のある真理を打ち立てることができないということである。なぜなら、科学的「真理」というのは、新しい経験に反応しながらつねに変化しているものであるからだ、と。このように、「新しい権威は結局打ち立てられないのに、旧い権威は恢復できない。だから全社会の人心はみな懐疑的で重苦しい畏れの中に陥る。」ヨーロッパ人はまさに「物寂しい秋の空の下[8]」で生活しているのだ。

（8）同前、一一、一四頁。

このヨーロッパ文明の精神的な衰退についての悲観的な分析が、梁啓超『欧遊心影録』の第二のさらに重要な部分の序言の役目を果たしている。かれはまた、ヨーロッパ的生活の再生の期待を長々と語っている最近のヨーロッパ人の思想の展開を遡って辿った。それらは、物質主義の無情な専制に対する反動であり、それ以前のもっと残酷だった社会的、政治的な進化論に対する修正としてのクロポトキンの「相互扶助」論であり、哲学の内部でのオイケン Eucken とベルグソン Bergson の著作における「精神生活」の可能性の再肯定であった。梁啓超は特別の熱意をもってベルグソンを頼りにした。というのは、かれはベルグソンの「創造的進化」という考えの中に、かれが康有為と連携していた初期のころからかれの心にぴったりと寄り添って存在していた、進化による進歩という信仰から救われる一つの手段を発見したからである。「われわれ自身は、変化流転（進化的循環）こそが世界の実相であることを知っている。またその変化流転（進化的過程）を操る権〔精神生活〕が我が力の内にあることをも知っている。だから自然に、『けっして畏れない〔大無畏〕』精神を持つことができるのだ。(9)」

（9）梁啓超『欧遊心影録』、一八頁。

だが梁啓超は、ヨーロッパ人の思想の中のこれらの穏健な要素は、もし外側からの力で強化されないならば、それらはこの戦後の時代の苦しい幻滅を乗り越えて生き続ける能力を持たないのではないか、と大きな疑念を述べた。梁啓超が見たように、中国文明を作り出した理念について考えることが重要になるのは、この点においてである。かれは、西洋思想の実際のディレンマは、西洋文明が「理念的なもの」を「実際的なもの」から分離させる習慣的な西洋の傾向から生まれると考えた。たしかにこの点では、中国人は今まで決して過ちを犯したことが無い。中国思想は理念と実際との間に人為的な区別を作ることに苦しめられるようになったことは一度もなかった。中国の聖人たちの間には違いがあるのも関わらず、かれらは共通に「理念と実用の一致を求める探求」に従事したのだ。梁啓超はこう主張する。「もしわたしたちが三人の聖人（孔子、老子、墨子）の歩んだ道に沿って歩み、（現代的な理念と実用の一致を求めた）ならば、……わたしは、計り知れないほどの境地が開かれるだろうと想う。(10)」

（10）同前、三六頁。

梁啓超はかれが求める「理念」をきちんと定義していないが、かれにとっては何の疑いも無く、それは中国哲学の思いやりのある洞察にもとづいた価値体系を意味しており、あらゆる面で西洋に蔓延している非人間化された物質主義と対立するものであった。かれは、西洋は中国文化に備わっていない価値あるものなど何も持っていないと主張する人たちを嘲笑したことがあったが、かれは、中国の過去を何もない文化的砂漠だと見なす人々に対しても同じように手厳しかった。梁啓超はあるいくつかの面では儒教は時代遅れだと認めた。例えば、儒教の「貴族的な倫理」は二十世紀には復活させられないというように。だが、梁啓超は、だからと言って、なぜ儒教思想の全部を捨てなければならないのか、それは、ギリシャの政治思想家たちが奴隷社会の存在を当然のこととして受け入れたという理由だけで、かれらの優れた見解を拒絶しようとするのと同じではないか、と問うた。(11) 梁啓超は、中国の過去を「正しく理解すること」が最も基本的なことであって、そのような正しい理解は西洋の学術の正しい方法を適用することによってのみ可能になると認めた――ここまでのところでは、少なくともかれは「新文化」のための要求に合わせようとしている。だが、かれは、この中国の伝統の再検証はただそれへの心からの愛情の精神によってのみ担われるのだ、と主張した。このような仕事の中からこそ、中国と西洋の要素を融合させた新文化が生まれ、全人類の精神的救いを約束する新文化が生まれるだろう、と。最後に、梁啓超は真の福音伝道者のような熱情に突き動かされて言う。

(11) 梁啓超『欧遊心影録』、三七頁。

人生の最大の目的は、人類全体に対し貢献することである。なぜか。人類全体こそが「自我」の極量［最大限度の量］であるからだ。……

われわれの人数は全世界の四分の一を占めており、われわれは人類全体の幸福に四分の一の責任を負わねばならない。この責任を尽さなければ、祖宗にすまないし、同時代の人にすまないが、実際は自分自身にすまないのである。われらの愛すべき青年たちよ、気をつけして、歩み出せ！　大海の向こう岸には何億人もの人が物質文明の破産を愁えて、声も絶え絶えに悲しそうに助けてくれと叫んで、あなたがやって来てそこから救い出してくれるのを待っているのだ。(12)

(12) 梁啓超『欧遊心影録』、三五―三八頁。

梁啓超の『心影録』はそれを育てた文化に深く結びつけられた思想の産物である。だが、かれのそれは最低限の本質にまで薄められた伝統主義であった。ここには儒教的生活の形を維持しようという主張は何もない。むしろ、梁が提唱したことは、中国の伝統を浄化しようという試みであった。それは積もり積もって歪みが出て、基本的な意義と価値が次第に不明瞭なものになってしまっていたからだ。一方でかれは、すでに西洋を疑念と絶望に導いてしまった思想になお心酔している国人をそれから解放したいと望み、もう一方で、現在に合った言葉で、伝統的中国文明の核心においてかれが悟った永久的な理念を、国人が改めて肯定するようにと励まそうとしたのである――これらの理念から西洋人もまた補充された力と勇気を引き出すことができるかもしれないのだ。

梁漱溟の『東西文化及び其の哲学』

同じような希望が梁漱溟《りょうそうめい》の熱情を呼び起こした。梁漱溟はかれの一連の講演を収録した『東西文化及び其の哲学』の著者で、この本は一九二二年の初めにこの書名で出版された。梁漱溟の論著はある程度、梁啓超によって既に示唆されていたテーマを念入りに仕上げたものである。しかしかれらの考えはいくつかの点では一致していたけれども、梁漱溟の著作は、気質的にはより思弁的で、雰囲気的にはより保守的であった。そしてかれはしばしば梁啓超の結論に批判的だった。

梁漱溟はかれを悩ませた問題についての簡潔な陳述でもって議論を始める。「東方文化はひっきょう存在し続けることができるのか？」[13]と。曲がりくねった博学の推論の後にたどり着いたかれの結論は、「（本）質において言えば、世界の未来の文化は中国文化の復興になるだろう」[14]というものだった。梁啓超や胡適[15]、そして他の人たちによって示されたのは、将来の「世界文化」は東西の文化要素の統合、相補的に結びついたものになるだろうというものだったが、この示唆を梁漱溟は断固として否定した。かれはそれと反対に、本質的な文化の違いがこのような統合を作ることを不可能にするだろうと主張した。「もし中国風の生活をしようとするなら、それは完全に中国風の生活でなければならない」[16]と強く主張した。かれは、同じ公平さでヨーロッパ人の功績に帰すことができる諸観念を中国のものだと名づける試み――これをかれは、とくに梁啓超の発明だと見なした――を嘲笑した。[17]かれは、「もし中国の何かが価値あるものであることが、それが西洋のあるものと似ているからだということだけならば、それは卑しく、言うべき如何なる価値も無いということだ。もし中国文化を褒められるべきものだとするならば、それ自身が持っている独自の特徴の持つ力によって褒められなければならない」[18]と言った。かれは、文化的な違いは相容れないという自らの主張を正当化するために、人間心理学と文化発生の理論を主張した。かれのそれに続く中国と西洋との関係についての分析を理解するために、この理論を考えてみなくてはならない。[19]

(13) 梁漱溟『東西文化及其哲学』（上海、一九二二）、四頁。
(14) 同前、一九九頁。
(15) 胡適も同様にその『中国哲学史大綱』上巻（上海、一九一九年）の序言でこの問題を暗示していた。「導言」、五―六頁。かれは後の多くの文章の中でこの点を明確にした。
(16) 梁漱溟『東西文化及其哲学』、八頁。
(17) 梁漱溟はここで、梁啓超がヨーロッパの社会主義政党のリーダーたちと行った議論についての叙述についてコメントしている。梁啓超はかれら指導者たちに、『四海之内、皆兄弟』、『寡なきを患(うれ)えず、均しからざるを患う』のような儒家の格言を講じた。かれはまた墨子の普遍的愛の原理（「兼愛」）と、中国史の最も早い時代にあったとされる土地保有制度、井田制の記述に最高の位を与えた。そのシステムは、後世の中国人学者の見解では、ある種の社会主義的平均主義の要求を含んでいるとされた。その時、梁啓超は「これらの紳士たちはさっと立ち上がり、『あなた方のところでそうした宝物を持っているのに、それを蔵して、わたしたちに分け与えないのは真に許されないことです』と語った、と報告している。梁啓超『欧遊心影録』、三六頁参照。

(18) 梁漱溟『東西文化及其哲学』、一四頁。

(19) ライマン・ヴァン・シュリケ Lyman van Slyke はその梁漱溟の思想についての論述の中で、梁の方法の「世界主義」とかれの「文化差異の永久性」の否定を強調している。Lyman P. van Slyke, "Liang Sou-ming and the Rural Reconstruction Movement," *Journal of Asian Studies*, 18.4: p. 460 (1959 / 8). かれが前方に儒教価値の最終的勝利を見たように、梁漱溟は文化の差異は結果的に薄くなり最終的には消滅すると信じていたのかもしれない。しかし、わたしのかれに対する理解からすると、かれの主要な関心は、中国と現代に存在する種々の文化体系との関係を説明し解釈することであった。

梁漱溟は「文化」を「生活の仕方 a way of life」と同等と見なした。かれは「生活」それ自身を満足と不満足が途切れることなく連続する反復進行であると定義した。すなわち、かれが「まだ尽きぬ意欲［没尽的意欲］」[20]と呼んだものである。文化、つまり生活の仕方は、「まだ尽きぬ意欲」が向けられた目標を反映している。[21] こうして、文化は人間と環境との関係に密接に結びつけられる。

(20) 梁漱溟は、ショーペンハウアーが使っているのと「だいたい」同じ意味でこの術語を使っていると主張している。しかし梁漱溟の、人の本性は善なりとする儒教的信念と、ショーペンハウアーの、人間は感情の動物であるとする考えを一致させるのは不可能である。だから結局、梁漱溟の意志の概念——梁からすると、意志とは人がそれを通してその善に向かう能力を実現する手段である——の中に、ショーペンハウアーの意志の表れとしての悪意のある活力と似たものを見つけるのは大変難しい。

(21) 梁漱溟『東西文化及其哲学』、二四頁。

梁漱溟はマルクス主義‐唯物主義者の考えを拒絶した。それは、人間はただ「客観的な」力の受動体であり、自らの運命の形成に参与するいかなる役割も演じられないとするものだ、と。かれはその代わりに、「主観的な」

原因だけを認め、人々が通常「客観的」原因と称しているものは、それ自身ただ主観的原因の結果にすぎない、と主張する。だから文化は、単に（客観的な）地理的要素と経済的要素によって決定されるのではなく、人々の（客観的な）創造性のエネルギーによって決定されるのだという。唯物主義者は、人間は意識的に自分の環境を支配することはできないと主張するが、梁漱溟はかれらの考えは妥当だと譲歩し承認する。しかし、かれは人間が自然秩序と直面したときに無能力であることは認めなかった。唯物主義者の論理のしっかりと筋の通った環の中に、梁漱溟はかれが「精神」と呼んだ要素を導入した。かれは主張する。精神は人間がかれらの環境を諸々の要求 demands に変える源であり、だから、それ［精神］は文化的な発展に直接に寄与する「客観的」要素の創造に責任があるのだ、と。これらの客観的要素を定義するときに、梁漱溟は歴史の経済的な解釈をしっかりと固持した。(22)

（22）梁漱溟『東西文化及其哲学』、四四、四七頁。

梁漱溟は仏教学者で、一九二〇年代の初めに、北京大学で仏教とインド哲学を講じていた。かれの「精神」の概念は、仏教の観念と術語にかなりの程度負っている生命 life という考えに基礎をおいていた。かれは、生命を原因と結果［因果］の途切れることのない連続として見る、すなわち、別の次元で言えば、絶え間のない問いかけと応答の連続過程であり、個人とその環境との間の絶え間なく続く対話であり、それによって刺激された決して終わることのない「思想 ideas」の流れである、と考えた。(23) この問いに溢れた過程の中で、個人はかれの意識、感情、理性を使用する。この過程自体はまったく自然に起きるもので、「まだ尽きぬ意欲」の無意識の要求によって促されたものである。

（23）同前、四八―四九頁。

つづいて梁は、またさまざまな現世の関係の観点から、もう一度この観念を説明する。かれは言う。環境はただ人間がその中において自分自身、現状、を見つける状況にすぎない。つまり、かれが言ったように言えば、「これより前の我〔前此的我〕」、「既に成った我〔既成的我〕」を見つける状況である。精神、すなわち、「まだ尽きぬ意欲」、「現在の我」はこの存在している状況に要求することによって、この現存する状況に作用をおこすのである。「現在の我」と「これより前の我」は本質的に対立するものであり、要求と応答のこの無意識的で本能的な過程は、その時その時ごとに、環境への適応を意味している、と。[24] ついでに言えば、梁が問いかけと応答の過程を強調したこと、条件づける要素として環境の重要性を強調したことにおいて、かれが「プラグマティック（実用主義的）」な傾向を示したことに気づくのは興味深い。一九二〇年と二一年にジョン・デューイが中国の聴衆に向かって講義したとき、梁漱溟の思想はちょうど形を成しつつあったのだった。人々は、梁が現代の西洋人哲学者の変化しつつある関心の証拠としてデューイを——ジェームズ、ニーチェ、ラッセル、オイケン、そして特にベルグソンとともに——引いているという事実から、梁はデューイについて何か知っていると推定するかもしれない。[25] しかし、かれは人間の環境への応答が表されるあり方を述べるようになったときに、かれは実用主義《プラグマチック》の前提から大きく距離を置いたのである。

（24） 梁漱溟『東西文化及其哲学』、四九—五〇頁

（25） 同前、一七六—一七七頁。

このように、梁漱溟は、「文化」を「生活の仕方」である、「生活」を個人と環境との関係であると定義した。文化の違いはこの関係の違いから生じる。すなわち、かれがいかにもかれらしく特徴的に「主観的」要素を強調しながら述べたように、「意欲の違い」から生じるのである。この基礎の上で、かれは三つの可能な態度を考えた。第一は、人間の周囲世界との関係の中で生じる様々な挫折に対し、積極的に戦う態度であり、第二は、これと戦うというよりも、状況に適合することを求める態度である。そして最後に、対立が存在することを否

定することによって、この挫折から逃避する態度である。[26]これらの三つの態度は、人間のその歴史的発展の特定の段階における必然的で特有な関心事を反映している、と梁漱溟は考えた。第一の態度は、極めて重要な問題がまだ肉体的生存の問題である時代に適合したものであり、この時代には、人間が自然の力を統御することがまだ最も重要なことだった。しかし、人間の物質的欲望がいったん満足させられると、そうした攻撃性は社会関係の中で危機を発生させる。この時点において、適合の態度――すなわち、梁漱溟の公式の二番目の態度――が正当に評価され始める。というのは、この時の問題はもはや個体の生存の問題ではなく、社会の存続の問題になるからだ。最後に、人間は最終の段階に入るだろう。その段階では人間が注意を向けるのは自分の周囲の世界でもなく、他人との人間関係でもなく、自分自身の本性を理解する問題であろう、と梁は示唆した。[27]

（26）梁漱溟『東西文化及其哲学』、五四頁。
（27）同前、一六六―一六七頁。

梁漱溟が述べているように、この発展の三段階は同時に存在するものではなく、一段階一段階とつづくもので、各段階がその前の段階を適切な歴史的時期に補強するのである。「ある種の文化はそれが必要とされる時まではまったく価値のないものである。[28]」梁漱溟が予見した発展は弁証法的な発展ではなく、歴史‐文化的な連続性に沿った、それぞれはっきりした段階を経る進歩である。

（28）同前、二〇〇頁。

しかし、異なる文化が歴史上に確かに同時に存在している。梁漱溟が説明しようとしていたこの本質的な問題は、まさに中国と西洋との文化的相違の問題であった。この目的のために、梁漱溟はかれの文化段階論のシェーマを同時代の状況に適用し、かれが描き出した文化的典型の特徴をそれぞれ、ヨーロッパ、中国、インドの各文化に割り振った。西洋文化は明らかに第一段階の原型で、活動的で、前向きで、人間が自然を支配するという仕事に夢中になっている。梁漱溟は、中国には第二段階のものを割り当てた。それは本質的に、人間とその環境との関係の観点からみて受け身的で調和的である。インド文化の中に、梁は内省的な静寂主義の最後の段階を見出した。(29)

(29) 梁漱溟『東西文化及其哲学』、二〇〇頁、および第四章最後の節、第五章全体を参照。

このように、思想についてのかれの独自の公式において連続して交替発生していく態度を、同時に存在している三文化(西洋、中国、インド)に配分対応させることによって、梁漱溟は西洋の強大さと中国の軟弱さを説明し、同時に、外見上はそのようであるにもかかわらず、将来においては普遍的な優位を獲得するのは中国的生き方であろうという自らの考えを正当化しようとした。かれは、現代の西洋の優勢は以下にあげる事実の自然な結果であると主張した。すなわち、西洋人、西洋人のみが、人間が現在までその中で生きてきた諸条件に適したやり方で発展してきたのだが、西洋人たちはただひたすら自然を人間の目的のために屈服させようと戦ってきた。「西洋文化の勝利は、それが人類の目前の問題に適応できたことにあるに過ぎず、中国文化とインド文化が今日敗北しているのも、それ自身の言葉にして言うことができる固有の良し悪しにあるのではなく、時宜に合っていないということにすぎないのである。人類の文化の初めは誰もが第一番目の路を歩むしかないのであり、中国人自身もそうであった。しかし、中国人はこの道を歩み終えるのを待たずに、途中で第二の路の方に曲がって乗ってしまい、……さらには第一の路の路程で暇取って遅れてしまって、第一の問題が支配する世界において大きな失敗を現したのである。(30)」

(30) 同前、一九九―二〇〇頁。

梁は、西洋には敬服すべき多くのものがあると見ており、実際にそう言っている。かれは、科学とデモクラシー(民主)という「人の眼を眩ませる光」について語り、この二つのものは梁にとっても、多くの他の人たちと同じように、西洋が成し遂げたことの典型であった。しかし、かれは西洋の態度と中国の態度との間で比較を行ったとき、後者に対する偏愛を少しも隠そうとしなかった。かれは、西洋の科学は「真の知識という客観的な認識」に基づいたものであり、一方、中国人の世界観は「客観的な標準や規則をまったく蔑視して、もっぱら生来の才能［天才］のみを尊ぼうとする」ものである、[31]と言った。西洋では、言葉はできるだけ「はっきりと（何かの本質を）明確に言う」ことを目指すことが最も重要なことだと見なされている。一方、東洋ではより好まれるのは、言葉は「物事にそっと触れるべきでそれをきちんと明らかにする必要はない[32]」という態度である。言い換えれば、西洋人は常に改良と近代化のために努力をしているのに対し、中国人は伝統的な準則を維持するために努力しているということである。デモクラシー（民主）の問題について、梁漱溟は次のように述べている。西洋の複雑な民主制度にとって本質的である個人主義や社会性の概念は、中国人にとってはまったく異質なものである、また、権威に対立するものとしての権利という考えや、制限すべきは権力か自由かという考えもいまだかつて考えたことのなかった人民にとっては、民主的プロセスの全体の意思は理解不可能で、また社会を破壊するようなものに見えるのである、と。[33]

（31）梁漱溟『東西文化及其哲学』、二四、二一頁。
（32）著名な日本の小説家・谷崎潤一郎は「東洋人はものごとそれ自身に美を発見することが出来るだけでなく、その事物を生み出した陰影、つまり光と影の形式の中にも美を捜し出すことが出来る。……わたしは少なくとも文学のためにわたしたちが失いつつあるこの影の世界を呼び戻そう。」と書いている。“In Praise of Shadows,”［「陰影礼讃」］(Edward Seidensticker の英文改作による)、*The Atlantic*, 195.1: p. 144 (1955 / 1).
（33）梁漱溟『東西文化及其哲学』、三四―四三頁。

梁は、西洋における科学と民主の発生の基礎をなしたものとして、二つの重要な思想、理性と功利の関与があることに気づいた。古代から現代にいたるまで、西洋哲学の傾向は一貫して合理的な計算という考えと、西洋独特の「自我」という観念を強めることであった。かれは、「現代西洋文化の発展は全くもって自己主張〔為我〕と理性を利用すること、この二つのことに帰すことができる」と書いた。また梁漱溟は、「苦心して計算する」という西洋の態度が人間社会の発展において欠かせない役割を果たしたことを認めるのを厭わなかった。しかしかれは、その西洋的な考えの最終的な結果は、宇宙は偶然的な、死んだ、そして目的の無い断片から構成されているものになり、そしてその結果として、個人は恐怖に怯え、不信を抱えるようになり、自分自身しか信じることができなくなった、と言う。西洋文明は「人間性を失ってしまった(34)」、と。

ここに至って、われわれは梁の議論の核心に近づいて、その核心の背後に潜んでいる目的を眼にし始める。梁は、中国人は理性を直観よりも価値あるものとしたことはなかった、あるいは、功利を感情よりも価値あるものとしたことは決してなかった、そこに中国文明の致命的な弱点とそれを補う美徳が存在している、と主張した。

(34) 梁漱溟『東西文化及其哲学』、一五五—一五八頁、一七五、一七八頁。

われわれは以前に、西洋人は先ず(自)我の観念を有していたから、本性的な権利を要求したのであり、個性を伸ばすことに到達し得たのである、と言った。しかしここから、それぞれの個人の間に境界がはっきり引かれなくてはならなくなり、口を開けば、やれ権利だ義務だ、法律関係だと、誰も彼もがみなけりをつけようとし、しまいには親子夫婦の間でさえそのようなことが起っている。このような生活は実のところ理に合わないことで、実はまことに苦しいものである。中国人の態度はまさにこれとは正反対である。西洋人は理智をもってやろうとするが、中国人は直観——すなわち情感をもってやろうとするのである。西洋人は(自)我を持っているが、中国人は(自)我を持とうとしない……〔中国人の社会関係は〕まったくもって、人のためには自分のことを考えに入れなくてもかまわないものであり、己を屈して人に従うものである。中国人は他人と自分との境界を分けたりはしないし、権利や義務を言ったりはしない。だから孝悌礼譲の教えでは、いかなる場合も情を尊ぶのであって、（自）我は無いのである。孔子の精神の理想がまだ実現されていなかったので、いくつかの古代の礼法［儀式作法］や杓子定規な教条が残っているだけだが、それらが一方にひどく偏っていて、暗黒の中で無実の者を抑圧し、苦痛も少なくはない。しかし、家庭や社会のどこでもある種の情趣（風情）を感じることができ、人は、冷たくよそよそしくなく、敵対的でなく、計算ずくでない、こうした様は人の生きようという活気［人生的活気］に大きな養分になっている。これは大変優れたところ、優っているところだと見なさない訳にはいかないのである。[35]

（35）梁漱溟『東西文化及其哲学』、一五二―一五三頁。

伝統的中国社会の価値についてのこの描写は、梁漱溟の用語では、文化的発展の第二段階にある社会の表現である。「中国の道」の歴史的重要性についての信念を梁に与えたのはこれであった。かれは、中国が「第一のコース」から余りにも早く曲がってしまったこと、そしてこのように遙かに西洋の後塵を拝することになったことを認めた。しかし最近のヨーロッパの歴史の証拠にもとづいて、かれは、西洋人は今や第一のコースをその極限まで追求してしまい、そして経済的社会的な危機に屈した。これらの危機はまさに思想と精神の枯渇の状態を証明している、と主張した。梁は、梁啓超やその他の人たちが書いたものから引用して同時代のヨーロッパを描写した中で、かれらが予言した今にも起りそうな社会的大災難について長々と詳しく述べた。しかしかれの心に常にまず第一にあったのは、そうした状況が引き起こす精神的な退廃のことであった。「このような（現在の）経済は人間の本性――すなわち、仁――を暴力的に破壊するもので、人が能く耐えられものではない。労働者であろうと、あるいはそれよりも地位がやや良い人であろうと、ないしは資本家であっても、みなその経済によって生気を根こそぎ失わされている。その生活は不自然で、機械的で、殺風景で味気がない点ではみな同じで、何ら変わらない。」(36)

(36) 梁漱溟『東西文化及其哲学』、一六五頁。

梁漱溟は、このような危機において西洋はその攻撃的《アグレッシヴ》な歴史とその物質的達成への没頭から方向転換しなければならない、その代わりに始めなくてはならないのは、「物質以外の内的な心霊の活動に手を着けること」だ、と言う。そうするに随って、ヨーロッパは自分が文化発展の第一段階から第二段階へと歩みつつあることに気づくであろう。それゆえ、梁は、「以前は時宜に合わなかった中国の態度が真に必要とされる時機がついに来たのである」と述べる。梁は、やはり梁啓超のところから得た手がかりを用いて、自らの次のような自信を述べる。すなわち、最近のヨーロッパの思想運動の中で、特に以前の競争的な個人主義に取って代わる「社会的本能」というものの発見において、このような転換がすでに実際に認められる、と。そしてかれは問いかけた。「これは西洋の道から中国の道への転換ではあるまいか」。これは、生活は理智を基礎とするというよりも、感情を基礎にしなければならないものであり、「本能と衝動の活発な流出」を基礎にしなければならないものであるという事実を承認することではないだろうか。これは、人間の感情や本能が要求するものと一致した生活こそが「良いものであり、穏当でふさわしい、欠点も危険も無いものだ」という事実を承認することではないだろうか、と。「睦まじく楽しい穏やかな心理」を基礎とした文化の中におけるそうした生活こそが、人間存在の好ましい特性であり、そこにおいて人々が「活発で、睦まじく楽しい生活」を送ることが、『仁の生活』であり、孔子の生活」(37)なのだった。

(37) 同前、一六七、二〇〇、一七〇―一七一頁。

こうして結局、梁漱溟の未来図《ビジョン》は精神においても、些細な点においても、みな深く伝統的なものであることが判明する。それは理想化された儒教文化の様式に深く傾倒したもので、将来においては、法律は人間の本質的な慈愛の本能を訓育する手段としての儀礼と音楽によって取って替られるだろう、と主張する地点にまで行く。このようにして人間は「孔家の偉大な理念〔宗旨〕に完全に合致できる」ようになるだろう[38]、と言うのである。

(38) 梁漱溟『東西文化及其哲学』、一九五—一九六、一七五頁。

それならば、もし中国が現在を生き残ることができるならば、その将来は確かなものになる。梁漱溟は、かつては中国の弱点を認めていた。かれは以前、いくつかの面においては中国は「西洋からはるかに遅れている」と認めたし、また「われわれの今日の緊迫した任務は、いかにしてこの二大精神〔サイエンスとデモクラシー〕を紹介する仕事に従事するかということである。というのは、そうしなければわれわれは永遠に品徳や学問について語ることができなくなるからである」と警告していた。しかし、中国的生活の基本的特質は決して失われてはならない。中国は、西洋人が今にもそれを捨てようとしているかの如き攻撃的で自己中心的な価値を受け入れるべきではない。というのは、この点においては、中国は西洋に後れを取っているのではなく、むしろ西洋の先を行っているのである。つまり、なんとか中国の欠陥を改善しながら、同時にその一方で、中国の長所は保守されなければならない、と言う。このことを達成するために、梁漱溟は、元々の腐敗していないかたちの「中国的態度」を復興しようと呼びかけた。「わたしの言っていることは、宋代明代の人のようにもう一度講学の風を再創造して、孔顔〔孔子とその最愛の弟子顔回〕の人生を以て、現在の青年が自分で煩悶している人生の問題を解決する手段とする、……人の心がその人生を決めてこそ、前へと進むことができるのである……中国人の人生態度をはっきりと蘇らせることで、はじめて、生の活力が失われ死んだように沈みこんでいる中国人を復活させることができる……孔子のもの［儒教］は思想ではなく、生活そのものなのである」[39]と。

梁漱溟は東西文化の総合という考えについて繰り返し反対し、儒教文化の基礎をなす原則を修正することなしに西洋の方法を受け入れるという十九世紀の方策、中体西用論（中学を体となし、西学を用となす）も厳しく批判したにもかかわらず、かれは最後にはまさにそのような西洋の方法（科学と民主）と中国的態度（仁慈、つまり「仁」）の総合の擁護者として姿を現したのである。だが、かれは決してオーソドックスな伝統的文化主義者ではなかった。梁漱溟が恋慕の情をもって振り返った中国は、かれが最近の帝国［清朝］の下で体験した中国ではなかった。かれの未来へのビジョンは、胡適のような思想家たちが中国的価値にではなく、異文明の理想と目標にもとづいた知的な「現代的」文化の方を見ていたのに劣らず、直近の過去と決別したもので、また同時代の中国の生活の現実によく似たものでもなかった。

梁漱溟と梁啓超は同じ問題を論じているが、しかしかれらはすべての点で意見が合致していたのではない。二人の中では、梁漱溟の方が保守的であった。このことはかれの儒教的形式への傾倒と、それは独特の精神的遺産だという中国の要求を支持しようとしたかれの熱意にみえている。だからかれは梁啓超が公然と支持した文化的総合の考えに反対した。二人の梁の違いは、ともに歴史が儒教的価値を要求しているのだと信じていたその価値が認められる認められ方についての評価にあった。この点においては、梁啓超は、精神を病んでいる西洋に精神的平安のための明るい便りを伝える一種の中国による宣教運動を提唱した。一方、梁漱溟は、西洋はそれ自身の道の終点に至ったならば、たとえ中国の思想的、社会的な伝統になお全く無知であり続けたとしても、必ず「中国の道」の方向に向く、と主張した[40]。

（39）梁漱溟『東西文化及其哲学』、一一、二〇四、二一三―二一四頁。

（40）同前、二〇三頁。

しかし、いくつかの基本的な問題では二人の梁の考えは合致していて、かれらの考えは一致した思想的立場を構成していると捉えられた。第一に、かれらは二人とも、生活を存在の「内」と「外」の二層に分け、それらは分離したもので、おそらく互いに対立さえするものだということに同意している。かれらは、中国の社会思想の真髄はまさにその内的生活の取り扱い方にある、つまり、もう一つの言い方をすれば、中国的な生活は精神を高尚にするのだという見解を共有した。この点で、かれらは中国の生活は物質的進歩にとりつかれた嘆かわしい西洋の肥満よりも道徳的に優れていると、意見を同じくした。そして最後に二人とも、最近になって西洋は次第に自身の文明の失敗を認識するようになった、さらにはその内側からの必要に迫られて、中国の伝統によって例示される価値の真価を認めるように転じつつあるのだ、と主張した。

梁漱溟は一九二〇年と二一年に、済南と北京で東西文化に関する講演を行った。そしてそれは、一九二二年の初めに本として出版された。その後一年経ってはじめて、胡適はこの梁漱溟の『東西文化及び其の哲学』についての長い非常に批判的な批評を書いて梁と公開論争を行った。この文章の中で、胡適は初めてかれ自身の文化発展についての理論と、中国と西洋文明の差異についてのかれ自身の解釈を提出した。しかし、その合間の期間にもう一つの事件が起き、それがその後の論争の範囲を著しく拡大した。

張君勱の「科学と人生観」、それをめぐる論争

もう一つの出来事というのは、張嘉森（字は君勱《くんばい》、カースン・チャン、一八八六—一九六九）という若いジャーナリストが一九二三年二月に北京の清華大学で理系の学生のグループを前にして行った有名な講演（「科学と人生観」）だった。張嘉森本人は西洋式の教育を受けた人で、東京の早稲田大学の政治学部［政治経済学部］の

卒業生で、民国初めの数年間、イギリスとドイツで学部卒業後の研究をしていた。しかしかれのヨーロッパでの経験、とりわけオイケンの学生としての経歴と、後の一九一九年の梁啓超のヨーロッパ旅行の仲間の一人だった経験が、かれを反西洋の理由に共感的にした。かれの評論の簡潔さと感情的な激しさのためか、それともかれが、かれら自身の未来への希望が向けられていた若い世代の人たちに直接話しかけたためか、張嘉森の清華大学での講演は、西洋志向の知識人たちの中に広い関心を呼び起こし、そしてかれらから鋭いリアクションを引き起こした。その広さと鋭さは、梁漱溟の難解な著作や梁啓超のジャーナリスティックなヨーロッパ紀行への反応をはるかに超えたものだった。

張嘉森（張君勱《ちょうくんばい》）のはじめの関心は、聴衆に向かってかれらが受けてきた教育の中で欠陥だと目されるものを指摘することだった。「科学には一定の原理原則があり、そしてこの原理原則にはすべて証拠がある。諸君は教科書をたいへん長く読んできたから、天下のことにはみな法則があり、みな因果律の支配するところとなっている、と必ず思っている。しかし実際は、諸君に目を閉じて少し考えてもらうと、大多数の問題は必ずしもそのように明確ではないということが分かる。そしてこの問題（後者）は、決して哲学的な高尚な学理ではなく、人生の日用の中にあるのである。甲の人はこう言い、乙の人はああ言い、是非真偽の標準は漫として無いのです。」(41)

(41) 張君勱「人生観」『科学与人生観』一、一頁。また Chow Tse-tsung, *The May Fourth Movement*, p. 333. 注一を参照。

このかなり穏健な始まりから続けて、張君勱は、かれが「人生哲学［人生観］」と呼ぶものにまさしく属している問題の決定者として科学が登場することに対して、幅広い攻撃を進めた。かれは言う。科学はその方法において客観的なもので、普遍的な法則に従属するものである。一方、人生観は本質的に主観的なもので、その仮説は、（どこへでも）普遍的に適用できるものでも、（誰もが）普遍的に受け容れることができるものでもない。科学は理性法則によって支配され、その理性法則の構造の内において発展する。だからそれは、必ずこの構造が与える制限限度を受け入れなければならない。しかし人生観は「初めから、論理学の法則をもってこれを制限することはないし、いわゆる定義というものも無い。いわゆる方法と言うものも無い。みな、自身の『良心の命ずる』ところが起ちあがって、主張するのである。……だから、直覚的なものだというのである。」科学的方法は分析的なものだが、しかし「人生観は総合的なものであって、一切を含んでいる。もし強いて分析すれば、必ずその真の意義を失うことになる。」科学は因果律によって支配されるが、しかし、人生観は『良心の自動』に従って活動しようとする。そして最後に、科学の基礎は「自然界の変化現象には統一性がある」という仮定であるが、しかし、人生観は個人的なもので、さらに「人格の唯一性」を考えることが必須なのである、と。(42)

(42) 張君勱「人生観」『科学与人生観』一、四―九頁。

こうした区分にもとづいて、張君勱は、科学的研究を通して合法的にアプローチできる探求の領域をきわめて狭く限定した。科学の目的は「人の情感作用を捨て去って、すべての客観現象を専ら表現すること」であるから、それは精確な科学――数学、物理学、化学、生物学――の研究の道具としては適している。しかし人間存在の精神的な側面に関係するいかなる研究にも適用できない(43)。科学的研究の範囲を厳しく制限した後、張君勱は、「人生観」が持つべき正当な関心を大変広く定義した。個人の社会的・家族的な関係、人間本性についての個人の考え、社会の変化についての個人の態度、未来についての個人の希望、宇宙の創造力を支えている存在について個人が持っている考えの性質、そして個人の内面の精神と外側の物質的世界との関係――これらすべては、人生の意味の中心的な問題であるが、これらに対して科学はいかなる答も与えないのである、と張は主張した。だから「科学がどんなに発達しても、人生観の問題の解決には、科学は決して力になることはできないのである。[44]」

（43）張君勱「再論人生観与科学、答丁在君」、『科学与人生観』一、九頁。ここで張君勱はヴント Wundt の精確科学 *Exakte Wissenschaft* と精神科学 *Geiste Wissenschaft* のカテゴリーに従っている。精神科学は、心理学、語学、歴史、語源学、社会学、経済学と法理学である（同前、七―八頁）。張は、ある限られた文脈、たとえば経済学における所有権のようなもの、を除いて、人間の経験領域の発展において原因と結果が何らかの役割を果たすことを否定した（同前、二五、三一頁）。

（44）張君勱「人生観」、二―四、九頁。

張君勱の立場には、神秘主義の暗示よりも多くのものが存在していた。かれにとっては、理解できないことは、人間の理解能力への挑戦であるとは見なされなかった。それはむしろ、驚きと怖れの心でもって受け入れられるべき、生の一特性であった。人間の本性についての儒教的判断は信念となって、かれの信条にとって根本的なものになっていた。「人の生は、精神と物質の間を仲介するものである。その所謂善なるものは、みな精神の表現である。例えば法制、宗教、道徳、美術、学問などの類である。その所謂悪なるものは、みな物質の接触である。例えば、奸淫、掠奪の類である。……人間の目的はしばしば変わり、止むことはない。けれども変わるといっても、悪に傾くのではなく、善に傾くのは、その然りとなるところの所以はきわめて玄妙で、推測できないものなのである。[45]」

（45）張君勱「再論人生観与科学」、三八頁。

張君勱は、梁啓超、梁漱溟と同じく、自分が賞賛する精神的価値を伝統的中国思想の正しい識見と同一視した。かれが西洋に見たのはかれが蔑視した粗雑な物質主義の勝利だけだった。それは、機械的な生命観であり、古いものを犠牲にして新しいものを無批判的な熱情で求める姿、「首要な方策」として産業主義を受け入れていること、それに随って結果した価値の商業化に、さらに加えるに、国家的な富と勢力のための闘争に夢中になっている姿であった。[46] 張君勱は、十七世紀以来、ヨーロッパ人は「人間の力で自然界を支配する」ということを強調して「物質文明」を創り出した。他方、中国人の「内面生活の修養」への長年にわたる関心は、「精神文明」の創出に導いた、と書いた。[47]

（46）張君勱「再論人生観与科学」、七八―七九頁。
（47）張君勱「人生観」、九―一〇頁。

中国には、この活力に満ち溢れて攻撃的な物質文明の挑戦から生き残れるどんな希望があるのだろうか？ 張君勱は、「吾には吾の文化があり、西洋には西洋の文化がある。西洋の有益なものはどのようにしてこれを採用し、害あるものはどのようにしてこれを取り除くか」[48]、と問うた。二人の梁は、この問題の解決は、少なくとも部分的には、西洋が中国の価値を受け入れることにある、そしてそのことは必然的に西洋文明の気質に深刻な変化を生み出すことになるだろう、という点で一致していた。しかし、張君勱はそのような請け合いでは決して慰められなかった。かれもまた、ヨーロッパにおける「当面（現在）の現実に対する大きな「思想的」反抗」[49]について言及しているが、かれはそれからいかなる希望も引き出さなかった。かれが見たのは、中国がひたすら西洋の行き過ぎた行為に追随して、「富国強兵」という古い十九世紀の政策を最も依りどころにしていることであった。張君勱は、「而して国家の前途の最大の危険もまたここに在る」と警告した。[50] かれの心情は一つの時代が過ぎ去りゆくことに対する悲しみの一つであった。

（48）同前、一二頁。
（49）張君勱「再論人生観与科学」、六六頁、九―一〇頁。
（50）同前、八〇頁。

我が国の立国の方策は、「静」に在ったのであり、「動」に在ったのではない。精神の自足に在ったので、物質の逸楽に在ったのではない。自給の農業に在ったので、利を求める工商に在ったのではない。徳化の大同に在ったのであり、種族の分立に在ったのではない。数千年門を閉ざして自守したので、文化が停滞し、生計［経済］は活気が無くなり、智識は少数の者が操り、大多数の者は老いて郷里に死ぬように、文字を知らない。一言をもってこれを蔽えば、農を以て国を立てたから、工芸の知識に乏しく、また物質の需要も無かった。だから国を立てて久しいが、勉めてなお、寡にして均、貧にして安んずる［貧しいが平等、欠乏しているが平穏］の一境に達することができたのみであった。[51]

（51）この句は『論語』「季氏第十六」の「寡を患(うれ)へずして均しからざるを患ふ。貧を患へずして安からざるを患ふ」から来ている。朱熹とかれに従うレッグ Legge は、「寡」を人民が少ないという意味に解している。わたしはウェイリー Waley の解釈、「かれは自分の人民が貧窮であることを心配しているのではなく、うまく分配されていないことをのみ心配している」の方に従う（Arthur Waley, trans., *The Analects*, p. 203）。しかしウェイリーは、「貧」を「少 few」と解釈している。ここは、わたしは朱熹のより伝統的な解釈である不足、欠乏に従った。この章句は新伝統主義者にとくに好まれた。上の注(17)を参照。

今から後はどうなるだろうか？　数万トンの大艦が揚子江口を往来している。数万馬力の発動機が日夜、天津、上海、広東、漢口の市場で運転している。工場の汽笛が高く鳴り響くと、その声を聞いて集まり散ずる者は数千人、一年中働いても、食っていくにはなお足りないようである。一方で、公司（会社）の交替は速く、その奇を操って儲けを蓄える者は千百万、ただ元金と利子［子母］を権《はか》って、手を袖に入れていただけでもまた有余を得ている。これは其の強弱優劣が極めて顕著に至ったものである。故に、多くとも均でなく、富んでも平穏［安］でないのだ。おそらくこれが今後必至の勢いになるだろう。[52]

（52）この段の論述は、張が「去年上海で起草された憲法草案の刊後語」とだけ言っているある資料からの引用のようである。これは「八団体国是会議の憲法草案」と題された文献を指しているのかもしれない。そのテキストは『努力週報』一三期（一九二二年七月三〇日）に掲載されている。胡適はこの草案は張君勱の手によるものとしている。

張君勱は平等に貧しい理想に戻ることに賛同しなかったし、中国はその原始的な農業的生活様式に相変わらず縛り付けられているべきだと力説したのでもなかった。かれは、産業化は避けられないもので、思いとどめさせられるべきではないことを認めた。にもかかわらず、不安を抱きながらかれが切望したのは、経済的な近代化はある種の社会主義的制度の導きの下で起こされるべきだ、それは現在のヨーロッパを悩ませているいろいろな不幸から中国を救ってくれるであろう、ということであった。しかし梁啓超や梁漱溟と同じように、かれが望み得た最大のものは、自己中心的で、攻撃的で、物質主義的な、西洋の勝利した文明と、自己否定的で、静寂で、精神的な、中国の敗北しつつある文明との間でバランスが取れるかもしれない、ということだった。かれの最後のアピールは、直観と感情にではなく、理性に向かってなされた。「語に云わないでしょうか？　必要は発明の母なり、と。人間の智力をもちながら、［西洋と違う］別の途を尋ねることはできない、と謂うのをわたしは信じません。[53]」

（53）張君勱「再論人生観与科学」、八四頁。

「玄学［形而上学］はまことに無頼の鬼です——欧州で鬼は二千余年にわたって乱してきましたが、近来になって、次第にそこでは悪さをして飯が食えなくなってきて、忽然と、いつわりの商標［幌子］を起て、新たな看板［招牌］をかけ、大手を振って大威張りで中国にやって来て、人目を引きつけてペテンをやっています。あなたがもし信じないなら、張君勱の『人生観』を見られると良いでしょう。[54]」

（54） 丁文江「玄学与科学」、『科学与人生観』一、一頁。

張君勱の清華大学での講演の二、三週間後に書かれたこれらの言葉とともに、最初の反撃が西洋派陣営からやって来た。この文の作者は丁文江で、かれはこの長引いた論争の中で終始西洋的理想のための主要なスポークスマンの役目を務めた。丁文江はこの役目を担うのに大変ふさわしい経歴を持っていた。かれはロンドン大学（ここで医学学位を目指して学んだ）とグラスゴー大学（ここでかれは生物学と地質学の学位を取った）の学生として七年間学んでいたから、西洋式教育を受けた人で、かつ科学者である、という両方備えた人だったのである。[55] 丁文江の張君勱に対する反駁は、一九二三年四月に『努力週報』に載った。この雑誌はかれと胡適が一年前に北京で創刊した小さな自由派の週刊誌だったが、かれの文章はその後数カ月の間に、典型的に中国的なやり方でもって拡大して盛んになった論争の開始の合図になった。つづいて、他の人々が主な主唱者の支援に集まり、意見の交換が徐々に熱気を帯びて拡散するにつれて、瞬く間に全面的な「論戦」になった。[56] 論争の中で討論された諸問題が正確な定義を欠かなければならなかったのは、多分避けられなかったことだった。胡適は、この論争全体が一般性のレベルで進められたことに不満を述べ、かれはその欠点を張君勱の最初の攻撃が漠然としたはっきりしない定式化だったことに帰した。[57] にもかかわらず、この論争の基本的な問題は十分にはっきりしたものだった。

（55） 胡適『丁文江的伝記』（台北、一九五六）、一一頁。

（56） 一九二三年の末に、この論争によって刺激されて書かれた大量の重要な論文が集められて、しっかりした二冊の本として出版された。『科学与人生観』と題され、胡適と陳独秀が序言を書いた。この論文集の中で張君勱の最初の講演は僅かに一二頁だけ、一方、丁文江の反駁文は三〇頁を占めた。張君勱の答文はその三倍の九〇頁を占めている。その年の秋、呉稚暉は一連の科学擁護の文章を書いて公表したが、書いたものはそれだけで一冊の本にできるほどのものだった。それはこの大きな論文集の中で一六五ページを占めた。

（57）『科学与人生観』「胡適序」、一〇頁。

胡適は一九二二年末に身体の衰弱に苦しめられ、その後、浙江の山地で回復に努めていた。だから一九二三年の大部分の時間、かれは北京を留守にしていた。かれはその年に大変盛んになった論戦にほとんど貢献しなかったが、かれの忠誠がどちら側にあったかは全く問題にならない。一九二二年にかれはすでに、「われわれ人類がいま最も必要としていることは、科学的方法をもって人間生活の問題を解決することである」と書いていた。張君勱が直接挑戦したのはまさにこの立場だったのである。「科学がどのように発展したとしても、科学には人生観の問題を解決する力はない」、と。この問題で、敵対者は互いに和解しえないほどに分裂した。梁啓超さえ、「科学は破産した」という主張（一般的にはこの考えは梁啓超から始まったとされていた）を急いで否認し、そして、張君勱の科学の役割についての狭い定義から自らを切り離した——梁は、「理性の王国」の内に存在している諸問題は正しく科学の対象になるということだけは認めようとしたが、かれはなお、「感情」に直接関係があるすべてのものは依然として「科学以上のもの」とされなければならない、と主張した。[58]

（58）梁啓超「人生観与科学」、『科学与人生観』一、九頁。

新伝統主義者の中での一般的合意の一つは、人間生活ははっきりとした、そしてある程度独立した存在の層《レベル》に分けることができるということだった。かれらはこれを「内面的」と「外在的」、あるいは「精神的」と「物質的」の層次とさまざまに言った。胡適の反駁は、一九二三年に書いた梁漱溟の『東西文化及び其の哲学』への批評文と、その後書いたいくつかの文章の中で発表されたが、それはかれらのこの前提の妥当性を否定する方向に傾いていた。かれは、精神的、物質的な達成というのは、個人的なものであれ、歴史的なものであれ、一つの生きた経験の同格の二側面である、と主張した。精神的な質というのは物質的な達成の水準の反映にすぎない。かれは、生活の物質的側面は精神的側面よりも何か劣っているという主張を全面的に拒絶した。「人間の物質的享受を高め、人間の物質的便利さと安逸さを増加させることは、……みな人間の能力を解放する方向に向かったもので、人々をして、その精力心思を全て僅かに生存していくことのみに注がなくともよいようにさせ、かれらをして、余力をもってかれらの精神的要求を満足させることが出来るようにさせるのだ[59]」と書いた。

(59) 胡適「我們対于西洋近代文明的態度」、『胡適文存』三集巻一、六頁。

胡適の東西文化・科学と人生観についての立場と見解

胡適は自ら「唯物主義者」であると公言していたから、梁啓超やその他の追随者たちの精神を不快な気持ちにさせた考え、すなわち、個人を無慈悲な決定論の網の中に囚われた存在として表象する見方に、困難なく耐えることが出来た。実際、かれは一九二三年の論争の中で科学を防衛しようとするに急な人々の誤りさえも見つけ出した。というのは、胡適は、かれらは科学的な考えというのは「純物質的、純機械的なもの[60]」であることを認めるべきだ、と考えたが、かれらの中にはそこまで行こうという用意のある人は、呉稚暉を除いて、誰もいなかったからである。胡適は、宇宙についてのこの物質的な考えに含まれているもっと残酷な意味から、個人を救い出すのが知性の役割だと主張した。かれにとっては、理性は人間の自由と創造力のカギだった――新伝統主義者が力を合わせて攻撃したのも、まさにこの同じ理性であった。梁啓超とかれの弟子たちは、西洋人は物質的進歩の妄念に取りつかれており、人間存在の精神的次元に対して無感覚であることを非難した。胡適はそれと反対に、西洋文明は東洋のまったく貧しく遅れた文明がそうであるよりももっと純粋に精神的側面に関心を持っている、まさに、物質的福利の重要性をより大きく重視しているという理由からだ、と主張した。

「西洋近代文明が人間の心霊《せいしん》の要求を満足させることができる程度は、まったく東洋の旧文明が能く夢見ることができる所ではない。……西洋文明は決して唯物的なものではない。それは理想主義 Idealistic のものであり、精神的 Spiritual なものなのである。[61]」

(60)『科学与人生観』「胡適序」、一三頁。
(61)「我們対于西洋近代文明的態度」、『胡適文存』三集巻一、八頁。

その証拠はすぐ手に入るところにある、とかれは続ける。中国的生活の状況についての隠し立てのない評価は、西洋を超えた「精神的優位性」という名でなされるいかなる主張も信用ならないとするに違いない、と。一九二六年のヨーロッパへの旅の途中——これは大西洋の向う岸へのかれのはじめての旅だった——、胡適は暫くハルビンに滞在した。この満洲の都市で、中国からやって来た旅客はシベリア横断鉄道の列車に乗り込み、ソ連を横切って西への長い旅行に行くのだった。ハルビンの地はボルシェヴィキ革命以前はロシアの租借地だったが、この時はもはや治外法権の下にはなかった。しかしそれでも依然「特殊な」地位を保っていて、その境界内での人力車の使用の禁止を含む、以前の規則のいくつかはなお効力を有していた。「この地区と外との違いを見ると、嘆きを禁じ得ない」、と後に胡適は書いている。「自ら想った。ここは東洋文明と西洋文明の交界点ではないのか？　東西文明の境界線は、人力車文明と自動車文明の境界線にすぎない。」道徳はもっと明らかだ。人間を担荷動物や機械の代わりに使用するいかなる文明も、その精神的達成について自ら誇ることはできない。「人間の心思才智を用いて機械を製作して人力に代替させるどんな文明」も、けっして物質主義的だと非難することはできない[62]、と。胡適の「自動車文明」に対する大きな熱情は、かれの中国の物質的、思想的遅れに対する軽蔑的な嘲りによって釣り合わせられている。「中国の郷間《いなか》の百姓《のうみん》は自動車を見ると、慌てふためき、どう回避していいのか分からなくなり、あなたが力いっぱい警笛を押して鳴らしても、かれには何も聞こえない。」[63]「他の者たちはすでに海上を飛んでいるのに、われわれはまだ地上を這い回っているのだ。」[64]

(62) 胡適「漫遊的感想」、『胡適文存』三集巻一、五二頁。
(63) 同前、五六―五七頁。
(64) 胡適「請大家来照鏡子」、『胡適文存』三集巻一、四二頁。

中国には精神的な優越性があるという自惚れはその程度のものだ。しかしなお大きな問題が回答を待って残っている。なぜ中国人は依然として地上を這い回っているのだろうか？　なぜ中国では人間はまだ荷担ぎ動物として利用されているのか？　中国と西洋が到達したことの間のこの余りにも明らかな相違は、どのように説明されうるのか？

梁漱溟は、その答えは中国の長い歴史的発展の行程におけるその環境に対する中国人の応答の特質にある、と示唆していた。胡適はこれに対して、少なくとも部分的には、進んで同意した。かれの梁漱溟の著作への批評文の中で、胡適は「われわれは、各民族がある時代の文化において表現した特徴というのは、環境と時間の関係《けっか》［成り行き］にすぎない、ということを認める」と主張した。[65]しかしかれは、梁漱溟の、文化的達成のレベルにおける質的差異は環境によって引き起こされた問題に対する人間の応答の性質の重要な違いから生まれる、という意見、これを拒否した。別の表現をすれば、中国人の価値は自然界に対する直観的な反応によって形成されたものであり、一方、ヨーロッパ人の価値は基本的には同じ問題への理性的なアプローチの産物である、というのは全く馬鹿《ナンセンス》げた考えである、と。胡適は「人の脳の構造は東であれ西であれ、種の違いによってそのような大きな差異があることはあり得ない」と言い、さらに進んで、かれが人類の発展における「限られた可能性という理論［有限的可能説］*」と呼ぶものが、現存する文化的達成のさまざまな等級を、民族的な思想態度の基本的差異に還元させるのを不可能にする、と主張した。[66]ヨーロッパ人だけでなく、すべての民族がみな理性と智慧という手段を用いて環境を支配しようと努力してきた。すべての民族がかれら自身の歴史の全体を通じてみな、梁漱溟のいう「第一の道」に従ってきた。「われわれが歴史的な眼でもって文化を観察してみると、各民族がみなその『生活本来の道』を歩んでいるのが見えるだけである。しかし環境には難易があり、問題には緩急がある、だから歩む道に遅い速いの違いがあり、到着する時間に前後の違いが出るのである。(67)」

(65) 胡適「読梁漱溟先生的『東西文化及其哲学』」、『胡適文存』二集巻二、八二頁。
(66) 同前、七三―七四、七九頁。
(67) 同前、八二―八三頁。
＊ 同書評で、胡は「文化は民族生活の様式」で、それは根本は大同小異のものだ。なぜなら「生活は生物の環境に対する適応に過ぎず、人間の生理的構造は根本的に大体同じで、それゆえ大同小異の問題の下で、解決の方法も大同小異の幾つかを出ることは無い。この道理を『有限的可能説』とよぶ」と述べている（『胡適文存』二集巻一―（三二））。

こうして、真の支配的要因は環境それ自身になり、人間のそれに対する態度ではなくなる。一定の自然的限界の内において、異なった自然的環境がさまざまな民族に押し付けられるかもしれないが、しかし人間の基本的な本質は、自分を取り巻く世界との関係において起きてくるどんな問題をも、何とか工夫して理性的な解決を考え出そうといつも模索するものだ。まさにこうして文化が生まれ、文明が作られたのである。中国とインドはたしかに西洋に遅れているが、その原因はそれらの民族が「中和《ちょうわ》を持し後を向いている根本的な悪癖」に苦しめられたからではなく、むしろ、今まで一度として「強制的で抵抗し難い」環境の問題に直面させられることが無かったからである。(68)文化は進歩という一本線に沿って発展するもので、かつ限られた可能性の理論と一致するものだというからには、東西の差異はただ程度上のものに過ぎず、本質上のものではないはずである。そして文化の差異も一民族、あるいは別の一民族だけが持っている能力や才能の証拠として構築することはできないから、最終的分析としては、それらを相対的な成績を示す指標、もっと厳しい言葉で言えば、歴史の挑戦に直面した中において成功したか失敗したかの証拠、と見なさなければならないのである。

（68）「読梁漱溟先生的『東西文化及其哲学』」、『胡適文存』二集巻二、八三―八四頁。

胡適は、一九二三年に書いた梁漱溟の『東西文化及び其の哲学』に対する批評文の中で、環境に対する人間の反応は計算されたものというよりも、むしろ直覚的なものである、という梁の主張を受け入れた――あるいは、少なくともこの主張に強く反対しなかった。かれは、そうした反応は理性というよりも直覚から起こってくるものであるということを否定しなかったけれども、かれは、そのような理性の働きは、意識的な判断とは関係のない、自発的で自然なものだと信じていたようである。しかし間もなく、胡適はこの立場を考え直し始めた。「われわれの西洋近代文明に対する態度」という一九二六年に発表された重要で広く読まれた文章の中で、かれは、文明は「一つの民族がその環境に応答した総成績である」という以前に文明に下した定義を繰り返した。またかれは改めて、中国擁護論者がその言葉を使う意味において、物質的だとしてどこかの文明を貶めることは意味のないことで、正当化されない、というのは、すべての文化は精神的、物質的、双方の要素を含んでいるからである、[69]と自分の信念を主張した。だがその一方で、かれはそれ以前は、文化がはっきりと分かれて異なることを、諸民族の発展のさまざまな時期にある民族に加えられた環境のインパクトが異なったという点からそれを説明しようとしたのだが、かれは今、ある特定の民族の自然秩序に対する態度［考え］も、かれらの環境に対する応答に影響を与えるかもしれない、と認めた。このように、かれは新伝統主義者たちがその議論全体を通じて強調した論点、つまり中国人の生活観はいくつかの面で独特で中国的なものだという論点、これを認めた。しかしかれらとは違って、胡はこの理由でそれを賞賛に値するものと見たのではない。かれは、中国人の気質は新伝統主義者たちがそれに帰したところの性質、「命に安んじ、貧に安んじ、楽天的で、争わず、損を受け入れる」という性質によって特徴づけられていることを認めた。しかし、これらの特徴は美徳というよりも罪悪である、とかれは主張した。苦痛と剥奪を受動的に受け入れることが、ある文明の社会哲学・政治哲学の中心的な特徴にならなければならなかったということは、まさにそれに苦しんだということよりも、もっと大きな悲劇なのだ、とかれははっきり言った。「このように、物質的な環境の拘束と支配を受けながら、それから飛び出すことが出来ず、また人間の心思智力を用いて環境を改善して現状を改良することが出来ない（中国文明のような）文明は、怠惰で向上し進もうとする心の無い民族の文明であり、まことの唯物的な文明である。このような文明は、人間の精神的な要求を抑えることが出来るだけであって、決して満足させることはできないのである。[70]」

（69）「我們対于西洋近代文明的態度」、『胡適文存』三集巻一、四―五頁。ルシアス・ポーター Lucius C. Porter によるこの文章の英訳 "Two Wings of One Bird: A Chinese Attitude toward Eastern and Western Civilization" が *Pacific Affairs*, 1.1: pp. 1-8 (1928 / 5). に発表されている。胡自身による英文版 "The Civilizations of the East and the West" は、Charles A. Beard ed., *Whither Mankind: A Panorama of Modern Civilization* (New York, London, Toronto, 1928), pp. 25-40. 所収。

（70）「我們対于西洋近代文明的態度」、『胡適文存』三集巻一、一九、六―七、二〇頁。

胡適が述べているように、西洋はそれとは極めて異なった諸原理に捧げられている。東洋的な受身や忍従とは対照的に、西洋人の気質は「分に安んじず、貧に安んじず、損することを肯ぜず、努力奮闘して、いまある境地《かんきょう》を継続的に改善（しようと）すること」によって特徴づけられる。これが、ヨーロッパ人の物質的達成の素晴らしい業績を、胡適が満足いくように説明したものである。それはまた、生活の精神的次元についての、より良い理解が西洋では普及しているという事実を証明している。というのは、精神的自由の本質というのは、決して中国擁護者たちが持とうとしているような、満足［足るを知る］や静寂主義［争わず］ではなく、真理の積極的な追求なのである。まさに知識が、まさに知識だけが、人をして「環境の中のすべての束縛を打破させ、……天も怖れず、地も怖れず、堂々と一人の人間として生きさせるのである。」だから、胡適はこう結論する。「知への欲求は人間の生来の精神的な最大の要求である。東洋の旧文明はこの要求に対してそれを満足させようとしなかっただけでなく、つねにそれに制裁を加え、それを断とうとしてきた。……こういうところがまさに、東西文化の根本的に異なっている点である。一方は、自暴自棄の不思不慮であり、一方は継続不断の真理追求である。[71]」

(71)「我們対于西洋近代文明的態度」、『胡適文存』三集巻一、一九、七、九―一〇頁。

胡適は当然のことながら、西洋人たちが自らの西洋文明に対して持った不満、この西洋人の不満こそが新伝統主義者たちにかれらの議論に満足を与えたものなのだが、それが持っていた意義をできるだけ小さく見ようとする傾向がある。しかし、ここで指摘しておかねばならないのは、西洋人の自信喪失というのは、アメリカ起源というよりもヨーロッパ起源だということだ。梁啓超はせいぜい旅行者としてのヨーロッパの知識しか持たなかったけれども、しかしかれは今世紀初め以来、何度もヨーロッパを訪れてそこで時を過ごしていた。そして一九一九年の旅行の途中でベルグソンとオイケンを訪問していた。数年前に張君勱《くんばい》はこの二人の下で学んでいたのだった。胡適の教育と経歴はそれとは対照的に、まったくアメリカ的なものだった。そして、かれが西洋について語るときは、それはアメリカ、かれが心の中で抱いているアメリカのことだった。というのは、かれにとっては、アメリカは(西欧、中国とは違った)「第三の道」を代表していたからである。[72] 第一次大戦初期にコーネル大学で学生をしていた時に、かれは加わっていた平和主義者の団体の影響で、「西洋の非人道的で非キリスト教的な侵略性」を非難したことがあった。一九二〇年代にかれは、この戦争はおそらくヨーロッパ文化の逆戻りできない衰退の始まりの兆しとなったということを心の奥では認めようとしていた。だがかれは、現代文明は太平洋の両岸の偉大な国家――アメリカと中国――に永遠の避難所を見つけるかもしれないという希望を心に大切に持ち続けた。[73] かれは、西洋の徹底的自己省察を「戦争の傷に打ちのめされたヨーロッパの病的な心理」の反映にすぎないものとして公然と退けた。[74] そして、ベルグソンとオイケンを「反動的な哲学者である。平素は科学の美味を飽きるほど喰いながら、ときたま科学に対して幾つかの不満を言っている。それは金持ちが魚や肉を腹一杯食べた後、いつも漬物や豆腐を味わってみたいと思うようなものだ[75]」と非難した。

(72)「漫遊的感想」、『胡適文存』三集巻一、六二―六三頁。
(73) 例えば胡適の未公開日記の一九二二年七月三日には、かれと蔣夢麟との会話が記録されている。蔣はワシントン会議への参加から最近戻ったばかりだった。そして胡がそこから引き出したのは見通しの暗い結論だった。
(74) "The Civilizations of the East and the West," *Whither Mankind*, p. 25.
(75)『科学与人生観』「胡適序」、七頁。

西洋では、科学的方法の重要性についての理解は長い伝統によってしっかりと根付いている。だから胡適は、科学に対する反発は少しの心配も引き起こすはずはないと考えた。しかし中国の状況はそうではない。かれは一九二三年に次のように書いた。「現在、中国はまだなお科学の福賜《おんけい》を享受するに到っていない――ほんの少しでさえ享受していない。そうならば、どうしてわれわれは科学がもたらす『災難』について語ることができよう[76]」と。ここでかれは、数カ月前に丁文江によって出された論点を支持した。丁文江は、若い世代が張君勱に説得されて、政治と社会の問題は「理性の支配を受けず、……かれの謂うところの主観的な……自由意志的な人生観をもってそれらを解決しさえすればいい」と信じるようになりはすまいか、と深刻に心配した。丁は、「もしこのような考えが追随者を獲得するようになったら、「学習して知を求める必要なんか要らなくなってしまう。知識や経験はみな無用なもの〔と見なされるよう〕になるだろう。人々が必要とするものは『自身の良心の命ずるところに従う』だけになってしまう[77]」と警告した。丁はこの状況を、清代初めの思想家たちの明代の思弁的な形而上学への反発に比している。丁は顧炎武の、これら明代の人々は「多く学んで識り、以て一貫の方を求めることを舎《す》て、四海の困窮を置いて、終日、危微精益［高尚で難解］な説を講じている」という告発を、かれ自身の敵に向けて敵対させた。顧炎武は次の言葉でかれの時代の思想的愚劣さを嘆いたのだった。「人と権勢を競い合わんとする徒［若輩共］が、速成して世に名を知られんと欲している、これに語《はな》すに五経をもってするときは、則ち（かれらは）学ぼうとは願わず。これに語《はな》すに白沙陽明［白沙は、明の陳献章の学派、静坐澄心を主とする。王陽明に伝えられる。陽明はその王陽明の学派］の語録をもってするのである」と。丁文江は一九二〇年代の中国の若い知識人に語りかけた時に、顧炎武のこの感想をパラフレーズしながら、「今の君子は、速成して名を聞かれようとしていて、これに語るに科学をもってするときは、かれらは学ぼうとせず、これに語るにベルグソンとドリューシュ［一八六七―一九四一、ドイツの生物学・哲学者、一九二二―二三年に北京大学教授、生気論的生物学を提唱した］をもってするときは、かれらは喜ぶのです」[78]と述べた。

(76)『科学与人生観』「胡適序」、七頁。
(77) 丁文江「玄学与科学」、『科学与人生観』一、一八頁。
(78) 同前、二七―二九頁。

丁文江にとっても、胡適にとっても、科学教育の大きな重要性というのは、たぶんそれが繰り返し教え込むであろう知的な訓練と客観性にあった。かれらが科学的な考えを擁護したのは、科学自身を目的にして擁護したのではなかった。丁文江が概括したように、「(科学は）教育と修養の最も良い工具である。というのは、毎日真理を求め、いつも先入見を見破ろうと考えるからである。科学を学ぶ人に真理を求める能力を与えるだけでなく、さらに真理を愛する誠心を持つようにさせるのだ。偶然どんなことに遇ったとしても、落ち着いて分析研究し、複雑の中から簡単を求め、混乱の中から秩序を求め、論理でもって自分の思考を訓練させる。こうして思考力はいよいよ増すのである。経験を用いて自分の直覚に指示してやると、その直覚はますます生き生きとして来るのである。(79)」

(79) 丁文江「玄学与科学」、『科学与人生観』一、二〇―二一頁。

おそらく丁文江自身がヨーロッパの教育を受けたことがあったが故に、あるいはかれ自身が戦争直後のヨーロッパを直接経験したその結果として――かれはまた、梁啓超の一九一九年の欧州旅行に随行したことがあった――、丁文江は胡適よりも戦後のヨーロッパの価値観の危機を深刻に見る傾向があった。その結果、かれは懸命に西洋の科学を、多くの中国人が大変嫌悪して見ていたその商業主義や軍国主義とはっきり区別させようとした。丁は、張君勱が最近のヨーロッパの瓦解の責任を誰かに帰そうとして、科学者と工業家を一緒くたにして論じたときに、かれは間違いだ、と言った。「試験管と工場は絶対に別のことなのである。……試験管は真理を探求する場所で、工場は金儲けをする機関なのだ。……欧米の大実業家の大半は、われわれの督軍・巡閲使のような人間で、微賤の出身で、科学的知識を持っていない人間である。」だから、この度の戦争に責任を負うのは、科学者ではなく、「政治家と教育家である。この二種類の人間の多くは(その考えと信念において)まだ科学的でないからだ(80)」、と丁文江は主張した。

(80) 同前、二二頁。この主張を証明するために、丁文江は、グラッドストーンのダーウィンに対する攻撃、デヴィッド・バルフォアの本 *The Foundations of Belief: Being Notes Introductory to the Study of Theology*, ブライアン William Jennings Bryan の進化論に対する反対(スコープス Scopes 裁判は二年後に起きる)、を引用して、これらの基礎の上に立って、「われわれは、欧州アメリカの国会議員、総理、総統(ママ)が従来から科学を学ばなかった人であることを考えてみさえすれば、科学の影響は始めから終りまで政治には入らなかったことが分かる」と断言した。同前、二五頁。

胡適は自分が西洋的価値を受容したことに対して防護措置を講じなければならないというようなそうした脅迫感をまったく感じなかったし、かれは(梁啓超らと違って)西洋の前途にもっと楽観的な見方を持っていた。それはルネサンス以来の西洋の歴史の全体的趨勢への共感的な評価に基づいていた。一方でかれは、「われわれが近代西洋の工業技術や科学、法律を全体的に見た時には、われわれは確かに、これらの事物の中で生み出された人間の死、そして侵略的で掠奪的な制度を見出すことが出来る」と認めた。しかしかれはまた、「われわれは〔西洋の〕大衆の福利に関心を寄せる本質的な精神を認めない訳にはいかない」と主張した。[81] 胡適はまた西洋の歴史の中に「新道徳」がゆっくりと成長しているのに気づいた。この新道徳は人間の、理性の権威へのますます深まる確信、他者との関係がますます深まっている感覚に基礎を置いていた——指摘されるべきは、この同じ権威を梁啓超とかれの思想的追随者たちは否定し、この共感の感覚を西洋人の精神の中に見ることに失敗したことである。胡適が新伝統主義者の中に見出した危険性は、それが中国人を西洋とその文化から遠ざけることだった。「この文化は今まさに世界的文明に変わりつつある」[82]のに、である。またこの考えは、中国中心主義的な保守主義の勢力に満足を与えることによって、かれらに彼ら自身の伝統の想像上の——あるいは少なくとも高度に理想化された——達成をじっと見つめるように促した。梁啓超の『欧遊心影録』が出版されて以来、「大多数の未だ国を出たことのない旧式の人間はみな得意げに言っている。『科学は破産した！』と。梁任公がこう云っているのだ」[83]、と胡適は不満を述べた。このように梁啓超とその追随者たちは、「東洋の護道者の虚栄心に満足を得させ、それでまた、東洋の反動勢力を強化したのである。」[84]

（81）「我們対于西洋近代文明的態度」、『胡適文存』三集巻一、八頁。「大衆の福利に関心を持つ」（利用厚生）という語句は『孝経』から引かれている。Legge, *The Chinese Classics*, 三巻、五六頁。それは、人民に利便と安楽を与えるために有益な技芸を促進するよう支配者に命じるという文脈で表われているようである。
（82）“The Civilizations of the East and the West,” *Whither Mankind*, p. 25.
（83）『科学与人生観』「胡適序」、六頁。
（84）“The Civilizations of the East and the West,” *Whither Mankind*, p. 25.

どう見ても、胡適はかれの同時代の多くの人たちよりも過去への感情的な魅力に良く耐えることができたのだが、しかし西洋の武力・理念との不均衡な衝突から生じた心理的な板挟み《ジレンマ》に、かれは鈍感でも無関心でもなかった。すでに一九一七年にかれは鋭敏にこの問題について述べていた。

われわれ中国人はいかにしたら、一見してわれわれが長いことわれわれ自身の文明だと見なしてきたものと大変異なるこの新世界の中で、安心したくつろぎを感じることができるのだろうか？　というのは、もしその新文明が本質的な部分で異国から輸入されたもので、国家的生存のため外的膨張の必要性によってそれに無理やり加えられたものだと見られたならば、輝かしい過去と自ら創造した独特な文明を持った民族が、新しい文化の中では決してくつろぐことができないというのは、全く自然で当然のことである。そして、もしこの新文明を受け入れることが緩やかな同化のやり方でなく、突然の交替の形をとったとしたなら、それは確かに全体として人類にとって大きな損失になるだろう。それによって旧文明の消滅を引き起こすことになるからだ。だから本当の問題は次のように言い直されるだろう。われわれはどのようにしたら、それをわれわれ自身が作り上げた文明と一致させ、協調させ、継続発展させることが出来るような、そうした方法で最もうまく現代文明を同化できるのだろうか、と。

……この大問題の解決は……ただ、新中国の思想的指導者たちの先見力と歴史の連続についての意識次第であろう、そしてその機知と技巧に頼って、それでもってかれらがうまく現代文明の精華をわれわれ自身の文明の精華と結びつけることが出来るだけだろう。(85)

（85）Hu Shih, *The Development of the Logical Method in Ancient China* (Shanghai, 1922), introduction, pp. 6-7. 論理的方法についての胡適の仕事の中文版である『中国哲学史大綱』の序言には同じような記述はない。また、他の胡適の中文の文章のどこにもここで論じられた問題についてのこれほど明快な分析をわたしはまだ発見していない。

胡適の中国文化への視座と現代的研究――民族主義《ナショナリズム》への不信感

胡適の中国の「特有の文化」へのアプローチは、徹底的に批判的なものであるが、しかし決して軽蔑的なものではない。かれは、過去は現在に与える何らの価値も持っていない、とは信じていなかった。というのは、かれは、「近代」的な考え方と方法をもっと容易にもっと自然に導入させ得たかも知れない中国の前例を探し出すことが重要なことなのだ、と確信していたからである。しかしかれは、過去は正確に理解されなければならない、そうした過去の正確な理解は、伝統文化のあらゆる面に対する感情に動かされない再評価からのみ可能になる、と主張した。中国が自身の居場所を作らねばならない新しい時代に、目標に全く役に立たないような考えを正当化しようと、ある人たちは伝統に訴えかけたが、胡適はこれらの人々に全く共感を持たなかった。そして胡適は、道理に基づいてというよりは感情的に伝統の防衛を言う人々を容赦なく軽蔑した――林紓のような人々である。かれはアレクサンドル・デュマやディケンズなどの作品の訳者だったが、古典文の廃止への反対を主張した。しかしまたこうも白状している。「吾その理を知る、しかし其の以て然りとするところを言う能わず（わたしはその理を知っているが、なぜそうなるかを言葉で言うことはできない）」、と[86]。胡適は一九一九年に、新思想の旧文化に対する態度は、古代からある規範への「盲目的な追従服従」に反対するものでなければならない、そしてその最も重要な目標として科学的方法の導入を取り上げて、この方法だけが過去についての偏見のない理解を与え、その偏見のない理解の上にこそ将来の中国の生き残りはかかっているのだ、と書いた[87]。一九一七年に合州国から帰国した後、胡適はすぐに「国故整理［国の文化的遺産を体系化する］」運動の良く知られた指導者になった[88]。他の仕事に混じって、この後数年の間にかれがこの運動のために為した貢献には、中国古代哲学史、白話文学のある部分の歴史、偉大な白話小説の作者〔曹雪芹〕とその宗族を取り扱った大量の長い実証論文、清代思想家の研究方法と動機についてのいくつかの学術研究、そして仏教が中国の思想史と社会の歴史に及ぼした影響についての一連の論文がある。

（86）胡適「新思潮的意義」、『胡適文存』巻四、一〇三三頁より引用。
（87）同前、一〇三二—一〇三四頁。
（88）わたしが明らかにし得た限り、「整理」という語（翻訳語 *cheng-li* をここに添付する）は、胡適が一九一七年に帰国の途にあった間に書かれたかなり散漫なメモへの書きつけに最初に現れている。『日記』、一一六六頁。

胡適のこの広汎な学術的仕事へのアプローチの独創性は、古い論争に新しい光を注ぐためにかれが行った新しい資料の探索に一部分は由来している。その良い例がかれの『紅楼夢』の起源についての調査である。『紅楼夢』は曹霑《そうてん》〔曹雪芹《そうせつきん》〕による十八世紀の偉大な小説で、ある繁栄し権勢を誇った一氏族の衰退を描いたものである。一九二一年に胡適がこの小説に注意を向けた時——それは学生ストライキによってもたらされた暇な時間を利用してのことであったが——、かれは自分の最も優れた二人の学生である顧頡剛《こけつごう》と兪平伯《ゆへいはく》を派遣して、地方地名辞典や地方志、当時の詩詞を集めた本、北京図書館の古文書資料などを当たらせ、曹一家についての言及があるか調査させた。それらは、曹霑〔曹雪芹〕の主張——それは後の批評家によって文学的装飾であるとたいてい片付けられていたのだが——、この小説は発想において本質的に自伝的な小説であって、以前から広く信じられていたような、ベールを被せて支配者である満洲人一家を攻撃したものだというようなものなどではない、という主張を実証したものだった。[89]

（89）この研究の背景については、顧頡剛の『古史弁』*Ku-shih pien* (Leyden, 1931). の著者序言から〔邦訳は『ある歴史家の生い立ち　古史弁自序』平岡武夫訳、岩波文庫、一九八七〕、Arthur W. Hummel が翻訳した Ku Chieh-kang, *The*

Autobiography of a Chinese Historian. を見よ。また、Jerome B. Grieder, "The Chinese Communist Critique of *Hung-lou meng*," *Papers on China*, 10: pp. 142-168 (1956). も参照。

他の事例では胡適の学術業績の重要性は、かれが新しい資料を用いたことではなくて、むしろかれが伝統的な問題に対して新しい判断基準を適用したことから生まれている。西洋文明の進化にとって基本的だった幾つかの観念に照らして、かれは中国の思想的発展の歴史を改めて読み直し、これらの異国の達成に照らして中国の到達を測定した――ここでもまた胡適の注意を引いたのは、西洋的なものではなく、近代的と思われたものであった。かれの博士論文『先秦名学史』（*The Development of the Logical Method in Ancient China*）はこの方向に沿った最初の試みで、これはかれのその後の仕事の大部分のための型を決めた。その序論の中でかれは、「教条主義と合理主義に反対するものとして経験を強調すること、作業の全方面において科学的な方法を高度に発展させること、歴史的あるいは進化的な観点で真理や道徳を見ること、――わたしはこれらはみな西洋世界の近代哲学のもっとも重要な貢献であると考えているが、しかしこれらはみな、はるかに遠いが高度に発達した先駆者たちの中、紀元前五、四、三世紀の偉大な非儒教学派（すなわち、墨子、恵施と公孫竜、荀子と韓非子）の中に見出すことができるのである」と書いた。(90)

（90）*The Development of the Logical Method in Ancient China*, introduction, p. 9.

胡適は、哲学の発展の上で西洋よりも優れていたという満足感を中国のために請求しようというういかなる意図も無い、と急いで否認する。「単に発明あるいは発見が先にあったとしても、後に続く努力で元の雛形を改進させて完全なものにすることが無ければ、それはただ遺憾な事であるに過ぎず、確かにそれを栄誉とすることはできない」と。しかしかれは、「わたしは、わたし自身の国の人民がこれらの西洋の方法は中国人の思想にとって決して全く見慣れないものではないと見ることが出来るようにさせることが最大の望みなのである」

と述べた。というのは、「もし近代哲学の角度から改めて中国古代の哲学を解釈し、また近代哲学が中国の土着の体系の語で解釈されたならば、そのとき、そしてその時になってはじめて、中国の哲学者と哲学研究者は思索と研究の新しい方法と道具に真にくつろぎを感じることが出来るようになる」からだ、と。(91)

（91） *The Development of the Logical Method in Ancient China*, introduction, p. 9.

かれはこの確信を保持しつつ、ヨーロッパの歴史的発展の角度から中国の歴史を取り扱う傾向があった。しかし、かれがしばしば引き出してきた東西比較は、中国人の観点からすると、決して良く描けているものではなかった。かれは、「もし中国文化が賞賛に値するものならば、それは必ずそれ自身の具体的な特徴の長所にもとづいて賞賛されなければならない」という梁漱溟の主張に同意しなかった。梁が中国を理性的なものというよりも直覚的なものとして述べたことに反駁して、胡適は、中国人は他のいかなる民族とも同じように、理性を用いて自分たちが直面した問題に関わったのだ、と主張した。しかし比較はここで終わらなかった。胡適は、中国では西洋においてと同じく、理性は宗教的教条主義の勢力と聖職者の権威に対する世俗的戦いを行うことを強いられたのだ、と主張した。

文明的な民族の中で、中国の人民はもっとも宗教信仰が無く、中国の哲学は宗教的影響力の支配から最も自由だった哲学である、と言われている。しかし、歴史に照らしてみると、この二つの考えはどちらも真実ではない。歴史の研究はわたしたちに、中国の人民は高度な宗教的情緒を持つことができるということを確信させてくれる……そして中国哲学も常にそれぞれ異なった時期の宗教の発展に大きく条件づけられたものであったから、中国思想の歴史は中国宗教の歴史とともに研究されなければ、正確に理解されないのである。もしわたしたちの人民が今日まだ世界の他の民族のように宗教的であるように見えないとしたなら、それはただ、わたしたちの思想家、わたしたちのヴォルテール、わたしたちのハクスリーが、ずっと以前に宗教勢力との苦しい戦いをしていたからなのである。そして、もし中国が今に至るまで本当の人道主義的な文明に達し得ることが出来なかったとしたならば、それはただ、中国の思想の中の理性的で人道的な傾向が一度ならず、大変大きな宗教勢力によって挫折させられたからなのである。(92)

（92） Hu Shih, "Religion and Philosophy in Chinese History," in Sophia H. Chen Zen（陳衡哲）ed., *Symposium on Chinese Culture* (Shanghai, 1931), p. 31.

中国思想の中の理性主義の進化についての胡適の理論は、最も簡単な概略としては以下のようにまとめられるだろう。

中国における人間主義的《ヒューマニスティック》な哲学の伝統の創始者たち──孔子本人、孟子、荀子とその法家の弟子の韓非、そしてそれよりやや後れた無神論者の王充──は、儒家以前の時代から引き継がれて広まっていた信心深さを和らげることはできたが、撲滅することはできず、結局、人間主義的哲学を迷信の寄せ集めの中に組み入れてしまった。この寄せ集めが漢代の国家宗教《カルト》になった。その後なお、仏教が到来すると、中国人はその宗教的形式と形而上学的思弁に負けて心酔するようになってしまった。胡適はこれを、「中国の最も良い伝統のすべてと相反するもの」で、「土着の中国人の簡明で率直な思考様式とはもっとも異質なものである」と決めつけた(93)──しかしこれは、胡適が認めているように、その後一千年にわたって中国人の精神の上に影響力を持ったほど説得力のあるものだった。新儒教が唐末から宋代にかけて発展したのはこの「中国のインド化(94)」に対する反動だった。それは「理性と人間性」への回帰であり(95)、それ以前の懐疑論的な自然主義の伝統をいくらかでも取り戻そうという試みであった。

(93) *Symposium on Chinese Culture*, p. 50.
(94) Hu Shih, "The Indianization of China: A Case Study in Cultural Borrowing," in *Independence, Convergence and Borrowing* (Cambridge, Mass., 1937), pp. 219-247.
(95) Hu Shih, "Chinese Thought," in H. F. MacNair, ed., *China*, p. 227.

胡適は中国の「ルネサンス」の起源をこの運動まで遡らせた。この運動の「歴史的使命はヨーロッパのルネサンスと比較することが出来るものだった。」生活の世俗化と精神の宗教的権威からの解放である。[96]その方法は「事物の研究」を通して「知を最大に拡げる」〔格物致知〕という命令に基礎を置いたもので、元来の傾向においては科学的なものであった。しかし真の科学的方法論への発展へと推し進める駆動力は以下のいくつかの要素によって弱められてしまった。絶対的原理〔道、理〕の観点から「啓蒙」を実現しようとした非科学的な願望、この運動の主要な支持者の側が持っていた凝り固まった反功利主義的な傾向、そしてかれらが古典の権威にひきつづき傾倒していたこと、によってである。これらがかれらが思想的自由の信条を宣言することを抑制していた。だが、そうした信条こそが真の科学的な世界観の発展のためには必要なものだったのである。これらの欠陥が、科学的探究の仕事に対する遺伝的な気おくれ、そして不十分で不適当な道具と設備という障害と結びついて、新儒教運動を実質的には元に戻してしまい、それがかつて破壊しようとした多くの悪弊を事実上永続させる道具になってしまったのである。[97]

(96) "The Indianization of China," p. 247.
(97) これは、"The Indianization of China"や「清代学者之治学方法」『胡適文存』巻二、五三九—五七九頁を含む、いくつかの歴史的概説において提出された見解である。

胡適は、十七—十八世紀の漢学〔清朝考証学〕の勃興にともなって、そこでようやく言葉の本当の意味において「科学的」と呼ぶに値する考えが表われたのだと主張する。胡適によると、銭大昕《せんたいきん》、顧炎武、王念孫、閻若《えんじゃく》璩《きょ》、戴震のような学者たちの文献考証は次のような特徴を表していた。帰納的推論と演繹的推論の必要な組み合わせ、仮説を設定する際の大胆さ、証拠を探求するときの客観性への注意深い配慮、自発的《アクティヴ》な学術研究への情熱、といったものである。これらはみな戴震の、「ただ宜しく推し求むべし、株守を為すなかれ（積極的に追求すべきである、じっと結果が来るのを待っていてはだめだ）」[98]という訓戒に凝縮されて示されていた。胡適も漢学［考証学］運動の若干の欠点――その関心の狭さ、幅広い目標の欠如、一般的原理を公式化することへの無関心――を認めていたけれども、かれはかれ自身の「国故整理」の試みと、三世紀前に始まったこの学術運動とを結び付けることを厭わず、自分が採用する現代的な技術は清代の学者たちの努力を覆すというよりも、かれらの考えを補充するものとなるだろう、と主張した。この点については、かれは丁文江の支持を得た。丁文江も「科学の権威、科学の普遍性、科学の普及力というのは、その材料（すなわち、その研究対象）からくるのではなく、その方法から来るのだ」と主張した。かれは続けて、清代学術の方法論と西洋の科学的方法論は「同じもの」である、だから科学は中国にとって異質なものだと非難している人々は間違っている、と言った。[99]

（98）「清代学者之治学方法」の各処を見よ。これらの学者たちの背景については、梁啓超『清代学術概論』（Immanuel C. Y. Hsü の英訳、Cambridge, Mass., 1959）、および、Hummel, *Eminent Chinese of the Ch'ing Period.* の要を得た伝記を参照のこと。

（99）丁文江「玄学与科学」、『科学与人生観』一、二〇、二七頁。

漢学［考証学］の運動はこうして胡適に、中国の経験と現代的な考え方との関係を明らかに示し、「現代」文明の価値を中国の過去と「連続するもの」「一致するもの」「同類のもの」であるようにする「歴史的な連続性」の感覚を浸透させるための無理のない自然な機会を与えたのである。しかし、この現在を過去と繋げるかれの考えには、多分に不可避的に、ある種の曖昧さが残った。かれは、同じ試みを行った他の人々に対して、その動機がいかに進歩的であっても、かれらの学術研究が客観性を欠いていることに気づいたときは、批判を加えた。例えば一九一九年に、井田制という土地分配制度の中国経済思想上の意義に関しての論争で、かれは、国民党の知識人でお粗末な社会主義者だった胡漢民、廖仲愷《りょうちゅうがい》と弁論を戦わせた。孟子はこの制度を重視した。この土地制度は、中央の共通区画は諸侯の利益のために耕される公田で、その周囲を八つの耕地が秩序良く取り囲んでいて、漢字の「井」の字に似ているから、この名が付けられた。孟子はこれは太古の黄金時代のものだとしていた。その後の、二十世紀の社会主義者も含めた改革者にとって、この制度は非常に魅力的なものだった。なぜなら、それは中国の地で生まれた原始的な社会的経済的な平均主義の伝統を示唆していたからである。胡漢民、廖仲愷らは、この制度を歴史的な真実と見なしたというよりむしろ、中国土着の社会主義的伝統があったのだという主張に正統性を与えようという同時代のある種の願望とかなりの程度まで一致した中国的な理想として見たのかも知れない。しかし胡適の観点からすると、かれらは歴史を乱暴に取り扱っていた。かれは井田制は「戦国時代のユートピアにすぎない」[100]として退けた。しかし、かれが反対したのは胡、廖が利用した事例についてだけだった。かれには、「社会主義」という術語――それはヨーロッパの思想的な発展をよく表現していて、ヨーロッパ的な含意を負った術語であった――は、過去であれ、現在であれ、中国の状況に適用することは難しいことかもしれないという考えは思い浮かばなかった。中国における社会主義の起源の問題に関しては、かれには自分なりの理論があった。かれが注目したのは王莽という人物だった。王莽は改革的な皇帝で、かれの短命な王朝（「新」）は紀元前一世紀に、前漢と後漢を分けていた。[101]

（100）胡適「井田辨」、『胡適文存』巻二、五八三頁。この論争については、J. R. Levenson, "Ill Wind in the Well-Field: The Erosion of the Confucian Ground of Controversy," in A. F. Wright, ed., *The Confucian Persuasion* (Stanford, 1960), pp. 268-287.

（101）胡適の王莽についての見解は、「一千九百年前的社会主義者、王莽」『胡適文存』二集巻一、三一―四二頁、「再論王莽」

『胡適文存』三集巻七、八八五—八九〇頁、および、Wang Mang, the Socialist Emperor of Nineteen Centuries Ago," *Journal of the North China Branch of the Royal Asiatic Society*, 59: pp. 218-230 (1928). に示されている。また、未公開日記の一九二二年四月二八日の項を見よ。

だが、明らかに胡適はかれ自身の目的に適合させるやり方で伝統を解釈しつつあった。かれが一貫して行ってきた「現代文明の精華をわれわれ自身の文明の精華と結びつける」という努力は、かれが支持している厳格な科学的客観性と常に両立するとは限らなかったし、そのように結びつけることが出来るというかれの信念それ自身が一つの偏見だった。いくつかの意見においては、例えば胡適と丁文江は、清代の学術と西洋の科学との間で安易な比較をしたが、それはまさしくかれらが他の人々を非難した同じ種類の知的無責任の罪を犯したことだった。張東蓀《ちょうとうそん》は西洋思想にくわしい哲学者で、カントの信奉者、プラトンやベルグソンの著作の訳者でもあったが、かれが丁文江を咎めたのもまさにこの点だった。張東蓀は、丁文江が主張したように、科学はその方法において統一されているのではない、その目的において統一されているのだ。その目的というのは、特殊なものから一般化することであり、いろいろな形態や関係を明確にすることにほかならない、と言った。そして、科学がすべての部門に共通の一つの方法を有することに関する限り、その方法は論理である。しかし清代の学者たちによってあのように高度に発展させられた技術は、ごく「わずかな科学的精神」を表したと言えるだけである。かれらの方法はかれらが関心をもった仕事、文献学とテキスト考証の学術研究にとくに適したものであって、他の領域に適用されて、それと比較しうるような結果をもたらすことはできなかった。さらに、かれらはかれらの発見に基づいて一般的な定理を公式化しようという欲求を少しも見せなかった、と述べた。[102]

(102) 張東蓀の梁啓超「人生観与科学」に添付されたコメントを見よ。『人生観与科学』一、一〇—一四頁。張東蓀の伝記情報については、Boorman, *Biographical Dictionary*, I, pp. 129-133. を参照。

張東蓀は、もっと広い問題で胡適の欠点を見つけ出した人々の一人でもあった。一九二六年に、胡適が「われわれの西洋文明に対する態度」を発表した直後に、張は、胡適は中国人が気づいた自分たちのいる状況の中で感じている感情的、思想的な困惑を十分に感じ取っていないのではないか、と叱責した。張も、西洋化に反対することは勝ち目のない主義かも知れない、と認めるが、しかし西洋化に反対する理由は誤って解釈されるべきではない。西洋は中国に平和と安全をもたらしたのではなく、混乱と社会不安をもたらしたのだ。そして、道徳的行為の西洋的観念によって生み出された「新人」は、決して古い人々よりも優っていない。張は、「このような畸形な状態の下で凡そ（物事の）現状に不満な人はみな、故旧《かこ》を名残惜しく思う縁故からであって、そこから発展させて、西洋物質文明を中傷する言論を行っているのである。その言は間違っていたとしても、その心は恕《ゆる》すべきである。……このような状況の下で西洋文明を輸入することは、絶対に問題が無いのではない」と言った。(103)

(103) 張東蓀「西洋文明与中国」、『東方雑誌』二三巻二四、九三―九四頁（一九二六年）。

中国に戻った時、胡適はこれらの問題が暗示しているところに大変敏感に気づいていたが、長年の間、これらの問題の最終的解決については依然として楽観的なままだった。一九二三年にかれは梁漱溟の『東西文化及び其の哲学』を批評した文章の結論で、「将来中国とインドが科学化し、民主化することは疑いないことだ」と自信をもって予言していた。(104) しかし時が経つにつれて、その習慣になった楽観主義が完全になくなることは無かったが、かれの心境は変化し始めた。新伝統主義の情緒の頑固さ、そしてさらにもっと重要だったのは、活発になりつつあった政治的民族主義の気分だった。これらが、将来中国はかれが望んでいる思想的独立と誠実さの性質を実際に示すようになるだろうというかれの信念をかき乱したのである。「今日の中国は誇大狂の気分が瀰漫している」と、一九二八年に国民［革命］軍が北京を占領した直後に胡適は不満を語ったが、そのようにしてこの勝利した革命は中国全土に拡大したのだった。そして、かれは再び人々に、「新たな覚悟」を持つように、「新たな考え」を創り出すようにと呼びかけた。[105]

(104)「読梁漱溟先生的『東西文化及其哲学』」、『胡適文存』二集巻二、八三頁。
(105)「請大家来照照鏡子」、『胡適文存』三集巻一、四八頁。

それこそが実際まさに、かれが合州国から戻ってきて以来、ずっと要求し続けてきたことというべきものだった。すなわち、中国人は自分たちが置かれている状況をリアルに見なければならない、中国人はまだ批判的に検証されていない信念にもとづいて行動するのに慎重でなくてはならない、中国人は独立的に思考することを学ばなければならない、ということだった。だが、一九二〇年代の末になると、かれの口調はもっと鋭いものになった。

> われわれは間違いを認めねばならない。われわれ自身が万事において人に劣ること、ただ物質的に人に及ばないだけでなく、機械的にも人に及ばないだけでなく、さらには、政治、社会、道徳も、人に及ばないことを承認しなければならない。……われわれはいまだかつて過去の過ちを悔悟したことも無ければ、徹底してそれらを譴責したことも無く、誤りを完全に認めたことも無い。［われわれは］しゃにむに人の下に赴いて学ばねばならない。率直に言えば、われわれは模倣することを怖れてはならないのである。[106]

(106) 同前、四八―四九頁。

一九一九年の五四運動に生まれ一九二〇年代の十年間人々を衝き動かした精神は、はっきりとした熱狂的な民族主義《ナショナリズム》で、それは、国民党員、共産党員（主義者）、そして正式に政治組織に加入していない増加しつつある大量の知識人や学生を一緒にして、一つの共通の革命的な目標の中に引き入れた。ある人たちにとっては、ナショナリズムは中国の「封建的な」過去が持っている邪魔物はみな破壊されねばならないということを意味し、また他の人たちにとっては、ナショナリズムは伝統的規準を再び主張することを正当化するものだった。その中のほとんどすべての人たちにとっては、中国は西洋帝国主義が持込んできた政治的、経済的な重荷を投げ捨て、主権国家としての独立を再び獲得すべきだということを意味していた。

どのような外観であろうと、それは胡適が深い不信感をもって見た運動だった。部分的には、かれはこの革命的な目標のために理論的根拠を提供したイデオロギー的な仮説に同意できなかったからであり、また部分的には、この目標そのものが主として政治運動として推進されていたからだった。胡適は依然として、中国の根本問題は政治的なものではなく、社会的、思想的なものである、だから文化の再生が政治の再建よりも先んじなければならない、という考えを固持していた。そしてかれは政治的活動に懸念を抱いていて、思想的な指導者としての責任を担わなければならない人々が浪費的な政治抗争の中でかれらの精力を消耗すべきではない、かれらの清廉さを損なうべきではない、と心配した。しかし、一九二〇年代の大部分の期間を通して、そしてその後の期間を通して、中国人の気分は胡適の目標とほとんど合わなかった。それどころかかれは、かれの国がより一層深く革命の大激動に引き入れられるにつれて、この潮流に抗して立っていることは出来ないということを理解したのだった。

第三部　自由主義《リベラリズム》

わたしは学問の復興を助けるために、できうるかぎり中立を保とうと思います。わたしには、せっかちな行動によってよりも、市民的な穏健さによって、より多くのことがなし遂げられるように思えるのです。

エラスムスから**マルチン・ルター**へ

第六章　北京　一九一七―一九二六

一九一七年七月一日、満洲皇帝の復辟［一度退位した天子が再び帝位に着くこと］が北京で宣言された。六歳の時、一九一二年に君主の地位を奪われた宣統帝（溥儀）は再び皇帝の称号をわが物にした。長い間錠が掛けられて仕舞い込まれていた宮廷官服が開けられた。そして数日のうちに、この古い都の街頭で馬のたて髪で作った辮髪が元気良い掛け声で売られるようになった。康有為はその時すでに老人だったが、精神の方がその肉体よりも老いていた。そのかれが復辟に祝賀を述べ、皇帝の顧問として仕えるために南方の隠居地から姿を現した。康有為が出仕したことは、この時の動きが儒教の君主政体の伝統と最も緊密に結びついていたことを示していた。というのは実際、この王朝政府制度の復活は、様々な軍閥の間で繰り広げられた中国「中央」政府の支配権の奪い合いの長い闘争の中のかなり風変わりな挿話《エピソード》的出来事にすぎなかったからである。中央政府はなお北京に在ったが、それは国土の他地方に対して効果的に統制できるという理由によるというよりも、習慣からだった。安徽督軍だった張勲《ちょうくん》は皇帝を自分の手中の道具として、段祺瑞や一年前の袁世凱の死の後に頭角を表してきていた北方の各軍閥を粉砕しようと努力した。しかし、段祺瑞は自分の地盤で戦い、北京周辺の農村地区で復辟に反対する軍を起こし、七月中旬にはかれは再び北京の支配権を手にした。共和国は救われた。しかしその救世主たち、勝利を収めた軍閥たちはすぐに共和政の理念に深く引きつけられていないことを示した。それは、かれらの専制君主政的な競争相手（張勲ら）が、皇帝のためと公言したその若い皇帝に対する真の忠誠心によって動かされていなかったのと同じだった。皇帝は今また、再び祖先から受け継いだ財産を失った。

この短い劇が北京で演じられている間、胡適は「エンプレス・オブ・ジャパン」号に乗って帰国の途にあった。かれは船が横浜港に停泊した七月一五日に張勲政変のニュースをようやく知った。かれは最初から張勲は失敗するだろうと確信を持った。その代わりにかれが懸念したのは、梁啓超とその他の「穏健」派の政治屋たちの動向の方だった。胡適はかれらに大きな信頼を寄せたことがあったのだが、このときかれらは、段祺瑞や段の支持者たちと連盟を作って復辟に共同して反対しようとしていた。胡適は、一方の軍閥ともう一方の責任政府の擁護者との間には真に共有するいかなる政治的利害も存在しえないと確信していた。「今日の武人派は、名目は帝政の復辟に反対しているが、実際はかれらが禍根の根源なのだ。穏健派は明らかに武人派の反対を利用して張勲勢力を追放する手段にしようと望んでいる。かれらはあるいは暫くの間は連合していられるかもしれないが、しかし結局のところ、終には喧嘩をして仲違いするだろう。……このように禍乱の因がなお続き、坐して建設の機会を失うことになれば、世界はもうわれわれを待つことが出来なくなるだろう。[1]」

（1）『日記』、一一六五頁。一九一六年七月中旬、袁世凱の死後まもなく、胡適は次のように書いた。「人が、今中国の国事の大勢はどうですか、と聞いたので、大変希望があります、と答えた。というのは、この度の革命の中心人物は激烈派ではなく、保守派、即ち以前の守旧派であるからだ。……頑固な官僚派と極端な激烈派の両派は同時に敗北し、頼りにするところはすべて穏健派の人物になった。これらの人の保守思想は既に上に述べた両類の極端分子によって粉砕されたので、かれらは保守から温和に転向している。このほか、極端派のメンバー（新しくは黄興、旧くは袁世凱）の名望はすでに地を掃ったので、穏健派の人物の梁啓超や張謇のような人の名声はなお良く、人々はこれらの人に厚い望みを寄せることが出来る」（『日記』、九六〇―九六一頁）、と。

胡適のこのような連盟は実行不可能だとする見通しは基本的に正しかった。とはいっても、あの七月の混乱した事件の中では、かれのいう「建設の機会」に気づくこと、言い換えれば穏健派がどのようにしたら、胡適がかれらに期待したように、事態をかれらの目標の方向に向けることができるかを想像することは難しかったのだけれども。なぜなら、そうした政治的なためらい派の人たちはその時、かれらが後年もずっとそうであり続けたように、軍閥政治の酷い混乱の激動の中で明らかに不利な立場に立たされていたからである。かれらは、漠然としか定義されていない政治行動の規準だけを武器にして、武力の上に建てられ、自分たちへの批判者が支持する原則に対して良くても無関心でしかない政府に、それを押し付けようと考えたのだった。胡適自身はすぐにこの穏健派の境遇の具合の悪さに気づくことになった。

「二十年政治を語るまい」——「五・四」、迫ってくる「政治」

中国を離れてから七年の後、一九一七年の夏に胡適は上海に戻ってきた。そして、この都市がかつて持っていた刺激的な知的生活がすでに不毛で息苦しいものに変わってしまっていることに気づいた。数年後にかれは、「私はやっと、張勲の復辟が極めて自然な現象であったことが分かった」と書いている。かれが中国で見たことは、かれがアメリカを離れる前にすでに到達していた考えが間違っていなかったことを証明していた。かれは、思想と文化の再生が政治的改革に先んじなければならない、満足する政治的解決が実現する前に新しい社会的価値が古いものに取って代わらなければならない、とさらに確信した。最初のショックと失望から、胡適は「二十年間は政治を語るまい」と決心した。それは、「二十年後には、中国の政治のために革新的な基礎が作り上げ」られているだろう、と望みを繋いでのことであった(2)。

（2）胡適「我的分岐」、『胡適文存』二集巻三、九六、一〇八頁。初めは『努力週報』七号（一九二二年六月一八日）に発表された。また、胡適「帰国雑感」、『胡適文存』巻四、八七一―八八二頁、を参照。初めの発表は『新青年』四巻一号（一九一八年一月）。

最終的には、これは持ち続けることのできない解決法であることが証明される。それ以後の何年かの間、胡適は何度もかれの政治的な見解を発表するように促された。だが、かれはそのようにした時でも、いつもある種の気おくれを持ちつつそうしたのだった。しかし、かれが果たした公共的な役割というのは、つねに観察者としての、あるいは政治批評家としての役割であった。革命的な煽動《アジテーション》が中国の諸都市の街頭を呑み込み、そして内地の村々の狭い小路にさえ浸み込んでいったあの時代にあって、かれは頑固に、そのような政治活動は一人の知識人にとって、もっと建設的な目標にさらに適切に捧げられる精力を浪費させるものだ、という自分の信念を守り続けた。

一九一七年から一九年までの一連の出来事の展開が胡適に、かれの社会的、思想的な改革の問題についての政治に無関係なアプローチが優先することが運命づけられているのだ、と希望を持たせたらしい。おそらく、かれの考えを尊重して、そして確かにかれの全面的な賛同で、『新青年』は数年の間政治に巻き込まれない主義をかたくなに守った。[3] しかし、一九一九年は一つの転換点を示した。この事件は、そのように文学や文化的な関心にばかり夢中になることは、当時の生死にかかわるような重要問題にとっては周縁的なことにすぎないのではないか、と多くの人に思わせたのである。山東省のドイツ租借地への日本の請求を支持するというパリ講和会議の結果によって挫折させられ、そして中国政府が無気力にそのヴェルサイユ条約を受け入れたことに憤激させられて、北京の学生たちは五月四日に街頭に出ていって、かれらの怒りを爆発させた。その後に発生した抗議活動の過程で、学生たちは、自分たちの力が一つの政治勢力になったことに初めて気づいた。このようにして生み出された、目的や重要性について良く分かっていない意識の直接的な結果の一つが、学生たちが創刊した「新思想」を普及させる媒体としての定期刊行物と雑誌の異常な増殖だった。(4) 五四運動はこのようにして新思想をめぐる論争への人々の参加基盤を拡大する役目を果たした。しかし同時に、一九一九年の出来事はまた、知識人がその公共的な関心を表明することは栄誉あることで、さらには必要なことであるとさえする積極的な政治参加の伝統を打ち立て、胡適が深く懸念していたまさにその種の政治活動を助長したのだった。

（3）一九六〇年七月五日の南港［台湾台北市、中央研究院所在地］でのインタビューで、胡適はわたしに、『新青年』グループが非政治的立場を持ち続けたのはかれの意見を尊重したからだが、しかし、指摘しておかねばならないのは、この方針はもともと陳独秀によって定められたものである。陳独秀がこの方針は人為的な束縛を課していると感じ始めた後もこの方針を維持したのに、胡適のこの問題に対する強い意見が役立ったのはおそらく正しいだろう」と述べた。また、Maurice Meisner, *Li Ta-chao*, 三八頁と二七三頁注一九、注二〇を参照。また『独秀文存』三巻、一一一—一一二、一二五—一二六頁参照。

（4）一九一九年に出版された新しい定期刊行物の数の総計にはかなり変動がある。それは部分的にはその年の学生出版物の多くが非常に短命だったことによる。Hu Shih, "Intellectual China in 1919," *The Chinese Social and Political Science Review*, 4/4:348 (1919 / 12). また、Chow Tse-tsung, *The May Fourth Movement*, pp. 178-180, 同氏の *Research Guide to the May Fourth Movement* (Cambridge, Mass., 1963), pp. 43-68. を参照。

胡適は晩年に、五四運動を、一九一七年と一九一八年に始まった仕事（新文化運動）への「最も歓迎されない中断」だったとし、新文化運動はこのときの打撃から決して十分には恢復しなかった、と述べた。(5) しかし当時は、かれは出来事についてたいへん異なった見方をしていた。一九一九年一二月に書かれたその年の一連の活動について概括した文章（英文）の中で、かれはこの運動が非政治的な改革の重要性についての成長しつつある自覚を示しているのだと賞賛し、そして自信を持って、この運動の思想的意義について語っている。かれは、最近数カ月の「思想的変化」の速さは「その最終的勝利に最も的外れな希望を抱いていた人たちをさえびっくりさせた」と書いている。一八九八年の康有為のあの流産した改革計画［戊戌変法］以来、中国の知識人は「非政治的なものを無視することを代価として、かれらの全ての希望を政治的なものに賭けてきた。かれらは失望する運命にあった。そして実際かれらの失望は大きかった！」[6]胡適は続けて、だが一九一九年の事態は「新しい教訓」を与えたのだ、と書いた。

（5）Vincent Shih, "A Talk with Hu Shih," *China Quarterly*, no. 10:163 (1962 / 4-6). これは施教授が一九五九年春に胡適と行った会話の記録である。一九六〇年七月にわたしがインタビューしたときも、胡適は実質的に同じことをわたしに話した。また『口述歴史』一八八―一八九頁参照のこと。

（6）"Intellectual China in 1919," pp. 345, 350.

この任務を行い勝利を得させたのは非政治的勢力――学生たち、商人たち、デモと街頭演説、そしてボイコット――であった。これは一つの偉大な啓示であり、新たな楽観主義を生んだ。

……安福倶楽部（すなわち、なお北京政府を支配している段祺瑞派）については言うに及ばず、上海で開催された国内和平会議（一九一九年初めに召集された軍閥会議で、南と北が改めて統一の問題を交渉することを企図したものだったが、失敗に終わった）についても語る必要はない。北京やその他の所の取るに足らない政治的策略については言うに及ばない――、わたしたちには、教育すべき大衆、解放すべき女性、改革すべき学校、発展させるべき国内工業、作り変えるべき家族制度、戦うべき死んで時代遅れになった観念、棄て去るべきでたらめで有害な偶像、そして、矯正しなければならない多くの多くの社会的、経済的な誤りなど、沢山ある。再び蘇らせられた希望と活力を持った青年中国《ヤングチャイナ》が、中国のデモクラシー（民主）のための新たな基礎を再建するために、いまやゆっくりではあるが、しかし確実な歩みで努力をしているが、それはまさにこれらの新しい活動の分野においてである。[7]

（7）"Intellectual China in 1919," pp. 350-351.

ここで提出されている、「政治的な」活動とみなされたものについての見解は重要である。胡適が「政治」について語るとき、かれの心の中には軍閥政府の人を信じようとしない陰謀詭計の姿があった。かれにとっては「政治に参加する」ということは、かれらの方の言い値でそれらの腐敗した政体と付き合うことを意味したし、「政治的解決」とは、ならず者たちとの妥協による解決を意味していた。かれは、真の改革はこの手の手段で実現され得るものではないと考えた。というのは、改革はこの意味での政治問題ではなく、もっと広い社会的、思想的な問題の複合体だと考えていたからである。胡は、民主制度（デモクラシー）——かれがそれを目指して努力したこの最終的な目標——は、具体的な政治制度の体系だけではなく、さらにある特定の社会状況を維持するのに助けになる心態［精神的状態］だと見なした。それは論理的には、民主的な社会の創造というのは本質的には、政治的な達成というよりも、思想的な達成であるということになるだろう。かれは一九一九年の末に、一九一九年の幸運な結果の一つは、「デモクラシー（民主）の意味についてより良い理解」への目覚めがあったことだと書いている。「名目的な共和の下での苦い失敗の八年は、次第に青年中国《ヤングチャイナ》を、デモクラシー（民主）は政治的な変革を通してだけでは保証されないのだということ、民主とは、……民主化された力と、まさに民主化しつつある諸力、社会的、経済的、道徳的、そして思想的な力の総計以上でも以下でもないということ、これらを認識させるところまで連れて行った。中国における新しい運動の指導原則の一つを構成したのはこの認識だったのである。(8)」

（8）同前、p. 350.

一九一九年の末、胡適にはこうした自信にあふれた希望を抱くいくつかの理由があった。この広く流通した高尚な主知主義の雰囲気は、「五四」のデモに続いて現れた多くの新しい定期刊行物によって提出されたいろいろな原則の宣言の中に生き生きと反映されていた。「物質的にも、社会的にも、国家と社会を改造すべきだ。」――「国家の工業を発展させるとともに、公民に新しい思想を紹介し、その人格を向上させなければならない。」――「探求と批判の思想を社会の改革に適用するために、学術の発展を造り出さなければならない。」――「世界に新しい思想を紹介し、楽観的だが批判的な考えを社会の再建に適用しよう。」というようなものだった。(9)
胡適にとっては、こうした意見が広く流通しているのを見、それがかれ自身の言葉と非常に近い言葉で表現されているのを見るのは、満足させられ元気づけられることだったに違いなかった。

さらに胡適は、「五四」運動の意義を解釈した文章の中で、かれのアメリカの指導教員の来華とこの運動の発生が同時であったことを喜んでいる。J・デューイはちょうど中国に到着したばかりで、かれは五月、六月の危機を自分の眼で目撃し、深刻な印象を受けていた。その年の真夏にデューイは、「これは学生たちが組織的な形で政治に参加した初めてのことである。」「悲観主義の呪文はすでに打ち破られてしまったようである。行動が為され、偉業が成し遂げられた。(10)」と書いた。だがこの年が終る前に、デューイは満足げに、この運動はすでに「政治的、軍事的な堤防を突き破ることから方向転換させられて」「数多い支流に流れ込んで、今や中国の思想的、産業的な土壌を灌漑しつつある。……学生のそれぞれの組織は民衆教育、社会的、慈善的な事業、そして活気あふれる思想的討論などの活動に入っている。中国はずっと政治上の問題に無関心だった。このたびの学生の反乱は外見上でだけ一時的な例外であることを示したに過ぎない。……いわゆる政治的な革命が失敗であることを顕わせば顕わすほど、未来の政治的革命をいくらか現実のものにする思想的な革命への要求もますます活発になる。……外に向かって最も政治的に表わされたときでさえも、(学生の反乱は)政治運

(9) Chow Tse-tsung, *The May Fourth Movement*, p. 180.

動ではなかった。それは若い男女の中の新しい意識、思想的な覚醒の宣言だった。かれらはかれらの教育を通じて、新たな信念秩序が必要だ、新たな思考方法が必要だと目覚めさせられたのである[11]」と述べた。

（10）John Dewey, "The Student Revolt in China," *The New Republic*, 20.248: p. 18 (1919 / 8 / 6).
（11）John Dewey, "The Sequel of the Student Revolt," *The New Republic*, 21.273: pp. 380-382 (1920 / 2 / 25).

しかし、もしこれが正しいとしても、それは部分的な真理にすぎない。さらには一九一九年においてさえそうであった。胡適が最後には認めたように、一九一九年に生まれた考えは、着想においても方向性においても、非政治的なものではなかったのである。胡適がたいへん軽く退けていた段祺瑞政府こそが、学生たちの憤りの第一目標だったのであり、六月初めにそれが倒れたことは学生運動の最初の具体的な成果だった。さらに、胡適が自信たっぷりに「非政治的」だとラベルを貼った各勢力は、その後数年にわたってみな明らかにその考えの政治的使用の方向に身を入れて行ったのである。再組織された孫逸仙の国民党も生まれようとしていた共産党も、かれらの政治的プログラムを促進させるために、一九一九年に解き放たれたこのエネルギーを利用するそのかれらの能力から力と活力の多くを引き出したのだった。胡適は状況をひどく誤って判断した。さらにまたかれは、事態の展開を作り出す各派勢力についての不正確な理解でもって一九二〇年代の騒乱の十年間に接近して行った。

胡適は一貫して知識人は政治的な議論を避けるべきだという要求を堅持していたが、「五四」運動の前でさえ、これが北京の「新青年グループ」のメンバーの間の不和の原因になった。早くも一九一八年の七月に、陳独秀が『新青年』の紙上で不満を言った。「本誌（『新青年』）の同人と読者は、しばしばわたしが政治を語ることを良くないとしてきた。ある人は、われら青年は学識の修養をし、それで根本から社会を改造することを重視すべきで、どうして政治を語る必要があろうか、と言っている。ある人は、本誌は青年を補導することを目指し、時の政治を語らないと宣言しているのだから、今なぜ、政治の話をしていざこざを引き起こす必要があるだろうか、と言っている。ヤーヤー、しかしこれらの話はみな間違っている。……わたしが今話している政治は、普通の政治ではなく、さらには行政問題でさえない。国家民族の根本的な存亡にかかわる政治の根本的な問題なのだ[12]」と。「根本的」な政治問題を討論する必要をこのように強調することによって、陳独秀は、胡適との根本的な不一致点を明白にした。胡適は、根本的な問題を意味ある言葉で取り扱うことが出来るということを一貫して否認していた。かれは政治的討論に巻き込まれることをしぶしぶ自分に許したときでも、かれが話題にしたのは、陳独秀が言うところの「普通の政治」の問題に対してだった。すなわち、行政機関の改革、官僚政治［繫文縟礼］の改造、憲法の修正などである。政治的関心の適切な定義についてのこの意見の違いは、結局、調和することが出来ないことが明らかになった。

（12）陳独秀「今日中国之政治問題」、『独秀文存』一巻、二二一―二二五頁。初めは『新青年』五巻一号（一九一八年七月）に発表された。

胡適が『新青年』が政治に巻き込まれないように努力したことは、かなり成功したのだけれども、かれの友人たちの語りたいという欲求を抑えることはできなかった。一九一八年の一一月下旬にかれの母親が亡くなって、かれが葬儀のために安徽に帰った時に、新青年グループのじっとしていられなかったメンバーの何人か――陳独秀、李大釗、高一涵、張慰慈――が、胡適が北京を離れている機会を利用して、小型の雑誌『毎週評論』を創刊した。この雑誌は明確に政治討論のための論壇としたものだった。一二月末に発表された創刊宣言はこのときの雰囲気とこれらの人々の気分をよく表している。

ドイツが戦争に負けてから、「公理は強権に勝つ」というこのフレーズがほとんど人々の決まり文句になった。

各位は、何が公理で、何が強権かをはっきりと知らねばならない。簡単に言えば、平等と自由に合致するのが公理であり、自分の強力に頼って他人の平等と自由を侵害するのが強権である。

この「公理が強権に勝つ」結果を、世界各国の人はみなはっきりと知るべきである。内であろうと、外であろうと、強権は頼ることはできないものであり、公理は何としても言わなければならないことだと。われわれがこの『毎週評論』を発行する宗旨は、「擁護公理、反対強権」の八文字にほかならない。これから後、強権が公理に勝たないように願うのみである。これこそ人間万歳、本報万歳である![13]

(13) 「毎週評論発刊詞」、『新文学大系』十、一九〇頁に収録。

一九一九年の初めに胡適が北京に戻って来たとき、かれはこの既成事実を突き付けられた。陳独秀の招きに応じて、かれも『毎週評論』に数編の短編小説の翻訳を寄せ[14]、即興詩一篇を作ったが、数カ月の間はこの雑誌と距離を保っていた。しかし、その六月〔一一日〕に、陳独秀が段祺瑞の警察に逮捕された――かれは北京の有名な茶館(「大世界」〔遊技場「新世界」の誤り〕)で段祺瑞政府が学生デモを鎮圧しようと企てていると非難するビラを撒いていて捕えられた――。そしてこの重大時に、胡適は『毎週評論』の編集の責任を引き受けることに同意した[15]。七月と八月に、われわれが前に言及した一連の「問題と主義」について論じたかれの文章がこの雑誌上で発表され、同時に李大釗、藍志先の長い反駁文も掲載された。数年後に胡適は、これらの文章は「自分の政治理論の序言」を構成するはずのものであったが、しかし九月初めに『毎週評論』がついに政府によって発行禁止にされたため、「わたしはもはやこの『題目』を説明する機会を持つことがなくなった」と語っている[16]。それでも、かれはこの政治という禁区に足を踏み入れた短期間の逸脱について、一度は振り返って弁解をしなければならないと感じていた。それで、一九二二年に「わたしの岐路」と題した文章の中で、胡適は少し前の日々を振り返って、「あのときは丁度、安福倶楽部が最も盛んだった時で、盗品をどう分けるかという上海の(南北)和平会議もまだ解散してなかった時だった。[17] しかし国内の『新分子』は口を閉ざして具体的な政治問題について語らず、逆に、何とか無政府主義とか、マルクス主義とかを声高に議論していた。わたしはこのことを見過ごせなかったし、耐えられなかった、——なぜならわたしは実験主義の信徒だったから——、そこで発奮して政治を語ろうと思ったのだ」と述べた。[18]

(14) 一九三二年に書かれた記事によれば、胡適は『毎週評論』に僅か二篇の訳文を寄せただけだった。Chow Tse-tsung, *The May Fourth Movement*, p. 57. を見よ。しかし、『短編小説第一集』の序言(一九一九年)によると、その中に収められた少なくとも三つの短編はいずれも元は『毎週評論』に掲載されたものである。その胡適の翻訳は、ストリンドベリ Strindberg の「愛と麺麭」("Love and Bread") カステロヌオーボ Castelnuevo の「送られなかった手紙」("An Unsent Letter")、ゴーリキー Gorki の「彼女の愛人」("Her Lover") である。

(15) 一九六〇年七月にわたしが胡適におこなったインタビューで、胡適は回顧して、逮捕当日(一九一九年六月一一日)、陳独秀が胡と高一涵を一緒にお茶を飲もうと北京のかなり有名な茶館に招いた——胡適はそれが「大世界」だったか、「新世界」だったか思い出せなかった——。胡適と高一涵が着くとすぐに陳はビラの大きな束を取り出した。それは人々に、政府が学生を虐待していることに反対する行動を起こすよう求めたものだった。陳がそのビラを撒き始めたので、胡と高はそこを離れた。その晩、胡適は知り合いだった北京の一人の記者から、陳独秀が逮捕されたことを知らされた、と語った。この話は六月一一日に起こったことについての他のものと少し違っている。例えば Maurice Meisner, *Li Ta-chao*, p. 103. を見よ。陳独秀は『毎週評論』をかれの自宅で編集したから、かれの逮捕後は、雑誌は胡適が責任を引き受けることに同意するまで——胡適のこの件についての話では、他の誰もこの仕事を引き受けようとしなかったと暗示している——、編集者がいなかった。同じ話が『口述歴史』一八九—一九〇頁にある。この話と反対の話が共産党人によってなされている。かれらは胡適を政治的反動派だと性格付けるのと並んで、胡適は『毎週評論』の革命的方針を破壊するために雑誌の支配権を握ろうとしたのだ、と非難している。李龍牧「一個『五四』時期的政治刊物——毎週評論」、張静廬主編『中国現代出版史料』(北京、一九五四—五九)、四集、四〇—四三頁。

(16)「我的岐路」、『胡適文存』二集巻三、九七頁。
(17) 胡適の記憶はこの点については失せているようだ。和平会議は五月中旬に崩壊してしまっていた。李剣農『中国政治史』三八八―三九三頁。
(18)「我的岐路」、『胡適文存』二集巻三、九六頁。

しかし、「問題と主義」においては、胡適はかなり特殊な意味においてだけ「政治を語っ」ていたのである。かれ自らは具体的な問題を詳しく分析することをしないで、かれの仲間の知識人たちに具体的な政治問題を取り扱うようにと呼びかけ、かれらの抽象概念とあいまいな一般化の危険性について警告したのである。かれは、「世の中には、ある人やある派の具体的な主張をみなその内に含み得るような抽象名詞は無い」、抽象的な概念は、人をして「満足し悦に入って、自分はあらゆる病気を治す『根本的な解決』を探しているのだ」と思わせがちにする、そして、そうして全体としての改革運動の将来の道筋を危うくするのだ、と言った。[19] 漸進主義的改革に対立するものとしての「根本的解決」という問題は、胡適の、もっと革命に傾いていた友人たちとの論争において繰り返し表面化した。かれが一九一九年の夏にこの問題に言及したことは、新文化運動の指導層の間のイデオロギー的な緊張が生じつつあったことを示していた。

(19)「問題与主義」、『胡適文存』巻二、四八三、四八七頁。

『新青年』の亀裂――胡適と陳独秀の別離

しかし、一九二〇年から二一年にかけての冬までは、この亀裂はまだ最終的なものにはなっていなかった。一九一九年の秋、陳独秀が監獄から釈放された後に、対立していた考えの妥協がなされたようである。この年の一二月の『新青年』は、胡適、陳独秀、李大釗、その他の多くのメンバーが署名した宣言を載せた。この宣言の目的は、この雑誌が文化革命を目指すものであることを改めて確認することだった。李大釗はすでにマルクス・レーニン主義に全面的にコミットする道を歩んでいたし、陳独秀の転向も目前のことであったにもかかわらず、この宣言はかれらの新しい熱情をほとんど、あるいは全く反映していない。それはむしろ、胡適の、かれの側の最小の譲歩だけを含んだ意見の表明だった。例えば、声明の支持者たちは、「わたしたちは政治が万能だとは迷信していないが、しかし政治が一つの重要な公共生活であることを認識している」と言いつつ、かれらはまた続けて、「わたしたちは自然科学と実験哲学を尊重し、迷信と妄想を打破することが、わたしたちの社会が現在進化していくための必要な条件である、と信じる」と言うような風だった。[20] 同じ号の『新青年』は、デューイの最近の社会政治哲学の講義（高一涵訳）の第一回分を、胡適の「新思潮の意義」という概括的な文とともに掲載した。この文章の中で胡適は、「主義」に対するかれの攻撃を簡単に振り返り、かれ自身の社会的、思想的再生についての漸進主義的プログラムの輪郭を描き出した。[21] 最後に、同じ号に陳独秀の「民治を実行する基礎」という文章が掲載されたが、この文の中で陳は——たとえほんの一時であっても——、デューイの（そして胡適の）特殊具体的なアプローチを受け入れ、すべてを包み込んだ解決よりも、ゆっくりで少しずつの改革の観点から考える必要性を強調していた。[22]

（20）「本誌宣言」、『新青年』、七巻一号（一九一九年一二月）。Chow Tse-tsung, *The May Fourth Movement*, p. 175. の英文訳を参照。
（21）『胡適文存』巻四、一〇二一—一〇三四頁。
（22）『独秀文存』一巻、三七三—三八九頁。陳の一九一九年末の思想状況については、Chow Tse-tsung, *The May Fourth Movement*, pp. 230-232, Benjamin I. Schwartz, *Chinese Communism and the Rise of Mao*, pp. 19-20, Maurice Meisner, *Li Ta-chao*, pp. 112-113. を見よ。

これが、胡適と陳独秀が共通の理解で語った最後の場であった。この冬［二〇年二月］に、陳独秀は北京を離れて上海に行き、同時に改めて『新青年』の編集の全責任を負った。[23] その後、元の北京グループの何人かのメンバーは暫くの間は雑誌にかれらの文章を発表していたが、雑誌はますます陳独秀と他の人たちのマルクス主義の見解のはけ口の役目を果たすようになっていった。胡適は一九一九年末以後は、大多数の人に共通する意義を持った文章を『新青年』に寄せることが無くなり、わずかに文学改革についての二、三編の文章と一篇の即興詩によってその名を見せただけだった。胡適の陳独秀との個人的な交際の破綻は一九二〇年から二一年にかけての冬にやって来た。それは、一方の陳独秀と、他方の胡適や北京の胡の多くの仲間との間の手紙の往復に記録にとどめられている。

(23) 一九一八年一月から、『新青年』は一つの委員会によって編集されていた、それは陳独秀の他に、胡適、銭玄同、李大釗、劉復［半農］と沈尹黙（それと後にこのグループに加わった他の人たち）が含まれていた――Chow Tse-tsung, *The May Fourth Movement*, p. 44, 注d、を参照。胡適の話によると（一九六〇年七月のわたしのかれへのインタビューと、『口述歴史』一九一―一九二頁）、陳独秀は一九一九年の九月に監獄から「旧来のやり方で」仮出所を許された。すなわち、陳と同じ省出身の胡適と他の安徽人がかれのために行った調停工作を通して仮釈放になった。陳は一九一九年の春以来、北京大を休暇中だった。しかし給与は引き続き受けていた。しかし［出獄後］、一九二〇年一月に陳は武漢に行って、胡適の代わりに講演をした。胡適は北京でのデューイの通訳で忙しかったからだった。かれはこうして事実上仮出所の規定を破った。北京の警察はかれが北京にいないことに気づいた。だから陳独秀は北京に戻ったすぐ後に、李大釗とともにこの都市から逃げなくてはならなくなった。陳独秀が李大釗の家を避難先としていたからだった。この時、陳の北京大学の給与が停止された。かれは他の生計手段が無かったので、再び『新青年』の全部の編集責任を負い、そのかれの仕事に対して給与が支払われることが同意されたのである。陳独秀が上海に落ち着いて数カ月の内に、かれのマルクス主義への転向が公表された。

一九二〇年の一二月中旬に、陳独秀は上海から胡適と高一涵に手紙を送り、自分は孫逸仙の招きで間もなく上海を離れて広東（広州）に行く、と告げた。かれは、今後は『新青年』は陳望道によって編集されることになろうと言った。陳望道は知られたマルクス主義者だった[24]――まさに陳独秀自身がこの時までにマルクス主義者になっていたように——、そして、たぶん胡適を当惑させ、北京グループには全く意外に思われたようなことを述べた。この同じ手紙の中で陳独秀は、明らかに以前の〔胡適らからの〕批判に答えて、最近数カ月の『新青年』の「新しいスタイル」に対する彼自身の「異議」を表した。* そして、陳望道も「内容をいささか改変して、「今後も哲学文芸を重んずるのがよい」と望んでいる、と付け加えた。しかしかれはこれに続けて、「このようなやり方も北京の同人が多くの文章を書いてくれないと出来ないのだが、最近の何冊かの内容は以前と少し違って、北京の同人からの来文は大変少なかった。このことも一つの重大な理由です」と書いたのである。(25)

(24) 陳望道は日本で教育を受けたジャーナリスト・学者だった。かれは中国共産党設立へいたる組織化の諸会議において活動した人物で、一九二〇年四月に出版された『共産党宣言』の中国語の最初の完訳版の作者だった。
(25) 陳独秀の胡適、高一涵宛の手紙、日付は一九二〇年一二月一六日。張静廬主編『中国現代出版史料』一集、七頁に印刷収録されている。胡適の話(一九六〇年七月五日インタビュー)によると、この手紙とその後の手紙は一九四八年一二月に胡適が北京を離れた時に北京大学に残してきた文献書類の中に在った。それらは大学の創立五十周年記念の展示会の出品の一部として展示された。
* ここは筆者の誤読で、原文は「『新青年』の思想色が鮮明に過ぎるとのことですが、私は最近でもそう思いません」。これは陳独秀編集の『新青年』が二〇年九月刊の八巻一号から、上海共産主義小組の公開刊行物として政治思想の色彩を鮮明にした「新しいスタイル」になったことへの胡適らの批判に対して陳が「そう思わない」と「異議」を述べたのである。

この叱責に対して胡適は、陳の『新青年』を変えたいという意向の表明にも拘らず、「これはすでに易しいことではなくなっているようです。北京の同人たちの洗い清める技能は、上海の同人たちが汚す手段の神速《すばや》さには決して及ばないからです。」と答えた。かれは、もし『新青年』が「ある特別な色彩を持つ〔つまり、特定の主義に偏った〕雑誌」として継続させられるのなら、別に哲学と文学を専門にした新しい雑誌が創刊されなければならない、「文章の篇数は多くを求めないが、材料は必ず精なるものを求めるべきです」と示唆した。もう一方で胡適は、もし陳がほんとうに『新青年』の同人たちのはっきりした分裂を避けたいと希望するなら、それは雑誌の編集権を北京に移し、もう一つの宣言を発表することによってのみ達成されるが、その宣言は性格として前年の宣言と同じようなものになるが、しかしはっきりと政治的議論を否定すべきである、と主張した。[26]

(26) 胡適の陳独秀宛の手紙、日付は付されていない［一二月末］、張静廬主編『中国現代出版史料』一集、八頁。

陳独秀は『新青年』を北京に戻すという考えに激しく反対した。それは事実上かれの手からこの雑誌を奪い去るであろうからだ。政治を語らないことを公に宣言すべきだという胡適の要求に対しては、かれはさらに激しく拒絶した。後者の点については、かれは北京にいる胡適の友人たちの何人かの支持（例えば、陶孟和、周作人、魯迅）を得た。一九二一年一月の初めに、魯迅は胡適に手紙を書いて、「わたしはしかし（宣言する）必要はないと思う。それはもとより半ば『人に弱みを見せたくない』からですが、実際は、『新青年』の同人が作った作品（文章）というのは、どのように宣言しようとも、官界にとっては何でも頭痛の種で、許せないことだからです」と述べた。[27] 胡適はこうした意見に屈して、新たな宣言を発表しようという考えを捨てたが、しかし『新青年』は再び北京で編集されるべきだとなお頑強に主張し続けた。

(27) 魯迅の胡適宛の手紙、日付は一九二一年一月三日、同前、一一二頁。この手紙はまた『魯迅全集』（北京、一九五八年）、九巻、三〇一頁に入れられている。

結局、この論争はフランス警察の介入によって、知らないうちに陳の方に有利になるように解決させられた。フランス警察が上海当局の働きかけで、『新青年』二月号の出版を目前にした印版を没収したのである。二月中旬に陳独秀は胡に手紙を出して、この状況から抜け出す唯一の方法はこの雑誌を広州に移すことだ、そこは革命的な目標により好意的な環境で、成功を収められるかもしれない、と述べた。『新青年』を北京に戻させるべきではないという確信が生じたのは、「率直に言えば、北京大の雰囲気が最近よくないからです」と陳独秀は信念から言った。陳は学術を専門に取り扱う新しい雑誌を創刊しようという提案を歓迎したが、しかし、かれにそれに寄稿させるようないかなる提案にも前もって拒絶した。最後に、かれは次のような説諭を付け加えた。「あなたはわたしに、友人たちをあまり疑わないようにと勧めてくれました。わたしはこれを忘れるべきでない忠告だと承認しますが、しかし、わたしはいつも本しか知らないわたしの親友たちが政客に利用されるのではないかと恐れてびくびくしているのです」と。[28]

（28）陳独秀の胡適宛の手紙、日付は一九二一年二月一五日。張静廬主編『中国現代出版史料』一集、一三頁に掲載。李大釗もこの点についての懸念を陳独秀と同じく持っていた。この頃書いた胡適宛の手紙で、「現在のわれわれの大学のある人々は、あたかも一人の処女のような立場にいます。交通系、研究系、政学系の各系はみなわれわれを引き入れようと思っていて、引き入れにも動かないと、われわれの謡言を流しています。また国民党系もあり、われわれがこれらの系の垂涎するところとなっているのを見て、少しやきもちを起こすのを免れず、まことに（かれらから）嫌われているようです。」と書いている。ここで言われている各系というのは、北京政府に内側から、あるいはそれに反対の立場を取って影響を与えようと狙っていた官僚‐軍閥派閥を言う。

『新青年』の出版は（一九二一年）四月に実際に広州で再開された。陳独秀が六年前に創刊したこの雑誌はなお陳の管理の下で出されたのだった。しかし胡適と『新青年』、陳独秀との関係は事実上終わりを告げた。[29]二年半後（一九二三年）、胡適は残念な気持ちを持ちつつ次のように書いた。『新青年』の使命は文学革命と思想革命にあった。この使命は不幸にも中断してしまった。……もし『新青年』を今まで継続させていたら、六年（すなわち、一九一七年に胡適本人がこの雑誌に加わってから一九二三年まで）の断絶すること無き文学思想革命の事業は、影響は必ずや小さなものではなかったであろう」と。[30]

（29）胡適の、中国の二人の最も著名な第一世代のマルクス・レーニン主義への転向者である李大釗・陳独秀との関係、およびかれら二人に対する態度の性質にはかなりの違いがある。最初に自分のマルクス主義への忠誠を宣言した李大釗とは、胡適は親密で情感のこもった友人関係を一九二七年の李の処刑によって終わるまで持ち続けた。胡は後にかれの『胡適文存』三集（上海、一九三〇年）に書いた献詞の中で李の死を悼んだ。この友情の温かさはたいへん興味深いものがある。というのは、李大釗は多くの面で胡適とは対極的な人であったからである。熱烈な民族主義者で、『新青年』グループのメンバーとしては異常なほど反西洋的であったこと、かれがマルクス主義に転向する前でもかれの思想の中には大衆への志向があったこと、更には早い時期から強く政治的行動主義の傾向があったこと、などの点である。わたしはこれらの評価をする際にモーリス・メイスナーの李大釗についての秀でた伝記に依拠しているのだが、かれは、「かれ［李］の個人的な人間関係によく表われた温和な性質」について所見を述べている。そしてまた、「李は政治的な違いが個人的な争いに悪化することを避けようとずいぶん気を使った」（二二〇頁）と述べている。これは同じ公平さで胡適にも言えることである。

一方、陳独秀とはどうだったか。一九二〇年以前は陳の思想の方が李の思想よりも胡適自身の思想の方により近かったという事実にもかかわらず、胡は陳に対して尊敬はするけれども、ほとんど心のこもったものではない関係を保っていた。気質的には陳独秀はたいへん違っていて、「戦闘的で、畏れを知らない個人主義で、いかなる因習や権威も容認できない」、「論争を好む傾向」と「強い党派主義の嗜好」を持っていた（Boorman, *Biographical Dictionary*, I, p. 248）。ついでだが、注意を払っても良いことは、胡適と李大釗は二人とも伝統的な結婚に甘んじたが、しかし似たような状況の下で陳独秀はかれの妻を捨てたと信じられていることだ。一九一九―一九二〇年の冬に陳独秀が北京を離れたことは、勿論、精神的な分岐と同じく、物理的に離れたことで、それは胡と陳が密接な関係を保持することをありそうも無くした。かれらの間でやや長く続いた最後の対話は、一九二三年の科学と人生観についての論争が触発した「唯物主義」をめぐっての意見の往復であったようだ。胡適は陳独秀のために一度ならず当局に取り成しをしている。上に述べたように、一九一九年に（陳独秀が逮捕された時に）。それに続いて、再び一九二二年に。陳が上海のフランス租界で逮捕されたとき、胡適はかれの友人である北京政府外交総長の顧維鈞（V・K・ウェリントン・クー）をせきたててフランスに一言話をしてもらって、学生輿論を激化させないよう、あるいは陳の租界における庇護権が否認されないようにした（胡適の未発表日記の一九二二年八月一六日、一九日の条を参照）。そして、一九三二年に陳独秀が国民政府によって逮捕された後に、胡は再び間接的にかれのために骨を折った。最後のこの時は、一九三〇年代に胡適が北京で編集していたリベラルな週刊誌『独立評論』が陳を守るために立ち上がった。それは胡適ではなく傅斯年がかれらの立場の要点を述べたものだったが、次のようにかなり婉曲で温和な言葉で、「法律と秩序を維持する責任を負った政府は随意に人を（釈き）放つことは出来ないものです。（しかし）それと同時に、国民党はまた、反動勢力がまさに力を集めているときに、中国革命のこの火のように紅く長い尾を引く彗星！を消滅させる権利も持ちません」と言った（傅斯年「陳独秀案」、『独立評論』二四号、一九三二年一〇月三〇日）。

陳独秀は一九四二年に死んだ。胡適はかれよりも二十年多く生きた。それでかれは、この旧い戦友に対して死後の審判をする特権を持った。陳独秀の最後の文章を集めた薄い本のために書いた序言の中で――この本は第二次大戦終了後に出版された『陳独秀的最後見解（論文和書信）』、自由中国社刊、一九四九、香港――、胡はかれがもう一度戻って来て（おそらくほんの少しの優越感を持って）、民主と個人の自由のために戦う者の隊列に参加することを歓迎する、と書いた。

(30) 胡適の高一涵、張慰慈およびその他の人宛の手紙、日付は一九二三年一〇月九日。『胡適文存』二集巻三、一四一―一四四頁。

『努力週報』の創刊――政治評論へ

胡適が陳独秀への返信の中で言った、あの「新しい雑誌」は一九二二年の春になってようやく世にその姿を現した。雑誌は胡適がもともと心に描いていたような「純粋な」学術雑誌とは全く違ったものに変わって現れた。[31] それは象徴的に『努力週報』と称された。一九二二年五月七日に北京で第一期が発行されたが、この期に、胡適は「努力歌」と題した詩を載せてこの新たな事業のテーマを設定した。

(31) 注意されるべきことは、胡適はこの時、成長しつつある現代的な批判的学術の団体の発表の場としてもう一つの雑誌『国学季刊』の準備に忙しかったことである。第一期第一号は胡適が編集主任となって一九二三年一月に発行された。『国学季刊』は戦前（日中戦争前）に最も威信のあった学術雑誌の一つだった。それは一九三七年まで続いた。

「こうした情況は長続きしえない。」　「這種情形是不会長久的。」

友よ、あなたは間違っている。
あなたとわたしが、それが続かないようにしないなら、
情況は長続きするだろう。

朋友、你錯了。
除非你和我不許他長久、
他是会長久的。

この世にできないことはない。
あなたとわたし――みずから善人を自認するもの――が
それは「できない」と言ったなら、
それこそ、本当に出来なくなってしまうのだ。(32)

天下無不可為的事。
直到你和我――自命好人的――
也都説「不可為」、
那才是真不可為了。

(32)『努力週報』一期(一九二二年五月七日)、『丁文江的伝記』三七頁に収録。[これは詩の第一節と第三節である。]

これら数行の詩に書いた約束に忠実に、胡適は『努力週報』において、目まぐるしく変化する政治状況についての評論家の役目をはじめて引き受けた。この胡適の政治への突然の態度変化に主たる責任を有したのは、丁文江だった。かれはイギリスで教育を受けた地質学者で、一九二三年の大論戦(「科学と人生観」論争)の中で、科学の擁護者であったことはすでに述べた。『努力週報』は胡適の事業であったのと同じ程度に、丁の事業でもあった。だが、この新しい雑誌と最も密接に関係した人々の中では、かれだけが『新青年』と何の関係も無かった人物で、かれは胡適と胡の友人たちが政治闘争から離れて上空に止まるために行った自意識の強い試みを完全に嘲笑した。丁は、胡適の政治は従属的な地位に置かれるべきだという信念を、「一種の妄想」だとして斥け、さらには、「胡適之のペテンにかかって、政治を改良するには思想文芸から手を着けるべきだなどと言ってはならない(33)」と嘲笑したのだった。

(33)『丁文江的伝記』三五―三六頁。

胡適はこのようにチクチクと刺されて、丁の、社会改革は政治的に進歩的な環境の中ではじめて成功しうるのだという主張におとなしく従った。しばらくの間、胡適は完全にこの新たな考えに傾倒した。そして、友人たちがかれの前で、梁啓超が袁世凱、段祺瑞の政府と不幸な連携をした事例を引き合いに出して、かれに政治にかかわらないように忠告し、思いとどまらせようとしたが、その忠告さえ拒否した。胡適の考えでは、梁啓超の誤りはかれが軍閥の下で公職を受けたことにあった。しかしかれ自身はただ一人の私心の無い公共問題の評論者としての自らの責任を実践しようとしているだけである、決して官職の誘惑に屈しない、と考えていた。[34]

(34) 例えば、胡適の未発表日記、一九二二年二月七日の条を参照。

にもかかわらず、胡適は自分の立場は表面上そう見えるほどそんなに変わっていないことを証明するのに骨を折らねばならなかった。かれの最大の関心はなお、「問題と主義」を書いた一九一九年に論じたことであった。かれは初期の『努力週報』の中でこう述べている。自分は「新しい社会輿論」がそれ自身実感できるようになるのを、「二年八カ月(つまり一九一九年末の『新青年社』宣言〔「本誌宣言」〕の発表から)」も待った。「今や、わたしはもう我慢ができなくなった。」「わたしが今出てきて政治を語るのは、国内の腐敗した政治によって引きずり出されたのだけれども、実際の大部分は、この数年の『主義を高談し、問題を研究しない』『新輿論界』がわたしを引きずり出したのである。わたしの現在の政治議論は、わたしの『問題を多く研究し、主義を少なく語ろう』という主張を実行することにすぎない。……わたしは現在の思想文芸には大変不満である。孔丘や朱熹の奴隷は減ったが、マルクスやクロポトキンの奴隷が付け加わった。陳腐な古典主義は打倒されたが、様々な浅薄な新古典主義に取って換わっただけである。」[35]

(35)「我的岐路」、『胡適文存』二集巻三、九九―一〇二頁。また、未発表日記の一九二二年二月七日条を参照。

「わたしたちの政治主張」

五月一四日に出版された『努力週報』第二期の巻頭の紙面は全面、「わたしたちの政治主張」という表題の宣言に占められていた。胡適がそれを起草したのは、もともと編集方針の表明としてだけ使おうとしたのだったが、それが最終的に姿を現したときには、李大釗と蔡元培によって示唆された修正を合体させたものになっていた。そして、丁文江、高一涵、陶孟和、梁漱溟と多くの学者、社会的名士たちの署名を付けていた。[36]「わたしたちの政治主張」は、「自由主義」と見なすことのできる見解の最初の体系的な概括だった。そしてそれは、すぐに明らかになるいくつかの理由から、人々から「好人政府グループ」と呼ばれることになったものの政治綱領を構成していた。

(36) 胡適「我們的政治主張」、『胡適文存』二集巻三、二七―三四頁。初めは『努力週報』二期（一九二二年五月一四日）に発表された。署名したのは蔡元培（北京大学校長）、王寵恵（北京大教授）、羅文幹（北京大教授）、湯爾和（医学博士［北京医専校長］）、陶行知（東南大学［南京］教育系主任）、王伯秋（東南大学法律経済系主任）、梁漱溟（北京大教授）、李大釗（北京大図書館主任）、陶孟和（北京大哲学系主任）、朱経農（北京大教授）、張慰慈（北京大教授）、高一涵（北京大教授）、徐宝璜（北京大教授）、王澂（新美国協会 New American Consortium 幹事）、丁文江（地質調査所前所長）、そして胡適（北京大教授）だった。胡適の未公刊日記はかれがこの宣言の主要な著述者だったと記載している。一九二二年四月二二日、二七日、および五月一一日、一四日の条を見よ。胡適は明らかに蔡元培の促しの下で「わたしたちの政治主張」を起草したのだが、蔡元培にそうした文件のアイデアを出したのは林長民（字は宗孟）だった。林長民は梁啓超の所謂「研究系」のメンバーだった。林長民と梁啓超はもともとかれらと他の教育や公共生活で著名な人々とによって署名された共同宣言にしようと心に描いていたのだが。このアイデアは、梁啓超とかれの党派にくっ付いていた政治的機会主義という好ましくない評判のために、胡適にアピールするところがなかった。梁啓超とかれの友人たちを大変悔しがらせたのは、胡適がかれらにまったく相談せずに、そして「わたしたちの政治主張」がかれらの署名無しに発表されたことだった。

「わたしたちの政治主張」が人々に最も深い印象を与えたのは、おそらく、それが軍閥支配下の中国の公的生活の環境を明らかにしたからであった。この宣言の発起人たちによって提出された、南北二政府の再統一、「正統な」国会機構の再建、恒久的な憲法を起草すること、非武装化、官僚制度の改革、公的な予算会計制度の導入のような問題に関する具体的な勧告は、順繰りに交替した軍閥体制によって中国の名ばかりの共和制度に加えられた悪幣の全範囲を映し出していたのである。それが包み込んでいたのは、外国からの借款と国内の重い捐税によって維持されている膨大な「私的」軍隊、その功績や能力とは関係なく官職が保持されている膨れ上がった官僚機構、国会の手続きもまた武力や賄賂によってその野心を押し付けることが出来る強い男の都合に合わせるように設計されていたし、政治的行為をそれに照らして判定するいかなる基本的な法律も欠いていること、そしてなかでも最も嫌われたのは、こうした政府がかれらが統治すると主張する人民やかれらの批判者の意見をまったく無視したことだった。一九二二年五月の宣言は、まさにこの下劣さを背景にして評価されなければならなかったのである。

しかし、「わたしたちの政治主張」の意義はそれが発表された当時の環境を超えて行った。以下に省略せずに訳したその序文の各段において提出された構想と目標は、その後長い間、政治への自由主義的なアプローチの中心的な特徴として残り続けたのである。

わたしたちは皆さんに討論の基礎を提供するために、先ず、わたしたちの中国の政治に対する主張を提出し、皆さんの批判と討論、あるいは賛助を求めるものです。

(一)、政治改革の目標　わたしたちが考えますに、いまは政治を議論しないことも許されていますが、もし政治を議論するならば、切実で、明瞭で、誰もが理解することが出来る目標を持たなければなりません。わたしたちは考えます。国内の優秀な人たちは、かれらの理想とする政治組織がどんなものであろうと（全民政治主義であれ、ギルド社会主義であれ、無政府主義でも構わないが）、いまは皆が冷静になって標準を下げるようにして「好政府《よい》」という目標を公認し、今の中国の政治を改革する最低限度の要求とすべきです。わたしたちは一致協力してこの共同の目標を持って中国の悪勢力と戦わなくてはなりません。

（二）、「好政府《よい》」の最小限の意味　わたしたちが謂う「好政府」とは、消極的な面から言えば、正統な機関で、私利を図り不正行為を行うすべての不法官吏を監督防止できるようにすることです。積極的な面は二つあります。

（1）、政治機関を十分に活用して社会全体のために十分な福祉をはかること。

（2）、個人の自由を十分に受け容れ、個性の発展を愛護すること。

（三）、政治改革の三つの基本原則　わたしたちは今後の政治改革に対して三つの基本的な要求を持っています。

（1）、わたしたちは「憲政政府」を求めます。なぜなら、これが政治を軌道に乗せる第一歩であるからです。

（2）、わたしたちは「公開的（開かれた）政府」を求めます。それは、財政の公開、公開試験での人事登用などなどを含みます。なぜなら、わたしたちは「公開（Publicity）」が一切の黒幕を打ち破る唯一の武器であると信じているからです。

（3）、わたしたちは「計画ある政府」を求めます。なぜなら、わたしたちは中国の大きな病気は無計画の漂泊にあると信じているからです。なぜなら、わたしたちは計画こそが効率の源泉だと信じるからです、なぜなら、わたしたちは平凡な計画も無計画の盲滅法な模索に勝ると深く信ずるからです。

（四）、政治改革の唯一の着手の技　わたしたちは、中国がこんなところまで堕落したのは、いろいろな原因がありますが、「好《よ》い人が孤高を自任していたこと」が確かに一つの重要な原因であると深く信じます。「好《よ》き人は両手を袖でつつみ、悪人がそれを背負って行」ったのです。ですからわたしたちは、今日の政治改革の第一歩は、好《よ》き人が必ず奮闘の精神を持たねばならないことにあると深く信ずるのです。凡そ社会の優秀な人々はみな、自衛のために計り、社会国家のために計り、顔を出して来て悪勢力と奮闘すべきです。わたしたちは振り返って見るべきです。民国の初めのあの新気概は、どうして国中の優秀な人士が政治運動に参加した効果でなかったことがありましょうか。当時の旧官僚の多くは青島や天津、上海に逃げて、銭を持ち出して商売を営むようになり、出て来て官になろうとは考えませんでした。聞くところでは、当時曹汝霖は毎日門を閉めて家に引き籠って憲法を研究していたということです。後には好《よ》き人は次第に政治に飽きてしまい逃げる者は逃げてしまい、隠遁する者は隠遁してしまいました。すると、曹汝霖は憲法の本を投げ出して、門を開けて出てきました。そして青島、天津、上海の旧官僚達も一人一人と帰ってきて、参政、諮議、総長、次長になりました。民国五、六年以来、好《よ》き人は手を袖の中に入れたまま、中国が分裂するのを見ていたし、西南討伐を見ていたし、安福倶楽部の成立とその猖獗を見ていました。蒙古《モンゴル》が失われるのを見ていたし、山東が売りに出されるのを見ていたし、軍閥の横行を見ていて、国家の破産と恥さらしなどを見ていました。もうここまでで――十分でしょう。罪魁禍首だった好《よ》き人は今や立ち上がることが出来るようになりました。好き人になるだけでは不十分なのです。奮闘する好き人にならなければなりません。消極的な輿論では不十分です。血戦的な輿論が必要なのです。これが政治改革の第一歩の着手の技です。

強力な政府、すなわち「計画ある政府」の問題については、胡適の信念はずっと前から決まっていた。早くも一九一四年に、かれは納得したように次のように評論していた、「今日の西洋の政治学説の傾向は、放任主義から干渉主義へ、個人主義から社会主義へ赴いている。……思うに、それは、西洋は今日すでに次第に十八世紀の学者が持っていた天に任せて治める〔放任主義の〕弊害が見えてきたからである」と。[37] かれは中国に帰る直前に、「わたしたちの政治主張」の中で軍閥主義に対して下された評決をはっきりと予示するような言葉で書いている。「当面最大に必要とすることは人々の目標を確定し、また根本的な方針を確定することである。……この点を実現した後は、もう少しも躊躇することなく、しっかりと二十年あるいは五十年間奮闘する。そうした時があれば民族の救われる希望が見えてくる。この数年間、我国政府はずっと考えを持たず、計画あるいは政策方針を持たず、羅針盤の無い船のように海上を漂い、風と波に左右されるのに任せてきた。このような漂流は大きな災難であった」、と。[38] これが、帰国後の歳月を越えてかれが容易に屈しない一貫性を持って堅持しつづけた主題であった。かれは一九二二年の夏の『努力週報』で次のように書いている。「誰が組織した政府であろうと、わたしたちのそれに対する第一の要求は『計画を持っている』ということである」「国家は重大な道具である。政治は絶大な事業である。……計画を持たない人は政治をやる資格はない」、と。[39]

（37）『日記』、三九六頁。
（38）同前、九六〇頁。
（39）胡適「這一週」、『胡適文存』二集巻三、一五六頁。初めは『努力週報』七期（一九二二年六月一八日）に発表された。

四年後、初めてヨーロッパに行く途中に、胡適は自分でこの主張〔国家主導の計画的建設〕の積極的な事例と否定的な事例の双方を考察する機会を持った。ソ連の生活を一見して、かれはたいへん敬服させられ、そして第二次世界大戦後まで続いたかれの「ソ連の実験」に心酔する基礎がつくられた。一九二六年の夏、胡適はモスクワから張慰慈に熱情的な手紙を書き送り、かれがロシア人の中に発見した献身の精神について語った。胡適は、ソ連人の理想はおそらく「われわれ自由を熱愛する人間が完全に是認できる」ものではないだろう、と認めはするが、しかし次のように主張する。「かれらの意志の真摯さは、わたしたちが跪いて敬服しないわけにはいかないものです。かれらはここで空前絶後の偉大な政治的な新しい実験を行っているのです。かれらには理想があり、計画があり、絶対的な信念があります。これら三つだけでもすでにわたしたちを恥じ入らせるに足ります。……わたしたちのようなぼんやりとした夢境の中にいる者がどうしてソ連を批判できましょうか[40]。」

（40）胡適の張慰慈宛の手紙、日付は記されていない（が、一九二六年に書かれている）、『欧游道中寄書』、『胡適文存』三集巻一、七四—七五頁。

かれはその後もっとのんびりとした旅行をして、数週間後にイギリスに着いた。かれのイギリスに対する印象は徹底的に批判的なものだった。それは問題の多い秋だった。五月に行われた労働者のゼネラルストライキが人々の記憶になお生々しく、多くの所では鉱山労働者たちは立坑《たてこう》を出たままで、まだ仕事に復帰していなかった。胡の友人で、かつてケンブリッジ大学で教育を受けたことのある詩人の徐志摩に宛てた手紙の中で、かれは尋常でない烈しさで、ボールドウィン首相の政策によって作りだされた「混乱」を非難している。かれは、「イギリスは学ぶに足らない。このいい加減な政治にわたしは最も反対だ。わたしたちが政治をしないというならそれでもいいが、しかし、もし政治に手を着けようとするなら、必ず計画を持ち、計画に従って進めなければならない。これが方法というものであり、その他はみな枝葉末節なことにすぎない[41]」と結論づけた。

（41）胡適の徐志摩宛の手紙、日付は一九二六年一〇月四日、同前、八七頁。

最も好い政府とは、最低限のことしかしない政府ではなく、むしろ自分が達成したいと望んでいる目標を十分自覚して、それに基づいて政策を策定し、さらに力強い能率をもってそれらを実行する政府のことである。胡適は、自由放任《レッセフェール》の自由主義の学説はそれ自体として正しい、あるいは望ましいと肯定される原則ではなく、それはただ十八―十九世紀の各政府の行政的無能力さへの否定的な反応にすぎない、と考えた。胡適は、いかなる場合においても、二十世紀の決定的な政治的問題は「政府の権限をいかに制限するかという問題ではなく、この重要な道具をどのように用いて最大多数の福祉を図るか、という問題である」と考えていた。胡適はこれを、一九二三年に初めて「政治工具主義」の理論と呼んだ。[42]

（42）「五十年来之世界哲学」、『胡適文存』二集巻二、三〇三頁。

胡適は、強い政治力が必要だというこの信念と、国民政府は各省に自治の実質的な手段を認める連邦体的構造にもとづくべきだという考えを受け入れること、この両者を繋げるのは調和しないことだということにまだ気づいていなかった。連邦主義は一九二〇年代初めに少し流行した運動の一つだった。それは、訓練を受けたことのない地方主義と実質的に無能力に陥った中央政府、という軍閥主義が抱えていた二重の問題を解決する可能性をこの思想に見た知識人たちにとくに支持された。『努力週報』はこの考えに真心を込めて力を貸した。胡適は、中国の歴史は、国土の幅員があまりにも広大で、差異があまりにも大きく、中央集権化された統一体としてうまく統治することが出来ないという十分な証拠を提供している、と主張した。革命派によってさかんに訴えられた統一体の伝統に対しては、胡適はそれを「迷夢」として退けた――最善だった時でさえ、それは武力によってのみ建立され維持された統一体であった、と強調した。かれの考えでは、中央集権的な政府をそれが非常に適さない国の上にもう一度強引に押し付けようとしたことが軍閥時代の分裂の根本原因だった。それとは反対に、連邦主義は軍閥主義の問題への答えを持っている。すなわち、「地方の実権を拡大すること、それによって、地方にその潜在能力を十分に発揮させ、それで軍閥と戦い、軍閥をひっくり返すことが出来るようになる。これが省自治の意義であり、これが連邦主義の役割である。[43]」連邦主義への反対者が言うように、軍閥の無責任な行為こそが政治的権威の非中央集権化の危険を証明しているのだ、と論ずることは、胡適の考えでは、原因と結果とを混同させたものだった。

(43) 胡適「聯省自治与軍閥割拠」、『胡適文存』二集巻三、一一五頁。初めは『努力週報』一九期(一九二二年九月一〇日)に発表された。

ここは、連邦主義に賛成した場合と反対した場合、どちらが有利かを評価するところではない。連邦主義運動は弱い勝ち目のない運動であった。そして部分的には、いろいろな軍閥自身から受けた支持——その理由も理解できないことではないが——によって、この運動は信用されなくなった。[44] 胡適は連邦主義に対して情熱を示したが、それはおそらく中国問題に対してアメリカ的な解決方法を見つけ出そうとするかれの傾向を表したものだと説明できるかもしれない。ふり返って見れば、当時この考えに反対した人々が指摘したように、政治権力の完全な分裂という危険を冒すことなく、こうした形式的な権威の非中央集権化を実現することが出来たのかどうかは、疑わしいように思われる。だが、連邦主義の擁護者の弁護のために指摘しておかれるべきことは、かれらが断固反対した中央集権化された政府という伝統は、中央からの過度の統制を内容としていて、公式の政治機構の中に地方の利益の訴えのための用意は極めて少ないか、あるいはまったく持っていないということである。胡適が主張しているのはおそらく、地方や地域の利益を考慮に入れるようになるバランスに到らしめるべきだということだけである。[45] 連邦主義運動は学術的なもの以上になることは決してなかったとはいえ、それは、胡適が一九二〇年代、三〇年代に権力の座に着いた政府に対して求め続けた一つの要求だった。

(44) この運動について簡潔だが秀でた議論が、Jean Chesneaux, "Le movement fédéraliste en Chine (1920-1923)," *Revue*

historique, 236: pp. 347-384 (1966 / 10-12). である。

(45)「這一週」、『胡適文存』二集巻三、二二三―二二六頁。初めは『努力週報』三〇期（一九二二年一一月二六日）に発表された。

胡適は、政治当局はつねに「最大多数の福祉」を心がけるべきだという責任を強調し、また地方利益の訴えが政府業務の中で扱われることに関心を寄せていたが、かれの「計画ある政府」が必要だという一貫した主張の中には、本来備わっているはずのどんな民主的な要素も無かった。それとは逆に、かれの思想の中には明らかに、潜在的に反民主的な際立った傾向がある。かれの政治へのアプローチは、かれのもっと広い社会改革問題に対するアプローチと同じように、本質的に思想的なものだった。かれは変化の作用剤としての思想に特別な重要性を付与した。そしてかれは、「戦闘的で断固とした公共的見解」を表明することを自らの義務とするはずの啓蒙された少数の人々の肩にその重い責任を置いたのである。かれらのその見解に改革はかかっているのだ、と。この点ではかれは孤立していなかった。丁文江は一九二三年の『努力週報』の最後のある期に文章を書いて、できる限り明瞭な言葉で、この自由主義者たちの間で広く流布していたエリート主義の考えを要約していた。

> われわれ中国の政治の混乱は、国民の程度が幼稚であることに因るのでもなければ、政治官僚の腐敗に因るものでもない。また武人軍閥の専横に因るのでもない――それは「少数の人間」の責任心の無さ、さらにはまた責任を負う能力が無いことに因るのである。
>
> 百折しても屈せざる決心と、苦難に打ち勝つ勇気を持ち、知識だけでなく能力も持ち、道徳を持つだけでなく事業をやろうという心を持った数人がいて、気風を一新しさえすれば、（時代の）精神は一変する

ことになる。……

少数の中の少数、優秀の中の優秀な者が、手を縛られて死を待つことを承認せず、天下の事は対処しようがない、と恐れさえしなければ、……。最も恐れることは、知識を持ち道徳を持つ人が政治に努力することをよしとしないことである！[46]

(46) 丁文江「少人数的責任」、『努力週報』六七期（一九二三年八月一二日）。

自由主義者の知的個人主義の呼びかけが本当に関係を持ちえたのは、そうした「少数の中の少数」だけであった。さらには、全体としての人民の中に自治の能力をゆっくりと育てるのに必要な条件が生み出されるのは、この公共心を持ったエリートたちの持つ基準に共鳴する政府の行動を通してだけであった。

だが、胡適はデモクラシーについてのある信念、特定の制度（民主）を生きていけるようにするのは、ただ制度的な複合体としてだけでなく、社会的、思想的な環境としてであるという信念に堅く傾倒していた。胡適は、中国人民の政治的な後れを、政府の非民主的な制度が永続する十分な正当な理由だとして受け入れる気にはどうしてもならなかった。その結果かれは、その十全な意味における民主《デモクラシー》の実現へと最終的に導く教育の過程には民主的制度が不可欠なのだ、と主張した。かれは『努力週報』で、次のような言葉で自分の見解を述べている。

民治《デモクラシー》国家の経験から見てみると、わたしたちは民治制度は良好な公民を訓練する重要な工具であることを認めない訳にはいかない。……民治制度が他の国によって採用される可能性がある所以は、全くこの制度が教育的効用を持つからなのである。実は、この道理は何も珍しいことではない。菜種油ランプを使うのに慣れた中国人が、なんと電燈が使えるようになった。従来大規模な商業を組織することが出来なかった中国人が、大銀行や大企業を組織することが出来るようになった。政治的生活は電燈や電話のように簡単なものではないけれども、実際はまた、組織的生活の一つにすぎない。この組織的生活は学び得るものなのである。……

長期の民治制度の訓練を経てきた国家では、公民の知識と道徳は、なべて他の国に比べて相当に高い。……公民の知識の普及は公民の道徳の養成の重要な条件なのである。(47)

(47) 胡適「政治概論序」、『胡適文存』二集巻三、一九―二三頁。

胡適はさしあたりは、この問題をそのままにして置くことができた。しかし一九二〇年代の末になると、次のような考えが出された。一定期間の政党による専政と「政治教育」を経ることによってのみ、はじめて中国において民主は定着することが可能になる、という考えである〔訓政論〕。これに応答するために、胡適は、人民が生来持っている政治的智慧に対する明確な肯定として民主制度の教育的効用を信じるという、かれの信念を明らかにしないわけにはいかなくなった。そして、一九三〇年代になってはじめて、状況は胡適に、この教育という考えと、かれがずっと持っていた知的に啓発されたエリートの決定的な役割についての信念とを調和させることは難しいことなのだ、ということを認めさせたのだった。

もし制度が変革のための適切な工具だとするならば、それらは変革の必要性に感応しやすいものでなければならない。しかし。変革の必要性に感応しやすい制度が存在しない時には、そうした制度はどのようにして創り出されるべきなのか？　胡適が、行動の革命的な方向を支持するかれの友人たちと袂を分かったのは、この問題をめぐってであった。かれは軍閥政府にほとんど期待していなかったが、革命的手段をもってその権力を破壊しようと要求する気は依然としてないままだった。この考えの背後にある議論の筋道についての分析は、さしあたり延期してよい。というのは、一九二七年の明らかに革命的な体制〔南京国民政府〕の成立の後まで、胡適の心の中ではこの問題は決定的なものにならなかったからである。ここでは、胡適の目的は権力の座にある政府を改革すること以上のものでは決してなかったこと、したがって、かれの権力者に対する要求は、かれらに対して合理的に要求できるだろうというかれの見積りによって緩和されていたということ、この二つに言及しておけば十分である。一九二二年六月、かれは『努力週報』に書いた文章で、「わたしたちは常日頃の政治に対する大きな希望をしばらく控えて、『一歩一歩進む、少しずつ進む（得尺進尺、得寸進寸）』希望を持つだけにすべきです。そうした後に、〔わたしたちの希望を〕この現実の政治的な変化の中で冷静に見積もることが出来るようになる」(48)と述べている。しかし事実は、胡適とかれの仲間の批判を軽蔑しかれらの関与しようという試みを恨んでいた軍国主義者と官僚たちによって支配されていた政府から、かれら自由主義者たちが得られたものはほとんど何もなかった。そしてこれらの「好人《よきひとの》政府」の提案者たちがそれをうまく使おうとしていた唯一の武器、公共輿論はあまりにも弱く、あまりにも組織性を欠いていたから、胡適ら自由主義者たちがそれに期待し割り振っていた任務を果たすことはできなかった。

(48)「這一週」、『胡適文存』二集巻三、一四六頁。初めは『努力週報』七期（一九二二年六月一八日）に載った。

「わたしたちの政治的主張」の目的は、討論を刺激することであった。そしてこの点では、文章の起草者たちは失望させられなかった。この文章の発表は、確かにかなりの論争を引き起こした。しかしその中で多く語られたのは、胡適とかれの仲間によって初めて話題にされた具体的な問題についてではなく、かれらの意図とかれらの努力の有効性についてであった。何人かの読者は、中国のような国では、文盲で、思想を表現する力が無く、啓蒙されていない住民という重荷があるから、改革はまさしく「好人《よきひと》」の仕事であるが、それらの人々の目的はすべての人が同意に達し得る一般原則を立てることだけでなければならない、ということに同意した。(49)しかし他の人々は、こうした方法の有効性に疑問を投げかけた。懐疑的なある若者はこう書いた。「宣伝は時には民気を呼び覚ますことが出来るもので、かつ大衆運動の中では欠くことのできない要素の一つです。しかし、単に宣伝に頼るだけでは、結局、学者の態度で、不徹底だと思われます。……ここは一つ、諸君によって『好《よい》政府党』を発起組織させてみてはどうでしょう。もしいたずらに議論だけしていて、具体的な組織が出来ないのであれば、わたしはおそらく、これらの主張は単なる空談にすぎず、決して実現する日は来ないであろうとおもうのです」と。(50)

(49) 梅祖芬の手紙、『胡適文存』二集巻三、四一―四五頁。
(50) 程振基の手紙、同前、六六頁。

胡適のこの提案に対する反応は意味深いものである。その中で、政治組織の問題についてのかれの立ち位置を明らかにしているからである。胡適は、適切に秩序ある政治システムの中で政党が果たすべき役割についてまったく考えていなかった訳ではなかった。例えば、かれが一人の政治家としての梁啓超に失望してしまう前の一九一六年には、胡適は梁啓超や張謇のような影響力のある地位を占めている人物に希望を託して、中国の将来にまだ楽観的な期待を抱いていた。かれは「将来の希望は、開明的で強硬な在野党があって、この穏健党の監督をし、今日の穏健党を明日の頑固派に代えさせないようにすることにある」(51)と述べていたのである。

(51)『日記』、一一六五頁。［『日記』を調べてみると、この条は九五九―九六〇頁にあり、一一六五頁には見当らない――中文版訳注］。

しかし、この党派心の強い派閥争いの考えはかれに嫌悪感を起こさせた。そしてかれは、批判的で距離を保った姿勢から積極的な政治参加へと境界線を越えるのを常に嫌った。一九一九年末に発表された「新青年社」の宣言は、この問題についてきちんと賛否を明らかにしなかった。「政党については、わたしたちもそれが政治を動かす際のあるべき方法だと認めるが、しかし、少数の人の私利、あるいは一階級の利益を擁護し、眼中に社会全体の幸福という考えを持たない政党というもの、これに加入することは永遠に耐え忍べないだろう」と言った。(52) 一九二二年になると、かれは宣言のこの用心深い是認からさえ後退してしまった。かれが、共和政初期がもたらした失望への非難の多くを、当時の政党と派系の「狭隘な観念」「相互の不寛容」、そして「絶え間のない口争い」に帰したのは、理由のないことではなかった。かれへの批判者（程振基）に答えて、かれは次のような言葉で自身の考えを発表した。

(52)「「本誌宣言」」『新青年』七巻一号［一九一九年一二月一日］、Chow Tse-tsung, *The May Fourth Movement*, p. 175. より引用。

わたし個人が今考えているのは、皆さんが歴史的な眼を多少なりとも持つようになることを希望する、ということだけです。……そして、反省の態度でもって、みながそろって「好い政府」という平凡な目標に向かって歩むことです。この時最も必要とされることはこの平凡な公共目標を宣伝する中で、みなが、わたしたちの公敵は悪勢力の悪政府であり、わたしたちの責務はこの悪い政府に対して闘争することなのだ、とはっきり認識するようにさせることです。これこそがわたしたちの大きな党（大党）です。国会が回復した暁には、従来の政党政治が自然に戻ってきます。わたしたちはこの時、そして近い将来において、みな仲介人、公正人、審査員、監督者の地位に就かねばなりません。将来の政治が軌道に乗った後には、具体的な主張の違いは、あるいはわたしたちをして政党を作らざるを得なくするかもしれませんが、それは別の問題になるでしょう。(53)

(53) 胡適「答程振基」、『胡適文存』二集巻三、六七―六八頁。

ほぼ同時に『努力週報』上に出されたもう一つの文章で、胡適は、多少違った視角からこの問題を批判した。かれは、政論家は三種類に区分できる、第一種は、ある特定政党のリーダーシップに媚を売っている人たちである。第二種は、自らある政党内においてリーダーシップを発揮している人々だ。最後の一種は、全ての人の行動を監督するために、いかなる党派ともつながりのない独立した人々である——明らかに胡適は自分をこの類の人間だと見ていた——、と書いた。胡適が書いているように、この類の人々は「常人を超えた人、独立的な人である。かれらはただ社会と国家のみ知って、政党と派系は知らない。かれらは政治的な見解を持っているだけで、党派的な考えは持たない。かれらは気質的にも能力的にも、政党を組織することに向いていないのかもしれない。かれらは問題を認識することはできるが、必ずしも事務を処理することが出来るとは限らない。かれらは計画を制定することはできるが、必ずしもその計画を遂行できるとは限らない。かれらは人を批評することはできるが、人との交際の仕方を知っているとは限らないのである。かれらは当然、自分の得意なところをうまく使い、自分が苦手としていることはやろうとはしないのである。」

しかし、胡適は、直接に権力の行使に参与しないで、効果的な政治的な影響を創り出せるのだろうか、と問われた。かれはこう答えた。すなわち、かれが述べたような「独立した批評家」は、かれらの自由になる二つの重要な手段を持っている。この手段がかれらの見解を重要視させる。第一の手段は、もちろん輿論を形成する際にかれらが果たす役割である。第二の手段は、かれらが独立した選挙人の多数を創り出す際に果たす役割である。「独立した政治批評家は党派というものを持たないが、しかしながら、時にはかれらは党派を持っているとも言える。かれらの党は、無数の独立不羈の選挙人によって組織されたものである。政治的状況が明瞭で、教育が発達した国家ではどこでも、一部に無党派の選挙人が存在するものである。かれらは政治的な、人格的な優秀さに基づいて投票する人々である。[54]」

（54）胡適「政論家与政党」、『努力週報』五期（一九二二年六月四日）、（この題目は「政論家政与党」とミスプリントされている）。

胡適は、かれがかつて合州国で見たことから、中国のこの不安定な政治生活の中でのかれ自身の役割を限定しようとしたが、この試み以上にかれのアメリカ経験の刻印が鮮明に浮かび上がっているところは無い。デューイの影響はここにとりわけ明らかで、そしてデューイは中国の危機の性質とその解決についての多くの意見を胡適と共有して——あるいは胡から借用して——いたが、そのデューイでさえ、この点に関しては強い留保の考えを抱いていたのである。かれはそれを一見しただけだったが、一九一九年の五四事件について次のように述べていた。「数千の電報がパリに発せられ、［ヴェルサイユ条約に］署名しようとしたことに抗議した事実から、あるいは、親日派の政治家によって支配され、財政と軍事を握っていた内閣が日本と山東問題についてすぐに交渉に入ろうとしなかった事実から、一貫して影響力を持った少数派が存在したからだと論じるのは不適当な証拠に基づいたものである。危機においては、優勢を占めるほどしっかりした少数派が存在するかもしれないが、しかしそれは危機においてのみである[55]」、と。

（55）John Dewey, "Is China a Nation ?" *The New Republic*, 1921 / 1/ 12; *Characters and Events*, I, pp. 237-238. に再録。

胡適にとっての一九二〇年代の苦い教訓というのは、危機の中にあってさえ、反体制の少数派がますます、かれが同意することのできない［過激な］言葉で抗議を表明する傾向を見せたこと、また、かれが是認することができない［デモ・ストなどの暴力的な］仕方でそのエネルギーを消耗させる傾向を見せたことだった。

「好人政府」

『努力週報』の生命《いのち》は、軍閥史上最も憂鬱だった時期と一致する。その誕生はほとんど一九二二年四、五月の奉直戦争の時と同じだった。それは紛争に満ちた時代を表している数多くの政権交代の一つで、呉佩孚《ごはいふ》と曹錕《そうこん》がかれらの以前の盟友であった満洲の支配者・張作霖の権力を覆して勝利したものだった。当初、直隷派の勝利の後、好人政府を支持した人々にとっては、意味のある改革を成し遂げる展望はより明るくなったようにたぶん思えたのであろう。呉佩孚はおそらく軍閥としては、平均よりは多少ましだった。どんな場合も、かれは「好人政府グループ」が明らかにしていた多くの目標を支持したのである。一九二二年の初めに徐世昌が黎元洪に取って代わられた。徐世昌は一九一八年に段祺瑞と安福倶楽部系の支援で共和国総統に選出され、段祺瑞が権力の座から落ちた後も、どうにか二年間生き延びていたのだった。黎元洪は呉佩孚派の人だった。しかしかれが総統職に就任することを要求し得たのは、一九一六年に袁世凱が死んだときにかれは副総統であったということ、それゆえ、共和国最初期の行政とはかなり希薄な関係しか持たなかったという事実から理屈を引出してきたからだった。同時に、また呉佩孚が言い出したことの結果として、いわゆる「旧国会」がまた北京で再び招集され、新しい永続性のある憲法を起草することを付託された。旧国会は一九一三年に選出された組織——あるいはその組織の残存物——で、選出された後、すぐに袁世凱によって解散させられたが、袁の死去後の一九一六年に再び召集され、その一年後に段祺瑞によって再び解散させられていたものだった。このように一九二二年に暫定的に組織された政府は、最近の軍閥政府が持っていなかった正統性の感覚を運んで来た。そしてまた、南北分裂が起きる前の時代にその由来がさかのぼる政治的諸要素を集めることによって、つかの間の希望を運んで来た。歴史を後ろに戻して、「合法的」な手段を通じて、武力では押し付けることが出来なかった統一を達成することが出来るかも知れなかった。(56)

（56）これらの事件の背景については李剣農『中国政治史』四一九—四二二頁を参照。

これが胡適と『努力週報』が一九二二年に直面していた政治的状況だった。八月に国会が召集されようとしていた直前に、胡適は今度の国会に希望を提出した。

> 国会の今度の集会は、全精力を憲法制定の一事に注ぐべきです。その唯一の任務は制定された憲法から、正式な政府を作りだすことです。……
>
> 最も重要なことは国会が、現在の黎元洪、顔恵慶（代理総理）の政府は実際は臨時政府であり、任期は憲法が制定され、正式に政府が成立するときまでである、ということを認めることでなければならない。
>
> このようにやれば、国会議員を憲法制定に専念させることが出来る。……わたしたちは国会議員の政治的良心がかれらをこの主旨に賛成させるようにすることを希望する。(57)

（57）「這一週」、『胡適文存』二集巻三、一八二頁。初めは『努力週報』一一期（一九二二年七月一六日）に発表された。

九月、この年の五月に「好人政府宣言」に署名した人々の内の三人が閣僚ポストに任命された。王寵恵《おうちょうけい》（字は亮疇、一八八二—一九五六）、このアメリカとイギリスで教育を受けた法律家・政治家が代理総理として顔恵慶に代わった。羅文幹（字は鈞任、一八八八—一九四二）、もう一人のイギリスで教育を受けた法律家で、財政部長に任命された。そして湯爾和《とうじわ》（一八七七—一九四三）、かれは日本に留学して学んだ医学博士で、教育部長になった。胡適はこの三人すべてと親しい仲だった。かれはまた新任の外交部長の顧維鈞《こいきん》（字は小川、

V・K・ウェリントン・クー、一八八八―一九八五）とも同じように親しかった。

王寵恵とかれの同僚にとっては、かれらと「好人政府グループ」が広く公に知られた関係にあったということは、利点というよりも、決まりの悪いことだということが分かった。かれらはすぐに、自分たちが新聞で嘲笑に晒され、さらに参政せずに残ったかれらの友人たちから課題を引き受けさせられているということに気づいた。というのは、かれらはプログラム（「計画」）をまだ提出していないという分かり易い失敗をしていたからだった。[58]もっと悪かったのは、この新政府が曹錕の支持を得ていなかったことだった。呉佩孚は曹錕と不安定な同盟でしか結ばれていなかったからである。好人政府の目標にとって一時勝利に見えたものが急速に混乱した後退に転じた。一一月、羅文幹は衆議院で発言者の呉景濂（曹錕の支持者の一人）にオーストリアとの条約への書名に関して賄賂を受け取ったと告発された。この決定的に重大な時に、呉佩孚は自由主義の目標を放棄した。そしてかれの支持を失って「好人政府」は崩壊した。羅文幹は解職され、逮捕入獄させられた。必然的にそれに続いて王寵恵内閣の閣僚全員が辞職した。曹錕の野心は大総統に選ばれることであったが、その後閣僚たちはかれのこの目標にさらに自ら進んで従うようになった。胡適が言っていた国会の政治的良心への信頼は完全に裏切られた。一九二三年の初めに、かれはぶつぶつと不満を言った。「憲法は根本法律である。民治国家の法律は決してあのような自ら法律を守ろうとしない無恥の政客たちが制定することが出来るものではない。われわれは予言できる。呉景濂*の国会が一つの憲法を定めたとしても、将来けっして憲法の効果を持つことはない。将来に一枚の紙屑を増やすに過ぎない。[59]」

(58) 一九二二年六月から一〇月まで、胡適は非公式で不定期の一連の「茶話会」にその一員として出席していた。会の大部分は顧維鈞の邸宅で行われたもので、欧米で教育を受けた多くの「帰国学者」たちが集まって、その時の政治問題を議論した。グループのその他のメンバーは、蔡元培、王寵恵、羅文幹、丁文江、蔣百里、林長民、陶孟和、李石曾、葉景辛（字は叔衡）、周詒春（寄梅）、王長信、張君勱、高魯、その他何人かであった。王寵恵内閣が成立した後、この社交の集まりの空気は日に日に緊張してきた。それは部分的には胡適の要求（『努力週報』上に発表された）、新政府は「計画」を出さなければならないという要求のためだった。この批判に直面させられた王寵恵は段々と不機嫌に神経質になり、ついに一〇月末になって、蔡元培の提案で「茶話会」は続けられなくなった。王寵恵と羅文幹が政府の中に留まる限り、これ以上の会合は建設的でないという理由だった。胡適「這一週」、『努力週報』一五期、一九二二年八月一三日（『胡適文存』二集巻三、一九二頁）、および『努力週報』二〇期、一九二二年九月一七日（『胡適文存』二集巻三、一九八頁）、『努力週報』二二期、一九二二年一〇月一日（『胡適文存』二集巻三、二〇六―二〇八頁）と、胡適未公開日記一九二二年九月九、二二日、一〇月二七日の条を参照。一一月に羅文幹が賄賂をもらったと告発されたとき、胡適は編集者として次のように書いた。「わたしたちの理想の中の『好（よ）き人』には少なくとも二つの面がある。一つは人格上信頼がおけること、一つは才能器量的に有為であることである……わたしたちは王寵恵、羅文幹諸君の政治的な才能器量については確かに満足してはいない。しかしわたしたちは今でもなお、かれらの人格上の潔白さは信頼に足ると思っている」と（「這一週」、『胡適文存』二集巻三、二二〇―二二一頁、『努力週報』三〇期、一九二二年一一月二六日）。

（59）「這一週」、『胡適文存』二集巻三、二四九頁、『努力週報』四一期（一九二三年二月一一日）［中文訳注記によると、胡頌平『胡適之先生年譜長編初稿』は四二期にし、撰文の日付を三月四日とする。『長編』五二四頁の二月一一日のところには「這一週」の記載はない］。

＊胡頌平『胡適之先生年譜長編初稿』五二四頁は、雑誌『努力週報』では「張伯烈」の名になっているという。

『努力週報』は曹錕の大総統になろうとする野望にきっぱりと反対した。そして国会がますます曹錕の野心に屈服するように傾き始めるにしたがって、胡適の書いた社論の国会に対する公然の非難もさらに雄弁さに磨きをかけた。しかしそれはみな何の役にも立たなかった。一九二三年、最終の憲法草案は、現会期の議会を総統選挙の選挙母体にすると規定し、一〇月初めに曹錕はこの方式で総統職に上げられた――曹錕はこの栄誉のためにいろいろな政治家に、ある推計によると一千五百万銀元を支給したという（曹錕賄選）[60]。

（60）H. F. MacNair, *China in Revolution: An Analysis of Politics and Militarism under the Republic* (Chicago, 1931), pp. 53-54.

一九二二年末、胡適は健康を損ね、北京大学から、業務を離れて一年間休む許可を得た。一九二三年五月、胡適は『努力週報』を丁文江、陶孟和、高一涵、張慰慈に託した後、北京を離れた。この年の夏と秋、かれは煙霞洞で療養して過ごした。そこは浙江省の山の中にあった仏教徒の隠居地だった。一〇月九日、曹錕が大総統に当選した四日後、曹の就任と新憲法発布の前日に、胡適はそこから北京にいる友人たちに、かれらの共同事業の前途について手紙を書いた。そしてかれは、医者の忠告に従って、自分は休暇期間が終わるまで北方に帰ることを延期した、と語った。かれは、この間は『努力週報』の出版は「一時停刊」にすべきであろうと提案した。かれは、かれとかれの仲間が置かれている状況が望みのないことを認めつつ、苦さを噛みしめながら次のように書いた。「このとき政治を語ることはすでに『壁に向かって』歩むことになった。もし人を攻撃したとしても、それはせいぜい全国の悪罵の中で更に罵声を上げることでしかない。それにどんな意味があるだろうか。もし、人を避けて問題や主張を語ったところで——例えば、全国会議や、軍縮、憲法の類だが——、勢い必ず、外の人の誤解を引き起こす。盗賊のために陳述書を書いてやるなどということは、われわれの好きなことではない」と。

胡適は『努力週報』に降りかかった不幸を、かれが以前に政治に巻き込まれることに反対した主張が正しかったことを立証するものだと解釈した。かれは、「今後、わたしは思うのだが、わたしたちは『努力週報』を、『新青年』がいまだ果たし得なかった使命を継続できる程度にまで発展させるべきで、もう邪魔されないようにして、二十年それに奮闘すれば、わたしたちは中国の政治のために一つの固い基礎をたてることが出来るだろう」と書いた。十八カ月前に、かれは『努力週報』創刊の際に一篇の詩でもって「好人たち」が出て来て戦おう、と呼びかけたが、いまかれは同じように、詩の形式でもってその墓碑銘を書いたのだった。

樹葉都帯着秋容了、
但大多数都還在秋風里撐持着。
只有山前路上的許多梅樹、
却早巳憔悴的很難看了。
我們不敢笑他們早凋；
讓他們早早休息好了、
明年仍赶在百花之先開放罷！

樹々の葉は秋容をおびた、
しかし多くはまだ秋風の中にしっかと枝についている。
ただ山前の道の多くの梅の木のみが、
はやすでに憔悴して見るに耐えないすがただ。
われらはそれらが早く衰えたと笑わない。
かれらを早く休ませたらよい、
来年は多くの花に先んじて花を開かせるだろう。(61)

(61) 胡適から高一涵、張慰慈、およびその他の人宛の手紙、一九二三年一〇月九日、『胡適文存』二集巻三、一四一―一四四頁。

しかし『努力週報』は二度と復興しなかった。胡適の「政治評論家」としての履歴も一時的に終わりを告げた。一九二四年に北京大学の教授たちの一グループが『現代評論』という雑誌を創刊し、自由主義の考えを発表するはけ口にした。胡適はこの雑誌に、いくつかの詩歌、短い学術的な文章、そしてもっと広い文化的再建の問題についての文章を発表した。政治問題に対してかれは沈黙を守った。一九二八年、『努力週報』が軍閥政治のその粗野な風潮の中で屈服した五年の後になって、胡適はやっと、上海で出版された『新月』雑誌の上で、持続させていた政治的意見の表明を再び開始した。この後年の間に、中国では人心を激震させるような重大な変化が起きていた。そして南京政府の建立にしたがって、革命も新しい発展段階に入った。胡適のこの変化した状況に対する反応、かれの国民政府との関係は、本書の他の章の主題になろう。しかし革命運動を助けて権力の地位に連れて行った民族主義的《ナショナリスティック》な熱情と、その情緒についての胡適の考えについては、まずもって、

書名

読者カード

●本書のご感想および今後の出版へのご意見・ご希望など、お書きください。
（小社PR誌『機』に「読者の声」として掲載させて戴く場合もございます。）

■本書をお求めの動機。広告・書評には新聞・雑誌名もお書き添えください。
□店頭でみて　□広告　（　　）　□書評・紹介記事　（　　）　□その他　（
□小社の案内で

■ご購読の新聞・雑誌名

■小社の出版案内を送って欲しい友人・知人のお名前・ご住所

お名前

ご住所 〒

□購入申込書（小社刊行物のご注文にご利用ください。その際書店名を必ずご記入ください。）

書名　　冊	書名　　冊
書名　　冊	書名　　冊

ご指定書店名

住所

都道府県

郵便はがき

料金受取人払

牛込局承認

8643

差出有効期間
平成31年1月
14日まで

162-8790

東京都新宿区
早稲田鶴巻町五二三番地

(受取人)

株式会社 藤原書店 行

ご購入ありがとうございました。このカードは小社の今後の刊行計画および新刊等のご案内の資料といたします。ご記入のうえ、ご投函ください。

お名前　　年齢

ご住所 〒

TEL　　E-mail

ご職業（または学校・学年、できるだけくわしくお書き下さい）

所属グループ・団体名　　連絡先

本書をお買い求めの書店

市区
郡町　　書店

■新刊案内のご希望　□ある　□ない
■図書目録のご希望　□ある　□ない
■小社主催の催し物案内のご希望　□ある　□ない

もう少し論じられなければならない。

民族主義–共産主義についての胡適の考え

胡適が、自分のエネルギーを「新たな公論」を創造することに集中させるために政治的活動から退くことに決めたと宣言したとき、すでに述べたように、かれは、数は少ないが決定的に重要な近代化された知識人階級の支持を期待していた。この階級には、中学と大学の学生、作家、ジャーナリスト（新聞記者）、専門家、そして教師、学者などが含まれていた。この人たちのなかにこそ、かれは、かれが言わねばならないこと、あるいはそれに基づいた行動を理解することができる個人が見出せるという希望を抱いていた。だが、かれは一九二〇年代に姿を現した他の勢力の代弁者たちと常にこの支持者を争わねばならなかった。一九一八年と一九一九年に北京やその他の所にできたマルクス主義学習グループの中にその姿を予示していた中国共産党は、一九二一年に正式に設立され、陳独秀が最初の総書記に選ばれた。部分的にはソ連とコミンテルンの中国に対する関心という同じ刺激に反応して、孫逸仙の国民党が一九二三年と一九二四年にレーニン主義の路線に沿って改組を行い、それを革命の目標を実現するためのより有効な工具にした。胡適とは違って、共産党と国民党のリーダーたちはどちらも政治組織の必要性については少しも疑問を抱くことはなかったし、かれらの目標を実現する手段として武力を使うことも拒絶しなかった。さらに、支持を得るためのかれらの訴えは、胡適の言論よりももっと鋭く敏感な言葉を使って――つまり、振り返って見てそのように思えるということだが――支持者たちの挫折感と不満に呈示されたのだった。これらの支持者は、国家《ネーション》ではなかった国家《ネーション》の公民、すでにその自尊心を失い、非現実的にではなく、最終的にその政治的アイデンティティを失う危険の中にあると思われた民族《レイス》の成員、だった。

共産党と国民党はどちらもある程度、一九二〇年代に中国を席捲した強烈なナショナリズムによって造られたものであり、ある程度この激しいナショナリズムの創造者であった。かれらはこのナショナリズムに口やかましく反帝国主義の表現を与えた。すなわち、中国の不幸な状態の責任は西洋の侵略に負わせられたのである——十九世紀半ば以来のその侵略が経済政治的な征服に抵抗する国家の能力を蝕んでしまったのだ、と。一九二三年から二七年までの国共合作期に、革命イデオロギーが反帝国主義を反封建主義と混ぜ合わせた（反封建という この語は、過去の多方面にわたる病弊——社会的不平等、政治的圧迫と腐敗、中国人の生活の道徳的堕落——を、精確さよりも感情でもって述べるのによく使用された）。一九二二年六月に発表された「中国共産党の当面の局勢についての第一次宣言」が状況を説明したのはこのやり方だった。

民主派の敗北は、つまりは人民は国際帝国主義と本国の軍閥の圧迫の痛苦から脱することが出来ないということである。なぜなら、民主政治が未だ成功し得ず、名は共和国家だが、実際は相変わらず軍閥によって政権が握られている、このような半独立の封建国家では、その政権を握っている軍閥はいつも国際帝国主義と互いに結託するからである。……国際帝国主義はある程度の限度内ならばみな喜んで軍閥に力を貸す。それは一つには、かれらの中国における特殊な勢力を作り上げることが出来るからで、もう一つは、中国の内乱を延きのばし、中国を永遠に実業を発展させないようにし、永遠に消費国家にし、永遠にかれらの市場としようとするからだ。このような状況の下にいる中国の実業家は、外国資本との競争、関税協定、地方の混乱、官界による誅求など、四方八方からの圧力を受けて、まったく発展の希望が無いありさまである。(62)

（62） Conrad Brandt, Benjamin I. Schwartz, and John Fairbank, *A Documentary History of Chinese Communism* (Cambridge, Mass., 1952), p. 56.［『中国共産党史資料集　1』、勁草書房、一二〇頁］。

胡適は、このような中国の状況に対する分析からは、感情の上でも考えの上でも、その違いによって隔てられていた。他の人々が中国の堕落について憤りを感じた所でも、かれが感じたのは中国の遅れへの軽蔑だった。かれは中国の群れとなって動く数百万人の惨めさを憤るよりも、むしろかれらの悲惨さを軽減する手段を自由に操れる時代、少なくとも歴史的にはそういう時代に自分は生きていることを喜びがちだった。汗を滴らせてかれの人力車を引く若い車夫を見ても、かれは、そのような非人道的な労働を必要とさせている経済制度を非難するようにではなく、むしろ、「蒸気機関を発明した大聖人に感謝しなければならない。その電力を発明した大聖人に感謝しなくてはならない。汽船と汽車を作った大聖人を祝福しなければならない。かれらの智慧と才能が人間の精力をどれだけ節約させたか、人間の苦しみをどれだけ減らしたか、と感謝する」のだった。(63) これらの考え方は、議論されるかも知れないことだが、かれの学生時代の「コスモポリタニズム」が論理的に極限にまで突き詰められたものを反映していた。これらの思想は、怒りに溢れたナショナリズムの時代に、かれをかれの国の公民《シチズン》にしたよりも、かれの世紀の方がより精神的に楽な公民《シチズン》にしたのである。

（63）「漫遊的感想」、『胡適文存』三集巻一、五三頁。

だから、胡適と革命的なナショナリストとの違いは、部分的にはかれの国の大変多くの人々を動かした熱情から距離を保ったかれの感覚《センス》に由来した。その上に、思想的な考えもあった。かれは、中国の状況において革命を通して根本的な改良を手に入れようという希望によって鼓舞された革命的な約束に懐疑的だった。一九一九年に李大釗と論争したときの言葉を用いていえば、胡適は、中国人が直面している複合的な問題の「根本的な解決」というビジョンは現実に合わないものだとして拒絶し、一方、李大釗は「根本的な解決」が試みられる前に、「相当の準備活動が必ず必要だ」ということを認めたが、それにもかかわらずかれが固く主張したのは、「組織も無く、生気も無い（中国のような）社会においては、一切の機能がみな閉ざされてしまっていて、あなたがどんな道具を持っていても、あなたはそれを用いて仕事をする機会はないのです。そうした時は、おそらく必ず根本的な解決が無ければならない。そうしてこそはじめて一つ一つの具体的な問題を解決する希望が見えてくるのです」と言ったのだった。李は実例として、ロシアの例を引いた。かれは、ロマノフ家の崩壊とボルシェヴィキによる経済の再建化までは、ロシアにおいては具体的な問題のいかなる改善も実行される可能性はなかった。「しかるに今（一九一九年）は、すべて解決された」と主張した。[64]

(64) 李大釗「再論問題与主義」、『毎週評論』三五期（一九一九年八月一七日）、『李大釗選集』（北京、一九六二）、二三三頁所収。この論争における李大釗の立場は Maurice Meisner, *Li Ta-chao*, pp. 105-114.［丸山松幸・上野恵司訳『中国マルクス主義の源流——李大釗の思想と生涯』平凡社、一九七一年、一五一頁以下］に見える。メイスナーは最後の文を「もしロマノフ家が転覆されず、経済機構が改革されなかったならば、いかなる問題も解決されることはなかった。今それはみな解決されつつある。」（一〇七頁、強調は筆者）と訳している。［邦訳一五四頁は「すべて解決しました。」と訳している。英文ではなく、李大釗の原文から訳したようである。］この読みは李大釗の信念を少し違った光の中に投げかけるものである。原文は「今則全部解決了」で、わたしは最後の「了」を完了した行為を指示するものと解する。

胡適にとっては、李大釗の考えはまさしく過度に単純化した一般化の類を代表していたのである。そして、一人の「実験主義者」として、こうした過度の一般化こそかれが中国人のメンタリティから根絶しなければならないと誓ったところのものだった。かれは「実験主義はもちろん一つの主義である」ことを認めたが、「しかし実験主義はただ一つの方法で、問題を研究する一つの方法にすぎないのである。……実験主義は具体的な事実と問題を重視する。故に、根本的解決（が存在し得ること）は承認しない。それは少しずつの進歩——一歩ずつ智慧のある指導があり、一歩ずつ自ら動く実験のある進歩——これこそが真の進化である、と承認するだけである。」胡適は、ボルシェヴィキでさえも根本的な解決を未だ達成しえていない、もしロシアの新政権が生き残ろうと望むなら、「次第に表れてくる問題に、その時その時にそれに回答して」いかなければならないのである、と主張した。(65)

(65)「我的岐路」、『胡適文存』二集巻三、九九頁。

一九二二年、『努力週報』の編集方針を決めた時、かれはまたこの点についての自分の信念を再び主張した。「わたしたちは根本的な改造ということを信ぜず、少しずつの改造を信じるだけであるから、わたしたちは主義を語らない。ただ問題だけを語るのみである。大きな希望を抱かなければ、大きな失望には至らない。わたしたちは今の時代を観察して見れば、悪因はこんなに多く播かれているが、好人はこんなにも少なく、教育はこんなにも駄目だ。人を十分に満足させるような大改革というようなものは決してないのである。」(66)

(66)「這一週」、『胡適文存』二集巻三、一四五—一四六頁、『努力週報』七期(一九二二年六月一八日)。

革命家たちにとっては、『努力週報』に代表される考えや、「わたしたちの政治主張」で支持された色々な方法は、せいぜい非現実的なものにしか見えなかった。一九二二年の「中国共産党の当面の局勢についての第一次宣言」は、「革命を通じて政権を勝ち取ってこそ、民主勢力ははじめて中国で勝利できるのである」と宣言した。この宣言は、数週間前に北京で発表された「わたしたちの政治主張」の起草者たち(特筆すべきは、李大釗、この北方の指導的共産主義者によって署名されていた)を、「ブルジョワ階級の平和主義」「日和見〔機会主義〕」と非難し、かれらの政治的な天真爛漫さを嘲笑し続けた。

軍閥勢力の下で、あなた方が言っている好政府の内容は実現できるのだろうか。あなた方は試しに、現実の北京、天津、保定の空気を観察してごらんなさい。あなた方の政治的改革の三つの基本原則と六つの具体的な主張が実現できるでしょうか。

すべての小ブルジョワ階級の学者・政客たちは、かれらの間に合わせの、妥協的な偽平和論に基づいて、民主（のための）戦争に反対するなら、われわれは決してそれに聞き従うことはできない。

われわれの目前の奮闘の目標は、単に財政の公開や、選挙を清潔透明にさせるなどの行政問題ではないのである。[67]

（67）Conrad Brandt, Benjamin I. Schwartz, and John Fairbank, *A Documentary History of Chinese Communism*, pp. 56-62.

胡適は自分の最善を尽くして、同意できないことを語り続けた。かれは中国共産党の宣言に応答した社論の中で、「かれらとわれらとは僅かに順序と優先の問題に違いがあるだけだ」と述べた。しかし、かれは、中国共産党の立場とかれ自身の立場との間には「完全に相容れないところはない」[68]と主張したけれども、だからと言って、かれさえもこの宣言を信じたという結論を引き出すことは出来ない。それとは反対に、かれはほとんどすべての重要な点についてこれらの革命家たちがいう現在と過去についての論述、かれらの未来へのプログラムに共感しなかった。かれの知性には、「帝国主義」「資本主義」「封建主義」という語は真の問題を明らかにするというよりも、覆い隠す傾向のある単なる標語の類のものに過ぎなかった。

（68）「這一週」、『胡適文存』二集巻三、一六八頁、『努力週報』一〇期（一九二二年七月九日）。

しかしながら、一九二〇年代の末までは胡適は自分と共産党人との間の違いを詳しく説明しなかったけれども、これは意味論的な口論以上のものだったのである。かれは共産党とその同盟者である民族主義的な革命家たちによって採用されている術語を拒絶しただけでなく、これらの術語が描き出そうとした現象も拒絶した。

かれは、中国においては「わたしたちはまだ資本主義について語る資格はない。……わたしたちにはせいぜい何人かの小商人がいるだけである。どこに資本家階級がいるというのか」封建主義については、それは「早くも二千年前に（中国では）すでに崩壊してしまっている」[69]と、さらにかれは共産党人が懸命に中国の現実をそれに一致させようと努力しているマルクス主義歴史学説の全体的メカニズムの誤りを見つけた。かれは、弁証法的唯物論は進化の過程についての「非科学的な」概念であること、それはダーウィン学説以前の動力学への信頼に依拠していること、その休止することのない弁証法的運動がある地点で——すなわち、プロレタリア革命が勝利した後で——停止させられるというその信念自身、この三つによって確実な根拠の無いものだと言い渡されている、と主張した。「このような複雑なことを簡単なものにし、このように進化の継続を根本的に否定すること、これは紛れも無く百パーセント、ダーウィン以前の武断的な思想であり、頑固なヘーゲルよりもさらに頑固なものである。実験主義はダーウィニズムから出発している。それ故、少しずつ不断の改進こそが真実で信頼できる進化であると承認することしかできないのである。」[70]

（69）胡適「我們走那条路」、『胡適文存』四集巻四、四三二頁。初めは『新月』二巻一〇号（一九二九年一二月一〇日）に発表された。

（70）胡適「介紹我自己的思想（胡適文選自序）」、『胡適文存』四集巻四、六〇九頁、初めは『新月』三巻四号（期日無し）に発表された。

最後に、おそらくこれが最も重要なものだが、胡適は共産主義者‐民族主義者の中国の現状についての見方を受け入れることを拒否した。というのは、この見方が基づいているのは、かれから見れば、現代西洋社会に対する誤った表象であったからである。一九一九年以後の中国ナショナリズムに栄養を与えた多様な感情の中の少なからぬものは、流行した西洋に対する幻滅の感覚であった。その結果の一つは、マルクス・レーニン主義のヨーロッパ的価値に対する批判が、一九二〇年代の初めに当時はまだ小さかった献身的なマルクス主義者やプロト共産主義者のサークルを遙かに超えて中国で人気を得たことだった――これはいくつかの面で人々に二十世紀初めに流行した社会ダーウィニズムで経験したものを想い出させた流行だった。梁啓超やその同類の人々のような文化的保守主義者は、社会的不平等によって質が悪くなり階級対立によって引き裂かれたヨーロッパ社会という印象を一生懸命に売り込んだ。丁文江や陶孟和のようなイギリスで教育を受けた学者、かれらは一般的には西洋に共感的だったのだが、かれらでさえヨーロッパの戦後の危機の重大性を認めたのだった。[71]

(71) 第五章の注(2)を参照のこと。

胡適は西洋の発展について違った考えを持っていたが、かれもまた時々、マルクス主義者のヨーロッパの状況についての記述を無批判的に受け容れる傾向を見せた。[72] しかし、かれにとってはアメリカが常に別の事例であり、そしてアメリカの将来は無限に明るかった。一九二七年に合州国から帰国した後に、かれは、「アメリカには社会革命が起きるはずがない。なぜなら、アメリカはいつも社会革命の中にあるからだ。……アメリカの近年の変化は資本が集中しながら、所有権が民衆に分散していることである。……人々は誰もが有産階級になれる、それ故、階級戦争の煽動は効力を発生させない」と書いた。[73]

(72) 「五十年来之世界哲学」、『胡適文存』二集巻二、三〇〇―三〇三頁を参照。
(73) 「漫遊的感想」、『胡適文存』三集巻一、五八―五九頁。

しかし胡適は、もしアメリカが違っているとすれば、それはアメリカの状況に特有だと見なされるべき条件がそうさせているのではない、むしろそれは、アメリカがその起源がルネサンスに遡る思想的、社会的な伝統をヨーロッパから継承していること、そしてそれに新たな表現を与えたものであるからである、と主張した。アメリカはすでに「西洋の精神文明」の避難所、「新しい道徳性」の避難所になった。この新しい道徳性は、人間の理性の力についての理解、そして人間生命の尊厳さを自覚することによって生まれる人間と人間に対する共感に基づいている、と言う。[74] 胡適はこれを「民主の宗教」と呼んだ。[75] かれは社会主義の原則をこの宗教の現代の信条だと見なした。

（74）「我們対西洋近代文明的態度」、『胡適文存』三集巻一、一八―一九頁とその他各処。
（75）"The Civilizations of the East and the West," *Whither Mankind*, p. 37.

社会主義の理想というのは、ただ、もっと早くもっと個人主義的にという民主観念の補充にすぎない。それらは歴史的にはもっと大きな民主活動の一部分を構成している。十九世紀の中葉になると、高度に組織化され集中化された経済制度の下では、自由放任政策はもはや理想的な平等や自由という結果を達成する有効な手段ではなくなった。……だから社会主義運動が起きてきた。もしその混乱した経済決定論と階級闘争理論から離脱して見れば、それ（社会主義）はただ社会の集団的な力を利用する必要性を重視するということだけを、あるいは最大多数の人々のために最大の幸福を図るような状況の必要性を強調することだけを意味しているのである。……

このような民主の宗教は、ある一個人の自由を保障するだけでなく、他人の自由を尊重するために一個人の自由を制限するだけでなく、それはまた、一人一人の男女が自由に生きることを可能ならしめるよう尽力するものなのである。この宗教は、科学と機械を用いてうまく個人の福利と快適さを向上させようとするだけでなく、さらに、組織と立法を通して最大多数の人々の生活の富を拡大させようとするものである――これこそ西洋文明の最大の精神的遺産なのである。[76]

（76）同前、三八―四〇頁。また、「我們対西洋近代文明的態度」、『胡適文存』三集巻一、一六―一九頁を参照のこと。

胡適は主張する。中国人が努力して自らをそれと一致させなければならないのは、この精神的な遺産である。かれは一九二六年に徐志摩に書いた手紙の中で、これを「新自由主義」あるいは「自由な社会主義」と呼んだ。これはかれがこの術語を使った珍しい例である。かれはこの語でもってこれを古典的な自由放任自由主義と区別しようとしたのである。かれはこの自由放任自由主義には殆ど何の共感も持たなかった。「わたしの共産党内の友人がわたしに、『自由主義は資本主義の政治哲学である』と言ったが、これは歴史的に成立しえないものである。自由主義の傾向は徐々に拡充してきたものである。十七―十八世紀はただ貴族が自由を争い得たに過ぎなかった。二十世紀は全民族が自由を争い得る時期でなければならない。この考えと自由主義との間には何の衝突があるだろうか。なぜ（中国共産党は）必ず自由主義を無理やり資本主義に結びつけようとするのだろうか。(77)」

（77）胡適の徐志摩への手紙、日付なし（一九二六年である）、『胡適文存』三集巻一、八五―八六頁。

胡適のこの西洋の歴史についての説明は、かれが李大釗に向かって言った「複雑なものを単純化する」という非難を受けやすいものだとしても、にもかかわらず、これらの考えを根拠にして、共産党が終始一貫して行ってきたように、胡適に資本主義－帝国主義的搾取の支持者というレッテルを貼ることは不公正であるように思われる。しかしこのような非難の背後にあるイデオロギー的な煽動を別にしても、その時代の視野で見れば、それにはある種の正当性があった。「中国共産党の当面の情勢についての第一次宣言」が発表された数カ月後に、胡適はそれらの言葉使いの主要な前提について強く反対した。

わたしたちが知るべきことは、外国の投資者が中国の平和と統一を希望するのは、実は中国人民が平和と統一を希望していることに劣らないということである。……国際投資が問題を発生させるのは、まさに投資［した資本］の在る国が平和でなく、治安も無く、投資者の利益と安全を保障できないからである。……正直に言えば、いまは中国にはすでに大きな国際侵略の危険はもうなくなった。……だから、わたしたちは現在は必ずしもかの国際侵略の悪夢を怖れなくても良いのである。最も重要なことは心を同じくし協力して自分の国家を政治の軌道に乗せることである。……わたしたちの友人である陳独秀先生は上海で出版された『嚮導』週報で、二つの大目標を出した。一つは民主主義革命であり、もう一つは国際帝国主義の侵略に反抗することである。第一のものについては、わたしたちはもちろん賛成である。第二については、わたしたちは、これも第一の内に含まれるべきだと思う。というのは、わたしたちは、民主主義革命が成功した後に、政治が軌道に乗ったら、国際帝国主義の侵略も大部分が自然に解除されるようになると思うからである。(78)

（78）胡適「国際的中国」、『胡適文存』二集巻三、一二八a－i各処。初めは『努力週報』二二期（一九二二年一〇月一日）に発表された。

これは確かに、一人の中国人作家のペン先から望みうる、中国における外国の利害の動機についてのこの上なく好意的な解釈である。胡適を帝国主義の弁護士だと見なすことも難しくはなかった。だがしかし、胡適の目的は帝国主義者のために弁護するというよりも、むしろかれの読者に、かれが信じているように、ナショナリストのイデオロギーの中に内在している危険性に気を付けるように警告することであった。学生時代に胡適は、「愛国主義は偏見よりもより良い何物かに基づかなければならない」というカーライルの祈りに共鳴したことがあった。そして、「わたしたちの国は、わたしたちの人生観《フィロソフィー》を傷つけることが無かったなら、わたしたちに親しいものになるだろう」という同じ希望を共有していた。だが一九二〇年代の中国の愛国主義は——少なくともそれについての胡適の見方では——偏見と、かれが採用し支持する人生観を傷つけるもの、その両方に基礎づけられていた。こうして、一九二五年、この年は民族主義運動の歴史においてわずかに一九一九年に次ぐだけの大変重要な年だったが、この年までに胡適はすでに穏健派の代弁人になっていた。

一九二五年五月三〇日、上海で学生が指導したデモが行われた。地方のある紡績工場で日本人が中国人労働者を酷く取り扱ったことに抗議するために組織されたものだったが、このデモは公共租界でイギリス指揮下の警察によって銃撃を浴びせられた。三週間後の六月二三日に、広州の学生たちが上海での事件に抗議するために街頭に出てデモ行進をしたが、かれらが沙基島の外国租界を通過した際に、かれら自身がイギリス人・フランス人の警備の銃撃を受けた。これらのデモの中で相当数の死者と多数の負傷者を出したという悲劇は、ナショナリストの情熱の炎を白色化の程度にまで達させた。上海の一人の若い学生は誓った。「騒ぎはここで終わらないだろう。われわれは最後の一人まで外国帝国主義に反抗することを決心した。[79]」

(79) Kiang Wen-han, *The Chinese Student Movement* (New York, 1948), p. 87. より引用。

これは、一九二二年に胡適が「戦闘的で断固とした輿論」の呼びかけを発した時に、その心の中に描いていた種類のものでは決してなかった。かれの一九二五年の事件についての反応は、予想されていたことだが、冷静で理性的なものだった。動乱の夏の終わりに、かれは文章を書いて、「かなり年をとった人でさえも自制できなくなり、六十歳の先生さえも熱烈に宣戦に賛成する時代」に、学生たちが一時的に憤怒を爆発させたからといって咎めることはできないことだ、と認めた。だが、かれはまた、「民族の救拯はけっして短期間の内に実現できるようなことはない。帝国主義は徒手空拳でひっくり返せるものではなく、『イギリス・日本の強盗』も、千百万の大衆の声に頼って叫び殺すことが出来るものではない」と忠告した。かれはさらに、奇妙に聞き覚えのある印象をかれの支持者に与えたに違いない言葉で、かれ自身の考えを概括した。「この声高く愛国主義を賛美している時期に、わたしたちが十分厳粛に指摘したいと願うことは、イプセンが言った『真の利己主義』こそが、わたしたちを（真の）愛国主義の道に向かって導いていく唯一のものだ、ということです。国家の救拯は自己の救拯より始めなければならない。擾攘紛乱している時期に、人にくっ付いて走り回って叫ぶことが愛国主義の責任を果たすことだとは言えない。それ以外にもまだもっと難しく、もっと貴い任務がある。乱れ飛ぶ叫び声の中で、足でしっかりと立ち、しっかりと考えを定めて、あなた自身を救出し、努力してあなたというその材料を有用なものに鋳造することである。[80]」

（80）胡適「愛国運動与求学」、『胡適文存』三集巻九、一一四六、一一四九、一一五〇―一一五三頁。初めは『現代評論』二巻、三九期、五―九頁（一九二五年九月五日）に発表された。

胡適が一九一八年にはじめて「イプセン主義」の精神を呼び出したとき、この考えは革命的なアピールを具体的に表現していた。かれの読者に一人の人間として群衆に対抗して屹立する精神を持つようにと力説した時、かれはかれらが伝統社会の専制支配と戦うことを呼びかけていたのである。胡適の動機が一九一八年に有効だったとするならば、それらは一九二五年においても言うまでも無くそうだった。しかしこの時までに、この同じ言葉は全く違う意味を持つようになっていた。このケースを「真の利己主義」のために論じること、思想的な個人主義の名でもって皆と一致することに反対すると言い出すことは、この爆発的に緊張した状況の文脈においては、戦いをではなく後退を呼びかけることだった。

この時のムードは絶対に後退の気分ではなかった。一九二五年から一九二七年まで、国民主義革命の潮はまさに最高潮にあった。一九二六年七月、国民党と共産党の軍隊・幹部は、武力と革命煽動の力でかれらの革命の最初の目標である南北の再統一を追求するために、根拠地の広東から出発して北進した［北伐開始］。その二週間後、七月二二日に胡適は北京で列車に乗った。途中でハルビンに寄り、そこからロシアを横断してロンドンに行き、イギリス義和団賠償金委員会の会議に出席するためであった。かれは中国にいて革命軍隊の着実な前進を自分の目で目撃することはなかった。そしてかれが一九二七年の春に上海に戻って来たとき、この革命の歴史の決定的な転換点はすでに過ぎ去り、新たな時代が明けつつあった。

第七章　上海　一九二七―一九三〇

外国へ――パリ・ロンドン

一九二六年七月二二日、胡適は中国風に大勢の友人たちや見送りの人に送られて駅〔前門駅〕にやって来て、北京発奉天行の急行列車に乗った。そのときかれは、かれがその後もはやその中に戻ってくることのない生活に別れを告げた。生き生きとして多産だった北京での生活はかれの後方において置かれた。この後、かれが言わねばならなかった言論は以前に北京で聴衆を引きつけたのと全く同じようには再びならないであろうし、この後、かれはもはや以前のように光り輝く現代的知性と精神的希望の化身には見えないだろう。そのとき南方で起きていた諸事件は、そのうち中国の政治的様相を変えるであろうし、また胡適がそこへ戻ってきた世界の形と相を大きく変化させるであろう。

この旅行は一九一七年に帰国してから後の、胡適の初めての国外旅行だった。この旅行は新たな経験、新鮮な感動に満ちていた。秋の間、中国では革命軍がその武力で湖南省の呉佩孚の軍と、江西省で孫伝芳の軍と戦っていたが、その間、胡適はパリとロンドンで時を過ごし、ヨーロッパのシノロジー（シナ学）研究の大センターを表敬訪問し、フランスでは国家文書館で長い時間敦煌文書［ペリオ文書］を熟読した。ケンブリッジ、ダブリン、そしてイギリスの他の大学で講義を行った。一九二七年一月、かれは船に乗ってアメリカに渡った。そこでかれは、革命軍がしだいに長江沿岸の西洋人の企業の大きな拠点に近づくにつれて、人々が着実に中国の諸事件に関心を高め、そうした聴衆に向かって中国情勢の話をしてくれるよう、重要な要求が求められているのに気づいた。四月、胡適は、かれが国外にいたこの十カ月の間に出来上がった新たな秩序の性質を自分の眼で確かめるために、帰国の途に就いた。

常日頃の日課を長期にわたって中断し、長い間一人で旅行していたので、胡適は熟考する時間が持てなかった。かれはいつになく内省的な心持でパリから友人の徐志摩に宛てて次のような手紙を書いた。

つまるところ、わたしは帰国してから九年経つのだが、どれ程のことをしたというのだろうか！　成績はどこにあるのだろうか。国家の政治が日一日と腐敗していくのを目の当たりにすると、心中確かに穏やかに過ごせなくなります。……わたしたちはもとより自分の責任を肩から降ろして、これはみな前人が播いた悪因のためだ、わたしたちとは関係ないのだと言うことが出来ますが、言葉ではそうですが、わたしたちが播いた新たな因はではどこにあるのでしょう。全国いたる所に「新文芸」の定期刊行物があり、浅薄でつまらぬ文芸と政談に溢れていますが、これこそ、新たな種を播いていることではないでしょうか。何人かの友人が一年余の『努力週報』を刊行しましたが、……これもまた新たな種を播いたことではないでしょうか？

……わたしたちはここ数年北京で実際あまりにもゆっくりと大変怠惰に、あまり真剣でなく過ごしました。任叔永が、わたしたちの北京での生活は少しfrivolous〔原文英文、（軽薄）〕であると言ったとき、その時私たちはひょっとしたらそれを誇りにしていたのかも知れません。しかしわたしは今思い起こすのですが、わたしたちの北京の生活はまたまさに大変frivolous（軽薄）なものだったと思うのです。

わたしは、わたしたちは発憤してもうひと頑張りをしないといけないと思うのです。もう少し精神を奮い起こして大事を担当し、心を正して個人になり、真剣に仕事をしてこそ、わたしたちの現在の地位に申し訳が立つと思うのです。(1)

（1）「欧游道中寄書」、『胡適文存』三集巻一、七七―七九頁。また未公開日記の一九二六年八月二三日の条の、この同じテーマに触れたルイス・ガネット Lewis Gannett との手紙の交換に関する記述を参照。

外から見ると、胡適がこうした感情を抱いて回顧している歳月は、そんなに不真面目なものではなく、途切れることなく忙しく、かれが深くかかわった一つもう一つと多くの運動を主唱したり守ったりする機会に満ちたものだった。かれはどんなことにも興味を持ち、ほとんどどんなテーマにも自分の意見を持っていた。かれの過去十年間の知り合いの中には、新しい知識人の最も著名な代表的人物たちや政治闘争の場の周縁に立っていた多くの人たちだけでなく、中国に来やすかった時代に北京にやって来て、次第に中国に関心を強めた有名な外国人の大部分もいた。マーガレット・サンガーが北京で避妊・産児制限について講義した時には、かれが通訳を務めた。かれは福音伝道士のシャーウッド・エディ〔外国布教志願学生運動SVMのリーダーの一人〕を招待して正餐を共にし、李大釗の招きで、新たに任命された中国におけるコミンテルン代表のアドルフ・ヨッフェに敬意を表したつまらない宴会に出て、それに耐えた。かれは河南省〔仰韶村〕での新たな考古学〔仰韶文化〕発掘を終えて北京へ帰って来たばかりのJ・G・アンダーソン〔周口店北京原人発掘にも関わった協和医院考古学研究所教授］と考古学について語り合った。一人そしてもう一人と北京を通過して行った国際的なシノロジストの列と互いの学術的な関心について議論した。それらは、サイレン・オスヴァルト［スウェーデンの中国庭園・美術史家］、ロベール・デ・ロトゥール［フランスのシノロジスト、シャヴァンヌの弟子］、ケネス・ラトゥレット［アメリカの中国キリスト教史家、イェール大学教授］、オットー・フランケ［一九二〇―四〇年代のドイツ中国学の主要人物］、といった人々だった。スウェーデンの探検家、スウェン・ヘディンも獲物を求めて新疆をうろつくのにその前に、自分の収蔵品を胡適に預けて保管してもらっていた。二度廃位された皇帝、その祖伝の宮殿にほとんど囚人同然にしていた溥儀さえも、胡適に故宮に来てかれの以前の帝国が現在どのように変化しつつあるのか、そのあり様の新情報を教えてくれるよう求めたのだった。[2]

（2）胡適「宣統与胡適」、『努力週報』一二期（一九二二年七月二三日）。この事についての前皇帝の記述にしては、それは新しく引かれた電話を試したくなって引き起こした陽気ないたずら以外の何物でもなかったと、偽って提供している。Aisin-Gioro Pu Yi（愛新覚羅・溥儀）, *From Emperor to Citizen*, I (Pekin, 1964), pp. 127-128.［『我的前半生』の英文版］。

気晴らしのためには、北京の古本屋のぞきがあった。そして久しく探し求めていた明版の本をたまたま見つけて大歓びした。家族で週末に北京の夏の暑さをのがれて城外の西山に行った遠足があり、しばしば友人の陶孟和、高一涵、張慰慈たちと一軒また一軒とちょっと良い飯店で夕食をし、そして時々戻って夜のトランプをやった。日曜毎には、胡適は非公式だがしかし永く続いたしきたりとして、自分の書斎を開いて、訪れたいと願うすべての人――古い友人であれ新しい知り合であれ、中国人、外国人であれ、著名な学者、駆け出しの学者であれ――がやって来て、政治や学術の議論をし、学術的なあるいは政治的な話題を交換したり、あるいは単にそこに坐っていると主張したのだった。

もちろんしなければならない仕事も常にあった。北京大では中国哲学と思想方法論を講じたし、種々の委員会の会合に出なくてはならず、解放されるべき編集責任があり、たくさんの通信連絡を書かねばならず、そして多くの論文著作を書いた。あの未完を運命づけられた古代哲学史は一九一九年に出版されたが、それに続いて、胡の長い批判的な序言を付けた有名な東方白話小説叢書が出版された。さらにこれらの年月を通じて、胡適の筆先から途切れること無く文章が流れ出た。いくつかはほとんど札記にすぎないものだったが、他は十分小冊子といえるものだった。これらの文章は定期的に集められ作品集に入れられ、その四巻が一九二一年に出版された〔『胡適文存』一集は四巻からなる〕。一九二四年に出版された第二集はさらに大きく厚いものになった〔『胡適文存』二集巻四〕。

こうしたものが胡適が一九二六年にパリで回顧し徐志摩に書き送った北京での生活だった。これから先の年月においても、かれの注意を占め続けたのは大部分は前に述べた同じ関心事で、かれの日曜日に開放された書斎を訪れる人の多くも同じような人々だった。だが生活は同じではなくなるだろう。というのは、胡適が一九二七年の春に上海に戻ってきた時には、国民党がすでに長江流域において権力を握っていたからだ。その時から、中国の将来について議論が行われるときに使用される言葉を押し付けてくるのは、それは過去に政府が行ったけれども成功しなかったやり方だったが、国民党政府になったからである。

南京国民党政府の成立と帰国後の胡適

国民党は、中国の軍国主義と外国帝国主義を打倒することをその目標とした革命的連盟〔国共合作〕の一方の構成として政権の座に着いた。一九二七年四月（一二日）に不安定だった国共合作が崩壊した後でさえ、南京に政府を樹立した国民党政府は——少なくともかれらの自己評価では——、孫逸仙（孫文）が構想していたような革命の完成に捧げられた革命的政体だった。

一面では、この新政府は胡適とかれの自由派の友人たちが久しく望んでいた種類の政府であった。それは計画を持った政府、あるいは計画を持っていると主張した政府だった。孫逸仙は一九二五年に世を去った時、かれはなお革命が直面している種々の問題についてかなり取り散らかした考えをかれの党に残していった。それは、軍事的、政治的に未統一であること、社会と経済の再建、公民としての責任感を具えた人民を培養すること、政府制度を確立するとともに政治的諸機能を分離させること、そして最後に、憲法に基いた民主的なルールを実施することであった。

しかし、国民党がこのような革命理想を持っていたにもかかわらず、あるいはまさに持っていたがゆえに、新たな政体の下では、思想的な生活は逆に、政治にシニカルでアナーキーな状態に近かった以前の時代の大胆で冒険的なものには及ばなくなった。一九二一年、軍閥が盛んだった頃にJ・デューイは適切に、「思想的に、中国は軟弱で腐敗した政府という有利さを持っている。教育を受けた階級の政府に対する一致した態度は……批判的なものである。……すべての思想家、すべての作家、すべてのはっきり述べられている意識的な影響力はみなリベラルなものである」[3]と述べていた。言い換えれば、軍閥は思想に対してはあまり関心を示さなかったのである。国民党人はまさに明確にそうだった。［だが］かれらは素早くかれらの亡くなった「総理」（党の領袖・孫文）のしばしば曖昧で、時には矛盾する考えを一つのイデオロギーに変えてしまった。そしてこのイデオロギーにかれらは教条的な忠誠を要求し、それに対していかなる異議も容認しなかった。

（3） John Dewey, "Public Opinion in Japan," *The New Republic* (1921 / 11 / 16); *Characters and Events*, I, p. 178. 所収。

「政治的、経済的な帝国主義の軛の下」の八十年の後、中国は半植民地的奴隷化の下からの解放のためのその闘争において、党の指導を受け入れなければならない、と国民党の主張は公言した。この目的を達成するために政治的権威は国民党の保護監督的専政に委ねられねばならない。人民の思想は孫逸仙の有名な民族、民権、民生の「三民主義」によって「もっぱら導かれ」なければならない。この三民主義は孫逸仙が一九二〇年代初めに行った講演の中と、かれが臨終の前年に書いたその思想の最後の概括である『建国大綱』によって明確に述べられたものだった。まさに一時代前の革命家たちが、王朝制度の崩壊はひとりでに成長しうる共和主義政府の建立に導くであろう、と主張したのと丁度同じように、今の国民党の理論家たちは、帝国主義が破壊されるとともに、他の一切は自然にそれに続いていくだろう、と主張した。公的な言葉を掲載すれば、「すべての不平等条約が廃除された後は、もちろんの事として、中国は強く富《ゆた》かな国家になり、諸国家の家族の中で重要な地位を占めるようになるであろう」(4)と言ったのである。

（4）「国民党第三届全国代表大会通過的中国外交関係決議案」一九二九年三月二三日、Arthur N. Holcombe, *The Chinese Revolution: A Phase in the Regeneration of a World Power* (Cambridge, Mass., 1931), p. 382.

この主張の論理は胡適の状況についての分析と全く反対に走っていた。かれの考え（前にすでに論じたが）は、「民主主義的な革命の成功の後、政治が軌道に乗ったら、国際帝国主義の侵略はその大部分は自然に解除されるのだ」(5)というものだった。しかし胡適が一九二七年にその中に戻ってきた中国は、その気分において強烈に民族主義的《ナショナリスティック》な政治革命が急がない思想的な変革よりも明らかに優位を占めていた。胡適はこの思想の変革にかれの中国政治の復興と民主的な革命の最終的な成功の希望を置いていたのである。

（5）「国際的中国」、『胡適文存』二集巻三、一二八i。

帰国の途上、一九二七年四月に胡適は横浜に着いた。そこには丁文江からの手紙がかれを待っていた。丁は手紙の中で、中国の不安定な情勢を考えると、胡は日本での滞在の期間を引き延ばし、この機会を利用して間もなく、丁文江が正しく予見したように中国人の生活の中で極めて重要な役割を演じることになるだろう民族を良く知っておいたほうがいいだろうと勧めていた。しかし胡適は日本には個人的なつながりが無く、日本語を話さなかった。さらに旅費もほとんど尽きようとしていた。それで、かれは日本で箱根湖、京都、奈良といったお決まりの旅行者の旅程に沿って三週間遊覧した後、神戸から小型の日本船に乗って出航し、数日後に上海で船を降りた。(6)

(6) 胡適『丁文江的伝記』、八二頁。

上陸後、かれが直面した政治情勢は確かに不安定さに満ちたものだった。四月中旬に不安定だった国共両党の合作は暴力と流血の結末に達していた(四・一二事件)。そしてその年の春と夏を通じて長江各省はどこも、蔣介石の「白色テロ」の脅しの下に置かれた。国民党も両派に分裂した。南京と上海を支配している軍事的に優勢で政治的に保守的な党の一翼からの日増しに強くなる圧力に直面して、武漢の急進派はなおも左翼との政治的イデオロギー的な結びつきを維持しようと試みていた。北方では、北京は親日的な満洲軍閥の張作霖の手中にあった。一九二八年の夏になってはじめて革命の旗はこの古都の空に翻るであろう〔北伐の完成〕。だがその時、政治的関心の中心はすでに国民党人が南方の南京で建てつつあった新しい首都に移動してしまっていた。

北京はこの時までに、政治上の優位さを失っただけでなく、その思想的な輝きの大部分も喪ってしまっていた。以前の十年間にこの都市を有名にした人々の多くはすでに雑多な方向に向かって北京を離れていた。蔡元培は一九二七年の春には南京にいた。そして党の古い政治家の一人として自分の能力で、この新しい政府の教育政策に何とか影響を与えようとしていた。魯迅、一九二六年に段祺瑞政府によって北京から放逐され、つぎの冬を通じて広州の革命で見たもので失望させられたかれは、すぐに上海に戻って、国民党に対する敵意を持って戦闘姿勢をとった反対の中で、かれの残りの年月を送っていた。陳独秀は、もちろん最も早くこの都市を離れた人々の一人で、革命事業を追求していたが、その革命〔コミンテルン・中共中央〕は一九二七年の夏に共産主義運動に降りかかった大災難〔四・一二事件とその後の革命の敗北〕の責任をかれに負わせて、そしてかれがその創設に助力した党の指導者の地位からかれを投げ捨てた。この年の四月、胡適が帰国の途にあった間に、かれの古い友人で疲れを知らないイデオロギー的論争相手だった李大釗が、張作霖の警察が北京のソ連公使館に対して行った有名な襲撃で逮捕され、即座に処刑されていた。

一九二二年の末、「好人政府」が瓦解したその通夜のときに、胡適は北京大学に仕事から離れ休養することを申請したのだが、その時心ない噂が流され、胡適が言っている病気というのは、政治的な都合のことに過ぎないのだという主旨のことが言われた。上海で出版されていた革命的な新聞『民国日報』の編集だった邵力子《しょうりきし》は、「胡適先生はつまりはどうなのだろう?」胡は諺に言う『三十六計、逃げるに如かず』に何か良い知恵を発見することができるのだろうか、と訊いた。北京の協和医院のベッドの上から、胡適はいつにない激しい怒りでもって、「わたしたちは、租界で、いやみを言い、盛んに高尚な主義を語っている多くの人、あちこちから『逃げて』きた多くの偉人や小政客の姿を見たなら、この卑劣な心理が作り出した禍いと、播いた邪な種を知ることが出来よう。わたしは逃げたのではない。わたしは生来、権力にある人に取り入り靡くことを知らない。生来、危険を避けて隠れることも知らない。新聞社が閉鎖され、投獄されて監獄に入ることは、責任を負う輿論家〔政治評論家〕の目には危険の内には数えられないのだ。しかし『逃げる』こと、特に租界の中に逃げ込んで上っ調子で語ること、それこそ恥辱である! それこそわたしは決してしないことだ」と反駁したのだった。(7)

(7) 胡適「胡適先生到底怎様」、『努力週報』三六期(一九二三年一月七日)。

しかし、一九二七年の春、胡適は北京に帰ることを選択しなかった。その代わりに、公共租界のジェスフィールド街に一軒の家を借り、ここに腰を落ち着けて三年半ばかり、余り休むことのない生活を上海で送った。しかし、かれの心の中には逃げ隠れるつもりが無いことがすぐに明らかになった。

上海はこのように混乱した時代に、人を引きつけ身を寄せる場所になる多くのものを持っていた。おそらく最も重要だったのは、独立した思想を持った人々に提供された公共租界の中の避難所だったことである。それからまた、上海は北京よりも新しい政府の所在地（南京）により近く、そして海外との往来により接しやすい所だった。上海はまた、中国最大の出版業の中心地だった。その上に、上海には北京大、清華大のような名声に匹敵し得る大学がなかったとしても、上海は多くの評判の良い私立学校を持っていて、それを自慢していた。その中の一つが光華大学だった。この学校は［一九二四年の反キリスト教運動再燃の教育権回収の動きの中で］愛国的理由から宣教団体が経営する様々な学校を退学してきた学生たちによって一九二五年に設立されたものだった。もう一つは中国公学で、これは胡適の母校でもあるが、この学校は初期の浮き沈みを経た後、ついに私立大学の地位を得て上海郊外の呉淞《ウースン》にキャンパスを持っていた。胡適は上海で過ごした時間の多くを光華で哲学を教えていたが、一九二八年に、かれは何の特別な情熱も無く、中国公学の校長の職を引き受けた。(8) 南京政府が実施しようとしていた教育方針と、進行中の革命において政府が公立大学に付与しようとした役割とがまだ不確定的だったことを考えて、南京の支配に直接従属しない組織に加わったことがかれの用心深いところだった。だから、かれと国民党政府との関係は実際、はじめから悪く始まったのである。

（8）中国公学での職務に対するかれの態度については、未公開日記の一九二八年六月一七日、二五日の条を参照のこと。

『新月』の創刊——国民党政府への批判の中心に

胡適は、ロシアとヨーロッパを通った旅の途中でやって来た「新たな霊感《インスピレーション》」のようなものを持って帰ってきた。それは「物事を少し動き出させ」ようという願望だった。『努力週報』に代わって今度胡適が自由に使えたのは『新月』と称した月刊誌だった。この雑誌は基本的に文学愛好の傾向を持った一握りの西洋式教育を受けた知識人たちによって創立されたもので、一九二八年三月に上海で出版発行が始まった。この雑誌の最初の編集部のメンバーは徐志摩《じょしま》、聞一多《ぶんいった》、饒孟侃らの一九二〇年代初めに形成された「新月派」のロマン主義の詩人たちで、政治にはほとんど興味を示さなかった。しかし、この新たな冒険とかかわった他の人々の中には、公共問題に関心を持っていた人々がいた。例えば、文芸批評家の梁実秋、コロンビア大学を卒業した社会学者の潘光旦（西洋名、Quentin Pan チュエンティン・パン）、コロンビア大学で政治学博士の学位を取った羅隆基、そして胡適自身がそうだった。これらの人々の影響の下で、雑誌『新月』は、特に一九二九年と三〇年に政治討論の有名な論壇になった。

詩歌を書くか、文芸批評を書くか、あるいは政治評論を書くかにかかわらず、これらの『新月』誌に発表した作家たちは高級な選ばれた読者に向かって話しかけた。かれらは高い教養を持ち、都会風の主に西洋的な教育を受けた少数の人のためにだけ書いた。これらの人々はかれらの主張を理解することができた。書き手たちの文学的嗜好はワーズワースやバイロン、ラファエル前派によって育まれたもので、かれらはキャサリン・マンスフィールドとバージニア・ウルフの本を読み、ブルームベリー［ロンドンの文化区］について何かを知っていて、イギリスの政治学者ハロルド・ラスキとフェビアン派から借りてきた術語でもって政治を討論した。みな国民党に対して共通に反感を持っていたにもかかわらず、しかし左翼知識人の間では新月派の考えはほとんど好感を持たれなかった。梁実秋を文学の「階級性」をめぐる長びいた争いに引き出した魯迅は、梁とかれの友人たちを「ブルジョワ文明の余蔭《おかげ》を蒙ってこそこそ動く」影法師だ、と非難した。[9] アグネス・スメドレーも同じような偏見を持っていたが、もっと遠慮深く、かれらを「上品で尊敬すべき文人であり、……まさに死なんとしている退廃した社会階級の知的貴族である」とだけ述べた。[10] にもかかわらず、国民党人とかれらの政府に向けて最も鋭く最も的を射た批判を行ったいくつかの文章は『新月』誌上において発表されたのであった。それには胡適が小さくない役割を果たした。

(9) Lu Hsün, "'Hard Translation' and the 'Class Character of Literature,'" *Selected Works of Lu Hsun*, III (Pekin, 1959)『魯迅選集』英文版四巻本」p. 79.

(10) Agnes Smedley, "Chinese Poets and Professors," *New York Herald Tribune Books*, vol. XC, no. 30, p. 499 (1930 / 5 / 18), sect. xi, p. 9.

胡適が『新月』に寄せた文章はかれの関心の広い範囲に及んでいた。この雑誌で、かれが発表した文章は、中国仏教史についての文章（ある部分これはかれが一九二六年にパリで敦煌文書を研究した成果だった）、白話運動に存在するさまざまな問題についての文章、連載形式で発表した自伝、書評と二、三篇の欧米の短編小説の翻訳、そして最後に、以下で論じられる国民党イデオロギーに対するいくつかの有力な批判であった。

胡適は、丁度その前任者の軍閥に対して寛容だったように、国民党政府を事実上の支配権力として受け容れた。かれはこの新政権を啓発しようと努力したが、決して覆そうとはしなかった。かれは改革だけを探し求めた。かれが中国の新しい統治者に対して求めたのは、かれらが信頼できる批判の声に耳を傾け、その批判の中から教訓を得ようと請け合うことにすぎなかった。[11] かれの友人の中には、何人かが政府部門で高い地位に就いていた。例えば、蔡元培、王寵恵、蔣夢麟、呉稚暉《ごちき》、宋子文である。胡自身は、かれが考えたがりそうな、忠誠なる野党の位置に残り続け、政府から離れていた。しかし一九二九年に胡適は、南京政府は、批判は必要で役に立つのだというかれの考えを決して分ち持ったりしない、それが提出された精神を顧みることはない、ということを悟らざるを得なくなった。

（11）例えば、胡適の未公開日記、一九二九年七月二日の条を見よ。

胡適と国民党との違いはこの基本的な前提のレベルで始まった。かれは、中国の問題はもっぱら帝国主義の影響のせいだとする国民党のその習慣的な非難、国民党の宣伝家によって提案された「革命的な」解決方法、その両方によって傷つけられていた。この分析が浅はかなものだという証拠として、胡適は日本の例を指摘した。「なぜ不平等条約は日本の自由な発展を縛《しば》ることができなかったのか」と。かれは、「なぜわたしたちは、躓き倒れてしまっても、すぐに起き上がれないのだろうか」と訊いた。(12)

（12）「請大家来照照鏡子」、『胡適文存』三集巻一、四七頁。

胡適は、その答えは、あらゆる使える壁にべたべたと貼られた反帝国主義のスローガンや、学生たちが上海、漢口、広州の外国租界をデモ行進して通るときに声を斉えて叫ぶ怒りの反帝国主義スローガンよりも深いところに横たわっている、と主張した。かれは、こうした民族主義的な問答式教本《カテキズム》は、中国が大昔からその奴隷となってきた「名教」の現代的な表現にほかならない——名教というのは、言葉の神秘的な力への迷信的な信仰である、と断言した。胡適は一九二八年に、「試みに問うてみよう。壁にのりで貼られた『打倒帝国主義』と……壁にのりで貼られた『抬頭見喜』（頭を上げたら喜びが見えるかも）との間にはどのような区別があるというのだろうか。これはわたしたちの祖先から継承してきた遺産である。それともそうではないのだろうか？」と書いた。(13)

（13）胡適「名教」、『胡適文存』三集巻一、九八頁。初めは『新月』一巻、五号（一九二八年七月）に発表された。

胡適は、かれ自身が「八十年の屈辱と抑圧の歴史」と呼んだものに対するリアクションが期待されているということを否定できなかった。[14] しかしかれが再三にわたって主張したのは、不平等条約、外国租界、治外法権——学生たちがかれらの激しい怒りを投げつけたこの帝国主義の特権の体系全体——は、もっと根本的な問題を隠している目に見える外見にすぎないのであって、この根本的な問題の解決は革命の手段によっては探し出すことが出来ないのだということだった。すでに言及したように、胡適の革命的方法に対する不信は、かれの思想的態度のなかで根本的で持続的な要素だった。早くも一九一六年に、かれは一方で、いくつかの例においては、革命はおそらく「進化の必要な段階」であるかもしれないが、にもかかわらず、「未成熟な革命は、……かえってしばしば浪費的な因であり、また無益なものである」と語っていた。[15] 一九二二年に「わたしたちの政治主張」に疑問を持った何人かの若い読者が、かれにこのテーマについての考えをはっきり説明してくれるように要求したとき、胡適は慎重に考え抜いた多義性のある答えをしている。「改良できるものについては、まず改良から手を着けることを妨げず、一つ一つそれを改良することです。悪くなりすぎて改良できないものであったり、あるいは悪勢力が偏《いちず》にこの一つ一つ改良することを受け入れないときには、それなら革命手段をとる必要があります。もともと破壊と建設は絶対に相反するものではありません。……時には破壊が建設になりますが、時には建設が破壊になります。時には破壊が先でなければなりませんが、時には破壊が自然に建設に付き従ってやってきたり、時には破壊と建設が同時に並んで進んだりします」と。[16]

(14) 胡適「今天的教会教育的難関」、『胡適文存』三集巻九、一一六二頁。
(15)『留学日記』、八四二頁。
(16) 関于「我們的政治主張」的通信、『胡適文存』二集巻三、三九頁。初めは『努力週報』四期（一九二二年五月二八日）に発表された。この号はこの討論をめぐる特集号だった。

一九二九年には、胡適はこの問題をもっと十分に取り扱う覚悟が出来ていた。「わたしたちはどの路を歩むのか？」という重要で広く読まれた文章の中で、かれは明確に「革命」と「進化」は互いに排斥し合う二つのプロセスとして理解されるべきではないと述べた。かれは、革命は「強迫された進化〔強迫的進化〕」にすぎないと書いた。一つ一つの特殊な革命は必然的にみな歴史の進化の流れの中に吸収される。しかし、革命は自覚的な行為であるが、一方、進化は概して眼に見えないもので、感じることのできないものである。この理由で、進化は「ゆっくりしたもの」「統御し難いもの」になる。そして、「自然な変化の結果、往々にして多くのすでに久しくその効用を失ってしまっている旧制度や旧勢力を残すことになる」と。(17)

（17）胡適「我們走那一条路」、『新月』二巻一〇期（一九二九年一二月一〇日）、胡適輯『中国問題』（上海、一九三二）と『胡適論学近著』、『胡適文存』四集に収録。"Which Road Are We Going?" と題された英文への翻訳文は *Pacific Affairs*, 3.10; pp. 933-946 (1930 / 10). に発表された。ここでの引用は『中国問題』一一—一三頁から。

だから、胡適はさらに続けて、自覚されない進化は「自覚的な革命」よりも劣る、と言う。しかし、かれはまた注意深く、暴力的な革命と非暴力的な革命の方法との間に区別をもうけ、かれが擁護するのは教育、立法、立憲的政治過程の手段を通じてその目的を達成する種類の「革命」のみであることを明らかにした。かれのコントロールされた変革の重要性についての持続的な信念が他の何処よりもここで大変良く述べられている。

わたしたちはみな現状に満足しない者で、わたしたちはみなあの怠惰な「その自然な成り行きに任せる」という心理に反対している。しかしわたしたちは、仔細に中国の実際の必要と中国の世界における地位を観察してみると、わたしたちはまた現在のいわゆる「革命」的方法にも反対しない訳にはいかない。わたしたちは心から切に宣言する。中国が今日必要としているものは、あの暴力専制を用いて革命を製造する革命ではなく、また、あの暴力を用いて暴力を覆す革命でもなく、また革命の対象を空中に捏造してそれに因って革命を鼓吹する革命でもない。この点ではわたしたちはむしろ「反革命」の名を避けないで、この種の革命を主張できない方がまだよい。というのも、このような革命はみなただ、精力を浪費し、残忍な悪い根性を煽動し盲動させ、社会と国家の安寧を攪乱し、互いに殺し合い虐殺し合う苗根を植え付けて、わたしたちの真の敵に対して、かえってかれらを自在に逍遥させ、気焔をさらに兇しくさせ、わたしたちが打ち建てるべき国家が、かえってますます遠くに去ってしまうだけだからです。

わたしたちの本当の敵は貧窮であり、疾病であり、愚昧であり、貪る汚職であり、攪乱です。この五大悪魔がわたしたちの革命の真の対象であり、それらはみな暴力を用いた革命が打倒できるものではないのです。この五つの大きな敵を打倒する真の革命はただ一つの道があるだけです。それはわたしたちの敵をはっきりと認識し、わたしたちの問題をはっきりと認識し、全国の人材知力を集合して十分に世界の科学的知識と方法を採用して、一歩一歩と自覚的な改革を行い、自覚的な指導の下で、一つ一つ不断の改革の功績を収めることです。

この方法は大変困難なものですが、しかしわたしたちは他に簡単で容易な方法があることを承認しません。この方法はたいへん回りくどく、ゆっくりしたものです。しかしわたしたちはもっと早い道を知らないのです。[18]

（18）『中国問題』一九―二二頁。

ここで概括されている信念は、変化は盲目的にやって来るのではなく、真の必要性に応じるために、注意深く吟味された目標を追求するように、意識的にやって来るのでなければならない、ということである。胡適の思想のいかなる側面もこの信念よりも重要なものは無かったし、この信念よりも一貫して表現されたものも無かったのである。

しかし、胡適は穏健を強く主張したけれども、かれの目的は変革を邪魔することではなかった。かれの全哲学は、変化は個人的な経験においても、歴史的な経験においてもその中心的な事実であるという前提に基づいていたのである。かれが努力して行ったことは、かれ自身がそう見ていたように、適切な順序と方向に変化を促すことであった。一九二九年にかれは次のように書いている。「新文化運動の根本的意義というのは、中国の旧い文化が現代的な環境に不適切であることを承認し、世界の新文明を充分に受容することを提唱したことであった」と。[19]

(19) 胡適「新文化運動与国民党」、『新月』二巻六―七期(一九二九年九月)〔胡頌平『胡適之先生年譜長編初稿』は、この文章は一九二九年一一月に執筆され、『新月』二巻一〇期に掲載されたとする〕。胡適・梁実秋・羅隆基『人権論集』(上海、一九三〇)に所収。ここの引用は『人権論集』一二五―一二六頁からである。

国民党の保守的文化主義・訓政独裁主義への批判

この点においては、胡適は国民党に痛烈に批判的だった。というのは、そのイデオロギーを模索していた国民党は「新文化」に対する敵意を日増しに顕わにしつつあったからである。国民党人は二十世紀初めの反満組織に起源をもつが、これらの組織は思想的にも政治的にも部分的に西洋志向だったにすぎなかった。さらにまた、改組された国民党は相当程度に党組織のレーニン主義の原則を借りて、イデオロギーの上でも帝国主義についてのレーニン主義の説明を借りたものだった。しかし、孫逸仙は決してマルクス主義社会理論の中国への適用可能性を認めたことはなく、あるいはその国際主義の原則を肝に銘じることも無かった。一九二七年(四月一二日）の政変は、国民党の社会革命からの後退を示しただけでなく、マルクス・レーニン主義の持つ国際主義の含意の拒否を示した。それ以後、党はその世界観の基礎としてさらに一層ある種の保守的な文化主義に転じた。そして、中国の思想的、社会的な伝統の中に神聖なものとして大事にされてきた独特の智慧を再び主張したのである。この儒教価値の復活は一九三四年までは正式には承認されなかった。この年は、国民党がかれらが希望を持って「新生活運動」と呼んだものを始め、再び官制の孔子生誕式典を制定した年だった。しかしこのように過去に向かう傾向は一九二〇年代の後期までに蔣介石やその他の国民党のリーダーたちの公の発言の中にすでにはっきりと表れていたのだった。[20]

（20）例えば、蔣介石の一九二九年の一九一一年一〇月一〇日の革命蜂起十八週年紀念の「双十節」についての講話。テキストは *The China Weekly Review*［CWR と略記］50.6: p. 250 (1929 / 10 / 12).

胡適はこの思想的な退行を、過去数十年間に達成した最も重要な成果に対する裏切りであり、既に習癖になっていた民族主義に対するかれの不信が正しいものであることを十分に実証するものだと見なした。「およそ狭い民族主義というのは、なべてある程度の保守性を持っていて、往々にして固有の文化を称揚し、外来の文化勢力に抵抗する道を歩むものである。」一九二九年にかれはこのように書いた。この一般原則に、国民党も例外ではなかった。「根本において国民党の運動は極端な民族主義運動であり、始めから保守的な性質を含み持っていた。……この理論が後に国政を担当した時のいろいろな反動的行為と反動的思想の根拠になったのである。」[21]かれの南京政権に対する告発の中に挙げられた訴因は、政権が白話運動に著しく情熱を欠いていること、それが儒家的な徳行への無批判的な考えを有していること、そして、そのイデオローグたちが宣伝した清代以前の中国が達成していた成果を理想化した幻像、などだった。

（21）「新文化運動与国民党」、『人権論集』一二七頁。

胡適の考えでは、この新政府の思想的気質のさらにもっと不吉な兆候は、政府がますます強烈に「孫逸仙思想」への忠誠を強要したことだった。国民党は人々に、思想的正統と政治的正統への同調一致を要求した。それは胡適が一九一七年以来ずっと説教し続けてきている批判の原則と直接衝突するものだった。他のどんな所にも、かれのこの国民党に対する非難よりも厳しい非難を行ったことは無かった。「新文化運動の一大事業は思想の解放だったのである。わたしたちはその時孔孟〔孔子・孟子〕を批判し、程朱〔程顥・程頤と朱子〕を弾劾し、礼教に反対し、上帝《かみ》を否認したが、その目的は唯一尊いとされた門戸（学派）を打倒し、中国の思想を解放し、懐疑的態度と批判的精神を提唱することだった。しかし共産党と国民党が合作した結果、絶対専制の局面が作りだされた。思想言論は完全に自由を失った。〔現在〕上帝は否認することは出来るが、孫中山は批判することは許されない。礼拝はやらなくても良いが、総理の『遺囑』は読まない訳にはいかなくなり、何周年記念もやらない訳にはいかなくなった。[22]」

(22)「新文化運動与国民党」、『人権論集』一二四頁。

イデオロギーの締め付けは厳しくなりつつあった。

孫逸仙は、かれの党が目指すべき最終目標としての民主的立憲主義を建立するために、民主主義に対して十分誠実に献身してきた。しかしかれは決して終始一貫した民主主義者であったのではない。とりわけかれの人生の最後に向かっては、かれは、中国はかれが言うところの「西洋民主主義の混乱」を免れさせるべきだという関心を述べた。[23]その結果、一九二八年から二九年までの間に中国は最初の「政治的訓導」の時期に入ったのである。孫逸仙が言ったように、その意図は人民に「かれらの政治的権利を行使すること」を訓練させ、かれらに「革命の原則に基づいてかれらの公民としての義務を履行すること」に慣れさせることであった。[24]一九二八年に制定された国民党の政策が具体的に挙げているように、この政治的訓導の時期の間に、「政権を行使して国民を指導する」のは党でなければならない、立法権、司法権は行政権と同じように、「その執行を国民政府に完全に委ね［総覧］られねばならない」[25]。できるだけ早い機会にこの訓政時期をやり終えてこそ、「その結果として、立憲権力が最終的に人民に任せられるであろう」と、党はその願望を公言したのだった[26]。孫逸仙の側では、統治される者と統治する権力の間には利益の一致が存在すると考えたが、しかし、この決定的な前提ははじめから問題となるものなのだ。国民党は自らが教育する責任を進歩の第一の条件とは見なさなかった。他の配慮――政治的統一、帝国主義の駆逐、「反革命」の鎮圧――を政治的な教育よりも上位だと考えた[27]。訓政理論はただ一党独裁を正当化し維持するためにだけ働いているということがすぐに明らかになった。

(23) Sun Yat-sen, *San Min Chu I*, F. W. Price 訳 (Shanghai, 1928), p. 318［『三民主義』］。

(24) Sun Yat-sen, "Fundamentals of National Reconstruction" (1924)［『建国大綱』］。テキストは Holcombe, *The Chinese Revolution*, p. 353. 所収。

(25) 一九二八年一〇月三日に中国国民党中央執行委員会が頒布した「訓政時期的基本指導原則」。テキストは Holcombe, *The Chinese Revolution*, p. 371. 所収。

(26) 「第二次国民党中央執行委員会全体会議宣言」一九二九年六月一八日。テキストは Holcombe, *The Chinese Revolution*, p. 388. 所収。

(27) この関連についての国民党の論法の楕円的な性質は、一九二九年六月に発表された「第二次国民党中央執行委員会全体会議宣言」の中に鮮明に示されている。「目前の中国では、平和が無ければ、民の困難を解きほぐすことはできない。だが、国を統一しなければ平和に到ることはない。割拠せる自私の軍閥の余毒をすっかり除かなければ、われわれは統一の基礎を鞏固にすることはできない。われらが訓政と建設に努力するのでなければ、軍閥の再起を防止することはできない。しかしながら、全国のすべての力量を厚く集めなければ、その建設も言うに足らない。これらの因果は相互に関係しあっていて、環の如く端無くつながっている。まさにすべての困難を突破せんと欲すれば、自由奮闘の生きる路は、ただ全党の同志、全国の人民が鍛（きた）え励んで奮発し、前に向かって邁進し、三民主義を先駆とし、犠牲を最後の頑張りとなして、誓うに堅毅の決心を以てして、一致して訓政と建設を完成することにある。人民の実際の痛苦の解除はここにある。」テキストは Holcombe, *The Chinese Revolution*, p. 389. 所収［中文より翻訳した］。［注(26)、

(27) は正しくは「第三届中央執行委員会第二次全体会議宣言」であるという──中文訳」。

一九二六年、モスクワを短期間訪問した直後に、胡適は徐志摩に手紙を書いていた。「わたしは『ディクテーター(独裁者)』制というものを信じません。」「今日、『ディクテーター(独裁者)』を妄想する人は、かの五代の時(九〇七─九六〇)の唐明宗が毎夜香を焚いて天に告げ、聖人を早く生んで降ろして、中国を安定させてくれるようにと祈ったのと比定することが出来るでしょう。このような近道は妄想することはできないのです。」と。ソ連でまさに進行しつつある「偉大な実験」に対する胡適の熱情でさえ、かれに独裁主義の方法が中国人のために一筋の出口を提供するということを確信させなかった。かれはそもそも、権力だけで必要な能力のあるリーダーシップを保証するのに十分だとは考えなかった。かれは「レーニンの一団はみな大変学問と経験を持った人ですが、天上から降りてきた人ではないのです」と徐志摩に書いた。かれはまた、独裁主義の精神はかれが重んじてきた思想的価値とは両立しないものだということを知った。「いわんや『ディクテーター(独裁者)制』の下では、ただ順逆(順《したが》うか逆らうか)があるだけで、是非(正しいか間違っているかの判断・議論)は無い。……このような制度の下には、われわれ独立して思考する人の生活する余地はないのです」と。[28]最後に、そして最も根本的なものとしてかれが独裁主義に反対したのは、かれが民主的な制度の教育機能をなお堅く信じていたからである──これはかれが軍閥政府に対する批判の中で繰り返し述べてきたものと同じ信念であり、さらには、これはまたかれが一九三〇年代に独裁〔専制〕のための首尾一貫してはっきり述べられた理論的弁護〔蔣廷黻の「革命と専制」、一九三三年一二月を指す〕に直面した時に、もう一度主張することを余儀なくされた信念であった。

(28) 「欧游道中寄書」、『胡適文存』三集巻一、八八頁。

以前の『努力週報』においてと同じように、『新月』誌でも、胡適は再三にわたって「政府の適切な機構」

を通した統治の重要性を強調した。かれの具体的な要求は、一九二二年の「わたしたちの政治主張」の中で提出された要求と同じものを多く残しているが、しかしかれは、根本法の必要性をさらに大きく強調した。一九二九年四月に、かれは書いた。「今日、もし人権を本当に保障しようとするならば、もし法治の基礎を本当に確立しようとするならば、最も重要なことは中華民国の憲法を制定しなければならないということである。」「少なくとも、いわゆる訓政時期の約法〔暫定憲法〕を制定しなければならない」と。[29] そして再び二カ月後に書いた。「わたしたちが問わなければならないのは、憲法と訓練とはどんな相容れない点があるのかということである。……わたしたちは憲法が無くとも訓政が出来るとは信じない。憲法無き訓政はただの専政にすぎない。」と。[30]

(29) 胡適「人権与約法」、『新月』二巻二期、五―七頁(一九二九年四月)〔胡頌平『初稿』によると五月七日執筆〕、『人権論集』所収。英文版は *China's Own Critics* (Tientsin, 1931). に見える。これは胡適、林語堂の文章の選集で、汪精衛による論評が付いている。

(30) 胡適「我們什麼時候才可有憲法」、『新月』二巻四期、三頁(一九二九年六月)〔胡頌平『胡適之先生年譜初稿』は七月二〇日執筆とする〕。『人権論集』に所収。英文版は *China's Own Critics.* に所収。

孫文「知難行易」論批判――独裁主義性への批判

胡適は、国民党がこの問題に盲目的であることは、孫逸仙(孫文)自身の失敗したビジョンのせいである、とそれに帰した。胡適ははっきりと言う。孫は初期にはデモクラシーに熱情を抱いていたが、しかしかれは人生の終わりに近づくにつれて、「一般民衆の政治参加能力について強い疑念を抱くようになった」と。[31] これが実際、真相だった。一九一二、一三年の共和主義の最初の失敗の後に続いた苦痛に満ちた挫折と不確かでしかない期待の年月の間に、孫逸仙は、かれの理想は袁世凱と軍国主義者〔軍閥軍人〕たちによって裏切られただけではなく、またかれ自身の親密な戦友たちによっても裏切られたのだと確信するようになった。かれの言葉で言えば、「これらの人たちは自ら行難知易論（行うは難く知るは易し［ことの道理を知るのはやさしいが行うのは難しいという論］）の奴隷になり、（さらには）わたしの計画をユートピアだ、空論だと見なし始め、そこからさらに進んで、中華を再造する責任を捨て去った」[32]のだ、と。かれの運が最も落ち込んでいた一九一八年の冬、上海で半分亡命者の生活をしていた孫逸仙はこのような敗北主義者の心理に論駁を加え始めた。結果は一つの回想録という形で作られ、論集になった。その中のいくつかは嘲笑を誘うものとしか呼べないものだが、孫の命題、「知るは難く行うは易し（知難行易）」を証明しようとしたものだった。[33]孫が言おうとしたのは、行為の意味を理解することは行動することよりも比較できないくらいもっと難しいことなのだ、ということだった。その後、ただ少数の者――すなわち、孫が呼んだように言えば、先知者、「先見」を持った者――だけがはじめて指導できるのであり、一方、大衆は満足してその後に従うべきであるという信念が、国民党のイデオロギーの中にしっかりと深く根を下ろすようになった。これがその他の物に混じって、党による専政の存在を合理化するのに役立ったのである。

（31）胡適「我們什麼時候才可有憲法」、『新月』二巻四期、五頁。
（32）Sun Yat-sen, *Memoirs of a Chinese Revolutionary* (London, 1918; Taipei, 1953), vii（七巻）。
（33）次の抜粋（同前、八三頁）は、孫逸仙がかれの議論を展開させるやり方の非典型でない［つまり良くやるやり方の］例である。
　中国には養子を「毛虫の子」と呼ぶ風習がある。黄蜂（スズメバチ）は自分の子を産まないが、民間説話では、その巣の中にいつも一匹の毛虫を入れていると考えられているからだ。実際はそうではない。黄蜂は先ず一匹の毛虫を取ってその巣の中に入れ、その後、その毛虫の頭にある種の毒液を注入し動けなくさせる。しかし、殺すのではない。その後、自分の卵をこの毛虫の体内に産みつけるのである。……われわれは、わたしたちの医者の数千年も前に（黄蜂が）麻酔剤を発明していたことを知るのである。黄蜂がこの麻酔剤を必要とするのは、毛虫が這い出さないようにするためだけである。同時にまたその子孫の繁栄のために必要な毛虫の体が腐らないようにするためである。この現象はおそらく、われわれが「知難行易（知ることは難しいが、行うのは易しい）」の説を納得する助けになるだろう。というのは、黄蜂は全く無知だが、しかし行動している。だからわれわれは「知難行易」という理論は人間に適用できるだけでなく、昆虫にも適用されることが正当だということが分かるのである。

知と行の間のバランスの問題に衝き当たるというのは、中国人にとっては古くからの問題だった。孫逸仙の出発点は、明代の哲学者・政治家だった王陽明（一四七二―一五二九）が提出した命題で、知識と行動は統一されたものであり、あるいは統一されたものでなければならない（知行合一）というものである。王陽明の目的は、ある原理の知識というのは、それが行為の中に表わされたものを見出せる場合のみ、真なるものである――例えば、子の孝行の行為から離れて理解しうる孝道の原理というものは存在しない――ということを論証しようということにあった。かれのもう一つのこれと関連する命題は、すべての知識は［人間の心の中に］先天的に存在するもので、ただ鋭敏な直覚による発見だけを待っているのだというもので、この考えはその後、宋代思想家の参与《アンガージュ》の態度［社会的政治的問題に対して参与の態度をとること］ときわめて異なった儒教の内省学派の発展に導いた。にもかかわらず、王陽明はまた継続中の新儒家間の問答の参加者だった。しかし孫逸仙が真剣に反駁しようとしたのは、王陽明の理論の中には［心が重要で行為には］責任を負わないという含意があるとかれが考えたからで、そして胡適は、孫逸仙に反駁するために王陽明を支持したのだが、孫逸仙も胡適もかれらがその中から自分たちの用語を引き出してきたこの伝統的な議論にはあまり興味が無かったのである。(34)

（34）この問題の背景については、David Nivison, "The Problem of 'Knowledge' and 'Action' in Chinese Thought since Wang Yang-ming," in Arthur F. Wright, ed., *Studies in Chinese Thought* (Chicago, 1953), pp. 112-145. を参照。

孫逸仙はその時、リーダーシップのイデオロギーを模索していた。かれの目的は、「一つの国家を建設するときに、事を為すことが出来る人を見つけることは易しいが、建国する方略を制定する人を見つけることは大変難しいことなのだ」[35]ということを、かれの追随者たちに説得して信じさせることだった。結局、後の一類の人間〔建国方略を創る人〕は——そして孫がここで言っているのは疑いなくかれ自身のことだが——非常に評価されなければならず、人々はこのような人の話に耳を傾けなければならないということなのだ。

(35) Sun Yat-sen, *Memoirs*, p. 88.

今度は胡適の目的だが、それは王陽明の学説を復権することではなく、[36]孫逸仙の理論の中にある独裁主義の含意を明るみに出し、そして中国の自由派が長く堅持してきた前提、すなわち、統治は、イデオロギー的に絶対間違いがないというかれらへの賛美によって権威を引き出した人の仕事であってはならない、行政的な事柄においてその能力が証明された人の仕事でなければならない、ということをもう一度主張するためであった。かれはそのことを主張していないけれども、胡適が主張した知と行の不可分性は、王陽明の理論を繰り返しただけでなく、またデューイの繰り返しでもあったのである。立憲主義と政治的教育の問題に関連して胡適は書いた。「少し行いをすると、さらに少し知るようになる。」「行いの成績が知であり、知の作用は行いを助けることで、行いを指導し改善するのである」[37]と。同じような環境だったのなら、デューイは疑いなく同じ話をしたであろう。

(36) 胡適の中国思想史における王陽明の位置についての考えは、胡適「清代学者的治学方法」、『胡適文存』巻二、五三九—五七九頁、特に第三章を見よ。

(37) 胡適「知難、行亦不易」、『新月』二巻四期、一一頁(一九二九年六月)。『人権論集』に収む。英訳文は *China's Own Critics* に所収。

胡適が孫逸仙の知行理論への反対の墓碑を書いたのは、この理論は行政の重任を担う人たちを、かれらが取扱わねばならない複雑で難しい問題を余りにもおざなりに見るようにさせるだろうと怖れたからだった。この怖れの背後には、かれがすでに一九二三年に表明していたような確信、すなわち、現代政治の決定的な問題は権力の広さではなく、権力が行使されるその仕方だという確信があった（前記、第六章の注(44)を見られたい）。かれが権威独裁主義に反対したのは、権威独裁主義の考えが政府の重要性を誇張するからではなく、権威独裁主義の方法が現代的な政治過程の複雑さには適していないからであった。

上海にいた数年間に、胡適はこの考えについて羅隆基の支援を受けた。羅隆基は光華大学の政治学部の主任をしていて、『新月』の定期的な寄稿者だった。羅はウィスコンシン大学、ロンドン・スクール・オブ・エコノミクス、コロンビア大学で七年間学び、コロンビアで政治学博士の学位を取得した後、一九二八年に中国に帰って来ていた。一九二五年と二六年にかれはロンドン・スクール・オブ・エコノミクスでハロルド・ラスキの下で学んだことがあった。かれ自身の見解は一九二九年と三〇年に『新月』に発表された一連の鋭い政治評論の中に述べられているが[38]、それははっきりと政治的行政の問題についてのラスキの関心を、そしてまた、政府は最終的にはそれぞれの政府のイデオロギー的な主張によってではなく、それらの政府の行政過程の性質によって判断されねばならないというラスキの信念を反映していた[39]。羅隆基のラスキとフェビアン派への関心に促されて、何人かの新月派のメンバーが非公式な学習グループに集まり、フェビアン・トラクト（小冊子）をモデルにした文章を作り出し始めた[40]。羅隆基が胡適の思想に与えた直接的、あるいは間接的な影響の程度を推し計るのは難しいことだが、しかし羅がラスキのところから借りてきた行政能力と「専門家による統治」を強調する思想は、確かに胡適の「政治」はつまりは何かということについての厳格な定義（かれが以前陳独秀と論争したときからずっと論じてきたような定義）にぴったりしたもので、さらには、この思想は抽象的一般化のレベルで行われる政治についての議論に対するかれの懐疑をさらに強める役割を果たした。これらの基準で国民党人を測って、国民党政府はまさにラスキが「実体のない国家《インタンジブルステイト》」[41]と呼んだものの理論を体現したもので、権力のイメージを普及させることばかりに一生懸命で、行政過程に無関心だ、と譴責することも難しくはなかった。孫逸仙の「知難行易（知るは難く行うは易し）」という命題に反駁したかれの「知るは難しい、しかし行うも易しくはない(42)」という大きな論文の中で、かれは以下のような言葉で自分の考えを概括している。

（38）羅隆基が『新月』に寄稿した数多くの文章の中で、政治理論の観点から最も興味深いのは、「論人権」『新月』二巻五期（一九二九年七月）、「我們要什麼様的政治制度」『新月』二巻一二期（一九三〇年二月）、「論共産主義：共産主義理論上的批判」『新月』三巻一期（一九三〇年九（？）月）、「対訓政時期約法的批評」『新月』三巻八期（日付無）、「什麼是法治」『新月』三巻一一期（日付無）である。「告圧迫言論自由者」『新月』二巻六―七期（一九二九年九月）の中で、羅隆基は胡適の国民党との対立において胡の弁護をしている。

（39）Harold Laski, *A Grammar of Politics* (New Haven, 1925), とくに二三五―二四〇頁を参照。

（40）一九二九年の春に新月派の何人かのメンバー（胡適、徐志摩、梁実秋、羅隆基、葉恭綽、丁西林を含む）が、もう一つの雑誌を出す可能性について議論するために集まった。暫定的な雑誌名は『評論』で、どうも政治批判のはけ口にしようという考えだったらしい。明らかにこの計画は実現されなかったが、その代わり、本文で以下に述べるように、『新月』の編集方針が一九二九年四月に自由化されて、この雑誌を政治的見解を公表するのにさらに適切な媒体にした。しかし、非公式に作られた「評社」も引き続き存在し続け、さらにその中から一連の社会、経済、政治問題に関する文章が生み出され、『新月』紙上に発表された。その中のいくつかはその後、『中国問題』に集められた。このやり方はフェビアン派のやり方の影響を受けたもののように思われる。五月の評社の会合で羅隆基がフェビアン協会とそれの関心についての簡潔な歴史的内容を与えるペーパーを宣読したことがあった。これに刺激された胡適は、われわれのグループのメンバーも同じようなやり方で、自分自身の具体的な中国問題についての考察を発表すべきではないか、と提案した。胡の未発表日記の一九二九年三月二五日、二九日、五月一一日、一九日の条を参照。五月一九日の条には、グループの中の参加者のリストと提案された研究課題が載っている。最後に指摘しておかなければならないのは、この関心を掻き立てたのは羅隆基の責任であるが、しかしそれ以前にこれらの人々はラスキの名を知らなかった訳ではなかった。張慰慈「多元主義」の中ではラスキは目立って取り上げられている。この文は『努力週報』一九期上（一九二二年九月一〇日）に発表された。

（41）Harold Laski, *A Grammar of Politics*, p. 430.

（42）「知難、行亦不易」のここの英訳文は、*China's Own Critics*, pp. 57-58. に見えるものをいくらか修正している［ここの日本語は中文から訳した］。

国を治めることは最も複雑で、最も難しく、また最も重要な技術である。知と行ともに重要であり、紙上の空談は知とは言えない。そそっかしく粗暴で事理を解しないのも行とは言えない。良い方法と良い意図があっても、行う時に適切な方法を得ないと、民に害をもたらし国を誤らせることになる。……これはなんと複雑で難しい事だろうか！

今日の最大の危険は、国政を担当する者が自分たちがやっていることはこの上なく複雑で難しいことであることが良く分かっていないことである。現代的な学術の訓練が無い一団の人たちで、現代的な物質的基礎の無い大国家［中国］を統治しているが、天下の中の事でこれよりも更に複雑で難しいことがあるだろうか？　この大事をうまく処理しようとするなら、他の方法は無く、ただ十分に専門家に教えを請うだけであり、十分に科学を運用することだけである。しかし、「行うは易し」という説は一団の学問も技術も身に付けていない軍人や政客たちの護身符となることが出来るものだ。この説が修正されないと、専門家の政治は決して実現できない。

胡適の孫逸仙のイデオロギー的継承者たちとの知と行の問題についての争論は、かれの思想の中に二つの矛盾した要素があることを浮き彫りにする。このことはすでに考察したことだが、一方の民主思想と、もう一方のエリート主義である。孫逸仙の「知るは難い」という命題を覆したいというかれの願望はかれをある所へ、少なくともそれを含意することによって、人民の固有の智慧に対して相当の信任を与える所へと導いていった。かれの政治的訓導［訓政］という考えへの反対の主張は、一九二九年にかれがそれを発展させたように、大衆はひとたび自治政府の制度が与えられたときは、それらの制度をどのように責任をもって使用したらよいか知るだろう、という暗黙の前提に基づいていた。しかしこの大多数の人々の進歩的な本能をかれは十分に確信することが出来なかった。また同じ一九二九年に、大衆の文化的改革についての態度という主題について書いたとき、かれは次のように述べた。「ある文明がその輝かしい壮大さを極めると、その必然的な影響は、すべてが保守的な人民大衆になるということだ。……だから、一国の思想家、リーダーは伝統的な価値基準の喪失を心配する必要は全くないのである。たとえかれらが前に向かって一千歩進んだとしても、大衆はただ伝統から十歩離れることが出来るだけである。しかし、リーダーが前進中にためらい動揺したりすれば、大衆はおそらく原《もと》の地点を動かず、決していかなる進歩の結果も持つことはないだろう」と。(43) さらに、胡適の孫逸仙の結論である「行うは易し」に対する論駁は、かれをして不可避的にはっきりとしたエリート主義の立場の防衛をなさせ、統治の仕事の難しさと行政において専門家の知識を利用する重要性とを強調させた。一方では大衆的な基礎を持った政治制度を、もう一方では高度の訓練を受けた前向きの精神を持っている政治的リーダーの支配、というこの胡適の矛盾対立する言質は一九三〇年代になってかれが試験的なやり方で、この両方がその内で共存できる二つに分かれた政治構造の理論を作るまで、調和されないまま残ったのだった。

（43）Hu Shih, "Conflict of Cultures," *The China Christian Yearbook* (Shanghai, 1929), pp. 114-115. 実質的に同じ議論が胡適「試評所謂『中国本位之文化建設』」において再び取り上げられている。『独立評論』一四五号、四―七頁（一九三五年四月七日）。

南京政府との軋轢と対立

一九二九年の秋に胡適が「上帝《かみ》を否定することはできるが、孫中山を批判することはできない」と不満を述べたとき、かれは落ち込んだ個人的な経験から話をしていた。数週間前、かれと南京政府との関係はひどく悪い地点に達していた。この紛糾の表向きの原因はかれが『新月』に発表した立憲主義についての文章が孫逸仙を侮ったものであったことだった。しかしかれを南京の保守派と分離させたのにはもっと個人的な問題もあった。南京政府は高等教育に対してさらにきつい統制を実施しようという欲望を伸ばし始めていたからである。

胡適は国民党の知識人や教育体制に対する意図に最初から疑念を抱いていた。そしてかれは党がかれの支持と協力を求めるいかなる試みも断っていた。かれが中国に戻って来てから一年になろうとしていた一九二八年五月になってはじめて、かれは蔡元培に敬意を表して、南京に旅行して蔡が首都で召集した全国教育会議に出席した。その会議で胡適は、出席した教育者に出された革命的な再建の仕事に参加するようにとの招請に、次のような意見で答えた。自分は、政府の知識人に対する唯一の責任というのは、金銭と平和と、自分の思想を考える自由を提供することだけだと思う、と。それへの返事で、孫逸仙はすでに平和と自由を残した、金銭は見つけられるだろう、と保証が与えられたが、かれは予想されたように、それに全く尊敬の念を抱かなかった。[44]この教育会議においても、またその後の夏に勃発した、蔡元培を一方とし、もう一方の国民党組織部・訓練部の利益を代表した陳果夫との間の論争においても、胡適は蔡元培の試みを支持した。蔡は、国民党が政治的目的のために学生運動を利用するのをやめさせようとし、国民党が「党教育」を装って政治的教化を求めて来るその衝撃を最小限にしよう、としていたのだった。[45]

(44) 未発表日記、一九二八年五月一九日の条。

(45) Allen B. Linden, "Politics and Education in Nationalist China: The Case of the University Council, 1927-1928," *Journal of Asian Studies*, 27.4: pp. 763-776 (1968 / 8). を参照。

胡適の中国公学と光華大学での地位は、かれが南京の直接統制を受けるのを免れさせていたが、しかし政府の方でかれの活動に干渉する手段がないのではなかった。一九二四年のその発足以来、胡適はずっと中華教育文化基金の理事会のメンバーだった。この団体はこの年に免除されて中国に送られたアメリカの義和団賠償金の残りの部分を管理するために設立された基金団体だった〔以前に半分の一一六〇万ドルは清華大学と留学生費用に使用されたが、残りの半分を使って教育改善をしようという目的であった〕。理事会は十人の中国人メンバーと、五人のアメリカ人で構成され、その章程の規定によって、それ自体で永続可能な機構にされていた。理事会の成員に欠員が生じたときは、残りのメンバーによる選挙で補充することになっていた。このような手続きを作ったのは、理事会を政治的操作から自由にしておくためだった。しかし、一九二八年七月、南京政府はついに旧理事会を解散し、その代わりに新しいグループを指名した。アメリカ人理事は全員が、元理事の何人かの中国人とともになおその地位に留められたが、胡適を含む何人かは落とされて、国民党に指名されたもっと確実に忠実な人たちに取って代わられた。その中には孫科、汪精衛がいた。アメリカ政府はこの基金への送金を一時停止することで仕返しした。最終的には、一九二八年の末になってようやく妥協に達し、それによって、国民党の候補者がかれらが取って代わったところの理事会によって「適切に」選ばれて、新しい地位に就いた。胡適は、自分はこの取り決めに全く満足していると明言したが[46]、しかし、これは政治と教育の分離の原則の勝利であるというかれの考えを政府も共有したのかどうかは疑わしかった。どうであれ、胡適と南京当局との様々な衝突が始まりつつあった。

(46) Hu Shih, "Hu Shih Sees China Foundation Free of Political Interference," *The Peking Leader*, 1929 / 1 / 23.

上海で胡適を非常に苦しい境遇に陥れた第一の人物は陳徳徴だった。かれは国民党上海特別市党部の主任、宣伝部の部長で、こちこちの教条主義者でイデオロギーに忠実な人物だった。一九二九年三月の下旬に陳は一通の「反革命」活動に対する公式の警告を公布した。反革命分子というのはここでは、かれの目的に合わせて、

「三民主義に反対するすべての者」と定義された。胡適はかっとなって、旧い知人でその時司法院院長をしていた王寵恵に一通の公開書簡を書いて送った。胡適はその中で、確立している法律的な手続きと定義を破壊しようとする党の意思の表明に抗議していた。この手紙は検閲官によって止められた。しかしそれは気づかれずにすまなかった。(47) 数日後、陳徳徴は一片の戯れ詩を書いて『民国日報』に載せてかれの不快感を公表した。この詩の題名は「胡説（意味は、胡の説《い》う「でたらめ」）」で、この掛け言葉は明らかに胡適の名をもじったものだが、その末尾の数行で、それは更にあからさまだった。

(47) この事件については、衣然（筆名）「争自由与胡適的胡説」、『白話三日刊』一九二九年六月六日、*The North China Daily News*, 一九二九年六月一一日社論、および胡適未発表日記、一九二九年三月二六日の条を参照。

違反総理遺教、　総理孫文の遺嘱の教えに違反することは、
便是違反法律、　法律に違反することで、
違反法律、　法律に違反することは、
便要処以国法。　国法をもって処さねばならぬということだ。
這是一定的道理、　これは決まった道理で、
不容胡説博士来胡説的。　胡説《でたらめ》（胡適）博士が胡説《でたらめ》を言うのを容れる訳にはいかない。(48)

(48) 陳の詩は『民国日報・星期評論』二・四六（一九二九年四月一日）に発表された。

胡適とかれの仲間はみなこの暗示を軽視した。四月に――この同じ月に陳徳徴は他の職務に加えて、上海市当局の教育主任の職を引き受けた――、『新月』は編集者の社論を発表し、わが誌は「（政治的な）思想と批評

の分野でもっと多くの文章を発表する」つもりであると宣言した。この社論はさらに、「わたしたちは討論のための寄稿を歓迎する。もしわたしたちが思想的な方向性において、少なくともわたしたちが完全に孤立していないということが分かったならば、わたしたちは当然、さらに力を入れて自由のための争《たたか》いと自由の大道に向かってさらに一歩進めたいと強く願うものである」と述べた。[49] 胡適の「人権と約法」という文章はこの四月号に発表された。続いて六月に二篇の国民党についてのさらに鋭い非難が発表された。一つは「わたしたちは何時になったら憲法を持つことが出来るようになるのか」で、もう一つはわたしたちがすでに言及した知と行の問題についてのあの文章だった。

(49)「編輯後記」、『新月』二巻二期（一九二九年四月）。

八月、陳徳徴が反撃を開始した。八月二四日の国民党上海特別市党部の執行委員会のある会議が、この月の初めに上海市第三区の党部が採択した一つの決議文を審理した。それは胡適の「誤った思想」を理由にして、かれの中国公学からの免職を要求していた。[50] 数日後、上海市党部の執行委員会はかれら自身の流儀でこの案件を処理した。「上海市第三区党部の宣伝部によって提案されたように、胡適博士は……かつて公然とわれわれの亡き領袖［孫文］とわれわれの党を攻撃し、さらに亡き領袖の思想を破壊的にまで批判した。これは政府と人民に対する反逆と見なされねばならない。かれは厳しい懲罰を勧告されるべきである。……特にここに決定して、宣伝部の提案を中央党部の審査のために呈します」と上呈したのである。[51] 九月中旬、国民党江蘇省党部の執行委員会は、転覆罪という罪名で胡適の逮捕を正式に要求した。しかし九月の末にこの案件が最後に国務会議（政府の最高機関であるが、構成員は党の最高機関である中央執行委員会と中央政治会議のメンバーと見分けがつかなかった）の前に上呈されてきたとき、国務会議のとった行動はあまり激烈なものではなかった。国務会議は党中央訓練部の、胡適の孫文に対する批判は「全く意味のない屁理屈」であり、かれの「現在の社会の本質」についての完全な無知を曝け出したものである、という趣旨の判定を受け入れたのである。訓練部の提案を引用しつつ、国務会議は次のように結論した。

（50）出所が特定できないそのような趣旨の新聞の切り抜きが胡の日記の一九二九年八月一三日の下に貼りつけてある。
（51）*The North China Herald*［NCH と略記］171. 3238, p. 321 (1929 / 8 / 31).

わが党の思想《イデオロギー》はすべてを包括するものである。だからこの思想は党の成員あるいは党の成員でない者の研究や考察を受け入れるのを惜しまない。このようにしてこそ、この思想は人々にさらに良く理解され、より広められるのである。

しかし、胡適は大学の校長の身でありながら、かれはわが党の思想を誤って解釈しただけでなく、悪意のある性質の不当な攻撃を組み入れることによって学術討論の限界を犯した。それは明確に大学校長としての尊厳を損なう行為であり、また我々の思想にまだ確信を持っていないそうした我々の人民を誤った方向に導く悪質な効果を持っている。同じような行為を助長させないようにするためには、これは糾正すること無しに済ませることは出来ない。(52)

（52）NCH 173. 3243, p. 4 (1929 / 10 / 5).

胡適はこれによって教育部部長による叱責を受けた。皮肉なことに、その時教育部のトップ、部長だったのはかれの旧友の蔣夢麟（字は孟隣、一八八六—一九六四）だった。かれは胡適と同じくかつてデューイの学生で、一九二〇年代の初期にまた同じく北京大学で同僚だった。胡適はまたそれほど正式ではない非難も受けた。九月九日に孫科［孫文の息子］が南京で講演したとき、人民が「適切に政治的な権利を行使する訓練」を施される前に授与される憲法は、「一枚の空文にほかならない」と公式見解が再び主張された。孫科は、反対提案はみな「現実離れした実際的でないもの」である、と公言した。「もし誰かが、革命運動の偉業はすでに終了したと考えるならば、その人は大きな間違をしている。これは革命の終了などではない。これは革命のスタートでしかないのである」[53]と結論した。数週間後、一九一一年の革命の十八周年記念式典の前夜、蔣介石自らが談話を発表し、「謡言をひろめ混乱を作り出す」ために思想の自由の運動を促進している人々の「機会（日和見）主義」に反対すると警告を加えた。[54]

（53）NCH 172. 3240, p. 397 (1929 / 9 / 14).
（54）NCH 173. 3244, p. 42 (1929 / 10 / 12).

いくつかの報道には、胡適に対して逮捕状がすでに出されたというものがあったり、かれはすでに逮捕され、非公開審理にかけられ、直ちに死刑に処すという判決が下されたというものさえあったが、[55]政府が胡適に対して取った明らかで唯一の実質的な行動というのは、これらの直接的間接的な反感の表明だけだった。何人かの支援者がかれを守るために集まった。八月下旬、上海で影響力のあった『時事新報』は社説を発表し、政府が非常に危険な過激主義のように見なしている胡適の思想は、西洋では十八世紀から普通に流行してきたものであると指摘した。社説はさらに続けて、もし国民党がボルシェヴィキやファシストに適用されたものと同じ基準によって審判されることを望まないならば、同党は表現の自由に対する一層の寛容さを示さなければならない、と述べた。しかし『時事新報』でさえもまだ、胡適を明白に支持したのではなかった。この社説は最後で、「わたしたちは決して胡適先生の直言に反対ではない。」「しかし、わたしたちはその言論の基礎をなしている考え方を大変遺憾に思うだけである。……かれの批判は必然的に不健康な感情と政府に対する軽視をもたらす」と述べたのである。[56]

（55） CWR 50.3, p. 127 (1929 / 9 / 21). は、一篇の国文レポート（九月一三日の日付）を再掲した。その趣旨は、江蘇省党部執行委員会はすでに胡適の逮捕状を出すことを決定したというものだった。『ニューヨーク・タイムズ』の中国駐在記者ハレット・アーベント Hallett Abend は、胡適はすでに逮捕され、秘かに裁判を受けて死刑が宣告された、死刑執行は八月下旬になされると断言した。それでアーベント本人が、胡適のために『タイムズ』が弁護に立ちあがるように説得することによって、この案件に介入した。一九二九年八月三一日に『ニューヨーク・タイムズ』は「中国の真理を語る者の口封じ」と題した社説を掲載し、強く胡適の人格と動機を支持し、国民党を鋭く批判した。アーベントはこの社説を英文だけでなく、日本語、中国語の訳文を中国、日本、東南アジア各地に広く伝えた。アーベントは「四日後に胡適は無条件に釈放され、国民党に対する批判もいかなる口止めを受けることなく、かれの講義と執筆の仕事を再開した。」と書いた。Hallett Abend, *My Life in China* (New York, 1943), pp. 141-145. を参照。わたしは、優秀な記者のドラマチックなことに対する感覚本能がアーベントを正道から逸れてこの事件に首を突っ込ませたのだという見解である。胡適の日記にはこの謎を解くのに助けになるごく限られた手がかりしかない。というのは、八月中旬以後からはほとんど手書きの条が無いからである。しかしそれぞれ違う日付の下には非常に多くのかれと国民党との間に発生した紛糾に関する報道の切り抜きが貼ってある。そしてその中にはアーベントの言った恐るべき話を実証するものは一つも無い。加えて、アーベントによると、胡適が死刑を宣告された状態で獄中にいたという期間に、『ノース・チャイナ・ヘラルド』(171.3238, p. 321, 1929 / 8 / 31) は、同紙の記者の一人が胡適を訪ねて、国民党上海地区党部が八月二八日に通過させた決議案に対してかれがどんなコメントをするかインタビューした、と書いているのである。

（56） 程滄波による社論、『時事新報』、一九二九年八月二七日。

中国と海外の西洋言語の新聞——とくに『ノース・チャイナ・ヘラルド』と『ニューヨーク・タイムズ』[57]——は、胡適の率直な直言に対する賞賛と、南京政府がかれの言論を沈黙させようとすることへの非難を差し控えなかった。『ノース・チャイナ・ヘラルド』のある社説執筆者が示唆したように、胡適は「たいへん偉大な国際的な人物で、矮小な検閲制度などではかれを押し潰すことは出来ない人であった」[58]のかも知れない。しかし、かれをもっと重い処罰から救ったのは、公衆の共感や怒りの表明ではなく、国民党のもっと穏健な内閣にいた蔡元培や蔣夢麟、王寵恵、あるいは総司令官の義兄の宋子文（T. V. Soong）のような友人たちがかれの

ために行った私的な調停であった可能性も同じようにあるように思われる。(59)

(57) NCH 172. 3242, p. 480 (1929/9/28). *The New York Times* (1929/8/31), p. 14.
(58) NCH 172. 3242, p. 480 (1929/9/28).
(59) 胡適が宋子文と知り合った日付はアメリカにおけるかれらの学生時代に遡る。そしてかれらの友人関係は国民党が政権に上り詰めた後に回復した。何人かの同時代の証人の記述からは、宋子文(一八九四—一九七一)は一九二〇年代後半の謎のようなそして不幸なパーソナリティを持った一人で、かれはヒューマニストと、かれの姉の宋慶齢(孫文夫人、一八九〇—一九八一)と宋美齢(蔣介石夫人、一八九六—二〇〇一)が持っていた進歩的な考えとの間をあれこれ迷って動揺していた男だった。一九二九年にかれは行政院の副院長兼財政部長に就任した。この職はかれに多くの重要な経済的改革を始めるチャンスを与えた。この年の夏の間、胡適は何度か宋子文と接触した(例えば、胡適未公開日記の一九二九年七月二日と八月九日の条に見える)。そしてかれに、胡適が『新月』誌上で公に要求していた同じ改革、憲法発布、各種の官僚機構の改革、すべての行政レベルにおいて党は政府機構に従属すべきことなど、を進めるように私的に強く勧めた。しかし八月初め、長期にわたる党内論争の結果として、宋は突然南京政府の職を辞して上海に引退してしまった。南京政府の内閣の内でおそらくもっとも影響力のある繋がりを持っていたかれの友人が権力の上で一時的に失墜している間に、胡適の国民党との衝突がすぐにその後からひどくなり始めたのは、おそらく全くの偶然ではなかったろう。

どのようであれ、政府による訓戒は意図した効果は得られなかった。胡適が最も率直に国民党のイデオロギー的な欠点を攻撃した二篇の文章はこの危機の最中とその直後に『新月』に発表されたのだった。その中の一篇で、胡適は次のような暗い予言を述べていた。「統一した思想というのは思想の僵化《ミイラ》にすぎないのであって、思想の変化を謀るということではないということを殊《とく》に知らないのだ。……いま国民党が大きく人心を失っているのは、半分は政治上の施策が人民の期待を満足させられないからで、半分は思想の僵化《ミイラ》によって前進的な思想界の同情を引きつけることが出来ないからである。前進的な思想界が完全に失われた日が、国民党が油を切らして消えてなくなるときである」と。(60) 一九二九年は国民党人がその権力の絶頂にいた時で、これは人が注意を払うことが無かった警告だった。しかし二十年後、かれらの権力がガラガラと崩れ落ちたとき、党内にも胡適の言葉を新たな理解をもって思い出した人がいたかも知れない。

(60)「新文化運動与国民党」、『人権論集』一四一—一四二頁。

南京政府は一九二九年には胡適の言論を沈黙させることに失敗したが、翌一九三〇年にかれを中国公学の校長の職から追放することに成功した。この年、今度は公学が教育部部長からの大学としての公的認可を得るために、胡適の辞職を保証したのだった。当時の新聞では、胡適はイェール大学とシカゴ大学で講義するためにまもなく合州国に行くだろうと報道された。かれは確かに二年前にそうした招聘を受けていたが、一九三三年になるまでその旅行は実行されなかった。その代わりかれは一九三〇年の末まで、上海にずっと残っていた。そして、三十九歳の誕生日になる直前に、再び北京に戻り、最近設立されたばかりの中国基金会の翻訳委員会の委員長の職に就いた。その数週間後、蔣夢麟の招聘で、胡適は文学院院長としてふたたび北京大学に戻った。蔣夢麟は一九三〇年の九月に教育部部長を辞した後、大学校長に新たに任命されていたのだった。

一九三一年九月、日本軍が奉天城に入り、満洲制圧を発動して、中国現代史に新しい悲劇的な章を開いたとき、胡適は北京にいた。

第八章　再び北京に戻る　一九三一―一九三七

満洲事変と『独立評論』の発行、北京大文学院長胡適の困惑

一九三五年一二月に胡適は日本のジャーナリスト室伏高信に手紙を書いた。「今日の北平は大雪でした。わが家の庭の中の松の木の枝にはみな銀白色の厚い雪綿がのっています。……この庭の境目に敷いてある瑠璃瓦はすべて円明園の中の遺物で、玄関の白い石段もわたしの家主が円明園の瓦礫の中から運んで来たものです。わたしはその石段に立って、この雪の中から僅かに頭を出している瑠璃瓦を見つめながら、七十五年前にイギリス・フランス連合軍が北京に入って円明園を焼いて廃墟にした歴史に思いを致さずにはいられませんでした。目の前に一面に広がる遺物があって記憶を助けることができますが、しかしわたしはこの昔の出来事が少し曖昧になってはっきり覚えていないのを認めない訳にはいきません。わたしの視線はすぐに別の新しい事物に移ってしまいました。一機の貴国の飛行機が轟々と東の空から西へ飛んで行って、白く光る雪の上に一条の黒い影をさっと掃いて行ったのです。地面に映った黒い影は過ぎ去り、雪に覆われた地面はふたたび白く光って

いたのですが、わたしの心の中では今になってもその黒い影がはっきりと見えるのです。わたしは中国の古の哲人が言った『飛鳥の影は未だかつて動かず』（『荘子』天下篇）という言葉を思い出しました」、と[1]。

（1）胡適「答室伏高信先生」、『独立評論』一八〇期、五—八頁（一九三五年一二月八日）。

平和が過ぎ去った一九三一年九月のあの夜から、戦争がついにやって来た六年後の七月のその夜まで、中国は日本人の侵略というこの動かない陰影の中に包まれていた。その期間を通じて人々は薄明かりの中で行動し話をしたが、それらの意味や動機は奇妙にゆがんだものになった。次第に濃くなっていく暗さの中から新しい問題が起き、そして古い問題は新たな切迫感でもって議論された。今にも起こりそうな破滅の恐れのために中国人はもう一度自分たちの民族の脆弱さの原因を探索し、最近数十年の間に達成されたものを尊重しなければならなかった。胡適が二度目に北京に住んだ歳月は疑念と憤りの時だった。

胡適が自由主義思想のスポークスマンとして最も有名になったのは、この数年間のことである。一九三二年五月の創刊から一九三七年夏に戦争の雪崩れの下で消えるまで、胡適は『独立評論』という週刊の政治評論誌を編集した。外国の侵略と内戦という次第に増していく暗さに逆らって、かれは『独立評論』の紙上で依然として立憲主義のための主張を論じ、中国のような国家でもデモクラシーが実行できることをよく量り、人々に権威独裁主義の危険を警告し、人々に「七年の病」のために「三年の艾《もぐさ》」を探す意思を持つようにと求め、新しい個人主義の精神を固く守るよう強く主張しつづけた。しばしば理性的な分析に逆らい、そしてまた楽観的な評価に反するような諸事件の只中で、胡適は力の限り奮闘し続け、人々に理性の声を聞かせ、またかれが常に持っていた楽観精神にさえたびたび暗い影を投げかけた挫折感を追い払ったのだった。

以前の『努力週報』や『新月』のように、『独立評論』も私的なジャーナリズム事業、自由主義知識人の小グループ――「七、八人の友人」――によって創刊されたものだった。かれらは始めの数年間、無償でこの雑誌のために原稿を書いただけでなく、自分のポケットからお金を出して雑誌を支えた。しかし一九三四年までに、雑誌は採算を採ってやっていくに十分な読者をすでに魅きつけはじめていた。一九三五年にその発行部数はおよそ七千部になり、一年後には部数を二倍近く増やした。それは中国の巨大な人口の数に比して量ったなら、取るに足らない数字だが、しかしこの数は、『独立評論』がその呼びかけの対象にした教育を受けた都市の少数の人々の中では意味のある大きさを含んでいた。この雑誌は、胡適がかつて誇らしげに言ったような、ジャーナリズム史上類のないものではなかったかもしれない。(2) しかし、困難の多かった五年を通して、それは満洲事変の後の不安に満ちた数カ月のなかで創刊された時に持っていた気風を驚くほど保持し続けることに成功した。第一期に載せられた編集子の発刊の詞は次のように主張していた。「わたしたちはこの刊行物を『独立評論』と呼ぶ。何故なら、わたしたちはみな少しばかりの独立精神を永遠に持ち続けたいと望んでいるからである。」「いかなる党派にも依らず、いかなる既成観念も盲信せず、責任を負った言論でもってわたしたち各人の思考の結果を発表する。これが独立の精神です。……わたしたちが読者に求めることは、またまさにわたしたち自身に求めることでもあります。……批判と討論は冷静に穏やかにやるべきもので、また客観的現実を基礎としてすべきものです」、と。(3)

(2)『独立評論』の創刊と成長についての情報は以下の資料から取った。胡適『丁文江的伝記』八三―九〇頁、「独立評論引言」『独立評論』一号、二頁(一九三二年五月二二日)、胡適の『独立評論』五一号(一九三三年五月二一日)、一五一号(一九三五年五月一九日)、および二〇一号(一九三六年五月一七日)上に発表した各周年紀念の社論、「編集後記」『独立評論』一五〇号(一九三五年五月一二日)、一八三号(一九三五年一二月二九日)、一八八号(一九三六年二月一六日)。

わたしはまだ所謂「独立評論社」のメンバーのリストを見つけ出していない。胡適(『独立評論』五一号)によると全部で十二人程である。出版から最初の四年にこれら「内部人」は四八三本の文章を雑誌に寄稿した。これと対照的に「外部人」の寄稿は五八八本だった(『独立評論』二〇一号)。胡適は後に『独立評論』が成功した大部分は、読者が喜んで原稿料を受け取らずに原稿を送ってくれたことに帰している。最初、「社」のメンバーは自分の収入の五パーセントを雑誌の費用に出した。これは後に二・五パーセントに減り、一九三四年までにそうした補助金はもう必要なくなった（『独立評論』一五一号）。編集の仕事、校閲および同類の仕事は胡適、羅爾綱、章希呂の三人によって無報酬で行われた。会計簿もまた北京のある銀行の友人たちによって無償でつけられた。

（3）「独立評論引言」『独立評論』一号。

一九三〇年代の中国人にとって「客観的現実」という言葉は何よりもまず、満洲における日本の地位と中国のその他の地方に対する日本の計画を意味していた。大雑把に言えば、この挑戦に対して中国人はどう対応すべきかという問題についての考え方に、二つの派があった。公式の政府の立場は、国家は日本に対する効果的な行動が出来るようになる前に、統一されねばならない――政治的、軍事的、思想的に――、というものだった。この考えは部分的にはおそらく、日本の攻撃能力と中国の自己防衛能力との間の隔たりへの現実的な評価に基づいていた。しかしながら、それは部分的には、以前から継承されてきた態度、党の権力への上昇とその権力の確立以来の歳月を特徴づけていた間断なき長い党派心の強い抗争［国共対立］の歴史、その間に南京の指導者たちの心の中に深く刻み込まれた政治的な敵対感情を反映していた。統一の運動の中で国民党人は――何人かの人は、国民党というかれらの名前を裏切り、その革命的な遺産を見捨てつつあると考えるようになっていた――、外の容易に識別しやすい敵に対する殆ど名ばかりの抵抗を掲げながら、国内のはっきりしない敵に対する戦争を行ったのである。

その数を増しつつあった中国人、そして特に一九二〇年代の民族主義運動の前線に頻繁に立っていた学生と知識人にとっては、南京の態度は、良くても理解できないもの、最悪の場合は裏切りに思えた。一九三〇年代の初期は学生運動の隊列の内では呆然とした混迷の時期だったが、深まりつつあった危機に、学生たちは次第に内戦の停止と日本に対するより強い手段を取るよう要求を表明するようになった。政府の反応は予想されたようなものだった。批判がより激しくよりはっきり述べられるようになるにつれて、政府の寛容さは、それは決して豊かに蓄えられてはいなかったのだが、ほとんど消え失せるところにまで縮小した。一九三五、三六年までに、相当な数の中国人学生と知識人は、一方の側の疑念と、他方の、常に自制し抑えられているとは限らない敵意との亀裂によって、かれらの政府から切り離された。[4] 中国の共産主義者が、遠い江西の根拠地から、そして後には西北の根拠地から、共通の敵に反対する統一戦線を作ろうという要求をすることによって多くの挫かれた愛国者たちの共感を得たという事実は、国民党を批判する人たちへの国民党の不信感を高め、政府と知識人との関係を悪化させただけだった。

（4）これらの年における学生運動についての十分な記述は John Israel, *Student Nationalism in China, 1927-1937* (Stanford, 1966). である。

当時最優先だったこの二つの論争点について、胡適は長年堅持してきた考えを固守したから、それは、かれを少なくとも表面的には政府の側に置いた。しかしそれは偶発的なことだった。かれはずっと遅くまで武力で日本に応答するという考えには反対だった。かれは日中戦争の前夜までなお交渉で解決に至れるかもしれないという希望を持ち続けていた。かれはまた、知識人がそれによって南京政府に影響を与えようと努力している各種の活動に巻き込まれることにも反対だった。胡適の思想を良く知っている人であれば、どちらの立場も驚くことはなかった。日本の問題についてのかれの態度は、一九一五年に二十一か条によって引き起こされた危機において表されたものと驚くほどよく似ていた。かれの学生運動についての考えは一九二〇年代を通して以前とほとんど同じようなものとして残っていた。しかし三〇年代のこの緊張した空気の中では、それは、胡適は二、三年前にはあんなに鋭く批判していた政府と、ご都合主義的で誉められない平和を結んだのだ、と幾分か見えた。[5] しかしながらこの印象は証拠では裏付けられない。胡適が発表した文章の中の、国民党が引き続いて思想的に全知であることを自任していることへの攻撃や、党がさらに広範囲な政治的権力を有すべきだと主張していることへの攻撃、国民党が思想的な栄養分を得るために次第にそれへ向きを変えている保守的文化主義についての攻撃、それらを少し読んでみれば、すぐわかる。実は、胡適がこの時期に書いたものの中に明らかに示されているのは、暴力の時代に暴力を避けるようにと主張し、偽りと欺きの時代に善意への素朴な信仰を固く守り、狂気の世界にあって理性が他の何よりも勝るのだと頑強に高く評価し続けた、そうした精神の困惑なのである。

(5) 一九三〇年代の胡適の活動についてのこの解釈の妥当な意見は Y. C. Wang, *Chinese Intellectuals and the West, 1872-1949* (Chapel Hill, 1966), pp. 406-421. その他の所で伝えられている。Wang(汪一駒)は一九五五年の胡適への攻撃の間に共産中国で出版された中傷的な文献を広範囲に使用しているが、提出された証拠とそれに与えられた解釈を無批判に受け入れている。かれの記述はこうした観点から読まれなければならず、極力注意して使用されなければならない。

こうした思想的な戸惑いのいくつかの性格が、胡適の日本の問題へのアプローチの特徴を示していた。日本はかれがほとんど直接知ることのなかった国家だったが、しかし、かれがかなりの尊敬をずっと感じてきた国家でもあった。過去において、そして一九三〇年代においてさえまだ、かれは一度ならず日本を、中国が失敗した点において成功を収めた国家の例として取り上げた。日本人は近代的なもののイメージで自己を作り変えようと、スピードと目的を持って進んだ。かれは日本人のエネルギーに驚嘆し、時々、日本がかれらの無気力な隣人である中国人に行なっているように振る舞う権利を獲得しているとほとんど容認するかのようであった。中国は自ら招いた無政府状態と破滅の状態から救い出されなければならない国家であると見なしていた一般に良く知られた日本の中国についての説明――これが大陸への日本の態度を正当化する理由だった――が、多くの点

で胡適のかれの祖国に対する見方と一致していたという事実によって、かれのジレンマはさらにひどくなった。(6)

(6) 例えば、胡適「惨痛的回憶与反省」『独立評論』一八号、八—一三頁(一九三二年九月一八日)、胡適「統一的路」『独立評論』二八号、二—六頁(一九三二年一一月二七日)、胡適「信心与反省」『独立評論』一〇三号、二—六頁(一九三四年六月三日)を参照せよ。

だが、胡適は決して日本の侵略的な行動に共感していたのではない。しかしかれがさらに大きな希望を寄せたのは、中国がその生存への脅迫に対して武力でもって反撃する能力を持つことよりも、日本の自己抑制と、国際連盟やアメリカ国務省を通じて表明されたような世界世論が日本を抑える影響力であった。日本人が、中国と『九世の仇』を結ぶのか、それとも『百年の友』になるのか」、その選択はかれら次第だ、(7)と胡適は言った。日本人はかれらの最近の進歩の歴史の期待を実現させるのか、それとも自己破滅の道を歩むのか、(8)日本をアジアのイギリスにするのか、それとも日本をもう一つのワイマール・ドイツにするのか、(9)「この最も希望を持った国家」が「世界上最も恐るべき国家の一つ」(10)に変わるのかどうか、その決定は日本人に委ねられている、と。

(7) 胡適「日本人応該醒醒了」『独立評論』四二号、二—四頁(一九三三年三月一九日)。
(8) 胡適「国際危機的逼近」『独立評論』一三二号、二—四頁(一九三四年一二月二三日)。
(9) 胡適「中国提携:答客問」『独立評論』一四三号、二—三頁(一九三五年三月二五日)。これらは胡適が日本の同盟通信の北京通信員が提出した質問に答えたものである。
(10) 胡適「東京的兵変」『独立評論』一九一号、二—五頁(一九三六年三月八日)。

胡適は、国内政治の行為についてのかれの見方を特徴づけた、共通の価値と願望が存在するという確かな根拠が無い信頼、これと同じもので国家間の政治関係を理解した。かれは国際連盟が日本を譴責した決議案についての希望に満ちた評論の一つで次のように書いた。「国際政治はもともと国内政治と同一の理のものである。政府というのは当然にも力の上に建てられているものだが、しかしその力はすべて武力に頼ったものではなく、大部分は社会の習慣と公論の制裁に頼ったものである。ちょっと浅く《かんたんに》言えば、政府の力というものは張子の虎のようなもので、すべては思想、信仰、習慣などの無形の勢力によって共同で維持されているのである。[11]」

（11）胡適「究竟那一個条約是廢紙」『独立評論』一九号、二―七頁（一九三二年九月二五日）。

胡適はこの精神でもって、日本が覚醒して、その政策では必然的に世界世論に自分に不利になる効果しか与えないのだということに気づくのを根気強く待った。かれは日本が関与した国際的合意が日本に対して抑制的影響力を持つことを信じ、国際連盟による日本への訓告も信じた。それは楽観主義の根拠がほとんど見失われた後でさえ、長い間ずっと残っていた。この態度の典型が、一九三二年の秋に発表されたリットン報告書に対するかれの積極的な反応だった。「もしこのような厳重な全世界の公論の制裁力が、この絶大な危機においてもなお、狂酔した一民族を少しも覚醒させられないとするならば、われわれのこの国と世界文明の全体はともに十年の地獄の生活を送る準備をしなければならない。[12]」

（12）胡適「一個代表世界公論的報告」『独立評論』二一号、二―六頁（一九三二年一〇月九日）。

胡適はどんな犠牲を払っても日本と和平することを支持したのではなかった。もっともかれは、同国人の多くの人が考えていた平和よりもさらに高い値段で平和を買うことを予想するのを厭わなかったが。かれは最初から、満洲国政権は一つの独立した主権を有する政治的実体として認められるべきだという日本の要求に反対した。またかれは、日本の東北からの撤兵がすべての交渉による解決の先決条件であると断固主張した。[13]しかしかれは決してリットン調査団が提出した提案に異議を唱えなかった。提案は一旦日本人が立ち退かせられたならば、満洲は中国の統制を受けない大きな自治を認められるべきだというものだった。そうした解決は、中国は広すぎてかつ余りにも多様だから、一つの厳格に中央集権化された政治権力によっては統治出来ない、という考えと一致したものだった。それは胡適が一九二〇年代に連邦主義をめぐる議論で主張し、この時なお信じていた考えと同じものだった。[14] もっと人を驚かせたのは、一九三三年の春に「塘沽協定《タンクー》」が結ばれ、それによって華北の敵対が一時停止されたが、胡適はそれを公然と支持した実質上ただ一人の人であったことである。かれは、［熱河戦後］中国はすでに軍事的に勝利する可能性が無くなったのだから、日本人に押し付けられた平和（協定）を受け入れないとすれば、それに替わるものは華北全部の軍事占領であろう、と論じた。その出来事の間に、太平洋の国際情勢が悪化し、広汎な戦争にさらに発展するかもしれない。しかしこの世界的な対立も中国の目標にとっては何の益も無い、と胡適は主張した。[15]

(13) 胡適「我們可以等候五十年」『独立評論』四四号、二—五頁（一九三三年四月二日）、胡適「我的意見也不過如此」『独立評論』四六号、二—五号（一九三三年四月一六日）を参照。

(14)「一個代表世界公論的報告」『独立評論』二二号。胡適の武力による統一の問題についての考えについてはまた、「統一的路」『独立評論』二八号、および胡適「政治統一的途径」『独立評論』八六号、二—七頁（一九三四年一月二一日）を参照のこと。

(15) 胡適「保全華北的重要」『独立評論』五二—五三号、二—六頁（一九三三年六月四日）。

胡適はかれの同胞たちに対して、辛抱、自己努力、そして最も重要な、悔い改め、を勧めることしかできなかった。かれは一九三二年の大学卒業生に訓告して次のように語った。「国家の強弱盛衰は決して偶然的なものではない。すべては因果の鉄の法則から逃れることは出来ないのです。」「わたしたちが今日受けている苦痛と恥辱はみな過去の色々な悪因が播いた悪果にすぎないのです。……わたしたちは深く信じなければなりません。今日の失敗はすべて過去に努力をしなかったからだということを。[16]」かれは日本人を止めるために外国の圧力に頼ろうとしたが、しかしかれは、つまるところ中国が救われるのは中国自身の努力を通してのみやって来るのだと主張した。「自らを救うことが出来ない民族は人の同情と援助を得ることは出来ないのです。[17]」「幸運が空いっぱい飛んでいたとしても、自らを助けることが出来ない人の頭上には決して降りてこないのです。[18]」

（16）胡適「贈予今年的大学畢業生」『独立評論』七号、二―五頁（一九三二年七月三日）。
（17）胡適「内田対世界的挑戦」『独立評論』一六号、二―三頁（一九三二年九月四日）。
（18）「国際危機的逼近」『独立評論』一三二号。

胡適の考えでは、「救済」への途は、侵略者との短期的で必然的に壊滅的になる武力の試みにあるのではなく、今までの行論から期待されるように、忍耐強く、人的物的資源を培養して、侵略がもはや出来なくなるところにまで持っていくことにあった。かれがかれの支持者に差し出したのは、歴史の感覚によって提供された慰めだけだった。「わたしたちは悲観する必要はない。見なさい！　この黙って忍従している苦痛の中において、一つの新しい民族（と）国家がすでに次第に形成されたのです。このような空気の中でわたしたちは沈黙、鎮静、秩序を保持することが出来る。これが力の始まりである。……多難が国を興すという古い話は人を欺くことのない歴史の事実です。[19]」「わたしたちの最後の勝利は少しも疑いないものです。……国家の千年万年の生命においては、四、五年や四十、五十年は如何ほどでもない、何だというのだ。[20]」

（19）胡適「沈黙的忍受」『独立評論』一五五号、二―三頁（一九三五年六月一六日）。
（20）「我們可以等候五十年」『独立評論』四四号。

こうした説諭は今では、その時多くの人にとってそうだったように、日本がかれらの上に積み上げた屈辱を不満を言わずに吸収する中国人の能力、あるいはかれらが直面させられた脅しを平静にじっくり考える中国人の能力を理解していなかったように思われる。一九三〇年代の中国人が求めたのは英雄的な言葉であって、お説教ではなかった。しかしなお、胡適のために言っておかねばならないのは、その時多くの人はそれを予見しなかったし、あるいは見ようとしなかったが、かれは戦争の恐ろしい結果を予見していたということである。胡適を衝き動かして人々に五十年の屈辱を忍ぶように勧めさせたのは、他の何でもなく、かれの「十年の地獄」

の見通しだった。かれの学生時代の平和主義がこの時再び活気を呈し、明滅した。

……わたしは自分の良心をくらまして戦争を主張することは出来ない（この文章は一九三三年の春に書かれている）。これは凡そ戦争を主張する者すべてが良心をくらました者だと言うのではない。ただ、わたし自身の理性と訓練がともに、わたしが戦争を主張することを許さないということを説《い》っているに過ぎない。

わたしはあのかつて祖国のために死を冒し命を惜しまず戦った英雄を極めて尊敬している。だがわたしの良心は、わたしの筆鋒でもって、人々はみな自分の血と肉を用いてその最も残忍な現代的武器と命がけで戦うべきだ、と責めることを許さないのである。

「作戦（戦争をする）」は二つの文字にすぎない。しかしわたしたちの極めて少数の者しかこの二文字が含んでいる意味を充分に想像していないのだ。[21]

(21)「我的意見也不過如此」『独立評論』四六号。

華北分離の進展と胡適の思想的転換、一二・九学生運動

日本人は勿論、胡適が希望したような抑制をもって、あるいは責任感でもって行動することはなかった。一九三五年の年末までに、日本の軍事的・外交的、両方の圧力はかなり効果的に、華北の広い領域に対して南京政府が統治を行う能力を損傷させてしまった。北京はその中である種の無人区の状態で存在していた。この年の秋、日本人はその最後から二番目のステップに踏み出した。華北の五省からなる「自治区」を建てることを

要求したのである。そうなると南京政府はもはや裁判権を主張することさえ出来なくなる。この重大な時に、胡適はついに結論を出した。あるアメリカ大使館員に語ったように、中国人には、「自らを守るために」戦う以外にもはや別の選択は無くなった、と。アメリカ大使ネルソン・T・ジョンソンは、胡適のこの見解への思想的転換は中国人の固めつつある気分を示すものとして大変意義あるものだと見た。そして国務省にこれを主題にした急電を発した。電文は次のように云った。胡適は人々に警告して、この戦争は歴史上最悪の戦争になるだろう、中国は迷うことなくあらゆる努力を尽くしてその他の太平洋の諸勢力をこの戦争に巻き込むよう努力するだろうと言っている、と。ジョンソンは最後の結論でこう述べた。「かれ（胡適）はまた、ある一定期間、中国はなお単独で日本と戦わなければならない。だからその結果、中国人の生命と財産の損失は恐ろしいほどのものになるだろうということがはっきりと理解されなければならない、と言っている。[22]」

（22）*Foreign Relations of the United States, Diplomatic Papers*, 1935, III (Washington, D. C., 1953), pp. 400-401 (793・94/7473, dated 1935/11/6). この資料に注目するように教えてくれたドロシー・ボルグ Dorothy Borg に感謝する。

大体これと同じ時期に、この同じ挑発への反応で、不安定だった南京の国民党政府と華北の学生運動との間の関係も危機の頂点に達した。一九三五年の秋を通じて南京政府がずっと平和を語っていた間に、宋哲元、この北京地区の唯一の中国軍実働部隊の司令官が圧迫されて日本人の圧力に屈する気配を示した。一二月に清華大学、北京大学、燕京大学の三大学が北京市内のその他の中学校、大学・専門学校に支えられて、主導権を取った。そして一二月九日と一六日に北京の街頭は学生のデモ隊で膨れ上がり、学生のストライキで北京の各大学は麻痺状態に陥った［「一二・九運動」という］。当局がこれに対して取った行動は、各大学を実質上包囲状態の下に置くことだった。そして多くのデモ参加者は警察と軍警の暴力的な取り扱いを受けた。しかしそれにもひるまず、この年の年末に学生活動家たちの何隊もの集団が、日本人の脅迫とかれら自身の政府の政策に対して農民たちを反対に起ちあがらせようと華北の農村の中に徒歩旅行に出かけていった。[23]

（23）これらの事については John Israel, *Student Nationalism*, 第五章に詳細に述べられている。また Hubert Freyn, *Prelude to War: The Chinese Student Rebellion of 1935-1936* (Shanghai, 1939). も参照。これは自分の目でデモを目撃し、その後の教育運動のいくつかに参加した外国人の記述である。

これらの事件は胡適にとっては大きな関心事だった。それはかれが北京大学の文学院院長という職にあったからだけではなく、なおよく知られたいろいろな理由からだった。一九三〇年代初めに丁文江があの典型的な無遠慮さで述べた意見を胡適も共有していた。「目下の中国においては、四十歳以上の人には新中国を建設する能力を持った者は少ない。われわれの唯一の希望は今高等教育を受けている青年たちだ[24]」というものだ。だが、この不安な冬に自分たちの教室と実験室を捨て、都市を通り抜けて農村に行進していったのは、その同じ青年男女だったのである――かれらはその代わりに農民をどのように指導するかということを学ぶべきであった時に、不確かな理想に従って村に入っていったのだった。少なくとも、このようなものが胡適の状況についての考えだった。胡適は学生たちが直面していた問題に敏感でない訳にはいかなかった。かれは、かれらがその下で働かなければならない経済的苦難と不安定さに同情心を持って文章を書いた。かれは、教育者ではなく党員を任命して、かれらに各大学を管理させることによって大学を政治化しようとする政府の意向を非難した。就職する段になると、私的な影響力［コネ］の方が教育の達成［成績］よりももっと役に立つという事実をかれは大変残念に思った。[25] かれはさらに、公共的良心の声としての学生の役割は正統性を持つものであることを認めた。かれは、若者は天然の急進分子だと述べ、政府が、幼稚な考えを子供っぽく表現したことを理由に若者を逮捕して監獄を一杯にしていることを非難した。[26]「およそ一国の政治が正しい軌道に乗らず、平和的に政権を変える制度が無く、また合法的な民意を代表する機関が無いならば、その場合、政治改革を訴える責任はなべて青年知識分子の肩にかかるのである。……なぜなら、若者は刺激を受けやすく、また家族や子女への気がかりも無く、思い切って個人の信念に従って冒険奮闘することが出来る。だからかれらの政治活動はしばしば大変純粋な衝動によるもので、少なくともわたしたちはそれを自然な衝動によるものだと言うことが出来る」と。[27]

(24) 丁文江「抗日的効能与青年的責任」『独立評論』三七号、二—八頁(一九三三年二月一二日)。
(25)「政府は気づかねばならない。一人の呉南軒は学潮[学生デモ]を引き起こすことは出来るが、一人の翁文灝(おうぶんこう)は学潮を収拾することができるのだということを。」(胡適はこの文を「蔵暉」というペンネームで発表した)「論学潮」『独立評論』九号、六—九頁(一九三二年七月一七日)。翁文灝はヨーロッパで教育を受けた地質学者で、『独立評論』への定期的寄稿者、当時清華大学の校長として活動していた。
(26) 胡適「汪蔣通電里提起的自由」『独立評論』一三一号、三—六頁(一九三四年一二月一六日)。
(27)「論学潮」『独立評論』九号。

にもかかわらず、胡適は一九三五年一二月の事件にははっきりしない反応をした。かれは華北の「自治区域」を建立しようとする日本の計画を非難し、南京政府が華北を防衛する「責任を果たす」よう強く迫った。[28] かれは学生の行動の中の自己犠牲的な精神を賞賛し、警察がデモ参加者を取り扱った時に取った手段を「許すことのできない野蛮」なものだと非難した。かれは、これらの国家の行動を徹夜で警戒しようとしたに過ぎない青年男女を理解することが出来ない政府の無能力を悲しんだ。一二月九日のデモは「最も喜ぶべき事」(胡適の表現)だった。それは、人々が沈黙の陰謀[一九三五年六月の土肥原・秦徳純協定締結を指す]の中の危険に気づいたというシグナルを送っていた。かれは、学生たちが東安門を出て南下して行くのを見ながら自分は聞いたが、それは「人のいない谷間で聞こえた」喜ばしい「足音」だった、と語った。

(28) 胡適「華北問題」『独立評論』一七九号、二—三頁(一九三五年一二月一日)。

だがかれは、その後に続いた学生ストライキ――一九一九年以来、「あまりに多く用いられすぎた武器」――には反対した。そしてかれは学生たちに、もしこのようなやり方で続けるならば、きみたちは獲《え》た同情を失うことになるだろうと警告した。胡適は学生たちを教え諭して次のように語った。きみたちの役目はただ「監督者」として働くことだけである。きみたちは直接的行動を慎んで避けなければならない。それで、ある極端な少数派によって誤った道に引き入れられないようにすべきである（胡は共産党を指しているのかどうか、かれはそうだと言ってはいないが）。このような動乱の如き時においても、きみたちは理性的な抑制をして、学生の個人としての高潔さの規準を保持しなければならない。きみたちは学生として最良の模範であるべきである。最も重要なのは、きみたちは全体的に正しく判断する認識力を持とうと努力しなければならないことである。なぜなら中国の今日の状況は悪いとはいえ、しかし明日は今日よりも計り知れないほど悪くなるだろうからである、とかれは警告した。かれはこれらの警告を、おそらく大変聞き覚えがある次のような言葉で始められた禁止命令とともに残した。「青年学生の基本的な責任はつまり、普段から自分の知識と能力を発展させることに努力することである。社会の進歩というのは少しずつ進歩するもので、国家の力もそれぞれの個人の力に依存するものなのである。[29]」

（29）胡適「為学生運動進一言」『独立評論』一八二号、四―七頁（一九三五年一二月二二日）、この文は「大公報星期論文」（一九三五年一二月一二日）を転載したものである。胡適「再論学生運動」『独立評論』一八三号、二―四頁（一九三五年一二月二九日）。かれのこれらの考えはどちらの潮流からもほとんど支持されなかった。最左翼の学生たちは胡適を「帝国主義と売国政府の走狗、大衆を騙す犯罪人」と非難した（John Israel, *Student Nationalism*, p. 133. から引用）。もう一方で、日本人は胡適と蒋夢麟がデモを煽動するのに手を貸しているのではないかと疑った（*Foreign Relations of the United States, 1935*, III, p.476, p.483 を見よ）。勿論、第一には、意見の内容から判断して、第二には、（もし実際に胡の公表された言論よりももっと事を明らかにする必要があるならば）、かれの一九三五年一二月の日記が日本人の疑いがあり得ないことであることを充分に明らかにしている。

つまり、胡適の考えでは、一九三〇年代の中国が直面していた最も重大な危険は、日本の侵略の脅威ではないということだった。それはむしろ、中国人が不安の中で頼るかもしれない抵抗の仕方、最近数十年間の物質的、思想的な双方の成果を危険にさらすような抵抗のやり方だった。

胡適のこれらの成果についての評価は、かれが話しかけている特定の聴衆や、かれが中国を西洋と比較しているのか、それとも中国をその過去と比較しているのかによって変わった。かれは常に、一世代前の理想と現在成し遂げられている成果との間が不釣り合いであることが、実際に達成された進歩の立派さを馬鹿にさせているのだ、ということを政治革命の指導者たちに気づかせようとした。一九三四年に、一九一一年の革命を記念する文章の中で、かれは意気阻喪した心情で次のように書いている。「かれら（一九一一年の革命家たち）は自由で、平等で、繁栄して強盛な国家を夢見た。二十三年が過ぎ去ったが、わたしたちはまだうだつが上がらない三等国家にすぎない。かれらは民主立憲的な自由国民を作ろうと夢見た。二十三年経った。しかし少なくない人達は自分は視線が高くなったと思い、人権と自由を軽視し、専制を誉め囃し、独裁下の新しい奴隷になることを夢見ているのだ[30]」、と。

(30) 胡適「双十節的感想」『独立評論』一二二号、二―四頁（一九三四年一〇月一四日）。

しかしもっと典型的なのは、胡適が近年に達成された幾つかの「現実的な真の」前進を再び主張することによって、この時落ち込んで精神的に萎れていた人たちを励ますことに意欲的だったことだ。「今日最も悲観している人は、実はみな楽観しすぎた人である。」胡適は先に引用した落胆した感情を書いたわずか数日後に、かれはこのように書いた。中国問題の難しさを過小評価し、中国の反応の有効性を過大評価した人たちだけが、事態の進展によって意気消沈させられたのだ――そして、十年前に胡適が自分に言及して語ったように、かれは大きな希望を抱いていなかったから、大きな失望も予想することがなかった[31]。もし、以前の望みがまだ実現されていないままであったとしても、それにもかかわらず、重要な多くの事は達成されたのだ。帝国制度はすでに過去のものになり、教育は形式も内容もすでに革命的に変化した。社会制度と習慣もすでに変化し始めている。とりわけ家庭生活と婦女の地位に関してはそうである。[32]「目下の中国はすでに『旧社会』という名詞で包括できるものではなくなった。……もしわたしたちはまだ十分新しくないと言うなら、それは反駁できないことである。もし、これはなお『旧社会』にすぎないというなら、それは事実を抹殺しているのを免れない。[33]」

(31) 胡適「悲観声浪里的楽観」『独立評論』一二三号、一五―一八頁(一九三四年一〇月二一日)。これは一〇月九日に燕京大学で行った講演の要点で、『大公報』一〇月一四日に転載された。

(32) 胡適「写在孔子誕辰紀念之後」『独立評論』一一七号、二―六頁(一九三四年九月九日)。また「悲観声浪里的楽観」『独立評論』一二三号も参照のこと。

(33) 胡適「旧瓶不能装新酒嗎?」『独立評論』八七号、一五―一七頁(一九三四年一月二八日)。

胡適は、その中でも最も大事なのは、中国人を近代的な時代に相応しい理想に染まった結合した市民に転換するという困難な仕事において、スタートは既に切られているということである、と書いた。かれは、高潔な政府の理想に殉じた歴史上最も偉大な人々――明代後期の東林党の人々――よりも、現在の革命理想に殉じた人々はどれほど偉大であるか、とはっきり断言した。かれらは、満洲人に対する闘争の中や一九二六、二七年の革命の戦闘[国民革命]の中で死んだ人々、日本との戦闘で死んだ人々、共産主義革命の理想のために命を投げ出した人々だった。胡適にとっては、引き出されるべき結論は明らかなもので、元気づけることだった。「凡そこの新世界の新文化の衝撃を最も大きく受けた人物であれば、かれらの人格はみな全ての時代の聖賢に比べても、決して遜色がないだけで無く、往々にして前人を超えているのです[34]」、と。

(34)「写在孔子誕辰紀念之後」『独立評論』一一七号。

だから、ある意味で、胡適はかれの平和を革命と共存させていた――といっても、かれがすぐに明らかにするように、革命党とは共存させなかったのである。かれは一九三四年の「悲観の声の浪の中の楽観」と題した文章の中で次のように述べた。「革命はつまり革命であって、革命は不可避的にまた幾つかの無恥で邪悪な力を作る。しかしそれと同時に、それはまた、一切の破壊されるべき旧制度や旧勢力を破壊することが出来る。……しかし、わたしたちが平静心でここ二十数年の帳簿を計算してみるなら、それらの進歩の大部分はみな辛亥革命以来の革命潮流の解放作用の恩恵を被っていることを承認しない訳にはいかないのである。この二十年の努力の成果をはっきりと承認すること、これがわたしたちの悲観を打ち破ることを可能にし、わたしたちの前進を励ますのです。……悲観と落胆はわたしたちが重荷を背負って、長い道を歩くのを助けることは永遠にないのです![35]」

(35)「悲観声浪里的楽観」『独立評論』一二三号。

胡適は、中国人がいた環境が一部の人を説き伏せて、胡が指し示す「長い道」をあきらめさせ、その代わりに一つの、あるいはもう一つの近道を探らせるようになるのを恐れた。それは決して理由のないことではなかった。かれの「専制を頌めたたえる」人たちに対する批判は、その矛先が国民党にだけではなく、かれ自身のサークルの中のデモクラシーの理想からの何人かの名士の脱走兵――〔満洲事変以来の〕事件の逼迫の下で、非常時には非常の力で武装した政府〔「専制」〕が必要なのだという議論に不本意ながら同意した人々――にも向けられていた。

「民主と独裁」論争における胡適の専制批判＝「無為政治」論

この論争は蔣廷黻《しょうていふつ》（T. F. Tsiang, 一八九五—一九六五）によって引き金が引かれたものである。蔣は才能ある人で、アメリカで教育を受け、当時は清華大学の歴史系の主任をしていた。[36] 一九三三年一二月一〇日の『独立評論』に発表された「革命と専制」という題の論文の中で、蔣廷黻は先ず、「中国は今や革命しなければ活路は無いが、革命をしても活路が無いというような段階に至ってしまったようだ」と書いた。蔣が分析したように、問題は中国ではまだその時でないのに革命がやって来てしまったということだった。真の革命は、フランス革命のように、「ネーション〔民族国家《ナショナルステイト》〕の創造」を第一段階として必要としているという。そして蔣は、ヨーロッパの例に基づいて議論して、これ〔民族国家《ナショナルステイト》の創造〕が専制の歴史的役割だったと述べる。現在の状況から見ると、中国はブルボン王朝以前のフランス、チューダー王朝以前のイギリス、ロマノフ王朝以前のロシアに比べられるだけだ——そこには「内乱があっただけで、革命は無かったのである」。「啓蒙」（これはいかなる場合もあまりに抽象的な性質のもので、政治的正統性の標準としては役に立たない[37]）の観点からその損害を気にかけなければ、国家統一を押し付けることが出来る程十分強い政治権力〔専制〕を打ち立てることだけが、中国に必要な第二段階に入る用意をさせることが出来る。この第二段階で革命はやっと、政治権力の民主化をもたらし、全般的な福祉を促進することができる政府を創造できるであろう。蔣は最後に次のように結論した。現段階では、「われわれの政治はみな個人とその親戚、友人のために利益を図る政治である。」「いわゆる革命家の十中八九は失意の政客でなければ、野心を持った軍人である。」つまり、中国は、そのリーダーたちがそうだと主張するような進歩的な革命国家とははるかに隔たった国家であり、旧式の専制のような集合さえ通過できなかったのだ、と。[38]

(36) 蔣廷黻については、Boorman, *Biographical Dictionary*, I, pp. 354-358. を参照。
(37) 蔣廷黻「論専制併答胡適先生」『独立評論』八三号、二―六頁(一九三三年一二月三一日)。
(38) 蔣廷黻「革命与専制」『独立評論』八〇号、二―五頁(一九三三年一二月一〇日)。

蔣のこの半ば学術的な歴史的概論は、すでに一九三〇年代の思想的論議の中で表われていた諸問題を結晶化する役目を果たし、あるやり方で、また別の形でと、残されていた平和な歳月の間を通じて続いた論争を引き起こした。問題は難しく、漠然とした問題であった。例えば、中国の国家としての地位について、中国のその歴史的権利の正統性をめぐる問題、差異がこんなにも巨大な社会においてどの程度の政治的中央集権化が実行できるか、あるいは望ましいかという問題、政治的秩序のために支払われなければならない代償の問題などであった。胡適は民主政治の立場を擁護しながら――かれを狼狽させたのは、この問題で丁文江のような古くからの戦友からさえ見捨てられていたことだった――、二つの大きな主張を出した。この二つの主張を支えるためにかれがまとめて整理した議論、それが、かれが長く大切に持ち続けてきた考えを修正するか、あるいは放棄さえすることを要求した。主張の第一のものは、強い政府は好い政府と同義であるという考えを主として覆すことを狙ったもので、かれはこの考えを「無為政治」の理論、あるいはもっと粗く「行動しない政治」と呼んだ。二つ目の主張は、民主政治というのは政治生活の中で教養が最も少ない形であるというもので――胡適はこれを「幼稚政治」と言った――、中国人のような政治的経験を欠いた民族に最も適したものだ、というものであった。

「無為」というこの語の解釈はいろいろあって、例えば、「静止」、「非行動」、「無行動」あるいは「行動をとらないこと」などだが、この語は中国思想史上においては由緒ある血統を持っている。古代では、道家、法家によって、さらには儒家によってさえも使われ――多くの面でかれらが擁護する政治的見地は大きく異なっていたが――、かれらがみな同意した賢明な支配者の特徴を表現していた。道家の荘子が解釈したように、そっとそのままにしておく徳性で、生活をもっと助けることを控える智慧のことである。[39] バートン・ワトソンの適切な表現で言えば、「無為」が描き出すところのものは「決して強いられた静かさではなく、得ようとか努力するとかというようないかなる目的を持った動機に基づかない行為過程」のことである。[40] 道家の神秘主義者によって釈義されたように、この概念はパラドックスを含んでいる。「道は何もしないけれども、しかしそれを通してすべてのものがなされるのである」とは、『道徳経』のいわゆる「無為にして、為さざるは無し」ということを言っている。[41] 後世の現実的な儒家の学者 - 官僚はこの句を、行政機能をかれの大臣に委任するときの支配者への忠告として、また背伸びしすぎて失敗する大きな望みの魅力に用心するようにとの支配者への忠告として用いた。

(39) Burton Watson, trans., *Chuang-tzu: Basic Writings* (New York, 1964), p. 72.
(40) 同前、六頁。
(41) Fung Yu-lan, *A History of Chinese Philosophy*, I, p. 178 [馮友蘭『中国哲学史』の英訳版、Derk Bodde trans., Princeton U. P., 1953].

胡適がこの語を使ったのには後者の意味がいくらかあった。胡適が「非行動」的な政治という考えに転換したことはショッキングなことで人々を驚かせた。それは、その考え自体が伝統的な含蓄に大変満ちていたからではなく、かれの政府の適切な機能についての見方と、西洋と比較したときの中国の地位についてのかれの評価とがともに変化したことを示していたからであった。

もちろん、胡適は中国と西洋との間には達成したレベルにおいて大きな差異があることを常に認めていた。だが、このことは、中国の救済は開明的で目的を持った政府の支持の下で、「近代」文明の方法を中国の問題に適用することにある、とかれが主張するのを決して妨げなかった。しかし、かれは「無為」政治を論じた文章の中で、中国の後れと西洋の進歩との間隙はそれどころかほとんど越えることのできないものであるかのように書いている。一九三三年の春、かれは「わたしたちはただ貧しい子供にすぎない」、「わたしたちはいかにしたら金持ちの子弟［西洋］の慷慨壮行を模倣することを夢想が出来るのだろうか」、「わたしたちはおむつをしている赤ん坊にすぎない。わたしたちは如何にして強健で豊かな若者の偉大な事業を完成することが出来るのだろうか」と書いた。続けてかれは、西洋と中国の差異は富と貧しさの差であり、教育を受けた男女の十分な存在と、全くそのような才能を持った人的資源を欠いているということとの差だ、一方の安定した政治制度と他方の無政府状態との違いである、と述べている。この将来性のない比較をしながら胡適は心の中で次のような結論を引き出した。「いま、中国が必要としている政治哲学は決して十九世紀以来の積極的、有為的な政治哲学ではない。この時必要なのは無為を提唱する政治哲学である。古代の哲人が無為を提唱したのは、（かれらの目的は）決して人に一事も為すなと教えることではなく、その本意は、人々に盲目滅法にあれこれやってはならないということを教えただけである——つまり、よく眼を開いて時勢を良く看て、客観的な物質条件が為すことができるものかどうかを看よ、ということを教えただけなのである。」(42)

（42）胡適「従農村救済談到無為政治」『独立評論』四九号、二—六頁（一九三三年五月七日）。

胡適は強く主張する。現時点での中国の「客観的な物質的条件」についてのそうした包み隠しの無い考察は、必然的に次のような結論に導くに違いない。すなわち、政府が制定した近代化のための壮大な計画は放棄されるべきだ、と。胡適は、存在する様々な悪幣の除去に向けて、「建設」がまず制限を受けなければならない、とりわけ農村生活の悲しむべき条件に何らかの改良を進めるためにである、と主張した。かれの「無為」政治についての文章は、その中で農民問題を、しかも一般的な言葉づかいで取り扱った数少ない個所の一つである。

「現時点の内陸農村が最も苦しんでいるのは、取られる捐税が極めて多いこと、兵を養うのが大変多く、官を養うのが大変多いことだ。税を納めて官を養っても、官は人民に少しでも有益なことをやってやることができない、税を納めて兵を養っても、兵は人民を保護する責を少しも果たすことができない。……こういう苦痛の下で、人民は逃亡もせず、反抗もしないで、共産党にもならず、土匪にもならないとしたら、そいつは糞食らえのゲス野郎だ[43]」、と。

(43)「従農村救済談到無為政治」『独立評論』四九号。

十年前に胡適は、西洋の政治思想の近年における発展を遡りながら、十九世紀の末以来、自由放任の原則はヨーロッパと合州国でその存在基盤をすでに失った、と満足げに述べていた。しかし一九三三年には、かれは満足げにスペンサーの格言、政府の唯一の正統な役割は警察の権力を実行することであるという格言を想いだした。胡適はこれがスペンサーの時代のイギリスでもすでに時代遅れになっていた思想だということは認める。しかし「あらゆる面で遅れている」中国では、それはなお注意深く考慮されるに値する[44]。とりわけ、その領土内でこの最低限の市民的責務［警察権行使］さえも果たすことのできない政府によって考慮されるに値する[45]、と。

(44) 同前。
(45) 胡適「再論無為政治」『独立評論』八九号、二―六頁（一九三四年二月二五日）。

胡適がこの後者の警察権力の行使を勧めることなんてとうていありそうにない。かれは後に、「わたしは建設に賛成するが、しかし人民に害を与える建設には反対する[46]」と書いている。かれは自動車道路の建設をその例として取り上げた。その時、道路建設が流行っていて、それを経済的進歩の指標だとしていた。道路を造るために城壁は取り壊され、土地は耕作できなくなり、捐税は増加し、農民も徴用されて道路人夫の群れで働かされた。しかし自動車道路は一旦出来上がってしまうと長い間修理もされない状態で放って置かれ、そして自動車輸送のより高い輸送費が払えない農民たちは、この時になってはじめて、かれらが以前頼っていた河川と運河のルートはもうすでに崩壊するままに任せられていることに気づいた。最後に、この馬鹿げた話の最も滑稽なものは、つい最近取り壊されて平らになったばかりの城壁を、土匪を防ぐために慌てて再建しなければならなかったというものだった。[47]胡適が国民党にその近代化の計画を放棄するよう強く主張したとき、かれが忠告したのはこうした無益で高価な仕事に対してだった。「無為政治の本当の目的は民に休養を与えることである」とかれは書いた。これは以前の時代の儒家政治家が自分の君主に、帝国の偉大さのための記念物を建造することをやめるよう勧告したのと同じような口吻だった。「為政者は『一弊を除くことは、一利を興すことよりも勝る』という政治原則を知らない。……その結果、一利を興すたびに、さらに一弊を生じさせる、すなわち人民の負担を重くすることになるのである[48]」、と。

（46）胡適「建設与無為」『独立評論』九四号、二—五頁（一九三四年四月一日）。
（47）「再論無為政治」『独立評論』八九号、「建設与無為」『独立評論』九四号。
（48）同前。

胡適は「無為政治」の理論でいくつかのことを達成しようとしていた。先ず何よりも最初に、国民党の企業家風のやり方に対するかれの反対を劇的に表現し、そして政治権力と民衆の福利とを調和させる政策の必要性を強調することであった。かれがまた指摘しようとしたのは、政府は最も普通の「進歩的」企業でさえ必要とするある程度の安定と公共の安全を保つことに失敗しているということだった。最も重要なことは、かれは出来るかぎり力強く、政客、軍棍〔悪党軍人〕、党人は、中国の現代的な国家への変化に伴って出てきた大きな諸問題を処理する技術も持っていなければ、知恵も持っていないというかれの確信を強調しようとしたことである。一九一七年から後に権力の座に着いたあらゆる政府に対してもかれが酷評したのはまさにこの点だった。

先ず何よりも、政治指導者たちは、建設が専門学術の仕事であることを徹底的に自覚しなければならない。それはかれらが適当に一本の電報を発して、十余の省に何カ月かの期限内に完成せよと命令できるものではないのだ。かれらは必ず、自分たちは建設には不釣り合いなのだということが分からなければならない。またかれらがもっと明らかに認識しなければならないことは、かれらがいま従事している建設は真正の永久的な建設などではなく、政治的首切り役人（劊子手）たちが中から横領して私腹に入れ、私利を図り不正をやらせるだけのものだということだ。かれらは自分が建設をやる資格が無いことが分かったら、その後は分を守って為さず（無為）、少し民に休息を与える仁政を敷くことにする。民国が少し蘇り国力が少し回復する時を待ち、専門の人材が調査研究した結果が出るのを待ったなら、ようやく為すことができるようになる（有為）[49]。

(49)「建設与無為」『独立評論』九四号。

もし中国の自称指導者たちが自ら決めた仕事に適さない人間だとするなら（これは自由派知識人たちが広く同意した確信だった）、そして、もしこの国家が、どん底から（これも自由派知識人に承認されたことだった）近代的なものに変わらせるのに十分な数の「才能有る人」を持たないのなら、それなら結論は明らかで、進歩は他の手段で、他の原則に従って推進されねばならないということだ。これは勿論、専制擁護者たちによって提出された主張の一つの重要な点だった。かれらの独裁的手段への熱情は、その時続いていた国民党の訓政的専制への賞賛をほとんど反映していなかった。反対にかれらは、それを私利追求のもので、効果のない、無節操な、古いやり方だと見なしていたのである[50]。しかしかれらの考えでは、国民党によって代表されている「旧式」の専制に取って替わる選択は、民主的制度ではありえなかった。なぜなら、中国人はこの制度に対して準備がされていなかったし、さらに西洋のデモクラシーの近年の歴史から判断すると、この民主的制度は現存する政体よりももっと効率的で、もっと確固とした目的のあるもので、もっと開明的なものであることはない、とはっきり示していたと見たのも無理はなかったからである。銭端升《せんたんしょう》（一九〇〇―九〇）、このハーバード大学で教育を受けた政治学博士［当時南京中央大学副教授］は、「中国が必要としているものは、能力があり理想を持った独裁である」[51]と断言した。

（50）何人かの独裁を支持した者は、国民党はもっと効果的な独裁的支配の工具に変えられるという希望を表明した。陳之邁「政制改革的必要」および銭端升「対六全会的希望」、ともに『独立評論』一六二号（一九三五年八月四日）に掲載。

（51）銭端升「民主政治乎？」『東方雑誌』三一巻一号、一七―二七頁（一九三四年一月一日）、これは胡適「中国無独裁之必要与可能」『独立評論』一三〇号、二―六頁（一九三四年一二月九日）より引用した。銭端升については、Boorman, *Biographical Dictionary*, I, pp. 376-379. を参照。

銭端升や他の人が「新方式」の専制を語った時、かれらが心の中で考えたことは、おそらく、丁文江によって最も良く言い表されている。丁文江は前面に出て来て、この考えに強い支持を与えた。丁文江は、こうした政治の優位な点は、それが「現代的」国家の性質について明確な認識を持っていることだ。だからそれはこの認識に対応して、教育を受けたエリートが自由に使える専門知識を最もうまく使用できるようにしようとするだろう。それは国民政府から活力を奪っている混乱した派閥争いから抜け出させ、その指導力は国民利益《ナショナル》を他の全てのものより高く置くことによって、中国の現在の困難を、現代化の過程に参加できる全ての人をその周囲に集めさせる結集地点として活用できるであろう、と主張した[52]。生き残ることそれ自体が中国にとって最も重要な仕事である、こう丁は主張した。この考えから見ると、国民党の不充分さの指標は、公衆の圧力の前にしっかりと立ち、そしてほとんどどんな代償を払ってでも日本と平和を実現するという能力を持たないことだった。丁は結論して、次のように述べた。「わたしはソ連のインテリゲンチャの一員になるよりは、アメリカかイギリスの労働者になりたいものだ。」「それにも関わらず、わたしは白系ロシア人の亡命者よりはソ連の技師になりたい」*、と。(53) 丁文江は、かれが心に描いたような独裁は中国では「まだ実行できない」ことを認める用意はあった。だがかれは、「わたしたちみなが、それが最も短期間のうちに可能になるように努力しなければならない。民主政治の主張を放棄することがその努力の第一歩である」(54)と主張したのである。

(52) 丁文江「民主政治与独裁政治」『独立評論』一三三号、四―七頁（一九三四年一二月三〇日）。
(53) 丁文江「再論民治与独裁」『独立評論』一三七号、一九―二二頁（一九三五年一月二七日）。
(54) 丁文江「民主政治与独裁政治」『独立評論』一三三号。
＊この部分は省略があるので補注して原文を訳しておく。「わたしはかつて自分に問うた。『もしわたしが自由に選択できるなら、わたしはイギリスやアメリカの労働者になりたいか、それともソ連の知識階級になりたいか』と。わたしは少しのためらいも無く、『イギリス、アメリカの労働者だ』と答えた。わたしはまた問うた。『またわたしはパリの（亡命）白系ロシア人になるのを願うか、それともソ連の地質技師になりたいか』と。わたしは少しもためらわずに答えた。『ソ連の地質技師だ』と。」

胡適のかれの古い友人たちへの不同意は、ある程度、丁文江、銭端升、蔣廷黻によって提出されたその種の「理想的な」専制は決して中国では実行できないであろうという確信に基づいていた。かれは、中国に「能く専制できる人、あるいは能く専制できる党、あるいは能く専制できる階級」が存在することを否認した。さらにかれは加えて、「わたしは、中国が今日何か大きく魅《ひ》きつける生きた重要な問題を抱えていて、全国の人々の感情と理性に呼びかけ、全国を一つにしてある指導者、あるいはある党、ある階級の指導の下に立たせて、新たな専制の局面を造り出せるとは信じない」、と書いた。かれは、中国はロシアやトルコ、イタリア、ドイツとは違うのだと言った――けれども、違うのは中国の問題なのか、それとも、中国人が為しうる反応がそれらの国々と違うのか、それははっきりさせないままだった。(55)

(55) 胡適「再論建国与専制」『独立評論』八二号、二―五号(一九三三年一二月二四日)。

民主主義は「常識による政治」である=「幼稚政治の理論」

しかしより大きな部分では、この問題についての胡適の考えは、専制が実際的であるかどうかについての留保によって決定されたというよりも、かれが持続して持っていた民主政治に対するかれの信念によって決定されたのだった。国民党の指導の質と中国人民の政治的な無経験という面について、かれらと同じ前提から出発して、かれは議論して、かれらと反対の結論に至った。かれは、自分たちが切望している現代的な地位を獲得するために中国人が解決しなければならない諸問題の難しさを最も小さく見積もったのではなかった。しかし一方で、丁、銭、蔣がこの問題の難しさを用いて、有効性という関心から、「専門家」の小集団による政治権力の独占を正当化したとき、胡適は違った見方をとった。かれの出発点は、かれが長い間持ちつづけていた確信――かれはこれを「瘋狂の偏見」だと告白しているが――、民主制度は自治のやり方に政治的な経験がない人民を教育することにおいて有効だという確信からだった。かれは、民主政治というのはただの「常識による政治(常識的政治)」にすぎない、一方、専制は、少なくとも開明専制は、「特別の英傑者の政治」を要求する。だから「わたしたちのこのような人材が欠乏している国家では、最も良い政治的訓練は次第しだいに政権の「基礎を」広めていくことができる民主的憲政なのである」[56]。国家的統一《ナショナル》は、物質的であれ精神的であれ、上から、あるいは力で押しつけることは出来ない。むしろ統一というのは下から、「しだいに全国の求心力を養成し、しだいに国家に対する『公忠』を造成して、今日の『私忠』に代えるように計画された」[57]政治制度の使用を通してやってこなければならない、と主張した。

(56)「再論建国与専制」『独立評論』八二号。
(57)「政治統一的途径」『独立評論』八六号。

胡適の「幼稚」な民主政治理論は次のような思考の筋道の論理的な延長なのである。かれは次のように強調した。民主政治はある人々が言うように、政治生活の最も高尚《ソフィスティケイテッド》なもので、最も負担となる形であるから、持ってきて適用するのが最も難いものなのだ、というのではない。むしろ逆に、それは最も骨の折れない、最も理解して使用しやすいものである、中国人のように政治的に役目を果たすのに貧しい能力しかない人民でさえ、理解し使用することができるものだ、と。一九二六年にかれが大変厳しく非難したイギリス人の持っている「何とか切り抜ける muddling through」心理が、八年後に民主政治の基礎をなす常識の確実な証拠として胡適には見えたのだった。「民主政治は、資格のある有権者がその公民権をうまく実行することを要求するだけである。こうした訓練は難しいものではない。[58]」

(58)「中国無独裁之必要与可能」『独立評論』一三〇号。

これは注目を引く主張であり、また攻撃されやすい主張でもある。胡適の批判者は、民主政治は胡適が言うように簡単なものであるとか、あるいは信頼できるものであるということを認めないだろう。[59] 丁文江は、たとえ中国人が「資格のある有権者」の特性を持っていたとしても――それは丁の考え方にとっては理性に反した推定だったが――、民主制度の効果的な使用は、民主的な伝統が深く根をおろした国々において達成された程度よりももっと高い程度の政治的な巻き込みを中国人に要求するだろう、と書いた。丁は、イギリス人やアメリカ人も民主主義の政治過程に十分には参加してはいないのだと告発し、そしてかれは、もしこれが良く教育を受けた公民の場合だとしたら、では中国人は民主政治に何を期待することができるのだろうか、と問うたのだった。[60]

(59) 例えば、張熙若「民主政治当真是幼稚政治嗎?」『独立評論』二三九号、三―六頁(一九三七年六月二〇日)、張熙若「我為什麼相信民治」『独立評論』二四〇号、二―五頁（一九三七年六月二七日）、呉景超「革命与建国」『独立評論』八四号、二―五頁（一九三四年一月七日）を参照のこと。

（60）丁文江「民主政治与独裁政治」『独立評論』一三三号。

胡適の弁明は、丁文江が述べたように、民主制度の欠点をその美徳に転換することだった。自分の考えはかれの友人たちが退けた「つまらないジョーク」ではなく、「わたしが合州国にいた七年の間に民主的憲政の実地での施行を細かく観察した結論なのである」[61]、とかれは言った。かれは一九一二年と一九一六年の大統領選挙の選挙中に、自分の目で「知能の低い」人々がアメリカの公民権を行使するのを見たことを思い出した。[62] かれに民主政治は中国でもうまくいくと確信させたのはこの経験だった。というのは、それが一時的で時折のみであろうとも、無知な大多数の人々のエネルギーを政治過程の中に引き入れことが民主政治の真髄であるからだ。民主政治というのは大部分の人民の限られた政治的関心の現実的な評価の上に建てられているのであるから、それは独裁政体が主張するような、人々を政治生活に集中的かつ継続的に巻き込むことを要求はしない。しかし、民主的社会の市民が政治に参加する程度について、胡適は続けて言う。かれらの政治参加は真の支持を表している。なぜなら、政治に巻き込まれずにいたいと望む者は報復を受ける怖れ無くそうすることができるのだから、参加は真の支持なのだ[63]、と。このようにして、胡適は結論する。立憲民主政治は「高くて手が届かない理想の制度などではなく、伸縮の余地があり、政権の基礎をだんだんと改進し、だんだんと広めることのできる常識政治にすぎないのである」、と。[64]

（61）胡適「再談談憲政」『独立評論』二三六号、五―七頁（一九三七年五月三〇日）。
（62）「中国無独裁之必要与可能」『独立評論』一三〇号。
（63）胡適「答丁在君先生論民主与専制」『独立評論』一三三号、七―九頁（一九三四年一二月三〇日）。ここには言葉遊

びがある。かれは英語の"no"と中文のno〔諾no〕——その意味は「反応する」「回答する」あるいは（ここのように）「賛同する」という意味だが——をひっかけて用いている。
（64）「再談談憲政」『独立評論』二三六号。

これより前、胡適は変わることなく民主政治を中国人がそれに向かって針路を定めなければならない最終目的地として語ってきた。しかし、もしかれが一九三〇年代に主張したように、デモクラシーが未成熟な社会の「自然な」政治形式であるというのなら、一つの可能な結論は、十分に発展した或いは「近代的」な国家は必然的にますますエリート〔支配〕の（そして少なくとも潜在的に非民主的な）政治形式に頼らなければならないことになる。実際、これが何人かの胡適の論敵の見解だった。かれらは、ある政府がエリート指導の原則（すなわち、専門家による政治）を採用するその程度は、デモクラシーに賛成か反対かということによってア・プリオリに決定されるのではなく、その政府が自らの責務として引き受ける役目の広さに依るのだ、と示唆したのである。[65]

（65）例えば、陳之邁「民主与独裁之討論」『独立評論』一三六号、四—一一頁（一九三五年一月二〇日）、張熙若「民主政治当真是幼稚的政治嗎？」『独立評論』二三九号。

胡適本人も少しの間、この議論の罠に陥ったことがあった。かれは大戦と不景気の結果として、西洋では政府の諸機能、したがって政府の権限が極めて大きく増強されたことを認めた。またこうした権力の成長にともなって政治における「専門家」へのより大きな依存が生じたことも認めた。かれの心の中では、イギリスのフェビアン派、合州国におけるルーズベルトの「ブレイン・トラスト〔ニュー・ディール政策の立案遂行に当たった知能顧問団〕」の役割によって、こうした専門家政治が思い浮かべられていた。もちろん、かれはそうした高い資質の人たちが公共生活に従事させられるべきだと常に信じていた。しかし、もし現代的な政府が実際に強大になり過ぎ、複雑になりすぎて、最も高度に訓練された知識人以外のどんなものによっても指導できなくなったとしたなら、それは、民主政治が大変安定していてうまくいきそうに思われていたこれらの地域においてさえ、「若い」民主政治の時代はまさに過ぎ去りつつあるということを意味するのではないだろうか[66]。胡適がそうだったように、中国は時代に合った政治制度を作り上げなければならないと常に主張してきた人々にとっては、これは動揺させるような見通しであった。おそらく、かれが中国と西洋は異なった時間で走っているのだ、という考えを持つようになったのは、この理由によってであった。そしてかれは、もし民主政治が中国で成功するつもりならば、民主制政府の能力を超えて存在する免除されるべき責任を政府は背負い込むべきではないという理由をつけて、「無為政治」の方を選んで、少しの間たいへん精力的に議論を行ったのだった。

（66）「中国無独裁之必要与可能」『独立評論』一三〇号。

ついに胡適は他の理由を見つけ出し、それに依って、中国人に人類の進歩の行列の後尾を行進することを常に強いることをしないで、かれの幼稚政治の理論を弁護することができるようになった。一九三七年の春晩く、論争が日本の大砲の轟音によって掻き消されるわずか数週間前のことだが、胡適は文章を書いて、かれへの批判者は政治制度《ポリティカルシステム》（「政治」）と政府《ガバメント》（「政府」）との区別がきちんとできていない（実際、かれ自身が以前には明確に区分していなかったのと同じように）ことによって、自分（胡）を誤って理解しているのだと非難した。胡適が引いたように、この区別は、一方は政治文化で、それと他方の行政組織との間の区別だった。胡適は、民主的《デモクラティック》な政治文化が専門的訓練を受けた行政官が配置され指導する政府を支持することができないという理由はない、と主張した。かれは、こうした専門的人材の重要性を快く認めていた[67]。

（67）胡適「編輯後記」『独立評論』二三九号、一八頁（一九三七年六月二〇日）。

胡適が、かれの思想の中に持続してあったエリート主義と民主政治との緊張の和解を達成させるために歩んで到達したのは、ここまでだった。和解の難しさはかれの未決定にあった。政治制度は、かれが政治的訓導理論に対する批判で主張していたように、実際に政治的再生の能動者《エージェント》として頼れるものなのか、それとも、かれがその他のときに論じたように、それはそれを使用する人の意志によって方向と効果がコントロールされる単なる機械的装置にすぎないのか、胡適はこのことについて未決定だったからである。[68]

（68）胡適「憲政問題」『独立評論』一号、五―七頁（一九三二年五月二二日）。

後の方の見解は、一九一一年の革命以後の共和制度の悲惨な歴史から容易に読み取ることができるものだ。それは基本的に孫逸仙の考えだったように思われる。そしてそれは、孫逸仙が「革命の原則」への疑いを入れない絶対的献身の必要性に大きな重要性を付け加えるようになったその理由(その他のものに混じって)であった。かれの民主的統治の終局段階——中国はそのために党の訓政によって訓練されている——についての論述の中で、孫逸仙ははっきりと、政治的権利（「権」）と行政能力（「能」）との間に区別を引いた。だからかれはまた、政治権力を行使する権利と、政府に支持を与えたり取り消したりする権利、とを区別した。かれは前の権利は当然行政エリートに属すると見なし、後の権利は主権者としての人民に留め置かれた権利だと考えた。孫逸仙の理論によると、人民は機械を始動させるスイッチに比較しうる何か機械的な止める手段によって政府をコントロールする。それをかれは、選挙、罷免、請願、公民投票の権利として列挙した。これらのスイッチが開かれてさえいれば——すなわち、政府が民衆の認可の下で運転されている限り——、人民はかれらが動かしたこの機械の運転に干渉する能力も権利も無いのだった。[69]

（69）孫逸仙の「権」と「能」に関する理論は『三民主義』の第五、第六講で説明されている。

胡適は政府と民衆権力との間の繋がりについてまだこのような詳細な分析をしたことが無かったけれども、民主的な政治社会とエリートが統治する権力との両立性についてのかれの信念は、これと比較しうる区別を示唆している。もし胡適がそのように分析したなら、かれもおそらく孫逸仙が十分に取り扱うことがなかった問題、すなわち代議制の問題に直面せざるを得ないことを感じたであろう。真に民主的な基礎と行政エリートとの間の基本的な連繋が着実に前進させられる唯一のやり方は、代議士たちの仲裁によってである。かれら代議士は一方で人民と親密で生き生きとした繋がりを持っており、もう一方でかれらは行政権力の地位にいる人とはっきり定められた関係を持っている。孫逸仙も胡適も、その理由は違うが、ともに十分に説明しなかったのは、まさにこの代議制のもつ結びつきであった。

かれら二人の違いは、違ったタイムスケジュールと優先順位の結果だった。孫逸仙が中国のために民主政治について語った時、それはいつも未来形においてであった。おそらく、「政治的教育」［訓政］の時期が、その予期した産物、すなわち新たに獲得した地位の責任に堪えうる、知識があり公的精神を持った公民をすでに生み出した時のことである。その時ついに、全体としての人民が、それは大衆によるコントロールの実質についての孫逸仙の理解の範囲の内においてであるが、統治機構に対するコントロールを実行するようになるだろうという。しかし、そうしたコントロールが可能になるまでの間は、かれらはなおあからさまに専制的な政体の下で生活するだろう。孫逸仙はこの政体が永続的なものになる傾向を予見することができなかった、あるいは予見しようとしなかった。

だが、胡適はこの危険性を心痛くなるほど感じていた。かれにとっては、結局のところ、民主政治は現在必要なものだったのだ。だがかれはまた、その公民権の基本的な技能において中国とおなじように遅れたままの国家においては、幅広い代議制の道に立ちはだかっている多くの他の障害についても同じように知っていた。だからかれは、民主政治はすぐにやって来させなければならないと論じながら、その一方で同時にまた、民主政治は直接的には、政治生活に意味深く従事できる能力のある少数の者だけを必要としているのだ、ということを暗黙に認めたのである。しばしばではないが、何度か胡適は代議制度の改革や制定のための具体的な提案を出したが、かれは大多数の農民については何も語らなかった。その代わりに、かれは近代化された都市の選挙民たちによって果たされねばならない役割を強調した。それは、商会、大学の全教職員と教育者協会、弁護士協会、および銀行と金融団体、一般労働組合、そして最後に政党であった。[70] 国民党は昔からこうした団体が政府の会議に自由に参加することを許すのを嫌がったが、この点がずっと胡適が国民党の支配に原則的に反対した理由の一つとして残りつづけた。かれは繰り返し「政治権力の公開（開放政権）」を声を上げて求めた。かれは国民党のスローガン「党の権力はすべてのものより高い」を「馬鹿げた」ものだと斥けた。「わたしの常識はわたしに、人民の福利がすべてのものよりも高い、国家の生命がすべてのものよりも高い、……と告げる。正義のために、全国の支持を獲得するために、国民党は政治権力を公開すべきであり、全民族の人民が自由に政党と団体を組織することを許すべきである。[71]」

（70）例えば、胡適「中国政治出路的討論」『独立評論』一七号、二―六頁（一九三二年九月一一日）、胡適「国民参政会応該如何組織」『独立評論』三四号、二―五頁（一九三三年一月八日）を参照。
（71）胡適「政治改革的大路」『独立評論』一六三号、二―九頁（一九三五年八月一一日）。

民衆主権の信念を、エリートの指導性が必要だという認識と、あるいはその避けて通れない事実とさえなんとか適合させようとする問題は、もちろんずっと昔から政治理論の文献の中で認識され論じられてきている。だが、たとえ胡適がロベルト・ミヒェルス［（一八七六―一九三六）ドイツの社会学者、寡頭制の鉄則＝少数者の支配を説いた］やガエターノ・モスカ［（一八五八―一九四一）エリート理論で有名なイタリアの社会学者］、ヴィルフレッド・パレート［（一八四八―一九二三）イタリアの社会学者、二種類のエリートの周流の循環を説いた］の伝統に連なる理論家の思想に親しんでいたとしても――そしてかれがそうだったことを示唆するいかなる証拠も無いのだが――、かれは指導層のエリートたちの間で繰り広げられる組織化された競争の概念［派閥競争］がかれ自身の情緒と共存できるとは見なかったであろう。

かれの党派的行為に対する反感は以前と同じように強く残っていた。それは対立する利害の代表に基礎を置いた政治過程に不信を持っていたのと同じであった。かれは、たとえ機会が訪れたとしても、自分を何かの政治党派に加わらせることは出来なかったろうと率直に告白した。[72] さらにかれは、立憲的な議会政府は党派的代議制の原則に基づいて組織される必要はない、と主張した。それは部分的には、共和制初期のような偽の国会に戻ってしまうのではないかと恐れる人々の不安を和らげようと意図した保証であった。

（72）胡適「政治改革的大路」『独立評論』一六三号、二―九頁（一九三五年八月一一日）。

わたしのアウトサイダーの目から見ると、そのような恐怖には根拠の無いものです。共和初年のあの奇怪な芝居はあの当時の人々の迷信思想が造ったもので、あの当時の人々は民主政府は必ず政党の政府でなければならないと思い込んでいたのです。その結果、あんな虎の絵を画いて犬に似る［高望みをしてかえってまずい結果になる］ような奇怪な状態が出現したのです。過去二十年の間に、世界の普遍的な政治趨勢は人々の政党政治への迷信的な信念を極大にまで弱めました。とりわけ中国では、基本的に政党政治（思想）を敵視しているのです。将来の立憲制度の下の中国では、もう二度と先鋭な党争はありえないとわたしたちは予言できます。［九・一八以後の］過去四年にわたる民族危機を考察してみれば、民族の覚悟が高まるに随って、政党への偏頗［肩入れ］は衰落してしまったことが看てとれます。これは僅かに中国の現象だけでなく、全世界（ドイツを含む）の「国民政府」がみなこの結論を説明しています。遠くを見通すことのできる政治家はこの趨勢を摑んで、一つの民族的な超政党的な支持を創造すべきです。[73]

（73）胡適「従一党到無党的政治」『独立評論』一七一号、一〇―一二頁（一九三五年一〇月六日）。

胡適は、もし国民党がこの方向に沿って動くとするならば、国民党は孫逸仙の五権憲法の意図を実現するようになるだろう、と主張した。孫逸仙によって政治理論に対する自分の大きな貢献であると見なされたこの立憲大綱の規定の下で、伝統的に立法・行政部門によって果たされてきたいくつかの機能が、政府の分離独立した部門に移譲されることになっていた。例えば、調査と告訴は監察院に渡され、文官の人事と監督は考試院に引き渡される。胡適はこの思想を留保無しに支持した。これは立法府の官職任命《パトロネージ》の権力を奪い、その行政への監督責任を取り除く、そうしたならば、立法府は自由になり、十分な注意力を「法律の制定と改正という特殊な技術」に注ぐことができるようになるだろう。これはもちろん党派心の無い基礎の上でこそなされ得る、と主張した。こうしてかれは、「一党政治から無党政治へ移行し、この方式でもって、中国で世界の模範となる政治制度を創造することができる――これがまさに孫中山先生の目的であったようである」[74]と結論した。

（74）同前。

胡適はかたくなに、政府は共通利害についての首尾一貫して統合された概念を基礎とした政策を練り上げるべきだと主張したが、これはほとんど言い争われることのない議論だし、このような状況の下では、かれの党派主義に対する不信も分からない訳ではない。中国の最近の歴史が示した無原則的な党派的な論争という陰鬱な事例は、人々に制度上の原則のレベルにおいて、党派心と結びついた政治的関係の体系「政治システム」に対する信頼を抱かせなかった。しかし同時に、分裂した利害を受け容れることが政治への自由主義的アプローチの目標の一つだということが指摘されねばならない。政治生活についての自由主義的な見方では、「共通」の利害について相対立する定義を仲裁することが政治生活にダイナミックさ（原動力）を与えるのだとされている。この観点から見られるのは、胡適の「超党派政治」を創造しようという要求や、目標に対する全員の合意が必要なのだというかれの主張は、どちらも非自由主義的な偏見、初期の独裁主義のようでさえある偏見を表していた。というのは、わたしたちがすでに見てきたように、中国には政治生活のいかなるレベルにおいてもコンセンサス（一致）の可能性というようなものはどこにも存在しなかったからである。中国人民の大部分は政治的に余りにも成熟《ソフィスティケイト》しておらず、かれらは政治的、社会的再建という大きな問題に適切で的を射た意見を表明することができなかったし、一方、知識を有する少数の人々は基本的なことについて余りにも深く分裂していて、かれらもまた政治的、社会的価値の共通体系へ向けたいかなる建設的な道をもしっかかと持つことができなかった。こうして中国では、共通利害についてのどのような評価も必然的にただ少数の者だけの考えと願望を反映することに限られ、この少数の者たちによって、（機会があれば）これらの考えと願望が人民大衆の上に、そして同じように異議を唱えるエリートの上に押し付けられたのである。

これが、胡適は、独裁主義［専制］に賛成して事例を論じたかれの友人たちが知っているのと同じようには十分把握していなかった認識であった。かれらは、民族的《ナショナル》目標についての意識の必要性を確信して、政治的「啓蒙」という点からみて高い代価を支払う用意があった。胡適はこのような代価は法外なものだと考えた。しかし、かれ自身の能弁で真摯な、異議を述べる権利の擁護の論でさえ、全体としてのかれの政治的な考えの文脈からは、それ自身の目的のためには分裂意見［異議］が有効なのだという容認からではなく、胡が基本的に同意できない、かれらの優先と偏見に従ってコンセンサスの限界を決める国民党権力への拒否からの方が多かったようだ。

国民党政府への反対と投降のはざまで——中国民権保障同盟など

胡適が『独立評論』に書いた文章はかれの以前の著作よりも孫逸仙をより丁重に取り扱っている。しかし実際は、かれは、孫逸仙の教えに奴隷のように従おうという見識についてはなお疑いを持っていたし[75]、巻数が多く且つまったく異なる一連の思想を一つの「遺産」[76]として取り扱うことができるという考えも、まだ嘲笑していたのである。だが上海にいた数年間は、かれの国民党に対する批判はかなりの程度において孫逸仙の思想の論理と動機への攻撃であったが、かれの気質は今、その代わりに孫逸仙の相続人たちが総理の遺教を実践しているその程度を問うことになった。孫逸仙の思想的な大志についてのかれの以前の評価とは対照的に、胡適はこの党の基礎の創設者はかつて真にアングロ・サクソンの自由主義の伝統の影響を受け、そして中国のための民主政治に十分に献身したのだと主張した[77]。だから胡適は、「国民党がもし孫中山先生の遺教をひっくり返さないのであれば、遅かれ早かれいずれは民主憲政の途を歩まなければならなくなる。そしてそのように民主憲政を歩む過程においては、国民党は党外の国事に関心を持つ人々の好意的な賛助を得ることができるだろう」[78]、と結論した。

(75) 胡適「論憲法初稿」『独立評論』九六号、二—六頁(一九三四年四月一五日)。
(76) 胡適「編輯後記」『独立評論』二三二号、一八頁(一九三七年五月二日)。
(77) 胡適「個人自由与社会進歩——再談五四運動」『独立評論』一五〇号、二—五頁(一九三五年五月一二日)。
(78) 胡適「従民主与独裁的討論里求得一個共同政治信仰」『独立評論』一四一号、一六—一八頁(一九三五年三月一〇日)。

これはせいぜい国民党に対する条件付きの是認にすぎなかった。しかしそれは、胡適が国民党の適正な政治的役割という厄介な問題にアプローチしたときに抱えていた相矛盾《アンビヴァレンツ》した考えの典型的なものである。かれは一方で、国民党の権力独占にたいしてひっきりなしに憤慨を述べた。かれは国民党が合法的な異議を抑圧していることを、「ファシストの非寛容なテクニック」[79]に精通したものだ、そしてそれはかれが「恐怖の心理《テロル》」[80]と呼んだものに依存したものである、と精力的に強く非難した。国民党が実はそれ自身の隊列の内さえ統一を維持できなかったときに、国家を統一すると主張したのを、胡適はまた同じような粘り強さでもって嘲笑したのだった。[81]

(79)「個人自由与社会進歩」『独立評論』一五〇号。
(80) 胡適「民権的保障」『独立評論』三八号、二―五頁(一九三三年二月一九日)。
(81)「政治統一的途径」『独立評論』八六号、「政治改革的大路」『独立評論』一六三号。

だがもう一方で、かれは常にそうであったように、一人の改革者であり続けた。かれは国民党に対して信頼も愛情も感じなかったが、にもかかわらず、革命的な手段でそれを転覆しようと目指すのではなく、国民党の専制を修正するやり方で、「取れるものを取る」方に依然として気持ちが向いていた。かれはどんな国会でも無いよりは優っている、と断言した。一九二〇年代の軍閥が支配した国会はすでに中身のない殻だけのものになっていたけれども、それでさえなお、国民党は思い出させたくなかったが、国会の原則の重要性を思い起こさせる役割を果たしたのだ、と言った。[82] 胡適はこのような精神で、国民党が正しい方向に動いていることを示すものとして民主的な可能性の見込みさえ持っていれば、どんな制度的改革も歓迎する用意があった。[83] かれは安定した政治的秩序の創造への必要な第一歩として恒久憲法の発布を頑強に要求し続けた。それは周期的に再発するテーマだった。胡適が『独立評論』で最初に発表した文章は立憲主義の問題を取り扱ったものであった。そうしてまた、五年後、一九三七年七月の北京の周辺での戦闘の勃発の数日後に発表されたかれのこの雑誌への最後の寄稿文もこの問題を扱ったものであった。しかし胡適は常に、立憲要求は決して革命的な要求ではないということを注意深く明らかにした。胡適は一貫して、憲政というのは「政治は法律に従わねばならないこと、政府は人民に責任を負わねばならないということだけを意味するのだ」[84]と主張した。だからつまりは、立憲政治は法律を忠実に守ろうとする政府の意志に帰する。だから、問題になる法律は「実践できる」ものでなければならない――つまり、それらは必ず政府が自らの行為を縛るものとして受け容れる用意ができるような法律でなければならないということである。[85]このように解釈すると、法の支配の確立は、支配する政党の側の最小の譲歩にほかならない、だからその権威の実質を著しく傷つけることはないであろう。これは決して国民党の政治的地位を危険にさらすことではない、さらに、憲法発布は国民党の政治的地位を合法化することによってそれをさらに確実な基礎の上に確立させるだろう、と胡適は主張した。[86]

(82) 「政治統一的途径」『独立評論』八六号。かれはここで馬君武がかれに言った発言を思い起こしている。元々のかれらの会話の記録は、胡適未公開日記の一九二九年四月二六日条を見よ。
(83) 「国民参政会応該如何組織」『独立評論』三四号、「従民主与独裁的討論里求得一個共同政治信仰」『独立評論』一四一号。
(84) 「憲政問題」『独立評論』一号。
(85) 胡適「我們能行的憲政与憲法」『独立評論』二四二号、一二―一三頁(一九三七年七月一一日)、「大公報星期論文」一九三七年七月四日より転載。
(86) 「政治改革的大路」『独立評論』一六三号。

これは不安定な立場だった。胡適は、現存している秩序に対する公然たる反対と無条件の投降との間の狭い道を歩いていた。かれの憲法要求は、国民党はその統治の権利の証拠として法の支配に服すべきだ、という党への異議申し立てだと解読できた。さらに、胡適はつねに現存権力を容認するという原則を尊重してきたが、この習慣が、国民党がかれの合法性の基準に冷淡であるにもかかわらず、かれをして国民党の統治の権利を弁護させたのである。一九二〇年代に胡適は、憲法の原則に合致して建立された政府のみが合法的なものであると承認されるのだ、と主張した。一方、一九三〇年代の文章から出て来る結論は、一つの憲法の発布はいかなる政府をも合法化するのに十分であろう、というものだった。この強調点の移動は微妙なもので、当時は気づかれずに進行したほどわずかであった。しかしそれは、十年後に結局は制定された国民党の憲法を胡適がはばかることなく受け容れるための道を準備したのだった。

政府に対して出す「合理的な」要求の限界を明確にしようとした胡適の試みの困難さは、かれの信念と中国民権保障同盟との短期間で波乱に満ちた協力関係の中ではっきりと明らかにされた。民権同盟はアメリカ民権自由協会（American Civil Liberties Union）に範をとって作られ、一九三二年の末に設立されたものだった。主に、ますます数が増えつつあった国民党によって拘禁された政治犯のために正義《ジャスティス》を求めようとしたものだった。蔡元培がこの組織の副主席を務めていた。しかしその指針となる精神は主席の宋慶齢のもので、この孫逸仙未亡人で蔣介石の義姉［妻宋美齢の姉］は長く国民政府と仲違いしていて、南京への辛辣な批判者だった。この同盟の幹事は楊銓《ようせん》（字は杏仏《きょうふつ》）という若い学者だった。かれは一九二七年から二八年にかけて大学院委員会で蔡元培の助手を務めていたことがあって、後に結局、蔡元培に随いて中央研究院に移り、二八年に蔡元培がその院長職を引き受けたときに、楊銓はその機構の総幹事になったのだった。

一九三二年末に同盟の北京支部が設立されてから、かれが会員を辞退した（あるいは除名された）一九三三年二月まで、胡適は北京支部の主席として仕事をした。この決裂には個人的なものと思想的なものと両方の、いくつかの原因があった。直接的な原因は胡適の信条だった。それは、公に表明されているが、楊銓と急進的な上海派が、胡適も参加したことがあった監獄の状況についての調査の結論を歪めたことだった。この非難の背後には、楊銓の性格とかれの動機に対する胡適の不信があった。楊銓と胡適の二人は互いに長年の知己だった——実際、楊銓は胡適が一九〇九年に上海で英語を教えた時のかれの最初の学生たちの中にいて、そして数年後に、かれらは共にコーネル大学で学んでいたのだった。しかし楊銓は政治的な考えが大変急進的だったから、胡適のもっと穏健な気質とは合わなかったし、かれはまたその人間関係で、とりわけ蔡元培のお気に入りだと言ってかれが使った威光のことを考えると、大変破廉恥だった。胡適は民権保障同盟のような組織の適正な目的についての考えにおいても、楊銓と違っていた。

この問題は胡適が解釈したように、発展しつつある政治秩序の中での法の役割に関わっていた。胡適は、法律は権利を定義することは出来るが、しかし法律はそれ自体でそれらの権利を保障することは出来ない、と述べた。権利の保護は、法律の意義について適切な認識を持つことが必要であり、また法律によって規定された自由を「諦めようとしない思想習慣」の育成が必要である。しかし一般的に言えば、中国においては権利と自由についての全ての概念は確かに伝統的心性にとっては馴染みのないものだった。「普通の人の知識と能力はどちらも狭いものだ。わたしたちは人々がみな自分たちの権利がどんなのものなのかを認識できるようになると期待することは出来ないし、わたしたちはまた人々がみな自分の権利を守ることができるとも期待できない。」胡適はだから現実的に、［中国民権保障］同盟が実際に人々に行なってみせるという重要な教育的役割を持っているのだ、と認めたのである。

それにもかかわらず、同盟は法律的な問題を政治的な目標に変えようとすることによって誤らせられている、と胡適は続ける。同盟がすべての政治犯をすぐに無条件に釈放することを要求することは、すでに公民の自由についての理解を向上させようとしたものではなくなっている、と胡適は明言した。それはむしろ、「政府に対して革命の自由権を要求することになっている。一つの政府が存在しようとするには、当然にも政府を覆そうとする、または政府に反抗しようとする一切の行動を制裁しない訳にはいかない。政府に対して革命の自由権を要求することは、虎に向かってその皮を要求することと同じのなのではないのだろうか？　虎の皮を得ようとする人は虎に咬まれることに何らかの備えをしなければならないが、それは政治活動をしている人が自分で負わねばならない責任である。」

胡適が政府に対して最も要求しようとしたことは、法律は政治的事件においても、刑事事件においてと同じように、注意深く限定され、綿密に守られなければならないということであった。すなわち、確かな証拠なしに逮捕されてはならない、監獄の政治犯も「正当な法律の保障」を受けられねばならない、それは迅速な取り調べ、公開の審理、および被告人が訴えた者と対決する機会を与えることを含み、そして確信的な政治犯でさえも、出来うる限り「最も人道的な待遇」が与えられるべきである、と。そして胡適は、「この立場を離れたら、わたしたちは革命に赴くことができるだけだ。しかしそれは民権保障運動をすることとは言えなくなる」、と結論した。(87)

(87) この立場は一九三二年の秋に陳独秀が捕えられたときに『独立評論』が採った立場ときわめて近いものである。傅斯年（ふしねん）「陳独秀案」『独立評論』二四号（一九三二年一〇月三〇日）を参照。しかし興味深いのは、一年半の後、胡適は強い言葉で改めてかれの要求、政府は過激な意見、とりわけ学生のそれにもっと寛容であるべきだ、そして現在は嘗てよりも政治的事件を公正に取り扱うことを保証すべきであるという要求を、繰り返さねばならなかったことである。「汪蔣通電里提起的自由」『独立評論』一三一号を参照。

胡適のこの狭い法的なアプローチは楊派にとっては我慢できないものだった。民権保障同盟の上海での会議で、胡適は会員資格を取り消された。孫夫人［宋慶齢］は、かれ［胡適］は民権同盟を「国民党統治体系の付属品」にしようという「反動的で不真面目な」方向を追求した、と非難した。彼女は、「本同盟がこういう『友人』を掃除《しょぶん》できたのは本当に慶賀すべきことです」と述べた。(88) しかし、胡適は国民党の気質について正確に判断していた。数カ月もたたない内に、胡適の［同盟の活動に］政治を巻き込むことは危険だという警告は予言の性質を帯びた。六月一八日、楊銓が上海フランス租界の中央研究院の本部から出てきた時に射殺されたのである。

決して証明されることはないだろうが、一般的には、暗殺者は国民党が雇った連中で、そして楊の死はかれの同盟での活動のために払わねばならなかった代価であると信じられたのだった。確かに結果として国民党が利益を得た。少なくとも短い間はそうであった。孫夫人は戦いを続けると誓ったけれども、実際は、民権保障同盟はその日曜日の朝のデュ・ロワ・アルヴェール路での楊銓の死とともに死んだのだった。(89)

（88）宋慶齢『為新中国而奮闘』（北京、一九五二）、三四―三五［二三頁］。この本の中にはここ（アメリカ）で収集された文献の幾つかと日付の点で不一致が存在している。だから史料の信用性について保留を余儀なくさせる。しかし、ここの問題についての声明は、当時の *The China Weekly Review* やその他の雑誌などが引用あるいは言及している話と非常に平行したものである。だから、これらを本当の表現だとするのは十分正しい。

（89）民権保障同盟についての情報は非常に少なく分散している。例えば、Lin Yutang（林玉堂）、*A History of the Press and Public Opinion in China* (Chicago, 1936), pp. 172-174, Edgar Snow, *Journey to the Beginning* (New York, 1958), p. 87, CWR, 63.5: p. 231 (1932 / 12 / 31), 65.4: pp. 146-147 (1933 / 6 / 24), 65.5: p. 200 (1933 / 7 / 1). を参照されたい。林玉堂は自身が同盟の会員だった。エドガー・スノーは孫夫人（宋慶齢）の良き友人で彼女の意見に共感していた。胡適の楊銓に対する態度は、一九二八年の大学評議会の危機の時のかれの日記の六月の条（特に六月一四、一五日の条）と、一九三三年の六月一六日と一八日の条に示唆されている。胡適は、楊銓はかれの同盟活動の報復として国民党のエージェントによって殺されたのだという推定を事実の事として受け容れている。胡適が一九三三年に上記バンクーバー会議等のために外国に出ている間に『独立評論』の編集の責任を引き受けた蔣廷黻はこの事件について非常に鋭いが短い編集コメントを発表した――それは事件の二週間後で楊銓の名前は出されていない。「這一星期」『独立評論』五七号、二頁（一九三三年七月二日）。

胡適の「中国問題」への考えと国民党の儒教復古傾向との対立――新生活・尊孔

この同じ六月の日曜日の夕方遅く、胡適は太平洋関係研究会のバンクーバー会議に参加する中国代表団を率いて、またシカゴ大学のハスケル講座を行うために上海で乗船してアメリカに向かった。かれのシカゴでの講義の原稿はその後、『中国の文芸復興』(*The Chinese Renaissance*)として出版された。その中で胡適は、西洋の影響の「ゆっくりとした浸透」を通して中国が現代的社会に向かって進歩していくだろうと、自信をもって語った。アメリカ人聴衆に対して胡適は、革靴とショートカットの髪型が中国で流行していると語った。これは中国人が現代的な生活様式を受け入れている標《しるし》だとし、そしてさらに踏み込んで、かれは、中国人はそのうちに「新世界の精神と相容れないことのない新しい文明」を創造するだろう、と請け合った。[90] しかし一一月に北京に戻ってきた時、かれの最大の関心は、かれの中国人聴衆に、中国をまだなお西洋の現代的文明から隔てている巨大な亀裂が存在しているということを思い出させることであった。「いま、ヨーロッパ各国の人民が直面している問題は建国の大問題ではない。というのはかれらの国家はもうずっと昔に堅実な基礎の上に建てられたものであるからだ。だからかれらは精力的に社会問題、生産と分配の問題などを討論することができるのである。しかしわたしたちのこの国家は、国家としてはまだ一つの国家とは言えず、政府としてもまだ一つの政府とは言えないのです。……わたしたちはどのように生産と分配制度の改革問題を討論する資格があるのだろうか。わたしは［これらの問題が］重要でないとは言わない。わたしはただ、中国の現在の環境の下では、この民族自身の生存を保証することのできる方式を持つようになる以前には、わたしたちはまだこれらの問題を解決する手段を持たないのだ、というだけである。[91]」

(90) Hu Shih, *The Chinese Renaissance* (Chicago, 1934), p. 26.
(91) 胡適「建国問題引論」『独立評論』七七号、二―七頁(一九三三年一一月一九日)。

これより数カ月前のシカゴでの講義の中で、胡適は再度「偉大なソ連の実験」に対するかれの賞賛を述べていた。かれは、ロシアのリーダーたちは「最も熱烈な科学と技術の進歩の闘士である」と称賛した。またかれは、社会主義と共産主義は西洋文明の「一つの構成部分」と見なすべきであり、「その民主的理想の遂行の論理的結果」であり、「以前のもっと個人主義的だった民主思想に補充されたものに過ぎない」とそれとなく言った。[92] しかし、上に引用した「建国問題引論」という文章の中で、かれは力強く、批判的思考の代用品としての「主義」に対する攻撃を再開し、マルクス主義の術語を用いて中国問題を分析することへのかれの反感が時間の経過とともに消え去らなかったことをはっきりと示した。馴染みのテーマの繰り返しではあったが、おそらくより意義があるのは、一九三三年末までに胡適は、中国と同じように退廃的な社会にあっては、細部の問題の有効な解決が存在し得るようになる前に、根本的な変革が無ければならないことを容認するのを厭わなくなっていたことである。この面で、かれは一九一九年のあの「問題と主義」の論争の中で李大釗によって輪郭が与えられた観点に近づいたように思われた。胡適は、李大釗が争論したように、どんな一つの「根本的解決」でも中国の病の全てへの治療法になるのだとは主張しなかったけれども、かれは以前よりももっと、基礎をなしている社会的政治的条件がかれの一歩ずつの改革という計画の成功にとって重要だということを認識する用意が出来たようである。

(92) *The Chinese Renaissance*, pp. 42-43.

胡適の「建国問題」への分析〔「建国問題引論」〕が『独立評論』紙上に発表されたのは、前に言及した蔣廷黻の「革命と専制」が発表される数週間前だった。胡適はこのように、中国は近代国家のいかなる属性も主張し得ないという蔣廷黻の結論を先取りしていた。かれら二人の間の論争の核心は、この欠陥を説明するやり方であった。すなわち、蔣はこの欠陥を政治的要因のせいに帰したが、胡はこれを中国の社会的発展のある特殊性に因るとしたのである。胡適は、蔣が論じたように、中国人は一つの専制的な独裁によって押しつけられた政治的統一の意識を持つ必要性はない、と主張した。中国人は漢代の帝国的な統一以来の共通の文化的政治的アイデンティティの意識を持っているのだ。[93] 中国の近代国家への転換を「ヨーロッパ、アメリカ、あるいは日本の場合と比較し得ないほどさらに難しく」しているものは、中国の状況においては、その周囲に一つの新たな政治的秩序が形作られる一つの階級を欠いていたことであった。[94]胡適は、これは儒教社会が早い時点でエリート支配の新しい中心を生み出すようなやり方で進化することを止めてしまったという事実の結果として見た。そしてさらに、胡適はこれは数多くの要因のためだとした。すなわち、科挙制度によって長い期間にわたって促されつづけた一様化の過程、経済組織の伝統的な方式と経済的企業活動に対する態度がその社会的政治的役割がヨーロッパのブルジョワジーと比較しうる階級の発展を未然に防いだという事実、[95]帝国制度にとどめを刺した一九一一年の革命のかなり前から、伝統的な支配階級である旧「士大夫」階級が、儒教の学問が帝国の後援を受けるために支払った代価である思想的な画一化にすでに屈していたという事実、[96]これらである。

(93) 胡適「建国与専制」『独立評論』八一号、二―五頁(一九三三年一二月一七日)。胡適は二点について直ちに論じる用意が常にできていて、漢の統一が効果的になされたのは、大部分は漢の武帝以前の賢い無為政策の実施のためだったという見解のために、極めて精巧な主張を組み立てた。「従農村救済談到無為的政治」『独立評論』四九号。
(94) 「建国与専制」『独立評論』八一号。
(95) 「惨痛的回憶与反省」『独立評論』一八号。
(96) 胡適「適之」「領袖人材的来源」『独立評論』一二号、二―五頁(一九三二年八月七日)。

しかし胡適は、「一つの時代にはその時代の士大夫がいる」と断言する。歴史的な状況によって土着のエリートを生み出すことを奪われた中国人にとっては、問題は、新たな政治的秩序の構築のために必要な思想的社会的なリーダーシップを提供することができる一つの階級を創造することであった。胡適にとっては、どこから始めるかは問題はなかった。現代思想の中心である大学においてのみ、この「新たな士大夫」に必要とされる思想的態度が育まれ磨かれるのだ、と考えたのである。[97]

(97) 同前。

胡適と国民党とを最も激しく分ち、かれにその統治をほとんど我慢できなくさせた問題は、国民党の思想的な革新に対する敵視であり、〔中国改造の中心になる〕「現代的な」士大夫の性格と行動を形成するはずの価値に対する敵視であった。実際、もし国民党が思想と精神において現代の時代を生きる姿をもっと見せたならば、胡適はこの政権の政治的欠点に大変敏感だったとしても、おそらく、胡は過度の緊張感を持たずに国民党の統治下の生活に適応することができただろうと思われる。もし国民党の専制が、胡適が公正な気遣いだとして認めたものの範囲をはるかに超えた領域において、消滅しかかっている価値体系を無理やり押し付ける〔新生活運動など〕ためにその権力を使用しなかったならば、かれは政治を限定的に解釈していたのだから、政府への「政治的」要求をうまく分別することができるようになったかも知れなかった。

儒教的な過去のイメージを改装しようとする国民党の傾向は、ほとんど南京政府が成立した時から存在していたのだが、一九三四年の前半の「新生活」運動の開始と、その数カ月後の孔子生誕の公式式典の挙行への旋回でもって、最高潮のようなところに達した。新生活運動は二月中旬に江西省の省都・南昌の大衆集会での演説で蔣介石自身によって発動されたものだった。この地を選んだのは疑いなく心の中に在った戦略的な考慮からであった。ここは江西省南部のソビエト区に近かった。江西省南部は数年の間、中国共産党の運動の本拠地になっていた。新生活運動は何よりもまず、江西省の辺境地帯の共産党根拠地に対して南京が発動した軍事的な「包囲作戦」の一種のイデオロギー的な付加物として演出されたのだが、それは共産党のイデオロギーの人気に対抗するものだった。革命の約束の代わりに、新生活運動は個人の衛生について様々な訓戒を与え、さらに節約や簡素な生活、そして伝統的な儒教道徳の価値の優秀さを激賞した。(98)

(98) 新生活運動に関しては、John Israel, *Student Nationalism*, pp. 96-100; Samuel Chu, "The New Life Movement, 1934-1937," in John E. Lane, ed., *Researches in the Social Sciences on China* (New York, 1957). を参照のこと。

胡適は、思った通り、新生活運動に何らの熱意を持つことなく反応した。しかしまた格別な憎しみも持たなかった。かれは穏やかに、この運動が政府がそれに期待したものを達成することはほとんど期待できないだろうと言った。人民に上着のボタンをきちんと掛けろ、歯を磨け、人前で痰を吐くのを止めよと言うことは、みな良いことである。だが、真の進歩は、中国人に「最低限度の人間らしい行儀」を躾ける、そんな努力と混同させるべきではない。それとは反対に、「国家の救拯と民族の復興は、……全く最高水準の知識と技術によって決められるものなのだ。」と。さらにかれは加えて、「政府は何ができ、何ができないか、をはっきり理解しなければならない」と指摘した。政治的なプロパガンダは公衆道徳を高めることは出来ない。正しい生活習慣は十分な物質的な環境の中においてのみ育まれるのであって、したがって政府の第一の責任は人民の福利を促進することでなければならない[99]、と。

(99) 胡適「為新生活運動進一解」『独立評論』九五号、一七—二〇頁(一九三四年四月八日)。

この最後の一条ははっきりと政策に対する伝統的な響きを見せている。孟子を教え込まれた代々の儒教政治家はみなこの実質的に同じ言葉で、かれらの時代の支配者に進言してきたのである。確かに、一九三四年の春に胡適も普段と違った古風な雰囲気でもって、かれの無為政治の理論を提出し、そしてかれ自身の術語で簡素さの美徳を激賞したことがあった。しかし、そのことだけでは、国民党によって採用され、八月末に南京で開催された最初の公式の孔子生誕式典の場で行政院院長・汪精衛が行ったスピーチの中で力強く説明された回顧的な文化的民族主義を、胡適に受け容れさせるには十分ではなかった。汪は部分的だが次のように言った。

犠牲をささげる崇拝の間に、最初に食物を造った祖先たちに感謝する標《しるし》として酒を地面に注ぐのが中国人の習慣である。孔子はわれらにこの偉大な文明を与え伝えてくれたのだから、われらはかれに同じような感謝の態度を抱くべきではないのか？　孔子がわれわれに伝えてくれたものをより良くしようと最善を尽くそうとすべきではないのか？　孔子はわれらに、時代の進歩に従って美徳を発揚しなければならない、と繰り返し訓戒してきた。こうした態度はその他の面にもよく当てはまる。われらは中国文明をさらに偉大にする責任を何にもまして負わねばならない。そして中国の目下の立ち遅れの罪をわれらのこの偉大な先師に帰してはならない。

……いまこの場で、われらがみなこの至聖先師の生誕を祝うに当たって、われらが他の何よりも先ず深く考えなければならないのは、どのようにして、孔子の教えの力によって、現代世界の中で中国の平等と自由の地位をしっかりと維持するかということである。[100]

（100）汪の演説のテキストは、*The China Yearbook, 1935* (Shanghai, 1935), pp. 92-93. を見よ［原文英文］。

しかし、誰もが汪精衛とともに喜んだのではなかった。胡適は、この儒教のリバイバルをこの数十年の間に大きな代価を支払って勝ち取った思想的な達成を否認するものだと見なし、怒り狂って反応した。胡適は、地に落ちた孔子の像を支えようという国民党の努力は、現代国家のリーダーの中では許されない臆病な行為である、「憐れむべき信念のない老革命党だ！　あなた方は革命をやろうとし、現在、革命はこの二十年で空前の進歩を遂げたが、あなた方はかえってそれが分かっていない。この二十年の少しの進歩は孔夫子の賜物ではなく、みなが革命に努力した結果であり、みなが新しい世界の新しい文明を受け入れた結果なのだ。ただひたすら前に向かって歩むことこそが、希望のあることなのだ。」と断言した。[101]

（101）「写在孔子誕辰紀念之後」『独立評論』一一七号。

この理由で、胡適の抱いた心情的な恨みを理解するのは難しいことではない。かれは一九一七年に合州国から帰って来て以来、疲れを知らないかのようにずっと、中国人が批判的な率直さでもって自分たちの遺産の本質を評価するようになるまで、中国人は自らの境遇を改良できるいかなる希望も無い、と言ってきた。いま急場を救うために突然舞台に登場する神として孔子に国民党が嘆願しているさまは、胡適の考え方にとっては、この数十年の時間が中国人に誠実な自己反省のための十分な能力をもたらさなかったという議論の余地のない証拠を提示していたのだった。一九三四年にかれは、「今日の大患は全国人が恥を知らないことにある」「恥を知らない所以は、ただ曾て〔過去を〕反省したことが無かったからだ」、と書いた。(102)

(102)「信心与反省」『独立評論』一〇三号。

かれらが自分でこの責任を引き受けたがらないことを考えて、胡適はかれ自身の物寂しい結論をかれの同国人に伝えることにした。かれは再度、中国「独自の宝物」の荒涼としたカタログを繰り返して述べた。不毛な文学、纏足、宦官、妾囲い、五世同堂、女性の「貞潔」を顕彰し建てられた記念碑〔牌坊〕、地獄のような監獄、そして皇帝の前で国家の高官を鞭打つ昔からの慣例などだった。(103) 胡適は、ある人たちが中国だけのものだと主張する道徳——「忠と孝」、「仁と愛」、「信と義」、そして「平和主義」——について、それらはみな人間が一般的に共通に持っている情感である、と主張した。かれは、異なった文化の中において人は、そうした理想に表現を与えるやり方に違いがあるのを見出すということだけを認めた。——そしてかれは嘲るかのように問うた。小便をしている間も「一切の生命に思いを致せ」という経文の命令に従っている中国人和尚の「個人的な黙想」の中にどれほどの「仁と愛」が実際に含まれているのか、と。(104)

(103) 同前。
(104) 胡適「再論信心与反省」『独立評論』一〇五号、二—六頁(一九三四年六月一七日)。

だから、この論争は愚かな一面を持った。胡適も、纏足は貞操帯よりもどれほど悪いのかとか、貞節を誉め称える牌坊は初夜権よりも非難すべき心性を示しているのか、という問題を真面目くさって議論するのにまんざらでもなさそうだった。[105] しかし、これは実際は核心を外れたものだ。胡適は周作人の批評、「西洋にも南京虫がいる」[106]に大変喜んで賛同した。重要なのは、事の一方の証拠か他方の証拠かということではなく、結論だった——胡適は断言した。中国の文化的伝統は「いずれもみな実際には何の役にも立たない〔劇舞台で使われる〕銀色に塗られた武器」[107]だったのだ、と。かれは他の所でも、「もし過去の文化が回復するに値するものであったなら、わたしたちは今日、この泥沼の田地に入り込むことにはならなかったのだ」と書いた。[108]

(105) 胡適「三論信心与反省」『独立評論』一〇七号、二―六頁（一九三四年七月一日）。
(106) 周作人「西洋也有臭虫」『独立評論』一〇七号、一二頁（一九三四年七月一日）。
(107) 「信心与反省」『独立評論』一〇三号。
(108) 「再論信心与反省」『独立評論』一〇五号。

「全盤西化」、「充分な世界化」を！

公に発表され広く流布したこうした意見が、胡適は「全盤的《トータル》〔全面的〕」な西洋化を求める最も極端なスポークスマンだという評判を得させたのは、ごく自然なことだった。胡適はかれの立ち位置についてのこの解釈に反論して何も言わなかったし、そして、この理由でかれは守旧的復興の国民党の保護者たちからの攻撃に一度ならず遭ったのである。[109] 最も劇的な実例、そして最も宣伝された出来事が一九三五年の初めに起きた。この時かれは香港大学から栄誉称号を受けるために、中国南方への初めての旅行に出かけた。この植民地にいる間に、胡適は数回スピーチを行って、隣接する広東省政府の伝統に縛られた教育政策を率直に批判した。[110] 数日後にかれが省都の広州で受けた接待は予想されたように無愛想なものだった。孫逸仙大学（現、中山大学）でやることになっていた講義は取り消され、かれ本人も、大学校長で愛党心の強い古参の国民党員だった鄒路から公の場で強く非難された。かれはまた、広東省長で根っから保守的な考えを持った軍人、胡適が異議を唱えたあの教育方針の主任起草者であった陳済棠《ちんさいとう》からも私的に説明するように呼ばれた。かれの陳との会談は、胡適を文化的伝統主義者から分かった問題を鋭く浮き彫りにしている――胡適の記述によると、陳の振舞は人を驚かすほど非儒者的な物腰で、大声でわめいたり脅したりしていたが、一方胡適は終始落ち着いた儒家紳士の見本で通したという――、これは本質的に、一八八〇年代以来、中国人が論争し続けてきたあの埃まみれの同じ問題だった。すなわち、西洋文明の「実用的な」側面は儒教社会の倫理の「根本」にダメージを与えることなく自分のものにすることができるか、という問題であった。陳は西洋の武器と工業技術の有用性をすぐに十分に認めた。さらには、十九世紀後半の「自強主義者たち」と同じように「船と銃」を輸入することによって西洋の侵入を止めようと望んでさえいた。胡適は、陳済棠のようなタイプの軍人も「盲目的な全盤的復古」を試みている訳ではない、「かれらは飛行機や銃砲を買う、また当然にも一九三五年の最新モデルの車を選び出す。しかしかれらは、二千五百年前の聖人の教えと賢人の伝えを用いて、人に人間になることを教えるのである」、と不機嫌に述べた。(111) これが実は陳済棠の立場の要点なのである。つまり、「人に人間になることを教える」には、かれは、中国のルーツ「本《もと》」、すなわち、儒教的な道徳教育の原理のみが採用されるべきである、と主張したのである。(112)

(109) 胡適「編輯後記」『独立評論』一四二号、二四頁(一九三五年三月一七日)、「中日提携」『独立評論』一四三号、胡適「答陳序経先生」『独立評論』一六〇号、一五―一六頁(一九三五年七月二一日)。最後の一文は胡適の陳序経「全盤西化的辯護」『独立評論』一六〇号への応答である。
(110) 胡適「南游雑憶(1)香港」『独立評論』一四一号、一一―一六頁(一九三五年三月一〇日)。
(111) 胡適「試評所謂〝中国本位的文化建設〟」『独立評論』一四五号、四―七頁(一九三五年四月七日)。

(112) 胡適「南游雑憶（2）広州」『独立評論』一四二号、一六—二三頁（一九三五年三月一七日）。陳済棠については、Boorman, *Biographical Dictionary*, I, pp. 160-163. 参照。

胡適の全盤的西洋化の要求は、この種の頑固な思想的な反動を覆そうとしたものだった。だが、胡適が考慮に入れていた目標というのは、決して伝統的な中国文化のあらゆる痕跡を完全に消滅させることではなかった。かれは民族主義的な情感に深い不信感を持っていたけれども、かれはかれ自身のやり方で、かれがその思想的偏見と政治的戦略を嘆かわしく思っていたかの人たちと同じくらい民族主義者だった。かれは一つの国家《ネーション》としても、一つの文明としても、中国の運命に深く関心を持っていた。何年にもわたって、「国家の救拯」、「民族の復興」というような術語がかれの著作の中に頻繁に繰り返し出て来ているから、これらをただの中身のない空疎なレトリックにすぎないと退けることは出来ない。かれは自分を民族主義《ナショナリズム》の旗の下で行進させることは決してできなかったけれども、一九一〇年に上海から持って行った中国の救出に献身しようという自覚を決して失わなかった。しかし、胡適にとって、近代化はあの陳済棠のような文化的民族主義者にとって意味したものとは違ったものを意味していた。胡適にとっては、近代化とは何よりもまず、価値観と考え方の近代化であった。これは経済と軍事体制の近代化よりもはるかに重要で困難なことだった——近代の自強論者はまさにこの地点で急にその歩みを止めてしまい、かれらは異質《エイリアン》な世界の中の見知らぬ人間《ストレンジャー》になる恐怖に怯えたのだった。胡適がかれらのような恐れを共有しなかったのは、部分的には、かれにとってはその世界はあまり異質なものではなかったからだが、しかしまた、かれはかれらの恐怖は根拠の無いものだと考えたからである。かれの考えでは、「近代化」と「西洋化」は同義語ではなく、また同義語になることもできないものだった。かれは、各文明間の相互作用を巨大な複雑な過程、いくつかのレベル——、意識的と無意識的、理性的と非理性的な各レベル——においてそれが同時に発生する過程、だと見た。[113] この過程に人間が干渉することは難しいが、しかし基本的なことである。そのような相互に対立する価値観の出会いにおいて必然的に生み出される非理性的な反応は、可能な限り理性的な判断によって抑制されねばならない。「理智は計画と提導《さしず》をするものである。理智を用いて残骸に恋々とする一切の感情をねじ伏せ、理智でもって隠れて怠け困難を畏れて束の間の安逸を貪る一切の習慣を屈服させるのだ」、と一九三五年に胡適は書いている。そしてかれは続けて、「わたしたちの理智の中での『充分な世界化《コスモポリタン》』とは、理智を用いてわたしたちの大方向をはっきりと認識し、理智を用いてわたしたちが認識した大方向を人々に教え信仰させ、全力でもって全ての旧を守り古いものに恋々とする一切の感情に打ち勝ち、全力でもって全国をそのいくつかの大方向に向かって導くこと——このようなことだけである。一人二人の私人が、かれらの私生活の上で仁在堂〔『仁在堂全集』一八九三年刊、三六冊の文芸金針、課士詩、賦など〕の八股文を読むことを好んだり、あるいは李義山〔李商隠、唐代の詩人〕の無題詩を読むことを好んだり、あるいは蛇肉を食うことを好んだり、あるいは『二進宮』〔京劇『龍鳳閣』三部構成の二〕を聞くことを好んでも、そんなことは、わたしたちの理智がその技をどう施したらいいのか分からないような、どうでもいいことである」、と書いていた。(114)

(113) "The Indianization of China: A Case Study in Cultural Borrowing," pp. 219-223. および各処〔*Independence, Convergence and Borrowing in Institutions, Thought and Art.* Cambridge, Mass.: Harvard U. P. 1937. 所収〕。
(114) 「答陳序経先生」『独立評論』一六〇号。

胡適は、言葉の普通の意味においても、またその専門的な意味においても、効用《ユーティリティ》を、文化的伝統のある特定の側面の価値や、改革の具体的な提案の価値を判定する唯一の基準であると認識していたから、十分なプラグマティストだった。かれは、そのような判定は、実行して達成された結果についての注意深い調査に基づかなければならないと信じていた。一九三五年にかれは、いかなる抽象的な基準も——「科学的方法」の基準でさえも――、文化の改革への完全に頼れる指針として信用され得ないことを認めた。[115] 余りにも多くの目に見えない細い糸がある民族をその伝統様式に縛り付けており、余りにも多くの認識されない力が、古いものを保存するように、あるいはその中に新しいものが受け入れられるような型を作るように作用している。革新のいかなる努力の最終的効力も受け取る側の文化の持っているこの自然な保守主義によって制限されるであろう。

(115)「試評所謂〝中国本位的文化建設〟」『独立評論』一四五号。

陳済棠のような人に対する胡適の憤りを引き起こし、同時に、中国文明を同一のものと確認できる統一体として生き残ることに、ある程度の自信をかれに持たせたのは、この文化的慣性についての確信であった。全盤[面]的西洋化あるいは充分な世界化を要求することは、ただ次のような危険、もし最少限の奨励だけであったならば、このような潜在する文化的保守主義は今では役に立たない考え方の重荷から抜け出そうとするどんな努力をも圧倒してしまうであろうという危険、これを相殺しようとした戦略にすぎなかったのである。中国人が自分を適応させなければならないのは、西洋ではなく、現代世界なのである。胡適は「この時歩むべき別の道は無い。ただ努力してこの新世界の新文明を全盤[面]的に受け容れることしかないのである。もしリーダーたることを自任しているわたしたちが折衷や選択を空談するならば、結果はただ役に立たない昔の残骸を大事にし、欠点を守り続ける状態が残るのみである。[116]」だから、中国人は「この科学工芸《こうぎょう》の世界文化とその背後にある精神文明を虚心に受け容れなければならない」と書いた。しかしかれは続けて、中国人は最後の産物は「当然一つの中国的基礎の上に建てられた文化（中国本位的文化）」になるだろうという確信をもってそうすることができるのだ、と書いた。[117] かれは冷静に前を展望し、かれの民族《ピープル》の生来の権利はなお安全に残り続けるだろうと堅く信じた。「悲観主義的な観察家たちが悲嘆して中国文明の崩壊だとしているものは、必要な掘り崩しと浸食であり、そうした破壊が無ければ、古い文明の再生はあり得ないのだ。大変ゆっくりで、大変静かだが、しかし少しも間違いが無いのは、中国の文芸復興《ルネサンス》がまさに一つの現実になりつつあることである。この新生の成果は見たところ西洋的のようである。しかし、その表面を剥いで見ると、あなたはその成果を作っている材料が本質的にはなお中国的な基盤（基岩）で、強烈な風化作用と腐食作用がそれをよりはっきり目立つようにさせただけだ、ということが見てとれよう――すなわち、新世界の科学と民主の文明と接触したことによって復活した人道主義的な理性主義の中国なのである。(118)」

(116) 胡適「編輯後記」『独立評論』一四二号。
(117) 「試評所謂“中国本位的文化建設”」『独立評論』一四五号。
(118) *The Chinese Renaissance*, preface（序文）。

一九三〇年代の厳しい試練は中国人に勇気を要求したが、この要求はいろいろな手段と異なったやり方で経験された。北京の街頭に押し寄せた学生たちの大胆さ、内陸［江西ソビエト］に革命理想の隠し場所を造った人々の絶望的な決意、楊銓のような個々人の大胆さ、などだった。胡適の勇気はもっと見分けにくい種類の勇気で、かれの国を呑み込んだ悲劇の巨大さを相手にして測られた時には、おそらく簡単に退けられてしまうものであった。かれの勇気は根気のいる希望の持てる勇気だった。かれは、中国が近代性に向かって変化していくのは困難で苦痛に満ちたもので、危険の無いものではないことを心に留めつつも、かれはなお教条的な信念によって不安にさせられた見通しに恐れずに立ち向かうことができた。現代世界の耀く約束と、それが中国のために持っている有益な希望がかれの心から疑念の影を追い払ったのだ。一九三四年にかれは、「信念とは、あえて不可知の将来に立ち向かう勇気にすぎない」、と書いた。(119) そうした信念をかれと同じように堅く持った人はほとんどいなかった。

（119）「写在孔子誕辰紀念之後」『独立評論』一一七号。

一九三七年七月の初め、胡適は政府によって招集された一連の「夏の談話会」に参加するために北京を離れた。それは一九三六年の年末に宣言された「統一戦線」の精神によって、知識人、教育家、各級官員、各党派人士を民族的《ナショナル》危機について討論するために集めたものだった。その後、胡適が再び北京に戻ってくる時までには、九年の時間が経たねばならなかった。七月七日、中国の知識人のリーダー、政治的エリートたちが廬《ろ》山の牯嶺《クーリン》——江西省の山の避暑地で、そこに蔣介石は夏用別荘を持っていた——に会集していた丁度その時、日中間の武力衝突が北京近くの盧溝橋で勃発した。七月の末までに北京は日本の占領下に置かれた。数週間の内に戦闘は上海に広がり［第二次上海事変］、日本の爆弾は南京に投下されつづけていた。日本人は前進するにつれて、華北の各大学を組織的に荒廃させ、多数の避難する学生と知識人をかれらの前から追い払った。胡適が最も心配していたことが現実になった。長い苦しい努力によって建設された機構が恐ろしい速さで破壊された——啓蒙の小さな島々が戦争の奔流する潮流の下に沈んだ。確かなのは、それよりも目には見えないが、非常に忍耐強く育ててきた確信も破壊されたのだ。最終的には理性と理性的な人々が歴史の方向を作るだろうという胡適が持っていた穏やかな信念は、一九三七年の夏に中国人が入った、戦争、政治腐敗、内戦、社会革命の激しい時代にはもはや生き残ることができなくなったのだ。

第四部　エピローグと評価

わたしは二つの世界を渡り歩いている、一つは死んだ世界、
もう一つは生まれる力さえない世界だ。
どこにもまだ頭を休める処は無い……

世界のために君の信念を叫ぶのは今だ
しかし、死の時代は夢さえ砕いた……

——**マッテオ・アルノルド**
「グランデ・シャトルーズ」からの韻連

第九章　晩年　――一九六二

日中戦争勃発、駐米大使へ、その後の世界と中国

一九三七年の夏に、より少ない代償で日本との合意に達する望みがすべて砕け散ってしまうと、胡適は時を移さず、国民政府への忠誠を表明した。国民政府はそのために戦っている大義の中にいたのだった。かれは「廬山の」牯嶺《クーリン》で、このような時代においては、国家を保全することが何にもまして第一の関心でなければならない、と述べた。(1) 胡適はこの年の九月中旬に、このような精神でもって半ば公的な使節として合州国とヨーロッパで中国の立場を主張するために、中国を離れた。かれに残されたその後の二十五年間のうち、胡適は七年間を除いて外国で過ごすことを運命づけられ、遠くから中国が戦争と革命に陥っていくのを見つめることになった。だからかれが一九三七年に中国を離れたことは、かれの社会的・思想的な改革のための感銘深い闘いの終わりを示すものだと受け取るべきだという説にも、理由がない訳ではないのである。その後の激動の四半世紀の中国の歴史は、胡適がほとんど理解しなかった力によって形作られた。これがその晩年に、それ以前のたいへん

多くの困難の中でかれを支えてきた楽観主義の精神を失わせたのだった。

（1）CWR 81.8: p. 270 (1937 / 7 / 24).

胡適は、国際連盟のさまざまな審議を自分の眼で観察するためにジュネーブに行く前に、一九三七年の秋と冬の数カ月を合州国で過ごした。一九三〇年代を通じて胡は国際連盟の影響力に大変高い、役に立たない信頼を置いていた。一九三八年九月に、蔣介石がかれを王正廷《おうせいてい》に代えてワシントン駐在の大使に任命した時、かれはまだジュネーブにいた。それで初めて、胡適は自分は国民政府に雇用されたのだと気づいたのである。かれは不運な時期に新しい責務を引き受けた。九月と一〇月の日本軍の漢口と広州での思いがけなく容易だった勝利は、国民党に残されていた海への出口を奪い、かれらを内地に深く閉じ込めた。中国人がまだ一人で戦い続けていて、アメリカの同情と支持をたまらなく必要としていた時、胡適は多くの面で中国の掲げる大義の理想的な代表だった。かれはアメリカで際立ってよく好かれ、尊敬された。『ニューヨーク・タイムズ』は社説のかたちでコメントを発表し、胡適を駐米大使に任命したというニュースに、「胡適博士を知っているアメリカ人はみな喜ぶだろう」と書いた。この社説は、「［胡］適博士の同国人には、このように完全に新中国と旧中国の両方の最も良い代表者になれる者はいない。」「かれのように合州国に向かって中国を、中国に向かって合州国を説明できる資格を持った者もいない」と述べた。(2) 数カ月後に出版された『インサイド・アジア』の中で、ジョン・ガンサーはより広範囲な公衆にこの新しい大使を、「疑いなくかれは、唯一の最も傑出した生きている中国人である。狭い政治的観点からだけでなく、いかなる観点から見ても、……思想の巨人で、……最も見識のある中国のナショナリストの最良のタイプである」、として紹介した。(3)

（2）*New York Times*, 1938 / 9 / 20, p. 22.
（3）John Gunther, *Inside Asia* (New York and London, 1939), pp. 260-262.

胡適は、『ニューヨーク・タイムズ』が、かれは「すでに中国とアメリカ人民を団結させ始めている温かい同情の絆を強めるために多くのことを為すだろう」(4)と述べた信頼を裏切らなかった。実際、「合州国に向かって中国を説明すること」がかれの使命の主な活動であったようだ。かれは広く学術団体や市民団体に向かって講演を行ったが、常に中国で包囲攻撃に晒されている防衛者たちの英雄的行為を述べただけでなく、民主的なアメリカ人民を、民主的傾向を持った中国人に結び付けるはずである自然な親近性についても語った。(5)そうした活動を続ける途中、かれは、かれとかれが代表している人民に尊敬を表わそうとしたアメリカの各大学から出された目を見張らされる数の名誉学位を受けた。その間に、アメリカの経済援助、そして最終的には軍事援助を得るための決定的に重要な交渉の多くが、中国側では蔣介石の義兄の宋子文によって処理された。宋子文は一九四〇年以降、最初はルーズベルト大統領への蔣介石の「私的代表」の身分で、そしてその後は外交部長としてずっとワシントンに駐在していたのである。

（4）*New York Times*, 1938 / 9 / 20, p. 22.
（5）例えば'Hu Shih, "Historical Foundations for a Democratic China," in *Edmund J. James Lectures on Government*, 2nd series (Urbana, III., 1941), p. 53-64; Hu Shih, "The Struggle for Intellectual Freedom in Historic China," *World Affairs*, 105.3: pp. 170-173 (1942 / 9). を見よ。

一九四二年八月に胡適は思いがけず、政府から解任された。国務省の政治関係顧問だったスタンレイ・ホーンベックはすぐに、大使は外交部長に何らかの罪を犯した、と結論した。だが、かれは大使館から、実際は胡適と宋子文は仕事の機能分担については互いに満足していたのだという確かな保証を得た。だとすれば、これは蔣介石が胡適を喜ばなかったことを暗示している。それは、蔣介石が、胡適はワシントンで中国の実情のために主張するよりも、より懸命にアメリカの重慶［国民政府］に対する政策を正当化しようとしてきた、と信じたことに起因したからだった。言い換えれば、胡適は中国とアメリカとの同盟の中で増幅しつつあった不信の被害者になったのである。[6] かれの解任はこの緊張を和らげるのに何の役にも立たなかった。『ニューヨーク・タイムズ』は、このニュースに「ショック」を受けたと述べた。同紙は「もし中国国内にかれのためにもっと高いポストが準備されていないのなら、かれの解任は誤りである」と警告した。[7] こうしたアメリカの批判をいくらか受け入れて、総司令〔蔣介石〕は胡適を行政院の特別顧問に任命した。それはかれによって魏明道がワシントンでの胡適の後任に承認された同じ日のことだった。[8] 胡は不在のままこの〔大使辞任という〕新しい責任を果たした。おそらくかつて大使に任命されたときのような〔意に介さない〕心持ちで。胡適はそれ以前から間歇性心臓病を何年も患っていた。そしてこの時、かれは病身を理由に、合州国に残ることを選択した。そしてハーバード大学とコロンビア大学で講義をし、議会図書館東方部の顧問として活動し、『水経注』の研究を進めた。この六世紀の地理書はかれの晩年の主要な学術的関心として残ることになろう。しかし、かれはまだ完全に国民政府との関係を断たなかった。一九四五年にかれは、サンフランシスコで開かれた国際連合の設立大会への中国代表団のメンバーの一人として加わっていた。かれが生涯を通じて国際組織に関心を持ち続けていたことから考えると、この任務はおそらくかれにかなりの満足を与えたに違いない。この年の後半に、教育部長の朱家驊《しゅかか》が欠席したため、胡適はロンドンでのユネスコ会議の中国代表団の団長代理として仕事をした。一九四五年六月に、蔣夢麟が行政院秘書長に任命された時、胡適は北京大学の校長としてかれの古い友人〔蔣夢麟〕を引き継ぐよう指名された。かれは、最も多作で、そしておそらく最も幸せだった歳月を過ごした大学と、最後の短いが問題に満ちた関係をこうして始めたのだった。

（6）*Foreign Relations of the United States, Diplomatic Papers, 1942: China* (Washington, D. C., 1956), pp. 132-134, 135-139.
（7）*New York Times*, 1942 / 9 / 3, p. 18.
（8）*New York Times*, 1942 / 9 / 9, p. 12. また、*Foreign Relations of the United States, 1942: China*, p. 157. も参照。

［戦争終了後の］一九四六年の夏に胡適が新しいポストに就くために中国に帰った時までに、北京大学はすでに戦時期の中国西南部での流亡状態［西南聯合大学］から抜け出していた。そして再び北京の旧皇城［紫禁城］に近い慣れ親しんだ地に再建されていた。その周囲のすべてはよく知った馴染みのものだったが、胡適は他のものはすっかり変わってしまって同じものではないことに気づいた。一九三〇年代の諸問題は一九四〇年代後期の危機の傍らでは取るに足らないものになっていた。腐敗は癌のように政治体制の全身に広がっていた。インフレーションは少しも抑制されず、猛烈に荒れ狂った。それは戦前にはまだまあまあ安泰な生活を享受していた多くの人々を貧乏人に落してしまい、都市と農村の貧民たちを飢餓の縁へと追いやった。内戦が激しい音をたてて燃え上がった。中国の生活はそれ以前の十年間の軍事色よりもはるかに大きく軍事化が進められた。一九四七年六月の北京大学、清華大学、燕京大学、南開大学、そして他の華北の大学の約六百名の教授が名を連ねて署名した宣言の言葉を用いて言えば、中国は「政治的、軍事的、経済的、そして文化的な崩壊の縁にある。大災難は眼前にある。……現状はフランス革命前夜のフランスや、十月革命直前のロシアと同じように危機的」であった(9)。

（9）CWR 106.2: p. 36 (1947 / 6 / 14).

さらに、胡適が外国にいて留守していた年月の間に、政治的忠誠心はますます分裂してしまっていた。かれの古い友人の何人か、とりわけ［日中］戦争前に国民政府のために働いた友人たちは、戦中・戦後の期間中に政府との関係を維持してきていた。一九三六年に、清華大学の職務を捨て去って、中国の駐ソ連大使になり、戦争の全期間を通じて行政院の政務処長を務めた蔣廷黻《しょうていふつ》は、一九四六年に胡適が中国に戻った時、中国国家救済復興部の長官［行政院善後救済総署＝連合国善後救済総署ＵＮＲＲＡの中国側代表機関の署長］をしていた。一九四七年に蔣は中国の国際連合常駐代表になった。蔣と同じように、以前『独立評論』グループのメンバーで西洋で教育を受けた地質学者の翁文灝《おうぶんこう》も、一九三五―一九三六年に〔蔣介石直属の〕行政院秘書長を務め、戦争期間中は経済部長を務めていた。かれは一九四八年の夏に、運命によって定められたように、「立憲」政府の下の短命で不幸な初代行政院長〔首相〕として務めることになった。蔣夢麟は前述したように、行政院秘書長になるために一九四五年に北京大学を去っていた。そして顧維鈞がいた。かれは不撓不屈で不滅の公僕だったが、一九四六年に魏道明に代わって駐ワシントンの中国大使に就任した。

しかしかれの昔日の多くの仲間は、かれと違って戦争期間中ずっと中国に留まっていたから、国民党政権に対して宥めることが難しいほどの敵意の限界に達していた。何人かは、民主同盟として知られる反国民党の緩やかな連盟のメンバーとして積極的に国民党に反対する活動に加わっていた。民主同盟は一九四四年に作られたが、一九四七年の末には非合法団体にされていた。[10] 一九四六年七月、胡適が上海に「プレジデント・タフト」号から上陸したわずか数日後に、かれの古い友人の聞一多《ぶんいった》が、昆明以来かれが編集長を担当していた民主同盟の機関誌『民主週刊』の編集部から出てきたところで、暗殺された。聞一多は戦前は『新月』派の政治に無関心の学者 ‐ 詩人であったが、しかしこの戦争によって国民党の専制への激烈な反対者に変わっていた。[11] 胡適の『新月』時代以来のもう一人の友人であった羅隆基は、国民党の大義に決して心を傾けることのなかった人で、一九四六年と一九四七年に民主同盟の指導的なスポークスマンになっていた。そのために、かれは秘密警察〔特務〕による恒常的な厭がらせをその代償として支払わねばならなかった。[12] 一九三〇年代に胡適が民主かそれとも専制かという問題について論争した相手の銭端升は、戦後のこの時期には、さらに幾分アカデミックに変わっていたとはいえ、蔣介石が政治を軍事化してしまったことを率直に批判するようになっていた。[13]

(10) 民主同盟については、Melville T. Kennedy, Jr., "The Chinese Democratic League," *Papers on China, 7*: pp. 136-175 (1953). を見よ。ケネディは『新華日報』(重慶)、日付は一九四八年八月二七日、成都、のそのような趣旨のニュース記事を引

用して、胡適は一九四五年八月に同盟に入った（joined）という。しかし、補強する証拠が無く、わたしはこの記事の正確性を疑う方に傾いている。

（11）Hsü Kai-yü, "The Life and Poetry of Wen I-to," *Harvard Journal of Asiatic Studies*, 21: pp. 173-179 (1958 / 12). を参照。

（12）CWR 102.8: p. 177 (1946 / 7 / 20), 102.9: p. 204 (1946 / 7 / 27), 104.5: p. 143 (1947 / 1 / 4). また、*United States Relations with China, with Special Reference to the Period 1944-1949* (Washington, D. C., 1949), pp. 836-838. を見よ（この文件はここから後は White Paper として引用する）。羅は三十年前に清華大学のクラスメイトだった日々以来、聞一多の良き友人だった。

（13）Chalmers A. Johnson, "An Intellectual Weed in the Socialist Garden: The Case of Ch'ien Tuan-sheng," *China Quarterly*, no. 6: pp. 29-52 (1961).

必然的に、より若い世代は政治的不安を引き起こした行動者であったし、またその犠牲者でもあった。戦後数年間、学生デモとストライキが風土病のように広がった。学生たちの騒動は、学生たちがその中に置かれていたほとんどどうしようもない経済状態、あるいは大学の官僚主義的な管理上の誤りという特殊なケースによって引き起こされた。なかでも重要だったのは、腐敗が蔓延し、内戦が血と富の大きな代償を支払いつつ不断に引き延ばされるにつれて、挫折と怒りの感情が日増しに強まっていったことだった。言うまでもないことだが、国民党が自分たちへの批判を鎮めようと、次第に野蛮な奮闘を強めたことは、学生の中で次第に急進主義に向かわせる動きを加速しただけだった。中国は概して、一九四六年から一九四九年までのこの期間、胡適が果たすことに慣れていた役割、つまり距離を取った冷静な批判が果たす役割には最早望みが無い環境を提供していただけであった。

毛沢東への手紙

胡適自身が再び舞台〔中国〕に姿を現す前に、この時期の最も重大な問題、すなわち内戦という致命的な問題についてかれが採ろうとした立場が、すでにかなり奇妙なやり方でそれ以前に示されていた。一九四五年の秋遅くに胡適はニューヨークから毛沢東に宛てた電文を送った。中国の新聞に載せられたその原文は次のような内容だった。

潤之《じゅんし》先生〔毛沢東の字〕。先ごろ新聞に、傅孟真《ふもうしん》〔傅斯年《ふしねん》、一九四五―四六年北京大学代理校長〕の、兄が胡適によろしく伝えてくれと言っていた、という言葉が載っているのを見て、旧交を懐かしく感じ、思慕の念に堪えませんでした。二十二日の夜に董必武〔中国共産党のサンフランシスコ大会代表〕と長いこと話をし、適（わたし）は卑見を述べ、中国共産党の諸公は今日、世界の形勢を詳しく観察して、中国の前途を大切にし、過去の事を忘れるように努力して、将来を展望し、思い切って決心して、武力を放棄し、中国のために武力に頼らない第二政党を作ることを準備すべきだと思う、と語りました。公らがもしこの決心ができるならば、国内の十八年間の紛糾は一朝に解決し、公らの二十余年の努力もみな内戦によって完全消滅することにはならないでしょう。アメリカの開国初期に、ジェファーソンは十余年平和的に奮闘し、かれが作った民主党はついに第四回大統領選挙で政権を獲得しました。イギリス労働党は五十年前には、わずか四万四千票しか獲得しませんでしたが、しかし平和的に奮闘した結果、今年は千二百万票を得、絶対多数党になりました。もし忍耐強い毅力を持することができれば、将来発展することができ、その前途は無限でありましょう。万々一にも、小さなことを忍耐せず、自ら破滅を招いてはいけません。以上が董君との談話の要点です。今特に述べ伝え、参考の用に供します。

胡適、八月二十四日。[14]

(14)『大公報』(重慶)、一九四五年九月二日、*Chinese Press Review: Chungking*［CPR:Cと略記］no. 238: p. 6 (1945 / 9 / 4). J・L・スチュアートの自伝へのかれの序言の中で、胡適はこの事件を次のような言葉で思い起こしている。「わたしもまた［スチュアート大使と同じように］まさにナイーブな初学者でした。膨張する理想主義の時代の国内政治、国際政治について、あまりにわたしはナイーブだったので、対日戦争勝利の日の直後にわたしは長い無線電報を重慶に送り、わたしの以前の学生だった毛沢東に転送してくれるように頼みました。……わたしの重慶の友人は電報で、わたしのメッセージは正しく毛沢東個人に届けられたと伝えてきました。勿論、今日まで返事は受け取っていません」(John Leighton Stuart, *Fifty Years in China*［New York, 1954］, xix.)。毛は、このようなやり方で「以前の学生」としてのかれに胡適が主張することにきっと驚いたであろう。かれは一九三六年にエドガー・スノーに次のように語っている。一九一八年に長沙［第一］師範学校を卒業した時、胡適と陳独秀がかれの英雄の中にいた。かれは、「その時」「わたしの心は自由主義、民主的改良主義、ユートピア的社会主義の思想の奇妙な混淆でした。わたしは『十九世紀の民主主義』、ユートピア主義と旧式の自由主義に対して余りはっきりしない漠然とした情熱を持っていました。そしてわたしははっきりと反軍閥主義者で、反帝国主義者でした」(Edgar Snow, *Red Star Over China*［New York, 1938］p. 132)。しかし、つぎの冬(一八―一九年)の間のかれの北京での短い逗留の期間に、その時かれは北京大学の図書館の助手(アシスタント)として一時働いていて、李大釗の影響下に入ったのだが、毛は、李大釗を除いて新文化運動の大人物たちは地方の省から出てきた青年の考えにほとんど関心を持たなかったと感じた。ある記述によると、彼はとくに胡適にすげなくされたという(Stuart Schram, *Mao Tse-tung*［New York, 1966］p. 42)。

ここに表わされた感情は、回想してみると、当時の特別な瞬間だったという文脈においてそう見えたよりももっと注目に値するものである。毛沢東はその時ちょうど重慶にいて、かれと蔣介石は表面的な真心を見せながら、双方が代表する利益を協調させる可能性を探っていた。この努力の無益さがはっきりと明らかになる前に一年有余の時間が経過するのだが、しかしこの谷間の期間に、衝突の平和的な解決の希望にすがり付いたのは胡適一人ではなかった。かれが毛沢東に打った電報は確かに、それを受取人に押し付けるのにもってこいの歴史的前例についてのナイーブな理解を示している。そしてこうしたやり方で、数年後に共産主義者をして権力の座につかせることになる社会的政治的な力についての驚くほど誤った判断を示している。しかしここにおいてもまた、胡適は一人ではなかった。この呼びかけの最も興味深く、最も意味がある面は、もし変革に利用しうる制度的枠組みがあるのにその外側で変革を追求するならば、それはどんな主義も正しくない、ということを含んだ示唆にある。もちろん、これは胡適が一九二〇年代、三〇年代に何度も述べていた考えを重ねて述べたものに過ぎない。しかし、戦後のこの時期においては、この考えは不吉な推論を伴った。すなわち、どんな政府もその制度的機構を損なわれずに維持したいという望みを表明するものだが、それ故これによって、[政府は]その道徳的あるいは政治的な欠陥にも拘らず、支持に値するものだというお墨付きを与えられるのだ。これは明らかに権力の座にある政府に支持を与えることを意味した。そして、胡適が改めてその中に戻ってくる中国では、さらにこれは、まさに衰えつつある政府に支持を与えることを意味したのである。

戦後の帰国、北京大学校長、国民党との関係悪化

一九四六年に胡適が帰国してみると、そこには、かれに再び戦前の時の「超党派的」スタンスを採るようにと、政治の罠に陥らないようにと、そして『独立評論』を復活させるようにと勧める何人かの人たちがいた。[15]胡適は遺憾なことに最後のこの提案を拒否した。かれは「文章を書いて小冊子の刊行物を編集する黄金の時代はすでに過ぎ去りました。」「物価は毎日違うように高騰し、稼いできては食うゆとりのない生活をしている学

者は、やむなく飯を食うために文章を書いて売らなくてはならなくなっていますから、必ず、かれらに報酬を払わなくてはなりません。そのほか、労働賃金が上昇して一千字を刷る方が、一千字を書く人より得る報酬はずっと多くなっています。ですから、わたしたちには真の『独立』した雑誌を出版する方法は無いのです」と述べた(16)。

(15) 例えば、「我們対胡適博士的期望」『益世報』(天津)、一九四六年七月三一日、*Chinese Press Review: Peiping*〔CPR:Pと略記〕no. 109: p. 1 (1946 / 7 / 31); C. Y. W. Meng, "New Revolutionary Movement," CWR 103.12: pp. 364-365 (1946 / 11 / 23). を参照。

(16) 胡適『丁文江伝記』八四頁。

どのようなケースでも、真の超党派主義は一九三〇年代でも十分難しかったのだが、戦後には実質上不可能だった。胡適のような考えを持った人にとっては、もはやいかなる中間的地歩も無くなっていた。人は、政府の政策を修正させる影響力を及ぼそうという希望を持って――その希望はますます微かで弱くなっていたが――、政府の側に立つことができた。あるいは、政府に挑戦する人たちと同じ側に立つこともできた。それがいかに国民党に不利益であろうと、少なくとも内戦を終らせ何らかの形での連合政府を樹立することを(一九四七年までに、おそらく大部分の中国人知識人が公然とでなければ個人的に行ったように)求める程度には、立つことが出来た。一方の側は、秩序だった。それが強迫と恫喝によって押し付けられた秩序であろうとも。そして自由だった。それは厳しく制限されたもので、批判に寛容であろうとする政府の意志によって存在が可能になった自由というよりも、政府の非効率性に因って可能になったものであったけれども。そして最も重要だったものは、進歩的な変革への期待だった。それがなおいくつかの所で引き続く頑固さに直面してさえいたとしても。もう一方の側は、これは革命の名で行われる破壊と、教条主義的な信念の暴虐であった。

胡適がかれの前に開かれていた選択を判断したと思われるのは、少なくとも、そうした言い方によってであった。バランスが不安定な独裁政権から一九四七、四八年の公然たる暴動に傾くにつれて、胡適も次第に、国民党政権の下落しつつある権威を改善しようとした人々に共感するようになった。この国の最も有名な大学の校長として胡適は、自分は学生の騒動の鉄床と警察の鎮圧のハンマーとの間の難しい立場に置かれているのに気づいた。胡適の戦後の学生運動に対する立場については様々な解釈が置かれたままになっている。それらは人々がこの問題を見るときに通して見るレンズの政治的色合いによって異なっている。かれは、一九二〇、三〇年代の多くの場合に話さなかったことはほとんど話さなかった。しかし今、かれは距離を置いた態度と一般的な言葉ではなく、学生の抗議と政府の嫌がらせの具体的な問題に答えて語ることを強いられた。一九四六年一〇月に北京大学が北平で開学した時に、かれは自分の希望を表明した。〔北京〕大学は精神においても、あるいは実際においても、自由な探究と独立した思考が活躍できる学校になるだろう、と。かれは、学生はそこで勉強しなければならないのだ、と示唆したのである。[17] しかし、一九四七年の一年を通して、とりわけマーシャル使節団が失敗して、国民党と共産党の談判が最終的に決裂した後、国民党と学術界の批判者たち（学生と教師の双方）との関係が急速に悪化した。学生が捕えられたという報道が中国各地から伝えられて来ると、胡適は、かれ自身の学生たちに再び保証しようとした。このようなことは北京大学では決して起こりえない、とかれは語り、逮捕されたどんな北京大学生のためにも自分は個人的に保釈保証人になると約束した。[18] これが何カ月もの間、胡適が守らねばならなかった約束であった。[19]

（17）『新民報』（北平）、一九四六年一〇月一一日、CPR:P no. 167: p. 8 (1946 / 10 / 11).
（18）『世界日報』（北平）、一九四七年二月九日、CPR:P no. 264: p. 5 (1947 / 2 / 10).
（19）『北平時報』（北平）、一九四七年六月四日、CPR:P no. 360: p. 4 (1947 / 6 / 4).

しかし、胡適がその時なお国外において、とりわけ合州国において持っていたかなりの権威と尊敬の重みが、少なくともしばらくの間、北京大学がその政治的な異見のために政府の全力での抑圧を受けると感じることから救ったのかもしれない。[20] 学生ストライキやデモはその度に、中国人の知的生活に浸透しつつあった急進的な調子からかれをさらに一層離れさせたが、かれは戦前と同じように、普通のときは知識人が、特殊なときには学生が、果たすべき合法的な「監督」機能を持っているのだ、と主張し続けた。かれは政府に、政府を批判する学生を取り扱う時には成文化されている法的手続きを誠実に守らなければならない、と繰り返し警告した。少なくとも一度、かれは非常に明確な言葉で、蔣介石が習慣的にすべての学生騒動を共産党の政府転覆活動のせいにしていることを非難した。かれは、大多数の学生は単にかれらの中国の現状に対する全く自然な、そして賞賛に値する関心を表しているだけなのだ、と言った。[21]

(20) これは、James P. Speer III, "Liquidation of Chinese Liberals," *Far Eastern Survey*, 16.14: pp. 160-162 (1947 / 7 / 23). に示唆されている。

(21)『経世日報』(北平)、一九四七年五月二〇日、CPR:P no. 348: p. 3 (1947 / 5 / 20).

だが、もしかれが、ちょうど一九二〇、三〇年代の時に持ったように、学生たちの動機に共感することができたとしても、胡適はなお学生たちが採った手段を認めることは出来なかった。かれは何度も繰り返し、穏やかな叱責から厳しい訓戒までいろいろな口調で、デモとストライキをやったら、知識を得る仕事に戻れと促した。そして、あらゆることを無視して自らの信念で積極的な政治的抗議を行った者は、自らの行為に責任を負う用意ができていなければならない。また自らの身の上に加えられるかもしれない懲罰を直視しなければならない。法律は法律であり、大学は法律違反者の避難所として奉仕することは出来ないのだ、とかれらに語った。[22]

華北における国民党支配に時間が無くなり始めた一九四八年夏の後半に、北京大学はかつては与えることができたどのような安全ももはや持たなくなっていた。北京大学が実質的に国民党の保安隊と警察官による包囲の状態に置かれるとともに——これは、政府転覆活動を根こそぎにし、知識人を跪かせるための全国規模の最後の土壇場の推進運動の一部分だった——、胡適は北京大学の学生に、「破壊活動分子」を審理するために設けられた特別犯罪法廷から召喚状を受け取った者は出頭するか、もしくは学校からの除籍に直面しなければならない、と通告した。(23)

（22）『北平時報』（北平）、一九四七年一〇月二八日、CPR:P no. 459: p. 5 (1947 / 10 / 28).
（23）CWR 110.13: p. 358 (1948 / 8 / 28). と、111.1: pp. 4-5 (1948 / 9 / 4).

胡適の全般的な政治情勢についての見方には、同じような法規遵守の傾向が見られる。一九四七年七月に、国務会議が公布した共産党に対する戦争を遂行するための総動員令についてコメントしたとき、かれは自分の考えをはっきりと表明した。

政治党派による政治権力争奪の争いは合法的なやり方に遵って、大多数の人民の支持を得るべきである。武力で政府をひっくり返すのは決して合法的なやり方ではなく、革命である。自衛のために、共産党の反乱を鎮圧することはまさしく政府の義務である。すべての交通は遮断され、大部分の鉱山は破壊された。いくつの工場の煙突からまだ煙が出ているだろうか？　わたしの故郷、安徽省績渓県は抗戦時期にはまだ破壊に遭わなかったが、しかし先月共産党に洗いざらい破壊されてしまった。抗戦時期には存在しなかった困難がいま現れた。抗戦時期には幸いに難を免れた物がいま破壊されてしまった。だから、共産党の叛乱は必ず鎮圧しなければならない。八年の抗戦の後、……貧弱な中国が既に世界四強の列に身を置いた。蔣総統は当然この国際的な声望を維持していきたいと願っているはずだ。(24)

（24）『和平日報』（南京）、一九四七年七月七日、*Chinese Press Review: Nanking*［CPR:N と略記］no. 457: p. 5 (1947 / 7 / 7), ま

た『新民報』（北平）、一九四七年七月六日、CPR:P no. 382: pp. 4-5 (1947/7/7). を参照。

継続された戦争によって無茶苦茶にされた荒廃を悲しんでいたのは決して胡適一人ではなかった。しかし、共産党がこの年の三月以降非合法化されていたという事実、そして国務会議の総動員令の中でも、共産党は公然と政府に反乱しているものであると宣告された（これは情勢の不正確な評価ではない）という事実から見ると、胡適のこの声明は情勢についての非現実的な幻想の雰囲気を持っていた。[25] 国民党がいかなる代償を払っても自衛する権利を有していることを承認しているのがその一つである。だがその時までに、多くの人は、そのように行うことで政府は本当に人民の利益か願いかのどちらかを代表しているのかについて、疑問に思うようになっていたのである。しかし、共産党が「合法的」手段でかれらの要求を主張しようとしないからと言って非難することは——おそらくかれはなお心の中で有益な見本はトマス・ジェファーソンとイギリス労働党だと思っていたのだろうが——、当時の状況の下では危険なほどに詭弁に近かった。共産主義者たちは、かれらと国民党政権との関係の歴史のことを考えると、支持を勝ち取る「合法的」手段を利用することがどのくらい許される可能性があるか量っていたのだから、このような議論を説得的だと思うことはありそうもなかった。かれらはかれらが信頼していない制度に依拠する必要は何一つないと感じていたし、共産党が新しい組織を手段にして、かれら自身の願望に合った権力へ転換し得る政治的エネルギーの源を発見したということが、すぐに驚くほど明らかになった。革命の闘争が一九四七年と一九四八年にその最高潮に達しつつあった時、胡適は共産党の「反乱」の中で働いていた躍動的《ダイナミック》な力についてはなお驚くほど気づかないままだった——あるいは無関心だった。

（25）一九四七年七月四日に国務会議によって通過させられた総動員令の決議のテキストは、White Paper, pp. 476-478. に載せられている。

憲法制定・国民代表大会と胡適

胡適はこの衝突の中でかれが立とうとした一方の側を択んだのだが、しかしかれはいつもと同じように、半隠遁的な学術《アカデミック》生活を捨てて積極的に政治に入ることには気が進まなかった。かれが一つのポスト、あるいは別のポスト――アメリカへの大使、(26)教育部部長、(27)そして行政院院長(28)――に今にも任命されそうだという報道は、胡適が再び中国の地を踏んだほとんどその時から、報道界のお決まりのネタになっていた。これらの報道の後には例外なく決まって、自分は政治職に全く関心が無い、あるいはその才能は無いと言った、参加についての多少とも強調された胡適の否定が続いた。(29)しかし一九四六年にかれは、憲法制定国民会議の選挙に首尾よく立候補した。それは長いこと待ち望まれていた「恒久」憲法の起草を目的として一一月から一二月にかけて南京で開かれる組織だった。一九四七年の最初の日〔一月一日〕のその文件〔憲法〕の発布は、政治的訓政の時期の終りを正式にもたらした。この大会が終始国民党によって支配されたという事実（共産党と民主同盟もどちらも憲法の審議に参加しなかった）にもかかわらず、胡適の考えでは、憲法を作るというまさにその行為が国民党支配の十分な正統性を提供したのだった。胡適は、自分自身は、「政治権力を人民に返し、かつ憲法による管理を実施」しようとする政府の「誠実さ」に完全に満足している、と言明した。そしてその後は、かれはデモクラシーの全体主義に対するゆっくりだが着実な世界規模での勝利の証拠として中国を例に引いた。(30)一一月に胡適は「教育界」を代表する無党派の候補者として出馬し、新憲法によって作られた国民代表大会の議員に選ばれた。しかし、一九四九年に国民政府が大陸本土から追い出された後は、国民代表大会はそれ以後の選挙が行われなかったために、胡適は十五年後のその死までずっと国民代表大会の議席を保持したのだった。

(26)『紀実報』(北平)、一九四七年七月一九日、CPR:P no. 392: p. 4 (1947 / 7 / 21).
(27)『新民報』(南京)、一九四七年三月七日、CPR:N no. 347: p. 1 (1947 / 3 / 6, 7),『経世日報』(北平)、一九四七年一〇月一五日、CPR:P no. 451: p. 4 (1947 / 10 / 15).
(28)『北平時報』(北平)、一九四七年八月三一日、CPR:P no. 422: p. 2 (1947 / 9 / 2).『益世報』(北平)、一九四八年三月一九日、CPR:P (北京) no. 564: pp. 4-5 (1948 / 3 / 19).
(29) 例えば、教育部長に関しては、『新民報』(南京)、一九四七年三月二一日、CPR:N no. 359: p. 5 (1947 / 3 / 21), CPR:N no. 469: p. 6 (1947 / 7 / 21).
(30) CWR 106.12: p. 357 (1947 / 8 / 23), 胡適が北京の政治的な集会で行ったスピーチの『新晩報』(*Hsin-wen Pao*, 上海) からの再掲の報告である。また、胡適「眼前世界文化的趨向」、これは一九四七年の夏に放送されたラジオ講話である。胡適『我們必須選択我們的方向』(香港、三刷、一九五七年) 一一頁に所収。

憲法が規定する国民代表大会の職務の中に、新政府を率いる総統と副総統を選出する仕事があった。一九四八年三月の末に国民代表大会が南京で開かれる直前に、胡適が自薦で副総統候補者に立つらしいという噂が流れた。しかし胡適は直ちに否定し、自分はそのような意図は全くないと言った[31]。数日後、蔣介石が自分は分裂した国の総統になるつもりはないと宣言したとき、事態はもっと興味深い展開を見せ始めた。総司令はさらに、総統候補者に指名される人は、「わが党の外の人士」でなければならないと言い、そしてそれに続けてかれの好みをやや詳しく述べた。「この人は憲法の本質が分かる人でなければならない、……デモクラシーの理想によって啓発され民主的な精神にあふれた人でなければならない、……われわれの歴史、文化、民族的な伝統に深い理解を持つ人で、……世界の潮流についていくことができ、豊かな現代文明の知識を持つ人」でなければならない、と[32]。詳しい情報源は、この表現は胡適の品格に丁度合うように描かれたものだし、そして蔣介石が実際に胡適にこの職を受けるよう説得を試みたことを示唆する証拠がある、という印象を強めた[33]。もしそうだったとしても、胡適は決して成功しなかった。四月半ばに蔣介石が総統に選出された時は、いかなる驚きも起きなかった。しかし副総統の選挙は思いがけない結果だった。蔣介石が個人的に選んだ候補者の孫科が、独立的な考えをする古い軍閥の李宗仁に敗れたのである。李宗仁は党を支配している派閥からは信頼されていなかった人物で、広く党組織の内でも外でも不忠実な「自由派」の候補者だと見られていたのだった。胡適は国民代表大会の組織の会議で重要な役割を果たし、さらには李宗仁の選挙に関係していたらしいが、五月に再び北京と北京大学に退いた。[34]

(31)『北平日報』(北平)、一九四八年三月一八日、CPR:P no. 563: p. 4 (1948 / 3 / 18). 胡適の否定は『新民報』(北平)、一九四八年三月一九日、CPR:P no. 564: p. 4 (1948 / 3 / 19).
(32) 蔣介石の一九四八年四月四日の国民党中央執行委員会での講話のテキストは White Paper, pp. 847-848. 所収。
(33) White Paper, pp. 849, 851. また、CWR 109.6: p. 170 (1948 / 4 / 10), *New York Times*, 1948 / 4 / 5, p. 1. を参照。
(34) 胡適の国民大会での役割については White Paper, pp. 846, 854, 907. を参照のこと。

胡適をこのような高い職位に上せようというささか奇怪な努力については、いくつかの可能な解釈がある。アメリカ大使のJ・ライトン・スチュアート博士〔宣教師、燕京大学校長から大使になった〕は、蔣は本当に総統職をあきらめる方が良いと思ったのかも知れない、というのは、新しい憲法の下ではこのポストは幅広い行政権を持った職ではなかったからである、蔣が行政院院長の地位を択んだのは、このポストだと政府の活動にもっと直接的な影響力を行使できるだろうと思ったからだろう、と推測した。[35] また、スチュアート自身からの圧力に蔣が直接反応していたという可能性もあった。国民代表大会が開かれることになっていた少し前に、大使は普通でない行動を取って、国民党のリーダーたちは開明的で自由主義の知識人をうまく使えていないと公然と叱責したのである。[36] たしかに、十年前に魅力的な選択として胡適をワシントン駐在の中国特使とした同じ配慮が働いていた——多年にわたるかれのアメリカとの親密なつながり、アメリカ情勢についての完全な理解、そしてかれがアメリカで受けている尊敬などである——。戦後のこの数年でも、その配慮はまったく同じように重要であるように思われたに違いない。国民政府の存続はこれまでになく更に大きな程度において、アメリカの経済的軍事的援助に依存していた時だったからである。

(35) J. Leighton Stuart, *Fifty Years in China*, p. 193. 胡適がこの考えをスチュアートに示唆したのかも知れない。White Paper, p. 846. を見よ。国民代表大会が蔣介石が終にその地位を引き受ける前の日に、幅広い「緊急事態権」を総統職に与えたことを指摘しておくことは興味深いことである。

(36) 一九四八年二月にアメリカ議会に「中国援助法案」が提案されたときに発表されたスチュアートの「中国人民への個人的メッセージ」の原文は、White Paper, pp. 985-987. に収められている。

しかし、もしこれらの資格が総司令（蔣介石）とかれのアメリカ人顧問たちに胡適を推薦させたのだとしたら、これらは中国の学生と知識人の中におけるかれの名声に取り返しのつかない傷を与える役目を果たしたのだった。というのはかれらにとって、アメリカの中国におけるプレゼンスと、アメリカの中国政治への盲目的加担は、戦後の全時期を通じて人々を激昂させる問題を作りだしていたからである。[37] 共産主義者はもちろん、ずっと以前から胡適を帝国主義的利益の奴隷であると認定していた。[38] 一九四七年と一九四八年には、合州国は以前にも増して、次第に人気が無くなりつつあった政府の唯一の支えであると思われるようになった。だから、アメリカはこの政府の欠点に連座させられて、胡適をアメリカ人の「帝国主義」的なもくろみと結びつけることが、とりわけ急進的な若い世代の間では普通になった。ある西洋人の観察者が、自由派の潜在的な政治的役割を評価しながら指摘したように、西洋で訓練を受けた知識人、胡適やかれに似た他の人々は、現実の革命の戦闘がまさに行われていた中国の内陸地域で知られているよりも、むしろ海外でかなりよく知られていたのだった。さらにこの同じ作家は続けて、「アメリカで教育を受けた学者たちはアメリカで大変尊敬されているのだが、中国人の学生の目からは大変低く見られている」と書きとめていた。[39] 学生たち自身は無遠慮な言葉で、胡適は「中国人の身体にアメリカの頭が生えた人のように」振舞っていると言ったのである。これは一九四八年にある学生が五四運動二十九周年を記念して書いた社説が公言した表現である。「何人かの人が、かれは事実上のアメリカの北平駐在大使であると言っている。……かれはすでに変わってしまった。礼を失するように述べるのを許してもらえれば、かれはもうブルジョワ学者ですらなくなった。かれはすでに買辦学者になってしまったのだ」(40)。だから、共産党政権が成立し、胡適とかれのような人々についての公式の方針が公布される前においてさえ、レッテルはかれが追いやられる特別煉獄にすでに貼られていたのである。

(37) 反アメリカ主義の高まりについては、一九四七年の北京の新聞界についての調査である Thurston Griggs, *Americans in China: Some Chinese Views* (Washington, D. C., 1948). と、Dorothy Borg, "America Loses Chinese Good Will," *Far Eastern Survey*, 18.4: pp. 37-45 (1949 / 2 / 23). を見よ。二、三のとりわけ不愉快な事件が、戦後数年間の一般的にトラブルの多かった中米関係の水平からアメリカ自身を突出させた。最初のものは、有名な「北京強姦事件」である。一九四六年のクリスマスイブに、アメリカ人水兵が北京大学の女子学生に対して暴行した容疑だった。この事件は一九四七年の前半を通じて続いた抗議とデモを引き起こした。第二のものは、一九四七年のウデマイヤー将軍の中国への使節団と、ウデマイヤーがアメリカに帰ってから述べたと信じられたその国民政府への批判である。第三の危機は、日本経済の復興を支援する合州国の政策から生じた。それは日本によって最近犠牲にされた［中国］側に非常に大きい恨みを引き起こしたことである。特に一九四八年の春と夏に激しかった。胡適はこれらの問題のそれぞれに自分の立場をとることを強いられた。最初の例では、犠牲者が北京大学の学生で、北京大が彼女の法的保護者だったから、かれは直接巻き込まれた。胡はその学生に同情を表すとともに、アメリカ当局が公正な処理で正義がなされるのを示すだろうと信じた（『新民報』［北平］、一九四六年一二月三一日、CPR:P no. 232: p. 3 [1946 / 12 / 31]、『新民報』［北平］、一九四七年一月七日、CPR:P no. 237: p. 3 [1947 / 1 / 7]）。被告の海軍伍長は一月の最初の裁判で、有罪の評決が下って禁固十年が宣告された。かれは続いて六月の再審の海軍法廷で全ての罪について嫌疑を晴らされた。ウデマイヤー報告に関しては、胡はやんわりと批判しただけだった（『和平日報』［南京］、一九四七年九月五日、CPR:N no. 507: p. 3, 1947 / 9 / 5）。日本問題については、胡は最善を尽くして、疑い深い公衆に向かってアメリカの政策は正しいと言った。かれは、アメリカの経済支援が無かったならば、日本人民の悲惨な状態はかれらを共産主義に駆り立てるだろう、そして確実に合州国は日本が侵略的な意図を持って再軍備することを許さないだろう、と述べた（『新民報』［北平］、一九四八年五月二六日、CPR:P no. 622: p. 4 [1948 / 5 / 26]、『新民報』［南京］、一九四八年五月二九日、CPR:N no. 706: pp. 11, 1948 / 6 / 1)。また、CWR 110.1: pp. 26-27 (1948 / 6 / 5). と、110.2: p. 59 (1948 / 6 / 12). も参照。

（38）付録Cを見よ。

（39）Charles J. Canning, "What Can China's Liberals Do?," CWR 109.5: p. 135 (1948 / 4 / 3).

（40）Chow Hwa, "Hu Shih and the May Fourth Movement," *Yenching News* (Journalism Department of Yenching University, Peiping, 1948 / 5 / 3); CPR:P no. 608: pp. 3-4 (1948 / 5 / 10).

この破壊的な年月を通じて、胡適は「歴史的パースペクティブの感覚」を生き生きと保持し続けるために闘っていた。それはかつてかれがいつも慰めと力の源泉として若い聴衆に強く勧めていたものだった。一九四七年にかれは、「わたしは歴史を学ぶ人間である。歴史的に世界文化の趨勢を見ると、民主自由の趨勢がこの三、四百年来の最大の目標であり、最も明白な方向である。最近三十年の反自由、反民主の集団専制の潮流［ファシズム、コミュニズム］は、わたし個人が見るところでは、一つの小さな波乱曲折、一つの小さな逆流にすぎない。この中間に一つの三十年の逆流が起きたからといって、三百年の大きな民主の潮流、大きな方向を抹殺する必要はないのである」と書いた(41)。そのすこし後ろに、かれはまた文を続けて書き、「わたしたち中国人は今日、世界文化の大きな趨勢をはっきり認識しなければならない。わたしたちは自分たちが歩むべき方向を選び決定しなければならない。自由があってこそ、わたしたちの民族の精神を解放しうるのである。民主政治があってこそ、全民族の力を団結させ全民族の困難を解決しうるのである。自由民主があってこそ、わたしたちに人間味のある文明社会を培養させてくれるのだ」、と述べた(42)。

（41）「眼前世界文化的趨向」一一頁。

（42）胡適「我們必須選択我們的方向」一七頁。

北京陥落、脱出

だが出来事は急速に胡適の歴史感覚を追い越した。中国人民の多方面なエネルギーを解放する手段を考案すること、そして人々がまさにその下で生活することになる民主主義――毛沢東の「新民主主義論」――を定義すること、これらの事は他の人々の肩にかかってしまった。一九四八年の秋になって、国民党の大義は失われた。少なくとも中国の北方ではそうだった。一〇月から一一月にかけて、共産主義者は国民政府の最後の軍隊を満洲から追い出した。一二月までに、北方の各都市は国民政府の孤立した兵営にすぎなくなり、その他は高まりつつある革命の潮流にほとんど呑み込まれた。一二月一五日、胡適は蔣総司令の個人的な命令によって派遣された一機の飛行機に乗って、重囲に陥っていた北京から脱出した。かれの個人的な図書は、数多くの手書原稿と手紙、かれの日記の幾つかの部分、そしてその他の過去を思い出させるもの――そして、人は残されたのは砕けた希望のゴミだ、と推測するかもしれないものとともにその背後に残された。数日後、正確には一二月一七日、かれの五十七歳の誕生日にかれは南京にいたアメリカ大使スチュアートを訪ねた。この二人は長年交際が続いてきた友人だったが、かれらは、胡適が北京大学の若き教授で、スチュアートは新しく創設された燕京大学の初代学長だった一九二〇年代初めの情景に話が及んだ――二人のどちらにとっても、それは幸福な日々であった。スチュアートは国務長官に宛てて次のように報告した。

胡との会話は特に悲しくさせるものでした。というのは、かれは蔣政府に忠実であろうと試みることで、自分が愛国的理想主義の最良のタイプであることを示したからです。胡の議論は、共産主義は非常に無慈悲で不寛容である。その思想を教え込むことにおいて悪魔のように徹底的で、かつ中国でその全体主義的支配を強要する過程においても大変情け容赦の無いものである。だから、蔣介石は欠点があるにもかかわらず、支持されなければならない。というのは、かれ一人だけが、この点をきちんと見て、それと妥協せずに抵抗し続けてきたからだ。また国民党のリーダーたちの中では、ほとんどかれだけが貪欲の汚染や中国官界のその他の典型的な悪行から免れていたからだ、というものでした。……わたしたちの長年の友情にもとづいて、かれがわたしに、自分は蔣総統に何を話すべきか、自分は学者としての経歴を棄てて国のために力を尽そうと決めたのだが、今自分は他に何ができるのか教えて欲しい、と言ったとき、かれの眼には涙が浮かんでいました。わたしは、蔣政府の最大の弱点は軍事というよりも道徳であった。その意味で、軍隊は戦闘精神を失ったし、人民はそのために痛苦を耐え忍ぶように求められている大義を信頼しなくなったのと同じように、かれらのために必要なものを提供してくれる政府の能力に信頼を失ったのだ、と話しました。こうした状況の下でアメリカは無力でした。わたしは何度も蔣総統にかれの背後の輿論の支持を集めることが最高に重要なことであると力説しましたが、しかし失敗しました。わたしはもう一つの自由と民主をめぐる「新思潮運動」あるいは「文学革命」があったとしても、かれが三十余年前に輝かしい成功を収めたように、かれがリードできるかどうか疑問に思いました。かれは対日戦勝利の日の後、「かれの」才能をこの分野で使わず、かれが昔していたように、より自分の性分に合った学術活動に利己的に戻っていたことを痛く後悔している、と言っていました。(43)

(43) White Paper, pp. 898-899. スチュアート大使は国務長官にさらに次のように打ち明けている。「この長いコメントは、もし連合政府が時の流れの中で作られるとしたら、その時のわれわれの政策についての議論の仕方のためのものであります。多分共産党は当初は支配するでしょう。……［しかし、］共産党は最初は寛容な路線を受け入れる必要［が出てくる」でしょう。というのは、かれら自身に限界があるためです。これは疑いなく一時的な戦略以外の何物でもないでしょう。しかし、その期間にかれら自身のイデオロギーと、もっとリベラルな考えの間との間の相互作用が、恒久的な効果を持つかも知れません」と。これは愚かな夢であった。その時進行中だった共産主義者の勝利の巨大さは、かれらが連合政府に参加する方が都合がいいと思うかも知れないようないかなる希望も粉々にしたのである。たとえこれが本当でなかったとしても、胡適がそうした政府の中で仕事をする用意が為されただろうとか、共産主義者がかれの存在に寛容であったろうと想像することは、どちらも難しいことである。

胡適が一九四八年の冬に自分の周囲で見た政治的軍事的な崩壊の光景によって心から悲しまされたのだと信じるのは難しいことではない。にもかかわらず、かれの国民党の大義に献身しようという決心の宣言も、額面よりは少ないものとして受け取られなければならない。かれがスチュアート大使と話し合ったわずか数週間前に、かれは再度行政院院長の職を受けるのを丁寧に断っていたのである。この職は翁文灝が務めていたのだが、かれはそれによって政権を安定させようと計画した幣制改革の破滅的な失敗のすぐ後に、この職を退いた。伝えられるところでは、胡適は、自分の机の上でさえきちんとすることができない学者は政府を管理しようとする権利を持たないでしょう、という理由で厭だと断ったのだという。一二月の末に胡適はもう一度、政府に入るようにとの招きを拒否した。今度は外交部長としてあった。(44)

(44) CWR 112.1: p. 18 (1948 / 12 / 4).

訪米、共産主義者の勝利、半亡命者、中央研究院院長

一九四九年四月の初め、上海戦が本気で始まる数週間前に、胡適は船に乗ってかれが生まれたこの都市から

再び出航した。かれはこの都市から四十年近く前に旅立って、はるか向こうの巨大な世界へはじめての冒険に出た。そしてその間、何度もいつもこの都市に帰って来たのだった。しかし今度は再び戻ることはないだろう。

共産主義者の勝利は胡適に深い怯えを残した。国民党は勝利したかれらの敵をソビエト帝国主義の全く頭を使わない代理人《エージェント》だと言ったが、胡適はこのイメージを受け入れるのは十分たやすいことだと思った。そしてかれは喜んでかれの特権的な地位を利用して、この見解を「スターリンの大戦略の中の中国」と題した論文の中に入れて、一九五〇年一〇月に『フォーリン・アフェアズ』（*Foreign Affairs*）で発表さえしたのだった。(45) 最後の危機において、合州国が蔣介石に無条件かつ無制限の支持を与えることを拒絶したことは、胡適の目には、歴史的な友誼と正義に対するむごい裏切りであった。胡適は、「合州国は倒された中国の『血に責任は無い』のではない」と詠唱し、［イエスを処刑したローマ総督］ポンティウス・ピラトが［その人の血については］自分には責任が無いという意図を示すために手を洗った記憶［「マタイによる福音書」二七章二四節］を呼び起こした。(46) 一九五〇年代の初めにアメリカでは深い恨みのこもった『中国問題』についての論争が荒れ狂ったのだが、しかし胡適はたいていそれから遠ざかっていた。(47) 半亡命者のようにして合州国で過ごした九年の間、かれは何よりもまず学者でありつづけた。かれはプリンストン大学のゲスト・オリエンタル・コレクション（Gest Oriental Collection）の館長として少しの間務めたことがあるが、そうでなければニューヨーク市の書籍と手書原稿が高く積まれたアパートで、文筆と学問の上品で取り散らかった生活を過ごした。一九五二年から一九五三年にかけて、かれは一度短い台湾訪問をしたが、国民党人は大陸本土での壊滅の後に、そこでようやく自分たちを落ち着かせたところだった。一九五四年に、かれはもう一度台湾に行って、国民代表大会の会議に出席した。その会議で蔣介石は二期目の総統に選出された。その後、一九五八年に蔣は胡適を中央研究院の院長に指名したが、かれは今度だけは総司令の望みに黙って従った。四月にかれはこの島に戻って、かれに残された四年間、台湾における科学的な教育のための機関を改良するために、そして中国とアメリカの学術協力を促進するために尽力した。

（45）この考えは、十五年前の胡適の、中国人の共産主義者は第一に中国人で、共産主義者はその次だ、という主張と興味深い対照となっている。「編輯後記」『独立評論』一四二号二四頁、一九三五年三月一七日。

（46）J. Leighton Stuart, *Fifty Years in China*, xx.

（47）Charles Wertenbaker and Philip Horton, "The China Lobby," *The Reporter*, 6.8, p. 9 (1952 / 4 / 15, 29). を見よ。ここでは、胡適は蔣介石の「合州国の進展についての信頼された情報資料提供者」として言及されていて、ニューヨークの関心を持っている党派によって開催された討論に時折参加者として出ていると述べられている（6.9: p.4, p.7）。だが、かれの「ロビー」［米議会へ働き掛けている院外運動員団］との関係はしっかりと確立したものではなかった。しかし、かれの何人かの古い友人はこの暴露記事に目立って姿を現している。中国大使館の公使賛参だった陳之邁は、かつて『独立評論』の定期的寄稿者だったが、記事の最も好ましくない悪党の一人として姿を現している。国際連合中国代表である蔣廷黻はかれの地位を使って「ロビー」に資金を送ったと非難されている——非難は蔣によって数週間後に否定された（かれの編集者への手紙を見よ。*The Reporter*, 6.12, pp. 3-4,［1952 / 6 / 10］）。宋子文はニューヨークのスカースデイルで亡命生活を送っていたが、記事内の主要な党派の一つとして描かれている。一九五一年四月に公表された「急速に悪化した中米関係の十年をどのように理解するか」と題されたスピーチの中で、胡適はチャイナ・ロビイストの基本的な主張の一つである、「中国」の共産主義による「喪失」は、まずもってアメリカ国務省が共産主義者によって転覆されたことに帰せられねばならないという主張から自分を切り離した。むしろ胡適は、国民政府の衰えは、「四大国」の一つとして中国に割り当てられたパートナーの地位に昇るために相応しい物質的、心理的な能力が無かったことの結果であった、と主張した。*Proceedings of the American Philosophical Society*, 95.4: pp. 457-460 (1951 / 8). を見よ。

この最後の歳月において、胡適は疑いなく「自由」中国の最も人目をひく思想的に誇りとなる人物であり、かれはこの島［台湾］にいる五・四世代の人の中で最も威望のある生き残りだった。かれの姿はあの希望に満ちていた一九二〇年代と目に見える繋りを見せていた。かれはいつもの礼儀正しさや優雅さ、心地良いユーモアでこの役柄を演じた。しかしかれは以前の数えられないほど多くの折に未だ語ったことが無かったことは語ることができなかった。かれはかつての対立論争の残り火を掻き回すことができただけで、[48] かれは台湾の若い知識人たちの心と魂を温める炎に火をつけることは出来なかった。それはそれ以前の時代の戦いがすでに勝利したからではなかった。現代文明の精神的優位という胡適の考えを嘲弄する〔守旧的な〕人もまだ存在していたし、国民党政府に合法的異議に寛容である必要性を思い出させる理由もなお十二分に存在していた。さらには「イプセン主義」の精神を奮い起させなければならない理由、独立した批判的な思考の重要性を強調しなければならない理由もまだ存在していたのである。そうしたよく知られた最愛の理想のために胡適は論争に加わったのだが、しかしどういう訳か、時代遅れ《アナクロニズム》の感覚を追い払うことは出来なかった。[49] かれはまだいつもと同じように、ある人々から尊敬され続けたが、またいつものようにかれを非難する人々が存在したのである。だが大抵は、かれは無視された。かれの名声にもかかわらず、かれは周縁的な人物だった。一九五五年に共産党が徹底した綿密さと、知識人の能力を大々的に動員して行ったかれの一生と著作の信用を傷つけようとした運動でさえ、かれを英雄の光の中に置くことはなかったし、かれの肩に殉難者のマントを掛けることも無かった。[50]

(48) これの最も興味深い事例が、胡適が一九五八年に台湾に戻る少し前に『胡適与国運』と題された小冊子が出版されたことである。この本は、伝統的中国の価値の信用を傷つけるのに胡適が果たした役割を激しく攻撃したもので、本は作者の名が分からないようになっていた。その後の政府の調査によって、それは何人かの手による仕事であることが判明した。その中の一人が徐子明で、七十歳代の男性、ウィスコンシン大学の卒業生で、一時胡適と北京大学で同僚だった人物であった。この小さな論戦で表わされた意見の典型的な例は、以下の本書第十章の注(9)に見られる。

(49) 一九四九年に胡適は隔週刊行の雑誌『自由中国』の創刊者の一人だった。その雑誌は一九五〇年代を通じて台湾と香港のリベラルな思想家たちの意見のはけ口として役目を果たした。そしてそれは、国民党が批判に対して寛容であろうとしている証拠としてしばしば引用された。しかし、一九六〇年の晩夏にこの雑誌の編集者である雷震、かれ自身は一時総司令官（蔣）の腹心でもあった人物だが、かれが実体のない反逆罪の嫌疑で逮捕され、禁固十年の有罪判決を受け、市民権が剥奪された。雷震は何年も前から共産主義者と関係していたと非難された。しかし実際の問題は、雷と自由中国と関係していた何人かが次第に、台湾人が省や国の政治においてより大きな役割を与えられるべきだという示唆を以て、反対党［中国民主党］の設立にかれらの要求を繋げる傾向を見せたことであった。雷震の逮捕の時に外国にいた胡適は、台湾に戻って来たときにこの行為に抗議した——だが、それは個人的で、弱い調子で、何の効果も無かった。

（50）付録Cの共産党の胡適に対する批判の簡単な記述を参照。

いまやかれは一人の老人だった。健康はすぐれず、悪くなりつつあった。かれの心臓は変調しつつあった。死は急にそして優しくやって来た。一九六二年二月二四日の夕方、新たに選ばれた中央研究院の院士のためのレセプションを主宰した後、胡適はかれの客人たちに別れを告げていた時に、崩れるように倒れ、心臓発作で死亡した。かれの最後の数時間は、ふさわしいことに、友人や学者の打ち解けた仲間の中で過ごされた。かれらは、かれがかつてそうあったことでかれを正しく評価し得た人々たちで、そして何人かはおそらくまた、かれがかつてそうあろうとしたことでかれを正しく評価し得た人たちであった。かれには荘厳な葬礼が与えられた。だがその葬礼はその風格において、かれが望んでいたものよりもいっそう伝統的だった。国立北京大学と中華民国の旗がかれの棺に掛けられ、蔣介石本人がかれの最後の敬意を表するために数えきれない程の会葬者の先頭にやって来た。墓は台北の東十マイルの、南港の中央研究院の低く無秩序に広がっている建築群を見下ろすように建てられた。そこは、台湾の北方の緑に覆われた起伏の多い丘の中で、かれが子供のころによく馴染んだ安徽の山間の田舎とそう似ていないことも無い環境の中に、胡適は安息の地を与えられた。七十年前、精神的にも習慣的にも大変遠い時代に始まった一つの生命は、このようにして終った。しかし胡適の旅の行程は十年単位ではかられるのではなく、世紀で測られねばならないのである。

第十章　中国のルネサンス——中国の自由主義《リベラリズム》と中国革命

一九二八年三月の『新月』第一期に発表された社説は、この新しい冒険の発起人たちの心構えを説明していたが、その初めに二句の英文の文芸的な飾りを掲げていた。最初の句は、『創世記』から取った「神は言われた。『光あれ。』こうして光があった」〔「創世記」一章三節〕で、二つ目はシェリーの詩から引用した「冬来たりなば、春遠からじ」であった。ここに打ち出されたテーマ——啓蒙と再生——はこれらの人々の気質やかれらの事業の特質を最も生き生きと示している。これが中国のルネサンスの精神である。

ルネサンス（再生）か啓蒙運動か

胡適の思想と希望の記録をざっと振り返って見ると、おそらく、人はルネサンスというよりも、むしろヨーロッパの啓蒙運動の方をもっと思い浮かべるかもしれない。確かに、もし一九二〇年代、三〇年代の中国の自由主義者たちを一つの身元が確認できるグループとして語ることができるならば、それは部分的には、この西洋の教育を受けた学者、教育家、政治評論家、そして専門家たちの一団が、意識的にも無意識的にも、啓蒙運動が持っている特徴的な思想をある程度反映していたからで、そしてかれらがその啓蒙時代の価値観のいくつかを信奉していたという理由からである。ピーター・ゲイ Peter Gay がうまく描き出したヨーロッパの哲学者たちの「集団的肖像」に照らして見てみると、戦争前の何十年かの中国の自由主義者の像《イメージ》をはっきり見ることが容易になる。ゲイが書いたように、啓蒙時代の哲学者は「その学問《ディシプリン》によってと同じように、その信念によってコスモポリタンであった。古代ストア学派のように、かれはいつも人類の利益を国《カントリー》あるいは氏族の利益よりも上のものとして賛美しようとした。」そしてまた、「典型的な哲学者……は、教養の人であり、尊敬に値する学者で、科学のアマチュアであり、……口下手は稀で、大体はみな桁外れに弁舌に長けていた。」比較はここで止まらない。「このタイプの人たちは、ただ都市の中でのみ活躍しえた。」「そして実際、その時の典型的な哲学者たちはみな傑出した、挑戦的で、救いがたく都市的な人であった。……都市的精神の中で最も良いもの――実験的で、流動性があり、不遜な精神――が、これらの哲学者の骨の中にしっかとあった」、とゲイは言っている。(1)*

（1）Peter Gay, *The Enlightenment: An Interpretation. The Rise of Modern Paganism* (New York, 1967), pp. 13-16.

＊ゲイ（一九二三―二〇一五）はドイツユダヤ系のアメリカ人歴史学者、イェール大ヨーロッパ比較思想教授。この書は啓蒙運動が西洋の政治的近代化をもたらしたという解釈を、民主的（デモクラティック）な価値と慣習（インスティテューション）の導入、近代的自由主義的民主主義を創造したという角度から、はじめて定式化したといわれる。この書は一九六七年のアメリカの国家図書賞を受賞した。しかし、ロバート・ダーントンらの英語を母語とする学者から多くの点で批判が出された。

二十世紀の「開明」的な中国人は、個人的なそして知的なスタイルに関して、十八世紀ヨーロッパの啓蒙の提供人たちに結び付けられていただけでなく、かれらの思想的な関心においても同じように結び付けられていたのかも知れない。ヨーロッパ啓蒙運動の偉大な人物たちのように、胡適の世代の中国の自由主義者たちも、歴史家の傾向を見せた――それは必ずしも狭い専門的な意味においてではなく、かれらはみな過去の観点から現在の理解を組み立てようとする一般的傾向を見せ、そしてまた、歴史の進歩的な進展に沿ってかれら自身の立場を定めようとした点において歴史家的だったのである。かれらはまた、いかなる時代を評価するにも、カギになるのは思想的な状況であるとして、それに特別な関心を共通に示した。「啓蒙時代の歴史家たちは、どんな歴史を研究しても、かれらはいつもその注意力を哲学的党派の興隆と衰退に、批評の運命に集中させた」、とゲイは書いている。[2] さらには、かれらの偏見においても共通の要素があった。ゲイはそれを啓蒙運動の知性の一つの欠点であると解しているが、中国の自由主義者の自己意識の「意志の強さ」の中にその尊大気味なところが反映されている。「かれらは、現実主義者たちを迷わせる最後の最も頑固な幻想――すなわち、自分たちは幻想から自由であるという幻想――を未だ完全に放棄したことはなかったのである。[3]」

(2) Peter Gay, *The Enlightenment*, p. 34.
(3) 同前、二七頁。

しかし、こうした最も多くの情報を提供してくれるアナロジーさえも限界を持ったものである。懐疑的な批判が果たす役割についてのかれらに共通した理解、かれらに共通の都市性とコスモポリタニズム、共通の自己への自信、これらの共通性にもかかわらず、ヨーロッパの啓蒙運動の観点からは、中国のルネサンス運動を行った人たちは十分に理解しえないのである。申し立てねばならない最初の留保は、もちろん、最も明白なことで、十八世紀のヨーロッパと二十世紀前半の中国は限りなく違った光景を呈しているということである。啓蒙哲学者が行動を起こしたのはかれらの目標に適した環境の中においてであったが、かれらの中国の模倣者たちの運命はそう適した環境ではなかったのである。ゲイはわたしたちに、啓蒙哲学者たちは「かれらの話を聞こうと半ば準備ができていたヨーロッパに説教したのであり、……かれらが戦った戦争は、かれらが参戦する前に半ば勝利していた戦争であった」と語っている。(4) 一九二〇、三〇年代の自由主義的な中国知識人の努力に関しては、こうした幸福な評決はきちんと揃ってはいないのだ。かれらが理性的で整然とした変革の側に参加したとき、戦いの最後の結末はまだ多くが不確かだった。そして、かれらが五四の精神によって励まされて足を前に踏み出したときは、その一世代後に仲間の死と変節によってかれらの集団が痩せ細ってかれらが引き下がった時よりも、かれらが探し求めた勝利はかれらの方により近かったように思われたのである。

(4) Peter Gay, *The Enlightenment*, pp. 21-23.

もちろん、これは中国人は変革を呼びかける声に耳を傾ける用意ができていなかったと言っているのではない。中国人を分かったのは、その変革の性質——その規模、その目標、そしてそれを存在し得るようにするために支払われなければない代価の問題であった。これらの問題について激しい意見の違いが存在したのである。中国の伝統文化は、変化した世界の中で生き残るのには、あるいは民族《ネーション》自身の存続を保証するには、能力に欠けているのだという革新者たちの集団の中の一致した考えで表面が蔽われていただけだった。中国は「近代的《モダン》」にならなければならないということは広く認められていた。がしかし、「伝統文化」の定義についてはほとんど合意はなかったのである——この言葉の意味を広くとるのか、それとも狭くとるのか、伝統の根と枝を根こそぎにするのか、それとも立ち枯れた枝を切り取るだけなのか。中国人がかれら自身を調和させなければならない中国を超えた世界の変化しつつある性質に関しても意見の一致はなかった——これは人類の解放を約束するものなのか、それとも、人類を新たな専制、経済的、政治的、あるいは精神的な専制の下に奴隷化する恐れのあるものなのだろうか。最後に、「近代性《モダニティ》」の意味についても、いかなる意見の一致も無かった——国家権力の点からこの語を定義するのか、それとも個人の尊厳性という点からこの語を定義するのか、あるいは、どうやってこれらの互いに対立する価値のバランスをとるのか、である。胡適とかれの自由主義的な友人の何人か、かれらは［中国人の］足枷を取り去って批判精神を解放しよう、個人を自由にしよう、そして中国問題を人類の進歩というより広い地平で際立たせようと努力していた人たちだったが、かれらだけが近代化と啓蒙とを同等のものと見なす傾向にあった。

もう一つのそしてもっと重要でさえあるあり方においても、ヨーロッパの啓蒙運動は中国のルネサンスと平行だというのではなかった。啓蒙哲学者たちは、故意にかそうではなくてか、ともかく革命の時代に導いた。だが、啓蒙運動の事業というのは、部分的にはその本質の多くにおいて、まだ素晴らしいものだと見なされていた構造を磨き直したことだったのである。この面において、啓蒙運動は精神的には、中国の自由主義者によって推進されたポスト・儒教《コンフュージァン》のルネサンスよりも、儒教世界を時折席捲した偉大な改革運動により近い事業であった。啓蒙哲学者にとっては、儒教改革者にとってと同じように、古典古代は創造的刺激の源泉でありつづけていた。ピーター・ゲイの巧みなフレーズで言えば、「役に立つご自慢の過去」だったのである。[5] 中国の「五四」時代の啓蒙知識人は、反対に、進行中の革命がもたらした感情的、思想的な危機の中に巻き込まれていたので、部分的には信念によって、部分的には環境によって、自分を中国の古典的伝統から切り離すこと、かれら自身の歴史の多くから切り離すことを強いられたのだった。中国の自由主義者たちは、目的意識をもって破壊されたか、あるいは他の伝統的体系の支えが破壊されたのと同じように自らの重みで崩れてしまったかした制度と信仰の残骸のなかで、自分たちの道を探しながらも、ほとんどその中から救い出すものを見いだせなかったのである。かれらは歴史的な思考をする人間だったが、しかしかれらは人類の進歩という普遍的な尺度で自らの場所位置を探そうとした。もちろん啓蒙哲学者たちもかつてそうであったが——だが、かれらは人類一般にとって自然なものと、ヨーロッパ人にとって自然なものとの間を注意深く区別しなければならないとは感じていなかった。だから、啓蒙哲学者たちはかれらのコスモポリタニズムにもかかわらず、本質的に西洋人でありつづけられた。一方、中国の自由主義者たちは、時々そうした名指しが心を苦しめたけれども、西洋化を図る者にすぎなかった。そしてまた、啓蒙哲学者たちはその事実に気づくことなく初期の近代人たり得たが、一方、かれらの中国の模倣者は自覚的に近代化を図る人だったのである。

（5）Peter Gay, *The Enlightenment*, 一巻、書中の各処。

ヨーロッパのルネサンスは啓蒙運動よりもさらに多く、「五四」時期の知識人たちが意識して利用した創造的刺激《インスピレーション》を提供した。再生というテーマは、その呼びかける力はしばしば分析的なものというよりは感情的なものだったにしても、一本の銀糸のようにこの時期の文学を貫いている。胡適は、ルネサンスというこの語をかれの同時代の多くの人々よりも注意深く厳格な歴史的文脈で使用していた。というのは、かれはこの言葉に特別な意味を付与したからである。一人のプラグマティストとしてかれは、新しいものは生きている歴史的経験の中にそれが移植されたときにのみ、はじめて成長することができるのだ、という信念を明言していた。中国の過去のあらゆる部分に対する名残惜しそうな愛着によってではなく、その代わりに、胡適は、現れて来なければならない遺風についての関心に衝き動かされて、かれが中国において確立されるのを見たいと望んだ近代的な考えと矛盾しないことが分かるだろうと信じた諸要素を、中国の広い歴史の遺産の中から選り分けようと試みたのである「古代哲学研究・国故整理」。かれは、未来は決して過去と決裂したものとして現れるのではなく、過去の有望さ将来性の実現として現れるはずだと信じたが、この信念がかれを励まして、かれに中国の近代の経験とヨーロッパのルネサンスとの間に数多くの類似点を発見させたのである。一九三三年にかれは次のように書いた。中国の文芸復興《ルネサンス》は「人民の生きた言葉を用いた新文学でもって、旧い古典文学に取って代えることを推進するための意識的な運動であり」、「伝統文化のあまたの思想や習俗に意識的に反抗する運動であり、一人一人の男女を伝統的な力の束縛から解き放つ意識的な運動であり」、「理性が伝統に反対し、自由が権威に反対し、生活と人の価値を高くたたえると同時に、それらに対する抑圧に反抗する運動である」、と。「そして最後に、非常に奇妙なのは、この新しい運動が、かれらの文化遺産を理解し、そして新たな近代的な歴史学的批判と探索の方法でもってこの遺産を研究しようと試みた人によって指導されたものだということである。この意味において、それは人文主義《ヒューマニズム》の運動でもあった」、と胡適は結論づけた。こうして胡適は、中国の文芸復興《ルネサンス》が「約束し目指すのは〔目標与前途〕、旧い民族と旧い文明の再生である」という自信に満ちた予言へと導かれて行ったのである。(6)

（6）*The Chinese Renaissance*, p. 44.

だが、胡適の行ったこの比較の妥当性が問題になるのは、まさしくこの最後の点においてなのである。中国ルネサンスの精神を啓蒙運動の精神から分かつところの過去からの分離というこの同じ意識が、ヨーロッパのルネサンスを中国人にとってのモデルとして受け容れる受容性も制限したのである。「古い民族の再生」は確かに胡適が追求した目標であったが、しかしこの目標は誇張した言葉の意味においての旧い文明の再生を通してではなく、一つの新しい文明を創造することを通してのものであった。ヨーロッパルネサンスの思想についてのかれ自身の初期の理解が明白にしたのはまさにこの意味の理解だった。かれは一九一七年の日記に次のように書いている。「ルネサンス」というこの語は、「旧くは『文芸復興時代』と訳されたが、わたしは文芸復興だけではその意味を完全に移すことは出来ないので、元の意味を直訳したほうがいいと思う」と。それで胡適が提案した訳語というのが「再生時代」だった。それは文字通り、「ふたたび生まれさせられた時代」を意味していた。(7) かれは帰国したその時から、新しい思想、個人と社会的責任についての新しい精神、そして新しい文化を中国に紹介する仕事にかれのエネルギーを捧げた。かれは気質的にも思想的にも暴力的変革を避けたいという気持ちを深く持ち、見境の無い破壊ではなく、賢く保存することをずっと希望しつづけたのにもかかわらず、かれ自身のその「一切の価値をあらためて評価し直す」という主張は、前に述べたように、全面的な過去からの解放の宣言だったのである。

（7）『日記』、一一五五—一一五六頁。この意見は胡適がエディス・シチェル（Edith Sichel）の『ルネサンス』*The Renaissance*, Home University Library of Modern Knowledge, no. 87. (New York and London, 1915). を読んだことによって促されたものであった。胡適は一九一七年六月に（帰国のために）、ノース・ダコタ州ポータル（Portal, N. D.）からカナディアンロッキーを越えてバンクーバーに、ゆっくりとした列車の旅をしながらのんびりと時間を過ごしたが、その列車の中でこの本を読んだ。かれの注意の大部分はルネサンスの文学運動に向けられた。だが、シチェルのルネサンスについての次のような喚起にかれの関心は引きつけられたのは疑いない。「人間がいわば再び造られたとき、以前よりもより輝いていた。裸で少しも羞恥を感じない身体、そして、断食によってまだ損なわれていない強い腕は生命と光に向かってさし延ばされていた」（七頁）。その時代が過ぎ去ったことに対する彼女の敬礼、「だが、かつて生存したことのあるものは、むなしく生存することはない。偉大な創造の時期の混沌とした衰退から現れてきたのは、はじめは認知されなかったが、新しく生まれた近代世界の精神——批判と科学の精神であった」（一六二頁）にもかれは引きつけられた。

保守主義者と共産主義者からの胡適への批判

したがって、過去との拒絶が、胡適の思想の中に、そして中国の自由主義の思想の中に広く拡がった要素であり、それと「五四」時期の急進主義とは最も密接につながっていたのである。中国に降りかかった不幸な運命を伝統的な価値と美徳を投げ捨てたことの結果としてしか説明できなかった人々が突き動かされるようにして自由主義者の立場に攻撃を加えたのは、まさしくこの故なのである。そうした批判者たちの一番先頭に、胡適が一九二〇、三〇年代にしばしばその政治的行ないに対して異議を唱えた人物、総司令蔣介石がいた。蔣介石の自由主義者の立場についての批判は、自由主義の理想を秘かに傷つけるのを助けた保守的反動派の意識を簡明に表したものである。一九四〇年の初めに書かれた『中国の命運』の中で蔣介石はこう述べている。

「五四」以後、自由主義（民主《デモクラシー》）と共産主義の思想が国内に流行した。かれらは、中国文化に対してみな、その「変」を求めるだけで、その「常」を知らない者だった。かれらは西洋文化に対してみな、その形跡を模倣するだけで、その精義を求めて中国の国計・民生に裨益させようとはしなかった。そのため、一般の文人・学子（つまり、伝統的な士紳階級の生き残り）をして自尊心と自信を喪失させた。その流行の風が至った所では、一般の人は西洋のものは何でもみな良いもので、中国のものは何でもみな悪いのだと考えるようになった。……（自由主義者の）思想も一時流行することができ、かれらの主張も民衆を動かすことができた。がしかし、……かれらの思想と主張は、客観的にはわが民族の心理と性情には根本的にふさわしくないものである。……自由主義と共産主義の争いに至っては、……英米の思想とソビエトロシアの思想との対立にほかならない。これらの学説と政論は中国の国計と民生にそぐわないし、中国固有の文化精神に違背しているだけでなく、根本において自分は一人の中国人であることを忘れ去り、中国のために学び、中国のために役に立てなければならないという立場を失っている。その結果、かれらの（西洋理論の）効用は、中国の文化を支離滅裂の風気の中に陥れ溺れさせることでしかなかった。このような風気の下で、帝国主義者の文化侵略が実施しやすくなったのだ。[8]

（8）Chiang Kai-Shek, *China's Destiny*, Philip Jaffe の注解付、(London, 1947), pp. 98-100.

一九五八年に胡適が台湾に帰ったとき、そこでかれを迎えたのも同じ批判だった。しかしそれはその意図において一層個人に向けられたもので、その口振りもはるかに罵倒の性質を帯びていた――これは明らかに戦後に保守主義の上に降りかかった大惨事［大陸での共産党政権の誕生と国民党の台湾渡航］によるものであった。一九五八年の春、一冊の薄い匿名の小冊子がどこからともなく台北の露店の本屋に現れた。それには『胡適与《と》国運』という表題が付いていた。次のような思想がその中で表明されている感情の典型的なものである。「胡適は……民族思想を打ち毀すことでもってわれわれの辺境を開いて共匪［中国共産党］が中国の広い領土を拱手［揉み手］してロシアの大鼻子《ダービーツ》［ロシア人に対する蔑称］に引き渡し、衛星国になるようにさせてしまった。……何か別の武器を持たなかったとしても、かれはペンと幾つかの外国語で三、四十年ばかりの短い期間の間に、……事態をこんな状態にまで至らせ、わが黄帝の子孫が急速に地球から姿を消し、少しの痕跡も残さないようにさせたのである。[9]」

（9）朱抗寒「請看空前的胡適博士和我怎様佩服他的理由」、『胡適与国運』（台北、一九五八）一一―一二頁。

イデオロギー的な霊感《インスピレーション》においても、政治的な動機においても、互いに非常に大きな違いがあるにもかかわらず、自由主義の立場と思想改革運動の中で果たした胡適の役割についてのこのような評価は、一九五〇年代に行われた胡適に対する共産主義者の攻撃と多くの共通点を共有している。共産党のかれに対する攻撃において、胡適は「文化買辦《ばいべん》」だとか、「われわれの文化と思想の基礎を扼殺した共犯者」であるとして公然と非難された。[10]一九五〇年代までに、中国の共産主義者はすでに「五四」時代のコスモポリタニズムをかれらの背のはるか後方に置き去りにしてしまっていた。四半世紀にわたる動乱の後の荒野に残っていたのは、陳独秀の伝統観念に対する徹底的な因習打破主義《イコノクラスム》ではなく、おそらく李大釗の思想の中に知的に予示され[11]、その後の追放の危険に満ちた歳月［大西遷・延安時代］を通じて育った文化的民族主義の商標だった。勝利のうちに北京に設立された政権はなお、異国の学説［ロシアマルクス主義］をその創造的刺激《インスピレーション》として主張していた。そして、この教義を述べた異国の預言者たち［マルクス、レーニン、スターリン］に対して敬虔な忠誠の誓いをしていた。しかし、共産主義者は、国民党人が中国の過去が役に立つのは何よりもまず否定的な例証としてであるという提言を聞く用意がなかったのと同じく、かれらもこの提言を受け入れる気持は持たなかった。一九三九年に毛沢東は、「中国は偉大な民族国家であり、……土地は広く人口も多い、悠久の歴史を持ち、革命の伝統と優秀な遺産に富んだ国家である」と書いていた。[12] 国民党はその文化的民族主義を評判の悪くなった儒教の価値と、消え去った帝国の士紳《ジェントリー》文化の基礎の上に置いていたが、しかし、中国の共産主義者はかれらの運動を「民衆文化」と結びつけた。それは中華帝国の「封建」文化の表層の下に認識されずに、あるいは蔑視された形で繁茂していたのだ――とかれらは主張した[13]――。皮肉なことに、忠誠のもう一つの中心として役目を果たすことになる立派な伝統のかれらのこの発見においては、共産主義者は、胡適が一九二〇―三〇年代にその中で卓越した役割を果たした「国故整理」の仕事にかなりの恩義を負っているのである。というのは、文化的革新の緊張を柔げることができた中国の前例へのたゆまぬ探求によって、儒教伝統それ自体よりももっと大きな歴史的意義を持っているが、その下に隠された伝統が存在しているということを最初にそれとなく示したのは胡適であり、たとえ共産主義者がこの胡適から受けた恩義を認識していたとしても、かれらはその恩を罵りでもって返しただけで、胡適はアメリカ文化帝国主義の代理人である、中国文化の裏切り者だ、と酷評したのである。

(10)『天津日報』一九五一年一二月二七日、*Current Background*, no. 167 (1952 / 3 / 25).
(11) Meisner, *Li Ta-chao*, p. 263.
(12) 毛沢東「中国革命和中国共産党」『毛沢東選集』二巻（北京、一九六五）、三〇七頁。
(13) J. R. Levenson, *Confucian China and Its Modern Fate*, I, pp. 134-145.

もし、結論がそんなにたやすく「文化的反逆」というような評決に変えてしまえるならば、中国の自由主義の立場についての研究から得られるものはほとんど何もないだろう。だが、事実はそうではない。自由主義の観点の中には反伝統主義があるにもかかわらず、胡適をしてかれの時代の公式《オフィシャル》ナショナリズムに根気強く反対させたコスモポリタニズムにもかかわらず、かれがしばしば無批判的に賛美した多くのものが西洋的なものだったにもかかわらず、胡適は自分が一人の中国人であることを忘れたことはなかったし、かれ自身の特別な「外国の理論」が人民に有益だということが分かるだろうという信念を棄てたことも無かったのである。かれの中国の病についての診断はほとんどあらゆる細部において最も熱烈な自称民族主義者とは違っていたとはいえ、かれはかれらに劣らないほど、この病人の健康を回復させるための良い治療法を探すことに深くかかわっていたのである。胡適を、民族主義《ナショナリズム》の保守的な実践者と急進的な実践者の双方から分かったのは、だから、中国の運命へのかれの側の無関心ではない。とはいえ、認められなくてはならないのは、かれのあの冷静な道理をわきまえた態度が、おそらく無関心だと誤解され得たし、そしてしばしば誤解されたということである。中国の自由主義者に対してある敵意が感じられていた。それはとりわけ急進的左翼の側から出てきたが、その敵意はバーナード・ショーが、革命的社会主義者のイギリス・フェビアン派に対する反応について書いたユーモアのあるコメントを想い出させる。そのフェビアン派の思想的スタイルは胡適が大変敬服していたものだったのである。ショーは、「われわれの、現実的な提案と批判だけをひたすら偏愛する性癖、われわれの、労働者階級の切望に同情を示す全ての一般的な表現に対する苛立ち、さらには言う必要も無いことだが、われわれの、論敵を人類の敵として非難するよりも相手をからかうのを好むあのやり方、これらのものが、かなり心の温かい雄弁な社会主義者をわれわれに寄せ付けなくさせてしまった。かれらには、社会主義者がそれと戦っている苦難を前にして、われわれが常日頃の落ち着いた冷静な態度を示していることさえ、みな人情味の無いシニカルなものであると思えたのである」と書いている。(14)

（14）*Fabian Tract No. 41*, A. M. McBriar, *Fabian Socialism and English Politics, 1884-1918* (Cambridge, Eng., 1962), p. 12. から引用。

胡適をかれの同時代の多くの人々から区別させたのは、中国が一つの民族《ネーション》として、一つの文化として生き残ることを如何にして最も良く保証するか、という問題についての調和しえない違いであった。この不一致は胡適の思想のあらゆる側面に影響を及ぼしている。だがしかし、中国における自由主義思想の歴史にとって最も重要なことは、この不一致が胡適の政治と政治過程についての理解に与えた影響なのである。というのは、かれが成し遂げたことで少なからぬ注意を引くことは、かれが、個人の尊厳、思想的独立の価値と一致した政治の「現代的な」理論を表明したことであるからである。かれの考えでは、この二つは民族的、文化的な復興のために欠くことのできない構成部分であったのである。

一見するとこの主張は正当な根拠がないように見えるかもしれない。胡適は自分が終生大切にしてきたのは、「教養ある公民の責任として、政治へ偏見の無い関心《わたくしごころ》を持つこと」(15)だったと主張しているにもかかわらず、かれの「政治」問題に対する一貫した非難とかれの「政治的」行為の狭い定義を、かれの政治嫌悪——かれをあの時代の政治的な要求と機会についての誤った判断へと導いた政治への嫌悪——の指標として解釈することは決して難しくない。中国において自由主義は、政治的観念の体系としても、また政治的行為の指導原理としても効力をもたなかった、としばしば言われてきた。言い換えれば、胡適がかつてユートピア的なアナーキズムを非難した時に言った言葉で言えば、自由主義は「どんな出発点も提供しなかった」のである。胡適と自由主義者たちは、厳格な知的分析を通して「問題」を定義することに重要性を付与しすぎて、かれらの時代のもっと大きくより不鮮明な「根本的」な問題に敏感でないままであった知的エリートである、と非難されてきた。さらに進んで、自由主義者は「個別の」「具体的な」問題を取り扱うことを好んだために、中国の苦難の真相を知って、必要に合った改革プログラムを提出することが見えなくなったのだ、と論じられた。また、自由主義者の政治運動に対する態度は、「大衆」に対する隠された不信と、普通の人民の思想的な気まぐれに対する軽蔑とを反映したものである、と解釈されてきた。こうして、例えば、胡適とジョン・デューイによって奨励された漸進的な改革案は、「中国社会の全体的危機」という文脈においては、「保守的でもなければ、急進的なものでもないが、大きく的を外れたものだ」と示唆されたのだった。(16) さらには、かれらが大衆と通じることに失敗したことによって、かれら西洋化した自由主義知識人は、「かれらの道徳的、政治的リーダーシップ」を明け渡し、「(そして)その怠慢によって、独裁支配が中国で勃興するのを促したのだ」と主張された。(17) 中国のための自由主義的な処方箋は見当違いであるというこの浸透した感覚は、一九三〇年代の初めの昔になされたある辛辣な評論においてより説得的に、胡適は「痒いところは一か所も掻かない」と言い現わされていたのだった。(18)

(15)『口述史』、四二頁。
(16) Meisner, *Li Ta-chao*, pp. 107-108.
(17) Y. C. Wang, *Chinese Intellectuals and the West*, pp. 420-421, 502-503.
(18) 葉青［任卓宣］『胡適批判』（上海、一九三三年）、八六三頁。

それらはいずれも、自由主義の立場の真の弱さをその中で触れている厳しい批判である。自由主義者たちが政治活動に参加することに気乗り薄だったことと、中国の現状についての自由主義的な分析が欠点を持っていたことによって引き起こされた問題は、この後でやがて取り扱われるだろう。だがその前に、まず胡適とかれのグループが、政治的生活の性質についての新たな理解のために為した貢献を評価することによって、グラウンドがきれいに整備されていなければならない。

中国自由主義《リベラリズム》の貢献――公共行為から自由《プライバシー》へ、「手段」に対する愛着＝「過程」としての政治の自覚

バーナード・クリック Bernard Rowland Crick は、「政治は自由人の公共行為（public actions）である。自由とは、

公共行為から離れた人間のプライバシー〔私事の内密性〕である」、と書いている。[19] ここで示唆されている区別は、最も簡潔で可能な表現にすれば、ギリシアの都市国家が衰退して以来、西洋の政治思想家たちを最も悩ませ続けてきた問題の一つになる。すなわち、一方の、全体としての共同社会《コミュニティ》の生活と密接に関連があり、それゆえに政治権力の地位にいる者の権限に従うという公共的関心の領域内において、何が正当とされるものなのか、ということ、そしてもう一方の、何が、プライベートなものとして、個人の判断と個人の良心の命令の領域の内に残されているのかということで、この二つの間の関係を確定する問題である。そのような区別は、伝統中国の政治的文献の膨大なかたまりの中には事実上無い。それとは反対に、儒教理論は公共的価値と個人的価値とを区別する妥当性を暗黙の裡に否定しているのである。聖人の人格を形づくっていると考えられた同じ道徳的品質が、道徳的な統治者にもあると考えられ、だからそれを推し広めることによって、よく統治された国家の公共価値になる、とする。さらに、実際において、「公共行為からプライバシー」を得ようというどんな要求も、帝国支配者の人を畏怖させる権力に抵抗することは出来なかった。儒教で教育された官僚‐学者は、私的な個人としての地位は持っておらず、かれの帝国主人がかれに押し付けてくる要求からわずかに公理 rights と習慣によって守られていただけであった。政府権力の正式な構造の外側に残り続けていた社会組織と社会的活動の中心——例えば、家族と氏族組織、地方政府の責任のいく分かを担った地方の士紳団体——は、長い伝統によって、帝国秩序の維持と両立する社会的統制のいくつかの役割を果たすことが期待されていた。「私忠」、すなわち氏族に対する忠誠は皇帝に対する忠誠よりも高く、あるいは地方に対する忠誠は皇帝に対する忠誠よりも高いとすること、これらは、明らかにその秩序に対する破壊活動になる。儒教エリートに期待されていた政治参加に代わる唯一の受け入れられる選択肢というのは、学者のような生活に退くか、それとも沈思する隠遁に入るかであった。しかしこれは明らかに逃走の手段であり、広く世界に浸透している帝国権力の挑戦不可能な力を黙認することであった。

（19） Bernard Crick, *In Defence of Politics* (Baltimore, 1964), p. 18.

もし、公と私との間の区別が政治の基本条件の一つだとするならば、それなら、儒教中国の政治というのは、その堂々とした行政の立派さにも関わらず、政治的秩序とは別の組み立てられた何物かだと判定されなければならない。二十世紀転換時の改革者の文章は、少なくとも間接的に、この一見したところでは有りそうもない結論への信頼を高めている。近代国家の性質の考察はすぐに、梁啓超、厳復、同盟会の宣伝家たちを、公的利益と私的利益との関係についての広範囲の議論に引き入れた。というのは、かれらの考えでは、中国の一つの民族《ネーション》としての生き残りがかかっているのは人々の共通目的の意識なのだが、それは、何が公共的関心でなければならないかを、儒教文献が提供したものよりももっと明確に定義することを要求したからである。しかし、これらの初期の著作者たちは、公共行為の範囲のことで大部分は頭が一杯のままだった。私人の利益は、かれらにとっては、系統的な論述を与えるに値する社会的あるいは政治的な価値としてよりも、ただ論理的な必然《コロラリー》の結果として存在していたにすぎなかった。個人主義がかれらに魅力的だったのは、それが「富と強《ちから》」——すなわち、民族《ネーション》の生き残り——という望まれた目的に手段を提供したからだった。

公共行為の強調から自由の強調へと変えることは、——別な言葉で言うと、政治制度はそれらの起源になっている目的の点からだけで評価されるべきではなく、それらを維持している過程《プロセス》の観点からもまた評価されなければならないという結論を下すことは、胡適の世代の知識人に残された課題だった。過程《プロセス》としての政治というこの自覚の出現によってはじめて、具体的で意味のある仕方で中国における自由主義について語り始められるようになる。胡適とかれの仲間の自由主義者たちを、あるやり方で「共和主義者」「民主主義者」にしたのは、かれらの目的に対する愛着ではなく、手段に対する愛着であった。それは一九一一年の共和革命を設計した人たちや、その後その革命に対する権利を主張した人々がそうしたのではなかったやり方だった。というのは、革命者にとっては、つねに国家建設の目標が、その目的を実現するのに選んだ共和的な手段よりもより重要なものとしてありつづけたからである。同じようにして、自由主義者に政治制度について典型的な功利主義者、道具主義者の見方を与えたのは、この手段に対する愛着なのである。それはデューイから借りてきたものか、あるいはラスキからのものか、それともJ・S・ミルからのものか、あるいはその他の容易に判別できない源から来たのかも知れないが。そして最後に、個人が目的を手段以上のものとした哲学を避けることが出来るようにしようとして、かれらに、個人主義と懐疑論とを同等のものと見させるように促し、個人主義と批判的思考の能力とを同等のものと見なさせるよう促したのも、この手段への愛着だったのである。

胡適の信念の全体系の背後にある導きの原理は、間違いなく、この批判の能力であり、思想的独立の重要性であった。その信条の基本的教義を充分に批評するために、ここでしばらく思案してみるのが有効かも知れない。

胡適思想の基本構造とその動態——個人主義、「新しい個人」から「政治」的改革へ

胡適は、すべてに先んじて、世界、自然の働き、環境、まさに宇宙そのものは理解しうるものである、なぜなら、それらは理性によって理解され得るものだからだ、と信じた。胡適は、人間は宇宙の秩序を一つに束ねているメカニズムについての絶えず深まる理解を獲得することができる、そして、一旦それがその秘密を探求心に与えたならば、環境は人間の知性によって統制され指揮されるようになり得る、と信じた。人間には理性的な反応をする能力が授けられており、この能力は人間をして自らの目的に向かって世界を形作ることを可能

ならしめるだろう、そして出来事と環境の奴隷以上のもの――人間の内にある最も優れた才能に表現を与えることを可能にするような文明の創造者、にするだろうと胡適は信じた。

胡適は、歴史はただこうした遂行の記録、人間の努力によって作られた変化の記録にすぎない、と主張した。胡適の考えでは、歴史は、たとえ厳密な決定論的なものでないとしても、目的のあるもので、その目的は人間の理性的思考の能力の実現と、「科学」と「民主」という相補的な原理の上に築かれた文明のその結果として起こる成熟にほかならなかった。一般的な言い方をすれば、胡適がこれらの言葉を用いて第一に言おうとしたことは、観念と信念の変わりやすい動きに常に用心深くあらねばならない、そして、変化した環境のことを考えると、もっと有効であるとはっきりと示すかも知れないもう一つの見方のために、「事実」についての一つの見方を棄てようと不断につとめること、であった。かれは民主主義を特定の制度的体系としてよりも、科学の寛容で批判的な精神が政治的社会的な生活の領域に拡張した思想の状態として考える傾向があった。とはいえ、かれは政治の乱用を防止する手段としての政治的、社会的、思想的自由の十分な水準の保護を保障する手段としての民主的制度の重要性を軽視はしなかった。

これらが胡適の本質的に楽観的な世界観の構成要素だった。今度はこのぐらつかない楽観主義が胡適に勇気を与え、素早く確かな解決を約束するのではなく、今から数世代先、中国が真に自由な社会を創造し保持する手段を獲得する時を見つめた中国問題へのアプローチを支持させたのである。この意味において、自由は胡適にとっては近代性《モダニティ》の前提条件だった。それはまた近代性と同義のものだったのである。

胡適は、かれが理解したような歴史の目的に自分をしっかりと結び付けようと務め、それが古代のものであれ現代のものであれ、思想の自由な運動を邪魔するすべての専横的な思想的権威に断固として反対し、教条と正統の主張に反対した。かれの考えでは、「盲従」と「従順」ははっきりと邪悪なもの、進歩の真の敵だった。

かれが批判精神のために倦むことなく擁護したことには、中国人をかれらがその中で生きなければならない時代とともに進むことができるようにさせ、かれらに中国と彼方の世界で生起している重大な変化の本質を理解できるようにさせ、背後に過ぎ去ったばかりの悲惨な世紀においてその奴隷だったようにではなく、かれらをかれらの歴史の主人にならせようという願いが、その最終的な正当な理由として存在していたのだった。

思想の改革は新しい政治的、社会的秩序の創造に向かう第一歩であるとして、それに卓越した地位を割り当てたのは胡適一人ではなかった。孫逸仙が「思想は世界で起こるすべての事物の起点である」と書いたとき[20]、かれは儒教的心性の中に深く根付いた考えを表現したのであり、だからまた、それは暗黙のうちにか明白にか、最も反伝統的な人さえをも含むすべての中国の改革家の一つの原理であり続けたのである。実際、全体として中国の革命経験の最も際立った特徴というのは、多分、それぞれ異なった時期に革命を率いたリーダーがみな、個人の道徳的品性を最高の社会的善についての新しいビジョンと一致させるように作り直す問題に夢中になったことである。梁啓超の「新民」を創造することへの関心、蔣介石の「新生活運動」という旧式の原則についての熱意、毛沢東が文化大革命の鉄床で革命的人格を鍛造しようとした試み――これらすべてはみな共通の信念を反映していた。それは、人間の生活の条件が変わることができる前に、人の思想が作り直されなければならないという信念だった。

(20) Sun Yat-sen, *Memoirs of a Chinese Revolutionary*, vii.

次は、胡適が他の人と違ったところだが、それは、思想改革の重要性により大きな強調を置いたことではなく、かれが奨励した改革の中身にあった。胡適の新しい個人についてのビジョン――それは、批判的で、寛容で、創造的で、思想的に自らの主人で、自分の自然的、文化的環境をかれ自身に好都合な目的に適合するように造ろうと模索する個人である。だからまたもっと豊かでさらに満足させる生活経験の方に絶えず向かって取り組む個人でもある――、これは、中国の社会思想の伝統の中でこれまで先例が無く、過激な潮流の胡適の論敵の間でさえ共鳴を見ることのなかった理想に表現を与えたものであった。しかしそれは、近代自由主義理論の核心に近いところにあるビジョンであった。ホブハウスはそれを「新」自由主義についてのかれの古典的定義の中で、一九一一年に雄弁に述べている。「自由主義とは、社会は人格のこの自己指導力の上に安全のうちに築かれる、真の共同社会《コミュニティ》が築かれるのはこの基礎の上においてだけであり、そのように建築されれば、その基礎は非常に深くて広いから、建物の大きさの範囲に限界はない、という信念である。こうして、自由とは個人の権利というよりも、社会の必要物になる。自由は、AがBに放って一人にして置いておいてほしいと要求することにではなく、BがAを理性的な存在として扱う義務に基づいている。……自由の支配とは、まさしく理性的な方法の適用である。それは理性の、想像力の、社会的感情の訴えにドアを開くことであり、そしてこの訴えに応答することを通さなくては、社会の確かな進歩はないのである」[21]。胡適はコーネル大学かコロンビア大学にいた時代に、どこかでこの論述に出会ったというのは可能性の範囲を超えたものではない。いずれにせよ、かれはジョン・デューイのなかに自由主義を思想の一つの在り様で、民主的な社会構造を維持するのに助けになる思想的訓練《ディシプリン》として語る同じ傾向を発見したのである。ジョン・デューイは期待されたように、自由主義のダイナミックな発展可能性をとくに強調した。かれにとっては思想の自由な習慣それ自身が、社会的変化を理解するカギであった。「社会哲学として、『自由主義』は曖昧な精神の気風――しばしば、前向きの、と言われる――がその一方の極端で、社会的行為の目的と方法についての明確な信条がもう一つの極端である広い全範囲に及んでいる。初めのものは、余りにも漠然としすぎていて、行為についてどんな堅実な指導も与えることは出来ない。もう一つのものは、教条に結果するほどに非常に明確で確固たるものである。だから、非自由《リベラル》的な思想に終わることになる。社会的な願望と実際の条件の双方についての洞察に基づいた実験の方法としての自由主義は、このジレンマを回避することができる。それ〔自由主義〕は、科学的な思想の習慣を社会事象への適用に採用することを意味している。[22]」

(21) L. T. Hobhouse, *Liberalism* (London, 1911), p. 123〔邦訳『自由主義――福祉国家への思想的転換』吉崎祥司監訳、大月書店、二〇一〇、九四頁〕。

(22) John Dewey, "Justice Holmes and the Liberal Mind," George Raymond Geiger, *John Dewey in Perspective*, p. 171. より引用。

この陳述は自由主義についての胡適の概念の本質――あるいは、かれがそう呼ぶ傾向にあった言い方をすれば、「民主主義」の本質――を具体的に表現している。さらにこの陳述は、われわれを胡適の政治についての理解の最後の側面へと導いていく。それは、政治は具体的な文脈から離れさせられないのだということ、つまり言葉を変えて言えば、政治《ポリティックス》は、統治《ガバメント》の制度と過程を含むだけでなく、またこれらの制度がその中に存在し、これらの過程がその中で機能する社会的、文化的な環境をもまた含まなければならないということである。ここでまた再び、微妙な連続性が現代の因習破壊主義者《イコノクラスト》と伝統――かれが力の限り反対した伝統――とをつなげている。儒教の社会理論の基本的前提は、人民の政府に対する反応は環境によって条件づけられているというものである。だから、人民がかれらの善良な社会的天性に従って生活することを許す道徳的環境を創り出すことこそが儒教的専制君主の責務であった。しかしこの〔自由主義と儒教との〕対比は人を誤解させるものである。過去の儒者たちは物質的環境の重要性を特に強調した。孟子は「恒産無くして恒心無し（人民は確実な生計手段があれば、確実な心を持つ）」と言った。[23] 他方、中国の自由主義者たちは通常、自由な思想的環境を作るのに助けになる影響力を強調した。教育や、自分の意見を堅持する権利、異議を唱える権利、寛容の必要性といったものである。胡適にとっては、デューイにとってと同じように、社会的、政治的な制度の価値の最終的な試金石は、「それら〔の制度〕がどの個人をもかれの可能性を十分に発達したところにまで導き出すその程度」であった。[24] しかし、胡適、そして中国の自由主義者たちはたいてい、この可能性に限界を設けようという政府の要求をデューイと同じように断固として拒絶した。政府の仕事というのは、自らの潜在的可能性を実現しようと努力している個人に役立つ制度を維持することであって、それによって個人の優秀さや、個人の美徳が判定されるような標準を定めることではない。だから、胡適と自由主義者たちは私的な意見の正当性と、「公共行為からの自由」の重要性を支持したのである。ホブハウスが「理性の、想像力の、社会的感情の訴え」と言ったものを育てるために胡適が為した根気強い努力、個人の意見は最終的に信頼に値するものだというかれの長く維持された信念、そして「忠誠」と「従順」を同等に見ることへのかれの断固とした拒否、これらは、自由主義的熱望の代表者であると主張すること（この主張はかれによって為されたというよりも、しばしばかれのために為されたものである）を完全に正しいものにしているのである。

（23）『孟子』、「滕公文・上」（章三）。ここではウィンチット・チャン Wing-tsit Chan, *A Source Book in Chinese Philosophy* (Princeton, 1963), p. 66. に従った。
（24）John Dewey, *Reconstruction in Philosophy*, p. 186.

しかし自由主義は、その社会的態度への関心と個人に対する関心にもかかわらず、何よりも政治的問題の解決への一つの方法《アプローチ》であった——すなわち、それは公共生活を処理する一つのやり方であった。この事を考えると、胡適の「政治」の重要性を最小化し、「政治的」問題の範囲を限定し、そして、かれがその活動と人との繋がりにおいて、「政治を超えて」ありつづけようとした一貫した傾向、これは一体何を意味しているのだろうか？ 多くの人にとっては、これは胡適の立場の致命的な欠点のように思われた。最も良くて、細心の注意を払った「現実」から距離《デタッチメント》をおく態度だと言われるか、最悪の場合は（共産党のこの問題についての見解のように）、「現実」を曖昧にし、歪曲しようとする意図的な企てであるとされたのである。これらの批評家はかなり正当な事実でもって次のように指摘する。胡適とかれの仲間の自由主義者たちがかれらの高尚で求められてもいない忠告を差し出した政府は、そのようにかれらに力説された行為規準を明らかに受け容れないままだったではないか、そして、自由主義者たちが非常に重い信頼を置いた「世論」は、かれらがそれに期待した監督機能を果たすに足るほど強力でもなければ、十分にはっきりと言うものでもなかったではないか、と。かくして、自由主義者たちは、いつもの無力さのための挫折に自らを責め、議論は自ら招いた不可避的な敗北であるという結論になった。

政治としての自由主義《リベラリズム》の挫折、その意味するもの――「政治」への気後れ、倫理的エリート主義

力というものがほとんど物質的な力という点からのみ測られた時代に、胡適とかれのグループはいかなる実際的な意味においても、力を持たない人たちであった、ということは論を俟たない。そして、中国の将来の姿についての胡適のビジョンは確かに、最も理想主義的な革命者のビジョンがそうであったのと同じように、中国の現状から超越したものであったが、胡適はそれらの革命家たちと鋭く対照的に、かれのビジョンの実現のために、超克せられるべきまさにその制度の機能を信頼し続けたということも真実なのである。さらに、中国においては自由主義は社会的活動に対しては僅かな駆動力を与えただけだったということは認められなければならない。それは全般的に見て、一時的な思想的支持者を持ったにもかかわらず、自由主義的な（あるいはプラグマティックな）やり方で捜し求めた解決へ人々の感情的な傾倒を奮い起こすのに失敗したのである。そしてそれはまた、少なくとも短期的には、十分な方向感覚――結局、それが、状況が悪化して全体的な混乱と絶望の地点に至るにつれて、中国人がますます関心を持つようになったものだったが――を提供することができ

なかったのだ。

その継ぎ目で、いくつかの疑問が必然的に起きてくる。自由主義の理想の脆弱性と自由主義者自身の傷つきやすさは、自由主義理論のいくつかの基本要素をかれらの側で誤解した結果なのだろうか？　胡適が自由主義の方法《アプローチ》を誤り伝えたから、それで、そうでなかったら持っていたはずの有効性が奪われてしまったのだろうか？　それとも、自由主義と自由主義者の弱さはその信条自体に本来備わっていたものなのか、ひょっとしたら、中国に蔓延していた異常な状況と、自由主義者がそれと戦った恐ろしいほど不利な条件によって意味が誇張されて言われた欠点なのだろうか？　それなら、胡適は自らの信念とかれの時代の犠牲品なのか？　あるいは最後に、もしこれらの質問に対する一つの答えが互いに排斥し合う二者択一によって与えられないとするならば（そのように思えるのだが）、どのようにしたら、それらの疑問の間で適正なバランスがとれるのだろうか？

前に示唆したように、自由主義は政治的問題に対するある種の応答、特有の価値観に基礎を置き、そして問題自身とそれらの解決に要する過程《プロセス》についての特有な概念に基づいた応答、であると見なし得る。政治は、それについての自由主義的な見方では、互いに争う利益を不断に調整することを通して、社会の中に必然的に存在すると見なされている対立を緩和する過程《プロセス》である。このシンプルなように見える命題の背後には、微妙で疑問の余地のある観念が潜んでいる。ルソーによって大変うまく表現されたパラドックスで、「だから、もし個別的利益の間に存在する対立によって社会の設立が必要とされたのだというなら、これらの同じ個別的利益の間に存在する一致によって社会の設立が可能ならしめられたということになる。社会の結合というのは、これらの異なった利害の間に共通に存在するものである。そして、もしすべての利益が一致する何らかの点が存在しなかったならば、如何なる社会も存在しえない[(25)]」、という考えである。ルソーがそこから出て来て、かれがさらに弾みをつけた伝統においては、政治学――つまり政治理論家たち――の大きな問題はずっと、諸利害が収斂していくその地点、共通利益が個別利益よりも優位だと見なされるその地点をどのようにして捜し出すか、という問題であった。かなりの程度、自由主義の価値というのは、この地点を発見しようと努めるときの自由主義的な方法《メソッド》を反映したものに過ぎない。だから、例えば自由主義者は穏健を高く評価する。なぜなら、かれらは穏健な解決を受け入れやすい問題という点から考えることが習慣になっているからである。つまり、解決は妥協のないほど根本的に異なっていない利益の和解によって達成されるということである。自由主義者は自由を高く評価する。なぜなら、かれらの考えでは、自由——とりわけ思想の自由——が、こうした一致の根拠を発見するところに向かって人間を導いて行くのに最も信頼できる役割を果たすからである。自由主義者は法を、あるいは法の支配を高く評価する。なぜなら、かれは、法は和解の過程《プロセス》を組み立てるときに最も人を満足させる手段を提供すると信じているからである。だから、自由主義的価値に対する［人々の］愛着は、政治的問題の性質と政治過程の機能についての自由主義的前提を互いに一致して受け入れることになるということを示唆している。一つの価値体系としての自由主義はその起源においては主として経験主義的なものである。自由主義の原理は、本質的には共通の社会的、政治的な経験に基礎を置いた期待の表明で、ある環境の下である手段によって達成することができるものについての表明である。だからまた、環境が変化するにつれて、政治の過程を通じて達成され得るもの、達成されるべきものについての期待もまたそのように変化するだろう。

(25) J.-J. Rousseau, *du Contrat Social*, book II, chap. 1, *Social Contract: Essays by Locke, Hume and Rousseau*, Sir Ernest Barker による序論付 (London: Oxford University Press, 1947), p. 269.

胡適の思想の中で最も重要なのは変化の考えである。かれは、変化、運動、成長、そして制度、思想、願望の進化を賛美した。胡適に自由主義が中国に役に立つのだと説得したのは、自由主義の社会的、思想的変化に対するその敏感さだった。中国が必要としているのは、中国人の生活の全面的な変化に適応でき、その変化に方向性を与えることができる政治制度である。しかし、奇妙で不幸なことに、中国的文脈の中の自由主義は、人に静止的な印象を与え、そして胡適は静的で生気のない理想のスポークスマンとしての地位を占めているのである。

どうしてだろう。答えは部分的には多分、すでに言及したあの政治に対するかれの根強い反感にある。もし、ある人が変革を引き起こしたいと強く望むならば、かれは必ず政治に巻き込まれる代価を支払わなければならない。その代価は、胡適はいつも途方もない額だと見なしていた。政治活動に関するかれの慎重に考え抜いた気後れの背後に、人はある程度の知識人の尊大さと、そして多分、思想的な臆病さだけではなく人間的なかなりの臆病さを感じるだろう。だが、もし胡適が政治は実際に危険で汚い事業であると誤って考えていたとしたら、それはかれが、自由主義者たちが十分に共通にもっている先入見――こうした先入見が胡適の時代の中国において持たれるよりも明らかに持つのが正当でない状況にいる自由主義者にさえ見い出せる先入見、を共有していたにすぎない。バーナード・クリックが巧みに述べたように、確かに次のようなタイプの自由主義者がいる。かれは、政治の「果実をありがたく受け取ることを好むが、［果実を生む］樹はそうしない。」「政治のいろいろな果実――自由、代議政治、統治の誠実さ、経済的繁栄、自由な一般教育など――を摘もうとするが、それからは、自分をそれ以上政治と付き合わせようとはしない。」クリックがさらに続けて書いているように、またナイーブな自由主義者がいる。かれはまさに胡適がそうしたのと同じように、「理性の力と世論の凝集力とを過大に見積もり、政治的情熱の力と、人間にとって明らかに役に立つものをしばしば欲しようと思わない人間のつむじ曲がりを過小評価する。かれは政治党派が好きでなく、……かれは明快で分かり易い代議制度に影響を与えている開明的な世論という点からものを考える傾向がある。[26]」胡適がそうした考えに傾いたのは、かれの最初の政治についての理解を形成した影響によるものだと推測できよう。つまり、中国における革命前の十年間のあのいくぶん単純化された共和主義の影響を受けたからだと。かれは次に、政治腐敗を徹底的に非難していたアメリカ進歩主義に触れ、またウィルソンの理想主義に触れたが、それでこの傾向を減じることはほとんどなかったろう。デューイの社会哲学の知識は多分、かれが「政治の果実」を広い社会的・思想的な力の産物として見、政治を改革の主要な力というよりも［社会的、思想的］改革の受取人として見る傾向を促す役目を果したたであろう。

(26) Bernard Crick, *In Defence of Politics*, p. 123.

しかし思い起こされねばならないのは、胡適は統治の考えに決して無関心であったり、敏感でなかったことはなかったということである。一九三〇年代の短く変則的な「無為」政治のエピソードを除けば、かれは強力で目標を持った政府を一貫して主張していた。胡適は、「(政治)制度が機能するために必要とされる活動的な力《パワー》」または勢力《フォース》の重要性についての認識は「実験主義者」(すなわちデューイ主義者)の政治理論の偉大な洞察の一つである、と書き、それは政治生活において「常に大多数の自由主義者と急進主義者たちによってしばしば見落とされてきた」要素である、と強調した。胡適はこの調子で、政府を「組織された活力または勢力の使用によって、限定された公共目的を実現しようとする公共力《パブリックエージェンシー》、あるいは公共力の総和である」と表現した。だから、胡適が反対すべきだと発見したのは、政府は「目標」を追求すべきだという考えではなく、政府が間違った目標、さらに悪いのは、政府自身の生き残りそれ自体が十分な目標だと見なす考えだった。かれが恐れたのは、力が政府の手中に集中することではなく、その力の不適切な使用であった。「機械の危険はそれが生み出すとてつもないパワーにあるのではなく、この機械をコントロールする弱さにある。……効果的で意識的な民主的なコントロールの方法があれば、近代的な政府という機械はその建設的な有用性を専制と独裁の危険なしに大きく増強することができるのである。[27]」

(27) Hu Shih, "Instrumentalism as a Political Concept," in *Studies in Political Science and Sociology* (Philadelphia: University of Pennsylvania Press, 1941), pp. 4-6.

胡適のジレンマは、このような政府の潜在能力についての考えと、中国においてそれに対して「効果的で意識的な民主的コントロールの方法」を実際に行える可能性との間の落差にあった。かれが政治へ巻き込まれることを拒絶したのは、あるレベルから言えば、その権力が専制的な力だけによって正統化されていた政府に、自分がどれほど影響を与え得るかその効果へのまったく現実的な評価を表していたのである。おそらくかれは、デューイ思想の心得によってさらに強化された儒教の遺伝的性質、すなわち思想と行動の政治的習性を左右している環境の重要性に過剰に敏感だったのであろう。一九一七年に中国に戻った後、かれは自分が称賛する価値に対して本質的に冷淡な社会的環境の中に自分が閉じ込められているのに気づいた。胡適が、何が政治的に可能かという点から現在の必要性を評価するのを止める非常な努力をすることを強いられている、と感じたのももっともだった。このように見ると、わたしたちは、かれが政治的論議――かれにとって政治的論議とはいかなるときにも、存在する状況の文脈の内で論じることであって、抽象的な原則のレベルで議論することではないということを意味していた――に巻き込まれたくないと思ったことを、永遠に政治を嫌ったことの指標であると取る必要はない。同じように、かれはこのようなやり方で、適正な政治過程の機能にもっとふさわしい時代と環境に備えて、政治の評判を守ることができたのだ、という希望の証しとして釈明される可能性が十分ある。

理性信仰の先入見――現実手段の思想の欠如、状況の誤判断

しかし、もう一つのレベルにおいては、胡適の政治へのアプローチはかれの自由主義理論についての基本的な思い違いを示している。胡適は公共目的を達成する工具としての政府というはっきりした永続きした像《ビジョン》を持っていたが、しかし、そうした公共目的はどのようにしてかれの民主的傾向と調和した手段によって決定されるのかについては、比較できるほどはっきりした理解はなかったのである。かれは、政府というのはそれが統治する人々の利益に仕えるために存在するという考えを採用した。しかしかれは自らの思想の中で、共通の利害と多様な個人的な利害との間にバランスを打ち立てることが決してできなかった。かれはまた、利害の多様性は社会組織にとって基本的なものであり、適切に訓練されれば、政治的自由の一つの源になるという説も受け入れることができなかった。その内側で「社会の結合」がすでに解体してしまったような一民族の不幸な光景を概観しながら、胡適が、分裂した民族を団結させるはずだとかれが考えた表層下の利害の一致を強調する方向に傾いて行ったのは、理由がなかったわけではなかった。かれはこの予想を次のような信念の基礎の上に置いていた。なぜなら、すべての人間は理性的な生物である。だから、一旦知識を持ったなら、かれらは共通の理解、共通の意見を持つに違いないという信念である。胡適の漸進主義的で穏健な改革計画には暗黙の裡に、ある仮定が存在している。それは、思想的、社会的、政治的な復興（この順番である）の手段と最終目標は、双方とも、善良な意志と真摯な目的を持った全ての人に受け入れられるだろうというものである。その手段は、思想的な前提、社会的な様式《パターン》、そして政治的な形式と習俗、これらの自覚的で強要されない変換である。その目標とは、思想的に解放された社会、すなわち、変化に寛容で、進歩することができ、その社会的、政治

的制度において必然的に必ず民主的な社会を創造することである。

胡適のこの先入見は、今度は、かれがいる中国の状況を誤って判断させることに、さらに、自由主義的価値を生む自由主義的な手段の能力を過大に見積もらせることに導いた。理性の普遍性は、人々の間の願望と期待も同じ普遍性を持つことを意味しているというかれの信念が、今度はまたかれを促して、中国人も自然権として西洋の自由な民主主義を鼓舞するのに役立ったこの理想を共有しているはずだ——つまり、中国人もアメリカ人と同じように共通の政治的遺産の継承人だ、と信じさせたのである。かれは確かに、学生時代にかれを大変深く感動させたコスモポリタンな理想主義によって、そしてまたジョン・デューイによって、これらの信念に元気づけられた。だが、こうした信念は、人間は歴史的な文脈の外側で自由に行動することができる、かれらの過去の重荷に妨げられずに、かれらに役に立つであろう政治的な工具を作り上げることができる、という幻想に基づいていた。胡適は感嘆しながら、トマス・ペインがアメリカの革命について語った話を思い起こした。「わたしたちはいっせいに政府というものが創建されるのを自らの眼で見る地点に連れて来られている。まるでわたしたちは始まりの時に生きているようだ。」そしてまた、トマス・ジェファーソンの言葉、「わたしたちの革命はわたしたちに何でも思う存分にそれに自由に書くことができる一冊の白紙を綴じたアルバムを贈ってくれたのだ」[28]、を想い起した。もしこれらの表現が、それらの特定の時と場所において、革命のレトリック以上の何かであったとしても、それらを中国の状況に適用することは、にもかかわらず、非常に問題のあることだった。中国人は世界の始まりの時に立っていたのではなく、苦難の多かった過去と不確かな未来の間に蹲っていたのである。しかもかれらがその上に新しい制度と信念の輪郭を描こうとした頁はすでに多くの手によってびっしりと書かれて埋められていたのである。

（28）Hu Shih, "Instrumentalism as a Political Concept," p. 3.

いずれにせよ、これらの奇妙な考えは、「実験主義者」を自認する者の思想の中において、経験と歴史の重要性を断言する信念に結び付けられていた。ジョン・デューイはがっかりするようなことがあっても、明らかな教訓をそれからよりうまく引き出すことが出来た。中国で最初の一年を過ごした後、デューイは「近代国家のデリケートで広範囲にわたる仕事がいかに知識と思想の習慣に依存しているか、ゆっくりと成長してきて、そして今では当然のことと数えられている知識と思想の習慣にいかに依存しているか、ということに人は気づいている」と書いた。[29] プラグマティックな自由主義の実行可能性というのは、デューイが中国での経験の結果としてよりはっきりと見たように、前提となる一定の価値の存在に依拠しているのである。つまり、ジョージ・サンタナヤ **George Santayana** がずばりと指摘しているように、「元気で健全なデモクラシーにおいては、論議になっているすべての問題は小さなことに過ぎない。根本的なことは、デモクラシーが生まれたときには暗黙の裡に同意され、当たり前のこととされていたに違いなかったのだ。[30]」

(29) John Dewy, "The New Leaven in Chinese Politics," *Asia*, 1920 / 4. *Characters and Events*, I, p. 253. に再録。

(30) Giovanni Sartori, *Democratic Theory* (New York, Washington, and London, 1965), p. 243. より引用。サルトリ Sartori の著作はアングロ・アメリカのデモクラシーの「経験的な」基礎についての広範囲の明確な分析を含んでいる。

これは前にしばしば言われたことを重ねて言っているに過ぎない。すなわち、民主主義の制度《システム》が機能するということは、基本的な社会的、政治的な価値についての非体系的で、大部分ははっきりと述べられていない合意の存在を前提にしているのである。だが、このような合意はどこから生まれてくるのだろうか？　純粋な理性から生まれて来るのか？　それとも経験からか？　胡適にとってこの問題に答えることは非常に難しかった。かれはアメリカ的生活の気質について、そしてデューイの哲学の主要な推進力についても、大変敏感だった。さらには、早くも学生時代に、民主的な価値は統治の民主的な過程が無いと、つまり言い換えれば、民主的な経験が無いと成長することはないのだということを知ったほど敏感だった。一九一五年にかれは「デモクラシーを持つようになる唯一の道《ウェイ》はデモクラシーを持つことである」と書いたが、この言葉はかれが決して捨てなかった見解を述べている。(31) それなら中国には、民主的な価値も無く、またそれらの成長を促す民主的な過程も無い中国には、どんな希望があるというのか？　そのような環境の中で胡適が出来たことは、自由主義的で民主主義的な願望を擁護することは、啓蒙された少数の人々――理性がかれらに真理を見せた人々――の特別な責任でなければならない、と主張することだけであった。胡適が異議を唱える権利のために揺らぐことのない擁護をしたのは、それは心の底ではかれとかれのような人々が受けるに値する発言機会を与えられるべきだと要求することだったと言うのは、胡適の信念の栄誉や誠実さを疑うことではない。胡適にとっては、国民党人や共産主義者にとってと同じように（同じような理由で、だが遙かに違った意図でもって）、共通利益を定義することが進歩的エリートの当然で必要な任務だったからである。

（31）『日記』、七四六―七四七頁。バーナード・クリックはこの同じ線に沿って考察し、ここで用いられている語の意味においては、合意 consensus は「状況 a condition の産物というよりも、もっと政治の産物である傾向が強い」と書いている。 *In Defence of Politics*, p. 177.

倫理的エリート主義の傾向

事がこうなるのは驚くことではない。エリート主義的傾向は二十世紀中国の知識人がかれらの儒教の先祖の手から受け取った生まれつきの、おそらく免れることのできない相続財産だったからである。この遺産はしばしば初等教育の課程で現代的な形に鋳造され直された。そのとき中国の若い知識人は、ちょうど胡適が上海で中学生としてそうであったように、ほとんど例外なく、かれらの民族を救うのは自分たちの特殊な権利であり義務であるという信念を受け入れたのである。一九一〇年にかれはこうした情感を携えてアメリカに渡り、その後の七年間でそれを確かなものにし強化するための多くのものを見つけ出した。あの時代のアメリカの公的生活の中を駆け巡っていた改革の潮流はまさに啓蒙された少数の人々によって形作られ伝えられたものだったのである。進歩主義は草の根の運動ではなく、公共心を持った大学教員やジャーナリスト、社会福祉事業者、政治家たちといったかなり少数の人々の努力によって作りだされた産物だった。もっと個人的な在り方では、胡適は長く密接に国際的学生運動に加わったが、このことは疑いなく、公共行為を評価する規準を支えることがその責任である選ばれた少数の選良の中に自分は居るのだと見なす傾向を促した。そして最後に、アメリカにはウッドロー・ウィルソンによって示された模範と、ニュー・フリーダムというウィルソン主義者のビジョンがあった。一九一四年に胡適はかれの日記に、独立記念日の祝賀大会で、ウィルソンとセオドア・ルーズベルトによって最近なされた発言について要約している。『どちらであるべきだろうか?』ミスター・ルーズベルトはピッツバーグで、『われわれは人民の仕事を監督して指導しなければならない』と話した。ミスター・ウィルソンはフィラデルフィアで、『われわれは人民がその中で自由にかれら自身の仕事をうまく処理できる条件を作りださなければならない』と語った。これが、自由な政府についての全ての現在の論争がそのうえで回っている旋回軸の問題である。この二人の間では、わたしはウィルソンに従う」、と。[32] この何気ない観察は、「人民」は最終的には自治の責任を担う能力があることをはっきりと示すだろうという胡適の心からの永続した信頼を証言している。だが、決定的な語句はそれでもなお、「わたしたちは……を作りださねばならない」というフレーズである。かれがのちにその中から「真に純粋なエゴイズム」というかれの呼びかけを引き出してきたヘンリック・イプセンの書簡集に目を通したとき、胡の眼はまたイプセンのゲオルグ・ブランデス宛のもう一通の手紙の中の次のような数行も目にしていただろう、という推測をしてみたい。「ビョルンソン(Björnstjerne Björnson、ノルウェーのイプセンと同時代の自然主義作家、「国民詩人」と呼ばれる)は『多数者はつねに正しい』と言ったが、かれは現実的な政治家としてそう言わねばならなかったのだ、とわたしは思う。しかしわたしは、反対に、『少数者がいつも正しい』と言う必要性を語らねばならない。……わたしが言っているのは、先陣を率いて多数者がまだ達したことのない地点に向かって突き進む少数者のことです。わたしが言っているのは、自身を未来に最も密接に結びつけている人が正しいのだ、ということです。[33]」

(32)『日記』、三〇〇頁。

(33) J. N. Laurvik and M. Morison, trans., *Letters of Henrik Ibsen*, p. 350.

いつどんな所でも、反体制知識人や社会評論家、潜在的な改革者などの、自分を未来に、少なくとも未来についての自分のビジョンに結び付けている人間は孤独な人である。胡適の場合、この避けえない孤独感は一九一七年の帰国後にその中にいた特殊な環境によって一層強められた。その後の二十年間を通じてかれは二つの戦線で闘った。一方で、かれは社会の個人に対する暴政を認め、実際に疲れを知らないかのようにそれを非難した。個人の思想的解放がいつもかれの最大関心だったからだ。さらに、伝統社会の価値の権威に対する闘争においては、胡適は「計画を持った政府」の目的意識的な関与なしには進歩は不可能だと繰り返し主張して、政治権力を行使している人々の助けを求めた。しかしもう一方では、胡適は、社会自身が——つまり世論だが、それは社会と同じものに帰結する——、政府がその責任を果たすやり方を監督することに重い信頼を置いた。こうして、かれは政府と社会を互いの徳行の保護監督者とした。だが胡適のビジョンの中では、個人が政府、社会の両者よりも超越している。個人は政府の届く範囲を越えたところに立っており、政府は自分が個人の必要に役立っているその程度に比例してだけその忠誠を勝ち取ることが出来るのである。しかも、個人は社会の上にも立っている。社会はかれの才能を要求することは出来るが、個人の思想に要求することは出来ない。そうしたものが自由な理知の共同社会であろう。そこにおいては、胡適がかつて論じたように、すべての人がリーダーで、誰も指導されることはなくなるであろう。

胡適の個人主義についての最高の形の概念には、このようにそれとはなしに、ほとんどユートピア的な現実から距離をおいた雰囲気、気質的な距離をおく性向によって強められた思想的な偏見が存在している。このような気質的な距離をおく性向が、かれをかれの国と人民の上に降りかかった悲劇に感情的に巻き込まれずに、その外にずっと居させ続けたのである。かれの世界を震撼させた騒乱に対する胡適の反応の冷静さは、人にはかれの同胞を苦悩させている苦難の局面に道徳的に目を閉じているという印象を与えた。争いの声はかれの書斎の中にはめったに入って来ず、大地に広まった暴力もかれの沈思を混乱させなかった。かれの文章、かれがかつて「新聞紙上での喧嘩」だといったものによって書かれた文章を読んでも、人は意識的に努力することによってようやく、時折、胡適の門の外、過ぎ去った帝国の壮麗さをもった小さな記念物のある上品な庭の外で、人々はこの悲惨な世紀の最も長く、最も残酷で、代価が最も高い革命の死の苦しみの中に囚われているのだということを思い出すのだった。

だが、胡適は公正な心、冷静な理解を求め、穏健を求めただけだった。確かにそうしたものはかれの時代の気分ではなかった。しかしかれはそれによって非難されねばならないのだろうか。胡適は個人的にも公的にもジレンマの状態にあった。ジレンマは、革命の大洪水に襲われた和解と常識の人〔胡適〕に動かしがたい確かさをもって立ちはだかったように思われる――クレーン・ブリントン Crane Brinton が述べているように、その時、「理想主義と現実主義の通常の社会的役割は逆になり」、「温和な人の知恵と常識は、もはや知恵と常識ではなくなり、愚かなものになる」[34] 状況になったからである。もしかれを中傷する人が告発したように、胡適のメッセージはかれの人民には理解できない異質のもので、だからかれらを動かすことが出来なかったのだというのであれば、その原因は（保守主義的な敵が言うように）、かれが述べたことは大部分が外国の情報源から得たものだったからではなく、また（急進的批評家が主張したように）、他の人々がすでに拒絶していた秩序をかれが擁護しようと努力したからでもない。もっと適切に言えば、胡適はその本性によって、その経験によって、そしてその教育によって、かれが重んじた自由を主張する準備が前もって出来ていたからだった。こうして、かれは、無知によってまだなお目を見えなくされ、自分自身以外のいかなる運命にも関心を持たないことによってものが言えなくなった、そして数えきれぬほどの多世代にわたる社会的無気力によって不具にされた男たちや女たちの言いようのない惨めな存在とは、ほとんど無限の疎遠さがあったからである。

（34） Crane Brinton, *The Anatomy of Revolution* (New York, 1957), pp. 153-154.

だが、かれは実際は、けっしてかれらよりも自由だったのではなかった。一九一七年に中国に戻ったその時から、かれがまだ不完全にしか理解できなかった革命の虜囚になるのは、かれの運命だった。ずっと後になるまでかれは、自分が奴隷の境遇にあったことを知らなかった。しかしまた、わたしたちはあまり性急にかれを非難すべきではない。今になって見れば、わたしたちはかれにのしかかっていたこの鎖をはっきりと見ることがずっと容易になっているし、その時代には手当たり次第のでたらめな出来事のように見えたものに意味を与えることも、過ぎ去る歳月のその時その時をただ生きる人間には感知できなかった時間を通した流れを知ることも、はるかに容易になっている。わたしたちはいま胡適よりももっと良く理解している――あるいは、たぶん、理解できた――。なんと時間がなかったか、と。わたしたちはそれで、いろいろな事件が積み重なってある種のクライマックスに至ったあのぞっとさせる切迫感も理解できる。だから、わたしたちにとっては、胡適が中国人は節度があり、「七年の病のために、三年の艾《もぐさ》を求める［七年の病気のために三年がかりで蓄えた艾を求めるように、準備をしようということ」のに十分なほど賢明であろうと考えた希望を、それは気を紛らわせるナイーブな馬鹿げた話だとけなすことも容易である。またわたしたちは、わたしたちが知る特別な権利を与えられているもの［後知恵］を知っているから、胡適の生涯続いた最も重要な原則の表明も、かれの論述は具体的な社会分析の面に何も提供していないから不十分なものだとして、ごく軽く片付けてしまうこともできる。

　この最後の点での胡適の欠点がどんなものであろうと――そしてこの欠点は非常に重要なものだが――、少なくともかれの特殊具体的なものの重要性についての鋭い理解は称賛に値するものだ。かれは中国革命をわたしたちが今日そう思っているもののようには見なかったけれども、またかれはこの革命の含意を十分には摑まえておらず、その展開の速さを正確に計れなかったけれども、なおかれはあきらかな誠実さでもって若い聴衆に、出かけて行ってこの巨大な激動の問題に取り組むようにと説得したのだった。かれは何度も何度もかれらに、革命の人を欺く偽の神々を見捨て、現実の問題についての熱心で冷静な探究に戻るようにと懇願した。胡適の中では、中国の最終的な救いは、そうした研究とそれが生み出す特殊具体的なことについての知識に依存しているのだという信念ほど深く述べられている確信はない。かれの自由主義的な同人たちによって広く共有されていた関心を反映して、胡適は、特殊な訓練を受け専門的な知識を持った人を公共サービスの職に補充することが重要だと強調し続けた。もちろん、教育を受けて自分を現代的意味での学術的、職業的な専門家だと考えている人たちが、統治を自分らのような人間に相応しい仕事だと見なしたのも自然なことで、そして（儒教形式のような）全般的な文化技芸能力も、（革命者たちが主張しているような）単なるイデオロギー的熱烈さも、現代的な政治的行政の複雑さを十分うまく管理し、政策決定の責任を引き受ける人材をうまく準備することなどできないと主張するようになったのもごく自然なことであった。自由主義者たちは、統治はそれぞれ違った強みと能力から自ら具体的問題についての苦しい研究に取り組んでいる数多くの知的な人々の共同事業にならなければならない、そして最後は、専門家の意見という変更できない権威にもとづいた政策の策定に収斂すべきである、と主張した。

胡適を一九一九年の「問題と主義」についての有名な論争の中でかれが採った〔多く問題を研究し、少なく主義を語ろうという〕立場へ、そしてまたかれの残りの人生の間ずっと守り続けたこの立場へと突き動かしたのは、マルクス主義者の抽象概念に対するかれの反感とともに、こうした信念だったのである。確かにその背後には、胡適が外国で獲得してきたアメリカ人の専門知識に対する熱情のようなものや、また知的分析の有効性についてのデューイ主義者の信念のようなものがある。この点でのデューイの信念の実行可能性に関して、最近大きな疑問が提起されている。例えば、目標を語ることを避ける社会哲学が十分な目的意識、方向感覚を提供することが出来るのかどうか、方法論的な「変化の調停者」と見なされる自由主義が、大きな社会的事業を達成するのに必要な熱情を生むことが出来るのかどうか、そしてそう解釈される自由主義が実際に分析から行動へと移れるのだろうか、という問題である。(35) もし、このような疑問がその生誕の地であるアメリカという環境の中で、デューイ思想の場についての考察から起きてきているとするならば、デューイ思想を中国のような人々がその位置・方向をまったく見失ってしまった社会的文脈に適用する際には、これらの疑問はもっとしつこく、もっと力強く現われることとなる。

(35) 例えば、George Raymond Geiger, "Dewey's Social and Political Philosophy," in Paul Schilpp, ed., *The Philosophy of John Dewey.* 注釈しておくに値するのは、ガイガーは決して敵意のある批評家ではない、

社会の願望と実際条件への不理解、自己限定としての「学術研究」・儒教的倫理性

しかし、プラグマティック〔実用主義的〕な自由主義が、それが中国において例示された時に、その批評家が正しくもそこに見出した、中国の状況にそぐわないという感覚を運んで来ていたとするなら、その全責任は教義自体に存在するいかなる思想的抽象性にも負わせられない。デューイは、社会変革に対する自由主義的アプローチの必要な基礎として「社会の願望と実際の条件の双方を洞察する」必要性を鋭く語っている。かれの中国人の弟子の胡適が他の人よりも目立ってデューイを誤解したように思われるのはこの点である。胡適の価値観と願望は、かれの人民の「社会的願望」あるいはかれらの生活の「実際の条件」についての現実的な理解をほとんど反映していないのである。かれは、人民にとっては「自由」というのは、自分の意見をしっかりと持つことができるという最終的な自由を意味しているのではなく、飢餓、徴兵、掠奪という災難からの即時の自由である――それ以上でもそれ以下でもない――ということを知っていることに、決して甘んじていることができなかった。同時に一方で、胡適の関心を引いた「問題」は、その大部分は専門的な学者の余裕のある好奇心を起こさせるような知的な謎だったのである。勿論、これは胡適が十分な注意をもって覚悟した職業で、かれがその仕事の中にいる自分を思い浮べる方が好きだった役割だった。現代中国の知性の形成に対するかれの最も容易に認識され、そして多分少なくとも間接的な意味では、かれの最も永続性のある貢献は、かれの学者としての学術的な関心の結果であったという事実である。が、それにも関わらず、本書は序言の中で示唆したいくつかの理由で胡適の学問的成果についてはほとんど述べてこなかった。胡適の中国哲学史と文学史の分野における学問的成果の大部分はかなりすぐに取って替られたが、しかしそれはその時代にあっては、それらの

テーマが考察されているパースペクティブ［観点・視野］を永久に変えさせてしまうほど人を驚かせる、創造的で、刺激的なものだったのである。さらに、中国の現代的な高等教育と研究機関——北京大学、中央研究院、中国基金会——と長く関係していた間に、かれは学術的向上の機会の視野を広げるために多くのことを行った。かれ自身の学問では、かれは多くの若者の指導教官、励ましとなる模範として仕事をし、かれらに広く魅力的な新たな展望を開いたのである。胡適への恩義を記録した人々のなかに、歴史学者・民俗学者の顧頡剛、文学批評家・歴史家の兪平伯、太平天国反乱の歴史の専門家の羅爾綱《らじこう》がいる。もっと多くの有名人たちのうちの数人だけの名前を挙げておくにとどめる。(36)

（36）羅爾綱『師門五年記』（台湾、私的印刷物、一九五八年一二月）、顧頡剛『一位中国史学家的自伝』、兪平伯「堅決与反動的胡適思想劃清界線」『学習』（北京、一九五五年三月一五日）から *Current Background*, no. 325 (1955 / 4 / 5). に訳されたものを使用した。

疑いなく、これは価値のある役に立つ仕事であった。しかし胡適はおそらくその仕事にあまり多く要求しすぎた。かれは、こうした学問的努力が、かれの原則が中国の現状と関連しているのだという十分な証明を提供している、あるいは、かれが信じたように言えば、学問が人の心を摑んで離さないやり方で危機の時代のかれの民族の運命に影響を与えることが出来るのだ、と確信を持っていたからであるが、振り返って見ても、胡適のこの確信を共有することは難しい。五四時期に胡適はいくつかの白話小説の研究にその精力の多くを注いだが、後にかれはこれについて、こうした研究は「ハクスリーとデューイの思想的な方法の実際の適用に過ぎない。わたしの数十万字の小説考証はみな幾つかの『深く的確で明らかな』実例でもって、人にどのように思考するのかを教えただけである」と評している。(37) だが、数百万の中国人にとっては生き残ることそれ自体が厳しく、余りにしばしば生命を失う、危険な賭けだった時代に、十八世紀の小説のどの章を誰が書いたかなどという「問題」は、せいぜい周縁的な意義しか持たなかった。胡適が自らの仕事の重要性について行った解釈の上滑りの真実について議論することなしに、わたしたちは、かれはかれの時代に必要だったことについて悲劇的に判断を誤ったのだ——デューイを誤読して安売りをしたのだ、とまだ結論を出してはならないのだろうか。

(37) 胡適「介紹我自己的思想」『胡適文存』四集巻四、六二一頁。

デューイはほとんど確かにそう考えたであろう。早くも一九二一年に、かれが中国の若い知識人がデモクラシーを政治運動というよりは教育運動として推進しようとしていた傾向を称賛したときでさえ、デューイはかれらが「詳細で」「実際的」な社会分析についての関心を「永遠に誓ってやめ」ないように希望する、と述べていたのである。[38] かれは、そうしないと、思想改革は「文化的、文学的な余興」に退歩してしまうだろう、と警告した。[39] だが、胡適が多少学問に没頭したのは、多分、変革をコントロールする際に経験の果たす役割を重要視したデューイの考えをかれが受け入れたことに微妙に影響されたのであろう。おそらく、胡適が哲学史、文学史の研究に専念したのは、これらの領域においては、かれは中国の経験の上に変化のための信頼できる実例を作ることが出来たからである。かれは、白話文学が盛んになったのは俗語の表現形式が長い間に亘って進化してきた当然の結果としてそうなったのだ、と説得力を持って主張することが出来た。かれは、中国の経験から引き出された前例は、中国人が近代的な科学的方法を使用することが可能であることを示している、と主張できた。しかしかれは、実験主義的原理に基づく改革にとって不可欠の進化論的文脈を、革命的変革に必要なものから距離を隔てたこれら文学史哲学史のような孤立した周縁的領域において認めさせたいと思うことが出来ただけだった。だがかれは、それと比較しうるような確信をもって、かれが呼び出した解放された個人主義の精神が、伝統的社会秩序の専制主義の内に内在していたのだと主張することは出来なかった。あるいは、農民生活の思想的な無気力が知らず知らずのうちに、批判的で独立した思考への能力を培養したのだ、とは主張できなかったのである。[40] 中国社会は革命的な解放を求めていた。このことは胡適も承認していた。しかし、革命の戦略を考案することはかれの力の及ぶところではなかった。というのは、それはかれの原則の権限を越えたものだったからである。

(38) John Dewey, "New Culture in China," *Asia*, 一九二一年七月号、*Characters and Events*, I, pp. 270-284. に所収。

(39) John Dewey, "The Sequel of the Student Revolt," *The New Republic*, 21.273: p. 381 (1920 / 2 / 25).

(40) 彼の後の二三篇の文章の中で、とりわけアメリカの読者のために書いた英文のものの中で、胡適はたいへん一般的な言葉で、「民主的」な伝統が中国の帝政期の前に存在していたこと、そして更に、中国の開明的な（儒家）少数の人は、そのヨーロッパの相当する人と同じように、いつも寛容と思想的自由の要求を言っていたのだ、と主張した。第九章を参照。

もしそうした考慮が胡適の関心を作り上げることにおいていくらかの役割を果したとするなら、それは無意識のうちに果しただけである。しかし、学問、「国故整理」に専念するというかれの決心は、意識的に選び取られたものだった。かれは、民族の生存の問題の解決は、問題が最初にどうして起きたのかについて理解することからのみ、はじめて現れて来る、そしてこの理解は現在の危機の因となる全ての歴史的要素を考慮に入れなければならない、という前提で活動した。かれ自身の学術的仕事はこの理解を限られた仕方においてのみ豊かにしたが、多分——しかし、かれ自身はこの極限性を認めていた。かれは自分の全生活は「労働の分業」の中に在ると信じていた。かれの主張が時々いかに非現実的で突飛なものに響いたとしても、かれは中国問題の解決が一つの思想の産物、あるいは一世代の産物としてあり得るなどとは決して考えなかった。一九一五年にかれは、「わたしの社会に対する責任は、ただ自分が能く為しうるところを竭《つくす》に在る」「わたしの能わざるところは、人それ諸《これ》を舎《お》かんか」と書いていた。[41]

(41)『日記』、六五四頁。

中国の自由主義者たちは、統治はイデオロギー的に中立で専門的技術を持ったエリートの特殊な責務でなければならない、と際立って近代的な調子を響かせて一貫して主張していた。しかしもう一方で、半ば意識していたに過ぎなかったであろうが、かれらはまだ儒教のエリート主義の精神に非常に近づいていた。自由主義のメンタリティーの中にしっかりと埋め込まれていたのは、立派な儒教的信念の痕跡、すなわち、知識は美徳である、学識を得ることには公民としての責任を伴うのだという信念、そしてもっと一般的だったのは、他人が見習うべき道徳的模範を自己の振舞の中にはめ込まなければならないという責任感だった。胡適は一九一四年に、いかなる状況においても人が信頼できる唯一の道徳的規範というのは、中国語の「一致（integrity、胡適が訳した語を使えば consistency ＝一貫性）」で表現された原則である、と書いた。かれはここに西洋と東洋のすべての倫理の最良のもの——キリスト教の山上の垂訓［他人にしてもらいたいことをあなたも他人になせ］やカントの個人の意思の行為をして普遍的意義を引き受けさせせよとする定言的命令から、孔子の「恕」の思想と、有徳君主が「動き而して世《だいだい》の天下の道となり」「行いて而して世《だいだい》の天下の法となる」ような古代中国の道徳的支配者の理想まで——を発見した。(42) 胡適はその一生を通じてかれ自身の行動において、この格言に従おうとした。新中国の学生たちにかれがたびたび行った説諭を単なるレトリックのレベル以上のものにしたのは、かれがこの格言としっかりと真摯に取り組んでいたからだった。かれは学生たちに、圧倒的に感情的に悲惨な時代にあってさえ、君らはみな特別な権利と特別な責務を持っているのだ、それらの中には、誠実さ、熟考、そして目標への真摯さという価値が入っている、それらはあらゆる代価を払っても擁護されるべきものである、と思い起こさせたのである。

（42）『日記』、四三七—四三八頁。この『中庸』（二九章五節）からの引用節は、Legge, *The Chinese Classics*, I, p. 426. を見よ。

「中国の自由主義《リベラリズム》」はどのようなものだったか、中国における自由主義《リベラリズム》は何故失敗したか

わたしたちはつぎに、最後に、「中国における自由主義」について語るだけでなく、「中国の自由主義」について語らねばならない。一方の、中国における自由主義が意味しているのは、自由主義が世界のその他の所で意味しているものと大体同じものである。すなわち、大衆的な基礎を持つ統治制度を信じることであり、法の支配を信じることであり、政治過程――人々に示される目標によってではなく、それが機能する仕方によって正統性が作られる政治過程――を信じるということである。そしてこれらの諸要素を一つにまとめてみるならば、自由な知性の創造的で恵み深い《ビナイン》力を信じることである。中国における自由主義は、中国の状況の文脈においては本質的には一つの抽象概念でありつづけた。他方、中国の自由主義は、中国人の思想の中ではもっと具体的な何物かを意味した。それは人々に儒教の「君子」の価値と、帝国の歴史の長い世紀を通じてもいまだ実質的に変わらず存在していた理想、を偲ばせる個人的な価値の手本であった。胡適とかれの自由主義者の友人たちはたいへん多くの面で近代人で、近代的な目標を持っていたが、しかし一九二〇、三〇年代のあの異様な二十年の見たこともない潮流の変化を経験した。そしてかれらはいわば、現代の士大夫になった。自分たちの支配者に対して忠告する特権と義務を持たせられた教育によって、また腐敗し腐敗し続けている政権に服務したくないという道徳的ためらいによって、そうなった。かれらは終始、良心的で、人情味のある、憂患意識を持った、責任感のある人で、これらの言葉の儒教的な意味において「好人」であった。かれらは自らが正しい認識だと信じたことのために、相当な危険に直面してさえ、公共の福祉を心に留めて語った。しかし、人民に語るというよりも、人民のために語った。かれらは忠誠を捧げるもう一つの中心を作ろうとか、かれらの政治的

プログラムを提出しようというような努力をしなかった。かれらは、かれらがそれによって支配者の考えと心を変えられるかもしれないと思った諫言だけによって、そしてそのやり方でもってかれらの人民の生活に利益がもたらせられるはずだとずっと希望を持っていたのである。胡適の死に際して、蔣介石は褒奨令〔追悼称賛文〕を書いたが、それは過去にしばしばかれに対する最も鋭い批評家だった男に栄誉を贈ったものだった。蔣介石はその中で、おそらく、かれが知っていることよりもうまく書いた。お世辞を言うためにのみであったが、蔣は偶然にかれの老敵手が自分に押し付けてきた異例な役割をかなりの正確さで表したのである。胡適は「新文化の中の古い道徳的価値の模範であった。旧倫理の中の新思想の師長であった」、と総司令は書いたのだった。[43]

（43）馮愛群『胡適之先生紀念集』（台北、一九六二年）一八九頁。

自由主義はそれが活動していた時代に中国で失敗した。その時代は短かった――胡適が期待していた五十年ではなく、数年、十年、あるいはせいぜい二十年だった。それが失敗したのは、自由主義者がかれらに与えられた機会をしっかりと摑むことが出来なかったからではなく、かれらは自分たちが必要とした機会を作り出すことが出来なかったからであった。自由主義が失敗したのは、中国が混乱の中にあったからである。そして、自由主義が必要としたのは秩序であった。自由主義が失敗したのは、中国には自由主義が存在すると想定した共通の価値が存在しなかったからである。そして自由主義はそうした価値を存在させるようにするどんな手段も供給しなかった。それが失敗したのは、中国人の生活が力によって作り上げられていたのに、一方、自由主義は理性によって生きることを要求したからである。つまり、自由主義が中国で失敗したのは、中国人の生活が暴力と革命に満ちていたのに、自由主義は暴力と革命という大きな問題に何らの答えも出せなかったからだった。

中国における自由主義の失敗は、この最後の点で結局、その信条そのものによって決定されたように思われる。もし中国の自由主義者たちがこの現存する秩序を通して何かをしようとしたよりも、現存秩序に反対して努力する用意があったならば、かれらは現存秩序へのもっと効果ある批評家になったかもしれない。もし革命がかれらに、非常に不確かで危険に満ちた処方箋だと思えなかったとしたなら、かれらは急進的変革のもっと話ができる主張者になっていたかも知れない。しかしこの別のケースを主張したとすれば、かれらは最早自由主義者に留まることは出来なかった。そして実際何人かは留まらなかったのである。しかし胡適は自発的な忍耐でもって留まった。だから、自由主義の挫折の中に含まれた個人的な挫折の要素が存在している、このことはわたしたちを最終的には一つの理想の失敗という点からではなく、一人の人間の悲劇という点から語るようにさせることになろう。

容赦の無い時代と個人の悲劇

「才能のある男にとって、今日の中国に生まれたことは不幸なことです」と、胡適は不気味な予感を漂わせながら友人のルイス・ガネットに述べた。それは一九二〇年代の中頃、胡適の人生と名望が絶頂近くにあった時期だった。そして続けて次のように書いた。「かれらはあまりにも簡単に多くのものを手に入れます。かれらは人々からその能力以上の責任を担うところへすぐに押し上げられます——そしてかれらは擦り切れるのです。顧維鈞《ウェリントン・クー》は外交部で優れた常務の次官［事務次官］でした——かれは総理になります。呉佩孚は優れた旅団長でした——かれは何とか総司令になろうとしなければならなくなっています。わたしがアメリカから帰って二年後にある新聞が世論調査を行い、わたしは最も偉大な生きている中国人の一人だと言いました。一旦名声を手にすると、その人は次の二つのうちの一つを選ばなくてはならなくなります。名声に適うように生きるか、それともその名声で生きるかです。最初の場合は、身体的に自分をダメにすることになるでしょう。次の場合は、道徳的に思想的に自分をダメにすることになるでしょう。君は大人物になろうとし、君は大変多くのことをしようとするだろう——そして、君は壊れる、のです」、と。[44] かれが早いうちに有名になったこと、まだ若者のうちに称賛や不信の眼でかれを見た人々の眼の中で象徴的な人物になったこと、これは胡適の不幸だった。知識偏重につねに特別な意味を付与してきた文化の中で、かれは知識人であった。教育者に対して特別な威望と責任を割り当てる社会で、かれは一人の教育者だった。中国人がまだ熱心に海外に向かって救いの手段を探し求めている時代に、かれは一人の帰国学者だった。急進的な思想的革新が人の心を摑んで離さない理想だった時代に、かれはこの理想のスポークスマンであった。しかしかれはまた、そして一貫して、穏健な方法がますます実行できなくなった、あるいは正当に思われなくなった時代に、穏健な手段の代弁者でありつづけた。かれの生涯を通じて、胡適は一部の人から崇敬されたが、他の人たちからは軽蔑された。その原因は、かれがどういう人であったかにあったのではなく、かれが代表したもののためであった。かれがそれでもって、混乱し目まぐるしく変わり、そしてもっと厄介になりさえした時代の要求に対応するのに用いたり、対応するのに失敗したそのやり方のためであった。

（44） Lewis Gannett, *Young China* (New York, 1927), p. 11. 胡適が言っているのは、*Millard's Review*（のちに、*The China Weekly Review* と改称）が、一九一九年に行った世論調査のことである。この英語出版物の読者はどうも大部分外国人か、外国で教育を受けた人物らしい。ガネットは胡適が合州国での学生時代から知っていた人で、一九二五年から二六年の冬に数カ月中国にいて、中国革命について *The Nation* にレポートを書いていた。かれはこの雑誌の副編集長だった。

胡適は偉大さを目指して励んでいただけだ、というのは思いやりのある言い方でもなく、正しい言い方でもないだろう。かれはある程度それを得ていた。というのは、かれが何度も主張していたように、中国は才能ある人間が不足していたからだ——少なくとも、胡適が高く評価し、古代的文化が現代文明へ転換するのに不可欠だと見なし評価した種類の才能が不足していたからである。そして胡適は、自ら大きな抱負を抱くほど才能豊かな人で、またその才能に気づいていた人であった。かれは時々立ち止まり、これは一体何処に導いていっているのだろうかという疑問にほんのしばらく不安にさせられた。そしてその後、差し迫った必要性への意識と、自分の能力への強い自信に拍車をかけられて、かれはもう一度手を伸ばそうとした。最後に、かなりのことがすでに達成された後、さらに多くが求められた時に、必要についてのかれの理解は、まだ不十分だということだった。「貧困」「疾病」「無知」は、胡適が嫌った「帝国主義」「封建主義」といった標語と同じように、多くの人にとってはもはや中国の肉体的精神的な病としては意味のある定義ではなくなった。革命家は、それがかれらのイデオロギー的な決まり文句だったとはいえ、かれらも、胡適と同じように無知を抑制し、疾病を根絶しようとしているように見えた。かれらも胡適と同じように政治の腐敗を蔑視し、そして中国人民の不幸な運命に対しては、胡適よりも敏感であるように見えた。胡適は、かれの原則のために、必要とされたよりももっと多く要求していたが、かれのこれらの原則が拒絶されただけでなく、かれ自身が無視されていることに気づいた。人々はかれが為し得なかったことを許さなかった。慈悲は革命の美徳ではないのだった。

　そしてある人々は、胡適は破産した——つまり、容赦の無い環境に潰されたのだ、と言うだろう。かつて、過去の死んだ重荷からの解放を呼びかけたクラリオン〔喇叭〕の笛音だったものは、それ自体、時代錯誤的《アナクロニスティック》な言葉《レトリック》になった。政治的公正の要求は政治的な能力欠如の弁明になった。自信に満ちた情熱は、大げさで中身のない自己防御的な誇示になってしまった。

　だがわたしたちは、胡適はゆゆしき時代を生き抜いてきたのだということ以上に、さらに自分たちに気づかせなければならないのは、それは苦痛がいとも容易くあっという間に肉体的精神的活力をすっかり使い果たさせてしまった時代であったこと、共感と想像力の中身を貪り喰って抽象的信条の中身のない抜け殻だけを残した貪欲な時代だったということである。最後にはかれでさえもはや、人間の生来の尊厳さと、かれを長い間支えてきた理性存在への楽観主義的な信仰から多くの温もりを引き出すことが出来なくなってしまった。だが、最後においてさえ、率直さを求める力はかれから完全に失せることはなかった。かれは死の一年ほど前に、古い友人に宛てて手紙を書き、落胆したように元気なく、「わたしの［六十九歳の］誕生日をもうすぐここで迎えます。過去四、五十年の仕事を振り返って見ますと、何か抵抗することが出来ない力によってであるかのように、すべてのものが完全に破壊され、完全に壊滅させられてしまったように思えるのです」と書いた(45)。

(45) 胡適の張仏泉への手紙、一九六〇年一二月一一日の日付。張仏泉教授が原物の写真をわたしに提供してくださったことのおかげである。深く感謝する。

もしこの言葉が、「わたしたちが自分の役目を果たしたときに、将来人間性がそうなっているものによって、わたしたちは裁かれるだろう」と宣言するほど歴史を信頼した人の人生に対する最終評決として記録されるべきだとしたら、それははなはだ残酷な皮肉になるだろう。たぶん今はまだ、胡適にそんな評決を下すときではない。しかし、かれが極めて真摯に中国において確立しようとした「近代文明」の市民としては、わたしたちはかれが達成しようと努力したことの多くは、わたしたち自身がそうなるのを見たいと希望したものであったことを忘れることは出来ない。間もなくやって来た事情［革命］についてのかれの理解が不完全なものだったことをわたしたちは知っているとしても、わたしたちはかれのはるか遠くのことについてのビジョン、未来についてのビジョンが明晰で透徹したものであったことを見落とすことは出来ない。かれの希望の挫折、あの明るい約束の上を蔽った暗雲が、わたしたちに、中庸を欠いた極端な革命によって引き裂かれた世界において、穏健、寛容さ、思想の自由、個人の自由、法と理性の支配といった理想の運命はいかなるものになるのだろうかと、もう一度問いかけることを間違いなく促しているのである。

付録Ａ

胡適の人生における二人の女性

胡適の人生における二人の女性、かれの母と妻との関係についての心理学的研究はもし正しく取り扱われるなら、そしてもし十分な（そして十分に明らかにする）データが提供されるなら、刺激的な結論が生み出されるかもしれない。残念なことに、わたしはそうした調査を推し進める訓練や性癖が身に付いていない。そればかりか、わたしが本書を書いたときに用いた資料で、特にこの隔離された領域を洞察するのに助けになる資料はなかったのである。胡適の自伝の風格はかなり穏やかで情感的なものだが、一方、かれの学生日記は経験したことの無原則な断片の大きな詰め合わせで、作者の心理に関して持続して思索するのを支えることは出来ない。人は確かに、家庭から父親の訓練が欠けたこと——家父長制の強かった文化の中で——が、胡適の権力に対する姿勢にどのように影響を与えたのか、あれこれ思案するかもしれない。そして人は、母親が彼女の子の身体の健全さへの全責任を引き受けたのと同じように、その道徳的な性格の唯一の保護者、助言者としての役目を果たすことを強いられなかったとしたら、胡適の母に対する心の傾きは、必ずしももっと敬意の少ないものにとは言えまいが、違ったものになっただろうと推測するかも知れない。胡適が幼いころ過ごした環境は多くの面で通常のものではなかった。そしてこのことが疑いなく、その刻印を後年のかれの気質に残したのである。

かれの結婚の問題について、かれの学生日記はいくつかの支離滅裂だが、それにもかかわらず、激しい内面の葛藤の姿を垣間見せるものを与えてくれる。結婚は思想的に矛盾のないことに基礎をおいてなされるべきかどうかという問題は、長い間かれが自問していたことだった。そして、かれの「社会的不死」の理論（第四章を見よ）は、少なくとも部分的には、新たに自信を回復させる個人的な必要性から引き出されたのだと推測する理由が存在する。一九一四年にかれは「近代の偉人で結婚していないでいた人物」（デカルト、スピノザ、カント、ホッブズ、ロック、ハーバート・スペンサー、ニュートン、アダム・スミス、ヴォルテール、ウィリアム・ピット、カブール、ギボン、その他）のリストを編集した。[1] 胡適は、コーネル大学でのかれの教授の一人の御嬢さんだったエディス・ウィリアムズに、おそらく恋愛感情さえ持って、強く魅かれていたことを推測する証拠がある。ウィリアムズ嬢は胡適がイサカにいた最後の年を通じてニューヨーク市で美術を学んでいた。そして彼女は胡適の現代美術への嗜好を育てることを試みてかなり成功した。また、皮肉なことだが、胡適にJ・モーレイの『妥協について』の本を贈ったのも彼女だったのである。この本はかれが結婚についての母の望みを受け入れることに甘んじるのを助けたのだった。数カ月後、かれは、自分の私生活においては「東洋のやり方に従う」という決心をし、母に手紙を書いた。

（1）『日記』、四四一―四四二頁。

手紙（前の手紙）の中で言いました冬秀の教育についてのいくつかのことは、児《わたし》の一時の感触で言ったことばで、決して冬秀を責める気持ちはありません、吾《わたし》が母を咎めることなどなおさらありえません。児《わたし》は、児《わたし》の婚事についてはいささかの怨望《うらみ》も持っておりません。蓋し、児《わたし》は吾母が児《わたし》の婚姻の一事のために、実に心力を尽して、児《わたし》のために美満の家庭の幸福を謀ろうとされておられることを深《よ》く知っております。児《わたし》がもし怨望の心をなお残しているとすれば、それは真に事情を識らず、人情に明らかでなく、良し悪しの分別のない妄人となりましょう。……今日女子が書を読み字を識ることが出来ることは、固より好い事です。たとえできなくとも、まだ一大欠陥ではありません。思いますに、書物の中の学問、紙の上の学問はあらゆる行いの一端にすぎません。吾《わたし》は、能く書を読み文を作ることは出来ますが、しかし賢妻良母になれない人が多いのを見ています。吾がどうして敢えて責めて完全を求めたりする考えを致しましょうか。……夫婦にして師友を兼ねるのは固より人生の大きな幸な事です。然し、夫婦の内で真に能く学問に平等なる者は、すなわち、この邦《くに》［合州国］でもまた多くありません。いわんや、女子教育が絶無の吾国においては、ありえないでしょう。児《わたし》がもし、智識平等の四字を配偶者を求める準則としましたなら、児《わたし》は終身、鰥夫《やもめ》暮らしをすることになるのは疑いないことです。(2)

（2）『日記』、六四七―六四八頁。手紙は一九一五年五月九日の日付になっている。

教育的、経歴的な隔たりは彼女が胡適の後の活動の多くを直接共有することを不可能にしたにもかかわらず、結局、胡適の江冬秀との結婚は、永続きした明らかに愛情のこもったものだった。かれの未公開日記はしばしば家庭における彼女の役割と、彼女が一部を受け持った公的でない社会的行事での役割について述べている。二篇の詩、一つは結婚前に書かれ、もう一つはその出来事（一九一七年の末に起きた）のすぐ後に書かれたものであるが、それらは胡適の結婚への態度について示唆的である。

「病中に冬秀の書を得て」(3)

一、

病中得他書、　　病中に彼女から手紙が来た、

不満八行紙、　八行にも満たぬもので、
全無要緊話、　まったく大事な話も書いてなかったが、
頗使我歓喜。　わたしを頗る幸せにしてくれた。

二、

我不記得他、他不識得我、我総常念他、這是為什麼？

　わたしは彼女を覚えておらず、彼女はわたしを知らぬ、それなのにわたしはいつも彼女を想う、これはなぜだろう？

豈不因我們、分定長相親、由分生情意、所以非路人？

　わたしたちが、分かれていても互いに親しみをのばし、それぞれ愛情を育んだから、見知らぬ人ではなくなったのではないだろうか？

三、

豈不愛自由、　どうして自由を愛しないことがあろうか、
此意無人暁。　この思いは、誰も分からないだろう。
情願不自由、　不自由であろうとすることも、
也是自由了。　また自由なのだ。

（3）銭岐波『現代中国文学史』（増訂版、香港、龍門、一九六五年）四二五頁。

「新婚」(4)
十三年没有見面的相思
于今完結。
把一椿椿傷心旧事、
従頭細説。
你莫説你対不住我、
我也不説対不住你——
且牢牢記取這12月30日夜的中天名月！

十三年会うことのなかった互いの思いは
今日、終わった。
一つ一つの心傷む昔の事を、
はじめから細かに語ろう。
きみはわたしにあやまらずともよい、
わたしもきみにあやまらないから——
それよりも、この一二月三〇日の夜の空の名月をしっかと覚えておこう。

(4) 胡適「新婚雑詩五首」『新青年』四巻四号、三一一頁（一九一八年四月）。

一九一八年の夏、「アメリカの女性」という題で北京女子師範学校で行なった講演で、胡適は、「最近の留学生は、ちょっと文明の空気を吸って帰国すると、まず最初にすることはというと、離婚です。しかし自分が吸ったその文明の空気はチャンスが送ってくれたもので、かなりの金銭で買ってきたものだということを少しも考えないのです。かれの妻がもしそうした良いチャンスを持ち、またちょっと文明の空気を吸ったとしたなら、もうかれのひやかしを受けなくなるのです」、とけなして語った。(5)

(5) 胡適「美国的婦人」『胡適文存』巻四、九二四頁。

最後に次のことを記しておくのは興味深いことだし、多分意味のあることであろう。一九一八年の末にかれの母親が死んだときに、胡はこの機会を使って人を驚かし広く宣伝された、昔からの葬礼作法から逸脱した沢山のことを行った。(6) こうして、昔日の伝統に愛着を持っていたこの女性は、伝統的習慣への攻撃のシンボルとして、生きていた時は息子を切り放し、死んでも息子のために尽くしたほど強かったことを証明したのである。

(6) 胡適「我対葬礼的一点意見」『新青年』六巻六期、(一九一九年一一月)、『胡適文存』巻四、九九七―一〇一六頁。『文存』では題名が「我対于葬礼的改革」とされている。

付録B

一九二三年の国際学生連盟第八回大会(イサカ)への中国代表団*

アメリカの教育、一般的にはアメリカの生活が、第一次大戦の間とそれに直接先行する時期において合州国で学んでいた中国人学生たちに与えたインパクトについて、調査はいま始まったばかりである。この重要なテーマの全面的な歴史がいつの日か書けるようになることを希望して、以下のものを付随的なものとして提出する。音訳の気まぐれな変化が多くのケースで完全な一致を疑問の残るものにしており、いくつかのケースでは不可能になっている。中国代表団のメンバーとしてリストに載せられた中国人の何人が実際に会議に出席したのか、あるいは連盟で活動していたのかを知るためのいかなる手立てもない。しかし、やってみる価値のために、わたしは以下にジリオ・トス『軍縮と平和のためのアピール』〔Giglio-Tos, Efisio. *Appel pour le désarmement et pour la paix* (Turin: Tipografia, A. Kluc, 1931)〕の一九二頁に載っている中国代表団のメンバーを一覧表にした。そしてこの表を、*Who's Who in China* 第三版(一九二五年、上海)の付録として出版された"Directory of American Returned Students"に見られるメンバーと比較した。わたしがほぼ突き止めることが出来たのは、右側の欄に載せられた人たち全員が一九一三年に合州国に居り、だから多分、イサカ〔コーネル大学所在地〕での大会会議に出席したかもしれないということである。右肩上の「a」文字は一九二五年(第三版)の *Who's Who in China* に伝記項目があることを示し、右肩上の「b」文字は一九三六年(第五版)の *Who's Who in China* に伝記項目があることを示している。

チャン・ロイ（Chang Loy）は“Directory of American Returned Students”に載せられていないが、後に海関〔税関〕の中国人長官《コミッショナー》として仕事をしたチャン・ロイ（Chang Loy）と同一人物であることはほぼ確かである。張彭春は後に清華大学と南開大学に関連した教師と教育行政家になった。南開大学はかれの兄の張伯苓によって設立されたものである。許建屏（Jabin Hsu）は、一九二〇年代に上海でジャーナリストとして働いた。かれは後に孔祥熙《こうしょうき》（H. H. Kung）〔行政院正副院長を歴任、宋家三姉妹の長女が妻〕の腹心の秘書になり、国民党政府でいくつかのポストに着いた。梅貽琦《ばいいき》（Y. C. Mei）は、科学者〔物理学者〕としても教育行政家〔清華大学校長〕としても卓越した地位にのぼった。宋子文（T. V. Soong）は紹介する必要はないが、しかし胡適とかれが知り合うようになったのはこの会議のときに始まったらしいということは、注記に値する。唐悦良は外交官として、また「クリスチャン・ジェネラル（将軍）」馮玉祥の義兄弟として多彩な経歴を続けた。余日章《よじつしょう》（David Yui）は二十四年間にわたって中国のＹＭＣＡの総幹事を務めた。ここに挙げられている他の人々の多くは、かれらの帰国後、中国における「近代的施設」と結び付けられている——外交部に、近代産業、鉱山、鉄道事業の雇用に、あるいは教育、農業と林業、公衆衛生といった分野である。

＊国際学生連盟（ＦＩｄＥ）の設立、国際主義的性格については本書第二章参照。胡適、宋子文、余日章らが参加したこの多分にキリスト教的な連盟の会議と、世界キリスト教学生連盟（World's Student Christian Federation, 一八九五年、モット等によって設立された組織。拙著『中国の反外国主義とナショナリズム』集広舎、二〇一五年、第六章に概略しておいた）が、どのような関係にあるのかは訳者には不詳。識者に教えを乞いたい。第一次大戦で中断していたＷＳＣＦの世界大会が一九二二年に北京清華学校で開かれたが、これをめぐって中国で「反キリスト教運動」が起きる。これについては、朱海燕「中国の共産主義とキリスト教」『アジア研究』六二巻三号、を参照されたい。

ジリオ・トスの *Appel*	"Directory of American Returned Students"（ウェード式ローマ字表記）
Chang Loy	—
Chang Pung C.	Chang P'eng-ch'un [b]［張彭春］
Chen Cheng-Sze	Ch'en Cheng-shih［張承栻］
Chen Y. T.	? Ch'eng I-tsao［程義藻］
Chiu Chong Y.	Chiu Ch'ang-yün［裘昌運］
Chow Hou-Kun	Chou Hou-k'un［周厚坤］
Chow Tse Ki	Chou Tse-ch'i［周澤岐］
Chu Che C.	Chu Ch'i-chih［朱起蟄］
Hou Mao C.	Hou Mao-ch'ing［賀懋慶］
Hsu Y. F. Jabin	Hsü Chien-p'ing（Jabin Hsu）[a,b]［許建屏］
Hu Suh A. B.	Hu Shih [a,b]［胡適］
Jen Carl	—
King Pang C.	—
Lau Wai Ming	—
Lind D. Y.	? Ling Tao-yang [a,b]［凌道楊］
Lind K. Z.	—
Ling Tsoe-run L.	—
Lo T. S.	—
Mei Yu C.	? Mei I-ch'i [b]［梅貽琦］
Pan Wen Huan	P'an Wen-huan［潘文煥］
Soong Tze V.	Sung Tzu-wen（T. V. Soong）[b]［宋子文］
Tong Yoehliang	T'ang Yüeh-liang [b]［唐悦良］
Tsao Sik K.	—
Tsen Mao Kung	Ch'en Mao-k'ang［陳茂康］
Wang Cheng Fu E. M.	Wang Cheng-fu [a,b]［王正黼］
Wang Hung C.	Wang Hung-cho［王鴻卓］
Wang Ing Tso	—
Wang K.	Wang Keng [a,b]［王賡］
Wei Wen P.	Wei Wen-pin［魏文斌］
Wo Sun P.	—
Wong Parkin	—
Woo Sien Ming	Hu Hsüan-ming [b]［胡宣明］
Yui David Z. T.	Yü Jih-chang（David Yui）[a,b]［余日章］

付録C　中国共産主義者の胡適への攻撃

一九六二年二月の胡適の突然の死は台湾では大衆的な感情のほとばしりを引き起こす出来事だった。だが大陸中国ではそれとは逆に、この件については何の悼みも述べられなかった。それだけでなく、いかなる公的な公告も無かった。大陸では胡適の死亡記事はそれよりも早くすでに書かれていた。一九五〇年代に、胡適は北京政府の資金援助の下で行われた関係断絶と名誉棄損の運動《キャンペーン》の中の標的になった。このキャンペーンはそうした運動が伴っている知識人の才能と政治的毒舌をすべて組織し、全くの完全さで遂行された。まだ大陸で生きていたに違いない人たちがいたが、胡適の死のニュースはかれらに遠く隔たった時の記憶を送り届けた。一九四九年に胡適の古くからの友人や、以前の同僚、かれの学生たちの多くは、みなに良く知られた過去の不利さを抱えながら、新政権の不確実さを選んで大陸に留まった。高一涵、陶孟和、周作人、銭端升、梁漱溟、羅爾綱、顧頡剛、兪平伯、張渓若、羅隆基――これらの胡適といろいろな形で多年にわたり接触を持った人や他の人々は、胡適が大陸を離れた後も、かれの下の息子の胡思杜がそうしたように、中国に残った。少なくともかれらの中の何人かの上には、この胡適と古い知り合いだったという重荷がほとんど耐え難い重みで圧し掛かった。

胡適が共産主義者によって冷遇状態におかれたのは、もちろん一九四九年以後の新しい事態ではなかった。早くも、一九二二年にかれは『努力週刊』を使って王寵恵の「好人《よきひと》内閣」を支持した時に、共産党の正式機関誌『嚮導週報』の中で、軍閥政権と妥協しようという気の「小資産階級《プチブルジョワ》の平和主義者」[1]として攻撃されたことがあった。一九二〇年代初めに、北京の自由主義者たちが左翼の友人たちから嘲笑をもって取り扱われたことについては本書の他処（第六章注(67)部分）で既に述べておいた。一九二〇、三〇年代を通じて温和派と急進主義との間の裂け目が拡大し、架橋出来ないほどの亀裂になるにつれて、共産主義者の胡適の階級観、政治的な加入協力関係、かれと西洋式教育機関との関係に対する批判はさらに鋭くなった。一九三〇年代に、著名なマルクス主義歴史学者で文学者の郭沫若は胡適の立場についての共産主義者の認識を次のような言葉で要約した。「博士先生。真面目に遠慮せずにあなたにちょっと話をします。実際、老先生あなたも病源中の一個の微《び》菌《きん》なのです。あなたは中国の封建勢力と外国資本主義の私生児です。……実証しなければなりませんか？　良いでしょう。例えばあなたを祭り上げている一群の弟子孫弟子たちはあなたの側の封建勢力です。あなたのために高い評価を述べているイギリス・アメリカ政府は、われわれが言うところの帝国主義者です。[2]」

（1）（張）国燾「我們対小資産階級和平派的勧告」『嚮導週報』一三号一〇五頁、（一九二二年一二月一三日）。
（2）郭沫若『革命春秋』（上海、一九五六年）一五五―一五六頁。

一九三三年に出版された胡適の学問と哲学に対する徹底的な批判書において、いくぶん非正統的な見解を持っていたマルクス主義作家の葉青〔任卓宣〕は、現代の中国において三人の人物だけが共産主義者から批判的に注目するに値すると十分広く賞賛されている。その三人とは、梁啓超、陳独秀、胡適である。葉青は、この三人の中で胡適は最も危険である、なぜなら、梁はもう死んだ。陳はまだ生きているが、共産党から追い出された後、すでに衰退に入っている。ただ胡適の影響力だけがまだ広がっているからだ、と主張した。そして葉は、少なくとも一千万人の若者が胡適の書いたものを読み、かれの魔力に落ちた、と見積もった。[3]しかし実際は、葉青がかれの胡適批判を出版した時までに、おそらく中国の若い世代の思想への胡適の影響力はすでに弱まりつつあったように思われる。しかも、当時西北で包囲されていた共産党は胡適を、かれの原則に対して共産党が嫌悪を特に示さねばならないほど重要な人物だとは明らかに見ていなかった。胡適の方も、一九三〇年代には、共産党にほとんど関心を払っていなかった。かれが『独立評論』の中で時々行った共産党への言及はいつも敬意のあるもので、時にはまったく礼儀正しいものだった——一九三六年の統一戦線〔国共合作〕の開始の後、かれが周恩来を最高級の敬意を表す語で「周君」や「周先生」と呼んだように礼儀あるものだった。わたしは胡適の書いたものの中の他の何処にもこのような言葉を見つけたことが無い。(4)

（3）葉青〔任卓宣〕『胡適批判』一—二頁。
（4）胡適「編輯後記」『独立評論』二三七期、一八頁（一九三七年五月七日）。

戦後の数年間は、共産主義者は胡適を「腐敗した絶望的な反動的支配階級」とそのアメリカ人後援者の単なる代理人、「中国人民を欺こうとする」かれらの計画に喜んで手を貸した手先、としていとも簡単に片づけていた。(5) 胡適がその不在のまま、中国の新たな支配者から、記録を正すための全面的な試みを引き出すような重要人物になったのは、共産党が一九四九年に政権に到達した後になってからのことだった。

（5）New China News Agency editorial, "An Old China Is Dying, a New China Is Marching Ahead," May 1948; White Paper, pp. 862-863.（新華社編輯部）。

共産党政権が樹立された後、最初に現れた胡適批判は、それ自体としてはその後のかれに反対する運動《キャンペーン》には周縁的な意味しか持たないものだったが、その後に続く路線を予示するものだった。一九五〇年の秋に胡思杜は自己批判文を書いたが、この文章は大陸の報道出版界で広く受け止められた。理由はその作者の知名度のためだったのではなく、老胡を攻撃するための手段として役に立ったからであった。胡思杜は自分の父親を「一個の没落した官僚家庭」の子孫、学生時代に狡猾なアメリカ人によって「誑かされて」「すぐに征服され」、その後「資産階級分子《ブルジョワ》」に変わった変節しやすい人物として描き出した。中国へ戻った「その後、当時の支配者の間をうろつき回り、自分の進化主義がかれらに受け入れられることを望んだ。……軟弱な資本主義的知識分子は決して『政府』に逆らおうとしなかった。かれはかれの階級の他のメンバー全員と同じように、反動的な政府に頭を下げ、蔣介石の方を向いてかれの改革の原則を実行するように求めた。」「帝国主義者の従順な道具」として胡適は、中国への文化的侵略を促進させた。ワシントンへの蔣介石の大使として、かれは、蔣介石がそれを共産主義者に向けることになった武器を確保した。そして最後の批判の中で胡思杜は、父は「勝利が人民に渡ろうとしていた」のを見ながら、亡命と「白い中国人」の生活を選んだのだ、と書いた。息子は「今日、わたしは自分自身の階級に背くことを決意した。わたしの父とわたし自身との間に境界線をはっきり引くことが重要だと思っている。……わたしは必ず労働者農民階級と密接な関係を打ち立てねばなりません」、と結論した。(6)

（6）胡思杜の自己批判の翻訳は *Hong Kong Standard*, 1950 / 9 / 24. に現れた。それは後に、Edward Hunter, *Brainwashing in Red China* (New York: Vanguard, 1951), pp. 303-307. に収録された。これらの引用文は該書から取られた。

最後の数行がはっきりと表しているように、胡思杜の父親への攻撃の主な目的は、かれ自身のイデオロギー的、政治的な回復であった。同じ動機がおそらく一九五一―五二年の冬に起きた反胡適キャンペーンに参加した人たちの一部の人々を促したであろう。しかしこのケースには他の考慮も含まれていた。共産主義者は旧政権から引き継いだアメリカの教育を受けた知識人が仕事をしてくれることを大変必要としていたが、この潜在的に非同調的なグループを政治的に無害なものにする何らかの手段を見つけ出す必要も同じくらいあったからである。胡適は一部の人々には友人で、他の皆にはよく知られていたから、人々を威嚇するのに好都合な見本を提供したのである。胡適が中国の思想生活に与えた有害な影響について討論するという特殊な目的のために設置された論壇《フォーラム》で——そうした会合の一つは、以前は大変尊敬された自由主義的で独立した新聞であった上海『大公報』の後援の下でアレンジされたもので、もう一つは、北京大学で開かれたものだった——、昔日のかれの友人の多くが出て来て、自分がかつて抱いたことのあるかれへの尊敬を公に懺悔した。沈尹黙《しんいんもく》は、五四期に北京大学で中文を教えていて、胡適とともに『新青年』の編集責任を分ち持っていた人だったが、いまや胡適を「自己顕示欲の強い人」で「自慢屋」で、「いつも権威に屈し権威と自分を結び付けようとしていた人物」として思い起こした。非情な自惚れ屋、「宣伝がうまく、特に自己宣伝がうまい人物だ」、自分が小さな役割しか果たさなかった多くの仕事で評判をとろうとした人だ、と。沈によると、白話運動はその一例だ——実は、それは最初は陳独秀のアイデアだったのだ、というのである。(7)* 顧頡剛《こけつごう》は、胡適の最初の弟子でお気に入りの学生だったが、いまやかつての先生を、胡はかれの「革命的自覚」を抑制しようとし、またかれに「大衆は無知で危険な存在だ」という考えを教え込もうと試みて、かれを「修正主義者」の道に入れてしまったのだと叱責した。「かれは人民について全く理解がありませんでした。完全にかれらと仲違いしていました」と顧は書いた。「かれは人民と革命に反対するように運命づけられていたのです。(8)」

（7）Shen Yin-mo, "This man Hu Shih,"（沈尹黙「胡適這個人」『大公報』一九五一年一二月一六日）、*Current Background*, no. 167: pp. 3-5 (1952 / 3 / 25).

（8）Ku Chieh-kang, "The Way I Look at Hu Shih,"（顧頡剛「従我自己看胡適」『大公報』一九五一年一二月一六日）、*Current Background*, no. 167: p. 6.

＊ 胡適と沈尹黙は一九一九年に仲違いしていた。胡適は、この年の三月に陳独秀が文科学長を辞めざるを得なくなった学内反動の動きの背後で沈がこそこそ動いたと怒って、『新青年』六巻六期の編集担当になっていた沈をはずし、雑誌は銭玄同・劉半農の編集で遅れて出された。陳独秀は六月にビラ撒きで逮捕され、九月に出獄した後、一人で『新青年』を編集したが、『新青年』同人はこれらを機に分かれた（本書二五九―二六六頁参照）。沈はこの恨みを忘れなかったと見える。

この最初の反胡適キャンペーンは短期間のものだった。それは官僚制の改革（いわゆる「三反五反運動」）を目的とした大衆運動と連結されて実施され、「抗美援朝（アメリカを憎み、朝鮮を援けよう）」という〔朝鮮戦争時の〕プロパガンダで熱気が高まった環境の中で行われた。それは北京大学を中心におこなわれたのだが、胡適がこの機関とかかわりを持った長さと親しさからして、なんら驚くことではない。そしてそれは数的には比較的少数の人たちだけを巻き込んだに過ぎなかった。その大部分は胡適といくらか関係を持ったことのあった人たちだった。

しかし一九五四年と五五年に共産党は胡適をもう一度攻撃し始めた。今度のは以前よりもその含まれた意味においてははるかに包括的で、指導もさらに強い印象を与えるものだった。にもかかわらず、表面下にあった目的は大体同じままだった。『大公報』のある社説が不満を述べたように、（共産党）政権のこれまでのあらゆる努力にもかかわらず、アメリカで教育を受けた知識人、あるいはアメリカで教育を受けた教師から中国において教育を受けた知識人は、依然として「アメリカに対する憎しみを育てることが出来ない」ままであった。『帰国学生の夢』はなお存在し続けていて、『名声』と『地位』は学生たちをブルジョワ『学者』に向かわせる魅力として使われている。……（かれらは）個人的な名声と収入ばかり考えることで腐敗させられている。(9)」こうして、典型的な帰国学生としてすでに虐待された人物〔胡適〕が再び攻撃の的として立て掛けられた。

（9）『大公報』一九五二年三月二七日、*Current Background*, no. 182: pp. 5-9 (1952 / 5 / 15).

胡適に対する第二次キャンペーンは急速に恐ろしい大きさを帯び始めた。しかしそれはもともとはきわめて遠回しのやり方で始まったものだった。一九五四年九月によく素性の分からない山東大学の卒業生が大学の文学雑誌『文史哲』に「『紅楼夢研究』及び其他を論ず」という題の文章を発表した。かれらの批判の目標は兪《ゆ》平伯《へいはく》の十八世紀の偉大な風俗小説『紅楼夢』についての研究だった。兪平伯はかつて若い頃、胡適のこの小説の作者についての初期の研究で胡と共同研究をしたことがあった。そしてかれはそれ以来自分でこの問題についていくつかの研究を書いた。かれはいま、この小説の社会的意義を見落とし、その説明を誤ったという理由で非難されたのだった。この小説の社会的意義は、それが富裕で特権的な家庭の衰亡を描いたことだった。明らかに、共産主義者の観点から見ると、『紅楼夢』は封建社会の頽廃に対する抗議であった。兪平伯はある程度自分はそのことを明らかにしなかった怠慢がある、自分が生意気にそうしていたのは無知から出たことだった、と詫びた。しかしかれの昔日の導師はそう軽く放っておかれなかった。『紅楼夢』の再評価はたちまち胡適の学問的達成に対する攻撃になった。そしてこの政権の指導的な文学的名士の多くを巻き込んだ。鄭振鐸《ていしんたく》（中国作家協会古典文化主任）、周揚（文化部副部長、全国文学芸術聯合会副主席）、老舎《ろうしゃ》（「人民芸術家」の称号獲得者、北京文学芸術聯合会主席）――かれの *Rick-shaw Boy*［リキシャ（人力車）ボーイ＝『駱駝祥子《ルオトーシャンツ》』と『黄色的風暴』（*The Yellow Storm*）の作者としてアメリカの読者にはよく知られている――たちである。[10]

（10）『紅楼夢』の再検討とそれに関連した問題については、Jerome B. Grieder, "The Chinese Communist Critique of *Hung-lou meng*," *Papers on China*, 10: pp. 142-168 (1956). を参照。

一九五四年の年末頃までに、共産党の指導者たちが『紅楼夢』の文学的、社会的意義に持っていたらしいいかなる関心も大部分すでに後方に退いてしまっていた。そして胡適自身がかれらの関心の最も重要な標的になった。一二月に「胡適の思想を調査批判する委員会」が、中国作家協会と中国科学院の共同後援の下で作られた。そのメンバーの中に含まれたのは郭沫若・中国科学院院長、茅盾《ぼうじゅん》・中国作家協会主席兼任文化部長、艾思《がいし》奇《き》・ベテランの理論家・党理論雑誌『学習』の編集長だった。そしてこれに加えて北京大学の学長、北京の『人民日報』の編集長、そして同じように匹敵する名声のあった何人かの文化的名士がいた。調査の政治、文学、哲学、教育の各面を取り扱う様々な小委員会が設けられた。そして一九五五年の初めの数カ月のうちにこれらのグループの援助の下で開かれた論壇がかれらの調査結果を発表する役目を果たした。一九五五年の前半を通じて『歴史研究』や『学習』のような主要な雑誌が胡適に対する批判のために目立った場所を提供した。七月に、その発起人によるこのキャンペーンに付与された重要性の最後の証明として、艾思奇のそれについての文章がソ連共産党中央委員会の理論誌『コミュニスト』に現れた。[11] 北京政権は、胡適の名声を破壊し、西洋式に教育された知識人の役割を称賛すべきだとする胡適の主張の痕跡を消すためには、必要とあらば、どんな距離でも出かけていく用意が明らかにできていたのだった。

（11） Ai Ssu-ch'i, "Bor'ba protiv burzhuaznoi ideologii v narodnom Kitae［艾思奇「新中国のブルジョワ階級イデオロギーに反対する闘争」]," *Kommunist*, no. 11: pp. 86-96 (1955 / 7).

一人の個人の生涯と著作に対するこの大規模な攻撃は、その人生の触れられない部分を一切残さないほど徹底したもので、かれの著作のどんな面も挑戦されないところはなかった。胡の哲学、かれの学問成果、かれの教師と教育行政家としての経歴、かれの政治的観点と政治的関係――これらすべてが綿密で批判的な検査を受けさせられた。議論の多くは個人に向けられたもので、批判の多くはジャーナリスティックな平凡な作品のレベルを越えなかった。しかしいくつか例外があった。それは明らかに真面目な意図をもって書かれたいくつかの理論的議論で、その中で、一九〇九年に出版された『唯物主義と経験批判論』のエルネスト・マッハに対するレーニンの論争の中から引かれた術語でもって、胡適のプラグマティズムがブルジョワ文化と繋げられて論じられた。[12] また、いくつかの伝記的な論じ方もあった。それらは恐ろしいほど偏見《バイアス》を持たせるものであったけれども、にもかかわらず、一貫して注意深く記録されていた。[13] 胡適の政治活動にたいする攻撃は、少なくとも、自由主義の理論的欠点についてなされたのと同じくらい、かれの政治的な友人関係の不良な性格に加えられた。もちろん、大変な注意がかれのアメリカとの様々な関係、かれの「アメリカ崇拝」傾向、かれの「買辦学者」

とアメリカの「文化帝国主義」の代理人としての立場に注がれた。他に、かれと国民党支配との和解は、それが如何に遅れたものであったとしても、決して忘れられることはなかった。そして、かれの政治的重要性はまったく理性を越えて拡大された——郭沫若は、胡適は「蔣介石の文官である」〔胡適と蔣介石の二人は、一文一武だ、どちらが兄か弟か分からん〕と持ち上げることとさえした。[14] 同時に、かれの新文化運動への積極的な貢献も一貫して低く評価され、せいぜい李大釗や魯迅のような輝かしい人物に反射した光の中に立っている二流の人物に見えるようにされた。（共産主義者がその後このバランスを少し矯正したことを注記しておくのも興味深いことだ。一九五七年に出版された十九世紀と二十世紀の思想史の資料集の中に、胡適の「文学改良芻議」とかれの「問題与主義」が入れられたが、それには、「かれの嘆かわしい政治的見解にも拘らず、かれは新文学運動とその時代の文脈においては、いくらか役に立つ教育的役割を」果たした、と容認した短い伝記的注記が付いている。[15]）

（12）マルクス・レーニン主義哲学者は一般的に、マッハの「科学的実証哲学」と「プラグマティズム」とを同一視する。M. Rozental' and P. Yudin eds., *Kratkii filosofskii slovar'* (Moscow, 1952), p. 402; 張如心『批判胡適的実用哲学』（北京、一九五五）、特に第4章。

マルクス・レーニン主義者のプラグマティズムへの哲学的な反対は、マルクス主義者たちが次のように受け止めたものを中心に展開している。それ［プラグマティズム］は、「どんな人間的経験からも独立して存在する客観的実体を否認する。」そして「その結果として起こる、どんな客観的な必然性、一定のこれこれの出来事あるいは過程その他何かが必然的につづく、そうした必然性を否認する。」、「どんな客観的知識や真理も否認する。だから、自然や社会の現象についての予言とかコントロールとかのどんな現実的可能性も否認する。」、そして「一定の目的がうまく実現したかどうかが、思想あるいは原理の妥当性の唯一の基準であり、それらの『真理』の唯一の価値を構成する、という主張」である。マルクスの社会的仮説の教条的な性質を考えると、真理についての「プラグマティック」な定義に対する反論がおそらく関わっている中心問題である。マルクス主義者の哲学者は、「われわれの思想の真理の基準は、実践の中において見つけ出されるのであるが、長い目で見ると、それらが真理である限りにおいて、それらはそう機能するのであり、プラグマティズムが主張する、そのように機能するからそれらが真理なのだ、のではない。」と主張するのである。H. K. Wells, *Pragmatism, Philosophy of Imperialism* (New York: International Publishers, 1954), pp. 9-10.

(13) 例えば、侯外廬「揭露美帝国主義奴才胡適的反動面貌」『胡適思想批判』(北京、一九五五年)三集、一七—八三頁。この文章は、一九四八年一二月に胡適が北京を離れたときに残していった手稿、手紙、文献にかなり依拠していると称している。

(14) 范文瀾「看看胡適的『歴史的態度』和『科学的方法』」『歴史研究』三期、一八頁(一九五五年)より引用。

(15) 石峻編輯『中国近代思想史参考資料簡編』(北京、一九五七年)一二七三—一二七四頁。

この反胡適キャンペーン運動は多くの面で、少なくとも部外者には、共産主義者は死馬を叩くのに最も重い棒を使っているという印象を与えた。だが一面において、この攻撃は、当時の現実と直接的に関連していた。運動《キャンペーン》の全過程を通じて、胡適の学問成果に大きな注意が注がれたのは、かれの結論の信用を傷つけるためにというよりも、かれの動機に疑いを投げかけるためだった。かれが学問研究に専念して身を隠したのは、「北京大学の威信を高め、反動的支配階級の装飾用の必要性に合わせ、教育界のボスとしてのかれ自身の影響力を拡大する」ためだった、(16)と何度も繰り返し非難された。一部の人はもっと、邪悪な目的さえ知ったという。「胡適の陰謀は青年たちをばらばらの文献考証のなかに浸らせて、一つの字の古い意味を明らかにすることは恒星の発見にも等しいのだと信じさせ、マルクス主義から遠ざけ、唯物主義的な歴史観を受け入れないようにすることによって、青年たちを現実から離れさせ、革命から離脱させることが出来る」というものだった、と言う。(17)「教育は革命に奉仕」しなければならないという必要性と確信に深く捉えられていた共産主義者にとっては、胡適の学問教育観《シェーマ》が有害な悪魔であることは強く強調してもしすぎることが無いものだったのである。

(16) ここの引用文の日付は実は、一九五一—五二年の反胡適キャンペーンからのものである。天津『進歩日報』一九五一年一二月一三日、*Current Background*, no. 167: p. 11. 同じような考えが一九五四—五五年の攻撃のなかでも繰り返し述べられた。

(17) 周一良「西洋『漢学』与胡適」『歴史研究』二期、一―二頁(一九五五年)。

一九五五年の夏までに、第二次反胡適運動はお決まりの経過をたどった。「ブルジョワ・イデオロギー」に反対する継続された戦いのために、新たな犠牲者[胡風《こふう》]が見つけられた。(18) この運動《キャンペーン》の眼に見えない影響はなお熟考してみるために開かれた問題として残り続けているのかも知れない。もし共産主義者がただ個人としての胡適の名声を落とそうとしただけならば、かれらはおそらく成功を収めた。しかし、わたしが信じているように、もしかれらの主要な目的が西洋式教育を受けた知識人を跪かせ、このグループが受け入れるように教育された専門の価値、私的《プライベート》な価値――これはある程度胡適が代表していた――を、これを最後にきっぱりと根絶することであったとするならば、今回の運動はなお不確実だったように見える。一九五五年から五六年の冬に始まった百花斉放運動の過程で、これらの人々の多くが政権に対する批判の声を上げたことは、これらの価値がまだ生き残っていたことを雄弁に証明したのである――言うまでもないことだが、一九五六年の敵に包囲されていた知識人の誰もかれらの理想に胡適の名前を引き合いに出すことはなかったけれども。今回の反胡適キャンペーンの具体的成果はより測りやすい。それらは何冊かの本と大量の文章、論文という形を取ったからである。その中の一部分だけが一九五五年に適当な厚さの八巻本に集められ、『胡適思想研究』という一般的な題名で出版されたのである。

(18) 胡適に対する攻撃は胡風に対する全面的なキャンペーンに合流していった。胡風は作家で長い間コミュニストのシンパだった。胡風への攻撃は一九五五年の夏秋までに、政権の文化指導者がまだ注意を向ける前に先手を打って起きてきた。Merle Goldman, "Hu Feng's Conflict with the Communist Literary Authorities," *China Quarterly*, no. 12: pp. 102-137 (1962). を参照。[胡風の主張は毛沢東によって「反党・反革命集団」の陰謀の表現であるとされ、関係者の多くの知識人が「反革命分子」として投獄された。]

その晩年に、胡適はこの中傷的な文献の小型図書館を自慢げに指さして、優しく、わたしは未だかつてこのような栄誉を与えられたことはない、わたしの永続的な影響力のこんなに確たる証拠が集められたこともなかった、と語るのが常だった。もし胡適が、共産党のかれに対する攻撃は、振り返って見て、どういう訳かこういうやり方で、かれの哲学的原則の適合性を証明したのだと信じたのなら、わたしは、かれは惑わされている、と思う。しかし、もっと広い意味では、おそらくかれが正しかったのだろう。胡適に反対する運動は共産党にはなによりもまず一つの手段として、「知識人は政治の召使であって、主人ではない。」というかれらの考えを強化するための手段として役に立った――この考えは一九二〇、三〇年代に胡適とかれの自由主義グループが反対していた考えだった。胡適の名声を落とすという試みは、一方でのイデオロギー的要求と、他方での技術的能力の要求との間にずっと存在してきた緊張関係を示唆している。共産党の用語で言えば、「紅」［イデオロギー的な正しさ］と「専」［専門的技術知識を持つこと］との間の緊張関係である。文化大革命の騒動の歴史によって判決されるときに向けて、これはまだ解決されなければならない問題になっている

中国の共産主義者は胡適の死が事実になる前から、その死を祝っていた。かれらは、かれらの都合でかれをやっつけ、かれらは自分たちの目的に合った時に自由にかれをよみがえらせた。一九六六年の春、文化大革命が勢いを集めるにつれて、胡適の陰影が再び一人の古い友人の人生を横切った。この粛清の最初の犠牲者の中に歴史家の呉晗《ごがん》［当時北京副市長］がいた。かれは新編歴史劇『海瑞免官』の作者で、この芝居が描いたのは、ある明代の正義心のある官僚［海瑞］が地域の農民のために正義をもたらそうとした故事に関連していた。呉晗の批判者たちは、かれは「古に借りて、今を諷している」と非難した。かれに対する案件が作り上げられたとき、かれのその他の罪悪の中に、呉晗が胡適を賛美した罪があるということが見つけ出された。実際、一九二〇年代後半に胡適が中国公学の校長を務めていた時に、呉晗はこの学校の学生だった。そして一九三〇年代初めに、胡適が北京大学に再び戻り、呉晗が清華大学で卒業後の大学院での研究を開始した後、二人は時々手

紙の交換をしていた。これらの手紙からの摘録が一九六六年に『人民日報』に載せられ、呉晗が胡適の有害な影響に追従していたことの「鉄の証」として差し出された。手紙は主に、明史研究におけるいくつかの出色の観点を取り上げたもので、転覆を狙うようなものではなかった。だがそんなことは関係なかった。[19] いかなる口実も暴君に奉仕するであろうから。

(19) 史紹賓「胡適与呉晗」『人民日報』一九六六年四月一三日、史紹賓「呉晗投靠胡適的鉄証」『人民日報』一九六六年六月三日。また Stephen Uhalley, Jr., "The Cultural Revolution and the Attack on the 'Three Family Village'," *China Quarterly*, no. 27: pp. 149-161 (1966).

Witke, Roxane. "Mao Tse-tung, Women and Suicide in the May Fourth Era," *China Quarterly*, no. 31: 128-147 (1967).

World Peace Foundation Annual Report, 1915. Boston: World Peace Foundation, December 1915.

Wright, Arthur F., ed. *Studies in Chinese Thought*. Chicago, 1953.

——ed. *The Confucian Persuasion*. Stanford, 1960.

Wright, Mary C. *The Last Stand of Chinese Conservatism*. Stanford, 1957.

Wu Ching-ch'ao 吳景超. "Ko-ming yü chien-kuo" 革命與建國 (Revolution and national reconstruction), TLPL no. 84: 2-5 (Jan. 7, 1934).

——"Yü-lun tsai Chung-kuo ho-i pu fa-ta" 輿論在中國何以不發達 (Why public opinion is not developed in China), TLPL no. 87: 2-5 (Jan. 28, 1934).

——"Chien-she wen-t'i yü Tung Hsi wen-hua" 建設問題與東西文化 (The problem of reconstruction and Eastern vs. Western culture), TLPL no. 139: 2-6 (Feb. 24, 1935).

——"Ta Ch'en Hsü-ching hsien-sheng ti ch'üan-p'an hsi-hua lun" 答陳序經先生的全盤西化論 (In response to Mr. Ch'en Hsü-ching's discussion of total westernization), TLPL no. 147: 2-4 (April 21, 1935).

Wu-ssu shih-ch'i ch'i-k'an chieh-shao 五四時期期刊介紹 (An introduction to the periodicals of the May Fourth era), I. Peking, 1958.

Wu-ssu yün-tung wen-chi 五四運動文輯 (Essays on the May Fourth Movement). Wuhan: Hupeh Jen-min ch'u-pan she, 1957.

Yeh Ch'ing 葉青. *Hu Shih p'i-p'an* 胡適批判 (A critique of Hu Shih). Shanghai: Hsin-k'en shu-tien, 1933.

Yeh Shu-heng 葉叔衡. "Min-chu yü tu-ts'ai ti cheng-lun yü t'iao-chieh" 民主與獨裁的爭論與調解 (The dispute concerning democracy and autocracy, and its settlement), TLPL no. 140: 5-12 (March 3, 1935).

Yin Hai-kuang 殷海光. "Hu Shih ssu-hsiang yü Chung-kuo ch'ien-t'u" 胡適思想與中國前途 (Hu Shih's thought and the future of China). *Bulletin of the Institute of History and Philology, Academia Sinica*, no. 28: 883-888. Taipei, 1957.

——"Hu Shih lun 'Jung-jen yü tzu-yu' tu-hou" 胡適論"容忍與自由"讀後 (After reading Hu Shih on "Toleration and freedom"), *Tzu-yu Chung-kuo* (Free China), 20.7: 219-220 (April 1, 1959).

——"Hu Shih yü kuo-yün" 胡適與國運 (Hu Shih and the nation's destiny), *Tzu-yu Chung-kuo* (Free China), 20.9: 277-283 (May 1, 1959).

Yü P'ing-po. "Resolutely Demarcate Boundaries with the Reactionary Hu Shih Ideology," *Current Background*, no. 325 (April 5, 1955).

Yüan T'ung-li 袁同體. "Hu Shih hsien-sheng chu-tso mu-lu" 胡適先生著作目錄 (A bibliography of Mr. Hu Shih's Chinese writings). *Bulletin of the Institute of History and Philology, Academia Sinica*, no. 28: 889-907. Taipei, 1957.

Zee, Ts-zun Z., and Lui-Ngau Chang. "The Boxer Indemnity Students of 1910," *The Chinese Students' Monthly*, 6.1: 16-19 (November 1910).

Zen, Sophia H. Chen (Ch'en Heng-che), ed. *Symposium on Chinese Culture*. Shanghai: China Institute of Pacific Relations, 1931.

——"K'ang-Jih ti hsiao-neng yü ch'ing-nien ti tse-jen" 抗日的效能與青年的責任 (The feasibility of resisting Japan, and youth's responsibilities), TLPL no. 37: 2-8 (Feb. 12, 1933).

——"Min-chu cheng-chih yü tu-ts'ai cheng-chih" 民主政治與獨裁政治 (Democratic government and autocratic government), TLPL no. 133: 4-7 (Dec. 30. 1934).

——"Tsai lun min-chu yü tu-ts'ai" 再論民主與獨裁 (Another discussion of democracy and autocracy), TLPL no. 137: 19-22 (Jan. 27, 1935).

——"Hsien-tsai Chung-kuo ti chung-nien yü ch'ing-nien" 現代中國的中年與青年 (The middle-aged and the youth in China today), TLPL no. 144: 8-11 (March 31, 1935).

——*Liang Jen-kung hsien-sheng nien-p'u ch'ang-pien ch'u-kao* 梁任公先生年譜長編初稿 (First draft of an extended chronology of the life of Liang Jen-kung). 3 vols. Taipei, 1959.

TLPL, see *Tu-li p'ing-lun*.

Tong Te-kong (T'ang Te-kang) 唐德剛. "Ch'ien-shih k'o-hsüeh min-chu, chui-tao Hu Shih-chih hsien-sheng" 淺釋科學民主追悼胡適之先生 (Some simple thoughts on science and democracy, in memory of Mr. Hu Shih-chih), *Hai-wai lun-t'an* (World forum), 3.5: 15-18 (May 1, 1962).

Tsiang, T. F., see Chiang T'ing-fu.

Tsou Jung 鄒容. *Ko-ming chün* 革命軍 (The revolutionary army), in Shih Chün, ed., *Chung-kuo chin-tai ssu-hsiang shih ts'an-k'ao tzu-liao chien-pien*, 626-661.

Tsui Shu-chin. *From Academic Freedom to Brainwashing: The Tragic Ordeal of Professors on the Chinese Mainland*. Taipei: China Culture Publishing Foundation, 1953.

Tu-li p'ing-lun 獨立評論 (The independent critic). Peking, 1932-1937. Weekly, with occasional lapses.

"*Tu-li p'ing-lun* yin-yen" 獨立評論引言 (Introductory statement of the Independent critic), TLPL no. 1: 2 (May 22, 1932).

United States Relations with China, with Special Reference to the Period 1944-1949. Washington, D.C.: Department of State, 1949.

van Boven, Père Henri. *Histoire de la littérature chinoise moderne*. Schent editions, series I, Critical and Literary Studies, vol. II. Tientsin: The Chihli Press, 1946.

van Slyke, Lyman P. "Liang Sou-ming and the Rural Reconstruction Movement," *Journal of Asian Studies*, 18.4: 457-474 (August 1959).

Waley, Arthur, trans. *The Analects of Confucius*. London: George Allen and Unwin, 1938.

Wang, Tsi C. *The Youth Movement in China*. New York: The New Republic, 1927.

Wang, Y. Chu. "Intellectuals and Society in China, 1860-1949," *Comparative Studies in Society and History*, 3.4: 395-426 (July 1961).

——*Chinese Intellectuals and the West, 1872-1949*. Chapel Hill: University of North Carolina Press, 1966.

Washburne, Carleton. *Remakers of Mankind*. New York, 1932.

Watson, Burton, trans. *Chuang-tzu: Basic Writings*. New York and London: Columbia University Press, 1964.

Wertenbaker, Charles, and Philip Horton. "The China Lobby," *The Reporter*, 6.8: 4-24 (April 15, 1952) and 6.9: 5-22 (April 29, 1952).

White Paper, see *United States Relations with China, with Special Reference to the Period 1944-1949*.

Ambassador. New York: Random House, 1954.

Sun Yat-sen. *Memoirs of a Chinese Revolutionary*. London, 1918; Taipei, 1953.

—— *San Min Chu I*, trans. F. W. Price. Shanghai, 1928.

Takeuchi Yoshimi 竹内好 et al. *Chūgoku kakumei no shisō* 中國革命の思想 (The thought of the Chinese revolution). Tokyo, 1954.

T'an T'ien 譚天. *Hu Shih yü Kuo Mo-yo* 胡適與郭沫若 (Hu Shih and Kuo Mo-jo). Shanghai, 1933.

T'ang Yung-t'ung. "Remarks on Hu Shih," *Current Background*, no. 167 (March 25, 1952).

T'ao Hsi-sheng 陶希聖. "Wu-wei hai-shih yu-wei?" 無爲還是有爲 ? (*Wu-wei* or *yu-wei?*), TLPL no. 91: 4-7 (March 11, 1934).

——"Min-chu yü tu-ts'ai chih cheng-lun" 民主與獨裁之爭論 (The dispute over democracy or autocracy), TLPL no. 136: 11-12 (Jan. 20, 1935).

——"Ssu-hsiang-chieh ti i-ko ta jo-tien" 思想界的一個大弱點 (A great weakness among intellectuals), TLPL no. 154: 10-14 (June 9, 1935).

——"Lun k'ai-fang tang-chin" 論開放黨禁 (On lifting the proscriptions against [opposition] parties), TLPL no. 237: 9-11 (June 6, 1937).

——"Pu-tang-che ti li-liang" 不黨者的力量 (The strength of the nonpartisans), TLPL no. 242: 9-11 (July 11, 1937).

——"Hu Shih-chih hsien-sheng erh-san shih" 胡適之先生二三事 (One or two matters concerning Mr. Hu Shih-chih), in Shih Yao, ed., *Hu Shih ai-jung chi*, 52-55.

T'ao Meng-ho 陶孟和. "Yu Ou chih kan-hsiang" 遊歐之感想 (Impressions of travels in Europe), HCN 7.1 (December 1919); reprinted as "Chan-hou chih Ou-chou" 戰後之歐州 (Postwar Europe), *Meng-ho wen-ts'un*, 65-78.

——"Ou Mei chih lao-tung wen-t'i" 歐美之勞働問題 (The labor problem in Europe and America), HCN 7.2 (January 1920); *Meng-ho wen-ts'un*, 79-94.

——*Meng-ho wen-ts'un* 孟和文存 (Collected essays of [T'ao] Meng-ho). 3 *chüan*. Shanghai, 1925.

Teng Ssu-yü. "Chinese Historiography in the Last Fifty Years," *Far Eastern Quarterly*, 8.2: 131-156 (February 1949).

——and J. K. Fairbank, eds. *China's Response to the West: A Documentary Survey, 1839-1923*. Cambridge, Mass.: Harvard University Press, 1954.

T'ien Shih-ch'ing 田食慶. "Ch'ing-ch'u Hu Shih ssu-hsiang tsai li-shih k'ao-chü-chung ti o-lieh ying-hsiang" 清除胡適思想在歷史考據中的惡劣影響 (Eradicate the vile influence of Hu Shih's thought in the field of historical research), Li-shih yen-chiu (Historical research), no. 2: 15-35 (1955).

Ting Wen-chiang 丁文江. "Hsüan-hsüeh yü k'o-hsüeh" 玄學與科學 (Metaphysics and science), KHYJSK I.

——"Hsüan-hsüeh yü k'o-hsüeh, ta Chang Chün-mai" 玄學與科學答張君勱 (Metaphysics and science, a rejoinder to Chang Chün-mai). KHYJSK I.

——"Shao-shu-jen ti tse-jen" 少數人的責任 (The responsibility of the minority), NLCP no. 67 (Aug. 12, 1923).

——"Chung-kuo cheng-chih ti ch'u-lu" 中國政治的出路 (The way out for Chinese politics), TLPL no. 11: 2-6 (July 31, 1932).

eight-group conference on national affairs), NLCP no. 13 (July 30, 1922).

P'an Kuang-tan 潘光旦. "I-pen yu-ch'ü ti nien-p'u" 一本有趣的年譜 (An interesting life chronology), HY 3.5, 6 (n. d.).

Roy, A. T. "Liang Shu-ming and Hu Shih on the Intuitional Interpretation of Confucianism," *The Chung Chi Journal*, 1.2: 139-157 (July 1962).

Sartori, Giovanni. *Democratic Theory*. New York, Washington, and London: Praeger, 1965.

Scalapino, R. A., and H. Schiffrin. "Early Socialist Currents in the Chinese Revolutionary Movement: Sun Yat-sen versus Liang Ch'i-ch'ao," *Journal of Asian Studies*, 18.3: 321-342 (May 1959).

——and George Yü. *The Chinese Anarchist Movement*. Berkeley, 1961.

Schilpp, Paul A., ed. *The Philosophy of John Dewey*. New York: Tudor Publishing Co., 1939, 1951.

Schwartz, Benjamin I. "Ch'en Tu-hsiu and the Acceptance of the Modern West," *Journal of the History of Ideas*, 12: 61-74 (1951).

——"Some Polarities in Confucian Thought," in D. Nivison and A. F. Wright, eds., *Confucianism in Action*, 50-62. Stanford, 1959.

——"The Intelligentsia in Communist China: A Tentative Comparison," *Daedalus*, 89.3: 604-622 (Summer 1960).

——*In Search of Wealth and Power: Yen Fu and the West*. Cambridge, Mass., 1964.

Shen Yin-mo. "This man Hu Shih," *Current Background*, no. 167 (March 25, 1952).

Shih Chün 石峻. ed. *Chung-kuo chin-tai ssu-hsiang shih ts'an-k'ao tzu-liao chien-pien* 中國近代思想史參考資料簡編 (A survey of source materials on modern Chinese intellectual history). Peking, 1957.

Shih Shao-p'in 史紹賓. "Hu Shih yü Wu Han" 胡適與吳晗 (Hu Shih and Wu Han), *Jen-min jih-pao*, April 13, 1966.

——"Wu Han t'ou-k'ao Hu Shih ti t'ieh-cheng" 吳晗投靠胡適的鐵證 (Iron-clad proof that Wu Han relied upon Hu Shih), *Jen-min jih-pao*, June 3, 1966.

Shih, Vincent. "A Talk with Hu Shih," *China Quarterly*, 10: 149-165 (April-June 1962).

Shih Yao 史垚, ed. *Hu Shih ai-jung chi* 胡適哀榮集 (A collection lamenting and honoring Hu Shih). Kaohsiung: Tse-chung ch'u-pan she, 1962.

Short History, see Hu Shih, *Chung-kuo hsin wen-hsüeh yün-tung hsiao-shih* (1958).

Sichel, Edith. *The Renaissance*. Home University Library of Modern Knowledge, no. 87. London and New York: Henry Holt and Co., 1915.

Smedley, Agnes. "Chinese Poets and Professors," *New York Herald Tribune Books*, vol. XC, no. 30, 499 (May 18, 1930), sect. xi, p. 9.

——*Battle Hymn of China*. New York, 1945.

Snow, Edgar. *Red Star Over China*. New York: Random House, 1938.

——*Journey to the Beginning*. New York, 1958.

Soong Ching Ling. *The Struggle for New China*. Peking, 1952.

Speer, James P., III. "Liquidation of Chinese Liberals," *Far Eastern Survey*, 16.14: 160-162 (July 23, 1947).

Stuart, John Leighton. *Fifty Years in China: The Memoirs of John Leighton Stuart, Missionary and*

——"Wo-men yao shen-mo-yang ti cheng-chih chih-tu?" 我們要什么樣的政治制度？(What kind of a political system do we want?), HY 2.12 (February 1930).

——"Tui hsün-cheng shih-ch'i yüeh-fa ti p'i-p'ing" 對訓政時期約法的批評 (A critique of the provisional constitution for the period of political tutelage), HY 3.8 (n. d.).

——"Shen-mo shih fa-chih?" 什么是法治？(What is the rule of law?), HY 3.11 (n. d.).

Lochner, Louis P. *The Cosmopolitan Club Movement*. Documents of the American Association for International Conciliation, no. 61 (1912). New York, 1912.

Lu Hsün. "'Hard Translation' and the 'Class Character of Literature,'" *Selected Works*, III, 65-86.

——*Selected Works of Lu Hsun*. 4 vols. Peking, 1956-1960.

——魯迅. *Lu Hsün ch'üan-chi* 魯迅全集 (Complete works of Lu Hsün). 10 vols. Peking, 1958.

MacNair, Harley Farnsworth. *China in Revolution: An Analysis of Politics and Militarism under the Republic*. Chicago, 1931.

——ed. *China*. Berkeley and Los Angeles: University of California Press, 1951.

"*Mei-chou p'ing-lun fa-k'an tz'u*" 每週評論發刊詞 (Inaugural statement of The weekly critic), *Mei-chou p'ing-lun*, no. 1 (Dec. 22, 1918); *Chung-kuo hsin wen-hsüeh ta-hsi*, X, 190; *Chung-kuo hsien-tai ch'u-pan shih-liao*, ed. Chang Ching-lu, I, 3-4.

Meisner, Maurice. *Li Ta-chao and the Origins of Chinese Marxism*. Cambridge, Mass.: Harvard University Press, 1967.

Meng, C. Y, W. "'New Revolutionary Movement,'" *The China Weekly Review*, 103.12: 364-365 (Nov. 23. 1946).

Meng Sen 孟森. "Ch'iu yu-wei wu-wei chih chieh-shuo" 求有爲無爲之界說 (Seeking a definition of *yu-wei* and *wu-wei*), TLPL no. 94: 5-7 (April 1, 1934).

Moore, E. C. *American Pragmatism: Peirce, James, and Dewey*. New York, 1961.

Morley, John Viscount. *The Works of Lord Morley*, vol. III: *On Compromise*. London: Macmillan and Co. Ltd., 1921.

Muir, Robert. "Hu Shih: A Biographical Sketch, 1891-1917," thesis for the certificate of the East Asian Institute, Columbia University, 1960.

Murobushi Kōshin 室伏高信 "Ta Hu Shih-chih shu" 答胡適之書 (A reply to Hu Shih-chih), TLPL no. 180: 8-12 (Dec. 8, 1935).

——"Tsai ta Hu Shih-chih shu" 再答胡適之書 (Another reply to Hu Shih-chih), TLPL no. 192: 15-19 (March 15, 1936).

"Muzzling China's Truth-teller," *New York Times*, Aug. 31, 1929, 14.

Nivison, David. "The Problem of 'Knowledge' and 'Action' in Chinese Thought since Wang Yang-ming," in A. F. Wright, ed., *Studies in Chinese Thought*, 112-145.

——and A. F. Wright, eds. *Confucianism in Action*. Stanford, 1959.

NLCP, see *Nu-li chou-pao*.

Nu-li chou-pao 努力周報 (The endeavor). Peking, 1922-1923. Weekly.

Oral History Project of Columbia University, see Hu Shih, "Dr. Hu Shih's Personal Reminiscences" (1958).

"Pa t'uan-t'i kuo-shih hui-i hsien-fa ts'ao-an" 八團體國是會議憲法草案 (Constitutional draft of the critic), in Chang Ching-lu, ed., *Chung-kuo hsien-tai ch'u-pan shih-liao*, IV, 40-43.

Li Shu-hua 李書華. "Hu Shih-chih hsien-sheng sheng-p'ing chi ch'i kung-hsien" 胡適之先生平及其貢獻 (The life and the contributions of Mr. Hu Shih-chih), *Ta-lu tsa-chih* (The continent magazine), 26.10: 301-317 (May 1962).

——"Hu Shih-chih hsien-sheng tsui-chin chi-tuan pi-chi ho chi-feng hsin" 胡適之先生最近幾段筆記和幾封信 (Some recent notes and letters of Mr. Hu Shih-chih), *Hai-wai lun-t'an* (World forum), 3.5: 4-8, 11-14 (May 1, 1962).

Li Ta 李達. *Hu Shih fan-tung ssu-hsiang p'i-p'an* 胡適反動思想批判 (A critique of Hu Shih's reactionary thought). Hankow: Hupeh Jen-min ch'u-pan she, 1955.

Li Ta-chao 李大釗. "Tsai lun wen-t'i yü chu-i" 再論問題與主義 (Another discussion of problems and isms), *Mei-chou p'ing-lun*, no. 35 (Aug. 17, 1919); *Li Ta-chao hsüan-chi*, 228-234.

——Li Ta-chao hsüan-chi 李大釗選集 (Selected works of Li Ta-chao). Peking, 1962.

Liang Ch'i-ch'ao 梁啓超. "Ai-kuo lun" 愛國論 (On patriotism), *Yin-ping-shih ho-chi, wen-chi*, II, iii, 65-77.

——"Hsin min shuo" 新民說 (On the new people), *Yin-ping-shih ho-chi, chuan-chi*, III, iv, 1-162.

——Introduction to "Chung-kuo hsüeh-shu ssu-hsiang pien-ch'ien chih ta-shih" 中國學術思想變遷之大勢 (General circumstances of the development of Chinese scholarship), *Yin-ping-shih ho-chi, wen-chi*, III, vii, 1-4.

——"Ou-yu hsin-ying lu, chieh-lu" 歐遊心影錄節錄 (A condensed record of impressions of travels in Europe), *Yin-ping-shih ho-chi, chuan-chi*, V, xxiii, 1-162.

——"Jen-sheng-kuan yü k'o-hsüeh" 人生觀與科學 (The philosophy of life and science). KHYJSK I.

——*Yin-ping-shih ho-chi* 飲冰室合集 (Collected works from the Ice-drinker's studio). 40 vols. Shanghai, 1936.

——*Intellectual Trends in the Ch'ing Period*, trans. Immanuel C. Y. Hsü. Cambridge, Mass., 1959.

Liang Sou-ming 梁漱溟. *Tung Hsi wen-hua chi ch'i che-hsüeh* 東西文化及其哲學 (The cultures of East and West and their philosophies). Shanghai, 1922.

Liang Ts'ung-chieh 梁從誡. "Hu Shih pu-shih yen-chiu li-shih, erh-shih wai-ch'ü ho nieh-tsao li-shih" 胡適不是研究歷史而是歪曲和捏造歷史 (Hu Shih does not study history but perverts and fabricates history), *Li-shih yen-chiu* (Historical research), no. 3: 45-51 (1955).

Lin Yutang. *A History of the Press and Public Opinion in China*. Chicago, 1936.

Linden, Allen B. "Politics and Education in Nationalist China: The Case of the University Council, 1927-1928," *Journal of Asian Studies*, 27.4: 763-776 (August 1968).

Liu Chun-jo. *Controversies in Modern Chinese Intellectual History: An Analytical Bibliography of Periodical Articles, Mainly of the May Fourth and Post-May Fourth Era*. Harvard East Asian Monographs, no. 15. Cambridge, Mass., 1964.

Lo Erh-kang 羅爾綱. *Shih-men wu-nien chi* 師門五年記 (A record of five years at my teacher's door). Taipei: published for private distribution by Hu Shih, December 1958.

Lo Lung-chi 羅隆基. "Lun jen-ch'üan" 論人權 (On human rights), HY 2.5 (July 1929).

——"Kao ya-p'o yen-lun tzu-yu che" 告壓迫言論自由者 (A word to those who suppress freedom of expression), HY 2.6, 7 (September 1929).

Kao Chung-ju. *Le mouvement intellectuel en Chine et son rôle dans la révolution chinoise*. Aix-en-Provence, 1957.

Kennedy, Melville T., Jr. "The Chinese Democratic League," *Papers on China*, 7: 136-175 (1953). Harvard University, East Asian Research Center.

KHYJSK, see *K'o-hsüeh yü jen-sheng-kuan*.

Kiang Wen-han. *The Chinese Student Movement*. New York: King's Crown Press, 1948.

K'o-hsüeh yü jen-sheng-kuan 科學與人生觀 (Science and the philosophy of life). 2 vols. Shanghai, 1923.

Ku Chieh-kang 顧頡剛. *The Autobiography of a Chinese Historian*. Author's preface to *Ku-shih pien* 古史辯 (A symposium on ancient history), trans. A. W. Hummel. Leyden, 1931.

—— "The Way I Look at Hu Shih," *Current Background*, no. 167 (March 25, 1952).

Kuo Chan-po 郭湛波. *Chin wu-shih-nien Chung-kuo ssu-hsiang shih* 近五十年中國思想史 (An intellectual history of China in the last fifty years). Peiping, 1935: enlarged ed., Hong Kong, 1965.

Kuo Mo-jo 郭沫若. *Ko-ming ch'un-ch'iu* 革命春秋 (Annals of the revolution). Shanghai, 1956.

Kwok, D. W. Y. *Scientism in Chinese Thought, 1900-1950*. New Haven and London, 1965.

Kwong Hsu Kun. "What is Patiotic Sanity? A Reply to Suh Hu," *The Chinese Students' Monthly*, 10.7: 427-430 (April 1915).

Lang, Olga. *Chinese Family and Society*. New Haven, 1946.

—— *Pa Chin and His Writings: Chinese Youth between the Two Revolutions*. Cambridge, Mass., 1967.

Laski, Harold J. *A Grammar of Politics*. New Haven: Yale University Press,1925.

—— *The Rise of European Liberalism*. London, 1936.

Laurvik, J. N., and M. Morison, trans. *Letters of Henrik Ibsen*. New York: Fox, Duffield and Co., 1905.

Lee, Leo Ou-fan. "Lin Shu and His Translations: Western Fiction in Chinese Perspective," *Papers on China*, 19: 159-193 (1965). Harvard University, East Asian Research Center.

Legge, James, trans. *The Chinese Classics*. 5 vols. Hong Kong: Hong Kong University Press, 1960.

Levenson, Joseph R. " 'History' and 'Value': The Tensions of Intellectual Choice in Modern China," in A. F. Wright, ed., *Studies in Chinese Thought*, 146-194.

—— *Liang Ch'i-ch'ao and the Mind of Modern China*. Cambridge, Mass., 1953.

—— *Confucian China and Its Modern Fate*. 3 vols. Berkeley and Los Angeles, 1958-1965.

—— "Ill-Wind in the Well-Field: The Erosion of the Confucian Ground of Controversy," in A. F. Wright, ed., *The Confucian Persuasion*, 268-287.

Li Ao (Lee Ao) 李敖. *Hu Shih p'ing-chuan*. 胡適評傳 (A critical biography of Hu Shih). Taipei, 1964.

—— *Hu Shih yen-chiu*. 胡適研究 (Studies of Hu Shih). Taipei, 1964.

Li Chien-nung. *The Political History of China, 1840-1928*, trans. Teng Ssu-yü and Jeremy Ingalls. Princeton: van Nostrand, 1956.

—— 李劍農. *Chung-kuo chin pai-nien cheng-chih shih* 中國近百年政治史 (The political history of China in the last hundred years). 2 vols. Taipei, 1957.

Li Lung-mu 李龍牧. "I-ko 'Wu-ssu' shih-ch'i ti cheng-chih k'an-wu—*Mei-chou p'ing-lun*" 一個"五四"時期的政治刊物—每週評論 (A political publication of the May Fourth era: The weekly

Project, Columbia University.
——*Chung-kuo hsin wen-hsüeh yün-tung hsiao-shih* 中國新文學運動小史 (A short history of China's new literature movement). Taipei: Ch'i-ming shu-chü, 1958.
——*Hu Shih liu-hsüeh jih-chi* 胡適留學日記 (Hu Shih's diary while studying abroad). 4 vols. Taipei: Commercial Press, 1959. Originally published under the title *Ts'ang-hui-shih cha-chi* 藏暉室劄記. Shanghai: Ya-tung t'u-shu-kuan, 1939.
——*Ssu-shih tzu-shu* 四十自述 (A self-account at forty). Taipei: Yüan-tung kung-ssu, 1959. First published, Shanghai: Ya-tung t'u-shu-kuan, 1933.
——"Jung-jen yü tzu-yu" 容忍與自由 (Toleration and freedom), *Tzu-yu Chung-kuo* (Free China), 20.6: 179-180 (March 16, 1959).
——"Tu-wei tsai Chung-kuo" 杜威在中國 (Dewey in China), *Tzu-yu Chung-kuo* (Free China), 21.4: 104-107 (Aug. 16, 1959). Lecture at University of Hawaii, Honolulu, July 16, 1959; trans. Hsia Tao-p'ing 夏道平.
——*Ting Wen-chiang ti chuan-chi* 丁文江的傳記 (Biography of Ting Wen-chiang). Taipei: Ch'i-ming shu-chü, 1960. First published 1956.
——"The Scientific Spirit and Method in Chinese Philosophy," in Charles A. Moore, ed., *Philosophy and Culture—East and West*, 199-222. Honolulu: University of Hawaii Press, 1962.
——*Hu Shih shu-chien* 胡適書簡 (Hu Shih's correspondence). Taipei: Shih-tai wen-hua ch'u-pan-she, 1962.
——"The Right to Doubt in Ancient Chinese Thought," *Philosophy East and West*, 12.4: 295-300 (January 1963). Paper read at sixth annual meeting of Far Eastern Association, 1954.
——*Hu Shih ti i-ko meng-hsiang* 胡適的一個夢想 (One of Hu Shih's dreams). Taipei-Nankang: Hu Shih chi-nien-kuan ch'u-pan, 1966.
"Hu Shih chuan" 胡適傳 (Biography of Hu Shih), in *Chi-hsi hsien-chih*, 723-747.
Hu Shih ssu-hsiang p'i-p'an 胡適思想批判 (A critique of Hu Shih's thought). 8 vols. Peking: San-lien shu-tien, 1955.
Huang Sung-k'ang. *Lu Hsün and the New Culture Movement of Modern China*. Amsterdam: Djambatan, 1957.
Hughes, E. R. *The Invasion of China by the Western World*. London, 1937.
Hummel, Arthur W. "What Chinese Historians Are Doing with Their Own History," *American Historical Review*, 34.4: 715-724 (July 1929).
Hung, William. "Main Tendencies in Literary Circles," *China Christian Year-book*, 1926, 364-369.
HY, see *Hsin yüeh*.
I-jan 衣然. "Cheng tzu-yu yü Hu Shih ti hu-shuo" 爭自由與胡適的胡說 (The struggle for freedom and Hu Shih's nonsense), *Pai-hua san jih-k'an* (Vernacular three-day journal), June 6, 1929.
Israel, John. *Student Nationalism in China, 1927-1937*. Stanford, 1966.
James, William. *Pragmatism, and Four Essays from The Meaning of Truth*. New York, Meridian Books, 1955.
Johnson, Chalmers A. "An Intellectual Weed in the Socialist Garden: The Case of Ch'ien Tuan-sheng," *China Quarterly*, no. 6: 29-52 (1961).

Radio address delivered over the Columbia network, June 24, 1938.
——"The Political Philosophy of Instrumentalism," in *The Philosopher of the Common Man: Essays in Honor of John Dewey to Celebrate His Eightieth Birthday*, 205-219. New York: G. P. Putnam's Sons, 1940.
——"Historical Foundations for a Democratic China," in *Edmund J. James Lectures on Government*, 2nd series, 53-64. Urbana: University of Illinois Press, 1941.
——"Instrumentalism as a Political Concept," in *Studies in Political Science and Sociology*, 1-6. Philadelphia: University of Pennsylvania Press, 1941.
——"The Struggle for Intellectual Freedom in Historic China," *World Affairs*, 105.3: 170-173 (September 1942). Address delivered to the Institute on World Organization, May 12, 1942.
——"Yen-ch'ien shih-chieh wen-hua ti ch'ü-hsiang" 眼前世界文化的趨向 (The direction in which contemporary world culture is tending), radio lecture on Peiping radio, Aug. 1, 1947; *Wo-men pi-hsü hsüan-tse wo-men-ti fang-hsiang*, 5-12.
——"Wo-men pi-hsü hsüan-tse wo-men-ti fang-hsiang" 我們必須選擇我們的方向 (We must choose our course), August 1947, reply to criticism of the preceding item; *Wo-men pi-hsü hsüan-tse wo-men-ti fang-hsiang*, 13-17.
——"Tzu-yu-chu-i shih shen-mo?" 自由主義是什么？ (What is liberalism?) [1948]; *Wo-men pi-hsü hsüan-tse wo-men-ti fang-hsiang*, 25-28.
——"*Tzu-yu Chung-kuo* ti tsung-chih" 自由中國的宗旨 (The mission of Free China [magazine]), dated at sea, April 14, 1949; *Wo-men pi-hsü hsüan-tse wo-men-ti fang-hsiang*, 29.
——"China in Stalin's Grand Strategy," *Foreign Affairs*, 29.1: 11-40 (October 1950).
——"Chinese Thought," in H. F. MacNair, ed., *China*, 221-230.
——"How to Understand a Decade of Rapidly Deteriorated Sino-American Relations," *Proceedings of the American Philosophical Society*, 95.4: 457-460 (August 1951).
——"The Natural Law in the Chinese Tradition," *Natural Law Institute Proceedings*, 5: 119-153 (1953).
——*Hu Shih wen-ts'un, 1-4 chi* 胡適文存，1-4 集 (Collected essays of Hu Shih, collections 1-4). 4 vols. Taipei: Yüan-tung t'u-shu kung-ssu, 1953. A reset and re-edited edition. Volume II, corresponding to *Hu Shih wen-ts'un, erh chi* (1924), is severely expurgated, and there are minor excisions from the other volumes as well. Volume IV corresponds to *Hu Shih lun-hsüeh chin-chu* (1935).
——*Hu Shih yen-lun chi: chia pien: hsüeh-shu chih pu; i pien: shih-shih wen-t'i* 胡適言論集：（甲編）學術之部；（乙編）時事問題 (Collected speeches of Hu Shih: [a] on scholarship; [b] on current problems). 2 vols. Taipei: Hua-kuo Ch'u-pan-she, 1953.
——"Authority and Freedom in the Ancient Asian World," in *Man's Right to Knowledge*, 1st series: *Tradition and Change*, 40-45. New York: Columbia University Press, 1954.
——*Wo-men pi-hsü hsüan-tse wo-men-ti fang-hsiang* 我們必須選擇我們的方向 (We must choose our course), 3rd printing. Hong Kong: Tzu-yu Chung-kuo she, 1957. First published 1949.
——"Dr. Hu Shih's Personal Reminiscences." Interviews compiled and edited by Te-kong Tong, with Dr. Hu's corrections in his own handwriting, 1958. Typescript in the archive of the Oral History

其教訓 (Another page from the history of Soviet Russian international relations, and what it teaches us), TLPL no. 163: 15-18 (Aug. 11, 1935).
——"Ts'ung i-tang tao wu-tang ti cheng-chih" 從一黨到無黨的政治 (From one-party to nonpartisan politics), TLPL no. 171: 10-12 (Oct. 6, 1935).
——"Ching-kao Jih-pen kuo-min" 敬告日本國民 (An appeal to the Japanese people), TLPL no. 178: 10-14 (Nov. 24, 1935).
——"Hua-pei wen-t'i" 華北問題 ('The question of North China), TLPL no. 179: 2-3 (Dec. 1, 1935).
——"Ta Shih-fu Kao-hsin hsien-sheng" 答室伏高信先生 (A reply to Mr. Murobushi Kōshin), TLPL no. 180: 5-8 (Dec. 8, 1935).
——"Wei hsüeh-sheng yün-tung chin i-yen" 爲學生運動進一言 (A word to the student movement), TLPL no. 182: 4-7 (Dec. 22, 1935).
——"Tsai lun hsüeh-sheng yün-tung" 再論學生運動 (Another discussion of the student movement), TLPL no. 183: 2-4 (Dec. 29, 1935).
——"Ting Tsai-chün che-ko jen" 丁在君這個人 (This man Ting Tsai-chün), TLPL no. 188: 9-15 (Feb. 16, 1936).
——"Hu Shih's Appeal to Japan with the Reply by Takanobu Murobushi [Murobushi Kōshin]," *Asia*, 36.3: 166-170 (March 1936). English version of "Ching-kao Jih-pen kuo-min," in TLPL no. 1 78.
——"Tung-ching ti ping-pien" 東京的兵變 (The military coup in Tokyo), TLPL no. 191: 2-5 (March 8, 1936).
——"*Tu-li p'ing-lun* ti ssu-chou-nien" 獨立評論的四週年 (The fourth anniversary of the Independent critic), TLPL no. 201: 3-5 (May 17, 1936).
——"Ching-kao Sung Che-yüan hsien-sheng" 敬告宋哲元先生 (An appeal to Mr. Sung Che-yüan), TLPL no. 204: 2-3 (June 7, 1936).
——"Reconstruction in China," *Asia*, 36.11: 737-740 (November 1936).
——"The Indianization of China: A Case Study in Cultural Borrowing," in *Independence, Convergence and Borrowing in Institutions, Thought and Art*, 219-247. Cambridge, Mass.: Harvard University Press, 1937.
——"The Changing Balance of Forces in the Pacific,"*Foreign Affairs*, 15.2: 254-259 (January 1937).
——"Jih-pen pa-ch'üan ti shuai-lo yü T'ai-p'ing-yang ti kuo-chi hsin hsing-shih" 日本覇權的衰落與太平洋的國際新形勢 (The decline of Japanese hegemony and the new international situation in the Pacific), TLPL no. 230: 2-8 (April 18, 1937). Modified Chinese version of the preceding item.
——"Pien-chi hou-chi" 編集後記 (Editor's notes), TLPL no. 232: 18 (May 2, 1937).
——"Tsai t'an-t'an hsien-cheng" 再談談憲政 (Talking again about constitutional government), TLPL no. 236: 5-7 (May 30, 1937).
——"Pien-chi hou-chi" 編輯後記 (Editor's notes), TLPL no. 239: 18 (June 20, 1937).
——"Wo-men neng hsing ti hsien-cheng yü hsien-fa" 我們能行的憲政與憲法 (The constitutional government and the constitution that we can implement), TLPL no. 242: 12-13 (July 11, 1937).
——"The Westernization of China and Japan," *Amerasia*, 2.5: 243-247 (July 1938). Book reviews.
——"What Can America Do in the Far Eastern Situation?," *Amerasia*, 2.6: 293-295 (August 1938).

to Mr. Ting Tsai-chün's discussion of democracy and autocracy), TLPL no. 133: 7-9 (Dec. 30, 1934).
——"Pi-shang Liang-shan: wen-hsüeh ko-ming ti k'ai-shih" 逼上梁山：文學革命的開始 (Forced into outlawry: The origins of the literary revolution), *Tung-fang tsa-chih*, 31.1: 15-31 (1934).
——*Hu Shih lun-hsüeh chin chu, ti-i chi* 胡適論學近著，第一集 (Hu Shih's recent writings on scholarship). Shanghai: Commercial Press, 1935. Republished as *Hu Shih wen-ts'un, ti-ssu chi*, Taipei, 1953 (see below).
——"An Optimist Looks at China," *Asia*, 35.3: 139-142 (March 1935).
——"Nan yu tsa-i: (1) Hsiang-kang" 南遊雜憶：（一）香港 (Random impressions from southern travels: [1] Hong Kong), TLPL no. 141; 11-16 (March 10, 1935).
——"Ts'ung min-chu yü tu-ts'ai chih t'ao-lun-li ch'iu-te i-ko kung-t'ung cheng-chih hsin-yang" 從民主與獨裁之討論裏求得一個共同政治信仰 (A common political faith derived from the debate concerning democracy and autocracy), TLPL no. 141; 16-18 (March 10, 1935).
——"Nan yu tsa-i: (2) Kuang-chou" 南遊雜憶：（二）廣州 (Random impressions from southern travels: [2] Canton), TLPL no. 142: 16-23 (March 17, 1935).
——"Pien-chi hou-chi" 編輯後記 (Editor's notes), TLPL no. 142: 24 (March 17, 1935).
——"Chung-Jih t'i-hsi: ta k'o-wen" 中日提携：答客問 (Sino-Japanese reconciliation: an interview), TLPL no. 143: 2-3 (March 25, 1935).
——"Shih-p'ing so-wei 'Chung-kuo pen-wei chih wen-hua chien-she'" 試評所謂“中國本位之文化建設” (A critique of so-called "cultural reconstruction on a Chinese base"), TLPL no. 145: 4-7 (April 7, 1935); HSWT IV, iv, 535-540.
——"Wo-men chin-jih hai pu-p'ei tu-ching" 我們今日還不配讀經 (Today we are not yet qualified to read the Classics), TLPL no. 146: 2-5 (April 14, 1935); HSWT IV, iv, 525-530.
——"Chi-nien 'Wu-ssu'" 紀念“五四” (Commemorating May Fourth), TLPL no. 149: 2-8 (May 5, 1935).
——"Ko-jen tzu-yu yü she-hui chin-pu: tsai t'an Wu-ssu yün-tung" 個人自由與社會進步：再談五四運動 (Individual freedom and social progress: more on the May Fourth movement), TLPL no. 150: 2-5 (May 12, 1935).
——"Yu ta i-sui le" 又大一歲了 (Another year older), TLPL no. 151 : 2-4 (May 19, 1935).
——"Chin-jih ssu-hsiang-chieh ti i-ko ta pi-ping" 今日思想界的一個大弊病 (A great malady among intellectuals today), TLPL no. 153: 2-5 (June 2, 1935).
——"Lüeh-ta T'ao Hsi-sheng hsien-sheng" 略答陶希聖先生 (A brief reply to Mr. T'ao Hsi-sheng), TLPL no. 154: 14 (June 9, 1935).
——"Ch'en-mo ti jen-shou" 沈默的忍受 (Silent endurance), TLPL no. 155: 2-3 (June 16, 1935).
——"Ta Ch'en Hsü-ching hsien-sheng" 答陳序經先生 (A reply to Mr. Ch'en Hsü-ching), TLPL no. 160: 15-16 (July 21, 1935).
——"P'ing-Sui-lu lü-hsing hsiao-chi" 平綏路旅行小記 (A brief record of a trip along the Peiping-Suiyuan Railroad), TLPL no. 162: 13-18 (Aug. 4, 1935).
——"Cheng-chih kai-ko ti ta-lu" 政制改革的大路 (The great road toward the reform of political institutions), TLPL no. 163: 2-9 (Aug. 11, 1935).
——"Su-o ko-ming wai-chiao-shih ti yu i-yeh chi ch'i chiao-hsün" 蘇俄革命外交史的又一頁及

no. 86: 2-7 (Jan. 21, 1934).
——"'Chiu-p'ing pu-neng chuang hsin-chiu' ma?" "舊瓶不能裝新酒" 嗎？ (Can't you put new wine in old bottles?), TLPL no.87: 15-17 (Jan. 28, 1934).
——"Tsai lun wu-wei ti cheng-chih" 再論無爲的政治 (Another discussion of *wu-wei* politics), TLPL no. 89: 2-6 (Feb. 25, 1934).
——"Chien-she yü wu-wei" 建設與無爲 (Reconstruction and *wu-wei*), TLPL no. 94: 2-5 (April 1, 1934).
——"Chin-jih k'o-tso ti chien-she shih-yeh" 今日可做的建設事業 (The reconstruction that can be undertaken today), TLPL no. 95: 2-4 (April 8, 1934).
——"Wei Hsin sheng-huo yün-tung chin i-chieh" 爲新生活運動進一解 (A word on the New Life movement), TLPL no. 95: 17-20 (April 8, 1934).
——"Lun hsien-fa ch'u-kao" 論憲法初稿 (On the draft constitution), TLPL no. 96: 2-6 (April 15, 1934).
——"Chin-jih chih wei-chi" 今日之危機 (The present-day crisis), TLPL no. 99: 2-4 (May 5, 1934).
——"Hsin-hsin yü fan-hsing" 信心與反省 (Faith and reflection), TLPL no. 103: 2-6 (June 3, 1934); HSWT IV, iv, 458-464.
——"Tsai lun hsin-hsin yü fan-hsing" 再論信心與反省 (Another discussion of faith and reflection), TLPL no. 105: 2-6 (June 17, 1934); HSWT IV, iv, 465-472.
——"San lun hsin-hsin yü fan-hsing" 三論信心與反省 (A third discussion of faith and reflection), TLPL no. 107: 2-6 (July 1, 1934); HSWT IV, iv, 473-479.
——"Ta-chung-yü tsai na-erh?" 大衆語在那兒？ (Where is the language of the masses?), dated Sept. 4, 1934; HSWT IV, iv, 531-534.
——"Hsieh tsai K'ung-tzu tan-ch'en chi-nien chih hou" 寫在孔子誕辰紀念之後 (Written after the celebration of Confucius' birthday), TLPL no. 117: 2-6 (Sept. 9, 1934); HSWT IV, iv, 486-493.
——"Cheng-cheng san-nien le!" 整整三年了！ (Just three years ago!), TLPL no. 119: 2-4 (Sept. 23, 1934).
——"Shuang-shih-chieh ti kan-hsiang" 雙十節的感想 (Impressions on Double Ten), TLPL no. 122: 2-4 (Oct. 14, 1934).
——"Cheng-chih t'ung-i ti i-i" 政治統一的意義 (The meaning of political unification), TLPL no. 123: 2-4 (Oct. 21, 1934).
——"Pei-kuan sheng-lang-li ti lo-kuan" 悲歡聲浪裏的樂觀 (Optimism in the midst of a wave of pessimism), TLPL no. 123: 15-18 (Oct. 21, 1934); HSWT IV, iv, 480-485. Theme of a lecture delivered at Yenching University on Oct. 9, 1934.
——"Chung-kuo wu tu-ts'ai ti pi-yao yü k'o-neng" 中國無獨裁的必要與可能 (On the necessity and the feasibility of China's remaining nonautocratic), TLPL no. 130: 2-6 (Dec. 9, 1934).
——"Wang Chiang t'ung-tien-li t'i-ch'i ti tzu-yu" 汪蔣通電裏提起的自由 (On the freedom discussed in the Wang-Chiang telegram), TLPL no. 131: 3-6 (Dec. 16, 1934).
——"Kuo-chi wei-chi ti pi-chin" 國際危機的逼近 (The approaching international crisis), TLPL no. 132: 2-4 (Dec. 23, 1934).
——"Ta Ting Tsai-chün hsien-sheng lun min-chu yü tu-ts'ai" 答丁在君先生論民主與獨裁 (In reply

TLPL no. 18: 8-13 (Sept. 18, 1932) ; HSWT IV, 450-457.
——"Chiu-ching na-i-ko t'iao-yüeh shih fei-chih?" 究意那一個條約是廢紙？ (Which treaty is after all a scrap of waste paper?), TLPL no. 19: 2-7 (Sept. 25, 1932).
——"I-ko tai-piao shih-chieh kung-lun ti pao-kao" 一個代表世界公論的報告 (A report that represents world public opinion), TLPL no. 21: 2-6 (Oct. 9, 1932).
——"T'ung-i ti lu" 統一的路 (The road to unification), TLPL no. 28: 2-6 (Nov. 27, 1932).
——trans. *Tuan-p'ien hsiao-shuo, ti-erh chi* 短篇小說第二集 (Short stories, second collection). Shanghai: Ya-tung t'u-shu kuan, 1933.
——"Kuo-min ts'an-cheng-hui ying-kai ju-ho tsu-chih" 國民參政會應該如何組織 (How the National People's Assembly should be organized), TLPL no. 34: 2-5 (Jan. 8, 1933).
——"Min-ch'üan ti pao-chang" 民權的保障 (The defense of popular rights), TLPL no. 38: 2-5 (Feb. 19, 1933).
——"Jih-pen-jen ying-kai hsing-hsing le!" 日本人應該醒醒了！ (The Japanese must wake up!), TLPL no. 42: 2-4 (March 19, 1933).
——"Wo-men k'o-i teng-hou wu-shih nien!" 我們可以等候五十年！ (We can wait fifty years!), TLPL no. 44: 2-5 (April 2, 1933).
——"Wo-ti i-chien yeh pu-kuo ju-tz'u" 我的意見也不過如比 (My ideas are simply these), TLPL no. 46: 2-5 (April 16, 1933).
——"Ts'ung nung-ts'un chiu-chi t'an-tao wu-wei ti cheng-chih" 從農村救濟談到無爲的政治 (From rural relief to a discussion of *wu-wei* government), TLPL no. 49: 2-6 (May 7, 1933).
——"Chih hsien pu-ju shou-fa" 制憲不如守法 (Making a constitution is not so good as staying within the law), TLPL no. 50: 2-4 (May 10, 1933).
——"*Tu-li p'ing-lun* ti i-chou-nien" 獨立評論的一週年 (The first anniversary of the Independent critic), TLPL no. 51: 2-5 (May 21, 1933).
——"Pao-ch'üan Hua-pei ti chung-yao" 保全華北的重要 (The importance of defending North China), TLPL nos. 52-53: 2-6 (June 4, 1933).
——"Chien-kuo wen-t'i yin-lun" 建國問題引論 (An introduction to the question of national reconstruction), TLPL no. 77: 2-7 (Nov. 19, 1933).
——"Fu-chien ti ta pien-chü 福建的大變局 (The great revolt in Fukien), TLPL no. 79: 2-4 (Dec. 3, 1933).
——"Chien-kuo yü chuan-chih" 建國與專制 (National reconstruction and authoritarianism), TLPL no. 81: 2-5 (Dec. 17, 1933).
——"Tsai lun chien-kuo yü chuan-chih" 再論建國與專制 (Another discussion of national reconstruction and authoritarianism), TLPL no. 82: 2-5 (Dec. 24, 1933).
——*The Chinese Renaissance*. Chicago: University of Chicago Press, 1934. Reprinted, with intro. by Hyman Kublin; New York: Paragon Book Company, 1963.
——"Types of Cultural Response," *The Chinese Social and Political Science Review*, 17.4: 529-552 (January 1934). Also published as chap. 1 of *The Chinese Renaissance*.
——"Wu-li t'ung-i lun" 武力統一論 (On unification by force), TLPL no. 85: 2-7 (Jan. 14, 1934).
——"Cheng-chih t'ung-i ti t'u-ching" 政治統一的途徑 (The path to political unification), TLPL

Shih wen-hsüan 胡適文選. Shanghai: Ya-tung t'u-shu-kuan, 1930. Reprinted in HY 3.4 (1930?), and in HSWT IV, iv, 607-624.
——*Hu Shih wen-ts'un, san chi* 胡適文存，三集 (Collected essays of Hu Shih, third collection). 4 vols., 9 *chüan*. Shanghai: Ya-tung t'u-shu-kuan, 1930.
——"Ou-yu tao-chung chi-shu" 歐遊道中寄書 (Letters written enroute through Europe), HSWT III, i, 73-90. Three letters to Chang Wei-tz'u, undated; two letters to Hsü Chih-mo, dated Aug. 27 and Oct. 4, 1926.
——with Liang Shih-ch'iu and Lo Lung-chi. *Jen-ch'üan lun-chi* 人權論集 (A collection of essays on human rights). Shanghai: Hsin-yüeh shu-tien, 1930.
——and Liang Sou-ming. "Kuan-yü 'Wo-men tsou na-i-t'iao lu?' i-wen ti t'ao-lun" 關於"我們走那一條路？"一文的討論 (A discussion of the essay 'Which road shall we follow?'), HY 3.1 (1930?). Liang's letter dated June 3; Hu's reply dated July 29, 1930.
——"Letter to the Editor of the North China Daily News," Aug. 28, 1930.
——"Which Road Are We Going?," *Pacific Affairs*, 3.10: 933-946 (October 1930). Translation of "Wo-men tsou na-i-t'iao lu?"
——with Lin Yutang, commentaries by Wang Ching-wei. *China's Own Critics*. Peiping: China United Press, 1931.
——"The Literary Renaissance," in Sophia Zen, ed., *Symposium on Chinese Culture*, 129-141.
——"Religion and Philosophy in Chinese History," in Sophia Zen, ed., *Symposium on Chinese Culture*, 31-58.
——"My Credo and Its Evolution," in *Living Philosophies*, 235-263. New York: Simon & Schuster, 1931.
——ed. *Chung-kuo wen-t'i* 中國問題 (China's problems). Shanghai: Hsin-yüeh shu-tien, 1932.
——"Hsien-cheng wen-t'i" 憲政問題 (The question of constitutional government), TLPL no. 1: 5-7 (May 22, 1932).
——"Tseng-yü chin-nien ti ta-hsüeh pi-yeh-sheng" 贈與今年的大學畢業生 (An offering to this year's university graduates), TLPL no. 7: 2-5 (July 3. 1932); HSWT IV, 505-511.
——(signing himself "Shih-chih" 適之). "So-wei chiao-yü ti fa-hsi-ssu-ti-hua" 所謂教育的法西斯蒂化 (The so-called fascistization of education), TLPL no. 8: 14-15 (July 10, 1932).
——(signing himself "Ts'ang-hui" 藏暉). "Lun hsüeh-ch'ao" 論學潮 (On the student movement), TLPL no. 9: 6-9 (July 17, 1932).
——(signing himself "Shih-chih"). "Ling-hsiu jen-ts'ai ti lai-yüan" 領袖人才的來源 (The sources of leadership talent), TLPL no. 12: 2-5 (Aug. 7, 1932); HSWT IV, 494-499.
——"Wang Ching-wei yü Chang Hsüeh-liang" 汪精衛與張學良 (Wang Ching-wei and Chang Hsüeh-liang), TLPL no. 13: 2-4 (Aug. 14, 1932).
——"Nei-t'ien tui shih-chieh ti t'iao-chan" 內田對世界的挑戰 (Uchida's challenge to the world), TLPL no. 16: 2-3 (Sept. 4, 1932).
——"Chung-kuo cheng-chih ch'u-lu ti t'ao-lun" 中國政治出路的討論 (A discussion of the way out for Chinese politics), TLPL no. 17: 2-6 (Sept. 11, 1932).
——"Ts'an-t'ung ti hui-i yü fan-hsing" 慘痛的回憶與反省 (Grievous recollections and reflections),

Co., 1928.
——"Two Wings of One Bird: A Chinese Attitude toward Eastern and Western Civilization," *Pacific Affairs*, 1.1: 1-8 (May 1928). Translation by Lucius C. Porter of "Wo-men tui-yü Hsi-yang chin-tai wen-ming ti t'ai-tu."
——"Wang Mang, the Socialist Emperor of Nineteen Centuries Ago," *Journal of the North China Branch of the Royal Asiatic Society*, 59: 218-230 (1928).
——"Jen-sheng yu ho i-i?" 人生有何意義？(What is the meaning of life?), dated Jan. 27, 1928; HSWT III, ix, 1143-1144.
——"Chi-ko fan-li-hsüeh ti ssu-hsiang-chia" 幾個反理學的思想家 (Some anti-rationalist thinkers), dated Feb. 7, 1928 (revised draft); HSWT III, ii, 111-185.
——"Chui-hsiang Hu Ming-fu" 追想胡明復 (In memoriam for Hu Ming-fu), dated March 17, 1928; HSWT III, ix, 1211-1222.
——"Tsai lun Wang Mang" 再論王莽 (Another discussion of Wang Mang), dated April 19, 1928; HSWT III, vii, 885-890.
——"Ch'ing ta-chia lai chao-chao ching-tzu" 請大家來照照鏡子 (Please let us look in the mirror), dated June 24, 1928; HSWT III, i, 39-50.
——"Ming chiao" 名教 (The religion of names), HY 1.5 (July 1928); HSWT III, i, 91-110. Also reprinted in *Jen-ch'üan lun-chi*.
——"Chih-hsüeh ti fang-fa yü ts'ai-liao" 治學的方法與材料 (The methods and materials of scholarship), HY 1.9 (November 1928); HSWT III, ii, 187-206.
——"Conflict of Cultures," *The China Christian Yearbook*, 112-121. Shanghai, 1929.
——"The Establishment of Confucianism as a State Religion during the Han Dynasty," *Journal of the North China Branch of the Royal Asiatic Society*, 60: 20-41 (1929).
——"Hu Shih Sees China Foundation Free of Political Interference," *The Peking Leader*, Jan. 23, 1929.
——"Jen-ch'üan yü yüeh-fa" 人權與約法 (Human rights and the provisional constitution), HY 2.2 (April 1929). Reprinted in *Jen-ch'üan lun-chi*.
——"Wo-men shen-mo shih-hou ts'ai k'o yu hsien-fa?" 我們什么時候才可有憲法？(When *can* we have a constitution?), HY 2.4 (June 1929). Reprinted in *Jen-ch'üan lun-chi*.
——"Chih nan, hsing i pu-i" 知難，行亦不易 (Knowledge is difficult, but action is not easy either), HY 2.4 (June 1929), reprinted from *Wu-sung yüeh-k'an*, no. 2: 1-10 (May 1929). Reprinted in *Jen-ch'üan lun-chi*.
——"'Jen-ch'üan yü yüeh-fa' t'ao-lun" "人權與約法"討論 (Discussions of 'Human rights and the provisional constitution'), HY 2.4 (June 1929). Reprinted in *Jen-ch'üan lun-chi*.
——"Hsin wen-hua yün-tung yü Kuomintang" 新文化運動與國民黨 (The new culture movement and the Kuomintang), HY 2.6-7 (September 1929). Reprinted in *Jen-ch'üan lun-chi*.
——"Wo-men tsou na-i-t'iao lu?" 我們走那一條路？(Which road shall we follow?), HY 2.10 (Dec. 10, 1929); HSWT IV, iv, 429-443. Also reprinted in *Chung-kuo wen-t'i*.
——"*Hu Shih wen-hsüan* tzu-hsü: chieh-shao wo tzu-chi ti ssu-hsiang" 胡適文選自序：介紹我自己的思想 (Author's preface to Selected works of Hu Shih: Introducing my own thought), *Hu*

——"Tu Liang Sou-ming hsien-sheng ti *Tung Hsi wen-hua chi ch'i che-hsüeh*" 讀梁漱溟先生的東西文化及其哲學 (On reading Mr. Liang Sou-ming's The cultures of East and West and their philosophies), dated March 28, 1923; HSWT II, ii, 57-85.
——"Wu-shih nien lai Chung-kuo chih wen-hsüeh" 五十年來中國之文學 (Chinese literature in the last fifty years), in *Tsui-chin wu-shih nien: Shen-pao-kuan wu-shih chou-nien chi-nien* (The last half century: Commemorating the fiftieth anniversary of *Shen-pao*; Shanghai, 1923); also in HSWT II, ii, 91-213.
——"Wu-shih nien lai chih shih-chieh che-hsüeh" 五十年來之世界哲學 (World philosophy in the last fifty years), in *Tsui-chin wu-shih nien: Shen-pao-kuan wu-shih chou-nien chi-nien*; also in HSWT II, ii, 217-303.
——"Yü I-han teng ssu-wei ti hsin" 與一涵等四位的信 (Letter to [Kao] I-han and others), dated Oct. 9, 1923; HSWT II, iii, 141-144.
——"Sun Hsing-che yü Chang Chün-mai" 孫行者與張君勱 (The king of the monkeys and Chang Chün-mai), KHYJSK I; HSWT II, ii, 53-56.
——"*K'o-hsüeh yü jen-sheng-kuan* hsü" 科學與人生觀序 (Preface to Science and the philosophy of life), KHYJSK I; HSWT II, ii, 1-52.
——"*Cheng-chih kai-lun* hsü" 政治概論序 (Preface to Outline of politics [by Chang Wei-tz'u]), dated Nov. 17, 1923; HSWT II, iii, 19-23.
——*Hu Shih wen-ts'un, erh-chi* 胡適文存二集 (Collected essays of Hu Shih, second collection). 2 vols., 4 *chüan*. Shanghai: Ya-tung t'u-shu-kuan, 1924.
——"A Chinese Declaration of the Rights of Women," *The Chinese Social and Political Science Review*, 8.2: 100-109 (April 1924). Paper read to the Tientsin Rotary Club, February 1924.
——"Ai-kuo yün-tung yü ch'iu-hsüeh" 愛國運動與求學 (The patriotic movement and getting an education), *Hsien-tai p'ing-lun*, 2.39: 5-9 (Sept. 5, 1925); HSWT III, ix, 1145-1154.
——Reply to Liu Chih-hsi 劉治熙, *Hsien-tai p'ing-lun*, 2.42: 20-21 (Sept. 26, 1925).
——"Chin-jih chiao-hui chiao-yü ti nan-kuan" 近日教會教育的難關 (Problems facing mission education today), dated March 9, 1926 (draft of a speech delivered at Yenching University in 1925); HSWT III, ix, 1159-1170.
——"Wo-men tui-yü Hsi-yang chin-tai wen-ming ti t'ai-tu" 我們對於西洋近代文明的態度 (Our attitude toward modern Western civilization), *Hsien-tai p'ing-lun*, 4.83: 3-11 (July 10, 1926); HSWT III, i, 3-13.
——"Cheng-li kuo-ku yü 'ta-kuei'" 整理國故與"打鬼" (Systematizing the national heritage and 'fighting ghosts'), *Hsien-tai p'ing-lun*, 5.119: 13-15 (March 19, 1927); HSWT III, ii, 207-220.
——"Man-yu ti kan-hsiang" 漫遊的感想 (Impressions of ramblings), *Hsien-tai p'ing-lun*, 6.140: 9-12 (Aug. 13, 1927), 6.141: 11-13 (Aug. 20, 1927), and 6.145: 12-15 (Sept. 17, 1927); HSWT III, i, 51-72.
——*Pai-hua wen-hsüeh shih, shang chüan* 白話文學史上卷 (A history of vernacular literature), I. Shanghai, Hsin-yüeh shu-tien, 1928. Reprinted in Taipei, 1957.
——"The Civilizations of the East and the West," in Charles A. Beard, ed., *Whither Mankind: A Panorama of Modern Civilization*, 25-42. New York, London and Toronto: Longmans, Green and

(May 14, 1922); HSWT II, iii, 27-34.

——"Ta-chia ch'i-lai chien-tu ts'ai-cheng" 大家起來監督財政 (Let everyone supervise public finance), NLCP no. 3 (May 21, 1922).

——"Hou nu-li ko" 後努力歌 (A second song of endeavor), NLCP no. 4 (May 28, 1922).

——"Kuan-yü 'Wo-men-ti cheng-chih chu-chang' ti t'ao-lun" 關於"我們的政治主張"的討論 (Discussion of "Our political proposals"), NLCP no. 4 (May 28, 1922) *et seq.*; HSWT II, iii, 35-90.

——"Cheng-lun-chia yü cheng-tang" 政論家與政黨 (Political critics and political parties), NLCP no. 5 (June 4, 1922).

——"Che-i chou" 這一週 (This week), NLCP no. 7 (June 18, 1922) to NLCP no. 48 (April 1, 1923); HSWT II, iii, 145-272.

——(signing himself "QV"). "Cheng-chih yü chi-hua" 政治與計畫 (Politics and planning), NLCP no. 7 (June 18, 1922).

——"Wo-ti ch'i-lu" 我的岐路 (My crossroads), NLCP no. 7 (June 18, 1922); HSWT II, iii, 91-108.

——"Hsüan-t'ung yü Hu Shih" 宣統與胡適 ([The] Hsüan-t'ung [emperor] and Hu Shih), NLCP no. 12 (July 23, 1922).

——"Wu P'ei-fu yü lien-sheng tzu-chih" 吳佩孚與聯省自治 (Wu P'ei-fu and federalism), NLCP no. 15 (August 13, 1922).

——"Fa-ch'i *Tu-shu tsa-chih* ti yüan-ch'i" 發起讀書雜誌的緣起 (The reasons for publishing Reading magazine), *Tu-shu tsa-chih*, no. 1 (Sept. 3, 1922); HSWT II, i, 29-30.

——"I-ch'ien chiu-pai nien ch'ien ti i-ko she-hui-chu-i-che: Wang Mang" 一千九百年前的一個社會主義者：王莽 (A socialist of nineteen centuries ago: Wang Mang), *Tu-shu tsa-chih*, no. 1 (Sept. 3, 1922); HSWT II, i, 31-42.

——"Lien-sheng tzu-chih yü chün-fa ko-chü" 聯省自治與軍閥割據 (Federative provincial self-government and warlord separatism), NLCP no. 19 (Sept. 10, 1922); HSWT II, iii, 109-119.

——"Kuo-chi ti Chung-kuo" 國際的中國 (China among the nations), NLCP no. 22 (Oct. 1, 1922); HSWT II, iii, 128a-i.

——"Chi ti-pa-chieh ch'üan-kuo chiao-yü-hui lien-ho-hui t'ao-lun hsin hsüeh-chih ti ching-kuo" 記第八屆全國教育會聯合會討論新學制的經過 (A record of the proceedings of the eighth plenary meeting of the National Education Association to discuss the new educational system), NLCP no. 25 (Oct. 22, 1922).

——"Wo-men hai chu-chang chao-chi ko-sheng hui-i" 我們還主張召集各省會議 (We still advocate the calling of provincial assemblies), NLCP no. 28 (Nov. 12, 1922).

——"Shei shih Chung-kuo chin-jih ti shih-erh-ko ta jen-wu?" 誰是中國近日的十二個大人物？ (Who are China's twelve leading personalities today?), NLCP no. 29 (Nov. 19, 1922).

——"Literary Revolution in China," *The Chinese Social and Political Science Review*, 6.2: 91-100 (1922).

——"Social Message in Chinese Poetry," *The Chinese Social and Political Science Review*, 7.1: 66-79 (January 1923). Paper read before the "Things Chinese" Society, Peking.

——"'Hu Shih hsien-sheng tao-ti tsen-yang?'" "胡適先生到底怎樣？" (How *is* Mr. Hu Shih?), NLCP no. 36 (Jan. 7, 1923).

chou p'ing-lun, no. 36 (Aug. 24, 1919); HSWT, ii, 511-524.
——"Ssu lun wen-t'i yü chu-i: lun shu-ju hsüeh-li ti fang-fa" 四論問題與主義：論輸入學理的方法 (A fourth discussion of problems and isms: on the methods of importing theories), *Mei-chou p'ing-lun*, no. 37 (Aug. 31, 1919); HSWT, ii, 524-531.
——"Wo tui sang-li ti i-tien i-chien" 我對喪禮的一點意見 (Some of my ideas on [a reform of] funeral rites), HCN 6.6 (November 1919); HSWT, iv, 997-1016, retitled "Wo tui-yü sang-li ti kai-ko" 我對於喪體的改革 (Changes that I have made in the funeral rites).
——"Ching-t'ien pien" 井田辨 (Making distinctions concerning the well-field [system]), dated Nov. 8, 1919, Jan. 9, 1920, and July 4, 1921; HSWT, ii, 581-618.
——"Intellectual China in 1919," *The Chinese Social and Political Science Review*, 4.4: 345-355 (December 1919).
——"Li Ch'ao chuan" 李超傳 (Biography of Li Ch'ao), dated December 1919; HSWT, iv, 1077-1094.
——"Hsin ssu-ch'ao ti i-i" 新思潮的意義 (The meaning of the new thought), HCN 7.1 (December 1919); HSWT, iv, 1021-1034.
——*Ch'ang-shih chi* 嘗試集 (A collection of experiments). Shanghai: Ya-tung t'u-shu-kuan, 1920; rev. ed., 4th printing, 1922.
——"Fei ko-jen chu-i ti hsin sheng-huo" 非個人主義的新生活 (The anti-individualistic new life), dated Jan. 26, 1920; HSWT, iv, 1043-1060.
——and Chiang Monlin. "Wo-men tui-yü hsüeh-sheng ti hsi-wang" 我們對于學生的希望 (Our hopes for the students), *Tung-fang tsa-chih*, 17.11: 117-122 (June 6, 1920). Reprinted is Chiang Monlin, *Kuo-tu shih-tai chih ssu-hsiang yü chiao-yü*, 156-171.
——"Yen-chiu she-hui wen-t'i ti fang-fa" 研究社會的問題方法 (The method of studying social problems), *Tung-fang tsa-chih*, 17.13: 113-121 (July 10, 1920).
——"Hsien-mu hsing-shu" 先母行書 (Reflections on my late mother's life), dated June 25, 1921; HSWT, iv, 1107-1113.
——*Hu Shih wen-ts'un* 胡適文存 (Collected essays of Hu Shih). 2 vols., 4 *chüan*. Shanghai: Ya-tung t'u-shu-kuan, 1921.
——"Tu-wei hsien-sheng yü Chung-kuo" 杜威先生與中國 (Mr. Dewey and China), dated July 11, 1921; HSWT, ii, 533-537.
——"Shih-ch'i nien ti hui-ku" 十七年的回顧 (Looking back seventeen years), dated Oct. 3, 1921; HSWT II, iii, 1-8.
——"Ch'ing-tai hsüeh-che ti chih-hsüeh fang-fa" 清代學者的治學方法 (The scholarly methodology of Ch'ing-period scholars), dated Nov. 3, 1921; HSWT, ii, 539-579.
——Unpublished diaries, 1921-1935. Microfilm in the archive of the Oral History Project, Columbia University. 6 reels.
——*The Development of the Logical Method in Ancient China*. Shanghai: Oriental Book Co., 1922. Reprinted, with intro. by Hyman Kublin; New York: Paragon Book Company, 1963.
——"Nu-li ko" 努力歌 (A song of endeavor), NLCP no. 1 (May 7, 1922).
——"Wo-men-ti cheng-chih chu-chang" 我們的政治主張 (Our political proposals), NLCP no. 2

——"Li-shih-ti wen-hsüeh kuan-nien lun" 歷史的文學觀念論 (On the genetic concept of literature), HCN 3.3 (May 1917); HSWT, i, 45-50.
——"T'ung-hsin: chih Tu-hsiu" 通信：致獨秀 (Letters to [Ch'en] Tu-hsiu), HCN 3.3 (May 1917) and 3.4 (June 1917); HSWT, i, 51-76.
——*Ha algum substituto efficaz que se imponha á força nas relações internacionaes?* American Association for International Conciliation, Pan-American Division, bulletin no. 13. New York, 1917.
——"Kuei-kuo tsa-ken" 歸國雜感 (Random reflections on returning home), HCN 4.1 (January 1918); HSWT, iv, 871-882.
——"Lü ching tsa-chi" 旅京雜記 (Miscellaneous notes on a trip to the capital), HCN 4.3: 248-254 (March 1918).
——"Chien-she-ti wen-hsüeh ko-ming lun" 建設的文學革命論 (On a constructive literary revolution), HCN 4.4 (April 1918); HSWT, i, 77-102.
——"Hsin-hun tsa-shih wu-shou" 新婚雜詩五首 (Five poems in various styles on being newly married), HCN 4.4: 311 (April 1918).
——"I-pu-sheng chu-i" 易卜生主義 (Ibsenism), HCN 4.6 (June 1918); HSWT, iv, 883-908.
——"Chen-ts'ao wen-t'i" 貞操問題 (The question of chastity), HCN 5. 1 (July 1918); HSWT, iv, 933-948.
——"Mei-kuo ti fu-jen" 美國的婦人 (American women), HCN 5.3 (September 1918); HSWT, iv, 909-932.
——"Wen-hsüeh chin-hua kuan-nien yü hsi-chü kai-liang" 文學進化觀念與戲劇改良 (The concept of progress in literature and the reform of drama), HCN 5.4: 308-321 (October 1918).
——"Wu-li chieh-chüeh yü chieh-chüeh wu-li" 武力解決與解決武力 (Resolving problems by force, and resolving the problem of force), HCN 5.6: 571-574 (December 1918).
——*Chung-kuo che-hsüeh shih ta-kang, shang chüan* 中國哲學史大綱，上卷 (An outline of the history of Chinese philosophy), I. Shanghai: Commercial Press, 1919. Republished, with a new preface by Hu Shih, under the title *Chung-kuo ku-tai che-hsüeh shih* 中國古代哲學史 (A history of ancient Chinese philosophy). Taipei: Commercial Press, 1958.
——trans. *Tuan-p'ien hsiao-shuo ti-i chi* 短篇小說第一集 (Short stories, first collection). Shanghai: Ya-tung t'u-shu kuan, 1919.
——"Pu-hsiu" 不朽 (Immortality), HCN 6.2 (February 1919); HSWT, iv, 975-988.
——"Chung-shen ta-shih" 終身大事 (Life's great event), HCN 6.3 (March 1919); HSWT, iv 1153-1172.
——"Shih-yen chu-i" 實驗主義 (Experimentalism), HCN 6.4 (April 1919); HSWT, ii, 409-480.
——"To yen-chiu hsieh wen-t'i, shao t'an hsieh 'chu-i'" 多研究些問題，少談些"主義" (Study more problems, talk less of 'isms'), *Mei-chou p'ing-lun*, no. 31 (July 20, 1919); HSWT, ii, 481-487.
——"Wo-ti erh-tzu" 我的兒子 (My son), *Mei-chou p'ing-lun*, no. 33 (Aug. 3, 1919); HSWT, iv, 965-974.
——"Hsin sheng-huo" 新生活 (The new life), *Hsin sheng-huo tsa-chih*, no. 1 (Aug. 24, 1919); HSWT, iv, 1017-1020.
——"San lun wen-t'i yü chu-i" 三論問題與主義 (A third discussion of problems and isms), *Mei-*

主義奴才胡適的反動面貌 (Uncovering the reactionary visage of Hu Shih, the slave of American imperialism), in *Hu Shih ssu-hsiang p'i-p'an*, III, 17-83.

Hsia, C. T. *A History of Modern Chinese Fiction, 1917-1957*. New Haven: Yale University Press, 1961.

Hsiao Kung-ch'üan 蕭公權. *Chung-kuo cheng-chih ssu-hsiang shih* 中國政治思想史 (A history of Chinese political thought). 6 vols. Taipei, 1954.

Hsien-tai p'ing-lun 現代評論 (Contemporary review). Peking, 1924-1927; Shanghai, 1927- . Weekly.

Hsin ch'ing-nien 新青年 (The new youth). Peking and Shanghai, 1915-1921; Canton, 1921- . Monthly, with occasional lapses.

"*Hsin ch'ing-nien tsa-chih* hsüan-yen" 新青年雜誌宣言 (Manifesto of the New youth magazine), HCN 7.1: 1-4 (December 1919).

Hsin yüeh 新月 (The crescent). Shanghai, 1928- . Monthly.

"*Hsin yüeh yüeh-k'an* ching-kao tu-che" 新月月刊敬告讀者 (An announcement to readers of the Crescent monthly), HY 2.6, 7 (September 1929).

Hsü Kai-yü. "The Life and Poetry of Wen I-to," *Harvard Journal of Asiatic Studies*, 21: 134-179 (December 1958).

Hsü Tzu-ming 徐子明 et al. *Hu Shih yü kuo-yün* 胡適與國運 (Hu Shih and the nation's destiny). Taipei: Taiwan Hsüeh-sheng shu-chü, 1958.

HSWT, see Hu Shih, *Hu Shih wen-ts'un* (1921, 1924, 1930, and 1953).

Hu Ch'uan 胡傳. *Taiwan chi-lu liang-chung* 台湾紀錄兩種 (Two records of Taiwan), ed. Hu Shih and Lo Erh-kang. Taipei: Taiwan sheng wen-hsien wei-yüan-hui, 1951.

Hu Shih (Hu Suh). "The International Student Movement," *The Chinese Students' Monthly*, 9.1: 37-39 (November 1913).

——"The Confucianist Movement in China: An Historical Account and Criticism," *The Chinese Students' Monthly*, 9.7: 533-536 (May 1914).

——"Japan and Kiao-chau," *The Chinese Students' Monthly*, 10.1: 27 (October 1914).

——"History of the German Leased Territory of Kiao-chau," *The Chinese Students' Monthly*, 10.2: 68-69 (November 1914).

——"Letter to the Editor of The New Republic," reprinted in *The Chinese Students' Monthly*, 10.6: 389-390 (March 1915).

——"A Plea for Patriotic Sanity: An Open Letter to All Chinese Students," *The Chinese Students' Monthly*, 10.7: 425-426 (April 1915).

——"China and Democracy," *The Outlook*, 111: 27-28 (Sept. 1, 1915).

——"A Philosopher of Chinese Reactionism [Dr. Frank J. Goodnow]," *The Chinese Students' Monthly*, 11.1: 16-19 (November 1915).

——"A Chinese Philosopher on War: A Popular Presentation of the Ethical and Religious Views of Mo-Ti," *The Chinese Students' Monthly*, 11.6: 408-412 (April 1916).

—— 胡適. "T'ung-hsin: chih Tu-hsiu" 通信：致獨秀 (Letter to [Ch'en] Tu-hsiu), HCN 2.2 (October 1916); HSWT, i, 1-6.

——"Wen-hsüeh kai-liang ch'u-i" 文學改良芻議 (Tentative proposals for the improvement of literature), HCN 2.5 (January 1917); HSWT, i, 7-23.

"歷史的態度"和"科學的方法" (Let's look at Hu Shih's "historical attitude" and "scientific method"), *Li-shih yen-chiu* (Historical research), no. 3: 1-30 (1955).

Feng Ai-ch'ün 馮愛羣, ed. *Hu Shih-chih hsien-sheng chi-nien chi* 胡適之先生紀念集 (A collection of memorials honoring Mr. Hu Shih-chih). Taipei: Hsüeh-sheng shu-chü, 1962.

Foreign Relations of the United States, Diplomatic Papers, 1935, vol. III: *The Far East*. Washington, D. C., 1953.

Foreign Relations of the United States, Diplomatic Papers, 1942: China. Washington, D. C., 1956.

Freyn, Hubert. *Prelude to War: The Chinese Student Rebellion of 1935-1936*. Shanghai: China Journal Publishing Co., Ltd., 1939.

Friedman, Maurice. *To Deny Our Nothingness: Contemporary Images of Man*. New York, 1967.

Fu Ssu-nien 傅斯年. "Ch'en Tu-hsiu an" 陳獨秀案 (The case of Ch'en Tu-hsiu), TLPL no. 24: 2-7 (Oct. 30, 1932).

Fukui Kōjun 福井康順. *Gendai Chūkoku shisō* 現代中國思想 (Contemporary Chinese thought). Tokyo: Waseda University, 1956.

Fung Yu-lan. *A History of Chinese Philosophy*, trans. Derk Bodde. 2 vols. Princeton, N. J.: Princeton University Press, 1953.

Gannett, Lewis S. *Young China*, rev. ed. New York: *The Nation*, 1927.

——"Hu Shih: Young Prophet of Young China," *The New York Times Magazine*, March 27, 1927, 10 and 20.

Gay, Peter. *The Enlightenment: An Interpretation. The Rise of Modern Paganism*. New York: Alfred A. Knopf, 1967.

Geiger, George Raymond. *John Dewey in Perspective*. New York: Oxford University Press, 1958.

Giglio-Tos, Efisio. *Appel pour le désarmement et pour la paix: les pionniers de la société des nations et de la fraternité internationale; d'après les archives de la "Corda Fratres," Fédération Internationale des Etudiants, 1898-1931*. Turin: Tipografia A. Kluc, 1931.

Gray, J. "Historical Writing in Twentieth-Century China," in W. G. Beasley and E. G. Pulleyblank, eds., *Historians of China and Japan*, pp. 186-212. London, 1961.

Grieder, Jerome B. "The Chinese Communist Critique of *Hung-lou meng*," *Papers on China*, 10: 142-168 (1956). Harvard University, East Asian Research Center.

Griggs, Thurston. *Americans in China: Some Chinese Views*. Washington, D. C.: Foundation for Foreign Affairs, 1948.

Gunther, John. *Inside Asia*. New York and London: Harper and Brothers, 1939.

HCN, see *Hsin ch'ing-nien*.

Ho Ping-ti. *The Ladder of Success in Imperial China: Aspects of Social Mobility, 1368-1911*. New York and London, 1962.

Hobhouse, Leonard T. *Liberalism*. Home University Library of Modern Knowledge, no. 16. London: Williams and Norgate, 1911.

Holcombe, Arthur N. *The Chinese Revolution: A Phase in the Regeneration of a World Power*. Cambridge, Mass.: Harvard University Press, 1931.

Hou Wai-lu 侯外廬. "Chieh-lu Mei ti-kuo-chu-i nu-tsai Hu Shih ti fan-tung mien-mao" 揭露美帝國

371 (Nov. 1, 1919); *Characters and Events*, I, 149-169.
——"Transforming the Mind of China," *Asia*, 19: 1103-1108 (November 1919); *Characters and Events*, I, 285-295.
——"Chinese National Sentiment," *Asia*, 19: 1237-1242 (December 1919); *Characters and Events*, I, 222-236 (retitled "The Growth of Chinese National Sentiment").
——"The American Opportunity in China," *The New Republic*, 21: 14-17 (Dec. 3, 1919); *Characters and Events*, I, 296-311 (retitled "America and China").
——"The Sequel of the Student Revolt," *The New Republic*, 21: 380-382 (Feb. 25, 1920).
——"The New Leaven in Chinese Politics," *Asia*, 20: 267-272 (April 1920); *Characters and Events*, I, 244-254 (retitled "Justice and Law in China").
——"What Holds China Back," *Asia*, 20: 373-377 (May 1920); *Characters and Events*, I, 211-221 (retitled "Chinese Social Habits").
——"Is China a Nation?," *The New Republic*, 25: 187-190 (Jan. 12, 1921); *Characters and Events*, I, 237-243 (retitled "Conditions for China's Nationhood").
——"Old China and New," *Asia*, 21: 445-450, 454, 456 (May 1921); *Characters and Events*, I, 255-269 (retitled "Young China and Old").
——"New Culture in China," *Asia*, 21: 581-586, 642 (July 1921); *Characters and Events*, I, 270-284.
——"Federalism in China," *The New Republic*, 28: 176-178 (Oct. 12, 1921).
——"Public Opinion in Japan," *The New Republic*, 28: 15-18 (Nov. 16, 1921); *Characters and Events*, I, 177-184 (retitled "Japan Revisited: Two Years Later").
——*Human Nature and Conduct*. New York, 1922, 1957.
——"As the Chinese Think," *Asia*, 22: 7-10, 78-79 (January 1922); *Characters and Events*, I, 199-210 (retitled "The Chinese Philosophy of Life").
——"America and Chinese Education," *The New Republic*, 30: 15-17 (March 1, 1922); *Characters and Events*, I, 303-309 (retitled "America and China," part 2).
——*Experience and Nature*. Chicago and London, 1925; rev. ed., New York: Open Court Publishing Co., 1929.
——*Characters and Events: Popular Essays in Social and Political Philosophy*, ed. Joseph Ratner. 2 vols. New York: Henry Holt and Co., 1929.
——*Intelligence in the Modern World: John Dewey's Philosophy*, ed. Joseph Ratner. New York: Modern Library, 1939.
——*Reconstruction in Philosophy*, enlarged ed. Boston: Beacon Press, 1957.
Diary, see Hu Shih, *Hu Shih liu-hsüeh jih-chi* (1959).
Dobson, W. A. C. H., trans. *Mencius*. Toronto: University of Toronto Press, 1963.
Dubs, Homer. "Recent Chinese Philosophy," *Journal of Philosophy*, 35: 345-355 (1938).
Edman, Irwin. *John Dewey: His Contribution to the American Tradition*. New York: Bobbs Merrill Co., 1955.
Fairbank, John King. *The United States and China*. Cambridge, Mass., 1948; rev. ed., 1958.
—— ed. *Chinese Thought and Institutions*. Chicago, 1957.
Fan Wen-lan 范文瀾. "K'an-k'an Hu Shih ti 'li-shih-ti t'ai-tu' ho 'k'o-hsüeh-ti fang-fa'" 看看胡適的

The Confucian Persuasion, 288-312.

—— *The May Fourth Movement: Intellectual Revolution in Modern China*. Cambridge, Mass.: Harvard University Press, 1960.

周策縱. "Hu Shih-chih hsien-sheng ti k'ang-i yü jung-jen" 胡適之先生的抗議與容忍 (Mr. Hu Shih-chih's protestation and toleration), *Hai-wai lun-t'an* (World forum) 3.5: 21-38 (May 1, 1962).

—— *Research Guide to the May Fourth Movement*. Cambridge, Mass., 1963.

Chu Kuang-han 朱光漢. "Ch'ing k'an k'ung-ch'ien-ti Hu Shih po-shih ho wo tsen-yang p'ei-fu t'a ti li-yu" 請看空前的胡適博士和我怎樣佩服他的理由 (Please look at the unprecedented Dr. Hu Shih and my reasons for respecting him as I do), in Hsü Tzu-ming et al., *Hu Shih yü kuo-yün*, 5-19.

Chu, Samuel. "The New Life Movement, 1934-1937," in John E. Lane, ed., *Researches in the Social Sciences on China*. New York, 1957.

Chu, T. C. "China's Revolution," *The Chinese Students' Monthly*, 7.2: 127-140 (December 1911), 7.3: 207-210 (January 1912), 7.4: 289-292 (February 1912), *et seq*.

Chui-ssu Hu Shih-chih hsien-sheng chuan-chi 追思胡適之先生專集 (Memorial essays in honor of Mr. Hu Shih-chih). Tainan: Ch'en-kuang ch'u-pan she, 1962.

Chung-Hsi lun-chan yü Hu Shih 中西論戰與胡適 (Hu Shih and the debate on China vs. the West). Tainan: Wen-hua ch'u-pan she, 1962.

Chung-kuo hsin wen-hsüeh ta-hsi 中國新文學体系 (The genesis of China's new literature). 10 vols. under the general editorship of Chao Chia-pi 趙家璧. Shanghai, 1935-1936. Vol. I: *Chien-she li-lun chi* 建設理論集 (Theoretical foundations), ed. with intro. by Hu Shih; vol. II, *Wen-hsüeh lun-cheng chi* 文學論爭集 (Literary polemics), ed. with intro. by Cheng Chen-to 鄭振鐸；vol. X, *Shih-liao so-yin* 史料索引 (Historical materials and indices), ed. with intro. by Ah Ying 阿英.

"Credo," see Hu Shih, "My Credo and Its Evolution" (1931).

Crick, Bernard. *In Defence of Politics*. Baltimore: Penguin Books, 1964.

Current Background. Publication of the Press Monitoring Service of the American Consulate-General, Hong Kong, 1950- .

de Bary, William Theodore et al., eds. *Sources of Chinese Tradition*. New York, 1960.

de Francis, John. *Nationalism and Language Reform in China*. Princeton, 1950.

de Ruggiero, Guido. *The History of European Liberalism*, trans. R. G. Colling-wood. Boston: Beacon Press, 1959.

Dewey, John. *Essays in Experimental Logic*. Chicago, 1916.

——"Force, Violence and Law," *The New Republic*, 5: 295-297 (Jan. 22, 1916); *Characters and Events*, II, 636-641.

——"Force and Coercion," *International Journal of Ethics*, 26: 359-367 (April 1916); *Characters and Events*, II, 782-789.

——"On the Two Sides of the Eastern Sea," *The New Republic*, 19: 346-348 (July 16, 1919); *Characters and Events*, I, 170-176.

——"The Student Revolt in China," *The New Republic*, 20: 16-18 (Aug. 6, 1919).

——"Militarism in China," *The New Republic*, 20: 167-169 (Sept. 10, 1919).

——"Liberalism in Japan," *The Dial*, 67: 283-285 (Oct. 4, 1919), 333-337 (Oct. 18, 1919), 369-

(October-December 1966).
Chi-hsi hsien-chih, 績溪縣志 (Gazetteer of Chi-hsi hsien). Taipei: Chi-hsi t'ung-hsiang-hui, 1963.
Chi-nien Hu Shih-chih hsien-sheng chuan-chi 紀念胡適之先生專集 (A collection of memorials in honor of Mr. Hu Shih-chih). Taipei, 1962.
Chi Wen-fu 嵇文甫. "P'i-p'an Hu Shih ti to-yüan li-shih-kuan" 批判胡適的多元歷史觀 (A critique of Hu Shih's pluralist historical view), *Li-shih yen-chiu* (Historical research), no. 4: 9-17 (1955).
Chiang Kai-shek. *China's Destiny*, with notes by Philip Jaffe. London: Dennis Dobson Ltd., 1947.
Chiang Meng-lin 蔣夢麟 (Monlin). *Kuo-tu shih-tai chih ssu-hsiang yü chiao-yü* 過度時代之思想與教育 (Thought and education in a transitional period). Shanghai, 1933.
—— *Tides from the West*. New Haven, 1947.
Chiang T'ing-fu 蔣廷黻. "Chih-shih chieh-chi yü cheng-chih" 知識階級與政治 (The intelligentsia and politics), TLPL no. 51: 15-19 (May 21, 1933).
——"Ko-ming yü chuan-chih" 革命與專制 (Revolution and authoritarianism), TLPL no. 80: 2-5 (Dec. 10, 1933).
——"Lun chuan-chih ping ta Hu Shih-chih hsien-sheng" 論專制並答胡適之先生 (On authoritarianism, in reply to Mr. Hu Shih-chih), TLPL no. 83: 2-6 (Dec. 31, 1933).
Ch'ien Tuan-sheng 錢端升. "Tui-yü liu chung ch'üan hui ti ch'i-wang" 對於六中全會的期望 ([Our] hopes for the sixth plenary sessions), TLPL no. 162: 5-9 (Aug. 4, 1935).
—— *The Government and Politics of China*. Cambridge, Mass., 1950.
China Christian Yearbook. Shanghai: Christian Literature Society, 1926, 1929.
The China Weekly Review (formerly *Millard's Review*). Shanghai, 1917-1949.
The China Yearbook, ed. H. G. W. Woodhead. Shanghai, 1928, 1931-32, 1933-1937.
Chinese Press Review. U. S. Embassy, Chungking and Nanking, U. S. Consulates in Peiping, Shanghai, and elsewhere, 1945-1949.
Chinese Social and Political Science Review. Peking, 1917-1937.
The Chinese Students' Monthly. Published by the Chinese Students' Alliance in the U. S. A., 1910-1917.
Ching Yuan. "What Kind of a Man Is Hu Shih?," *Current Background*, no. 167 (March 25, 1952).
Cho Hua 灼華. "Hu Shih so chu 'Jen-ch'üan yü yüeh-fa' chih huang-miu" 胡適所著人權與約法之荒謬 (The absurdities of Hu Shih's "Human rights and the provisional constitution"), *Min-kuo jih-pao* (Republican daily news), Aug. 9-10, 1929.
Chou I-liang 周一良. "Hsi-yang 'Han-hsüeh' yü Hu Shih" 西洋"漢學"與胡適 (Western "sinology" and Hu Shih), *Li-shih yen-chiu* (Historical research), no. 2: 1-14 (1955).
Chou Tso-jen 周作人. "Hsin ts'un ti ching-shen" 新村的精神 (The spirit of the New Villages), HCN 7.2: 129-134 (January 1920).
——"Hsi-yang yeh yu ch'ou-ch'ung" 西洋也有臭虫 (There are bedbugs in the West, too), TLPL no. 107: 12 (July 1, 1934).
Chow Hwa. "Hu Shih and the May Fourth Movement," *Chinese Press Review* (Peiping), 608: 3-4 (May 10, 1948).
Chow Tse-tsung. "The Anti-Confucian Movement in Early Republican China," in A. F. Wright, ed.,

——"Cheng-chih kai-ko ti pi-yao" 政制改革的必要 (On the need for reform of the political system), TLPL no. 162: 2-5 (Aug. 4, 1935).
Ch'en Hsü-ching 陳序經. "Kuan-yü ch'üan-p'an hsi-hua, ta Wu Ching-ch'ao hsien-sheng" 關於全盤西化答吳景超先生 (Concerning total westernization, in reply to Mr. Wu Ching-ch'ao), TLPL no. 142: 2-9 (March 17, 1935).
——"Tsai t'an 'ch'üan-p'an hsi-hua'" 再談"全盤西化" (Another discussion of "total westernization"), TLPL no. 147: 4-9 (April 21, 1935).
——"Ts'ung hsi-hua wen-t'i ti t'ao-lun li ch'iu-te i-ko kung-t'ung hsin-yang" 從西化問題的討論裏求得一個共同信仰 (A common faith derived from the discussion of the question of westernization), TLPL no. 149: 9-13 (May 5, 1935).
——"Ch'üan-p'an hsi-hua ti pien-hu" 全盤西化的辯護 (In defense of total westernization), TLPL no. 160: 10-15 (July 21, 1935).
Ch'en Te-cheng 陳德徵. "Hu shuo" 胡說 (Nonsense), *Min-kuo jih-pao hsing-ch'i p'ing-lun* (Republican daily news weekly review), 2.46 (April 1, 1929).
Ch'en Tu-hsiu 陳獨秀. "Ching-kao ch'ing-nien" 敬告青年 (Appeal to youth), HCN 1.1 (September 1915); *Tu-hsiu wen-ts'un*, i, 1-10.
——"Wen-hsüeh ko-ming lun" 文學革命論 (On the literary revolution), HCN 2.6 (February 1917); *Tu-hsiu wen-ts'un*, i, 135-140.
——"Jen-sheng chen-i" 人生眞義 (Life's true meaning), HCN 4.2 (February 1918); *Tu-hsiu wen-ts'un*, i, 181-185.
——"Chin-jih Chung-kuo chih cheng-chih wen-t'i" 今日中國之政治問題 (China's present political problems), HCN 5.1 (July 1918); *Tu-hsiu wen-ts'un*, i, 221-225.
——"Pen chih [*Hsin ch'ing-nien*] tsui-an chih ta-pien-shu" 本誌[新青年]罪案之答辯書 (In answer to the charges against this magazine), HCN 6.1 (January 1919); *Tu-hsiu wen-ts'un*, i, 361-363.
——"Shih-hsing min-chih ti chi-ch'u" 實行民治的基礎 (The foundations for the realization of democracy), HCN 7.1 (December 1919); *Tu-hsiu wen-ts'un*, i, 373-389.
——*Tu-hsiu wen-ts'un* 獨秀文存 (Collected essays of [Ch'en] Tu-hsiu). 3 *chüan* in 4 vols. Shanghai, 1922.
——"*K'o-hsüeh yü jen-sheng-kuan* hsü" 科學與人生觀序 (Preface to Science and the philosophy of life), KHYJSK I.
——*Ch'en Tu-hsiu ti tsui-hou tui-yü min-chu cheng-chih ti chien-chieh* 陳獨秀的最後對于民主政治的見解 (Ch'en Tu-hsiu's last thoughts on democratic government), 3rd ed. Taipei, 1959.
Ch'en Tung-hsiao 陳東曉, ed. *Ch'en Tu-hsiu p'ing-lun* 陳獨秀評論 (A critique of Ch'en Tu-hsiu). Shanghai, 1933.
Ch'en Tzu-chan 陳子展. "Wen-hsüeh ko-ming yün-tung" 文學革命運動 (The revolutionary movement in literature), in *Chung-kuo hsin wen-hsüeh ta-hsi*, X, 22-51.
Ch'eng T'ien-fang 程天放. "Wo so ch'in-chih ti Hu Shih-chih hsien-sheng" 我所親炙的胡適之先生 (The Mr. Hu Shih-chih for whom I mourn), in *Chi-nien Hu Shih-chih hsien-sheng chuan-chi*, 17-19.
Chesneaux, Jean. "Le mouvement fédéraliste en Chine (1920-1923)," *Revue historique*, 236: 347-384

——"Hu Shih and Chinese Philosophy," *Philosophy East and West*, 6.1: 3-12 (April 1956).

——*A Source Book in Chinese Philosophy*. Princeton, N. J.: Princeton University Press, 1963.

Chang Ch'in-nan 張琴南. "Wu-ssu ch'ien-hou Hu Shih ti fan-tung mien-mu" 五四前後胡適的反動面目 (Hu Shih's reactionary visage before and after May Fourth), in *Wu-ssu yün-tung wen-chi*, 61-66.

Chang Ching-lu 張靜廬 ed. *Chung-kuo hsien-tai ch'u-pan shih-liao* 中國現代出版史料 (Materials on the history of contemporary Chinese publishing). 4 vols. Peking, 1954-1959.

——*Chung-kuo chin-tai ch'u-pan shih-liao* 中國近代出版史料 (Materials on the history of modern Chinese publishing). 2 vols. Peking, 1957.

——*Chung-kuo ch'u-pan shih-liao pu-pien* 中國出版史料補編 (Supplementary materials on the history of Chinese publishing). Peking, 1957.

Chang Chün-mai 張君勱. "Jen-sheng-kuan" 人生觀 (The philosophy of life), in KHYJSK I.

——"Tsai lun jen-sheng-kuan yü k'o-hsüeh, ping ta Ting Tsai-chün" 再論人生觀與科學並答丁在君 (Another discussion of the philosophy of life and science, and a rejoinder to Ting Tsai-chün), in KHYJSK I.

——"Tao Shih-chih hsien-sheng" 悼適之先生 (Mourning Mr. Shih-chih), *Hai-wai lun-t'an* (World forum), 3.5: 3 (May 1, 1962).

Chang Fo-ch'üan 張仏泉. "Wo-men chiu-ching yao shen-mo yang ti hsien-fa?" 我們究意要什么樣的憲法 (What kind of a constitution do we want after all?), TLPL no. 236: 2-4 (May 30, 1937).

Chang Hsi-jo 張熙若. "Kuo-min jen-ko chih p'ei-yang" 國民人格之培養 (The cultivation of civic character), TLPL no. 150: 14-17 (May 12, 1935).

——"Tsai lun kuo-min jen-ko" 再論國民人格 (Another discussion of civic character), TLPL no. 152: 2-5 (May 26, 1935).

——"Min-chu cheng-chih tang-chen shih yu-chih ti cheng-chih ma?" 民主政治當眞是幼稚的政治嗎 (Is democracy truly kindergarten government?), TLPL no. 239: 3-6 (June 20, 1937).

——"Wo wei-shen-mo hsiang-hsin min-chih" 我爲什么相信民治 (Why I believe in democracy), TLPL no. 240: 2-5 (June 27, 1937).

Chang Huan-lun 張煥綸. "Hu T'ieh-hua hsien-sheng chia-chuan" 胡鐵花先生家傳 (A family chronicle of Mr. Hu T'ieh-hua), in Hu Ch'uan, *Taiwan chi-lu liang-chung*.

Chang Ju-hsin 張如心. *P'i-p'an Hu Shih ti shih-yung-chu-i che-hsüeh* 批判胡適的實用主義哲學 (A critique of Hu Shih's experimentalist philosophy). Peking, 1955.

(Chang) Kuo-t'ao 張國燾. "Wo-men tui-yü hsiao-tzu-ch'an chieh-chi ho-p'ing-p'ai ti ch'üan-kao" 我們對于小資產階級和平派的勸告 (Our advice to the petit-bourgeois peacemakers), *Hsiang-tac chou-pao*, no. 13: 105-106 (Dec. 23, 1922).

Chang Tung-sun 張東蓀. "Hsi-yang wen-ming yü Chung-kuo" 西洋文明與中國 (Western civilization and China), *Tung-fang tsa-chih*, 23.24: 93-94 (1926).

Chang Wei-tz'u 張慰慈. "To-yüan-ti chu-ch'üan lun" 多元的主權論 (Pluralism), NLCP no. 19 (Sept. 10, 1922).

Ch'en Chih-mai 陳之邁. "Min-chu yü tu-ts'ai chih t'ao-lun" 民主與獨裁之討論 (The debate on democracy and autocracy), TLPL no. 136: 4-11 (Jan. 20, 1935).

参考文献

以下は本文の中で引用された、あるいは本研究にとって特に重要で意義をもった著書を選んで作成したリストである。

同じ著者の著作は可能なかぎり、最初の出版の日付の年代順に載せられている。

最初の発行地と日付がわからない場合は、その情報があれば、テキストの年代の推定に従って入れられている。そうでなければ、それらの著作が見える所収本の出版日付に従って載せられている。

Abend, Hallett. *My Life in China*. New York: Harcourt, Brace and Company, 1943.

Ai Ssu-ch'i. "Recognize Clearly the Reactionary Nature of the Ideology of the Bourgeois Class," *Current Background*, no. 179 (May 6, 1952).

——"Bor'ba protiv burzhuaznoi ideologii v narodnom Kitae," *Kommunist*, no. 11: 86-96 (July 1955).

Aisin-Gioro Pu Yi. *From Emperor to Citizen: The Autobiography of Aisin-Gioro Pu Yi*. 2 vols. Peking, 1964-1965.

Angell, Sir Norman. *The Great Illusion*. New York and London, 1911.

——*After All: The Autobiography of Norman Angell*. London, 1951.

Arkush, R. David. "Ku Hung-ming (1857-1928)," *Papers on China*, 19: 194-238 (1965). Harvard University, East Asian Research Center.

Autobiography, see Hu Shih, *Ssu-shih tzu-shu* (1933).

Bachrach, Peter. *The Theory of Democratic Elitism: A Critique*. Boston and Toronto, 1967.

Berry, Thomas, C. P. "Dewey's Influence in China," in John Blewett, S. J., ed., *John Dewey: His Thought and Influence*. New York, 1960.

Boorman, Howard L., ed. *Biographical Dictionary of Republican China*, I. New York and London: Columbia University Press, 1967.

Borg, Dorothy. "America Loses Chinese Good Will," *Far Eastern Survey*, 18.4: 37-45 (Feb. 23, 1949).

Brandt, C., B. I. Schwartz, and J. K. Fairbank. *A Documentary History of Chinese Communism*. Cambridge, Mass.: Harvard University Press, 1952.

Brière, O., S. J. "Un maître de la pensée en Chine: Hou Che," *Bulletin de l'université l'Aurore*, 3rd series, no. 5: 871-893 (1944), and no. 6: 41-73 (1945).

——*Fifty Years of Chinese Philosophy, 1898-1950*, trans. L. G. Thompson. London, 1956.

Brinton, Crane. *The Anatomy of Revolution*. New York: Vintage Books, 1957.

Britton, Roswell S. *The Chinese Periodical Press, 1800-1912*. Shanghai, 1933.

Canning, Charles J. "What Can China's Liberals Do?," *The China Weekly Review*, 109.5: 135 (April 3, 1948).

Chan Lien. "Chinese Communism vs. Pragmatism: The Criticism of Hu Shih's Philosophy, 1950-1958," *Journal of Asian Studies*, 27.3: 551-570 (May 1968).

Chan Wing-tsit. "Trends in Contemporary Philosophy," in H. F. MacNair, ed., *China*, 312-330.

訳者解説

本書は、Jerome B. Grieder, *Hu Shih and the Chinese Renaissance; Liberalism in Chinese Revolution 1917-1937*, Harvard University Press, 1970. の全訳である。著者ジェローム・グリーダー氏は現在、米国東部にあるブラウン大学の歴史学部・東アジア研究の名誉教授である。氏は中国広州生れで、一九五四年にブラウン大学を卒業した後、ハーバード大学大学院で中国を研究、一九五六年に修士、一九六三年に胡適研究でPh.D学位を取得している。従って、その博士論文から七年かけて文化大革命が展開している最中の一九七〇年に本書を出版したということになる。だから本書を読む際にはその背後に文革の姿を思い浮かべる必要がある。ハーバード大学の東アジア研究は当時フェアバンクやシュウォルツなど錚々たる教授陣がいた時代で、かれらの指導で本書は質の高い優れた研究になっており、一九七一年にアメリカ歴史学会のJ・K・フェアバンク賞を受賞している。氏は生前の胡適にも台北南港でインタビュー取材をしているから、今では貴重な証言を含んでいる本だといって良いだろう。他の著作に、*Intellectuals and State of Modern China, A Narrative History* (Free Press, 1981) がある。本書は一九八九年に中国語訳が『胡適与中国文芸復興——中国革命中的自由主義、一九一七—一九五〇』(魯奇訳、王友琴校、江蘇人民出版社、一九八九年一〇月) という名で、李澤厚らの編集する「海外漢学叢書」の一冊として出版された。文化大革命への反省から歴史を五四期の啓蒙思想から考え直してみようという一九八〇年代の自由な思想風潮の中での訳業であった。出版はちょうど天安門事件の時と重なる。その意味で原書も中文訳書も時代の産物だった。その後、中文訳書は、中国で「胡学熱（胡適研究熱）」が盛んになった時期、一九九六年に再版が出されている。原書も一九九九年に米国でペーパー・バック版が出された。一九七〇年の本書刊行後も胡適についての個別テーマの研究は散見するが、時代と切り結んだ思想家としての伝記と全体像を提示した著作としては、中国、台湾を含めても、本書がまだ最良のものである。このように、わたしたちは改めて胡適の思想とかれが提出した問題を再考してみる必要があるのだが、不幸なことに日本では役に立つような胡適についてのまとまった研究はほとんど無いのである。

わたしが大学で学んでいた時代は、本書付録Cに書いてあるような中国共産党による胡適批判の影響がまだ強く残っていて、文化大革命の毛沢東礼賛の対極にある「ブルジョワ反動派」「学術権威・胡適」というイメージで胡適は語られていたし、かれも戒厳令下の台湾の蔣介石と一緒にいたから、「危険な」胡適にだけは研究の手を着けようとは思わさせられなかった。胡適を研究している先学も無く、かれの本も読まなかった。思えば無知偏見だったが、そんな訳で現代政治を避けて清末の研究を始めることにしたのであるが、しかし時代の流れで、中国革命も毛沢東も相対化され、客観的に語らねばならなくなって、改めて考えなくてはならないと考え始めたのはここ十年余りのことである。それで勤務先の大学院の「歴史文化論」の授業で中文版の周策縦『五四運動史』（岳麓書社、一九八七、英文原書は一九六〇年出版）を数年かけて読んだ後に、続けて読むテキストに本書の中文訳本を選んで三年かけて精読した。院生は数名の日本人と多数の中国人留学生で、語学練習の課本としてもいいだろうと選んだものである。院生に自分の分担部分を日本語に訳して提出させ、それを添削して翻訳し、解説をして問題を討論するという形式をとった。若い学生にも啓発的だったようである。しかし、さて実際に使用してみると、中文版はあまり良い訳ではなく、英・漢・日に翻訳する間に意味がずれていくのに困り、英文を基準に文章を訂正しながら進めざるを得なくなった。英文もそう易しくはなかったが、何とか読み了えた。手元には院生の訳文に手を入れた大量の添削原稿が残った。さてどうしたものかと考えたが、放置するには忍びなく、退職を機に多くなった時間を利用して、すこし真面目に英文と取り組み、訳し直してみた。引用の胡適の文章の漢語部分は『胡適文存』など手軽に見られるものは原文に当たったが、その他は中国語訳本が大体は原文から正確に引用しているので、その文章に依拠して中文から訳した。しかし、それなりの雑用もあってなかなか進捗しないので、最後の詰めを台北・南港の胡適紀念館の脇にある中央研究院近代史研究所で仕事をさせていただいた。それで何とか完成にこぎつけた。原書は少し難しい文章と内容で、非才には誤訳あるを免れないが、先学のご指摘を頂ければ幸いである。

一

だが、今から四十五年も前のこの文化大革命中の作品を、「いま」、「日本で」、日本語に翻訳して出版する意義がどこにあるのか。読者がまず疑問に思われる点だろう。訳者は次のように考える。「中国革命」から六十六年経ても、中国は「自由・平等・友愛」の途、フランス革命以来の近代社会と近代国家の原則(憲法・法の支配、三権分立、基本的人権の尊重……)を踏み外したままではないのだろうか。近年の中国は世界史が近現代の革命を通じて実現しようとしてきた普遍的な理念から逸脱しているのではないのか、結局のところ、「中国革命」は農民反乱と王朝交替の歴史的循環構造の罠を打破することはできず、高い代価を支払って、「共産党王朝」(帝国)が再建されたのではないか、一体「中国の革命」は何を目指したのだろうかと、その革命自体も含めて、歴史の「大審問」を受けつつあるからである。ソ連が崩壊したのは革命後七十七年目だった。それ位時間が経つと、大体死ぬ者は死に、生者に顧慮する必要も無くなり、棺に蓋をして客観的に物事が語られるようになる。毛沢東も「祭壇」から降ろされ、歴史の審問にかけられている。ところがその反対に、かつて毛沢東・中国共産党から反革命だ、右翼日和見主義(機会主義)

だと厳しく批判された胡適や陳独秀――わたしはこの二人と梁啓超が中国近現代史上最大の思想家だと思うのだが――の書いたことが、今、より鮮やかに「現在」を撃つものとして生命力を持って浮かび上がってきているからにほかならない。前記したように一九九四年頃から大陸では「胡学熱」が生じた。胡適が嘗て関心を向けた重要な諸問題が、いま中国人が直面している色々な問題（民主化、法制、人権、個人、信仰、中国文化）であると感じられ、参考、手本にする価値があると知識界・学術界で考えられたからだった（耿雲志『胡適著作選』導言、一九九七、香港初版）。グリーダーが本書の最後で、胡適の旅程、かれが考え提出した問題は、十年単位でなくて、世紀単位で考えられるべきことだと述べているのは、「至言」で、本書の結論であると言っても良いが、大陸の中国人もそう感じていることが分かる。では、胡適や陳独秀が提起した問題とは何なのだろうか。

中国において、マルクス主義は、ロシア革命の思想と第一次大戦後の世界思潮を受けて、中国問題の解決手段として有効な力を持つと考えられ、受容された。これさえあれば何でも解決できる「万病に効く」「萬応霊丹」のように思われた節がある。ここで、胡適らの平和的漸進主義の自由主義（リベラリズム）と分岐した。しかしボルシェヴィズムは当初、フランス革命の後継者を任じその高次の達成を目指したから、「自由、平等、友愛」、「人権」「憲法」（民主制）を相続し、「国際主義」を掲げたはずなのである。コミンテルン中国支部である中国共産党もそれを引き継いでいたはずだった。帝国主義、軍閥、「封建」・資産階級による支配・抑圧・搾取の「鎖」、「桎梏」を打破して、労働者農民を「解放」し、「自由で平等で、搾取の無い、友愛に満ちたコミューン＝共同共産社会」、「民主的な」「社会主義社会」を作ろうという「理想」が若い青年を衝き動かした。だが、いま、その姿は跡形も無い。あるのは共産党一党独裁の専制と民族主義だけである。歴史と現実が、かのようではなく、かくなったその根源を理解し、検証してみることが歴史家には求められている。その分岐はやはり毛沢東路線の確立にあるというのが愚見であるが、この路線の根源は、五四精神や前期ソ連、一九二〇年代の近代思想の潮流から隔絶した内陸の土着の農民ソビエト主義（周囲を包囲された江西省の赤色軍事コミューン）にあるのではないか。陳独秀時代からのこの転換の中で、都市的な、労働者的な、知識人的な、国際的外国的な諸要素が「堕落」したものとして、鎮圧され失わされたことに起因するのではなかろうか。江西ソビエト根拠地（社会民主党・ＡＢ団の富田事変での粛清）と延安根拠地（整風槍救運動）が持った問題性であると思う。詳論する余裕はないが、敵に包囲された中の「軍事共産主義」の一元的平等性・共同性を麗しき理想とした。それには二側面がある。敵から敵とされた存在同士の「われわれ」の共同性と、共通の敵を打ち破り実現しようとする「目的」を共有し協力する「同志」性である。これを「共産主義的同胞倫理」と呼んでおく。それは一義的に党・軍隊として組織されたから、秩序・規律が要る。そして秩序・規律の前提としての規律に従う倫理を含む。その倫理は、自律の倫理ではなく、忠誠の倫理である。互いに独立的に思考する人間として相手を取り扱い（寛容）、異見の権利を保証しつつ「民主制的」に処理するのではなく、要求されるのは組織と命令（強制）への「忠誠」であった。考えるのは毛沢東や「領導」の職務（心を労する者）で、考える頭は必要ない。指令（強制）に従う命令主義、官僚主義が支配し、異見（思想の自由）と自由主義は鎮圧、抹殺され、一つの「型」に「翻身」することが求められた。延安整風運動から、建国後を通じて作り直された一元的な共同性、同胞倫理（「人民」性）はこのようなものだった。自立し独立的に考える理性を持った個人や、近代大工業の技術と経済の知識と規律に訓育された組織的プロレタリアートの存在性は無い。毛沢東の革命にはこれが欠如しているのである。つまり近代ブルジョワ階級社会が生み出した産物を基礎に革命が構築されたのではない特質、むしろそれを根絶しようとした農民共産主義を理想としたその特質——建国後は農民を裏切り収奪したが——、それが中国のその後の歴史の複雑な軌跡と現実を生んだのである。毛沢東革命の純粋型がポルポトのカンボジアだったろう。

「萬物一体の仁」ではないが、中国思想の伝統にしたがって、毛沢東の神格化・個人崇拝による「全一」的回収につづいて、「中華民族主義」による回収が行われる。「全一」的であることが本来的秩序（善）であるという伝統と密通したイデオロギーである――従って同時に、異質なものを反革命、反中華民族、反国家として差異化し、鎮圧し、排除する機制が働く、西洋近代社会産の独立した自由な個人、思想言論の自由、基本的人権、普通選挙、議会制、憲法、司法の独立も「中華」には合わないとされる。これは近代ブルジョワ社会を革命によって止揚する社会主義社会とは、きわめて異質な社会である。そして、党内の「モスクワのパンを喰った」留学派も排除され、一層土着化が進んだ。中国伝統思想と農民「共産主義」が密通したところに毛沢東主義の特質がある。本書が明らかにしている胡適や陳独秀の近代的な光明にあふれた時代と対比してみると、大きな転換があったことが分かる。これがまた、胡適や陳独秀といった一級の思想家と毛沢東との思想的な差異を考える上でも、本書は示唆的である。

こうした中で、「理性」や「独立思考」、「自由」、「寛容」、「民主制」といったものは脇に追いやられ、スターリン主義的な毛沢東共産党と、それに対抗的な伝統文化主義的な蒋介石国民党との狭間で、「民主」と「科学」、「理性」といった「五四」精神や自由や民主は呻吟を続けることになったのだが、その人類史的な課題を保持し続け、粘り強く訴え続けたその姿勢を胡適は代表するのである――「寧鳴而死、不黙而生（鳴いて死すとも、黙っては生きぬ）」とは彼の言である。その精神は、現代の中国にとって蘇らせるべき遺産であり精神ではなかろうか。近代中国はこの思想家を持ったことを誇るべきであろう。抗日戦争中の一九四二年に死んだ「最後の陳独秀」のスターリンソ連への批判（モスクワ裁判批判）、マルクス主義プロレタリア独裁論への根本的な批判についてはまた別所で触れたいと思う。

二

グリーダーの本書は、日中戦争までの胡適の思想と行動を中心に論じたものだから、その晩年については軽く叙述していて、少し補足が必要になっている。幾つかの点が挙げられようが、大きな問題は、蔣介石政権と自由主義者胡適との関係であろう。一九六〇年に起きた雷震事件についてはグリーダーも本書(九章注(49))で言及しているが、少し簡略すぎるようである。それも含めて若干補足しておくことにしたい。

事件は雑誌『自由中国』の発行の中心人物だった雷震(一八九七—一九七九)と編集の傅正(一九二七—九一)ら四名が、「反乱条例十条の嫌疑」で一九六〇年九月四日に警備司令部によって逮捕され、後に十年の刑を宣告されたというものである。

事件には伏線があった。一九五六年に胡適が書いた一文に、蔣介石は何でも自分でやらずに部下に任せ、自分は「無智、無能、無為」の、法と憲法を守る領袖になるべきだと書いた部分があった。本書でも言及されている「無為政治」の流れを汲んだ意見だった。これが蔣介石父子の不興を買い、『自由中国』(発行人・胡適)を敵視させることになった。『自由中国』は当初広州で、胡適の国共内戦期の文章を集め『我々は我々の方向を選択しなければならない』(『我們必須選択我們的方向』)という小冊子を「自由中国出版社叢書」として発行した組織から始まり(その叢書之二が『陳独秀的最後見解』一九四九年六月刊である)、この自由中国出版社がゆっくりと発展して、半月刊の雑誌を出すようになり、台湾に移って来てからは中華民国の出版自由の象徴として活動していた。胡適はその発起人の一人で、発行人名を使用させていたのである。

一九五九年になって蔣介石の三選問題が起きた。民国憲法は総統の三選を禁止していたが、支持者たちが「改憲」三選への運動を始め、それを「勧進」し始めた——何やら一九一五年の袁世凱皇帝推戴運動を思わせるが——。胡適や自由主義知識人、『自由中国』はこれに反対し、胡適は張群に、蔣介石に三選をやめ、改憲をせず、勧進をやめさせると表明するよう伝言した。蔣介石は拒否。六〇年に蔣介石は総統に三任した。これを受けて『自由中国』の主持人雷震らが公開の反対党（中国民主党）を組織すると発表した。胡適はこれを支持、雷震らの勇気をたたえた。その党結成発表の直前、蔣介石の命令で雷震らが逮捕されたのだった。

胡適はこの時、「中米学術協力会議」で種々の交渉するために二カ月ほど前から訪米中だったが、九月四日に陳誠副総統から米大使館経由の電報をワシントンで受け取って事件を知った。電文は、『自由中国』の「最近の言論は公然と政府を否認し、変乱を煽動している」と述べ、米のニュースは、雷震は「反対党を組織しようという運動を主持した」と伝えた。胡適は、事件は国外で反対党運動への政治弾圧、言論弾圧をしたと受け取られると陳誠宛に電報を打った。陳は「確実な手がかりがあり、四人の内一人は既に匪（中共）の指使を受けて台湾に来て活動したことを認めている。雷震は少なくともそのことを知りながら包庇した疑いがある」と云った。胡適は、軍法裁判でなく司法へ移し公開で裁判をやるべきだと再電した。そしてAP通信に答えて、新党（中国民主党）運動については論評できないが、反乱罪は尋常ではなく、雷震は「反共で愛国人士だ」、雑誌は台湾の新聞の自由の象徴である、大変遺憾に思う、司法での審理を、と答えた。この応答はその後もかなり波紋を呼んだが、軍事法廷は一〇月八日に雷震に「明らかに匪諜（中共の間諜）であることを知りながら、その秘密を告げて検挙させず、連続して文字でもって叛徒に有利な宣伝を為した」として、十年の刑を下した。胡適は一〇月一八日にアメリカから、「六〇年安保闘争」の余韻の残る東京に着いた。ここで台湾から飛んで来た『自由中国』関係者から事情を聴いて、二二日に台湾に戻った。記者の質問に、反対党の組織化については、多年その必要を言い、国民党も二つになればいいと思ってきた、自分は六十九歳で領袖になる気などない、等と発言した。二四日に張群と会って総統と会う段取りをつけ、一一月一八日に訪米の報告をしながら、蔣介石と事件について会談した。蔣は胡の二通の電報も知っていたが、既に決心があったようで、「わたしは言論の自由を、寛大に放って置いたが、しかしこれは匪諜（中共の間諜事件）で、法で裁かねばならん」と言い、動かされなかった。胡適は、一九四九年四月に共産党軍が長江を渡った時、政府の命――米の支援を得、米が中共政権を承認しないように工作することだった――でアメリカに行き、上陸したときに記者団に囲まれて蔣政権について聞かれて、「わたしはこれまでずっと蔣先生を支持してきた、わたしは永遠に道義的にかれを支持し続ける、と言いました。わたしは今日に至っても、道義的になおあなたを支持していますが、ひょっとするとわたしの道義は一文にも値しないかも知れません。」と言った。蔣は頭を叩きながら聞いて、また話そうと言って五十分の会談は終わった。蔣介石はこの会談の後に『日記』に「胡説（でたらめを言う）」「胡適は卑劣の政客だ」と書いていた。だから会談は実を結ばず、一一月二三日に軍事法廷の二審で同じ十年の判決が出された。胡適は「大失望、大失望」と言って、自分の無力を恥じた。その前に一一月一〇日に友人のハーバード大学の中国学者フェアバンクがアメリカの各紙の社説などの切り抜きを送って来て、この事件はアメリカで大きな反響を呼んで、ケネディも関心を持っていると手紙で書いてきていたのだった。二審判決を聞いた胡適は、うまく行かなかったことの返信をフェアバンクに書いたが、その中で「わたしは非常に自身を恥ずかしく思っている」と述べていた（二五日付手紙）。傅正はその後「民進党」結成の創立幹部になるのだが、冷戦下の政治家と自由主義知識人との葛藤の一例であった。一九四九年以後の大陸の知識人の運命の過酷さに比べればまだ微温的だったのだろうが、翌一九六一年に、胡適は獄中の雷震の六十五歳の誕生日に楊万里（楊誠齋）の詩を贈った。

萬山不許一溪奔、　　萬山　一溪の奔《はし》るを許さず、攔得溪聲日夜喧。　攔得《はばま》れし溪声　日夜喧《さわが》し。
到得前頭山脚盡、　前頭に到り得て、山脚《ろく》は盡き、
堂堂溪水出前村。　堂堂たる溪水、前村に出でり。
南宋的大詩人楊萬里的「桂源鋪」絶句、我最愛読、今写給、做寰老弟、祝
他的六十五歳生日　胡適　五十年七月
（「楊誠齋のこの詩は、頗る自由の奮闘と勝利を象徴している　胡適」）

中央研究院院長としての身分制約があり、政治運動をするにも不自由、七十歳だったことを考えると、かれの自分を恥じる感情は良く分かる。しかし、自由への思いは奔流のように流れ続けていた。反対党の存在が民主制の根本であることは以前からの、そして『陳独秀的最後見解』の「序」（一九四九年四月）以来の主張であり――陳独秀と見解を同じくする――、それは台湾の民主化のプロセス（「台湾経験」）によってようやく現実のものになった。グリーダーはこの事件を台湾人（内省人）の政治参加を求める動きの中で捉えているが、おおむね妥当な見解であると言って良いだろう。しかし大陸では執政党に対する反対党の存在は見えそうにもない。

本書の中で郭沫若が一九五〇年の胡適批判の中で胡適と蔣介石は「一文一武」だと批判していることが紹介されているが、これはどうも、北伐期に源を発するらしい。国民革命の北伐総司令として蔣介石がクローズアップされた頃に遡るようである（胡適紀念館展示「袁昌英の手紙・一九二八年一二月」にこの言葉が見える）。この国共合作の北伐の最後の段階で蔣介石の一九二七年四月一二日の上海での「清党」＝労働者糾察隊への弾圧殺害が起きるが（「四・一二クーデタ」）、蔡元培、呉稚暉らはこの反共産党行動を

支持した。胡適は、英日領事館が掠奪され、金陵大学アメリカ人副校長が殺害された南京事件が起きた三月二四日にニューヨークからシカゴに移動していて、今まで国民革命軍に好意的だったアメリカの輿論が一夜にして革命の目的に反対するようになったのを感じた。そして一カ月後に着いた日本で、外務省の友人に案内されて朝日新聞の新ビル（有楽町にあった旧社屋）の一室で見た事件当日に一日で南京上海から四百通も送られてきたという海外電報（南京領事館の掠奪と天皇肖像への汚辱を伝えていた）を見て、「この決定的な日に日本がどのように感じていたか、いまでも感じられるでしょう」と言われて、広汎な外国からの武力干渉が起きる寸前だったことを知った（『史達林策略下的中国』、胡適紀念館印行、一三頁）。そして京都、奈良を経て帰国したが、その時の手紙で「The coup d'état of April seem to be in the right direction」と書き、事件を「クーデタ」と呼び、国民党が自分本来のところに戻る方向のものと肯定的に捉えている。その「クーデタ」の渦中の上海で共産党総書記として「大革命」の指揮を執っていて共産党員の息子を蔣介石に殺され、後に「右翼日和見〔機会〕主義」として革命の失敗の責任をコミンテルンから負わせられる陳独秀とは大きく隔たったところにいた。胡適は後に、この事件を外国の武力干渉を引き起こし「帝国主義者の戦争」の状況を実際に作り出し、コミンテルンが革命勝利へ繋げようとしたものだと見たのである。「南京事件」については、拙著『中国の反外国主義とナショナリズム』（集広舎、二〇一五）第六章「国民革命の反外国主義」で従来よりも相当詳しく述べておいた。参照していただきたい。陳独秀と胡適の二人がその後どのように思想的に切り結んだのかは大変興味深いことであろうが、詳しくは別書で触れるよりほかない。

南京国民政府成立後の国民党・蔣介石と胡適の関係は、本書で詳述されているように、当初は胡適の専制・訓政論批判によって緊張したものだった。例えば、一九三〇年三月一七日に、学生達が胡適を清華大学校長にと希望したとき、蔣介石は胡適を「反党」分子と言い、この「頭銜」を胡適に与えたほどだった

（『胡適日記』）。が、満洲事変後に関係が始まる。それには、事変に対する国民政府・蔣介石の対応に党内・国内から多くの批判が集まり、それを緩和させるために、知識界との関係を良くすることを図った蔣介石の側の意向があった。それで、「一文」の代表としての胡適に世の声望が集まっている中、これを政治的に利用しようとしたのだと思われる。最初に、胡適を国難会議委員に任命した後、一九三二年末に胡は蔣介石と初めて会見するが、その日蔣介石は、「胡適と教育方針と制度について話す。……余甚だ以て然りと為す。その人交わり易きに似たり」と日記に書いている。その後の両者の関係は比較的穏やかで、西安事変のときには、胡適は張学良に電報を送り、「介公（蔣介石）国家の重を負う、もし危害に遭うときは、国家事業は少なくとも二十年遅れるだろう、足下、国難家仇に応じ、懸崖に至って馬を止め、介公を護送して嶮を出でて、身を束ねて罪を待つべし」と電報を打った。張学良は「束身待罪」し、台湾に移っても新竹の山奥などで「監禁生活」を送った訳である。いろいろな人が錯綜する。一九三七年に日中戦争が始まると、対米借款のために、蔣介石は三八年に胡適を駐米大使に任命するが、アメリカの孤立主義のためになかなか思うように進まず、次第に蔣介石の不満を募らせ、四二年八月に免職になり、宋子文らと交代するようになった。胡適の大使在任中の四一年一二月におきた真珠湾攻撃で日中戦争は第二次世界大戦の一部になった。この時、胡適はアメリカで、有名な台詞「日本は自爆の途を選んだ」と述べたのである。

抗日戦後、四六年に中国に戻った胡適は北京大学の校長をしていたが、四八年一二月一五日、共産党軍の包囲する北京を蔣介石差し回しの飛行機で脱出（傅斯年が助力し、著名な歴史学者陳寅恪《ちんいんかく》も同機に同乗した。陳は大陸に残った。残された胡適の書籍その他は、現在、北京の中国社会科学院近代史研究所が管理していて、その大部分が耿雲志主編『胡適遺稿及秘蔵書信』全四二巻に整理され出版されている）、その後、胡適が語ったように（前述会談時）、四九年四月に蔣介石の要求で再度アメリカの援助を得るためにに渡米したが、動かし難い流れが出来ていて、アメリカに留まることになった。若きグリーダー氏が胡適の講演を聞いたのはこの時期である。胡適はその後二度、台湾を訪れているが、一九五八年から死去する一九六二年まで、中央研究院院長として台湾で過ごした。その就任の院士会議に蔣介石が出席し「民族倫理を発揚し、中華の歴史文化を復興するよう」にと演説したのに対し、胡適が立って、「総統の話は間違っている。公徳私徳、忠孝礼知は中国文化独有のものではない、学術的に反共救国建国を目指し、学術のための学術、学術研究の為に学術研究を行うのです」と異議を申し立てた。蔣介石は日記にこれを、人生のなかでも大きな屈辱だと記した。その葬儀のときには、胡適を「新文化運動中の旧道徳の模範、旧倫理中の新思想の師表」と評したが（本書既述）、蔣はその日の日記に「胡適の死は、革命事業と民族復興の建国思想から言えば、障碍を除いたことになる。」と書いたのだった。

まことに、中国における知識人と政治との関係は、毛沢東と知識人との関係も含めて、きわめて難しいものがある。蔣介石はまだいい方かも知れない、と思うのはわたしだけだろうか。胡適は自立した近代的知識人としてこの困難な峰歩きを、時に弱音を見せながらも、楽観主義をもって進み続けた。学問が経世済民の目的だった中国の士大夫・知識人の伝統に恥じることのなかった人生といえよう。

中央研究院近代史研究所の傍らには一九五八年に胡適が研究院院長として赴任してくる時に蔣介石が資金を出して建てて提供した平屋の住居家屋が「胡適紀念館」になっていて、その前方の丘が「胡適公園」になっている。その中腹にかれの墓があり、胡適は「徳配江冬秀」夫人とともに研究院を見下ろして眠っている。その頭方には蔣介石が書いた文字が刻まれているが、治葬委員会は、「この学術と文化の進歩、思想と言論の自由、民族の尊栄、人類の幸福のために、苦心焦慮、精をつくし神をつからせ、もって身死せし人、いまここに安息せり。我らは信ず、形骸はついには化滅し、陵谷も変易すべし、しかしいま墓中に在るこの哲人が世界に与えし光明は、永遠に残り続けるであろう。」と書いた文を送り、管理委員会はそれを十周年記念日に墓前に刻んだのだった。（二〇一五年十二月二十六日　台北南港にて　訳者）

本書の出版には、村上太輝夫（朝日新聞論説委員）、石井知章（明治大学教授）両氏に大変お骨折りを頂いた。両氏は藤原書店を紹介してくださり、藤原良雄社長の御好意を得て本書は陽の目を見ることができた。関係諸氏に深甚の感謝を申し上げたい。

中国近現代史を毛沢東（あるいは中国共産党、中国革命の思想）を中心にして見る見方も、一元論的ではあるが、当然あってしかるべきではあろう（例えば往年の岩波版『原典中国近代思想史』）。そしてそれを執政党中国共産党が正しいものとして公定し、歴史教育をおこなって来たから、わたしたちも戦後長いことそれに馴染んできたのだが、一方、中国共産党によって批判と打倒の対象とされた梁啓超、胡適や陳独秀――この三人は中国共産党が嫌いな近代の知識人といわれ、後者の二人は毛沢東が北京大学で李大釗主任の下の図書館の職員として働き、聴講生だった時の雲の上の教授たちだった――を中心に近現代史を辿ってみるのも、「敗者の精神史」ではないが、もう一つの歴史の見方であろう。読者諸氏には、清末の梁啓超の思想展開について良く整理された狭間直樹『梁啓超――東アジア文明史の転換』（岩波書店、二〇一六）と繋げながら、本書の胡適の思想の歩みを読んでいただきたいと思う。梁啓超は胡適の一世代前の思想家で、それを受けて胡適がどのように思想形成をしたか、その違いがどこにあるか、本書でも言及されているが、さらに良く理解されるであろう。胡適の思想形成と対照すると、「毛沢東思想の形成」もまた別の光が当てられるかも知れない――私は日本人の現代中国研究者に是非ともきちんとした「毛沢東論」を書いていただきたいと切望している。そうすると、『新編原典中国近代思想史』（岩波書店刊）などと少し違ったもう一つの思想史的な筋が見えるのではなかろうか。それは歴史の多元性を垣間見せてくれるはずで、また新たな光をもたらすかも知れない。

訳者は日本の多くの研究者・学生が本書を読まれて、別な角度から改めて中国・台湾の歴史とその背後の思想に関心を持っていただきたいと希望する。胡適が提出した問題は、「〇八憲章」で囚われ獄死したノーベル平和賞受賞者・劉暁波氏に引き継がれた問題でもある。かれを獄死させ遺体と墓と記憶を抹殺する執政党の無慈悲な姿勢を目の当りにし、また昨今の日本のひどい思想・政治のあり様を見ると、他人ごとでは済まされない。私たちも真剣に考えなければならない問題であろう。しかし何にもまして、中国研究者に本書を読まれることをお願いしたい。そして日本の中国研究の今までの思考の枠組み、狭い視野を脱して、広い視野の深みのある中国研究の構築を目指していただきたいと祈念するものである。

（二〇一七年秋、訳者識）。

関連主要人物注（五十音順）

あ行

イプセン、ヘンリック（一八二八―一九〇六）　ノルウェーの劇作家、近代劇の確立者。父の破産で暗い少年期を送る。祖国に失望し、三十代から海外で活動。当初、ロマン主義的作風だったが、やがてストリンドベリらと共に家庭劇、社会劇を発表、『人形の家』（一八七九）は婦人解放思想とともに、全世界に影響を与えた。日本の平塚らいてうの『青鞜』もその影響を受けている。その後、『民衆の敵』（八二）を書き、真理と正義のために孤高の闘いを続けた自由思想家だった。しかし八四年の『野鴨』ではある種の諦観的な態度を示すようになった。

汪精衛（汪兆銘）（一八八四―一九四四）　広東番禺の人、一九〇一年秀才、〇三年日本留学中に同盟会に加入。孫文と共に南洋で活動。一〇年摂政載灃（光緒帝の異母弟、溥儀の父）爆殺を企て失敗、終身監禁。一一年革命後に出獄、南北妥協を図る。第二革命失敗後、フランスへ。一七年帰国、広東政府に参加、二一年広東教育会会長、二四年国民党左派重鎮として国共合作を推進、二五年の孫文死後も容共政策を採った。二六年中山艦事件で右派蔣介石と対立し下野、外遊。二七年北伐で帰国、武漢政府を主宰。七月共産党と決別し蔣介石南京政府に合流。のち外遊。二九年帰国、反蔣介石運動に加わる。三一年満洲事変後、南京・広東両政府が合体、行政院長として蔣介石と組む。三七年日中戦争後も対日妥協を主張、三八年重慶を脱出、ハノイへ、四〇年日本の傀儡の南京政府を樹立。四四年名古屋大病院で病死。

王寵恵（一八八一―一九五八）　広東東莞の人、香港生まれ、幼時パウロ学院で英文を学ぶ。一八九五年北洋大学入学、卒業後、上海南洋公学で教師。〇一年日本留学、秦力山らと『国民報』を創刊、のち欧米留学、イェール大学法学博士、イギリス弁護士資格を取得。〇五年同盟会加入、一一年辛亥革命時に上海で陳其美の顧問に。一二月南北和議の伍廷芳の参賛、孫文と親しくなる。一二年南京臨時政府外交総長、司法総長に。辞職後、一三年復旦大学の副校長などを歴任。二〇年北京政府大理院院長、二一年全権代表の一人としてワシントン会議出席。帰国後、二二年国務院総理に。「好人政府」を組織、のち辞職。二三年ハーグ国際司法裁判所判事、司法総長など要職を歴任、三七年外交部長、四五年国連設立会議代表、四六年制憲国民大会に出席、司法院長に。四九年香港へ、五八年台湾で死去。

王陽明（王守仁）（一四七二―一五二八）明代の思想家、浙江余姚の人、豪邁不羈、霊性豊かな人で、青年期に任侠、騎射、詩文、道教、仏教に惑溺（五溺）したが、二十八歳で進士。宋学の形骸化した姿を見て補強する必要を感じた。左遷された貴州の地の岩穴で静坐思索、一五〇八年「聖人の道は吾が性、自ら足る」と、陽明学の原理（心即理）を悟った（龍場の大悟）。翌年「知行合一」を唱えた。これらは後年の「天理を存して人欲を去る」、「立誠」、究極の宗旨といわれる「致良知」（人間万物に内在する良知の自然発揚を致すこと）とともに陽明学の根幹をなした。中央政界に復帰後、地方を「十家牌法」の郷約で治め、各地叛乱を鎮圧、兵部尚書まで昇った。

か行

顔恵慶（一八七七―一九五〇）外交官、上海生まれ、聖公会牧師の子。同文館卒後、九五年に渡米。バージニア州聖公会中学、バージニア大学卒、九九年帰国。『南方報』英文編集、『英華大辞典』編集者、留学進士（訳科）、上海セント・ジョン大学で教師。〇七年伍廷芳と共に米墨に出使、G・ワシントン大学で国際法を学ぶ。〇九年帰国、外務部勤務。辛亥後、袁政権下で外務部左丞、一二年次長、一三年ドイツ公使などを歴任。一九年パリ講和代表団顧問、二〇年外交総長、二一年ドイツと国交を回復。二六年にかけて四度国務院総理で組閣。二六年六月辞職後、天津に閑居。満洲事変後に出馬、対日特殊委員、アメリカ公使に。三三年ソ連大使（後任は蔣廷黻）、三六年帰国、三八年抗日戦中は日本に協力せず、四七年国民政府委員、国共和平交渉に従事、四九年以後上海に止まり、五〇年病逝。

高一涵（一八八四—一九六八）　安徽六安の人。政治学者。十三、四歳で秀才合格、安慶高等学堂卒、陳独秀・胡適と同郷、一九一一年明治大学政治学科に入学、章士釗と知り合う。一六年帰国、北京大学編訳委員、政法専門学校教授、李大釗と『晨報』を発行、章士釗の『甲寅日報』社論執筆者になり、一八年『毎週評論』編集に参加、また北京大学教授を担任。一九年『新青年』輪番編集者、二〇年新青年社参加、二二年胡適の『努力週報』に加わる。二五年胡適らの『現代評論』メンバー、国民党入党、二六年李大釗の紹介で共産党入党。二七年北伐軍総政治部編訳主任、武昌中山大学教授、四・一二クーデタ以後共産党を離れ、上海へ、法政大学教授、胡適校長の中国公学大学社会科学院院長。三一—四九年国民政府監察院観察委員など官界に、四六年制憲国民大会代表。四九年には南京にいた。以後、南京大学教授、五〇年中国民主同盟加入、中央委員、五二年離職。以後の消息は不明、文革中の六八年に北京で死去。著書に『欧州政治思想史』、『政治学綱要』。

厳復（一八五四—一九二一）　福建侯官の人、福州船政学堂一期生。一八七七年イギリス留学、グリニッジ海軍大学でイギリス社会を見、政治学説を研究。七九年帰国、天津水師学堂総教習を二〇年。日清戦争後に新学、改良を提唱、ハクスリーの『進化と倫理』（一八九四）を翻訳、『天演論』（天演は進化）として出版した（一八九八）。『進化と倫理』は哲学史上における倫理説と進化論との関係を究明し、自然科学的存在と人間的価値との対決を論じたものだが、彼は「自強保種の事」を詳しく論じ、「物競天擇（自然淘汰）、適者生存」の「天演（進化）」の法則に順応して変法維新できるか、亡国滅種に至るかと清国の危機と重ねたため、若い知識人に巨大な影響を与えた。翻訳標準として「信、達、雅」を言い、「雅」な古典語訳は難解な文章だった。辛亥革命後は政治的には皇帝復辟、尊孔読経の保守的立場をとった。

顧維鈞（一八八八—一九八五）　江蘇嘉定の人、キリスト教の上海英華学院等で英語を学び、上海セント・ジョン大学卒、一九〇五年アメリカへ、コロンビア大入学、一二年国際法・外交博士学位を得て帰国、袁世凱の英文秘書を経て外交部へ。一五年以後、駐米、駐英公使、パリ講和会議とワシントン会議の全権を経て、二二年直隷派の下で外交総長。二四年カラハンと中ソ協定に調印し国交を回復、帝政ロシア以来の不平等条約を撤廃した。二六年以後一時組閣、二八年国民革命軍の北京占領で逮捕令が出され、フランス・カナダに逃げ、二九年満洲の張作霖の下に戻る。三〇年逮捕令が取消され、国民政府外交部長に。リットン調査団で活躍。その後駐仏駐英大使、四六年駐米大使、五一年サンフランシスコ講和代表。六七年引退。

顧炎武（一六一三―八二） 江蘇崑山の人、号は亭林。明滅亡後、反清活動に参加、清朝成立後は明の遺臣として読書著述に専念した。観念論化した当時の学問のための学問ではなく、学問を実際に役立つ経世致用の学、国家の治乱の源を明らかにし、「人民の根本の計」を建てる、実証と致用を重視した学風を立てた。考証学正統派の祖。陽明学を排し、程朱の学（朱子学）を擁護した。経学研究は正しく読み、広く証拠を集めて事実を判断し確定しなければならないとした。胡適は中国における「科学」の芽生えの一つであったと評価した。地理学や社会経済については書物上の研究だけでなく、実地調査が必要だとした。各地を旅行して研究した成果が『天下郡国利病書』である。

呉晗《ごがん》（一九〇九―六九） 浙江義烏の人、金華中学卒後、二七年杭州の之江大学予科、二九年胡適の中国公学大学部に入学、三〇年北京大は胡適には認められたが数学不振で不合格、清華大学史学科二年次に入学、主任は蒋廷黻。三四年卒業後、清華大に助教で残り明史を担当。三七年雲南大学教授、四〇年西南聯合大学教授。四三年民主同盟に加入、四五年聞一多と『時代評論』を創刊。四六年清華大学教授、四八年妻と解放区へ脱出。四九年北京大・清華大の接収に従事、清華大学文学院長、歴史系主任、北京副市長に。諸職を経て、五七年民盟員のまま共産党入党、民盟副主席。反右派闘争では羅隆基等を批判した。六一年戯曲『海瑞免官』を発表、六五年姚文元、毛沢東から集団化反対、彭徳懐擁護の影射と批判され、副市長を解任され、文革の端緒になった。文革中迫害を受けて獄中で死去、妻も獄死した。

さ行

蔡元培（**孑民**《けつみん》）（一八六八―一九四〇） 浙江紹興の人。一八九〇年の進士、翰林院。九八年帰郷。〇一年上海で南洋公学教員、愛国女学校校長、中国教育界会長。〇二年旅日、帰国後、愛国学社設立、民権を提唱、革命を唱える。〇四年冬上海で光復会設立、会長に。〇五年中国同盟会加入。ライプチヒ大学で哲学、文学、美学を研究、一二年辛亥革命後帰国、臨時政府の教育総長。同年辞職、ドイツ・フランスへ（留法勤工倹学組織を作る）。一六年帰国、北京大学校長に。陳独秀を文科学長に、胡適、章士釗を教授に招き、新文化運動を推進した。その後、数度旅欧、留学、国民革命後の国民政府の要職を歴任した。中央研究院初代院長。四〇年香港で死去。

ジェームズ、ウィリアム（一八四二―一九〇七）　アメリカの心理学・哲学・宗教学者。ハーバード大学卒業後、ドイツで心理学を研究。一八九〇年『心理学原理』を出版、「意識の流れ」、感情論で注目され、アメリカ心理学の基礎を築いた。次第に哲学に重心を移し、イギリス経験論、新カント派のパースの影響を受け、認識の真理性は実践における効果によって決定されるとしたプラグマチズムを主張した。パース、ジェームズ、デューイがプラグマチズムの三羽烏と言われるが、それぞれ少し違いがある。また、真理の実在は意識と意識対象が分離する以前の不断に流動する意識の流れ＝純粋経験であるとする根本的経験論を主張した。西田幾多郎の初期の仕事はこの影響を受けている。著に『宗教的経験の諸相』。

朱熹（朱子）（一一三〇―一二〇〇）　南宋の学者、福建生まれ。十九歳で進士。しかし七十歳で官を辞すまで名目的な官に止まり、各地で講学。周敦頤、程顥、程頤らの学説を中心に総合をはかり、儒学における思弁的哲学と実践倫理の一大体系（朱子学・宋学）を作り上げた。「道」を重んじ、存在論としての「理気」論、性即理の倫理学を強調した。また君臣・父子など上下関係を「理」とし、節義、名分を強調した。学問的方法として「科学」的な「格物致知」（物に知を致し理をきわめる学）を主唱した。しかし、その後朱子学は科挙の科目として採用され、後世の中国の知のあり様を大きく規定した。

周作人（一八八五―一九六八）　作家、翻訳家、学者。魯迅の弟。浙江紹興の人、一九〇六年日本留学、立教大学へ。一一年革命時に帰国、教育職に。一七年北京大学教授。『新青年』に寄稿、二〇年新青年社に参加。日中戦争、北京大学は疎開して内陸に遷り西南聯合大学になったが、日本軍支配下の北京に止まり、教授、文学院院長、教育総署督弁に。戦後漢奸の咎で懲役刑、四九年出獄、翻訳に従事、一九六八年文革で死去。

徐志摩（一八九六―一九三一）　浙江海寧の人、詩人、一九一五年杭州中学卒後、北京大学予科入学、一六年北京大法科に再入学。一八年アメリカ留学、クラーク大学で銀行学を学び、一九年卒後にコロンビアで政治学修士、イギリスに渡りケンブリッジでB・ラッセルに学ぶ。イギリス十九世紀ロマン主義文学、西洋文学に親しみ、詩作を開始。二二年帰国、二三年胡適らと新月社を作る。二四年北京大学教授、胡適らと『現代評論』を創刊。二七年初め南下し、光華大学、南京中央大学で法学教授。帰国した胡適らと新月書店を作り雑誌『新月』を発行。第一詩集『自剖』出版。三〇年末、胡適の求めで北京大に戻る。三一年『詩刊』刊行、同年、飛行機事故で死去。詩集『志摩的詩』、『落葉』など多数。

蔣介石（一八八七―一九七五）　浙江奉化の人。保定軍官学校に入学後、一九〇七年日本留学、同盟会加入。一〇年孫文と知り合う。一一年帰国し上海で陳其美と革命に従事。一四年中華革命党加入、二三年広東政府大本営参謀長に、八月ソ連の軍事を視察。国共合作下、二四年黄埔軍官学校校長になり、二六年北伐軍総司令として国民革命軍を率いる。二七年、四・一二クーデタ後、南京に国民政府を樹立。北伐完成後は最高権力者の地位を保持したが、日中戦争中は重慶に移り、戦争を国際戦争に引きずり込むことに腐心し、日米戦争でそれを果たした。それで中国は世界五大国の一になった。戦後の国共内戦で敗れ、台湾に逃れた。七五年のその死まで総統職にあった。

蔣廷黻（一八九五―一九六五）　湖南邵陽の人、キリスト教会系益智中学卒後、一一年アメリカ留学、パーク・アカデミーで半労半読の生活を送り、オバーリン・カレッジで学ぶ。大戦後、一九年コロンビア大大学院。この間、パリ講和会議、ワシントン会議を手伝い実見。二三年イギリス帝国主義と労働党のテーマで博士取得、帰国し南開大学教授に。継いで、二九年に清華大学教授歴史系主任、呉晗・陳寅恪は同僚。史料集『近代中国外交史資料輯要』上・中で成果を上げる。三一年満洲事変後、胡適らと『独立評論』を創刊、論説を発表。「革命と専制」で「民主と独裁」論争に火をつけた。三四年訪ソ以後、官界に入り、三五年顔恵慶を継いでソ連大使に。三八年帰国、重慶国民政府で政務処長など、四四年連合国（国連）善後救済の総署担当、四七年中華民国国連代表、以後、六二年まで代表としてニューヨーク勤務、五四年中央研究院院士。六二年駐

米大使。六五年退職後、病死。著書に『中国近代史』（邦訳有）。

蔣夢麟（一八八六―一九六四）浙江余姚の人、カトリック学校、浙江高等学堂、南洋公学で学び、〇四年秀才。〇八年アメリカ留学、カリフォルニア大卒後、コロンビアでデューイの下で教育学を学ぶ。一七年学位取得、帰国。商務印書館編集、『新教育月刊』を発行し新教育思潮の普及に努め、江蘇省教育会理事。一九年五四運動と蔡元培校長離校、陳独秀逮捕に揺れる北京大学の代理校長として校務を治めた。二〇年北京大学教授。二一年ワシントン会議に代表で出席。二三年北京大代理校長、二七年浙江大学校長、二八年蔡元培の後を継いで国民政府大学院（後の中央研究院）の院長。三〇年北京大学校長、三七年西南聯合大学の校務担当を務めた。四五年行政院秘書長、要職を経て、四九年広州、台湾へ。六四年病死。文学芸術、史学経学、文字訓詁に造詣が深く、『孟隣文存』、『西湖』（英文）がある。

沈尹黙（一八八三―一九七一）詩人書法家、教育家。原籍浙江呉興県。幼時より古書に親しむ。嘉興師範卒後、〇五年兄弟の沈士遠（一八八〇―一九五〇、章炳麟の弟子、北京大学教授、国民政府司法委員、五〇年北京故宮編纂委員）、沈兼士（一八八六―一九四七、北京大学教授、文学院長、故宮文献館長、抗戦中は重慶、四六年輔仁大学）と共に、日本留学、〇六年帰国、杭州で教員。〇九年杭州陸軍小学で教師をしていた陳独秀と知り合う。書法家の独秀に書を批判されたのを機に書法を研究し大家に。一三年章炳麟の弟子の触込みで北京大学予科教授に就任、一八年陳独秀・胡適らの『新青年』編集に加わる。陳独秀辞職をめぐって胡適と仲違いし、以後も不仲に。二八年北京大辞職、河北教育庁長。三一年北平大学校長、三二年辞職、上海へ。抗戦期は重慶で監察院委員、四五年辞職、上海で書法家生活。四九年中央文史館副館長。文革中、所蔵古書・古帖を焼毀された。七一年病死。

スチュアート、ジョン（司徒雷登）（一八七六―一九六二）中国生まれのアメリカ人宣教師、教育家、外交官。杭州に宣教師の子として生まれる。一八八七年にアメリカに帰り学校に。バージニアのハルデン・シドニー学院、長老会の協和神学院で文学士、神学士を得て、〇四年牧師になる。妻と共に中国に戻り、布教をはじめ、本格的に漢語を学習。〇七年杭州育英書院の設立に協力、〇八年金陵神学院で教師。一一年辛亥革命時はアメリカ通信社の南京特約記者。一九年燕京大学校長（のち校務長）。四一年太平洋戦争開始とともに、日本軍に囚われ集中営に。戦後自由になり、四六年アメリカ駐華大使に。国共調停に尽力したが不成功。四九年南京を離れ帰国。六二年ワシントンで死去。死後に燕京大学（北京西郊の現北京大学敷地）に葬られることを望んだが、二〇〇八年、杭州半山安賢園に遺骨が葬られた。

銭玄同（一八八七―一九三九）　浙江呉興の人、〇六年赴日、早稲田大学文学部入学、〇七年同盟会加入。帰国後、浙江省で中学教員、一一年革命後、浙江省教育司視学、一六年北京高師教授、一五年兼任北京大中文系教授。一八年『新青年』を編集、一九年国語統一準備会で注音符号、簡体字を研究。二三年以後、北京師範大学教授。二九年『国音常音字彙』編纂。三七年病気のため北平に留まる。三九年死去。

銭端升（一九〇〇―一九〇）　上海人、南洋中学から、一七年清華大学予備班へ、一九年夏アメリカ留学。ノース・ダコタ大学卒後、ハーバード大学院へ、二二年政治学博士取得、帰国。清華大学、北京大学で教え、二七年南京中央大学法学院政治学副教授。二八年国民政府教育部処長、清華・北京大で教師、三〇年代に『独立評論』に寄稿、「民主と独裁」論争に参加。三四年天津『益世報』主筆、抗日戦中は西南聯合大学教授。国民参政会参政員、憲政運動で活動、前後四回訪米。四八年中央研究院院士。四九年ハーバードから大陸に帰国、北京大教授に。五二年、北京・清華・燕京・輔仁各大学の法学政治学部門を集めて造った北京政法学院の院長に。外交や憲法起草で活躍したが、五七年反右派闘争で「右派」とされ、公的活動を禁止され、以後二二年間自宅で蟄居。文革期は不遇、七九年に名誉回復。九〇年逝去。

宋子文（一八九四―一九七一）　上海生まれ、宋家三姉妹の弟、上海セント・ジョン大学卒、アメリカ留学、一三年の国際学生連盟イサカ大会で胡適と知り合う。一五年ハーバード大で修士、コロンビア大で経済学博士、一七年帰国、実業活動に。一時、二三年孫文の英文秘書に。中央銀行の要職を歴任し、二五年広東政府の財政部長に。二六年国民党中執委員、国民党常務委員、二七年国民党政治委員、主席団主席、武漢政府委員、二八年南京政府財政部長、その後副行政院長、中央銀行総裁など要職を歴任、四一年外交部長、四五年国連設立大会の首席代表、行政院長、ソ連の参戦と満洲進攻を前にスターリンと中ソ同盟条約交渉を担当、四七年行政院長を退く。広東省政府委員、省主席、四九年香港へ。その後ニューヨークに居住、サンフランシスコで死去。

孫逸仙（孫文）（一八六六―一九二五）広東香山の人、一八七八年移民した兄の居たハワイへ。ハワイ、香港で学ぶ。九二年香港西医学院卒業後、マカオ、広州で医者。九四年日清戦争時に李鴻章に上書、拒絶され、ハワイで「駆除韃虜、恢復中華」の興中会を結成。九五年広州で武装蜂起を計画、失敗、日本に亡命。〇五年東京で中国同盟会を結成、総理に。『民報』発刊。以後、多くの武装蜂起を中国南部で試みるも失敗、一一年武昌蜂起の後、アメリカから欧州を廻って帰国、南京臨時政府臨時大総統に就任（一二年一月）。二月の南北和議成立後、辞職。一三年反袁世凱の第二次革命を起こすも失敗、日本亡命。中華革命党結成。一五年から討袁活動、一七年広州に護法軍政府を建てて以来その後広州に二度軍政府を建てるが、失敗。二三年孫文・ヨッフェ宣言を発し、連ソ、容共、扶助工農の三大政策に転換、国民党を改組、国共合作で広東国民政府を拠点に革命を図った。二五年北京政府の求めで国事を論ずるため北上、北京で客死した。妻は宋慶齢。

た行

戴震（一七二三―七七）字は東原、安徽休寧の人。挙人、進士及第と同格の翰林院庶吉士を与えられる。文字訓詁学の研究に立脚して経書を解釈する考証学的方法論を以て古代聖賢の学・道を見極めんとした。『孟子字義疏証』は『孟子』から道、理、性、才、心、善などの語句の用例を集め、帰納的に意味を確定する「科学的」な考証を行い、宋明学者の解釈が原意と大きく隔たっていることを立証して、朱子学派に衝撃を与えた。『水経注』の経と注の混合を校訂して正し、地理考証を行った（胡適晩年の『水経注』研究は戴震のこの研究への誹謗を反批判したもの）。理を重視する朱子学に対して、気の哲学を言い、気質の性、気質固有の情欲を肯定し、都市庶民の生を肯定する立場から朱子学的な集権王朝体制を批判した、近代精神の萌芽と解された。弟子達を安徽学派といい、弟子の段玉裁が編んだ『戴東原集』がある。

段祺瑞（一八六五―一九三六）軍閥安徽派の中心人物、合肥

の人。一八八九年天津武備学堂砲科卒、ドイツに留学、九〇年帰国、袁世凱の新建陸軍（武衛右軍）に入る。江北提督、一一年辛亥革命に漢陽に出て前線総括、四十二将領連名で清帝退位を要求。一二—一五年陸軍総長。袁の帝政に反対し辞任。第三革命で復帰、内閣を組織。一七年張勲復辟を撃退し、再組閣。日本の西原借款を受けて中国統一を図るが、二〇年安直戦争で敗北、去職。二四年張作霖に推されて臨時執政に。二五年に善後会議を招集（孫文が北上し死去）。二六年反帝の学生運動を弾圧し三・一八惨案を起こした。同年、下野隠退した。

張慰慈（一八九〇—一九七六）　江蘇呉江の人、上海澄衷学堂で胡適と同学、胡適の留学生試験合格に刺激されて、二年後にアメリカ留学。五年後アイダホ大学で博士学位を得て、一九一七年胡適とともに帰国、北京大学で教師。北京大の最も早い政治学教授で、中国政治学研究の開拓者といわれる。五四運動、新文化運動に加わった『努力週報』の主要寄稿者の一人。都市制度、国際政治、婦人問題が専門。『英国選挙制度史』『市政制度』等の著書、他に法政大、東呉大などで教えた。一九二八年胡適校長の中国公学の教授だった後、学問を棄て三一年財政部秘書、以後、鉄道関係の役人の職を経て、五五年上海文史館員に。文革で該館は十年閉鎖、その史資料檔案は破壊され、履歴その他は不明。七六年死去。

張君勱《ちょうくんばい》（一八八七—一九六九）　原名嘉森、江蘇宝山の人、一九〇二年秀才、〇三年拒露運動に参加、〇六年早稲田大学入学、〇七年梁啓超系の政聞社に加入、一〇年帰国、留学進士、授翰林院。一一年辛亥後、湯化龍、林長民らと民主党結成。一三年ベルリン大学留学、国際法・政治経済を学ぶ、一五年帰国、上海『時事新報』総編集、一七年北京大学教授。一八年梁啓超、丁文江らと欧州視察、ドイツに居住、カント唯心論に傾倒、オイケンらに師事、二二年帰国、「科学と人生観」論争の口火を切る。二四年国立政治大学院長、二九年ドイツへ、イエナ大学で教員。三一年張東蓀らと国家社会党結成。三七年抗日戦に参加、参政会委員などを歴任、四五年国連設立大会代表、四六年帰国、民主社会党を結成し主席。四九年マカオに逃れ、インドを経て、アメリカに。サンフランシスコ『世界日報』論説。同地で死去。

張東蓀《ちょうとうそん》（一八八七—一九七三）　浙江余姚の人、東京帝大に学ぶ。一一年辛亥革命時に帰国、孫文臨時大総統府の秘書。上海で新聞雑誌の主筆編輯、中国公学大学部教授を歴任、一九年北京へ。雑誌『改造』創刊、ギルド社会主義を唱える。二〇年梁啓超ら研究系と講学社を設立。二七年燕京大学教授、三二年張君勱らと国家社会党設立。三四年張君勱らと広州学海書院設立、院長。のち上海で光華大学教授、継いで燕京大学教授。抗日戦争中、日本軍に捕わるも釈放され著作に従事。戦後民主同盟に参加。四六年重慶政治協商会議で「中間の道」を主張、蔣介石独裁に反対。四九年中共と傅作儀との間を斡旋、北京の平和解放を実現させた。五二年三反運動・思想改造運動で米国に機密を漏洩した反革命分子として燕京大学で攻撃され、十数年監禁、文革が始まり獄中で死亡、家族も悲惨な運命をたどった。

陳独秀（一八七九―一九四二）　安徽懐寧の人、一八九六年秀才、〇一年以後五度日本に。〇三年拒露運動で安徽に愛国会を組織、〇四年『安徽俗話報』を汪孟鄒の蕪湖「科学図書社」から発行、革命運動に従事。〇七年東京へ、英語を学ぶ。一一年辛亥革命後、安徽軍政府で秘書長、第二革命で敗北、上海へ。ついで東京へ（仏語を学ぶ）、章士釗『甲寅』の編集で李大釗と知り合う。一五年上海に戻り亜東図書館の汪孟鄒を仲介に『青年雑誌』（のち『新青年』）を発行、新文化運動の先駆となる。一七年蔡元培の求めで北京大学文科学長に。文字学・訓詁学にも学識深く、胡適、銭玄同、李大釗らと「科学と民主」を掲げた新文化運動を推進した。一八年末『毎週評論』を李大釗と創刊。一九年休職中に五四運動でビラを撒いて逮捕され、三カ月獄中。釈放後、北京を離れ上海で『新青年』を編集、二〇年コミンテルンのヴォイチンスキーと接触、マルクス主義に傾倒、八月上海に共産党発起組を成立させた。北京その他の共産主義小組を集め、二一年中共成立大会が開かれ、欠席のまま総書記に就任。コミンテルン指導下で進められた国共合作（共産党員の国民党加入）に異議を唱えたが拒否され、二七年蔣介石の四・一二クーデタで、共産党員・労働者が弾圧された。蔣は南京政府を建て、武漢政府も共産党を排除、国共は分裂、革命は敗北した。陳は敗北の責任を取らされて総書記職を解任、その後除名された。それで、スターリンコミンテルン・中共中央に反対する左派反対派（トロツキー派）を結成したが、三二年国民党に逮捕され、八年の刑を受けた。三七年日中戦争の爆撃で釈放、抗日言論を発表するが、トロツキー派とも別れ、重慶で論文を発表、四二年貧苦の中に病死した。

丁文江（一八八七—一九三六）　字は在君、江蘇奉興の人、多才な人で、一九〇二年日本へ、〇八年イギリス留学、ケンブリッジ、グラスゴー大学で動物学、地質学を学ぶ。一一年帰国、留学進士。民国商工部地質科長、雲南、四川で地質調査。一六年地質調査所初代所長に、一八年欧州視察、パリ講和会外顧問（梁啓超と共に）。二二年地質学会会長、胡適と『努力週報』を発行、二八年地質調査所で西南部調査。三〇年北京大学教授。三二年胡適らと『独立評論』を創刊。三四年蔡元培の招きで中央研究院総幹事（その後任が楊杏仏）、三五年湖南で地質調査中にガス事故で死亡。胡適『丁文江伝』がある。

デューイ、ジョン（一八五九—一九五二）　アメリカの哲学・教育学者、一九〇四—三〇年コロンビア大学教授。ヘーゲル哲学から出発、W・ジェームズの影響を受けてプラグマティズムに進み、その後パースの考えを発展させ、観念（思考）は環境を変化させ問題を解決するための「道具」だとする道具主義を唱えた。アメリカ哲学界に決定的な影響を与えた。教育学者として児童教育を実践的に指導し、教育界にも大きな影響を与えた（陶行知、蔣夢麟の先生）。一九年中国を訪問し二年滞在、弟子の胡適が世話をした。市民的自由の擁護者としての社会活動でも影響を与えた。

陶孟和（一八八九—一九六〇）　陶履恭、天津人、厳修の家塾に入塾、〇六年に南開学校になった一期卒業生。〇六—一〇年東京高師留学、一〇年イギリスへ、ロンドン経済学院で社会学を学ぶ。一三年経済学博士、帰国後、北京高師、一四—二七年北京大学教授。『新青年』同人として陳独秀、胡適らと活動、のち文学院長。二六年義和団賠償金基金理事会の資金援助で社会調査部を設立（のち北平社会調査所）。三四年中央研究院と合併（社会研究所）し所長。三四—四一年北平、天津、江寧等の県市で社会調査、のち多くの県で調査。抗日戦中は後方で「抗戦損失調査」、無党派民主人士として国民参政会に。四八年中央研究院院士、四九年以後、政協全国委員、科学院副院長・図書館長。四九年以後、社会学は偽科学とされ、五七年の整風で右派に内定されたが、副院長だったため打撃は少なかった。費孝通は打撃を受けた。六〇年心臓病で急死。

は行

ハクスリー、トマス・ヘンリー→「厳復」を見よ

范縝《はんしん》（四五〇―五一五） 南斉、梁の思想家。当時盛んだった三世因果応報論＝現世の富貴貴賤は過去世の行為に原因するという説に反対し、運命は偶然だとした。この因果説の根拠を為している、主体の神（精神、霊魂）が不滅で続くから応報を受けるのだとする神不滅論を批判して、『神滅論』を著した。それは形と神を質と用の関係とする相即論で、形（肉体）が滅びたら、神（霊魂）も滅びるのだ、とした。これは仏教の社会的弊害（現世秩序無視）への痛罵で、仏教側に大きな衝撃を与えた。仏教側は、形（肉体）と神（霊魂）は一致しまた分離するだけで、神（霊魂）は不滅だとする離合論だった。論争は神滅不滅論争の頂点を為したが、不滅論が唯物論的とも言われる神滅論を圧倒してその後に至った。

聞一多《ぶんいった》（一八九九―一九四六） 詩人・文学者、湖北浠水の人、一三年清華学校入学の後、編輯や演劇活動、五四運動に参加、二二年清華学校卒業後、アメリカ留学、シカゴで美術を学ぶ。二五年帰国、北京芸術専科学校教員、二六年徐志摩編『晨報』副刊詩紙を編集、二七年北伐軍総政治部で美術担当、武漢政府に参加、中央大学教授。大学教授として唐詩を研究。二八年胡適、梁実秋らと『新月』を創刊、非政治的姿勢で欧化詩を制作、西洋文学の紹介に努めた。三〇年魯迅の『新月』批判を受ける。三六年から日中戦争中、西南聯合大学で教鞭。四四年民主同盟に加入、『民主週刊』社社長。四六年李公樸暗殺の記者会見が終わった後、帰宅途中、昆明で特務に暗殺された。

ま行

毛沢東（一八九三―一九七六） 字は潤之、湖南湘潭の人、中共指導者。長沙第一師範に入り、五四期に活動、一時李大釗下の北京大図書館の職員になり、胡適にも会った。二一年中共一全大会に湖南代表として出席、総書記陳独秀の影響を受けた。二三年中央委員、国共合作期に中央農民運動講習所所長、二七年国民革命で「湖南農民運動視察報告」に見られる農民運動に注目、国共分裂後、湖南で蜂起、井崗山根拠地（江西ソビエト）を作り、紅軍を組織、国民党軍と戦う。三四年包囲を逃れ西遷、三五年遵義会議で中共指導権を掌握、陝西

北部（延安）に達し根拠地を建設、三六年西安事変後の抗日統一戦線（第二次国共合作）を成立させた。日中戦争中の四二年に整風運動を起こし中共の絶対的権力を掌握し、戦後、国共内戦で蔣介石に勝利、四九年政治協商会議共同綱領で人民共和国中央政府主席に。五三年過渡期総路線で社会主義化、農業集団化を強行。五八年人民公社化の大躍進政策を進め失敗、人災で四千万人の不自然死者を生んだ。六〇年主席を辞任、しかし国家主席劉少奇の調整政策に対抗して階級闘争イデオロギーを強調、権力奪回を図り、六六年文化大革命を発動した。毛・林彪体制を作ったが、林は失脚、七六年その死によって文革は終わった。数百万の死者を出した文革は大きな傷痕を残していて、その歴史的評価はまだ定まらない。

や行

兪平伯（一九〇〇―九〇）　蘇州生まれ、清末の学者兪樾は曽祖父。家学を学んだ後、一一年上海で英文・数学を学ぶ。一五年北京大学入学、一八年文学革命に参加、傅斯年等と『新潮』社を作る。胡適の指導下で『紅楼夢』史料調査に従事。一九年卒業の後、杭州の師範で教員。二二年アメリカ視察、朱自清らと『詩』月刊を創刊、二三年に『紅楼夢辨』を出版、始めの八〇回は曹雪芹の作、後の四〇回は高鶚の執筆だと考証した。燕京大、北京大の教員を経て、二八年清華大学講師、日中戦争中は在京。四五年北京大教授、四七年九三学社に加入、五二年に前著を改訂した『紅楼夢研究』を出版。これと五三年の「紅楼夢簡論」が『紅楼夢研究』批判の対象になった。彼は「反動的胡適思想と一線を画す」と書いて批判を通過、文学研究所に移り、昆曲を研究。文革では六九年に五七幹部学校に下放。のち北京に戻り、九〇年死去。

楊銓（楊杏仏）（一八九三―一九三三）　江西玉山の人、上海の中国公学に入る（胡適が先生）。一一年唐山路鉱学堂入学、同盟会に加入。武昌蜂起後、革命運動に参加。一二年南京臨時政府総統府に勤務。一一月アメリカ留学、コーネル大で工学を学ぶ、趙元任と『科学』雑誌創刊。ハーバード大大学院で経営、経済、統計学を学び、一八年帰国、漢陽鉄廠勤務、二〇年南京高師教授。二二年趙元任らと中国科学社設立、『科学』を発刊。二四年広州で孫文秘書。二五年孫文と共に北上、葬儀幹事を務める。五・三〇事件以後、中国済難会発足に関わる。二六年国民党上海党部執行委員、二七年四・一二クーデタ後、党部を辞し、大学院（蔡元培院長）の主任、中央研究院に改組され行政主任に。二八年中央研究院総幹事、三一年国民政府財政委員、三二年中国民権保障同盟準備会総幹事、三三年暗殺される。『ガリレオ伝』、『楊杏仏文存』。

ら　行

雷震（一八九七—一九七九）　浙江長興の人、一九一六年赴日、一高、八高、京都帝大卒、大学院で憲法を学ぶ。二七年帰国後、国民政府法制局、中央大学法学院教授。三一年以後、『中国新論』雑誌発行。三八年国民参政会に参画。戦後、国民大会準備委、制憲国民大会に出席。四七年国民政府、行政院政務委員。四九年台湾へ。八月香港で『香港時報』創刊、一一月胡適らと『自由中国』創刊。五〇年総統府国策顧問（～五四年）、五四年党籍剥奪。六〇年初、李万居と反対党中国民主党を計画、常委委員・発言人に。九月捕らわれ、十年の判決。六九年九月出獄、以後文筆活動に従事、七九年台北で死去。

羅文幹（一八八八—一九四一）　広東番禺の人、一九〇四年イギリス留学、オックスフォードで法律学修士、〇九年帰国、広東裁判所所長、帰国進士。一二年広東の検察長官、一三年北京政府検察長、一五年一一月帝政問題で辞任。一九年司法視察で欧州へ。イギリスで大弁護士資格取得、帰国後、北京大学教授。二一年ワシントン会議代表団顧問、司法部次長、二二年兼任大理院院長。二二年王寵恵内閣財政部長、一一月贈賄容疑で逮捕されるが、二四年に無罪。二九年中東鉄道事件で調査に従事。三一年国民政府司法行政部部長、兼外交部長。日中戦争勃発後、三八年国防参議員、西南聯合大学教授を務める。四一年広東で病没。

羅隆基（一八九六—一九六五）　政治学者、江西安福の人、一三年清華学校入学、二一年渡米、ウィスコンシン大学卒、コロンビア大で政治学博士、ロンドン経済学院でH・ラスキに学ぶ。二八年帰国、光華大学教授、胡適らと『新月』発行、国民党批判で逮捕され、のち中国公学教授。三一年張君勱らと再生社（のち中国国家社会党）を組織、『再生』発行、満洲事変後、招きを受け天津に、『益世報』主筆として抗日の筆を振う。兼南開大学教授。三七年日本軍の天津占領で停刊。抗戦後、後方へ、四一年民主同盟結成に参加、戦後国家社会党を張東蓀と共に退出、四九年後、民盟副主席、森林工業部長。五七年三反五反・反革命粛清運動中の誤りを正す「平反委員会」を提唱し、章伯鈞、儲安平と共に毛沢東の怒りを買い、「右派分子」にされ、全職解任。六五年心臓病で死去。『人権論集』、『政治論文集』がある。

李大釗（一八八九—一九二七）　字は守常、河北楽亭の人、〇七年天津政法専門学校入学、『言治』雑誌編集、一三年日本留学、早稲田大学政治学科で学ぶ。一四年章士釗『甲寅』で陳独秀と知り合う。一五年二十一か条反対運動を主動。一六年帰国、『晨鐘報』編輯、一七年章士釗の『甲寅日刊』編輯、一八年章士釗の推薦で北京大図書館主任に。『新青年』編集に参加、年末に陳独秀と『毎週評論』創刊。中国少年学会『中国少年』編集長。二〇年北京大学教授、いち早くマルクス主義を受容、北京共産主義小組を作る。二一年中共一全大会に未出席だが、陳独秀と並んで中共創始者の一人とされる。二二年八月中共党員のまま国民党に加入。二四年国共合作下の国民党一全大会主席団の一人（中執委員）、帰京後、北方中共組織の中心に。二六年以後地下活動、拠点を北京ソ連大使館脇の旧ロシア兵営内に置いた。二七年張作霖下の軍隊によってソ連大使館で捕らわれ、銃殺された。『李大釗全集』、メイスナーの研究書がある。

梁啓超（一八七三—一九二九）　清末民国期の思想家、号は任公、自称飲冰室主人、広東新会の人。康有為の弟子、変法運動で活躍、『時務報』主筆として健筆を振い近代ジャーナリズムの先駆になった。九八年戊戌政変で日本に亡命。保皇会を組織、『新民叢報』を発行、立憲君主制を主張し同盟会の『民報』と論戦を繰り広げた。『文明論之概略』の影響を受けた「新民論」などを発表、青年に大きな影響を与えた。毛沢東が湖南で所属した「新民学会」もその一つ。辛亥後の一二年に帰国、進歩党を作り、理事に。一三年袁世凱下の熊希齢内閣の司法総長。その後政府を離れ、一五年天津に閑居。一六年袁の帝政に反対して弟子の蔡鍔と協同して護国軍、第三革命に参加、一七年上海に戻り、段祺瑞内閣の財政総長に。数カ月で辞任、天津に閑居、一八年パリ講和会外顧問として張君勱らと旅欧、『欧遊心影録』を書く。二〇年張君勱らと共学社を作り『改造』発行。二五年清華大学研究院導師、北京図書館館長を務め、二七年天津に隠居。二九年病逝。

梁漱溟（一八九三―一九八八）　広西桂林の人、北京順天中学卒、同盟会員。辛亥革命後、仏学を潜心研究、一八年北京大学哲学系教授。五四期に『新青年』派と対立。二一年新儒教的発想による『東西文化および其の哲学』を発表、東西文化論争の契機になった。二四年離職、山東で郷村建設に従事、河南に村治学院を建てる。『村治月刊』主編、郷村建設派の代表的な人物の一人になる。反共産主義で階級否定論者、抗日戦中は民主派（民主同盟）。四六年重慶政治協商会議に出席、郷村建設運動を継続、四九年以後、全国政協委員、五一年毛沢東に批判され、五三年「過渡期総路線」の農業集団化に反対し、毛沢東から罵倒され、毛は梁思想の粛清を命じた。八八年北京で病没。

黎元洪（一八六六―一九二八）　軍人・政治家、湖北人、天津水師学堂卒後、ドイツ留学、鎮遠の砲術長、広甲艦長、日清戦争で乗船が沈没、漂流、救助され、のち陸軍へ。張之洞の下に赴き、新軍を作る。二一混成旅団長に。この時、一一年の武昌蜂起に遭遇、革命側に担がれて湖北軍政府都督に就任。ついで南京臨時政府で孫文の副総統。辞任後、袁世凱下では進歩党に。第二革命後、袁世凱の副総統、帝政問題で辞任。第三革命、袁世凱の死後、大総統になり、国務院総理段祺瑞と対立した。一七年張勲の復辟で辞任。二二年直隷派に推されて大総統に。翌二三年に曹錕に追放され、天津に隠居した。

胡適と中国および世界の情勢関連年表（一八九一―一九六二）

西暦	歳	胡適年譜	中国・世界情勢関連年表
一八九一年	0	一二月　上海の東大門外の茶桟で清朝官員の父胡傳と三番目の妻馮順弟の間の一人子として出生。名は胡洪騂。	五―六月　長江流域各地で反キリスト教暴動相継ぐ。
一八九三年	2	二月　母と共に父の任地の台湾・台南へ、のち台東に居。	
一八九四年	3	父から漢字を教えられる。	八月　日清戦争勃発。
一八九五年	4	二月　日清戦争の台湾への影響で、母と共に上海に戻る。 三月　祖籍の安徽省績渓県上庄に戻る。四叔が教える家塾で読書を始める。 八月　父胡傳、中国人引揚げ業務の過労で厦門で病死。	三月　日本軍、澎湖列島攻撃。 四月　日清講和（下関）条約締結。日本、台湾を清朝官員から受領。台湾で割譲反対の運動起きる（台湾民主国宣言）。
一八九八年	7		六―九月　康有為・梁啓超らの戊戌変法、西太后の政変で失敗、日本へ亡命。
一八九九年	8	『水滸伝』等の古典小説、弾詞等を読み始める。	
一九〇〇年	9		五月～　義和団事変、八か国連合軍北京占領（八月）。
一九〇一年	10	『綱鑑易知録』『資治通鑑』を読む。その中の范縝「神滅論」の影響を受ける。	九月　北京議定書締結。義和団賠償金四億五千万両を各国に三九年年賦支払、ロシア軍は満洲占領を継続。
一九〇四年	13	一月　母が旌徳県江村の江冬秀との結婚を決める。 二月　兄に随いて上海へ。梅渓学童に入学。梁啓超「新民論」、鄒容『革命軍』を読む。	二月　日露戦争始まる。 三月　陳独秀、安徽省蕪湖で『安徽俗話報』を汪孟鄒の「科学図書社」から発行し始める。

一九〇五年	14	春　澄衷学堂に入る。厳復訳の『天演論』、『群己権界論』を読む。「適者生存」の影響で、ペンネームに「適」を使うようになる。	八月　東京で中国同盟会成立、総理孫文。 九月　日露講和（ポーツマス）条約締結。
一九〇六年	15	夏　中国公学に入学。競業学会に入り、『競業旬報』に小説詩歌等の文章を書く。	
一九〇七年	16	七月『競業旬報』の主編。 九月　中国公学を離れ、中国新公学に入る。低クラスの英語教員を兼任。	
一九〇八年	17		九月　欽定憲法大綱公布。 一一月　西太后、光緒帝相継いで死去、宣統帝溥儀、即位。
一九〇九年	18	一〇月　中国新公学解散。華童公学の国文教師に。	
一九一〇年	19	七月　義和団賠償金アメリカ留学生第二回試験を受験。胡適名を使用（以後この名を使用）、第五十五位で合格。 八・一六　上海を出航。 九月　コーネル大学に入学。農学を専攻。	
一九一一年	20		一〇月　武昌で革命軍蜂起、辛亥革命始まる。
一九一二年	21	九月　農学院から文学院に転入。哲学、経済学、文学を専攻。「政治研究会」を組織、隔週に討論会を開く。学生運動に参加。	一月　孫文、南京で「中華民国」臨時大総統に就任。南京臨時政府成立。 二月　宣統帝溥儀退位、清朝滅亡。孫文辞任し袁世凱臨時大総統に就任。アメリカ大統領選挙。
一九一三年	22	五月　コーネル大学「世界学生会」会長。	三月　ウィルソン、米大統領に就任（〜二一年）。 七月　討袁第二革命始まる（〜八月）、敗北。
一九一四年	23	春　中国人アメリカ留学生会評議員に選出される。 六月　任鴻雋、趙元任、楊銓らと「中国科学社」を組織。 六・一七　コーネル大卒業、大学院進学。 九月　アメリカ留学生会の幹事。	五月　章士釗、東京で雑誌『甲寅』の発行を開始（七月、陳独秀を日本に呼んで編集の協力者にする）。 七月　第一次大戦始まる。オーストリア、セルビアに宣戦。

一九一四年	23	秋　『甲寅』に「非留学篇」と翻訳「伯林之囲」を投稿、陳独秀のいた編集が「非留学篇」の原稿を紛失。	八月　日本、対独宣戦、山東半島の青島を攻略占領（一一月）。
一九一五年	24	一月　コーネルで開催された「世界学生大会」の幹事長。 五月　留学生の反日の帰国運動に反対。 夏　梅光迪、任鴻雋、楊銓らと集まって中国文学改良問題について討論。 九月　コーネル大学からコロンビア大学に移り、デューイに師事する。 一〇月　『青年雑誌』発行世話人の「亜東図書館」（『甲寅』発行元）の汪孟鄒（陳独秀の友人、胡適と同郷の績渓県人）から雑誌創刊号を贈られ、陳独秀の投稿希望を伝えられる。	一月　日本、二十一か条要求を袁世凱に提出。 三月　中国で学生の二十一か条反対運動がおき、上海で国民対日同志会が結成される。 五月　留日学生五千名帰国、留米学生も同調。 五・九　中国政府二十一か条を受諾（国恥記念日に）。 九月　陳独秀、上海で『青年雑誌』（『新青年』）を創刊。 一二月　袁世凱、帝政を復活（翌年三月取消）、第三革命起る。
一九一六年	25	二月　梅光迪に手紙を送り文学改良問題を語る。 六月～　梅光迪、任鴻雋、楊銓と文学改良問題を討論。 八月　朱経農に手紙、新文学要点八事を述べ、翌二一日、陳独秀に「文学革命についての書簡」を書く。 一二月　陳独秀依頼の「文学改良芻議」を送る。白話詩を書き始める。	六月　袁世凱死去、黎元洪大総統に。臨時約法・旧国会復活、段祺瑞内閣。 一二月　ヨーロッパにいた蔡元培、北京大学校長に任命される。一月就任。
一九一七年	26	初め　蔡元培によって北京大学文科学長に聘かれた陳独秀の斡旋で、北京大学教授に就職内定。 五月　コロンビア大学の博士論文を書き上げ、最終口述試験を受ける（不通過、学位未授与、一九二七年実授）。 六月　バンクーバーより帰国（横浜で張勲復辟を知る、七月一〇日上海着）、績渓の実家に戻り、江村で江冬秀に会う。 九月　北京大学で勤務開始。初め高一涵と同居。 一二月　江冬秀と績渓県上庄で結婚。	一月　「文学改良芻議」『青年雑誌』二巻五号に発表。 二月　陳独秀「文学革命論」『青年雑誌』二巻六号に発表。 　ロシアで二月革命起こる。 七月　張勲に擁立され、宣統帝溥儀、復辟宣言。 八月　中国、ドイツ・オーストリアに宣戦し第一次大戦に参戦。 一一月　ロシア革命おこる。ソビエト政権樹立。

一九一八年	27	一月 『新青年』、同人刊行物に（陳独秀・胡適・李大釗・銭玄同・高一涵・沈尹黙ら）。 三月 英文部教授会主任、北京大評議員。 六月 妻の江冬秀、北京に。 一一・二三 天津で梁啓超に会う。同日母馮順弟、績渓で病死。葬儀のために帰郷。この間、陳独秀・李大釗ら『毎週評論』を創刊。	一月 ウィルソン、一四か条の平和原則発表。 四月 ロシア革命干渉のシベリア出兵始まる。 五月 魯迅「狂人日記」『新青年』に発表（近代白話小説の先駆）。 一一月 第一次大戦終る。
一九一九年	28	四・三〇 上海にデューイ夫妻を迎える。 五月 蔣夢麟と共に孫文に会う、「知難行易」学説を語り合う。月末に、デューイ夫妻を北京に。その後数多くのデューイの講演の通訳を務める（デューイは二一年離華）。 六月 陳独秀逮捕により、『毎週評論』編集を引き受ける（李大釗も北京脱出）。 八月 同紙に「問題と主義」について論文を掲載、藍志先、李大釗らとの論争に発展。 九月 北京大学教務長に就任（一一月退任）。 一一月 胡漢民、廖仲愷、朱執信らと「井田制」をめぐる論戦。北京工読互助団の発起に参与。	一月 パリ講和会議始まる。 三月 コミンテルン創立大会。 五・四 北京、学生三千余のデモ（五四運動始まる）。 五・九 蔡元培、北大校長を辞し北京を離れる（のち復職）。 六・三、四 北京学生街頭演説、逮捕者多数。 六・一一 陳独秀、高一涵・胡適らと政府批判のビラを撒き、遊技場「新世界」で逮捕される（収監は九・一六まで三カ月）。 六月 ベルサイユ講話条約調印（中国は調印せず）。 九月 陳独秀、文科学長を徹職、北京大辞職。
一九二〇年	29	年末 陳独秀の出獄（一九一九年九月）後の上海行（二月）とマルクス主義への傾斜により、『新青年』同人は次第に分離、陳独秀が一二月に広州に赴任（広東省教育委員長）するに伴い『新青年』との関係を稀薄化させる。	四月 コミンテルン派遣のヴォイチンスキー来華、北京で李大釗と、上海で陳独秀（五月）と会談。 八月 上海共産主義小組、北京共産主小組（一〇月）結成。『新青年』は上海小組の公開刊行物に。 一〇月 第二次カラハン宣言発表、B・ラッセル来華。
一九二一年	30	五月 丁文江、任鴻雋らと「努力会」を作る。 八月 「好政府主義」講演。 一一月 『胡適文存』第一集出版（亜東図書館刊）。	七月 中国共産党第一回大会。陳独秀を総書記に。 九月 陳独秀、広州から上海に戻り、中共総書記職務に。 一一月 ワシントン会議始まる。

一九二二年	31	五月『努力週報』第一号出版。 五・一四 蔡元培・王寵恵ら十六人と「われらの政治主張」を『努力週報』二号に発表。 五・一七 溥儀の電を受けて、故宮で会見、談話。	二月 中国に関する九カ国条約（ワシントン会議終る）。 八月 孫文・マーリン会談、共産党の李大釗、陳独秀ら、国民党に個人加入。
一九二三年	32	一月 北京大一年休暇、『努力週報』は高一涵が主編。 三、四月 梁漱溟『東西文化及其哲学』へ書評、東西文化論争に参与。杭州烟霞祠で療養。 一〇月『努力週刊』停刊。 一一月『科学と人生観』（東亜図書館刊）に論争をまとめて序文を書く。	一月 孫文・ヨッフェ共同宣言。 一〇月 曹錕賄選、曹錕大総統に。 一一月 陳独秀、『科学と人生観』に序を書き、胡適と論争。
一九二四年	33	六月『現代評論』を計画（一二月第一期出版）。 一一月 馮玉祥軍の故宮包囲、溥儀追放に抗議。	一月 国民党第一回全国大会。国共合作確定。 四月 タゴール中国訪問。 一二月 孫文、国民会議運動のため北上、翌年三月死去。
一九二五年	34	三月 中英義和団賠償金顧問委員会中国側委員。 一〇月 上海で病気治療。	五月 五・三〇事件に続いて、全国に反帝運動が拡大。 七月 国民党、広州に「国民政府」を成立させる。
一九二六年	35	二～七月 中英義和団賠償金顧問委訪中団来華、各地視察に同行。 七月下旬 シベリア経由でイギリスへ。中英庚子賠償金全体委に参加。途中パリで敦煌ペリオ文書研究。	七月 蔣介石、国民革命軍の北伐を開始。 一二月 国民政府、武漢に遷都。
一九二七年	36	初め ヨーロッパからアメリカへ。 三月 コロンビア大学に『先秦名学史』（上海刊・英文）を提出（学位手続完了、博士学位授与）。シアトルから帰国。 四・二四 横浜着、蔣介石の四・一二クーデタを知る。朝日新聞本社見学の後、京都、奈良を見物し帰国。 五月末 上海で徐志摩、聞一多らと「新月書店」を設立。雑誌『新月』を発行。	四月 蔣介石、上海の労働者政権を打倒（四・一二クーデタ「清党」）、南京に政府を建てる。 四・六 張作霖、北京のソ連大使館で李大釗を逮捕処刑。 四月 中国革命の指導をめぐるトロツキーとスターリンの論争激化（モスクワ）。 七月 武漢政府、共産党を追放し（国共合作終焉）、蔣介石の南京政府に合流。

一九二七年	36	六月　中華教育文化基金理事会の理事に選出される（最後まで継続）。	八・七　コミンテルン・中共中央、革命敗北の責任を、総書記陳独秀の右翼機会主義にあるとして職務をとりあげ、蜂起路線に転換（南昌蜂起、秋収蜂起）。
一九二八年	37	三月　公職を避け、中国公学の校長になる。	六月　国民革命軍、北京入城、北伐完成、国家統一へ。
一九二九年	38	二月　梁啓超追悼記念会に参加。 一〇月　国民党政府、思想教育に圧力、中国公学に警告。	一月　梁啓超死去。 八月　中東鉄道問題で中ソ国交断絶、張学良軍とソ連軍、国境線で戦闘、のちハバロフスク協定で和平。
一九三〇年	39	一月　羅隆基・梁実秋と『人権論集』出版。 五月　中国公学の校長を辞し、当局の公学への圧力を和らげる。 一一月　全家で上海から引き上げ、北京に移る。	五月　蔣介石と閻錫山・馮玉祥軍との中原大戦（〜一〇月）。 一一月　国民党軍、中央ソビエト区への掃討作戦を開始（一九三四年まで五次にわたる）。
一九三一年	40	一月　北京大学文学院院長・中国文学系主任に就任（校長は蔣夢麟）。 一〇月　上海で太平洋国際会議、会議の前に南京で丁文江と共に蔣介石に会う。	五月　中華民国訓政時期約法を可決。 七・七　満洲事変勃発。 一一月　蔣介石、「安内攘外」の主張を発表。
一九三二年	41	二月　国難会議委員に。 五月　蔣廷黻、丁文江、傅斯年らと『独立評論』を創刊。	一月　第一次上海事変起こる。 三月　満洲国建国宣言。 四月　リットン調査団、北京・満洲へ。 一〇月　陳独秀とトロツキー派、上海で逮捕、南京護送。
一九三三年	42	一月　中国民権保障同盟の委員に、北平分会主席。 三月　丁文江、翁文灝と共に保定で蔣介石に会う（熱河作戦に伴う情勢）。 六月　上海からアメリカへ。カナダでの太平洋学会などに出席。 一〇月　船で帰国。 一二月　蔣廷黻の「革命与専制」を批判、これを機に「民主と専制」論争起きる（継続）。	一月　ヒトラー、首相に（ナチス政権成立）。 二月　日本軍、熱河進攻。 三月　ルーズベルト大統領就任。 五月　塘沽停戦協定に調印。 六月　陳独秀、八年の刑確定、南京監獄に。 一〇月　十九路軍将領ら福建で抗日反蔣の革命人民政府を立てる。国民党軍と戦闘、間もなく機能停止。

年	年齢	胡適	中国および世界
一九三四年	43	八月　廬山で国防設計委員会に出席。	二月　蔣介石、南昌で「新生活運動」を提唱。 一〇月　中共軍、ソビエト区を放棄、脱出、「西遷」へ（～三六年一〇月まで）。
一九三五年	44	一月　香港大学で名誉博士号を受ける。南方の教育文化視察。広州、中山大学での講演中止。広西各都市で講演、北平に戻る。 一二月　一二・九運動起こる。学生ストライキに反対。	八月　中共駐コミンテルン代表、「八・一宣言」起草。 一一月　日本軍、華北の高度自治方案を迫る。 一二月　国民党、中華民国憲法草案の公布と国民大会の招集を決定。
一九三六年	45	七月　上海からアメリカへ。 八月　太平洋学会出席。アメリカ各地で講演。 一二月　帰国。	五月　憲法草案（五五草案）公布。 七月　国防会議設置。 一一月　抗日運動高まる（七君子事件）。 一二月　西安事変、蔣介石拘禁される。
一九三七年	46	一月　『独立評論』復活を相談。 七・八　北京を離れ南下、一一日廬山で蔣介石と会見、その後談話会に出席。 八月　国民政府の「国防参政会」参政員に。 九月　蔣介石と会談、アメリカへ。 九～一二月　アメリカで非公式外交活動、ルーズベルトと会見。「アメリカへの希望」（援助）を放送。	五月　中華民国憲法草案公布。 七・七　盧溝橋事件、日中戦争始まる。 八月　第二次上海事変、南京・南昌へ渡洋爆撃、陳独秀釈放される。 九月　蔣介石、蔣方震をドイツ・イタリアに派遣。 一二月　南京陥落。サンフランシスコに中国民間救済委組織される。NYの市民・平和団体、日本に反対するボイコット委を決定、全米各地に広がる。
一九三八年	47	一～七月　アメリカ、カナダ各地で講演活動。 八月～　フランス、スイス、ドイツ各地を回る。 九・一八　中国駐アメリカ特命全権大使に任命さる。 一〇・三　ヨーロッパからニューヨークに戻る。ワシントンで駐米大使に就任。	九月　ドイツ、ズデーデン進駐、ミュンヘン会談。 一〇月　日本軍、広州、武漢を占領。
一九三九年	48	駐米大使。	三月　ドイツ、ボヘミア併合。 八月　独ソ不可侵条約締結。 九月　ドイツ、ポーランドへ侵攻、二次世界大戦始まる。

一九四〇年	49	一月　NYで演説、アメリカの対日ボイコットを要望。 六月　アメリカ各地大学から名誉博士号を授与される。 一二月　績渓県上庄、村名を「適之村」と改名。	三月　蔡元培、香港で死去。汪精衛、南京国民政府設立。 六月　イタリア、対英仏参戦、ドイツ軍パリ占領。 九月　日独伊三国同盟成立。
一九四一年	50	駐米大使。	三月　米、武器貸与法成立（連合国への武器貸与）。 四月　日ソ中立条約調印。 六月　ドイツ、ソ連に進攻。独ソ戦始まる。 八月　ルーズベルト、チャーチル、太西洋憲章発表、米、軍事代表団を中国に派遣。 一二月　日本軍、真珠湾攻撃、太平洋戦争始まる。国民政府、対日独伊宣戦布告（一二・九）。
一九四二年	51	八・一五　駐米大使を免職（九・八総統府資政）。 九月　ニューヨークに居住、学術研究に従事。	三月　米中五億ドル借款協定調印。 五月　陳独秀死去。 八月　モスクワで米英ソ三国会議。
一九四三年	52	一月　アメリカ議会図書館東方部顧問に。所蔵の『水経注』の版本を研究。この頃の研究課題とする。	二月　宋美齢、米議会で対中援助強化を訴える。ルーズベルト、武器援助強化を声明。 一一月　蔣介石、カイロ宣言（米英中）に加わる。
一九四四年	53	九月　ハーバード大学で講義。	六月　連合国軍、ノルマンジー上陸開始。
一九四五年	54	四・五月　国民政府代表団代表の一人としてサンフランシスコでの国際連合憲章作成会議に出席（団長宋子文）、中共代表董必武と会う。 九月　北京大学校長に任命される（帰国前は傅斯年が代理校長）。 一一月　国民政府代表団主席としてロンドンでのユニセフ憲章制定会議に出席、アメリカに帰る。	二月　ヤルタ会談・協定。 五月　ベルリン陥落。 八月　ソ連対日戦参戦。 八・一〇　日本、ポツダム宣言受諾。 八・一四　モスクワで中華民国ソ連友好同盟条約締結。 八・一五　日本降伏。

一九四六年	55	六月　アメリカより帰国。 七・五　上海着、南京経由、北京。 九月　北京大学校長に就任。 一一月　南京、「憲法制定国民大会」主席団員、大会は中華民国憲法を採択（一月公布）。	六月　国共の全面内戦始まる。 九月　燕京大学総長スチュアート、アメリカ駐華大使に任命される。
一九四七年	56	八月　中央研究院会議に出席、蔣介石と会談、「教育十年計画」を提出。	三月　国民大会組織法など憲法関連法を公布。 一一月　国民大会代表選挙を実施。
一九四八年	57	三月　中央研究院第一回院士に。 四月　「行憲国民大会」委員・主席団に。蔣介石総統、李宗仁副総統を選出。 一二・一五　共産党軍包囲下の北平を脱出、蔣介石派遣の飛行機で南苑飛行場から妻、陳寅恪らとともに南京に。	五月　国民政府、「動員戡乱時期臨時条款」公布。 一一月　中共軍、北平天津戦役を開始。 一二・一四　中共軍、北平西部の香山に到る。
一九四九年	58	四月　蔣介石の委嘱を受け渡米、アメリカ政府へ国民政府への支援の働きかけを行う。アメリカは援助せず。 一一月　台北で『自由中国』創刊号発行、発行人の名を使わせる。在米生活。	四月　中共軍、長江を渡河、国民政府、広州に遷都。 六月　閻錫山内閣（広州）。 八月　スチュアート帰国。 九月　北京で人民政治協商会議開催、毛沢東を政府主席に、「共同綱領」を採択。 一〇・一　中華人民共和国成立。 一〇月　中共軍、広州占領。 一二月　国民政府、台湾遷都を決定。
一九五〇年	59	九月　プリンストン大学東方図書館館長に。	二月　中ソ友好同盟相互援助条約締結（毛沢東訪ソ）。 六月　朝鮮戦争勃発、中国で土地改革、援朝抗米運動、反革命鎮圧が進められる。 九月　国連軍、仁川に上陸し反攻。 一〇月　中国義勇軍、朝鮮国境を越え、戦争参加。

一九五一年	60	八月　『自由中国』発行人の名を取消。	五月　サンフランシスコ講和会議開催、日米安保条約。 一〇月　中国軍、ラサに進攻。 一二月　第一次反胡適運動。
一九五二年	61	六月　プリンストン大学図書館館長任期終了、名誉主持人。 一一月　台湾で講義。	一月　中国、「三反五反」運動。 四月　日本、台湾の国民政府と「日華条約」を締結。
一九五三年	62	一月　日本経由でアメリカに帰国。	三月　スターリン死去。 七月　朝鮮戦争休戦協定成立。
一九五四年	63	二月　台北での国民大会第二回大会会議に出席（主席）。 四月　アメリカに帰国。	八月　中国、朱徳名で台湾解放を声明。 九月　中国軍、金門・馬祖攻撃。中華人民共和国憲法公布・毛沢東国家主席。 兪平伯の紅楼夢研究を批判。 一二月　第二次反胡適運動。
一九五五年	64	アメリカ各地で講演。	一月～『胡適思想批判』八巻刊行。 五月　胡風批判に発展。
一九五六年	65		二月　ソ連共産党大会、スターリン批判。 四月　毛沢東、「百花斉放、百家争鳴」を提唱。 一〇月　ハンガリー事件。
一九五七年	66	九月　国連中国代表団として国連で大陸の暴力への批判演説を行う。 一一月　中央研究院院長に任命される（暫定代理・李済）。	六月　「反右派」闘争（知識人弾圧）始まる。
一九五八年	67	四月　ニューヨークを離れ台北南港へ、中央研究院院長に就任。	五月　大躍進政策始まる、人民公社化。 八月　中国軍、金門・馬祖攻撃、台湾海峡の緊張。 一〇月　国民党八全大会。

一九五九年	68		三月　チベット暴動、ダライ・ラマ、独立を宣言。中国軍ラサ占領、ダライ・ラマ、インドへ亡命。 四月　劉少奇、国家主席に。毛沢東、廬山会議で大躍進を批判した彭徳懐を批判。 九月　中ソ対立始まる。 一〇月　国連、チベット決議案通過。
一九六〇年	69	二月　国民大会第三回大会会議出席。 五月　アメリカで中米文化協力会議に出席。 六月　アイゼンハワー歓迎会に出席、アイクと会談。 七月　シアトルの中米学術会議に出席。 九・四　『自由中国』編集人雷震ら「反乱」容疑で逮捕。	七月　ソ連技術者引き揚げ。大躍進失敗・自然災害で中国経済深刻化、餓死者多数（三年間の不正常死者四千万人）。
一九六一年	70	一月　国家長期科学発展委員会を主催。	中国、経済調整に。
一九六二年	71	二・二四　第五回院士会議、午後五時、蔡元培館でパーティー主催、終了近く、心臓発作で倒れ、死去。享年七十二。	一月　毛沢東、大躍進失敗を自己批判。 二月　アメリカ、ベトナムへの介入を始める。

ら　行

わ　行

な 行

は 行

ま 行

や 行

た　行

主要人名索引

胡適の人生に関係した家族・友人、その思想形成および議論に関連して登場する東西の思想家・政治家・学者、中国の政治史に関連した人物を中心に作成し、五十音順に配列した。

あ 行

か 行

さ 行

著者紹介

ジェローム・B・グリーダー Jerome B. Grieder

中国広州生（中国名・賈祖麟）。1954年ブラウン大学卒、1963年ハーバード大学院 Ph.D.
ブラウン大学名誉教授。歴史学／東アジア研究。主著の本書で1971年アメリカ歴史学会 J.K. フェアバンク賞受賞。他に *Intellectuals and the State of Modern China : A Narrative History*, Free Press, 1981. 等。

訳者紹介

佐藤公彦（さとう・きみひこ）

1949年福島県生。一橋大学大学院社会学研究科博士課程修了。東京外国語大学名誉教授。歴史学／中国近現代史。主著に『義和団の起源とその運動——中国民衆ナショナリズムの誕生』(研文出版)、『中国の反外国主義とナショナリズム』（集広舎）等。

胡《こ》 適《てき》　1891–1962　——中国革命《ちゅうごくかくめい》の中《なか》のリベラリズム

2018年1月10日　初版第1刷発行 ©

訳　者　佐　藤　公　彦

発行者　藤　原　良　雄

発行所　株式会社　藤　原　書　店

〒162–0041　東京都新宿区早稲田鶴巻町523
電　話　03（5272）0301
FAX　03（5272）0450
振　替　00160 - 4 - 17013
info@fujiwara-shoten.co.jp

印刷・製本　中央精版印刷

落丁本・乱丁本はお取替えいたします
定価はカバーに表示してあります

Printed in Japan
ISBN978–4–86578–156–4